U0098568

藝術

孫 機 著

孫機談文物

東大圖書公司

國家圖書館出版品預行編目資料

孫機談文物／孫機著.－－初版一刷.－－臺北市：東
大，2005
面；　公分

ISBN 957-19-2777-5　（平裝）

1.古器物－中國

797　　　　　　　　　　　　　　　93011745

網路書店位址　http://www.sanmin.com.tw

ⓒ　孫機談文物

著作人	孫　機
發行人	劉仲文
著作財產權人	東大圖書股份有限公司 臺北市復興北路386號
發行所	東大圖書股份有限公司 地址／臺北市復興北路386號 電話／(02)25006600 郵撥／0107175-0
印刷所	東大圖書股份有限公司
門市部	復北店／臺北市復興北路386號 重南店／臺北市重慶南路一段61號

初版一刷　2005年7月
編　號　E 790010
基本定價　捌元肆角
行政院新聞局登記證局版臺業字第〇一九七號

有著作權·不准侵害

ISBN　957-19-2777-5　（平裝）

唐，狩獵群俑　西安金鄉縣主墓出土（內文頁46）

北宋，吉州窯　剪紙紋瓷茶盞（內文頁 102）

北宋，建陽窯　兔毫紋瓷茶盞（內文頁 102）

春秋，蟠螭紋銅鼓座　北京保利藝術博物館藏（內文頁 186）

戰國，銅鼓座　湖北隨縣曾侯乙墓出土（內文頁 187）

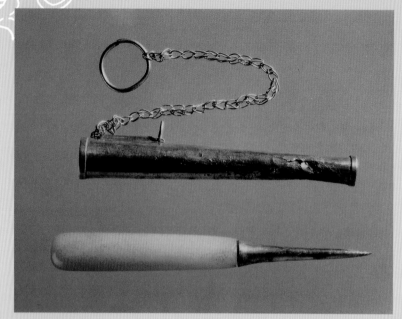

遼，蕭紹矩所佩玉柄銀錐　內蒙古奈曼旗青龍山遼墓出土
（內文頁 207）

明，女式銀冠　傳世品（內文頁 372）

明，鬏髻　上海李惠利中學明墓出土（內文頁 376）

明，鎏金銀特髻　湖北蘄春劉娘井出土（內文頁 378）

明，鑲寶石玉龍戲珠頂簪，孝端后隨葬品　北京昌平定陵出土（內文頁 382）

明，鑲寶石嵌玉壽星八仙金頭箍　江西南城益宣王妃孫氏棺內出土（內文頁 383）

明，金閣苑朝回掩鬢
四川重慶簡芳墓出土（內文頁 386）

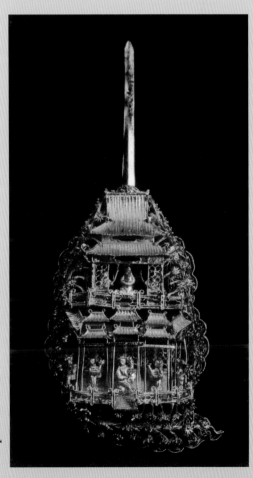

明，金累絲樓閣人物掩鬢　江西南城
益莊王妃墓出土（內文頁 386）

明，玉葉金蟬簪首　江蘇吳縣
五峰山出土（內文頁387）

嘓噠，鎏金銀胡瓶　寧夏固原
李賢墓出土（內文頁400）

孫機談文物

目次

1
玉卷龍

中國龍的原型為何？似乎愈討論分歧愈大。王東先生《中國龍的新發現》
一書中列舉出蟒蛇、揚子鱷、灣鱷、大蜥蜴、魚、鯢、馬、牛、豬、鹿、
羊、狗、虎、鷹、恐龍、雲、閃電、黃河、星象諸說❶。此外，這本書未談
到的還有極光、龍捲風、雷聲、虹、河馬以及松樹等❷；可謂設想紛紜，莫
衷一是。看來為解決這個問題，有必要先對原始的龍的形象加以界定，否則
茫茫大千，各種動植物和無生物都被拿來與龍相比附，頭緒日繁，治絲益棼，
勢將無法得出結論。其實，牠本有現成的客觀標準，最直截了當的鑒別方法
就是以我國最早的文字甲骨文中象形的龍字（🐉）為據❸。這個字的特點
是：前有大頭，後部為幾乎卷曲成環形的短軀；可以說，凡與之相同或相近
的形象即龍。在甲骨文之後，「龍」固然還在不斷地發展演變，但已有軌跡可
尋。而在甲骨文出現之前，有些原始藝術品中的圖像雖與後世之三停九似、
充分誇張的龍形有某些約略接近之處，但和上述象形的龍字差別很大。當時
在語言中如何稱呼牠，是否叫作龍？如若找不到真正能站得住腳的文獻支持，
誠難以回答。比如內蒙古赤峰敖漢旗興隆窪趙寶溝文化的房址中所出陶尊上
的豬首蛇身紋、河南濮陽西水坡45號仰韶大墓所出蚌砌鱷形紋、陝西寶雞北
首嶺所出仰韶陶壺與甘肅武山傅家門所出馬家窯陶瓶上的鯢形紋，以及浙江
餘杭瑤山1號良渚大墓所出玉鐲上的虎形紋等均屬此類，它們都和甲骨文龍
字所示之形不侔❹。倘使不雜以後世的眼光，不出以概然的判斷，要用科學
方法證明它們是龍，恐怕相當困難。

那麼，在商代以前，原始社會中有沒有與甲骨文龍字相近的藝術形象呢？

---

❶ 王東《中國龍的新發現》，北京大學出版社，2000年。

❷ 極光等說見劉志雄、楊靜榮《龍與中國文化》，人民出版社，1992年。雷聲說見胡孚琛《談
　龍說鳳》，《中國社會科學院研究生院學報》1987年第4期。

❸ 此字見《後》下・6・14，它和有角而尾部外卷的龍字（🐉），在寫法上有繁簡之別。後
　者更規範，因為它更接近金文之🐉（龍母尊），乃至後來的小篆。而前者更原始，更接近
　所象之形。不過從甲文龐字作🐉（《合集》7358）、🐉（《續》5・34・5）、🐉（《乙》
　7143）的情況看，其所從之龍字的尾部既可外卷亦可內卷，此二形可以通用。或釋內卷尾
　者為羸，不盡確。同為玉卷龍，多數尾部內卷，但也有尾部外卷的，如本文圖1-3:2所舉
　者，亦可為一證。

圖 1-1　紅山文化的玉卷龍

1　吉林農安出土　2　內蒙古巴林右旗羊場出土　3　遼寧建平牛河梁出土　4　河北圍場下伙房出土

5　內蒙古巴林左旗尖山子出土　6　內蒙古巴林右旗那斯台出土　7　遼寧建平牛河梁出土　8　內蒙古敖漢旗大窪出土

9　徵集品，河北天津市文化局文物處藏　10　遼西地區徵集品，遼寧省博物館藏　11　內蒙古翁牛特旗黃穀屯出土　12　內蒙古翁牛特旗三星他拉出土

圖 1-2　南方的玉卷龍

1　安徽含山凌家灘 16 號墓出土　2　湖北天門石家河蕭家屋脊出土

對此首先應舉出的是紅山文化中的玉卷龍。紅山文化是我國北方地區重要的考古學文化，時代大致與中原地區的仰韶文化相當，分布於內蒙古東南部、河北北部、遼寧西部，最遠可達吉林西北部。紅山文化中的玉卷龍在內蒙古赤峰巴林右旗羊場及那斯台、巴林左旗尖山子、敖漢旗大窪、翁牛特旗三星他拉及黃穀屯，河北圍場下伙房、陽原姜家梁，遼寧建平牛河梁 4 號積石冢，吉林農安左家山等地均曾出土❺，國內外還藏有一批傳世品。其顯著的特點正和甲骨文龍字一樣，軀體卷曲：有的首尾連接如環形；有的當中留出隙縫如玦形；也有缺而不斷的；還有卷曲程度較緩和，整體如 C 字形的（圖 1-1）。前端都有一個被強化和神化了的大頭，由於不是用寫實手法表現的，很難辨識其物種；過去曾認為像豬頭，現在看來或有點似是而非。此類玉卷龍遠在紅山文化分布區之外、於瀕臨長江的安徽含山淩家灘及江漢平原的湖北天門石家河也出過，造型與紅山諸例基本一致；淩家灘所出者頭上還有兩隻角，背上有通到尾部的鰭，顯得更有靈氣❻（圖 1-2）。再往後，在河南安陽商代婦好墓、山東滕州前掌大 119 號西周早期墓中均出，雖細部迭有更張，但構圖的輪廓變動不大❼（圖 1-3）。它的傳播面如此廣袤，歷時如此久遠，造型如此固定，似乎不能沒有與之相聯繫的神話寓意和自然界中實有的生物作為其構思和造型的基礎。

求之古文獻，則遠在中華古史傳說中的黃帝時代，就出現了和卷體龍相關的記述。《史記・封禪書》：「黃帝得土德，黃龍、地螾見。」《五帝本紀》：

❹ 中國社會科學院考古研究所內蒙古工作隊《內蒙古敖漢旗小山遺址》，《考古》1987 年第 6 期。濮陽市文物管理委員會、濮陽市博物館、濮陽市文物工作隊《河南濮陽西水坡遺址發掘簡報》，《文物》1998 年第 3 期。中國社會科學院考古研究所《寶雞北首嶺》，文物出版社，1983 年。甘肅省博物館《甘肅彩陶》，文物出版社，1979 年。浙江省文物考古研究所《餘杭瑤山良渚文化祭壇遺址發掘簡報》，《文物》1988 年第 1 期。

❺ 孫守道《三星他拉紅山文化玉龍考》，《文物》1984 年第 6 期。巴林右旗博物館《內蒙古巴林右旗那斯台遺址調查》，《考古》1987 年第 6 期。王未想《巴林左旗出土的紅山文化玉器》，《遼海文物學刊》1994 年第 1 期。孫守道、郭大順《論遼河流域的原始文明與龍的起源》，《文物》1984 年第 6 期。翁牛特旗文化館《內蒙古翁牛特旗三星他拉村發現玉龍》，《文物》1984 年第 6 期。賈鴻恩《內蒙古又發現一件新石器時代玉龍》，《中國文物報》1988 年 4 月 8 日。《中國玉器全集》卷 1，圖 28，河北美術出版社，1993 年。河北省文物研究所《河北陽原縣姜家梁新石器時代遺址的發掘》，《考古》2001 年第 2 期。遼寧省文物考古研究所《遼寧牛河梁紅山文化「女神廟」與積石冢群發掘簡報》，《文物》1986 年第 8 期。吉林大學考古教研室《農安左家山新石器時代遺址》，《考古學報》1989 年第 2 期。

❻ 安徽省考古研究所、含山縣文物管理所《安徽含山縣淩家灘遺址第三次發掘簡報》，《考古》1999 年第 11 期。張緒球《石家河文化的玉器》，《江漢考古》1992 年第 1 期。

❼ 中國社會科學院考古研究所《殷墟婦好墓》，文物出版社，1980 年。中國社會科學院考古研究所山東工作隊《山東滕州市前掌大商周墓地 1998 年發掘簡報》，《考古》2000 年第 7 期。

圖 1-3　商至西漢的玉卷龍

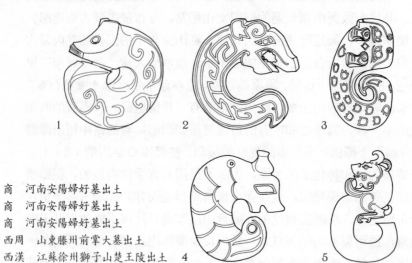

1　商　河南安陽婦好墓出土
2　商　河南安陽婦好墓出土
3　商　河南安陽婦好墓出土
4　西周　山東滕州前掌大墓出土
5　西漢　江蘇徐州獅子山楚王陵出土

軒轅「有土德之瑞，故號黃帝。」《索隱》：「炎帝火，黃帝土代之，即黃龍、地螾見是也。」螾有兩種解釋。一說螾即蚯蚓（《封禪書》集解引應劭說）。但螾又訓蟺（《說文·蟲部》）。《爾雅·釋蟲》「蟫蚓」，郭璞注：「即螼蟺也。」《文選·琴賦》張銑注：「螼蟺，盤旋貌。」《說文·蟲部》也說：「蟺，夗蟺也。」段玉裁注：「夗，轉臥也，引申為凡宛曲之稱。夗、蟺疊韵，蓋謂凡蟲之冤曲之狀。《篇》、《韵》皆云：『螼蟺，蚯蚓也。』雖蚓有此名，而非許意。」則螾又指軀體盤旋卷曲之蟲。這樣，它與《封禪書》裏說的「黃龍」就互相靠近了。因為《說文·蟲部》說：「螾，若龍而黃，北方謂之地蠶。」蠶也是黃帝時的祥瑞。《呂氏春秋·應同篇》：「凡帝王之將興也，天必先見祥乎下民。黃帝之時，天先見大螾、大蠶。」《封禪書》所記者，與之似同出一源。其大螾相當地螾，大蠶則相當於「若龍而黃」的黃龍即地蠶。由於牠是上天見示之祥，故又不妨稱作「天蠶」。《爾雅·釋蟲》和《大戴禮記·夏小正》都說蝮即天蠶。蝮字從蟲。《方言》卷一一：蠐螬「或謂之蝞蝮，……或謂之天蠶。」又說明天蠶即蠐螬。資、齊皆為脂部從母字，標聲時可相通假，古文獻中不乏例證❽；故蠐螬亦作蠐蟺。古代將多種類似甲蟲的昆蟲之幼蟲都叫蠐螬，但主要指金龜子的幼蟲，牠生活在土壤中。因而從生活習性上說可以叫地蠶；從神話的角度說，又可稱之為天蠶。金龜子的蠐螬屈曲如環，頭尾幾乎碰到一起。豆象的幼蟲也叫蠐螬，卻只彎成大半個圓弧形（圖 1-4）。前者堪稱螼蟺，也正和紅山玉卷龍的造型相合。不過遠古之人為什麼重視這種昆蟲？可

能是著眼於其從幼蟲到成蟲的變化過程。《論衡‧無形篇》：「蠐螬化為復育，復育轉而為蟬。」蟬的幼蟲亦名蠐螬；雖然蟬與金龜子不同，但二者之成長蛻變的生理機制類似。而且蟓字本身就含有生長運動的用意。《淮南子‧天文訓》：「斗指寅，則萬物蟓。」高誘注：「蟓，動生貌。」《史記‧律書》：「寅，言萬物始生，蟓然也。」而《管子‧水地篇》說：龍「欲小則化如蠶蠋，欲大則藏於天下。」更極盡蟓動之能事。這裏的蠶亦指蠐螬，因為牠又名「地蠶」；蠋則是與之相近的蜎蠐，即天牛的幼蟲❾。可見《管子》中這段話，說的正是從蠐螬發展到龍之由小到大的變化。古人一向認為龍「能為大，能為小；能為幽，能為明；能為短，能為長」（《說苑‧辨物篇》）；「能幽能明，能細能巨，能短能長」（《說文‧龍部》）。所以說牠小如蠶蠋或小如蠐螬，均不失龍的本色。

圖 1-4　鞘翅目昆蟲及其幼蟲

1　金龜子　　2　蠐螬（金龜子的幼蟲）

3　豆象　　4　蠐螬（豆象的幼蟲）

　　遠古之人貼近自然，蠐螬在他們心目中喚起的聯想，遠非現代人所能充分體會，何況那時還會附益上若干神話成分，更使牠不同尋常。只不過大部細節湮滅在歷史的長河中，今天已無法將關於蠐螬的神話勾畫完整。然而通過紅山文化的玉卷龍，卻使人認識到地蟓、地螻等反映出的是龍之「能短」、「能小」的一面，故可作為土德之瑞的代表。同時也證實了只有卷體狀才是正統的原始龍紋。《左傳》昭公二十九年蔡墨說：「其卦曰：『亢龍有悔。』」楊伯峻注：「亢龍，直龍。龍欲曲而不欲直，故有悔。」欲曲不欲直，紅山玉卷龍所表現的豈不正是這種趨向嗎？

　　儘管在豪放的哲人那裏，神龍被說成「合而成體，散而成章，乘雲氣而養乎陰陽」（《莊子‧天運篇》），似乎上天下地，獨來倏往，莫測高深。但根據類型學對遺物進行排列，可以看出，牠的演變仍是漸進的。凌家灘的玉龍雖已生角，但軀體光素。而相當龍山末期的山西襄汾陶寺 3072 號墓出土陶盤上所繪卷龍紋，頭部較小，吻長，上下顎密布尖牙，口中吐出一條分叉的長

---

❽　《儀禮‧喪服》「齊衰之經」，武威出土簡本作「資衰之經」。《爾雅‧釋草》：「茨，蒺藜。」釋文：「茨，本作薋。」《詩‧鄘風》：「牆有茨。」《說文‧艸部》「薋」下引《詩》作「牆有薋」。

❾　蠐螬又名「地蠶」，見《方言》卷一一郭璞注。蠋之本字作蜀。《說文‧蟲部》「蜀」下段玉裁注：「桑中蠹，即蜎蠋。」

圖 1-5　夏，卷龍紋
陶盤　山西襄汾陶寺
3072 號墓出土

圖 1-6　商，玉卷龍
河南安陽婦好墓出土

舌，身上還畫滿了紅黑相間的鱗紋，分明已經將有鱗之蛇的概念引入龍的造型❿（圖 1-5）。從此龍遂成為「鱗蟲之長」，而與蜽、螻等昆蟲逐漸有所分別。及至商代，龍身上的鱗紋又改變了陶寺龍之茸瓦形的圖案，成為套疊的菱形或山字形，更顯得鋒棱峭峻，鱗甲崢嶸。這時牠的角也倍受重視。從甲骨文的寫法看，龍角有簡單的，字作 ⺄（《甲》2418），和其他有角動物之角的寫法相近；另一種字形的角要複雜些，作 ⻌（《京津》1293）、⻌（《前》4‧53‧4）、⻌（《前》4‧54‧1），與實物比照，應相當商代玉龍頭上的瓶形角⓫。此角的專名為「尺木」。《論衡‧龍虛篇》：「短書言：『龍無尺木，無以升天。』」《酉陽雜俎‧鱗介篇》：「龍頭上有一物如博山形，名尺木。龍無尺木，不能升天。」頭上加了這樣奇特的角，表示牠是能上天的神龍。神龍應具有大威力，故商代玉龍不像紅山玉龍那樣常閉著嘴，而是闊口大張，利齒外露；從安排的順序看，是模擬食肉動物的牙齒。但「角齒不兼予」，所以牠已經逸出實有之生物的常態了。而婦好墓所出之例，龍腹下還有象徵性的足狀物（圖 1-6）。紅山玉龍無足，蟠蟜卻往往有三對偽足；溯本追源，婦好墓玉龍之足似乎仍取法於蟠蟜。說明商龍雖日益神化，但尚未擺脫紅山玉卷龍及其原型地螻即蟠蟜的影響。

商代玉器之動物造型，曾自新石器時代不同的古文化中汲取營養，如蟬紋和鳳紋得自石家河文化，鷹紋中含有山東龍山文化的成分，龍紋則以紅山文化的玉卷龍為祖型。在商周之際，紅山玉器是著名的寶物。《尚書‧顧命》記成王踐阼時，路寢明室的陳設中有大玉、夷玉、越玉。馬融說夷玉是「東方之美玉」。《爾雅‧釋器》：「東方之美者，有醫無閭珣、玗、琪焉。」醫無閭山在遼河西岸，山名自上古沿用至今。《周禮‧夏官‧職方氏》：「東北曰幽州，其山鎮曰醫無閭。」鄭玄注：「鎮，名山安地德者也。」而據《爾雅‧釋地》郭璞注，幽州的範圍「自易水至北狄」；則自今河北中部直到東北，都要仰仗醫無閭山來「安地德」。《爾雅》所稱「東方」，應泛指這一地區。醫無閭山以產玉著稱。《楚辭‧遠游》：「夕始臨乎微閭。」王逸注：「東方玉山也。」紅山文化諸遺址正分布在醫無閭山周邊。鄧淑蘋女士認為大玉、夷玉、越玉可看作是代表華夏、東夷、苗蠻三大氏族集團的「古玉三大分系」⓬。所以《尚書》

中稱道的夷玉似即紅山玉器。商代人寶愛它、師法它，自不足怪。

以上僅就玉龍立論，至於商周青銅器，因為是用陶範模鑄的，而在範上刻花紋遠較琢玉為易，所以龍的造型也有突破，牠們的身軀更放縱、游動、蟠繞、糾結，產生了不少精彩新穎的設計。但不僅從紅山文化中沿襲下來的卷體龍形未被捨棄，而且黃帝時以螾、螻為瑞的傳說這時猶牢牢地保留在人們記憶中；時代晚得多的呂不韋和司馬遷對此仍加以著錄，就是有力的證明。西周早期，甚至不晚於武王時，還創造出一種西周式的卷龍紋，「天亡簋」的器腹和方座上就飾以此種龍紋。這件銅器是武王克殷後西歸宗周，大會諸侯告天告廟宣布開國之際，一位有功之臣所鑄。它的銘文不像一般銅器上的套話，只泛稱祭祖考、永保用之類，卻強調「敏揚王休於尊簋」，也就是說鑄此簋是為了紀念武王建國的勳業。像這樣一件銘功之器，各部分的紋樣均應經過精心安排，它的主題花紋採用西周式卷龍紋，應被看作既是對傳統的尊重，又是其自身特點的展現。而在商代銅器上不僅從未見過它，那時甚至連將龍紋飾於器物之主要立面上的情況也很少。但西周一開國，隨即出現了一批飾此種西周特有之龍紋的器物。除「天亡簋」外，美國哈佛大學福格美術館所藏「叔德簋」、陝西寶雞竹園溝和甘肅靈臺白草坡出土的簋、陝西涇陽高家堡出土的尊、四川彭縣竹瓦街和遼寧喀喇沁左翼蒙古族自治縣北洞村出土的罍均是其例❸（圖1-7）。這種紋樣或被稱為「蝸身獸紋」，不確；因其卷曲的身軀並不代表「蝸牛殼」，而是商代的卷龍紋被周人改造了的結果。周人對商代之行世已久的式樣本是熟悉的，德國科隆東亞藝術博物館所藏西周「子簋」和「父乙簋」，都在圈足內的器底上用陽線鑄出此式卷龍紋❹（圖1-8）。陝西

❿ 中國社會科學院考古研究所山西工作隊、臨汾地區文化局《1978～1980年山西襄汾陶寺墓地發掘簡報》，《考古》1983年第1期。

⓫ 瓶形角或被稱為「長頸鹿角」，不確；因明代以前長頸鹿未曾輸入我國。也有人稱之為「且角」，尤欠允當。

⓬ 鄧淑蘋《由藍田山房藏玉論中國古代玉器文化的特質》，載《藍田山房藏玉百選》，年喜文教基金會，1995年。

⓭ 《中國博物館・中國歷史博物館》圖48，文物出版社／講談社，1984年。中國科學院考古研究所《美帝國主義劫掠的我國殷周銅器集錄》圖219，科學出版社，1962年。盧連成、胡智生《寶雞強國墓地》上冊，頁157，文物出版社，1988年。甘肅省博物館文物隊《甘肅靈臺白草坡西周墓》，《考古學報》1997年第2期。萬今《涇陽高家堡早周墓發掘記》，《文物》1972年第7期。王家祐《記四川彭縣竹瓦街出土的銅器》，《文物》1961年第11期。喀左縣文化館、朝陽地區博物館、遼寧省博物館北洞文物發掘小組《遼寧喀左北洞村出土的殷周青銅器》，《考古》1974年第6期。

⓮ 李學勤、艾蘭《歐洲所藏中國青銅器遺珠》圖84、85，文物出版社，1995年。

圖 1-7　西周式卷龍紋

1　天亡簋

2　簋　甘肅靈臺白草坡出土

3　罍　遼寧喀喇沁左翼蒙古自治縣北洞村出土

圖 1-8　西周，父乙簋　　圖 1-9　西周，玉卷龍　　圖 1-10　西周，玉蟠蟲
器底所鑄卷龍紋　　　陝西長安張家坡墓出土　　河南三門峽上村嶺墓出土

扶風法門寺任村出土之西周「仲義父罍」肩上的雙耳，也是這樣一對卷龍❶。
但周人不曾用它作為器物外壁的主題花紋，在「天亡簋」等器上出現的，已
是西周的新式樣了，其中的原委很耐人尋味。不過形式雖有別，基本特徵則
未變，可見商周易代之後，古老的神話仍在起作用。

　　西周的玉器則比較保守一些，其中未發現飾於銅器上的那類新式卷龍紋。
長安張家坡 60 號西周墓所出者仍只琢出一對象徵性之足，與婦好墓玉龍幾
無二致❶（圖 1-9）。不僅如此，在三門峽上村嶺 2006 號西周大墓中還發現了
更原始的取象於豆象之蟠蟲的玉件（圖 1-10），簡報說是玉簋，但它的形狀和
簋幾乎沒有多少共同點，反倒和圖 1-4:4 所舉之蟲肖似❶。寶雞竹園溝 9 號、
13 號西周墓出土的 II 式玉簋、茹家莊 1 號西周墓出土的 III 式玉簋，亦是其
類❶。所以那套黃龍、地螾、天蟜的傳說，這時似仍為人們所諳知。依託此

圖 1-11　春秋、戰國和西漢的玉卷龍

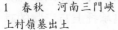

1　春秋　河南三門峽
上村嶺墓出土

2　戰國　湖北隨縣曾侯乙
墓出土

3　西漢　河北定縣 40 號墓出土

傳說而形成的卷龍紋，不僅出現在玉器和銅器上，並且出現在周代極隆重的
禮服——袞冕服上。《周禮·春官·司服》：「享先王則袞冕。」鄭玄注：「袞，
卷龍衣也。」《禮記·玉藻》：「龍卷以祭。」鄭玄注：「龍卷畫龍於衣，字或作
袞。」所謂卷龍無疑即卷體之龍。雖然目前尚未掌握周代袞服之實例，但從卷
龍紋發展的歷史軌跡看，禮服上飾卷龍是完全合理的；同時也有力地證明，
在當時，卷龍紋的地位何等崇高。而較系統地記錄了此種圖案之產生與發展
過程的玉卷龍，則無論從歷史意義和藝術價值上說，其重要性均不待言。儘
管至春秋戰國以及西漢時，其裝飾化的氣味日益濃厚（圖 1-11），但傳統之構
圖的印記，依然歷歷在目❿。

（原載《文物》2001 年第 3 期）

❺　此罐共兩件，均藏上海博物館。

❻　《中國玉器全集》卷 2，圖 238，西安市長安縣張家坡 60 號西周墓出土。

❼　河南省文物考古研究所、三門峽市文物工作隊《上村嶺虢國墓地 M2006 的清理》，《文物》
1995 年第 1 期。

❽　《寶雞強國墓地》下冊，圖版 39、139、192，文物出版社，1988 年。

❾　《中國玉器全集》卷 3，圖 12，上村嶺 1662 號春秋虢國墓出土。同卷圖 185，湖北隨縣戰
國曾侯乙墓出土。西漢時裝飾意味較濃之例見河北省文物研究所《河北定縣 40 號漢墓發掘
簡報》，《文物》1981 年第 8 期。江蘇徐州獅子山楚王陵出土，見獅子山楚王陵考古發掘隊
《徐州獅子山西漢楚王陵發掘簡報》，《文物》1998 年第 8 期。

2

玉鷙

天津市藝術博物館所藏徐世章先生捐贈的立鷹玉件，為山東龍山文化遺物的極精之品，其圖案具有徽識性的典型意義，而且造型優美，在整個新石器時代玉器中實屬罕見❶（圖2-1）。從結構上分析，此玉件由三部分構成：上部為一昂首展翅的鷹，當中為人首，下部為承托上方二物的基座。

圖2-1　山東龍山文化，玉鷙
　　　　天津市藝術博物館藏

圖2-2　山東龍山文化，
　　　　玉器上的神面紋

1　玉圭　山東日照兩城鎮出土

2　玉圭　臺北故宮博物院藏

先對當中的人首試作探討。這一部分的構圖雖簡單，然而特點鮮明。它的頂部呈介字形，臉上有一對由旋渦紋形成的圓眼睛，兩側是兩隻向下彎曲的大耳朵。以前曾將此玉件定名為「青玉鷹攫人首佩」，恐不確。因為此人首應代表神面，而不是「被鷹攫取吞食」的「祭品」❷。只要拿它和山東日照兩城鎮出土之著名的龍山玉圭及臺北故宮博物院所存清宮舊藏之龍山玉圭上的刻紋相對照，便不難識別❸（圖2-2）。三者頂部均呈介字形，並向外探出短簪，耳部左右擴張，眼睛則均由旋渦紋捲繞而成，造型的基本特點完全相同。頂部呈介字形的神面，首先出現在良渚文化中，較完整的圖像見於浙江餘杭反山及瑤山等地大型墓葬所出玉器上❹（圖2-3:1、2）。尤以反山12號墓之98號大玉琮的刻紋最為精細，琮上的神人戴羽冠，冠頂端凸起一尖吻，兩側平衍復下趨，構成了介字形的輪廓。但介字形頂雖然在良渚神面上廣泛出現，卻並非全都代表羽冠，有些神面上顯然沒有羽冠，可是也呈介字形頂，因知這種輪廓乃是良渚神面之習用的標誌（圖2-3:3）。此項構圖原則為山東龍山文化所接受，也將神面上加上介字形頂。不過良渚玉器上的神面分兩種，一種無獠牙，另一種有獠牙；無獠牙者多為梭形眼，有獠牙者多為旋渦形眼。其後一種眼雖與立鷹玉件上的人首即神面之眼均為旋渦形，構圖卻有微妙的區別，形成良渚旋渦眼的溝槽是從外眼角向內捲繞的；形成立鷹玉件神面之眼的線條則從內眼角向外捲繞，不僅這一玉件如此，存世山東龍山

圖 2-3　良渚文化，玉器上的神面紋

1　玉琮　浙江餘杭反山 12 號
墓出土

2　玉飾件　浙江餘杭瑤山
10 號墓出土

3　玉飾件　浙江餘杭反山
12 號墓出土

文化玉器上的介字頂神面之有旋渦眼者大多數亦如此。值得注意的是，山東
龍山文化之神面的眼型雖與良渚文化有別，卻和紅山文化之玉神面上的眼型
相一致。紅山玉神面體橫而扁，兩側有突榫及勾形物，與那裏的勾雲形玉佩
之意匠約略相通。其旋渦眼係由兩頰下部琢出的溝槽沿抛物線向額前延伸，
再從內眼角向外捲繞，圍住鏤成圓孔的目睛，和此立鷹玉件之神面上的眼型
如出一轍。紅山玉神面的底部皆雕出一排巨齒，或五枚，或七枚，極具特色。
《山海經・海外南經》與《淮南子・本經訓》均提到古有神人或惡獸名「鑿
齒」，郭璞、高誘在注釋中都說其齒狀如鑿，則正和紅山神面上的大牙相合，
故不妨暫稱這類神面為玉鑿齒。由於紅山文化的年代較早，所以山東龍山玉
件上的旋渦眼應接受過紅山文化的影響。可是紅山玉鑿齒的頂部僅稍稍拱起
（圖 2-4:1～4），或逕作直線（圖 2-4:5～8），無呈介字形頂者❺。從而又可以推
知山東龍山文化玉件上的神面之介字頂與旋渦眼並非同出一源，而是分別得
自良渚與紅山。

　　然而從整體上看，此立鷹玉件最引人注目之處還是上面的鷹，牠高踞神

❶　《天津市藝術博物館》圖 175，文物出版社，1984 年。
❷　石志廉《對故宮博物院舊藏兩件古玉圭的一些看法》，《中國歷史博物館館刊》第 3 期，1981
　　年。
❸　兩城鎮出土者，見劉敦愿《記日照兩城鎮發現的兩件石器》，《考古》1972 年第 4 期。臺北
　　故宮博物院所藏者，見鄧淑蘋《國立故宮博物院藏新石器時代玉器圖錄》圖 117，臺北故宮
　　博物院，1992 年。
❹　浙江省文物考古研究所反山考古隊《浙江餘杭反山良渚墓地發掘簡報》；浙江省文物考古研
　　究所《餘杭瑤山良渚文化祭壇遺址發掘簡報》，均載《文物》1988 年第 1 期。
❺　關善明藏見《關氏所藏中國古玉》圖 5、6，香港，1994 年。臺北故宮博物院藏品見《藍
　　田山房藏玉百選》圖 8，臺北，1995 年。仰德堂及波士頓美術館藏品見《故宮文物月刊》
　　11 卷第 6 期，1993 年。天津市藝術博物館藏品見《中國玉器全集》卷 1，圖 14，河北美術
　　出版社，1993 年。賽克勒博物館藏品見《故宮文物月刊》第 10 卷第 6 期，1992 年。牛河
　　梁出土者見《中國文物精華》圖 26，文物出版社，1997 年。

圖 2-4
紅山文化的玉神面

1 香港關善明氏藏

2 香港關善明氏藏

3 臺北故宮博物院藏

4 臺灣仰德堂藏

5 美國波士頓美術館藏

6 天津市藝術博物館藏

7 美國賽克勒博物館藏

8 遼寧朝陽牛河梁出土

面之巔，復為構圖既對稱又鋪張之華麗的底座所承托，睥睨傲岸，大有不可一世之氣勢，和牠的造型相類似的玉器尚未發現過第二例。但山東龍山文化遺物中有一類玉圭，一面琢立鷹紋，另一面琢神面紋，已將上述立鷹玉件之圖案的基本要素包含在內，只不過把二者分鐫於器物的兩面而已。其中工藝最精的是臺北故宮博物院所存清宮舊藏的一件，長 30.5、最寬處 7.2 公分 ❻（圖 2-5:1）。臺北故宮還有一件小型玉圭，長 14、最寬處 4.4 公分 ❼（圖 2-5:2）。天津市藝術博物館藏玉圭，長 25.2、最寬處 6.2 公分，但上部兩角已被磨去，似經過後世加工 ❽（圖 2-5:3）。上海博物館也收藏一件此式玉圭，長 14.8、寬 6 公分（圖 2-5:4）。此外，美國華盛頓弗利爾美術館還藏有一件琢出立鷹與神面的玉圭，但其鷹紋刻得太淺，只能隱約地辨識出大致的輪廓。山西侯馬新田出土的玉圭，正面雕立鷹紋，唯此圭已被平剖開，另一面只見切割痕，原有之紋飾不明；故不具論 ❾。但以上六件玉圭除侯馬那件外均非出土物，而且侯馬圭出土於春秋祭祀坑中，係後代對古玉的再利用，所以有人

懷疑它們是否屬於山東龍山文
化。其實尹達先生於 1936 年發掘
日照兩城鎮時就注意到這類器
物，他指出此處之龍山文化墓葬
的出土物中「有玉質的帶孔扁平
式斧，它略似殷代的圭。這樣的東
西和兩城鎮遺址中一種石斧相
似」。❿邵望平先生對此也舉出日
照堯王城和棲霞楊家圈出土的玉
圭為例⓫。可見玉圭是山東龍山
文化的典型器物之一。特別是
1963 年兩城鎮又出土了那件兩
面均刻出神面的玉圭，其圖案與
臺北故宮所藏玉圭上的刻紋極相
似，更為後者的考古學文化歸屬
提供了有力的證據。但上述臺北
故宮的兩件玉圭和上海博物館所
藏玉圭之花紋均為凸起的陽線，
兩城鎮玉圭上的神面卻是陰刻；
工藝技法上的這種區別又為問題
的提出留有餘地，前三件玉圭與
兩城鎮玉圭是否屬於同一考古學
文化遂又引起懷疑。實際上這種

圖 2-5　山東龍山文化，玉圭

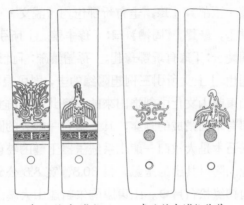

1　臺北故宮博物院藏

2　臺北故宮博物院藏

3　天津市藝術博物館藏

4　上海博物館藏

技法是可以共存的，天津市藝術博物館所藏玉圭兩面的圖紋就是陰刻。北京
故宮博物院所藏另一玉圭上既有陰刻的神面紋，也有以剔地陽線表現出的神
面紋，而這件玉圭也被研究者定為山東龍山文化遺物⓬。相反，紅山文化和
良渚文化玉器的花紋多用陰線刻出，良渚玉器上雖有凸起的面，卻缺乏凸起

❻　《國立故宮博物院藏新石器時代玉器圖錄》圖 118。

❼　《藍田山房藏玉百選》圖 20。

❽　《中國玉器全集》卷 1，圖 50、51。

❾　黃景略等《晉都新田》頁 264，山西人民出版社，1996 年。

❿　尹達《中國新石器時代》頁 60，三聯書店，1979 年。

⓫　邵望平《海岱系古玉略說》，載《中國考古學論叢》，科學出版社，1995 年。

⓬　周南泉《故宮博物院藏的幾件新石器時代飾紋玉器》，《文物》1984 年第 10 期。

的線。而以剔地陽線即現代所稱勾徹技法刻出紋飾的圭，即所謂「琢圭」。《玉篇·玉部》：「琢，圭有圻鄂也。」《說文·玉部》：「琢，圭、璧上起兆琢也。从玉，象聲。《周禮》曰：『琢圭璧。』」所引經文見《春官·典瑞》，鄭注引鄭司農云：「琢有圻鄂琢起。」孫詒讓疏：「此琢圭亦有刻文隆起，故云有圻鄂琢起也。」上文所引三例起陽線的圭，則可視為琢圭之最早的實例，它們正是在山東龍山文化中創造出來的。臺北故宮飾立鷹與神面的小型圭於近底端之中部有單面鑽成的圓穿，其上方有一較大的圓孔，孔內鑲綠松石圓片。鑲嵌綠松石本是大汶口—龍山系統玉器工藝的特色。山東五蓮丹土遺址的窖穴中與龍山陶片共出的玉鉞，長 30.8、寬 8.8 公分，接近圭形，其居中偏上的圓孔內鑲綠松石片❸。山東臨朐朱封龍山大墓出土的玉頭飾，在白玉飾件上反正兩面牢固地鑲有四顆綠松石圓片❹。臺北故宮之小型玉圭的做法正符合這一傳統。所以上述飾立鷹與神面的玉圭均是山東龍山文化遺物。此外，山東滕州前掌大商代晚期遺址中出土一殘玉件，尚保存琢出的鳥翼與鳥足，原應飾以立鷹紋❺（圖 2-6:1）。它的出土地點正反映出，這類立鷹紋是在山東地區產生的。不過同時還要注意到，新石器時代的立鷹紋不止山東龍山文化一種，太湖地區的良渚文化與湖北地區的石家河文化中也曾出土展翼的玉立鷹（圖

圖 2-6　立鷹紋殘玉件

1　商晚期　山東滕州前掌大遺址出土

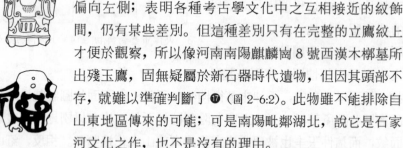

2　西漢　河南南陽麒麟崗8號墓出土

2-7:1～3)，後一處並出現了一種很有特色的立鷹紋玉笄❻（圖 2-7:4）。所不同的是，良渚與石家河文化之立鷹的頭部皆面向正前方，而山東龍山文化之立鷹的頭部皆偏向左側；表明各種考古學文化中之互相接近的紋飾間，仍有某些差別。但這種差別只有在完整的立鷹紋上才便於觀察，所以像河南南陽麒麟崗 8 號西漢木槨墓所出殘玉鷹，固無疑屬於新石器時代遺物，但因其頭部不存，就難以準確判斷了❼（圖 2-6:2）。此物雖不能排除自山東地區傳來的可能；可是南陽毗鄰湖北，說它是石家河文化之作，也不是沒有的理由。

　　在圖 2-5:1 所示臺北故宮所藏玉圭上，其立鷹於腹部正中還刻出一人面，雖已高度圖案化，但耳、目、口、鼻都很清楚。其他幾件玉圭之鷹腹上的人面多已大為簡化，初看時幾乎認不出，但經過比較，仍能找到其演變的軌跡。特別是上海博物館收藏的一件玉神面，頂部呈介字形，應屬山東龍山文化，其背部琢出凸起的立鷹紋，更將鷹和神面直接聯繫在一起❽（圖 2-8）。這種安排傳達出一個明確的信息，即此鷹具有人格神身分。結合山東地區上古時代的傳說加以考察，又應與東夷集團的先祖少昊有關。少昊族的活動範圍以

圖2-7 玉立鷹 (1〜3) 與玉笄 (4)

1 良渚文化，玉立鷹 太湖地區良渚文化遺址出土

2 良渚文化，玉立鷹 太湖地區良渚文化遺址出土

3 石家河文化，玉立鷹 湖北天門蕭家屋脊出土

4 石家河文化，立鷹紋玉笄 湖北天門蕭家屋脊出土

曲阜為中心。《左傳》定公四年稱：「因商奄之民，命以伯禽而封於少皞之虛。」《左傳》昭公十七年又記郯子對魯昭公說其先祖少皞名摯。郯子為少皞的後人，是一位學者，孔子曾向他請益，所言應可信據。《逸周書‧嘗麥解》也說：「乃命少昊清司馬（孫詒讓《周書斠補》疑『司馬』當作『始為』）鳥師，以正五帝之官，故名曰質。」質、摯古通，在這裏當讀作鷙；少昊名鷙始與其統領鳥師的地位相適應。鷙為鷹類猛禽，故立鷹玉件上的鷹即鷙。在山東龍山文化中，用帶人面的玉鷙來代表的，只能是其始祖神少昊。說立鷹代表少昊，並非望文生義。把它和玉件的基座結合起來考察，情況會透露得更加清晰。此基座頂部有兩條揚

圖2-8 山東龍山文化，玉神面 上海博物館藏

⑬ 杜在忠《論濰、淄流域的原始文化》，載《山東史前文化論文集》，齊魯書社，1986年。唯文中將綠松石嵌片誤記為「翠珠」。

⑭ 中國社會科學院考古所山東工作隊《山東臨朐朱封龍山文化墓葬》，《考古》1990年第7期。

⑮ 鄧淑蘋《再論神祖面紋玉器》，載《東亞玉器》卷1，香港中文大學中國考古藝術研究中心，1998年。

⑯ 張緒球《石家河文化的玉器》，《江漢考古》1992年第1期。劉德銀《石家河文化玉器研究》，「良渚文化國際學術討論會」論文，1996年。

⑰ 南陽市文物工作隊《河南南陽市麒麟崗8號西漢木槨墓》，《考古》1996年第3期。楊建芳《新石器時代的殘玉鷹》，《中國文物報》1997年4月13日。尤仁德《麒麟崗漢墓玉佩小釋》，《文物天地》1997年第3期。

⑱ 上海博物館《中國古代玉器館陳列圖錄》頁11。

圖 2-9　大汶口文化與良渚文化陶尊刻文

   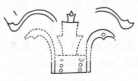

1　山東莒縣陵陽　　2　山東莒縣陵　　3　山東莒縣陵陽　　4　南京北陰陽營良渚文化
河 17 號墓出土　　　陽河採集　　　　河 11 號墓出土　　　遺址出土

起的弧形物向左右探出，呈倒八字形。在大汶口—龍山文化的刻紋中，這一
圖形並不陌生。山東莒縣陵陽河、大朱村及諸城前寨等地之大汶口文化的遺
址和墓葬中出土了許多厚胎大陶尊，有的高達 60 公分以上，在陶器中鶴立雞
群，顯得很特殊。有些陶尊在正中的顯著位置上刻有圖形符號，唐蘭先生認
為這是遠古時代的「意符文字」。其中有的刻文還塗以朱色，似乎更為重要。
例如一種以太陽紋和火、山紋組成的符號有塗朱者，李白鳳、田昌五和饒宗
頤諸先生都認為它就是昊即皞字[19]。在陶器上刻此字，猶如銅器上刻的族徽。
而一種與立鷹玉件特別是其基座部分頗相似的符號也塗有朱色[20]（圖 2-9:1）。
不僅此符號塗朱，而且它上部正中的 Ω 形有時還單獨刻在尊上，也塗朱[21]（圖
2-9:2）。就目前所知，塗朱的符號僅有以上三個，它們的地位之尊顯自不待言。
研究者或謂圖 2-9:1、3 之形代表「盆式器」，不確[22]。因為單獨的 Ω 形與一
期甲文「示」字作 𝖳、𝖳 形者肖似[23]。示就是神主之主。甲文「示王」（《合》
1253 正）、「示癸」（《合》1257），《史記·殷本紀》作「主壬」、「主癸」。「主
謂木主也」（《周禮·司巫》杜注），「主蓋神之所馮」（《穀梁傳》文公二年范
注）。故圖 2-9:1、3 之陶文代表置於基座上的木主，此玉件上的鷙鳥所代表
的應即東夷集團始祖之一少昊之神化了的形象。比照大汶口陶文，它的性質
相當於神主，但更加具體，更加直觀；而神主當然是用於祖先崇拜的。鷙鳥
之下的神面，或亦代表神化了的祖先，它為始祖神所卵翼，受到庇護，二者
共同組成複合神徽。

　　但東夷之少昊族有「以鳥名官」的傳說。《左傳》昭公十七年載郯子曰：
「我高祖少皞摯之立也，鳳鳥適至，故紀於鳥，為鳥師而鳥名：鳳鳥氏，歷
正也；玄鳥氏，司分者也；伯趙氏，司至者也；青鳥氏，司啟者也；丹鳥氏，
司閉者也。祝鳩氏，司徒也；鴡鳩氏，司馬也；鳲鳩氏，司空也；爽鳩氏，
司寇也；鶻鳩氏，司事也。五鳩，鳩民者也。五雉為五工正，利器用，正度
量，夷民者也。九扈為九農正，扈民無淫者也。」研究者多以此作為我國古代

存在圖騰制的證明，認為少昊族是鳥圖騰；故此玉鷩也有被當成圖騰崇拜物看待的可能。但郯子在下文中接著說：「自顓頊以來，不能紀遠，乃及於近。為民師而命以民事，則不能故也。」楊伯峻注：「顓頊乃繼少皞為帝，其官有南正、火正，不用鳥、雲、龍、火、水等名為官名，即『為民師而命以民事』，其不能以龍、鳥紀者，無遠來之天瑞，故以就近之民事為官名。」可見五鳥、五鳩等純屬職官之名；至顓頊時此制已廢，「以就近之民事為官名」，說明它僅為一代之官制，存在的時間並不長，更與氏族組織無密不可分的聯繫。何況金景芳先生認為：「這段文字所說的歷正、司分、司至、司啟、司閉等專職和司徒、司馬、司空、司寇、司事以及五工正、九農正等等，都是後世始有，在當時是不可能有的。所以郯子的這一些話，裏邊定有很多附會，不能作為信史來看待。」❷因而此玉鷩只能被看作是受到尊崇的人格化的始祖神，不宜與圖騰制度相提並論。

有學者認為圖騰制是人類原始時期的普遍存在，是為穩定族外對婚制而建立起的社會制度。但這一論斷難以適用於整個人類社會。如果我國上古時代是經過所謂酋邦的途徑進入早期國家階段，那麼立足於圖騰制而對此過程所作的解釋未免將成為多餘的假設。我國新石器時代綿延數千年，已發掘的墓葬不下數萬，然而並未獲得堅實可靠之證明圖騰制存在的根據。就婚姻制度而言，我國古代實行的是「同姓不婚」。姓來自氏族，同姓不婚就可以避免在同一氏族內部通婚。《國語·晉語四》：「異姓則異德，異德則異類。異類雖近，男女相及，以生民也。同姓……雖遠，男女不相及，畏黷敬也。黷則生怨，怨亂毓災，災毓滅姓。是故娶妻避其同姓，畏亂災也。」因此，無須通過圖騰制也能理順婚姻關係。又有學者認為商代銅器中有「玄鳥婦壺」（《三代》12·2·1），謂：「玄鳥婦三字合文，宛然是一幅具體的圖繪文字，它象徵著

⑲ 此種符號的塗朱者，見任日新《山東諸城縣前寨遺址調查》，《文物》1974年第1期。對此種符號的考釋，見李白鳳《東夷雜考》，頁23，齊魯書社，1981年。田昌五《古代社會斷代新篇》，頁53，人民出版社，1982年。饒宗頤《中國古代東方鳥俗的傳說——兼論太皞少皞》，載《中國神話與傳說學術研討會論文集》上冊，臺北，1996年。

⑳ 王樹明《談陵陽河與大朱村出土的陶尊「文字」》，載《山東史前文化論文集》。

㉑ 同註⑳。

㉒ 同註⑳。

㉓ 所舉卜辭一期之「示」字，見《小屯·殷虛文字乙編》8670，《殷契遺珠》628等處。此字亦作 ⊤（《小屯·殷虛文字甲編》742）、作 ⊟（《京都大學人文科學研究所藏甲骨文字》2982），兩相對照，證明木主確有基座。而有些示字在 ⊤ 之左右增加點劃，應代表基座上的裝飾物。

㉔ 金景芳《中國古代思想的淵源》，《社會科學戰線》1981年第4期。

作壺的貴婦人係玄鳥圖騰的後裔是很明顯的。」❷《詩‧商頌‧玄鳥》中有「天命玄鳥，降而生商」之句，毛傳：「玄鳥，鳦也。」鳦即燕子。鄭箋：「天使鳦下而生商者，謂鳦遺卵，娀氏之女簡狄吞之而生契。」因而不少人認為商王室以玄鳥為圖騰。但世界上許多民族都有自己的始祖誕生神話，卻並不都發展成圖騰制度。玄鳥生商，履武興周。《史記‧周本紀》說：「姜原出野，見巨人跡，『踐之而身動』，及期而生稷。」如果商人以玄鳥為圖騰，則周人豈不應以大腳印為圖騰？這種設想，顯然是講不通的。玄鳥與商族的關係雖於文獻有徵，但未得到考古學的證實。商的高祖王亥之亥字，甲文中有時書作𨾴❷，也被往鳥圖騰上牽合。其實均經不起推敲。李學勤先生說：「玄鳥婦壺」「實際是一件方罍，最早著錄於《西清古鑒》19‧14，……照片見《商周彝器通考》778。」「方罍銘應合讀為『亞㠱，𪄳婦』。『亞㠱』是族氏，『𪄳婦』是器主。」「甲骨卜辭『茲用』，有時省成『幺用』，因而『𪄳』很可能就是『鷯』字。『鷯』字在青銅器銘文中也出現過。這樣看來，青銅器銘文中並未出現『玄鳥』一詞。」❷至於王亥之亥字，卜辭中也並不都書作『𨾴』，書作『亥』的場合也很多（《後上》1‧1，19‧1，21‧13；《南明》66，476；《粹》75）。𨾴應是一種鳥名，借作亥字。如果認為王𨾴之亥上的佳代表圖騰，那麼它只能是玄鳥（燕子），但卜辭中未見王亥之亥作 🐦（鷰）形者。相反，此字或作 🐦（《粹》51），亥上之字為萑。《說文‧萑部》：「萑，雖屬。從佳，從屮，有毛角。所鳴其民有禍。」卜辭中萑之繁體作𨿳，也被視為不祥之鳥，如云：「王其遘萑，又大乙」（《南明》545），即因為遘遇萑鳥而向大乙侑祭以求福佑。本說商王室的圖騰是玄鳥，在這裏卻變成萑即貓頭鷹之類惡鳥，就不好解釋了。又王亥之亥或作 🐦（《寧》1‧141；《京》3926；《掇》1‧455）。上部從佳從又乃是隻字，即獲，訓捕獲，將它加在亥字上，殊無義理。目前雖不明其造字之用意，但鳥圖騰總不能用「隻」字來表示。又主圖騰說者或引《山海經‧大荒東經》「有人曰王亥，兩手操鳥」，以證王亥與鳥圖騰的關係❷。其實所引之句全文為：「有人曰王亥，兩手操鳥，方食其頭。」那麼王亥是正在吃他的圖騰，更講不通了。

撇開圖騰說，在這件體積不大的玉鷹形神主上，還可以清楚地看到各酋邦間通過影響、交流、吸收、融匯，而在意識形態的深層中產生的共性。山東龍山文化與良渚文化之間的密切聯繫，久為人所熟知。中國歷史博物館所藏存世之高度居第二位的良渚式分節大玉琮上刻有上述釋「昊」字的記號❷。大汶口之帶座神主式的記號也在南京北陰陽營所出良渚陶尊殘片上發現❸（圖2-9:4）。美國弗利爾美術館所藏良渚玉鐲，一面刻有「昊」字記號，另一

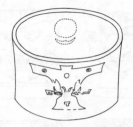

圖 2-10　良渚文化，玉鐲　美
國弗利爾美術館藏

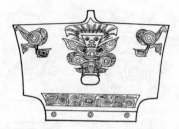

圖 2-11　玉梳背　浙江餘杭
瑤山 2 號墓出土

圖 2-12　良渚文化玉器刻紋與山東龍山文化玉器刻紋比較

1　良渚文化，玉冠飾　浙江餘
杭反山 16 號墓出土

2　良渚文化，玉三叉形器
浙江餘杭瑤山 7 號墓出土

3　山東龍山文化，玉圭
臺北故宮博物院藏

面刻出一個帶座神主的形象（圖 2-10）。其頂部的圖案類似良渚之玉梳背，而
此物在當時具有神聖的色彩❸❶。有些梳背當中飾以神面，神面兩側為喙部外
向之二鳥（圖 2-11）。而天津市藝術博物館的玉鷺形神主在基座下部也刻出相
背之二鳥。又良渚玉件中還有在神面左右安排兩個側視的人像者（圖 2-12:1、
2），而在山東龍山文化玉件的刻紋中也有這類構圖（圖 2-12:3）。它們之間竟
有如此之多的相通點，實足令人驚異。

　　如果把視野再放寬一些，還能發現這種共性存在於時空距離極其懸隔的
中國上古時代的各種文化之間。如臺北故宮博物院所存清宮舊藏之山東龍山
文化玉圭上的神面紋，與美國舊金山亞洲藝術博物館及福格美術博物館所藏
神面形玉件的圖案極相似❸❷（圖 2-13:1～3）；後兩件應是我國新石器時代晚期

㉕　于省吾《略論圖騰與宗教起源和夏商圖騰》，《歷史研究》1959 年第 11 期。

㉖　見《殷契拾掇》1 · 455，《殷契佚存》888，《殷虛卜辭》738 等處所錄。

㉗　李學勤《古文獻叢論》頁 220～221，上海遠東出版社，1996 年。

㉘　胡厚宣《甲骨文所見商族鳥圖騰的新證據》，《文物》1977 年第 2 期。

㉙　《中國玉器全集》卷 1，圖 190。

㉚　見《文物》1987 年第 12 期，頁 79。《考古》1992 年第 10 期，頁 917。

㉛　蔣衛東《良渚文化玉梳背研究》，「中國古代玉器與玉文化高級研討會」論文，北京大學，
2000 年。

㉜　張長壽《記澧西新發現的獸面玉飾》，《考古》1987 年第 5 期。

圖 2-13 神面紋

 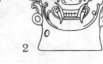 

1 山東龍山文化，玉圭刻紋 臺北
   故宮博物院藏
2 新石器時代晚期，玉神面 美國
   舊金山亞洲藝術博物館藏
3 新石器時代晚期，玉神面 美國
   哈佛大學福格美術博物館藏
4 石家河文化，玉神面 湖北鍾祥
   六合出土
5 夏或早商，玉神面 美國史密森
   寧研究院藏
6 商，玉神面 江西新干大洋洲墓
   出土
7 西周，玉神面 陝西長安灃西 17
   號墓出土

圖 2-14 有大耳的神面

1 玉神面 美國芝加哥美術
   研究所藏
2 玉神面 美國史密森寧
   研究院藏
3 銅神面 四川廣漢三星
   堆 2 號坑出土

之物。在石家河文化中，神面變成平頂，但面部一仍舊貫❸（圖 2-13:4）。美
國史密森寧研究院所藏神面形玉件沿襲了這種形制，似是夏或早商之物❹（圖
2-13:5）。江西新干大洋洲商墓所出者❺與陝西長安縣灃西 17 號西周墓所出者
仍無多大變化❻（圖 2-13:6、7）。直接將山東龍山文化與西周文化聯繫起來是
很困難的，所以只能從上述古代中國人之共同的宗教思想來認識。又以前曾
將這類神面上部兩側的凸起物視作角，甚至指為牛角；從而把石家河出土的
玉神面斷為蚩尤族群在黃淮下游敗績後遷移至長江中游時所製「頭戴牛角」
的蚩尤神像❼。而將視角轉移到上古中國人的文化共性上，則對於這一現象
似不必作如此迂迴的解釋。何況與四川廣漢三星堆 2 號坑所出青銅人面相

較，此突出物其實不是角，而是耳朵 ㉝（圖 2-14）。
古代中國仙靈以大耳為特徵。湖北隨縣曾侯乙墓
之內棺所繪操多援戈及多戈戟的神怪，耳朵就非
常大 ㊴（圖 2-15）。直到漢晉時，仙人仍然「耳出
於頂」㊵。考慮到這一點，則石家河的玉神面就不
一定和蚩尤相聯繫了。

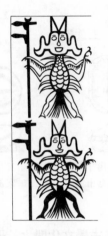

圖 2-15 戰
國，有大耳的
神怪（據湖北
隨縣曾侯乙墓
內棺彩繪）

　　再如在中國上古時許多考古學文化的出土物
中，都有將龜背甲與腹甲相縛合、內盛石子等物之
龜盒，據推測乃是一種占卜用具。它在河南舞陽賈
湖裴李崗文化墓葬、山東泰安大汶口及江蘇邳縣
劉林等大汶口文化墓葬、四川巫山大溪之大溪文化墓葬中都發現過 ㊶。古人
還有此型玉製品。遼寧朝陽牛河梁第 2 地點的紅山文化墓葬、安徽含山凌家
灘的薛家崗文化墓葬、河南安陽殷墟商代房址、北京琉璃河西周燕國墓、山
西曲沃曲村西周晉侯墓中均曾出土 ㊷（圖 2-16）。上文提到的立鷹紋玉笄，不
僅石家河文化中有，而且陝西神木石峁、湖北黃陂盤龍城、河南安陽婦好墓
等地出土的龍山文化乃至商代遺物中也曾發現 ㊸。和玉神面一樣，它們也必
然以相同的宗教思想背景為土壤，而且這種觀念還應相當牢固，相當深入人

㉝ 《中國文物精華》圖 57，文物出版社，1992 年。

㉞ 同注㉜。

㉟ 江西省文物考古研究所等《江西新干大洋洲商墓發掘簡報》，《文物》1991 年第 10 期。

㊱ 同注㉜。

㊲ 楊建芳《石家河文化玉器及其相關問題》，載《中國藝術文物討論會文集》，臺北，1992 年。
王樹明《蚩尤辨證》，《中原文物》1993 年第 1 期。

㊳ 四川省文物管理委員會等《廣漢三星堆遺址二號祭祀坑發掘簡報》，《文物》1989 年第 5 期。

㊴ 湖北省博物館《曾侯乙墓》上冊，頁 36，文物出版社，1989 年。

㊵ 漢詩《長歌行》：「仙人騎白鹿，髮短耳何長！」王嘉《拾遺記》：「有黃髮老叟五人，或乘鴻
鶴，或衣羽毛，耳出於頂。」參看拙文《孟津所出銀殼畫像鏡小議》，載《尋常的精緻》，遼
寧教育出版社，1996 年。

㊶ 高廣仁、邵望平《中國史前時代的龜靈與犬牲》，載《中國考古學研究》，文物出版社，1986
年。

㊷ 牛河梁所出者，見《文物》1997 年第 8 期，頁 10。含山凌家灘所出者，見《文物》1989 年
第 4 期，頁 6。殷墟所出者，見《殷墟的發現與研究》頁 345，科學出版社，1994 年。琉
璃河所出者，見《琉璃河西周燕國墓地》頁 233、235，文物出版社，1995 年。曲村所出者，
見《文物》1994 年第 8 期，頁 19。此外，在山東濟陽劉臺子西周早期墓中還發現一串玉龜
殼，見《中國玉器全集》卷 2，圖 272。

㊸ 岡村秀典《公元前二千年前後中國玉器之擴張》，《東亞玉器》，香港中文大學中國考古藝術
研究中心，1998 年。

圖 2-16　玉龜殼

1　遼寧朝陽牛河梁　　2　安徽含山凌　　3　商　河南安陽小　　4　西周　山西曲
　第 2 地點出土　　　 家灘出土　　　 屯 F11 房址出土　　 沃曲村 63 號晉
　　　　　　　　　　　　　　　　　　　　　　　　　　　　 侯墓出土

心；各考古學文化間之若干生活用品如陶器造型上的差別，和這種共同性比較起來，就顯得相對次要了。只有這樣，這些造型特殊的器物，才能穿越廣袤的時空，在不同的文化中以基本相同的面貌出現。

　　中華古民族是一個龐大的聚合體，它的文化是多源的，但並不是互相封閉，各自獨立發展的；而是多源共匯，最終形成統一的中華古文化。這件小小的玉鷩形神主也在這方面給人以寶貴的啟示。

（原載《遠望集》卷上，陝西人民美術出版社，1998 年）

3

三足烏

據說有人將一隻三足烏獻給武則天，左右侍臣指出其一足係偽製。武則天笑道：「但史冊書之，安用察其真偽乎」(《酉陽雜俎‧貶誤篇》)。烏鴉是飛禽，本無強調足部的必要，何況把足增為三隻，就連行走也不方便了；所以不可能有什麼真正的三足烏。對於這類進獻和諫諍，武則天一笑置之，不求甚解，正是她的高明之處。

但是從研究古代神話的角度說，神禽異獸的形象不外是將世間生物的形體在幻想中重加組合而已：鷹首獅身，人面蛇軀；其為神物，一望可知。但給烏鴉組合上一條多餘的第三隻足，而奉之為太陽的象徵，卻未免難以理解，從而也就成為一個耐人尋味的問題了。

太陽周天，日復一日。但西沉的落照與東升的朝暉是不是同一個個體？先民對此感到困惑，於是產生了天有十日的神話。《山海經‧海外東經》說：「湯谷上有扶桑，十日所浴，居水中。九日居下枝，一日居上枝。」不過十日如果同時臨空，會烤得草木枯焦，那就得請后羿出來射掉幾個才行。其實神話中對此本有安排，原是讓它們迭次輪流升沉的。即如《大荒東經》所說：「湯谷上有扶木，一日方至，一日方出，皆載於烏。」也就是說，它們是以烏鴉作為運載工具，在天上循環往復，所以秩序井然。為何選擇烏鴉載日，是否因為看到鴉噪夕陽而生此聯想？這一點雖無法斷定，但烏鴉和太陽確曾在中國神話中結下不解之緣。陝西華縣泉護村出土的仰韶文化廟底溝類型的彩陶上，就有烏和日組合在一起的圖案 (圖 3-1)。河南南陽英莊出土的漢畫像石上更有烏鴉載日的形象 (圖 3-2:1)。四川成都出土的漢畫像磚上，載日的烏被加上人首，可能代表日神羲和 (圖 3-2:2)。由於其構圖與前者相同，故應演

圖 3-1　仰韶文化，彩陶圖案　　圖 3-2　漢，畫像石上所見之金烏 (1) 與羲和 (2)
　　　　陝西華縣泉護村出土

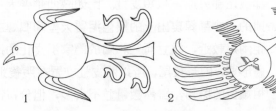

1　　　　　　　　　　　2

嬗自同一母題。唐代的李陽冰解釋象形的「日」字時甚至說「古人正圓象日形，其中一點象烏」（《說文繫傳》引）。他簡直認為遠在造字之初，日和烏已經密不可分。但應當指出的是：這些烏並沒有三足，牠們並不是三足烏。

三足烏可能是通過另外一個渠道誕生的。世所公認，我國最先發現太陽黑子。《漢書·五行志》已有「永光元年（前34年）四月，日中黑子大如彈丸」的記載。黑子出現在太陽中，自然會被人把它和烏聯繫起來。但僅以目測，看不出黑子的運動，所以未把它比擬成飛烏，只把它當作一隻據地不動的烏鴉，金雀山和馬王堆出土的西漢帛畫上的日中之烏就是這樣的（圖3-3:1、2）。故《淮南子·精神訓》說：「日中有踆烏。」踆即古蹲字，見《莊子·外物篇》釋文。但可怪的是，蹲烏後來卻變成了三足烏，如《精神訓》高誘注說，踆烏「謂三足烏」。

圖 3-3
日中之烏與三足烏

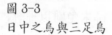

1　漢，帛畫，日中之烏
山東臨沂金雀山出土

2　漢，帛畫，日中之烏
湖南長沙馬王堆出土

3　漢，畫像石，三足烏
江蘇銅山小李村出土

4　唐，佛畫，「日前摩利支天圖」
中的三足烏　甘肅敦煌石室出土

5　明，十二章中之三足烏
（據《三才圖會》）

踆烏的第三隻足是從哪裏來的呢？要回答這個問題，得先從古代鳥形器的造型說起。在新石器時代，無論黃河流域的仰韶文化或長江流域的馬家浜文化，當製作鳥形陶器時，因為只用兩隻足難以使器物站得穩，往往在其尻部或尾部另加一根短支柱。比如陝西華縣太平莊屬於仰韶文化廟底溝類型晚期的一座墓葬裏出土的黑色泥質大型陶鴞尊就是這樣的（圖3-4:1）。它的支柱距兩足較近，鼎立而三。屬於馬家浜文化的江蘇吳縣草鞋山遺址出土的紅陶鳥形尊，因有長尾，所以將支柱安置在腹後近尾之處（圖3-4:2）。造型和它們相類似的器物，雖然數量並不太多，但分布得卻很廣，不但見於河南偃師二

圖 3-4　三足的鳥形器

1　陶鶚尊　　2　陶鳥形尊　　3　銅鴨尊　　4　銅鴨尊　　5　三足鳥形銅尊
陝西華縣出土　江蘇吳縣出土　遼寧凌源出土　江蘇丹徒出土　陝西寶雞出土

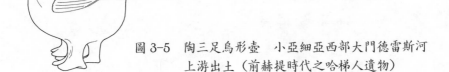

圖 3-5　陶三足鳥形壺　小亞細亞西部大門德雷斯河
上游出土（前赫提時代之哈梯人遺物）

里頭遺址的出土物中，而且見於時代晚得多、地域也相距甚遠的內蒙古完工出土的鮮卑早期遺物中。它們彼此之間的文化聯繫雖然目前還說不清楚，但很值得加以探討。有意思的是，為鳥形器加上第三隻足以使其便於放置的實例，在更加遙遠的西方，小亞細亞西部大門德雷斯河上游出土之前赫提時代的遺物中也能看到。這裏的三足鳥形陶壺，其造型與上述諸器實有異曲同工之妙（圖 3-5）。可見對鳥形器而言，第三隻足的出現，是因實際的需要使然。

　　而在古代中國，不僅陶器如此，西周青銅器中也有這類器物。比如遼寧凌源海島營子和江蘇丹徒母子墩都出土過青銅的鴨尊（圖 3-4:3、4）。這兩個地點雖相距遙遠，天各一方，但兩件鴨尊的造型卻頗為肖似，尻部都裝有支柱。而在陝西寶雞西周弜伯墓所出鳥形銅尊上，這根支柱更變成了毫不含糊的第三隻足（圖 3-4:5）。結合其頭部的造型看，可以認為這時已出現了真正的三足烏。而且三足烏的出現在當時的神話中也能找到根據。《尚書大傳》本《泰誓》說：「武王伐紂，觀兵於孟津，有火流於王屋，化為赤烏，三足。」寶雞三足烏的造型中應有這一神話的影子。不過這時牠似乎尚未與太陽相聯繫。及至漢代將日中的黑子幻化成蹲烏以後，遂與這一古老的神話結合起來，太陽裏的神烏乃增為三足。

　　可是在漢代的畫像石上，由於未能將透視關係處理好，烏的三隻足一順兒並排著，顯得有點彆扭（圖 3-3:3）。然而刻繪者相因成習，並排的三隻足成為固定的公式。敦煌石室所出唐代繪畫中的三足烏，身姿類鳳，顯得挺精神，足的安排則無變化（圖 3-3:4）。明代皇帝冕服上的十二章中之三足烏，身姿卻像公雞（圖 3-3:5）。如果不尋根問底，幾乎就認不出它原來是神話中的烏鴉了。

（原載《文物天地》1990 年第 1 期）

4
古文物中所見之犀牛

西安漢南陵第 20 號從葬坑發現犀牛骨骼的報告曾引起讀者廣泛注意❶。這種動物今天在我國絕大部分地區已經絕跡，因而南陵殉葬的犀牛是否為中國所產，自然成為人們關心的問題。關於這一點，原清理者王學理先生在他的文章中已有說明。本文謹就古文物中之所見，對王說略事印證與補充。

中國古代是產犀牛的。不僅產，而且相當多；不僅華南產，而且在華北大平原上成群結隊地出現。且不說新石器時代遺址中已多次發現犀骨❷，在以後的文字記載中，犀牛也不絕於書。甲骨文中有 字，這是殷人田獵的對象之一。卜辭中常提到殷王逐 。逐的結果，時有所獲，少則一頭（《前》7・41・1）、兩頭（《前》2・31・4），多則 11 頭（《前》4・47・6）、36 頭（《屯南》2857）。有一條記載焚林而獵的刻辭說，那一次就獲 71 頭（《乙》2507）；可見這種動物為數確乎不少。殷墟還曾出土過一個大獸頭骨，上有刻辭：「于㥁田□□獲白 」。董作賓先生將 字誤釋為麟❸；誤釋倒也罷了，還進一步把它說成是從亞述、巴比倫跑來的神牛，良有所失。這個字後經唐蘭先生指出，應當釋作兕❹。兕就是犀牛，所以這具頭骨應即殷代所獵犀牛的遺骨。本來，早在 50 多年前，楊鍾健先生對殷墟動物群所作的鑒定，已證明其中有犀牛❺。中國歷史博物館所藏「宰丰骨匕」，刻辭表明是因受王賜予獵獲之「商戠兕」而作，經鑒定此匕用料是犀牛肋骨（圖 4-1）。商代獵獲猛獸後，或在其骨上刻

圖 4-1
商，宰丰骨匕刻文（壬午，王田於麥彔，隻（獲）商戠兕。王易（錫）宰丰，寢小𤔲兄（祝）。才（在）五月，隹（惟）王六祀，彡日）

---

❶ 王學理《漢南陵從葬坑的初步清理——兼談大熊貓頭骨及犀牛骨骼出土的有關問題》，《文物》1981 年第 11 期。

❷ 浙江餘姚河姆渡、廣西南寧及河南淅川下王崗等處的新石器時代遺址中，均曾發現犀骨。

❸ 《「獲白麟」解》，《安陽發掘報告》第 2 期，1930 年。

❹ 《獲白兕考》，《史學年報》1 卷 4 期，1932 年。

❺ 楊鍾健、劉東生《安陽殷墟之哺乳動物群補遺》，《中國考古學報》1949 年第 4 期。

圖4-2　商，四祀邲其卣

圖4-3　商，小臣艅尊
山東壽張出土

文為記。加拿大安大略博物館所藏懷特氏甲骨之 B1915 片為虎骨刻辭，云：「隻（獲）大凷虎。」經鑒定為虎之右上膊骨。與「宰丰骨匕」的作法正同。獵犀在殷及西周是田獵中的盛舉，常動用龜卜求兆，周原卜骨中也發現「狩兕」的刻辭❻。故《逸周書・世俘解》說武王狩獵，擒「犀十有二」。《孟子・滕文公》稱周公「驅虎、豹、犀、象」，看來均非虛語。

在現代，亞洲還生存著三種犀牛，其中「蘇門犀」是雙角犀；另兩種，「印度犀」和「爪哇犀」都是獨角犀。蘇門犀的體型較後兩種略小。上引卜辭中的兕，很可能指的就是蘇門犀。因為在殷代工藝品中一再出現牠的形象。北京故宮博物院所藏商代長銘銅器「四祀邲其卣」，其提梁末端就鑄有雙角的犀首❼（圖4-2）。特別值得注意的是山東壽張出土的「小臣艅尊」（圖4-3），它的造型就是一隻蘇門犀，鼻角、額角、聳立的耳朵、下垂的尖尖的上唇，以至於三趾的足，都鑄造得很寫實，說明當時的鑄工對這種動物是熟悉的。但古文獻中如《爾雅》晉郭璞注、南朝劉欣期《交州記》、宋羅願《爾雅翼》等處都說兕指獨角犀，犀指雙角犀。可見我國古代在蘇門犀之外，對獨角犀也有所認識。不過從文字孳乳的規律看來，兕應是象形的初文，而犀是後起的形聲字。象形、指事、會意三書的字往往有這類後起的形聲字，這一點楊樹達先生曾反覆論證，並把它總結為研究古文字學的方法的「五緯」之一❽。所以不能據郭璞、劉欣期等人的晚出之說，將卜辭中的兕釋為獨角犀。至於《本草綱目》引唐陳藏器說與宋張世南《游宦紀聞》引或說，以為兕是犀之雌者，則更為晚出，與卜辭之兕全然聯繫不上了。

殷周時代，我國不但產犀❾，而且還將犀角與犀革利用起來。用犀角做的兕觥，在《詩・周南・卷耳》、《爾風・七月》、《小雅・桑扈》中都出現過。這種器物不太小，據《詩疏》引《韓詩》說：「兕觥，以兕角為之，容五升。」過去不太清楚兕觥到底是什麼樣子，認為它只不過是一般的「角爵」❿，有

圖 4-4　兕觥與牛首杯

| 1　古代西方的
陶牛首杯 | 2　《金索》所
載「周兕觥」 | 3　銅兕觥　山西石樓出土 | 4　木犀角　湖南長沙馬
王堆 1 號墓出土 |

人甚至把南北朝以後由西亞傳來的牛首杯 (rhyton) 當成兕觥 (圖 4-4:1、2)。近
年山西石樓出土了一件青銅器 (圖 4-4:3)，它的輪廓與長沙馬王堆出土的木犀
角 (圖 4-4:4) 基本一致，《桑扈》之所謂「兕觥其觩」，正是對這種曲線的描
寫。這就使我們解除了千年的疑竇，認識了兕觥的真面目。除了用犀角製觥
外，犀牛最主要的用途是用牠的革製甲。《考工記‧函人》中提到過犀甲，孫
詒讓《正義》：「牛革雖亦可為甲，然甲材究以犀兕為最善。」所以在鐵鎧興盛
以前，犀甲是春秋、戰國各國戰士所豔羨的武備。《國語‧晉語》：「唐叔射
兕於徒林，殪以為大甲。」《左傳》宣公二年記宋國人列舉製甲的材料時也說：
「牛則有皮，犀兕尚多。」可見中原地區當時產犀。河北平山中山王陵出土的
有翼銅犀❶，雖然製作者企圖塑造出一隻神獸，但實際上只是犀牛造型的誇
張神化。先秦文獻又往往強調西南和江南一帶是犀的主要產地。《爾雅‧釋
地》：「南方之美，有梁山之犀、象焉。」《山海經‧中山經》：「岷山，其獸多
犀、象。」《國語‧楚語》：「巴浦之犀犛兕象，其可盡乎?」《墨子‧公輸篇》：

---

❻　李學勤《西周甲骨的幾點研究》，《文物》1981 年第 9 期。

❼　此卣的真偽久存爭議。但最近對它進行的 X 射線檢測分析證實其底部與圈足是完整的，銘
文在原底上（丁孟、建民《𣄰其卣的 X 射線檢測分析》，《故宮博物院院刊》1999 年第 1 期）。
又據王文昶先生說，此卣於 1940 年在安陽出土，1956 年由故宮收購後只有頸部紋帶以下
與圈足以上有修配，梁、蓋、口、底均是完整的（王文昶《銅卣辨偽》，《故宮博物院院刊》
1983 年第 2 期）。朱鳳瀚先生說此卣所注明之周祭祀典是可信的。「在 40 年代以前，不可
能有作偽者編造出合乎周祭祀譜祀典曆日」（朱鳳瀚《有關𣄰其卣的幾個問題》，《故宮博物
院院刊》1998 年第 4 期）。現在看來，作偽者當時要在提梁兩端設計出符合商代風格的犀首
來，也是難以想像的事。

❽　見《積微居小學述林‧自序》。這種例子如：「互」訓「可以收繩」，「𥰲」訓「所以收絲」；
𥰲是互的形聲字。「𠅃」從古文回，「淀」訓「回泉」；淀是𠅃的形聲字。兕和犀的情況也正
相同。

❾　除殷代的犀尊外，陝西岐山曾出周代銅犀尊，資料待發表。

❿　《詩‧周南‧卷耳》毛傳。

⓫　見《文物》1979 年第 1 期，圖版 4: 2。

「荊有雲夢，犀兕麋鹿滿之。」所以當時南方各國犀甲的產量應更大。《越語》稱：「今夫差衣水犀之甲者，億有三千。」《荀子・議兵篇》稱：「楚人鮫革犀兕以為甲，鞈如金石。」《楚辭・國殤》中也說：「操吳戈兮披犀甲。」在兵戈擾攘的戰國時代，對犀甲的需求量是很大的，為了軍需的目的而長期濫肆捕殺，就使這種生殖率很低的野生動物在我國、特別是北方，迅速地減少了。

秦漢以後，雖然犀牛在北方已不多見，但西南一帶還不少。晉常璩《華陽國志・巴志》稱，其地產「靈龜巨犀」；同書《蜀志》稱，其寶有「犀、象」。在這裏並出現了以犀牛為題材的大型石雕。《華陽國志》記秦代蜀守李冰「作石犀五頭，以厭水精」。這些石犀唐代的杜甫和宋代的陸游還都見過❷。在四川昭化寶輪院秦或漢初的船棺葬中發現了兩件金銀錯犀形銅帶鉤，在涪陵西漢墓出土犀燈，形象都是雙角的蘇門犀（圖 4-5）。可以看作這時西南產犀的佐證。

圖 4-5　犀牛形銅器

1　秦或漢初，錯金銀犀形銅帶鉤　四川昭化寶輪院船棺墓出土

2　西漢，犀形銅燈　四川涪陵土坑墓出土

至於關中一帶，最遲到西漢晚期犀牛已經絕跡。平帝元始中，王莽輔政，為了炫耀「威德」，厚遺黃支國王，讓他遣使獻活犀牛，黃支王也果然把犀牛送到長安❸。黃支國在「日南之南」（《漢書・平帝紀》顏師古注引應劭說，《後漢書・南蠻傳》），其地望各家說法不一，據周連寬等新近的考證，應位於蘇門答臘西北部❹，這裏正是蘇門犀的故鄉。很顯然，如果當時關中和中原一帶尚有野生犀牛的話，那麼王莽動員黃支王萬里來獻，就沒有多少隆重的意味，也達不到沽名釣譽的目的了。所以關中一帶產犀時期的下限，可能比這時還要早些。但在這裏的犀牛最後絕跡、使當時的鑄工無由取法借鑒之前，古文物中還留下了一件反映蘇門犀形象的傑作，即 1963 年在陝西興平發現的錯金銀銅犀尊（圖 4-6）。此尊造型生

圖 4-6
西漢，犀尊　陝西興平出土

氣鬱勃，孔武有力。它和「小臣艅尊」遙相輝映，可稱我國北方產犀時代中一早一晚兩個閃光的紀念杯。它的製作時代，有戰國、秦、西漢三說。雖然不排除它製於西漢初，即與昭化犀帶鉤的時代約略相當的可能性，但它應早於南陵殉犀。因為鑒定證明，南陵殉犀是爪哇獨角犀❶，產地應是距黃河流域較遠的中國南部地區。而如上所述，此前在我國北方的出土文物中沒有發現過獨角犀的形象。所以，較合理的推測是，由於營南陵之際，關中、中原已無野生的蘇門犀，故爾不得不從遠方尋覓。而到王莽時，更須求之於南海的黃支國了。

　　由於犀牛的減少，大概自漢代開始已從國外進口犀角。廣州幾座漢墓中曾出土作為明器的陶犀角 20 餘件❶。聯繫到《游宦紀聞》所記五羊（廣州）的犀角「往往來自蕃舶」之說，則這條自海外經廣州進口犀產品的通商路線，可能在漢代已經開拓出來。所以王莽時如由蘇門答臘經廣州運入生犀，是有條件做到的。

　　至唐代，華南山區仍有野生的犀牛。《新唐書·地理志》列出了澧、朗等

圖 4-7　唐，犀牛紋

1　「穆悰」銀盒　北京社科院考古所藏　　2　銀盒　西安何家村出土　　3　銀盒　日本白鶴美術館藏

4　螺鈿鏡　日本奈良正倉院藏　　5　錦　日本奈良正倉院藏　　6　叢篁雙犀鏡　北京中國歷史博物館藏

---

❶　《杜工部草堂詩箋·石犀行》。《老學庵筆記》卷五。

❶　事詳《漢書·平帝紀》又《王莽傳》。揚雄《交州箴》。

❶　周連寬《漢使航程問題》，《中山大學學報》（社科版）1964 年第 3 期。周連寬、張榮芳《漢代我國與東南亞國家的海上交通和貿易關係》，《文史》第 9 輯，1980 年。

❶　此據古脊椎動物與古人類研究所邱占祥先生鑒定結果。承允引用，謹致謝意。

❶　《廣州漢墓》上冊，頁 128、281，文物出版社，1981 年。

圖 4-8
唐，石犀　陝西三原獻陵

13 個州的土貢方物中有犀角。但中原一帶見到生犀牛的機會卻不多。京畿苑囿中偶爾豢養一二隻從國外得來的貢品，但這些自熱帶、亞熱帶輸入的犀牛與以前本地原有的品種不同，牠們往往適應不了長安等地的水土氣候。白居易《新樂府·馴犀》就記述了一隻國外運來的犀牛在長安凍死的情況。以致唐代一般人對犀牛的印象很含糊，工藝品中出現的犀牛也經常被描繪得走了樣，或把犀的額角給搬到頭頂上去，或把犀的體型刻畫得一無似處（圖 4-7）。只有唐高祖李淵獻陵的石犀雕刻得比較逼真（圖 4-8）。李淵死於貞觀九年，而林邑國（在今越南中部）於「貞觀初遣使貢馴犀」⓱，所以修陵時得據以雕刻。並且此犀的石座上有銘文「(高）祖懷（遠）之德」六字⓲，則這組石雕當是為了紀念外國獻犀而專門製作的。從形象看，牠是獨角的，與雙角的蘇門犀不同；身上雖刻出皺襞，卻又比印度犀的皺襞淺些。因而牠可能與南陵殉犀一樣，也是爪哇犀。獻陵石犀之造型的依據既然有理由認為是林邑國所產之爪哇犀，那麼，南陵殉犀的產地也就更有理由認為是在南中國，最遠不出當時漢境之南疆，如九真、日南等郡了。

犀牛在唐代既已罕見，犀角於是也日益珍貴，隨之出現了一些關於犀角的奇談。如所謂「卻塵犀」、「辟水犀」（均見唐劉恂《嶺表錄異》卷中）、「辟暑犀」、「夜明犀」（均見唐蘇鶚《杜陽雜編》卷中）、「蠲忿犀」（同上書卷下）、「辟寒犀」（五代王仁裕《開元天寶遺事》卷上）等，把犀角說得神乎其神。這些光怪陸離的神話，當巴浦還是「犀聲兕象其可盡乎」、雲夢還是「犀兕麋鹿滿之」的時候，是沒有存身之地的。

唐代的犀牛雖少，犀角雖珍，但需求量卻大增。這時雖因普遍使用鐵鎧，對犀甲的需求已經不那麼殷切了，然而腰帶上的一種裝飾品——帶銙，卻講究用犀角製作，為犀角的用途開闢了一個新領域。原先在漢代，束腰多用裝帶鉤的郭落帶，那上面並不裝帶銙。南北朝以後，裝帶扣的鞢韄帶代替了郭落帶，帶鞓上鞢韄基部的墊片逐漸演變為帶銙。唐代製銙的材料有金、玉、銀、鍮石、銅、鐵以至黑木等多種⓳，而尤貴犀銙。《新唐書·車服志》：「宴會之服，一品、二品服玉及通犀，三品服花犀、斑犀。」又說：「六品以上（銙）以犀。」通天犀、花犀、斑犀皆為犀角之不同的品種。其中價值最高的是通天犀，指犀角中心有白縷直上徹端者，這種犀角據說能「出氣通天」，因而「計價巨萬」。它十分稀有，一代名相李德裕在所撰《通犀帶賦》的序中說：「客有以通犀帶示余者，嘉其珍物，古人未有詞賦，因抒此作。」⓴可見連他也不

經常服御。「通天白犀帶，照地紫麟袍」㉑，一條高級犀帶是極其引人注意的。
六品以上官員人數眾多，他們追求犀銙的熱潮，自唐至五代持續了近 300 年。
這是我國犀牛生存史上的第二次厄運。直到北宋，才興起「玉不離石，犀不
離角，可貴者金也」之說㉒，轉以金銙為尚。可是這時犀牛在我國大部分地
區已滅絕了，《宋史·地理志》所載各地土貢方物的名單中已無犀角。

　　宋代既不產犀，一般人對這種動物遂愈益隔膜。嘉祐三年（1063 年）交
阯進二獸，《宋史·五行志》說牠們「狀如水牛，被肉甲，鼻端有角，食生芻
果」，看來無疑應是犀牛，當時也有人正確地指出這是「山犀」㉓。但交阯卻
報稱是麒麟，惹得滿朝議論紛紜，後來以「異獸」的名義收下了。然而並世
碩學如沈括、范鎮卻或以為這是「天祿」，或以為這是水牛與蛟龍的混血兒㉔。
天祿是和辟邪組合成對的神獸的名字，自然界中並無其物；水牛、蛟龍云云，
更反映出當時的惶惑不解之態。湖南茶陵洣水旁的南宋鐵犀，呈獨角黃牛狀，
說明當時對犀牛的認識與實際情況相去已遠㉕。

　　明清人一般也不認識犀牛。犀角除少量用於製造工藝品外，大部分供藥
用。可是醫藥家只注意犀角的藥性，對產於國外的犀牛的生態則不甚了然。
明刊《證類本草》（1523 年刊）中所繪之犀是頭生獨角的黃牛。權威性的百
科全書《三才圖會》（1607 年刊）中所繪者也是如此。試看明代武官補服上
的犀牛（圖 4-9），便知這時對犀牛的理解。于謙在開封所鑄著名的鎮河鐵犀
（圖 4-10），其造型也離不開這個格式㉖。不難看出，牠們同生物界的犀牛幾
乎沒有多少共同點。由於這些情況，所以清康熙朝在清廷欽天監任職的比利
時人南懷仁根據外國文獻編成的《坤輿圖說》中，雖然畫出了印度獨角犀的
圖像，卻另給牠起了一個「鼻角獸」的名字（圖 4-11）。可見這時的中國讀者

⑰　《舊唐書·林邑國傳》。
⑱　石犀原在陝西三原獻陵前。本為一對，已殘。其中之一已遷入陝西省博物館，並予修復。
　　關於石座銘文之考釋，見何正璜《石刻雙獅和犀牛》，《文物》1961 年第 12 期。
⑲　金、玉至鐵帶銙之製，見《新唐書·車服志》。黑木帶銙見南唐沈汾《續神仙傳·藍采和》
　　（《太平廣記》卷二二）。
⑳　《李文饒集·別集》卷一。
㉑　《白香山詩集·後集》卷一五。
㉒　宋太宗語。見宋王鞏《甲申雜記·補闕》；宋歐陽脩《歸田錄》卷二。
㉓　宋王得臣《麈史》卷中。
㉔　《夢溪筆談》卷二一。《東齋紀事》卷一。
㉕　見《湖南文物》第 3 輯，1988 年。
㉖　益安、梁立《黃河水患話鐵犀》，《河南師大學報》1980 年第 4 期。孫月娥《鎮河鐵犀》，《中
　　州今古》1984 年第 3 期。

圖 4-9　明，緙絲褟子上之犀牛

圖 4-10　明，1446 年鑄造的河南開封
辛莊鎮河鐵犀

圖 4-11　清，《坤輿圖說》中的「鼻角獸」

已經無法把這種形象和習慣上所認為的犀牛聯繫在一起了。

　　中國古代產犀由盛而衰的過程告訴我們，人為的無節制的獵捕和生態平衡的破壞，是使這種動物走上滅絕之途的根本原因；而歷史時期中年平均溫度的變動所起的影響，可能並不是最主要的。對這一過程的考察也使我們從一個側面進一步體會到，把我國的文獻記載和考古資料結合起來，有可能構成一面何等博大的歷史鏡子，客觀存在總要在其中反映出自己的形象；而事過境遷之後，殘餘的傳聞與稽古之臆想，則只能拋射出一些駁雜、模糊的散光。

（原載《文物》1982 年第 8 期）

5

古文物中所見之貘

古代中原地區的氣溫和濕度與現代略有差別,特別是當時還存在著大面積的森林及沼澤,所以生態環境與現代的差異更大。當時在這裏蕃衍生息的野生獸類,有好些種現代已然絕跡,比如象,先秦時代在中原地區尚為數不少。甲文中「🐘(為)」字,即用手牽象之形。徐中舒先生說:《禹貢》中豫州之「豫」,其予旁原是邑字,故豫乃象、邑二字之合文。豫是今河南一帶,此地久已無象,但當時卻把象當作這裏的特徵而在地名裏標出來。又如犀,商代的「小臣艅尊」和陝西興平所出西漢初年的犀尊,都鑄成了它的形象。《竹書紀年》稱:「夷王六年,王獵於杜林,獲犀牛一以歸。」則在西周的王畿之內尚可獵犀。《鹽鐵論》稱:「強齊勁鄭有犀兕之甲。」證明北方的犀應為數不少,南方就更多。《墨子・公輸篇》謂:「荊有雲夢,犀兕麋鹿滿之。」可以想見其盛況。

除了象、犀之外,貘也是古代中國並不罕見的野獸。現代卻只能在幾個大動物園中看到牠,許多人對之已經相當陌生了。貘是一種體型中等,矮足短尾,皮厚毛稀的食草動物。牠的前肢有四趾,後肢只有三趾,在奇蹄目中屬於最原始的種類。牠喜歡生活在林密水多的地區,以植物的嫩葉為食。現代貘的產地主要是中南美洲;亞洲只有一種馬來貘,產於馬來西亞、蘇門答臘和泰國。成年雄貘肩高在 1.05～1.15 公尺之間,體重 250 公斤左右。馬來貘身體的中部為灰白色,其餘部分為棕黑色。牠的最具特色的體徵是鼻子的前端很突出,能自由伸縮,猶如象鼻,但比象鼻短得多 (圖 5-1)。湖北天門鄧家灣所出新石器時代石家河文化之紅陶小塑像中有象也有貘,二者不僅體態不同,鼻子的造型亦各異,表現手法十分寫實 (圖 5-2)。河南安陽發現過

圖 5-1　馬來貘

圖 5-2　石家河文化,陶象與陶貘
湖北天門出土

貘骨，說明商代有貘。西周則留下了三件貘尊。容庚《善齋彝器圖錄》中著錄的「遽父乙尊」，原書以為是象的形象，實際上所塑造的是一隻維妙維肖的貘❶（圖 5-3）。不但其鼻部與圓圓的耳朵和實物十分肖似，而且貘的眼眶周圍的膚色略淡，看上去好像有一圈大眼窩；貘背從髂骨以下急劇塌縮，臀部顯得比較瘦；這些特點在此尊上也都表現得很清楚。

圖 5-3　西周，遽父乙尊

陝西寶雞茹家莊 2 號墓出土的另一件貘尊，雖然鑄造得不像前一件那麼寫實，發掘簡報中稱之為羊尊❷，但與前者相對比，它的造型也無疑是貘（圖 5-4:1）。根據銘文，這件器物是強伯為他的妻子井姬製作的。另一件造型與之相近的貘尊，為美國賽克勒醫生所藏（圖 5-4:2）。而北京保利藝術博物館所藏西周神面卣，則在器體中部前後兩面均飾以突出的貘首（圖 5-4:3）。

圖 5-4　貘尊與飾貘首之卣

1　西周，貘尊　陝西寶雞茹家莊　2 號墓出土

2　東周，貘尊　美國賽克勒氏藏

3　西周，飾貘首的銅卣　北京保利藝術博物館藏

不但在先秦銅器中能見到貘，在漢代的畫像石中貘也屢次出現。山東平陰孟莊漢墓中的一根石柱上刻出的貘，除尾部稍嫌長些之外，其餘部分的造型都比較符合實際情況（圖 5-5:1）。牠前面有一人正在撫弄其鼻，看來這頭貘已經處於半馴化的狀態。另外，山東滕縣西戶口漢畫像石中也有貘的形象❸（圖 5-5:2）。由於貘的鼻子突出，所以在圖像中容易和象鼻相混，白居易《貘屏贊》的序裏就說貘是「象鼻，犀目」。但有意思的是，在古文物中貘和象常一同出現。上述寶雞茹家莊西周墓中除出貘尊外，也出了一件象尊。而滕縣山亭漢畫像石中還一前一後刻出了一隻貘和一隻象。畫面上的象個子大，耳朵下垂，鼻子也長。而貘的個子和鼻子都小些，圓耳上聳，與象的體型顯然不同。在登封太室闕、啟母闕的畫像石中也有類似的形象，有人懷疑牠們也

圖 5-5　漢畫像石中之貘

1　山東平陰孟莊出土

2　山東滕縣西戶口出土

圖 5-6　南朝早期，上
虞窯貘鈕青瓷扁壺
江蘇金壇出土

是貘，看來是很有可能的。既然華北在漢代仍有貘，華南和西南一帶當更不例外。《後漢書·西南夷·哀牢夷傳》就說該地產「貊獸」。

　　魏晉時江南仍產貘，故左思《吳都賦》描寫吳王出獵時有「仰攀鵔鸃，俯蹴豻貘」之句。這種情況至南朝早期仍無變化。江蘇金壇白塔出土的青瓷扁壺，兩肩各塑出一貘形鈕（圖 5-6），可證❹。到了唐代，如上揭白居易文則說貘生「南方山谷中，寢其皮辟瘟，圖其形辟邪」。又說「此獸食鐵與銅，不食他物」。當然實際情況並非如此。但貘喜水善泳，故說貘皮能隔潮還是對的。《白氏六帖》引《廣志》：「貘大如驢……其皮溫暖。」《舊唐書·薛萬徹傳》說：「太宗嘗召司徒長孫無忌等十餘人宴於丹霄殿，各賜以貘皮。」或即著眼於此。但說貘能辟邪並專食銅鐵，那就是神話了。貘是一種膽子很小的動物，根本沒有多大的威力。其所以產生出這種傳說，只能是由於此獸逐漸稀少，當時在我國北方可能已經絕跡，人們對牠已不熟悉之故。這些說法早在晉郭璞注《爾雅》時已見端倪，以後就說得更玄了。貘字的異體作貊，《酉陽雜俎》中稱之為貊澤，說用牠的脂肪作的油膏放在銅、鐵、瓦器中，「貯悉透」，顯然是無稽之談。貊澤又作白澤。《唐六典·武庫令·旗制》中有「白澤旗」。《新唐書·五行志》還說：「韋后妹七姨嫁將軍馮太和，為豹頭枕以辟邪，白澤枕以辟魅。」竟把牠視作神獸。可見在人們的認識中，神獸白澤與生物界的貘的距離已被越拉越遠。不過從各書中一再指出的：貘色「黑白駁」（《爾雅》

❶　本文草成獲讀林巳奈夫《殷、西周時代的動物意匠に採られた野生動物六種》（載《展望アジアの考古學》，東京，1983）一文，看到林先生已指出這一點。參照他的意見，又對本文略作修改。

❷　寶雞茹家莊西周墓發掘隊《陝西省寶雞市茹家莊西周墓發掘簡報》，《文物》1976 年第 4 期。

❸　山東省博物館、山東省文物考古研究所《山東漢畫像石選集》圖 496，齊魯書社，1982 年。

❹　宋捷、劉興《介紹一件上虞窯青瓷扁壺》，《文物》1976 年第 9 期。

郭注)、「大如驢」(《白氏六帖》、《後漢書·西南夷傳》李注引《南中八郡志》)、「象鼻」(《貘屏贊》)等特徵看來，均與馬來貘相合。故我國古代所說的貘，就是現代仍然生存在亞洲的馬來貘；而不是像有的學者所主張的：古代說的貘是指熊貓而言。到了宋代以後，文獻中關於貘的記載更加零星、模糊而失實，大約這時在我國的土地上，已經很難看到這種動物的蹤跡了。

(原載《文物天地》1986 年第 5 期)

6

麒麟與長頸鹿

上古時代，東西方都有關於洪水的傳說。在滔滔洪水面前，西方出現了挪亞的方舟。及至雨過天晴，彩虹高掛，一隻銜著橄欖枝的白鴿飛來了。牠報導了洪水消退的信息，牠代表著重建新生活的前景。牠是希望之光，和平之鳥。

而東方的大陸國家──中國，她的洪水則是夏禹採用疏導法，通過開挖溝渠慢慢引走的。在這裏，在一望無際的黃土地上，孕育文明的大河是黃河，種植的糧食是金燦燦的粟米。這裏樸實的人民缺少點西方的浪漫氣質，卻更需要在和平中建設自己的家園。作為象徵物，他們創造了麒麟這樣一個美好的形象。牠是仁獸，和平之獸。

有關麒麟的傳說出現在春秋時。這是一隻黃色的，像鹿一樣的動物。牠是無比的馴良和善。牠的頭上生著獨角，但角端包著肉。如《孝經古契》說：麒麟如廬，「頭上有角，其末有肉」（《初學記》卷二九引）。《公羊傳》何休注也說麒麟「一角戴肉，設武備而不為害」。描述得更加詳細的是陸璣《詩疏》，謂：「麟，廬身，牛尾，馬足，黃色，圓蹄。一角，角端有肉。音中鐘呂，行中規矩。游必擇地，詳而後處。不履生蟲，不踐生草。不群居，不侶行。不入陷阱，不罹羅網。王者至仁則出。」簡直把當時認為的各種美德全集中在牠身上。牠不僅像墨家那樣講兼愛，而且像儒家那樣守禮法，像道家那樣遺世獨立、超脫凡塵。當然，自然界中並無這樣的動物。所以韓愈說：「角者，吾知其為牛；鬣者，吾知其為馬；犬、豕、豺、狼、麋、鹿，吾知其為犬、豕、豺、狼、麋、鹿；唯麟也不可知。」❶

可是自然界中並不存在的麒麟，在藝術品中卻被表現得很具體。如山東嘉祥東漢武氏祠畫像石中的麟，頭生獨角，角端有一圓球，表示包在角端的一團肉（圖6-1:1）。像側榜題：「麟，不刳胎，殘少，則至。」這是根據所謂「天人感應說」題寫的，如緯書《春秋感精符》就說：「麟一角，明海內共一主也。王者不刳胎、不剖卵，則出於郊。」這種學說認為，世間有德行的賢明之君能感致祥瑞，如野生嘉禾、地湧醴泉、山出器車之類，麒麟的出現也是祥瑞的

---

❶ 韓愈《韓昌黎集‧進學解》。

表徵之一。不過歷史上卻沒有誰真的看到過麒麟。相傳孔子作《春秋》，絕筆於獲麟，那麼他應當見過麒麟了。但《公羊傳》哀公十四年記此事時只說：「有以告者曰：『有麕而角者。』孔子曰：『孰為來哉？孰為來哉？』反袂拭面，涕沾袍。」則孔子見到的僅是一隻有角的小鹿，他的感慨可能是在借題發揮。後來漢武帝時也曾獵獲一隻被稱為麟的動物，可是據《漢書‧終軍傳》說，那隻麟不過是「野獸并角」，《論衡‧異虛篇》認為是「兩角共觝」；也就是說，那是一隻兩個角併在一起的畸形之鹿。至於其他文獻中有關獲麟的記事，也大都不足深究。儘管如此，古文物中的麟卻相當定型，牠的包著肉球的獨角，早在山西渾源李峪出土的戰國銅器紋飾中就能見到（圖 6-1:2），以後在漢代畫像石和銅器中，這樣的麟一再出現（圖 6-1:3、4、5）。南北朝時期，麟的獨角的形狀稍有變化，其頂部勾曲翻卷而不再包肉，北魏神龜三年（520 年）元暉墓誌蓋所刻五靈中的麒麟可以作為代表（圖 6-1:6）。不過這種變化首先發生在中原地區，邊遠地區如吉林集安三室冢壁畫中的麟，雖然身軀之造型已呈南北朝時的格調，但角卻保持老樣子（圖 6-1:7）。到了唐代，麟的形象更加威武雄壯。牠的高高聳起的獨角這時呈現出流利強勁的曲線，牠的身軀已經更接近馬，而且經常表現為奔騰而不是靜止的姿勢。牠的羽翼已經演變成肩膊上揚起的火焰。華鬣飄拂，駿足逸塵。「天人感應說」這時已經過時了，麒麟已不僅是代表祥瑞的符號，而是唐代藝術家創造的有生命的美的精靈（圖 6-1:8、9）。這時麒麟並東渡到日本，在正倉院珍藏的唐象牙撥鏤琵琶撥子、象牙尺、銅鏡等物上，都有牠的形象（圖 6-1:10）。還有一些日本藝術家的作品，式樣也大致相同（圖 6-2）。

宋以後，情況又發生了變化，這時人們常把牛產的怪胎稱為麟，遂使牠的造型又添上了新的特徵。《元史‧五行志》說：「至大年，大同宣寧縣民家牛生一犢，其質有鱗，無毛。其色青黃若麟者。以其觰上之。」到了明代的嘉靖、萬曆年間，牛產麒麟的傳說更喧騰一時，在《異林》、《空同子》、《新蔡縣志》、《西平縣志》、《丹徒縣志》等處不乏記載，這些書中描寫的牛產之麟，不是說它「遍身肉鱗」，就是說它「通體鱗紋」。因而宋、明以來刻畫的麒麟也就體生鱗甲，形象變得和以前大不相同（圖 6-3:1、2）。直到清代前期，牛產麒麟之事仍時有所聞（圖 6-4）。

至於長頸鹿，進入歷史時期後它只生存於非洲。宋代以前的中國人對牠是不了解的。我國古文獻中關於長頸鹿的記載最初見於南宋初李石的《續博物志》卷一〇，謂「撥拔力（Barbary，即東非索馬里之柏培拉）國有異獸，名駝牛。皮似豹，蹄類牛，無峰，項長九尺，身高一丈餘。」李石所根據的材

圖 6-1 麒麟

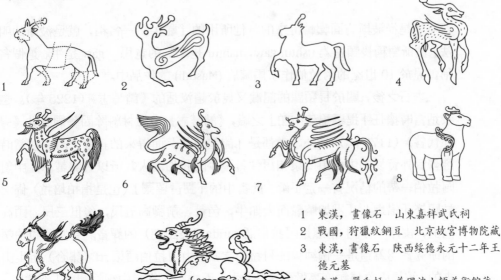

1 東漢，畫像石　山東嘉祥武氏祠
2 戰國，狩獵紋銅豆　北京故宮博物院藏
3 東漢，畫像石　陝西綏德永元十二年王德元墓
4 東漢，嚴氏杅　美國波士頓美術館藏
5 東漢，畫像石　山東沂南漢墓
6 北魏，墓誌　神龜三年元暉墓
7 南北朝，壁畫　吉林集安三室冢
8 唐，石麒　陝西咸陽順陵
9 唐，墓誌　河北正定大中九年王元逵墓
10 唐，銀鉢　日本奈良正倉院藏

圖 6-2　飛白體繪紙中的麒麟
　　　　日本奈良正倉院藏

圖 6-3　麒麟

1 宋，壁畫　山西長治元祐三年墓

2 明，青花麟紋瓷盤　英國牛津東方藝術博物館藏

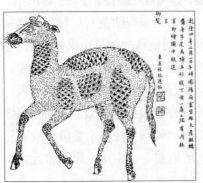

圖 6-4　清，牛產的麒麟

料可能是從波斯方面輾轉得來的，他所用的「駝牛」一名稱，就是波斯的叫法。波斯語稱長頸鹿為 ushtur-gāw, ushtur 是駱駝的意思，gāw 是牛。這個名稱曾見於 10 世紀的阿拉伯作家馬蘇底 (Masūdi) 的作品中。

李石之後，關於長頸鹿的記載又見於趙汝适的《諸蕃志》（1225 年）。趙汝适當時擔任「提舉福建市舶」之職，《諸蕃志》中的材料除因襲周去非《嶺外代答》（1178 年）者外，大都是「詢諸賈胡」而得來的。南宋時，在當時經營對外貿易的主要港口泉州居住著不少阿拉伯商人，所以《諸蕃志》中對阿拉伯一帶的情況有一定了解。此書中的「弼琶羅國」（也是指柏培拉）條記該國產「徂蠟」，「狀如駱駝而大如牛，色黃，前腳高五尺，後低三尺。頭高向上，皮厚一寸。」徂蠟是阿拉伯語 zurāfa（長頸鹿）的譯音。有些阿拉伯語的研究者認為這是一個純粹的阿拉伯字，是由阿拉伯語根 zrf（集合）衍生出來的，這是因為長頸鹿喜歡群居的緣故。而中國古文獻中卻說麒麟「不群居，不侶行」，獨往獨來，和長頸鹿的生活習性大相徑庭。何況長頸鹿是著名的啞獸，即使在最危急的情況下也不叫一聲，更不會像麒麟那樣地「音中鐘呂」了。

活的長頸鹿在明永樂時才輸入中國，這是鄭和遠航的一項收穫。但在鄭和的隨員鞏珍所著《西洋蕃國志》（1434 年）和馬歡所著《瀛涯勝覽》（1451 年）中，都把長頸鹿叫作「麒麟」。法國漢學家費瑯 (G. Ferrand) 以為這種叫法是直接從索馬里語 giri 譯出來的。此說從之者頗多，然而卻不足信。因為鞏珍、馬歡等人都說「麒麟」產於阿丹國（即亞丁），並說那裏通用阿拉伯語；既然如此，那麼當地就不會用 giri 稱長頸鹿。而且據鄭和等在婁東劉家港天妃宮所刻的《通蕃事蹟記》與在福建長樂南山寺所刻的《天妃之神靈應記》二文，都說「永樂十五年統領舟師往西域……阿丹國進麒麟，番名祖剌法，並長角馬哈獸」。可見此次出洋諸使臣所聽到的長頸鹿的「番名」確為阿拉伯語祖剌法即 zurāfa。至於他們之所以要把長頸鹿和麒麟附會到一起，那是因為一來麒麟在古文獻中的記載本來就含含糊糊，如所謂「麕身、牛尾」等形狀，可容長頸鹿比附。二來麒麟是有名的瑞獸，牠的到來表明上有仁君。出洋諸臣能從遠方齎致此物，當然是一件不小的功績。而這樣的效果也果然起到了。明代大朝會時，就曾將長頸鹿當作麒麟陳於殿庭。明祝允明《野記》中說，正統間每次燕享，「近陛之東西（陳）二獸，東稱麒麟，身似鹿……頸特長，殆將二丈」。頸長二丈云云，雖不免誇張，但此獸是長頸鹿無疑。又明謝肇淛《五雜組》卷九說：「永樂中曾獲麟，命工圖畫，傳賜大臣。余嘗於一故家見之。其身全似鹿，但頸特長，可三四尺耳。所謂麕身、牛尾、馬蹄者近之。

與今所畫，迥不類也。」如果當時鄭和等奏報，這種獸是與麒麟並無關係的祖剌法，恐怕是不會這樣聳人聽聞的。試看由阿丹國與長頸鹿一同得來的「長角馬哈獸」（非洲大羚羊）就寂寂無聞，便是明證。

圖 6-5　被當作麒麟的長項鹿

1　明，麒麟圖　成化二十一年繪

2　明，麒麟襠子　南京
徐俌夫婦墓出土

　　明初所繪之長頸鹿圖如上引《五雜組》中所提到的，想必不止一件。而明代東南亞和西亞諸國贈送所謂「麒麟」之舉也不止一次（見《明史》卷三二五、三二六、三三二等處）。因此，這類圖畫有的尚保存至今❷（圖 6-5:1）。有意思的是近年在南京發掘了明徐達五世孫徐俌夫婦墓，所出官服上的「麒麟襠子」竟然繡的也是一隻長頸鹿❸（圖 6-5:2）。可見用長頸鹿充當麒麟，在明代確已得到官方的正式承認。明代人見到了長頸鹿，他們繪製的長頸鹿遂唯妙唯肖，拿牠和明代以前的麒麟圖像相比較，則二者並非指同一種動物，便不難得出清楚的結論了。

（原載《文物叢談》，文物出版社，1991 年）

---

❷　有一張傳說是明沈度畫的長頸鹿，乃是贋品。此圖是根據《古今圖書集成・禽蟲典》的附圖摹繪而成，唯在長頸鹿身上加了些莫名其妙的鋸齒紋。《圖書集成》那張圖出自南懷仁《坤輿圖說》，而《坤輿圖說》則係摹自陶普歇爾（E. Topsell）《四足獸的歷史》（1607 年）一書中的插圖；其原圖是 Melchior Luorigus 於 1559 年在君士坦丁堡畫的（關於陶普歇爾之書，見 B. Laufer, *The Giraffe in History and Art*.）。只要把這幾種材料放在一起加以比較，臨摹的來龍去脈便不難立辨。

❸　南京市文物保管委員會、南京市博物館《明徐達五世孫徐俌夫婦墓》，《文物》1982 年第 2期。

7

獵　豹

古代用於助人狩獵的動物世所熟知者是鷹、犬。東坡詞:「老夫聊發少年狂，左牽黃，右擎蒼。」其所謂蒼、黃，即指蒼鷹與黃犬而言。但此外古人還曾使用獵豹。法國中亞史學家阿里‧瑪扎海里 (Aly Mazahéri) 認為:據波斯古代傳說，獵豹是印度孔雀王朝瓶沙王(頻毘娑羅王〔Bimbisāra〕，約前 543～前 491 年) 首先馴養成功的❶。獵豹比普通豹子小，牠的頭頂、頸部和脊部生有藍灰色的毛;腹部以上呈土黃色，分布著黑色的小斑點;下腹部泛白色。顏面自眼角以下有黑色條紋。獵豹身長約 140 公分，重僅 50 至 60 公斤，但奔跑的速度可達每小時 100 公里。在狩獵時牠不是跑直線，而是左右折旋，跑出「之」字形，使獵物很難逃脫牠那與一般貓科動物不同的、只能半伸縮的尖爪子。

圖 7-1

西漢，石獵豹　江蘇徐州獅子山漢墓出土

北印度馴養獵豹獲得成功的時間相當我國春秋戰國時，而目前所知中國古代使用獵豹的史料則可以上溯到西漢。江蘇徐州獅子山楚王劉戊墓 (前 154 年) 出土的石獵豹，長 23.5、高 14.3 公分，呈伏臥狀❷ (圖 7-1)。就功用而論，它大約是一組石鎮中的一件，因為其身姿與山西朔縣 GM187 號西漢墓所出四件一組之銅豹鎮的式樣極相近，雖然前者比後者大得多❸。這一點大約與墓主作為諸侯王的高貴身分有關。獅子山石獵豹的體型雕得較肥碩，未能把牠的生理特點充分反映出來，但其頸部繫有一條飾以南海所產貨貝的項圈。在戰國與西漢時，飾貨貝之帶名「貝帶」，是當時的名品。《淮南子‧主術訓》:「趙武靈王貝帶、鵔鸃而朝。」《史記‧佞幸列傳》:「故孝惠時，郎、侍中皆冠鵔鸃，貝帶，傅脂粉。」鵔鸃冠即鷩冠，是武士戴的，故繫貝帶亦應為武士的裝束。陝西咸陽西漢陽陵 20 號從葬坑所出武士俑的腰帶上飾貝二行❹。獅子山楚王墓所出裝金帶頭的腰帶上飾貝三行❺。從畫像石看，不少漢代王侯頭戴武弁;繫貝帶正可以和此種裝束相配合。石獵豹上既然雕出飾貝的項圈，則不僅表明牠已被馴養，也表明牠是追隨武士馳騁田野「演習軍容」時之獷猛的扈從。

漢代馴養獵豹的材料不僅獅子山一例。湖北江陵鳳凰山 168 號墓是一座西漢前期的墓葬，根據所出竹牘上的紀年，入葬的時間為公元前 167 年，比獅子山楚王墓早十三年。此墓出土的一件大漆扁壺上繪有七隻豹，體型均瘦長，奔躍騰驤，異常精悍❻（圖 7-2）。這幾隻豹的頸部有的畫出兩道橫線，應代表項圈。以前對於牠們為什麼戴項圈感到不解，對照上述獅子山出土物，可知所表現的也是獵豹。而且牠們都畫出很長的尾巴，正符合獵豹之尾長達 75 至 80 公分（接近身長五分之三）的特點。故不晚於公元前 2 世紀上半葉，我國確已馴養獵豹。

圖 7-2　西漢，七豹紋漆扁壺　湖北江陵鳳凰山漢墓出土

漢以後，有很長一段時間史料中罕見其蹤影，至唐代，才又出現了有關獵豹的文物和文獻記載。唐中宗的長子李重潤，於大足元年（701 年）為武則天杖殺。中宗即位後，追贈皇太子，諡懿德。神龍二年（706 年）將其棺柩自洛陽遷葬陝西乾縣，陪窆乾陵。懿德墓第一過洞東西兩壁的壁畫中分別繪出牽獵豹的男侍，所牽之豹頭圓而短，長腿銳爪，描繪得很傳神❼（圖 7-3）。牠們也繫有項圈，連接項圈的繩索握在牽豹人手裏；從而可知上述漢代獵豹之項圈也是供牽豹用的了。

圖 7-3　唐，壁畫，牽獵豹者　陝西乾縣懿德太子墓

❶ 阿里・瑪扎海里《絲綢之路——中國一波斯文化交流史》，耿昇譯本，中華書局，1993 年。
❷ 王愷、邱永生《徐州西漢楚王陵考古發掘側記》，《中華文化畫報》1993 年第 3/4 期。
❸ 平朔考古隊《山西朔縣秦漢墓發掘簡報》，《文物》1987 年第 6 期。
❹ 陝西省考古研究所《漢景帝陽陵南區從葬坑發掘第二號簡報》，《文物》1994 年第 6 期。
❺ 同注❷。
❻ 紀南城鳳凰山 168 號漢墓發掘整理組《湖北江陵鳳凰山一六八號漢墓發掘簡報》，《文物》1975 年第 9 期。
❼ 陝西省博物館等《唐懿德太子墓發掘簡報》，《文物》1972 年第 7 期。

在懿德墓壁畫中，幾隻獵豹和牽豹人排成一行，魚貫而前，畫面比較安詳。而在西安東郊灞橋區唐金鄉縣主墓內，獵豹卻出現在一隊騎馬狩獵俑當中（圖7-4）。此墓的西壁龕裏共出狩獵俑六件，其中二人臂鷹，一人攜犬。還有兩匹馬在鞍後鋪圓墊，一匹馬的墊子上立一猞猁，另一匹的墊子上蹲伏獵豹。這隻豹目光炯炯，後腿豎起，聳尻斂肩，彷彿隨時將一躍而下，較之平面的壁畫就生動得多了❽（圖7-5）。第六匹馬後馱一死鹿，是其獵獲之物。這組陶俑中的人物各踞鞍顧盼，姿勢互不相同，然而表情皆真率自如，無矯揉造作之態。攜獵豹者回身側首，與墊上之豹的目光聚於一處，雖然作為隨葬的陶俑，受到制度的約束，陶馬皆作四足挺立狀，但由於處理的手法高妙，仍覺得其中飽含精氣，緊張的場面似一觸即發，使整組陶塑看起來洋溢著磅礴英風。金鄉縣主下葬於開元十二年（724年），與被譽為出三彩極品的西安南何村開元十一年（723年）鮮于庭誨墓只晚一年，正處於唐代三彩工藝鼎盛的時期。這組狩獵俑與前者相較，凝豔端麗雖略遜，而恣肆雄豪則有餘，無疑也是當時的傑作。

圖7-4　唐，狩獵群俑　西安金鄉縣主墓出土

圖7-5　唐，攜獵豹騎俑　西安金鄉縣主墓出土

金鄉縣主墓狩獵俑所攜猞猁，又名猞猁猻，活體體長95至105公分，是一種貓科的小猛獸，但也可以馴養成助獵的動物（圖7-6）。《帕木兒武功記》中說瓶沙王馴養這些動物的情況是：

　　由於長期觀察森林中的野獸，他選中了猞猁猻和獵豹，他在荒涼的地方以陷阱捕獲了牠們，訓練牠們為自己狩獵。❾

由於瓶沙王的時代在前，所以我國在狩獵中使用獵豹和猞猁
的作法大約曾受到西方的影響。懿德墓壁畫之牽豹人與
金鄉縣主墓狩獵俑中都有深目高鼻的胡人，可以作
為旁證。《唐會要》卷九九「康國」條說：「開元
初，屢遣使獻鎖子甲、水精杯及越諾侏儒人、胡
旋女子兼狗、豹之類。」同書同卷「史國」條說：「開
元十五年，其王阿忽必多延屯遣使獻胡旋女子及豹。」
據《冊府元龜》記載，安國在開元十四年、米國在開
元十七年也曾向唐廷獻豹。當時負責接受和管理「蕃
客」貢物的鴻臚寺，乃將「鷹鶻狗豹」劃作一類（《新
唐書·百官志》）；豹既然與鷹犬為伍，無疑指獵豹。
而當中亞各國紛紛向唐廷獻獵豹之時，正和金鄉縣主
墓的年代相若，所以此墓所出狩獵俑中之豹的造型也有以上述貢品為藍本的
可能。

圖 7-6
唐，攜猞猁騎俑　西安
金鄉縣主墓出土

　　不過，我國的獵豹不見得均屬外來之物，也有在本土捕獲馴養的。唐盧
綸《臘日觀咸寧王部曲娑勒擒豹歌》中說：

> 前林有獸未識名，將軍促騎無人聲。
> 潛形蜿伏草不動，雙雕旋轉群鴉鳴。
> 陰方質子才三十，譯語受詞蕃語揖。
> 捨鞍解甲疾如風，人忽虎蹲獸人立。
> 欻然扼顙批其頤，爪牙委地涎淋灕。
> 既蘇復吼拗仍怒，果叶英謀生致之。❿

詩中描寫的是一位「陰方質子」赤手生擒一豹的過程，這位壯士據傅璇琮先
生考證：「當是渾瑊的部將白娑勒，可參見《通鑒》卷二三二，貞元三年正月
條。」⓫白娑勒擒獲的豹不是一般的金錢豹或雲豹，因為盧詩下面說：

> 祝爾嘉詞爾毋苦，獻爾將隨犀象舞。
> 苑中流水禁中山，期爾攫搏開天顏。

---

❽　西安市文物管理委員會《西安唐金鄉縣主墓清理簡報》，《文物》1997 年第 1 期。
❾　同注❶。
❿　《全唐詩》五函二冊。
⓫　傅璇琮《唐代詩人叢考》頁 485，中華書局，1980 年。

既然這隻豹能和犀、象一樣被馴養，還能攫搏獵物使「天顏」愉悅，自應是獵豹了。

遼代也使用獵豹。北宋宋綬《上契丹事》中說，他於天禧年間使遼時，見到遼聖宗在木葉山（今內蒙古哲里木盟通遼市西遼河上的莫力廟水庫附近）捺缽，「嘗出三豹，甚馴，馬上附人而坐」 ❷ 。

圖 7-7
元，劉貫道，「元世祖出獵圖」中之
攜獵豹者 臺北故宮博物院藏

使用獵豹之風至元、明時仍未絕跡。臺北故宮博物院藏元劉貫道於至元十七年（1280 年）所繪「元世祖出獵圖」，是一幀寫實之作。圖中的元世祖忽必烈率九騎在曠漠中行獵，其中有蒙古人、色目人和崑崙人，他們有的執旗，有的執麾，有的執骨朵，有的引弓、臂鷹或攜獵豹（圖 7-7）。此豹也蹲踞在馬尻的毯子上，和金鄉縣主墓所出攜獵豹俑的配置並無大殊。與前不同的是，此豹繫絡頭而無項圈，並另有一條帶子通過兩腋結於背部，似乎對這隻珍獸的控制更加嚴格。掌管獵豹的騎者，背曳闊簷尖頂帽，昂首仰面，其人禿頂，蓄黃色絡腮鬍子，應是色目人。元楊允孚《灤京雜詠》中有一首詩說：

> 撒道黃沙輦路過，香焚萬室格天和。
> 兩行排列金錢豹，欽察將軍馬上馱。

詩中把獵豹叫作金錢豹，遣詞不甚嚴格。《元史·泰定帝紀》：泰定元年「諸王怯別等遣其宗親鐵木兒不花等奉馴豹、西馬來朝貢。」又《元史·速哥傳》說：速哥之孫天德于思「督造兵甲，撫循其民……，帝聞而嘉之，賜馴豹名鷹，使得縱獵禁地。」其所稱馴豹才是獵豹，亦即《灤京雜詠》訛稱之金錢豹。

不過詩中說這種豹被欽察將軍馱在馬上，仍然透露出時代的氣息。元之欽察
汗國又名金帳汗國，領土廣袤，但中亞與南俄一帶實為其腹心之地，故「欽
察將軍」指的也應是元代的色目軍人，這就又和「元世祖出獵圖」中描繪的
情況相一致了。

　　明代的漢文文獻中尚未發現有關獵豹的記述。但在波斯文文獻契達伊
(Khitayi) 的《中國志》（成書於 1500 年前後）中，曾說：「在（明朝皇帝的）
第五道宮院內，他們看養著一些獅子、豹子、獵豹、猞猁猻以及吐蕃狗。」❸
書中將豹子和獵豹並列，二者區分得很清楚，顯然不致引起誤會。明代宮廷
豢養動物之處有虎城與豹房。據朱國楨《涌幢小品》所記，豹房內只有「土
豹七隻」，而武宗的西苑豹房內則「蓄文豹一隻」❹。所謂文豹，在元泰定四
年西番王所獻貢品名單中出現過，以文豹與西馬並列。考慮到泰定元年怯別
的貢品中是以馴豹與西馬並列的，則此文豹當即彼馴豹亦即獵豹。那麼契達
伊在明朝宮苑中所見之獵豹，可能也就是西苑豹房中的這隻「文豹」了。

（原載《收藏家》1998 年第 1 期）

---

❷　李燾《續資治通鑑長編》卷九七。

❸　同注❶。

❹　葉祖孚《西苑豹房也養豹》，《故宮博物院院刊》1989 年第 2 期。

歷史上的金絲猴

中國家喻戶曉的「金猴」首推齊天大聖孫悟空,但那是《西遊記》裏的神話。現實中最珍稀的猴類則是金絲猴。牠是我國的特產動物,分布在四川、陝西、湖北、雲南和貴州等地,分為川金絲猴、滇金絲猴和黔金絲猴三種,體態大同小異。其中,川金絲猴的毛色非常亮麗,自頸背到尾基部均有金黃色長毛從黑褐色的絨毛中探出來,毿毿披拂,長度可達30公分。動物學家說,透過樹叢遠遠看去,牠像穿了一件金光燦爛的斗篷,儼然是猴中的貴族(圖 8-1)。齊天大聖雖號稱「美猴王」,但在《大唐三藏法師取經詩話》中卻把牠叫作「花果山紫雲洞八萬四千銅頭鐵額獼猴王」,所以孫悟空代表的仍屬獼猴。獼猴即俗稱之毛猴,不僅毛色凡庸,長相亦與金絲猴不同。金絲猴頭圓耳短,滇金絲猴與黔金絲猴均生有肥厚的紅唇(圖 8-2)。而獼猴幾乎看不到嘴唇,下頦也瘦,常被譏為尖嘴猴腮。金絲猴沒有頰囊,獼猴卻有,說明牠吃起東西來一味貪饞,孫悟空偷蟠桃的場面正表現出獼猴本色。金絲猴鼻骨深度退化,形成上仰的鼻孔,故又名仰鼻猴。獼猴的鼻子雖扁,然而不仰。獼猴尾短,金絲猴卻有長尾,一般比軀幹還要長些,牠們在樹叢間凌空跳躑時,長尾巴有助於身姿的平衡。

金絲猴既然是我國的特產動物,自應古已有之,古文獻中所稱之蜼就是牠。《爾雅·釋獸》:「蜼,仰鼻而長尾。」郭璞注:「蜼似獼猴而大,黃黑色。

圖 8-1　川金絲猴

圖 8-2　滇金絲猴

尾長數尺，似獺尾，末有歧。鼻露向上，雨即自懸於樹，以尾塞鼻，或以兩指。」說蜼比獼猴大，符合實際情況，因為獼猴體長不超過 60 公分；金絲猴可達 83 公分，而且四肢粗壯。仰鼻、長尾、黃黑色，更是金絲猴的特點。但說牠「以尾塞鼻」則純屬想像。可是這一想像之詞，卻使金絲猴在歷史上曾長期扮演成一個頭戴光環的角色；當然，其中也夾雜著不少誤會。

　　大家知道，周代重視祭祀，禮數至繁，如所謂「天燎地瘞，星明辰布，山縣水沉，風磔雨升」等❶。但周天子在宗廟裏祭祖先的儀式更為隆重，有肆獻、饋食、祠春、礿夏、嘗秋、烝冬之六享。由於典禮複雜，祭器的品類亦多，裸禮中以酒灌地降神時所用裸器的形制尤其特殊。「春祠夏礿，裸用雞彝鳥彝，其朝踐用兩犧尊，其再獻用兩象尊。……凡四時之間祀，追享朝享，裸用虎彝、蜼彝。」❷規定得十分明確。「國有大禮，器用宜稱」，這件事古代人從來都認為馬虎不得。

　　犧、象二尊和虎、蜼二彝都冠以動物之名，應當是做成動物形的器物。出土物中這類銅器較常見，習慣上都稱作尊，如象尊、虎尊、牛尊、豬尊、駒尊、貘尊、兔尊、鳥尊等，不勝枚舉。那麼，把古文獻中的犧尊、象尊、虎彝與這類器物相對應，自然是順理成章的事（圖 8-3:1～3）。但問題卡在蜼彝上，因為從來未見過金絲猴形的器物。其實蜼彝之蜼乃是一個假借字。《周禮·

圖 8-3　周代的動物形銅酒器

1　象尊

2　犧尊

3　今通稱「虎尊」（《爾雅·釋器》郭璞注說「彝」是盛酒之尊的通名，故所謂「虎彝」亦即此類酒器）

❶　《公羊傳》僖公三十一年何休注。
❷　《周禮·春官·司尊彝》。

司尊彝》鄭玄注引鄭司農曰：蜼「或讀為『公用射隼』之隼。」《說文‧鳥部》：「隼或雓字也。」則上述蜼彝之蜼字實應作雓，即鷹隼之隼。孫詒讓《周禮正義》引俞樾云：「虎彝、隼彝，皆取其猛。《司常》：『掌九旗之物，熊虎為旗，鳥隼為旟。』彝之有取於虎、隼，猶之乎旗、旟矣。」這個解釋看來是合理的，因為出土物中正有不少猛禽形的銅尊，蜼彝即雓彝本來指的應該是它（圖8-4）。

圖8-4　雓彝

說到這裏，就祭器而言，與金絲猴似乎已經沒有多少關係了。但蜼被認為在雨天懂得以尾塞鼻，遂成了「有智」的動物的代表。不知為何，中國古代對天雨入鼻相當重視。《左傳》僖公二十一年：「夏大旱，公欲焚巫、尪。」杜預注說尪是「瘠病之人，其面向上。俗謂天哀其雨，恐雨入其鼻，故為之旱。」蜼既知塞鼻防雨，避免引起天哀而致旱，足見智慧超群，地位自非尋常禽獸可比，所以製禮器時總有人念念不忘牠的形象。不過另一派禮家主張，犧尊與象尊並非如上所述，而是「於尊腹上畫為牛、象之形。」❸鄭玄也說：「雞彝、鳥彝謂刻而畫之為雞、鳳凰之形。」即僅在器腹飾牛、象、雞紋，整件器物並不做成一隻動物的造型；從而蜼彝也被說成是在腹部刻畫出金絲猴紋樣的彝。曹魏時，「善賈（逵）、馬（融）之學而不好鄭氏（鄭玄）」的王肅提出不同看法，他說：「（魏明帝）太和中，魯郡於地中得齊大夫子尾送女器，有犧尊，以犧牛為尊；然則象尊，尊為象形也。」❹蕭梁時的劉杳就此補充說：「晉永嘉，賊曹嶷於青州發齊景公塚，又得二尊，形亦為牛、象。二處皆古之遺器，知非虛也。」❺但他們的正確意見得不到支持。存世之最古的《三禮圖》為北宋聶崇義編繪，被評為「禮圖之近古者，莫是書若也」；可是書中之蜼彝和象尊的圖像全遵鄭注，連蜼為雓之假字的意見也視若無睹，仍在罐盂之類容器的腹部刻畫猴、象之形，與出土實物毫無共同之處（圖8-5）。可是直到近代考古學興起以前，傳統的錯誤看法始終占據上風。清代的大學問家段玉裁甚至也理直氣壯地指斥道：「王肅、劉杳不知此，乃云『犧、象二尊形如牛、象』，真妄說耳。」

圖8-5　北宋，《三禮圖》中的「蜼彝」與「象尊」

雖然即便在漢代以後，刻畫出金絲猴紋樣的蜼彝在出土文物中亦未曾發現，大概真正用到的機會不多，可是它卻通過另外的渠道被推到極高的位置。今本《尚書‧益稷篇》中有「予（指舜）欲觀古人之象，日月、星辰、山龍、華蟲，作會、宗彝、藻火、粉米，黼黻、絺繡，以五采彰施於五色作服」的話。《益稷篇》雖包

括在《皋陶讚》內，是伏生所傳二十八篇之一，但這段關於十二章的說法卻是後人竄入的。周金言錫衣，僅及「黼」、「黻」之飾，沒有如此繁複的圖案，更不要說虞舜之時了。清人黃山說：「十二章，經無明文。班、馬以前，史亦不著。」❻十二章之說是鄭玄最先明確提出的，他將《益稷篇》中列舉的形象分作十二組，定為十二章❼（圖8-6）。由於儒家學說受到尊崇，人們對於經典中的條文不敢輕易懷疑，所以從東漢以後，十二章遂成為皇帝禮服上的紋章，一直沿用到明清。而其中的「宗彝」這一章，就以晚出的禮家所說之虎彝、蜼彝的圖像構成。在皇帝的禮服上，蜼即金絲猴蹲踞在那裏，翹著極長的尾巴，和日月星辰、山龍華蟲一道，成為代表最高統治者之無上權威的徽識（圖8-7）。

圖8-6　明，十二章（據《三才圖會》）

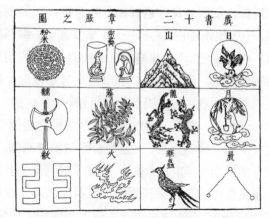

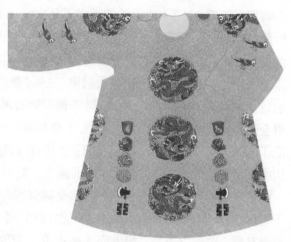

圖8-7　明，皇帝袍服（圖中下襟左側為成排的紋章，位置居最上方者即「宗彝」中的蜼彝，裏面有一隻金絲猴）

　　回到現實生活，金絲猴可就沒有這麼幸運了。「蜼」這一古老的名稱漸不通用；三國時，萬震所撰《南州異物志》中稱之為「果然」。書中說：「交州

❸　《詩‧魯頌‧閟宮》孔穎達正義引阮諶《禮圖》。
❹　同注❸。
❺　《梁書‧劉杳傳》。
❻　《後漢書集解》志三〇引。
❼　《周禮‧春官‧司服》鄭玄注。

以南有果然獸，其鳴自呼。身如猿，犬面，通有白色。其體不過三尺，而尾長四尺餘，反尾度身，過其頭。視其鼻，仍見兩孔，仰向天。其毛長，柔細滑澤，……集十餘皮，可得一褥，繁文麗好，細厚溫暖。」同時代之鍾毓的《果然賦》中也說牠：「肉非嘉肴，惟皮為珍。」說明這時人們開始注意上果然即金絲猴的皮毛。到了唐代，顏師古在《子虛賦》的注中說：猱皮「即今所謂戎皮，為鞁褥者也。」宋代陸佃的《埤雅》也說：「狨蓋猿狖之屬，輕捷善緣木，大小類猿，長尾，尾作金色，今俗謂之金線狨。」狨即猿猱之猱的音轉，而現代所稱金絲猴之名，又是從金線狨演變來的。牠的皮在唐代已用作鞁褥，此風至宋代而大盛。「狨座」，或曰「狨毛暖坐」成為備受重視的珍物。

　　令人震怖的是，宋代開始把官員用狨座定成制度。葉夢得《石林燕語》說：「從官狨座，唐制初不見。本朝太平興國中始禁，工商庶人許乘烏漆素鞍，不得用狨毛暖坐。天禧中，始詔兩省五品宗室以上，許乘狨毛暖坐，餘悉禁。」所謂禁，其實是抬高它的地位，使得在允許使用之範圍內的官員無人不施。此制於北宋開創後，為南宋所因襲。「乾道九年重修儀制，權侍郎、大中大夫以上及學士、待制，經恩賜，許乘狨座。三衙、節度使曾任執政官，亦如之。」❽它成了高官之大可誇耀的儀飾。陸游曾提到官場中有這樣的諺語：「橫金（腰繫金帶）無狨韀，與閤門舍人等耳。」❾這時製一狨座，與《南州異物志》所記「十餘皮」製一褥的標準又不同了。朱彧《萍洲可談》說：「狨似大猴，生川中，其脊毛最長，色如黃金。取而縫之，數十片成一座，價直錢百千。」製一襲狨座竟要用數十隻金絲猴的皮！金絲猴智力較高，同類間感情深厚，「死不相棄遺」。明曹學佺《蜀中廣記》說：「得一猓然，則數十可得。蓋此獸不忍傷其類，雖殺之不去，獸狀而人心者也。」明陳繼儒《偃曝談餘》中也說，捕得母狨後，剝下皮來向著其子鞭打，幼狨遂從樹間悲啼而下，伏臥母皮上，束手就擒。在官員們對狨座趨之若鶩的年代中，滇黔川陝一帶的深山密林裏，不知曾多少次響起金絲猴慘慄的絕叫。

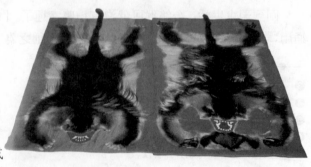

圖 8-8　金絲猴皮椅墊
　　　　臺北故宮博物院藏

　　狨座與狨皮褥子或椅墊不同。臺北故宮博物院藏有一對金絲猴皮椅墊（圖8-8），張臨生先生曾著文介紹。他認為狨座就是椅墊，稱：「宋朝所製的狨座考究非常，取柔長如絨，色如黃金的狨背脊部分的毛皮，以數十塊連接縫製為椅座。」並說臺北故宮之椅墊「乃沿襲兩宋以來文、武高官顯宦方可乘用的狨座傳統所製。」❿按此說不確。狨座不是椅墊，而是鋪在馬鞍上的。《宋史·輿服志》將狨座歸入「鞍勒之制」中敘述，已足為證。宋文同《謝夏文州寄金線狨》詩說：「天地生奇獸，朝廷寵近臣。覆鞍須用此，投網為何人。」宋黃庭堅《從時中乞蒲團》詩也說：「君當自致青雲上，快取金狨覆馬鞍。」可見它分明是覆鞍用的。在唐代，顏師古雖曾提到狨皮鞍褥，但鞍褥亦可理解為鞍下之韉，甚至混同於障泥。唐代人確有使用虎皮或豹皮障泥的風尚，詩文與陶俑中多次見到。然而狨座和障泥之類完全不同，它不是墊在鞍下而是覆在鞍上的，外觀有點像鞍袱或鞍帕，宋人「春宴圖」中將狨座表現得很清楚⓫（圖8-9）。它在冷天使用，「每歲九月乘至三月」。從圖中看，此物在暑季的確用不上，這也就是它為什麼又名「狨毛暖坐」的緣故。

圖8-9　宋，狨座

2　此圖中另一匹馬上的狨座

1　「春宴圖」中覆狨座的馬

---

❽　《宋史·輿服志·鞍勒之制》。

❾　陸游《老學庵筆記》卷八。

❿　張臨生《狨座》，《故宮文物月刊》總21期，1984年。

⓫　北京故宮博物院藏宋人「春宴圖」，見《中國繪畫全集》卷五，圖版120，浙江人民美術出版社／文物出版社，1999年。

　　金絲猴在歷史上的命運真夠坎坷。人們一方面視之為有智慧的通靈之獸，用牠的形像作為尊貴甚至神聖的紋章；另一方面卻為了獲取其皮毛而無情地獵殺。如果說狨就是經典中所稱之蜼，在某些場合中可能會出現令居高位者為之尷尬的局面，所以這兩個名字遂形同參商，彼此迴避，絕不相提並論。至於當時的學者對此是真不知道還是裝不知道，就無從察考了。

（原載《文物天地》2002 年第 11 期）

9
唐代駿馬

大自然於億萬斯年的時間長河中，在地球上創造了無數生靈。但是在動物裏面，哪個也未能像馬那樣，把英武和勤勞、剽悍和馴良如此完美地結合在一起。馬是人類忠實的朋友和勇敢的伙伴。「所向無空闊，真堪托死生。驍騰有如此，萬里可橫行！」

我國的馬是先民自行馴養的，新石器時代的龍山文化遺址中已出馬骨，可見這時的人們已知養馬。不像古代埃及的馬，要由喜克索斯人傳入；古代日本的馬，要由所謂騎馬民族傳入；更不像新大陸的馬，要等到 16 世紀才由歐洲人用船運去。我國新石器時代中，馬骨出的不多，這時養馬作何用，還難以確切回答。可是到了商代，馬和車已經結合起來。考古工作者在商代車馬坑中剝出了完整的車和馬，顯示出我國古車之科學而嚴謹的結構和與世界其他地區完全不同的一套獨特的繫駕法。當以車戰為主要戰鬥形式的年代裏，馬開始嶄露頭角。「操吳戈兮披犀甲，車錯轂兮短兵接。」「凌余陣兮躐余行，左驂殪兮右刃傷！」那些拉著車子、活動相當不便的馬，在戰場上的命運是很悲壯的。牠們是車的一部分，歷史尚未承認其獨立的存在。山西靈石旌介 1 號商墓出土之銅簋在圈足內的外底上鑄出馬紋，造型板滯，短腿、短頸、大頭，一派甫由普氏野馬馴化出來的體態，甚至曾被誤認為驢❶（圖 9-1:2）。陝西眉縣東李村出土的「駒尊」，是作器者盠在西周懿王行「執駒禮」時，因受賜兩駒而鑄，其造型無疑應取法當日所見之馬❷（圖 9-2）。但與靈石商簋上

圖 9-1　商代的馬紋

1　玉馬　河南安陽婦好墓出土　　　2　銅簋底外所鑄馬紋　山西
靈石 1 號商墓出土

❶　山西省考古研究所、靈石縣文化局《山西靈石旌介村商墓》，張頷〈「贏簋」探解〉，均載《文物》1986 年第 11 期。此馬紋和殷墟婦好墓出土馬形玉飾的造型一致（圖 9-1:1），顯然不是驢。

❷　段紹嘉、何漢南《鄠縣出土青銅器之初步研究》，《人文雜志》1957 年第 1 期。

圖 9-2　西周，盠駒尊
北京中國歷史博物館藏

的馬紋一樣，全然談不到有何種神駿之氣，牠雖然未與車伴出，卻仍像是從車輈底下牽出來的一頭老實牲口。穆王的八駿名氣很大，牠們的名字如驊騮、綠耳、赤驥等，叫起來也很響亮，實際上卻不過是套在主、次兩輛駟馬車上的服馬和驂馬，被御手造父等人趕著「按轡徐行」而已（《拾遺記》）。作為車中的馬，且不說牠們拉鹽車上高坂的窘況；即便被定為千里馬，在皇帝眼裏不也還認為「鸞旗在前，屬車在後」，「朕乘千里之馬，獨先安之」（《漢書·賈捐之傳》）嗎？甚至即便是始皇陵出土的銅車上之馬，也顯得俯首待命，碌碌庸庸，可謂「車中皆肉馬，不解上青天」了。從這個意義上說，趙武靈王的提倡胡服騎射，不僅是軍事上的偉大變革，也是在藝術上對馬的解放。否則，我們怎能看到如洛陽金村出土的戰國錯金銀狩獵紋鏡上的那種和勇士一起與猛虎搏鬥的馬呢？

圖 9-3　漢，鎏金銅馬　陝西興平
茂陵 1 號冢陪葬坑出土

當然，馬脫離開車成為藝術品中的主角，也還要有一個過程，漢代的馬正處在這個過程之中。在這時的壁畫和畫像石上，儘管出現了結駟連騎的大量車馬，牠們也在奮鬐揚蹄，彷彿一呼即發，但這時的藝術家慣於採用誇張、便化的手法，這些馬難以被譽為寫實之作。基主可能是陽信公主的茂陵 1 號冢之陪葬坑中出土的鎏金銅馬，造型頗逼真，卻應是一具馬式（圖 9-3）。它是否就是《史記·大宛列傳》所記漢使持往貳師城的金馬的複製件或仿製品，雖難遽斷；但從它身上卻無疑可以看到相馬專家東門京在未央宮宦署門旁所立金馬的身影。而伴隨此身影浮現出來的是一個轟轟烈烈的時代。這時，奴隸出身的將軍衛青、貴冑出身的將軍李廣、依靠裙帶關係提拔上來的將軍李廣利，在被翦伯贊先生稱為「很活潑、很天真、重情感的人物」，也是一位具備統帥和詩人氣質的政治家漢武帝的指揮下，絕大漠，出河西，開闢了通向西方世界的絲綢之路，使天馬橐駝銜尾入塞。對於漢武帝的功過得失，這裏不擬評說。但當時那些從軍的騎士們，跨在沒有馬鐙的馬上長途行軍，冒矢石，接白刃，還要時時防備自己失鞍墜馬，艱苦的程度是可以想像的。所以馬大約給漢代人留下了一個過分深刻的印象，否則《說文》對馬的解釋為什麼劈頭就說「馬，怒也，武也」呢！從西域得來的西極天馬、渥窪龍媒之

類，更被當成是了不起的神物；故爾藝術品中的馬往往帶有某種超常的秉賦。武威雷臺晉墓出土的那匹一足踏隼、三足騰空，以「對側步」飛馳的馬，使全世界為之驚詫，正是因為牠帶有這種神性。試看被公認為西方古典藝術之典範的雅典衛城巴特農神殿等處所雕之馬，儘管光彩照人，卻和雷臺這件藝術的精靈，不能相提並論了。

十六國、南北朝時期我國發明並普及了金屬馬鐙。模仿一句西方的口頭禪：這件器物雖小，但它的意義卻是怎麼估計都不過分的。有了馬鐙的依託，騎士在馬上才能真正做到得心應手、控縱自如。比瓦爾說：「像馬鐙這樣一種普通的器具，不但對於全部羅馬古代民族來說，一直是聞所未聞，甚至像薩珊波斯那樣習於騎射的養馬人，竟然也不知馬鐙為何物。」❸波斯人起先稱馬鐙為「中國鞋」。10 世紀中葉，詩人魯泰基的詩中寫道：「我以舊鞋和毛驢而開始自己的生涯，我高升到了過去則必須擁有中國鞋（馬鐙）和阿拉伯馬匹者的行列。」❹騎在裝有馬鐙的馬上，騎士和馬結合起來，對馬的感情自非昔比。但在南北朝時，我國主要採用鮮卑式馬具，包括前後鞍橋垂直的高橋鞍，硬材料製作的扇形長障泥，馬尻上飾以繁複的鞦鈴，戰馬還多披具裝（馬鎧）；雖設馬鐙，可是整套馬具仍嫌笨重。唐代則不然，此時作戰尚輕騎突襲，馬具被改進得相當便捷，馬飾也裝點得很有分寸。並由於用突厥馬和回紇拔野古部之「筋骼壯大，日中馳數百里」等良馬來改善馬種，所以唐馬品質優異，體型矯健，和後來的哈薩克馬、阿拉伯馬都有血緣關係。「與人一心成大功」，牠們和騎士的關係也更加親近。反映在藝術品中，這時不僅出現了如昭陵六駿、乾陵翼馬等大型浮雕和圓雕，各地唐墓所出成百上千的三彩陶馬俑也各有妙趣。它們或行、或立、或長嘶、或嚙膝，很少見到程式化的僵硬與扭曲，大多數都是樸素的寫實之作。它們是明器，是只能在送葬途中展現一下的作品，但卻把這個時代中對駿馬的追求集中濃縮、攝於其身。充盈在肌體中的美感，千載以下，猶能以當年的磅礴激情，直擊今日之觀者。

不過，在共同的時代風格籠罩下，它們還各有自己的特點，所以不妨加以比較，從中選出更為完美的佳作。首先，一大批細部含糊的小馬俑要淘汰掉。其次，造型上有缺陷、比例有失調之處者亦不能入選。摘金折桂，筆者看中了兩匹陶馬，一是西安南何村唐鮮于庭誨墓出土的白釉陶馬（圖 9-4:1），

---

❸ 加文・漢布里主編，吳玉貴譯《中亞史綱要》頁 84，商務印書館，1994 年。

❹ 引自阿里・瑪扎海里為賽義德・阿里─阿克伯・契達伊的《中國志》所作的注，見其所著《絲綢之路，中國─波斯文化交流史》，耿昇譯本，頁 296，中華書局，1993 年。

圖 9-4
唐，白釉陶馬
西安鮮于庭誨
墓出土

圖 9-5
唐，黑釉陶馬
河南洛陽關林
120 號墓出土

二是洛陽關林 120 號唐墓出土的黑釉陶馬（圖 9-5:2）。

這兩匹馬均頗高大，西安的白陶馬高 54.6 公分，洛陽的黑陶馬高 66.5 公分。它們雖均屬三彩器，但與一般傅色斑駁陸離的作品不同，更富於寫實感。白陶馬豐肥適度，骨肉亭勻，馬鬣剪出官樣的「三花」，彎頭、攀胸和後鞦的革帶上飾以小金扣、杏葉和金鈴，馬鞍上覆蓋著深綠色的鞍袱❺，通體透露出高貴典雅的氣息。白居易詩：「翩翩白馬稱金羈，領綴銀花尾曳絲。毛色鮮明人盡愛，性靈馴善主偏知。」吟詠的對象彷彿就是它。洛陽的黑陶馬之四蹄為白色，有些像昭陵六駿中的「白蹄烏」。它的體型粗獷，胸部肌肉飽滿，昂頸側首，仄目而視，隱含猛氣，不怒而威。但迎風顧盼，彷彿若有所待。李賀詩：「龍脊貼連錢，銀蹄白踏煙。無人織錦韂，誰為鑄金鞭。」「催榜渡江東，神雕泣向風。君王今解劍，何處逐英雄！」就是這匹黑馬的寫照了。

鮮于庭誨墓的年代為開元十一年，關林 120 號唐墓可能略晚些，但也不會遲於盛唐。處在這樣一個繁榮富庶的時期裏，婦女的好尚是「曲眉豐頰，大髻寬衣」，馬也應當膘肥體壯。然而大詩人杜甫卻偏愛瘦馬，他看中的馬是「鋒棱瘦骨成」，是「不比俗馬空多肉」。他指摘「幹（韓幹）唯畫肉不畫骨，忍使驊騮氣凋喪！」連寫字他也主張「書貴瘦硬方通神」。但這種癖好並不代表當日的時代精神，那時獨步一世的大書法家顏真卿就是以茂密肥勁的筆法寫出其不朽的聲響來的。而上述西安和洛陽的兩匹陶馬，其奔逸不羈之氣也正透過那豐滿的身軀而從體內的秀骨中輻射出來。只有這樣的馬才稱得上是「意態雄傑」，才稱得上是「須臾九重真龍出，一洗萬古凡馬空！」那幅有後主李煜題識的韓幹「照夜白」，不也正是如此嗎？乾隆評之為「丹青曹霸老，畫肉亦應難」，尚不失為平實之論。

可是畫馬也不能只追求「多肉」，宋元畫人在這方面似有所失。李公麟的

「鳳頭驄」、「好頭赤」等，總使人覺得牠們太胖、太圓腴、腿太短。趙孟頫、趙雍等父子、祖孫所繪之馬，更一直沿著這條斜線在滑坡。明劉溥《趙松雪畫馬詩》云：「王孫畫馬世無敵，一畫一回飛霹靂。千里長風入彩毫，平沙碧草春無迹。」就不曉得是從哪個視角得出的觀感了。

（原載 1992 年 9 月 2 日香港《文匯報》）

---

❺ 馬備鞍之後，如暫不騎乘，則在鞍上蔽鞍袱以防塵。鞍袱又名鞍帕，如杜甫《驄馬行》所稱：「銀鞍卻覆香羅帕。」鮮于庭誨墓的發掘報告中把它誤稱為「障泥」，見《唐長安城郊隋唐墓》頁 62，文物出版社，1980 年。

豆腐問題

豆腐是我國獨創的一種副食品，是將大豆磨細，煮成漿，再加入少量鹽滷，使豆漿中的蛋白質凝結，然後壓去過剩水分而成。豆腐營養豐富、滋味鮮美且價格低廉，作為一種大眾化食品其優點家喻戶曉；現今雖不能說已風靡全球，但五大洲上多處見到它的蹤跡。在西方，分離和凝固植物蛋白是近代才有的事。所以當我國發明製豆腐時，這項技術十分先進；從而其出現的時間，對研究科技史的人來說，就成為一個很值得關心的問題了。

何時發明製豆腐？現成的答案為：發明者是西漢的淮南王劉安。但這是宋代人才提出來的，全然沒有任何宋以前的記載支持此說。宋朱熹《詠素食》詩自注：「世傳豆腐本為淮南王術。」有一種雜纂數術、方技的書叫《萬畢術》，曾嫁於淮南王名下；不知朱熹說的「術」是否和它有關？今此書已不存，輯出的佚文中也不能證明淮南王創製豆腐，故無從探討❶。關於豆腐的起源，洪光住先生查了一大批自漢至唐的典籍，均未找到有關之記載❷。就目前所知，《清異錄》所記：青陽丞戢「潔己勤民，肉味不給，日市豆腐數箇，邑人呼豆腐為『小宰羊』。」大概是最早的史料。此記事清陳元龍已經檢出，輯入《格致鏡原》卷二四「豆腐」條中。後經日本學者篠田統引用，遂廣為人知。但《清異錄》一書雖託名陶穀作，實係宋人所撰。宋陳振孫《直齋書錄解題》已提出懷疑。其說經王國維（《觀堂外集·庚辛之間讀書志》）、余嘉錫（《四庫提要辨證》卷一八）的補充，已成定論。余先生說：此「書中稱宋太祖之謚，違命侯之封，及鄭文寶、陳喬、張佖之子等，皆在南唐亡國之後，或更遠在太宗時。」按陶穀卒於宋太祖開寶三年（970 年），宋太宗時的事何能得知？故此書的著者似是北宋前期某位由南唐入宋之人。作為北宋人，他談到豆腐是一點不奇怪的，因為這時此物正開始風行，不僅在蘇軾等人的詩文中有所反映，而且幾部大藥典如蘇頌《圖經本草》（1057 年）、唐慎微《證類本草》（1094 年）、寇宗奭《本草衍義》（1116 年）等書中亦有記錄。陸游《老學庵筆記》卷七記北宋詞僧仲殊嗜蜜食，說他「所食皆蜜也，豆腐、麵筋、牛乳之類皆漬蜜食之」。可見這時它和麵筋、牛乳一樣，都已是普通的食品❸。但有豆腐是一回事，說淮南王發明豆腐是另一回事；宋代距西漢已十分遙遠，在沒有可靠的根據（嚴格說全無根據）的情況下指淮南王為豆腐的發明者，

則只能稱之為臆測了。

可是淮南王發明豆腐之說，近年卻被重新提出，這是由河南密縣打虎亭
1 號墓的發掘引發的。此墓東耳室南壁的一幅石刻畫像，內容曾被認為是製
豆腐。1979 年，賈峨先生在《河南文物考古工作三十年》一文中說：密縣「打
虎亭一號墓有豆腐作坊石刻，是一幅把豆類進行加工，製作成副食品的生產
圖像，證明我國豆腐的製作不會晚於東漢末期。」❹文章的語氣很肯定，卻並
未隨文發表圖像，使人無法明其究竟，只能盼望早些看到這塊不尋常的畫像
石的材料。又過了 12 年，陳文華先生於 1991 年 3 月在《農業考古》總第 21
期上發表了題為《豆腐起源於何時》的論文，此文曾於 1990 年 8 月間在英國
劍橋大學召開的「第六屆國際中國科技史學術討論會」上宣讀。文中載有陳
先生考察打虎亭漢墓時所作上述畫像的摹本（圖 10-1）。他將其內容劃分作五
個單元。認為：第一部分「為一大缸，缸後站立二人」，是在「浸豆」。第二
部分「為一圓磨，磨後有一人，右手執勺伸向大缸」，是在「磨豆」。「圖中的
磨是用手推動的，屬於小型的石磨。推磨者右手執勺伸向圖一（指第一部分）
的大缸，是在舀大豆準備倒進磨中。」第三部分「為一大缸，缸後站立二人雙
手執布在缸中攪動」，表現的是用布「過濾豆渣」。第四部分「為一小缸，缸
後一人雙手執棍在缸中攪動」，這是在「點漿」。「缸後地上置一壺，可能是裝
凝固劑用的。」第五部分「為一長方形帶腳架箱子，箱上有一蓋板，板上橫壓
一根長杠，杠端吊一秤砣形重物，箱左下部有水流出注入地上罐裏。」「將沉

圖 10-1　河南密縣打虎亭 1 號東漢墓東耳室南壁下部的圖像（陳文華摹本）

❶ 茆泮林、孫馮翼輯《淮南萬畢術》，《叢書集成初編》本。
❷ 洪光住《中國食品科技史稿》上冊，頁 47，中國商業出版社，1984 年。
❸ 豆腐傳入日本的時間也可以作為參考。據篠田統的研究：豆腐不見於相當唐朝時的日人著作，「最古的文獻是院政時代行將結束時的壽永二年（1183 年）。」14 世紀以降，日本文獻中關於豆腐的記載才日見增加。見《中國食品科技史稿》上冊，頁 65~66。
❹ 《文物考古工作三十年》頁 284，文物出版社，1979 年。

瀝後變成凝凍狀態的凝膠用布包裹放在豆腐箱中加以鎮壓擠去水，就製成豆腐。」他說：第五部分「表現的正是這一道工序。」結論是：「由此可見，打虎亭漢墓的這幅畫像石所刻畫的確是生產豆腐圖。」

　　初獲此文時非常欣喜，覺得長期未弄清楚的漢代製豆腐的問題總算有了著落，積年陰霾，為之一掃。但反覆研讀之後漸感疑竇叢生。豆腐房裏總是燒起大灶，熱氣騰騰的；為什麼這裏卻像始終在常溫下操作，不見煮漿的場面呢？為什麼未見製成的豆腐，連一盤也不端出來顯示一下呢？點豆腐的滷水（通常是指氯化鎂、硫酸鎂和食鹽的飽和溶液）是有毒的，《白毛女》中的楊白勞即服滷水身亡。儘管在製作過程將完結時，鹽滷中的若干成分已與蛋白質起作用，且已被高倍稀釋，不致毒人了，但壓豆腐時擠出的水仍為無用之棄物，未見有哪個舊式豆腐房如此鄭重其事地用罐子來接這些廢水的。洪光住先生書中有一幅用傳統方法製豆腐時的壓水圖(圖 10-2)，和打虎亭畫像石中的搾壓圖大不相同。然而由於不了解打虎亭 1 號墓的詳情，未窺畫像之全豹，這些問題一時找不出答案。

圖 10-2
傳統方法製豆腐時的「壓水」(仿洪光住)

　　及至 1993 年，正式發掘報告《密縣打虎亭漢墓》一書終於由文物出版社出版了，這時距墓葬的發掘已 33 年，距簡報《密縣打虎亭漢代畫像石墓和壁畫墓》(《文物》1972 年第 10 期) 的發表已 21 年。距打虎亭漢墓中有製豆腐圖像之說的提出也已 14 年。拿到這本令人望眼欲穿的報告後，第一件事就是把東耳室那塊畫像石的材料找出來。作為正式報告，材料很詳盡，既有它的照片，也有拓本和清楚的線圖。但一見之下卻使人感到震驚 (圖 10-3)。這裏哪兒有石磨？哪兒有「兩人各執布的一端在過濾豆渣」的情景？地上的一盞燈是點著的，燈火正在燃燒，怎可能是「根據現在河南民間做豆腐的方法，在磨漿後要加入食用油以消除泡沫。因此上述器物（按：指這盞燈）也許是裝食用油的容器」呢？

　　從這塊畫像石的整個畫面看，刻畫的應是釀酒和為飲宴備酒的情況，與此墓畫像中的飲宴圖是有連帶關係的。此石的構圖分上中下三欄。上欄在長几案上一排擺著六個大酒甕，它們是貯酒之器，其中存放已釀好的酒。成都曾家包畫像石上的一排五個大酒甕的性質應與之相同❺。當中一欄是將釀好之酒裝入盛酒器中的情景，其中放著許多壺、鍾、三足的醺酒尊、橫筒狀的榼和扁壺狀的椑等。這些盛酒器均曾在同墓的飲宴圖中使用，而釀酒和貯酒用的大盆、大甕在那裏是不出現的。最下一欄表現出釀酒過程中的幾個主要

圖 10-3

東漢，石刻畫像，「釀酒備酒
圖」　河南密縣打虎亭 1 號墓

步驟，即酘米❻、下麴、攪拌和搾壓。仿照陳氏的段落劃分，圖中第一部分
是酘米。《齊民要術・造神麴并酒・第六十四》說：「造神麴黍米酒方：細挫
麴，燥曝之。麴一斗，水九斗，米三石。須多作者，率以此加之。其甕大小
任人耳。」「初下釀」時所酘的米（依上述造酒方應酘三石），大約放進此欄最
左邊的大甕裏。所謂米，實際上是蒸過的飯。第二部分的人面前置一圓臺子，
臺上放一盆。盆中盛的大約是已經挫細了的麴，他正舀出來準備倒入大甕中。
此盆下部的收分和器口的邊緣在畫像石上都刻得很清楚。但在陳氏的摹本中
不僅其下部與原圖有較大出入，盆上部的口緣也不知去向。盆旁之人身上的
一段衣紋，本與盆不相干，卻被畫成磨的手柄；甚至連放盆的圓臺之上沿，
也很知趣地為「磨柄」讓路，而向下扭曲。總之，此盆面目全非，通體已根
據磨的形制改製了（圖 10-4）。他對這個磨很重視，
認為：「釀酒無需用磨，也不必濾渣和鎮壓，所以它
是與釀酒無關，同樣也和製醋、製醬無關。而只能
是和製豆腐有關。」按：在這裏，不僅他的摹本與實
物出入很大；他說釀酒不用磨，不濾渣，不鎮壓，
也和事實不符。《齊民要術》屢次指出有些麴要淨簸
擇，細磨。「羅取麩，更重磨，唯細為良」。只不過
磨麴的情況在釀酒圖中不常表現罷了。至於濾渣和
鎮壓，即所謂漉酒和搾酒，更是古代釀造穀物酒的

圖 10-4　河南密縣打虎亭畫像
　　　　石中之圓臺部分

1　臺上置盆
（據《發掘報告》）

2　盆變成磨
（陳文華摹本）

---

❺　成都市文物管理處《四川成都曾家包東漢畫像磚石墓》，《文物》1981 年第 10 期。

❻　繆啟愉《齊民要術校釋》（農業出版社，1982 年）頁 374 說：「『酘』音頭，實即『投』字
　　而用於飲食品釀造者，意即投飯在甕中釀酒，即今俗語所謂『落缸』。」

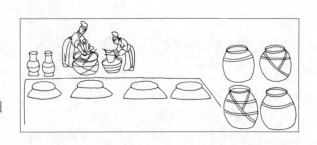

圖 10-5
東漢，畫像石，「釀酒圖」
山東諸城前涼臺漢墓

重要工序，怎能認為是不必要的呢？第三部分也是酘米，不過這是追酘的米。《要術》說：「一宿、再宿，候米消，更酘六斗。第三酘用米或七八斗。第四、第五、第六酘，用米多少，皆候麴勢強弱加減之，亦無定法。或再宿一酘，三宿一酘，無定準，唯須消化乃酘之。」又說：「搦黍令破，瀉著甕中，復以酒杷攪之，每酘皆然。」初酘時，黍米飯下和了麴的水中，米消之後，甕裏的水已發酵成醪，因這時主發酵期尚處在旺盛階段，遂在發酵醪中再酘米。麴勢壯，就多酘幾次，直到發酵停止酒熟為止。黍米飯粘而且軟，須「搦黍令破」。第三部分的大甕上橫一長方形的算子，操作者正搦黍米飯。諸城前涼臺漢墓畫像石的釀造圖中，也有在甕上放算子搦米飯的人，正可互相對照❼（圖 10-5）。漢王充《論衡‧幸偶篇》說：「蒸穀為飯，釀飯為酒。酒之成也，甘苦異味；飯之熟也，剛柔殊和。非庖廚酒人有意異也，手指之調有偶適也。」搦米飯也是酒人「手指之調」的功夫之一，不過這種技巧是可以掌握的，王充認為它的成功與否純屬偶然，就是在借題發揮了。但也說明釀造過程中的每一道工序，與酒味是醇正還是酸敗均密切相關。第四部分主要表現酘米後的攪拌，即「以酒杷遍攪令均調」的工作。攪拌不僅能使發酵醪的品溫上下均勻一致，而且使空氣流通，促進益菌繁殖。現代釀造黃酒仍重視這道工序，稱為「開耙」。最後，第五部分則是將成熟的醪入糟床搾酒。《周禮‧天官‧酒正》鄭玄注：「緹者，成而紅赤，如今下酒矣。」賈公彥疏：「下酒謂曹床下酒。」孫詒讓正義：「下酒，蓋糟床漉下之酒。」圖中用一壺承接漉下的酒。在四川新都漢墓出土的畫像磚、內蒙古托克托漢閔氏墓壁畫及甘肅嘉峪關 1 號魏晉墓壁畫中均有類似的畫面，閔氏墓壁畫還在器之上方書一「酒」字❽。但此壺不甚大，或因成熟醪入搾前已將易收之酒下篩漉出，在糟床中進行搾壓大概只是為了收其餘瀝而已。它可以搾得很乾淨，《要術‧作酢法‧第七十一》提到過「壓糟極燥」的情況，那時其中酒的含量大約就很少了。漢代文獻中對糟床未作明確描述，此圖卻刻畫得很清楚，搾酒的情況歷歷如見。

　　通觀全幅，可知此釀酒備酒圖與豆腐了不相關。那麼為什麼其內容會被解釋成製豆腐呢？恐怕是先入為主的看法在起作用。增字解經，古人所忌；

現代科學方法更加縝密，應當更重視史料的真實性和嚴肅性才是。

事情好像只是從一盆、一磨之誤開始的，然而其影響卻不能低估。不是有的城市據此而舉辦了「豆腐節」嗎？不是已經在海內外、在海峽兩岸廣泛傳播了嗎？甚至在正式報告發表後的第二年，1994年8月出版的《故宮文物月刊》12卷5期上，劉敦愿先生發表的《論漢畫像石藝術中的庖廚題材》一文中仍說：「考古發現卻為豆腐起源漢代的傳說，提供了確切無疑的證據。」接著，文中引述了陳文華先生的見解，然後作出推論：「豆腐製作過程中的過濾與鎮壓，都須使用布兜，但打虎亭畫像所見，全為磨盤與各種陶器，而不見布兜之用，應是將其省略，而諸城與沂南兩石只見布兜與盆罐，疑也是以象徵的手法在表現豆腐的製作。」其實打虎亭這塊畫像石上正刻有手持布兜即酒袋的人物；不知是劉先生沒有注意到抑或未讀過這本報告。總之，根據他的說法，似乎許多漢畫像的庖廚中都充斥著豆腐；實際情況當然與之大相徑庭。退一步說，一種自北魏至五代，六百餘年間汗牛充棟的文獻典籍中從未有所反映的副食品，忽然被說成已在東漢末年出現，難道不應該認真地加以審視嗎？如若耳食目論，隨波逐流，恐怕這艘偏離航道的船就會越划越遠了。

（原載《尋常的精緻》，遼寧教育出版社，1996年）

---

❼ 任日新《山東諸城漢墓畫像石》，《文物》1981年第10期。

❽ 余德章《從四川漢代畫像看漢代釀酒》，載《漢代畫像石研究》，文物出版社，1987年。羅福頤《內蒙自治區托克托縣新發現的漢墓壁畫》，《文物參考資料》1965年第9期。嘉峪關市文物清理小組《嘉峪關漢畫像磚墓》，《文物》1972年第12期。

釋「清白各異樽」

> 天上何所有？歷歷種白榆……
>
> 好婦出迎客，顏色正敷愉。
>
> 伸腰再拜跪，問客平安不？
>
> 請客北堂上，坐客氈氍毹。
>
> 清白各異樽，酒上正華疏。
>
> 酌酒持與客，客言主人持。
>
> 卻略再拜跪，然後持一杯……（《隴西行》）

這首漢代樂府，描寫了一位能幹的主婦招待來賓的情況。她有禮有節，落落大方，被客人譽為「取婦得如此，齊姜亦不如！健婦持門戶，亦勝一丈夫。」這裏且不對這位女主人多加評論，只說她在北堂上為客人擺出的「清白各異樽」，即盛著清酒的和盛著白酒的形狀各不相同的酒樽，到底是怎麼一回事。

「樽」通作「尊」，是漢代最主要的盛酒之器。在漢代，酒一般貯藏在甕、榼或壺中，宴飲時要先將酒倒在尊裏，再用勺酌入耳杯奉客。根據出土文物和畫像石中所見，漢代的酒尊分盆形和桶形兩大類（圖 11-1）。從銘文上看，這兩種尊各有不同的名稱。山西右玉發現的兩件西漢河平三年（前 26 年）所造銅酒尊，盆形者銘文中稱為「酒尊」，桶形者銘文中稱為「溫酒尊」❶。只根據字面，「溫酒尊」有可能被解釋成給酒加溫的器皿。其實不然。因為尊是盛酒用的，並非溫器。右玉所出溫酒尊雖有三蹄足，然而極矮，其下難以燃火，所以不能用於加溫。而且出土物中這種類型的酒尊還有漆器和平底無足

圖 11-1
漢代的盆形尊 (1) 和桶形尊 (2)

1　　2

的陶瓷器，它們就更無法用於加溫了。

在漢代，溫和醞這兩個字可相通假。《詩・小雅・小宛》鄭玄箋：「溫藉自持」，而在《禮記・禮器》鄭玄注和《漢書・匡張孔馬傳》的贊中皆作「醞藉」。長沙馬王堆 1 號漢墓的遣冊中記有「溫酒」、「助酒」、「米酒」、「白酒」等酒類。唐蘭先生說：「溫就是醞字，……《廣雅・釋器》：『醞、醅、釀、酘也。』《倭名類聚抄》四引《通俗文》：『醞，酘酒也。』《集韻》引《字林》：『酘，重醞也。』《倭名類聚抄》又引唐蔣魴《切韻》：『酘，于（徒）鬥反，酒再下麴也。』那麼醞酒是反覆重釀多次的酒。」❷唐先生的說法非常正確。由於醞酒是用連續投料法重釀而成，釀造過程歷時較長，澱粉的糖化和酒化較充分，所以酒液清淳，酒味醲冽，是當時的美酒。但在先秦時，已有一種重釀酒叫作酎酒。《禮記・月令》鄭玄注：「酎之言醇也，謂重釀之酒也。」《說文・酉部》：「酎，三重醇酒也。」段玉裁注：「謂用酒為水釀之，是再重之酒也；次又用再重之酒為水釀之，是三重之酒也。」酎酒也很清，秘康《酒賦》說：「重酎至清，淵疑冰潔。」一種著名的酎酒叫「中山清酒」。左思《魏都賦》說：「醇酎中山，沉湎千日」，可見其酒度之高。又陸機《七羨》說：「湘陰有酎，其色澄清。秋醹春醞，酒唯九成。」他在這裏提到的則不是一般的酎酒，而是漢末新出的「九醞酒」。據曹操《上九醞酒奏》，這種酒要重釀達九次之多，比酎酒增加三倍，所以酒精含量更高，在當時被認為是很厲害的烈性酒。《拾遺記》說：「張華有九醞酒，……若大醉，不叫笑搖動，令人肝腸消爛。俗人謂之『消腸酒』。」這樣講固然有些誇張，但古人對於酎、醞等酒，為了防止酒力發揮過猛，常作冷飲。《楚辭・大招》：「四酎並孰，不歰嗌只。清馨凍飲，不歠役只。」王逸注：「凍猶寒也。……醇釀之酒，清而且香，宜於寒飲。」湖北隨縣擂鼓墩曾侯乙墓所出大冰鑒中，固定著用於貯酒的方壺，可以作為冷飲的實物證據。這種風習一直延續到南北朝時，《世說新語・任誕篇》說：「王大（王忱）服散後已小醉，往看桓（桓玄），桓為設酒。不能冷飲，頻語左右：『令溫酒來！』」可見如果不是王忱的情況特殊，皆當如常作冷飲。而這一點，清代的經學家已有所認識。皮錫瑞《經學通論》卷三「論古宮室衣冠飲食不與今同」條說：古「酒新釀冷飲」，自是其讀書有得之見。從而更足以證明，桶形尊中盛的是冷的醞酒；右玉桶形尊銘中的「溫」字，只不過是「醞」字之假，與加熱並無關係。

❶ 郭勇《山西省右玉縣出土的西漢銅器》，《文物》1963 年第 11 期。

❷ 唐蘭《長沙馬王堆漢軑侯妻辛追墓出土隨葬遣策考釋》，《文史》第 10 輯，1980 年。

醴酒清澄，故「清白各異樽」句中所說盛清酒之尊，就應指類桶形尊。至於白酒，如《禮記・內則》鄭玄注：「白，事酒、昔酒也。」不過事酒、昔酒雖同屬白酒類，但品質仍有差別。昔酒又叫「酋久白酒」，是白酒中之久熟者。一般白酒即事酒，則是祭祀等場合中參與其事的人共飲之酒，等級就較低了。《魏略》說：「白酒為賢人，清酒為聖人」（《御覽》卷八四四引）；而《三國志・魏志・徐邈傳》則說：「酒清者為聖人，濁者為賢人。」又《周禮・酒正》中提到一種盎酒，鄭玄注：「盎猶翁也，成而翁翁然蔥白色，如今酇白矣。」則盎酒亦屬白酒類。而《說文・酉部》謂：「醴，濁酒也。」可見一般白酒僅相當於濁酒。濁酒投料不精，釀造過程較粗放，酒滓也沒有經過仔細過濾，其酒味較薄，又稱濁醪或白醪。杜甫《清明》「濁醪粗飯任吾年」；白居易《代書詩一百韻寄微之》「白醪充夜酌」；杜荀鶴《山中喜與故交宿話》「村酒沽來濁」；都是指這種酒說的。在蒸餾酒開始流行之前，自漢迄宋，我國的釀酒技術並未產生根本性的變革，所以直到《水滸全傳》中，還將濁醪白酒當作薄酒的代表。如該書第七十五回說：「令裴宣取一瓶御酒，傾在酒海內，看時，卻是村醪白酒。再將九瓶都打開，傾在酒海內，卻是一般的淡薄村醪。」由此不難推知，盛醴酒的尊要比盛白酒的尊更受重視；這從桶形尊往往配有專用的、名為「承旋」的圓形器座的情況中也可以看出來。旋為檈字之假。唐寫本《說文・木部》：「檈，圓案也。從木，罠聲，旋。」則檈直音旋。承旋即承尊之圓案。北京故宮博物院所藏東漢建武二十一年（45 年）造鎏金銅醴酒尊，銘文中說它的承旋「雕蹲熊足，青碧、閔瑰飾」。自實物觀察，此尊的圓座有

圖 11-2　東漢，建武二十一年鎏
　　　　　金銅醴酒尊　北京故宮
　　　　　博物院藏

圖 11-3　漢畫像石和壁畫中
　　　　　所見之兩類酒尊

三熊足，鑲嵌綠松石和襯以朱色的水晶石，與鎏金的器體相輝映，光彩絢爛，頗為華麗（圖 11-2）。在漢畫像石和壁畫中，也常看到附有承旋的桶形尊；而盆形尊則往往偕他器雜置案上或地上，並無專用的承旋，規格顯然要低一些（圖 11-3）。這些尊中有的還放著酌酒的勺。勺柄之頭部有雕鏤出的花紋者，名「疏勺」。《禮記·明堂位》：「殷以疏勺。」鄭玄注：「疏，通刻其頭。」如果是帶有這種裝飾的匕，則名「疏匕」，見《儀禮·有司徹》。勺也叫斗。遼寧省博物館所藏漢羽陽宮銅斗，銘文中自名為「疏斗」。可見詩中所稱「酒上正華疏」，即用此類漂亮的勺子酌酒之意。不過勺子雖好，酒卻分別盛在不同的容器裏。這位非常懂事的女主人，既為客人擺出了盛清酒的桶形尊，又擺出了盛白酒的盆形尊。究竟是表現肴饌的豐盛齊備，還是意味著因來客的身分不同而禮數亦有別？因為詩中並未明言，所以也就難以推測了。

（原載《文物天地》1987 年第 2 期）

中國之穀物酒與蒸餾酒的起源

釀酒在我國已有悠久的歷史。根據原料、麴藥和釀造及蒸餾方法的不同，酒的名目繁多，風味各異。但大體說來可分三大類，即自然發酵的果酒、釀造酒（如黃酒）和蒸餾酒（如燒酒）。在我國，以上三種酒也正是按照這個順序依次出現的。

不論何種酒，其中最本質的成分皆為酒精即乙醇。當合成法出現以前，它都是用糖或澱粉在微生物的發酵作用下產生的。如果所用的原料是含糖分的漿果，則原料中的糖分只要經過能產生酒化酶的酵母菌的分解作用，就能產生酒精。根據民族志的材料推測，人類在進入氏族社會後，已可能有意識地利用這種果酒。在我國，這個社會發展階段相當於新石器時代。不過這時尚未從一般飲食品中分化出專門的酒器來，所以只根據出土的器物無法把自然發酵的果酒之流行的時限判斷清楚。

自然發酵的果酒受季節的限制很大，為了突破這種限制，下一步遂採用穀物作為釀酒的原料。穀物的主要成分是澱粉，因此必須先經過能產生出澱粉酶的酒麴的糖化作用，使澱粉分解為簡單的糖以後，才能再經過酵母作用產生酒精。這一微生物發酵的過程是相當複雜的，而且酒的香味在很大程度上取決於此過程中所產生之適量的醛和酯；這些東西多了不行，少了則缺乏香味。因此，如果不是在利用自然發酵製果酒的時期中積累了大量的經驗，要一下子發明用澱粉造酒的技術是難以想像的。所以如《淮南子・說林訓》中「清醯之美，始於耒耜」那種直接把造酒與農業生產相聯繫的說法，在認識上是不夠全面的。

我國用穀物釀酒起於何時？目前對此尚沒有一致的意見。現存之最早的穀物酒是商代的。河南羅山縣天湖村 8 號商墓和山東滕州前掌大 11 號墓（商周之際）出土的銅卣中都有酒。羅山銅卣的蓋子扣合得十分嚴密，其中貯藏的液體經過三千多年仍未完全蒸發，經北京大學取樣化驗，證明是酒。而卣中所盛之酒應是鬯。甲骨刻辭有「鬯一卣」（《戰後滬寧所獲甲骨集》3.232）、「鬯三卣」（《殷虛文字甲編》1139）、「鬯五卣」（《戩壽堂所藏殷虛文字》25.9）等記載，這和古代典籍中的提法如「秬鬯一卣」（《尚書・文侯之命》，《詩・大雅・江漢》）、「秬鬯二卣」（《尚書・洛誥》）等是一致的。《左傳》僖公二十

八年孔穎達疏引李巡曰：「卣，鬯之尊也。」可見卣是專門用來盛鬯即秬鬯的。秬是黑黍，鬯是香草，秬鬯是用黑黍與香草合釀的香酒，可以敬神。《說文・鬯部》：「鬯，以秬釀鬯草，芬芳條暢以降神也。」可是天湖村 8 號墓的年代相當殷墟文化第二期，穀物酒的出現應較此時為早。但究竟早到何時，也還只能以酒具作為推測的線索。在商代，與卣共存的酒器有爵、斝、觚、尊、盉、壺等多種。有的研究者根據類型學的方法，將這些器物由近及遠向上排比，一直推求出其「祖型」，並將此祖型出現的時期視為穀物酒之起始。沿著這條思路，這一時期遂被設定在仰韶文化、大汶口文化之中；還有的甚至把它定到磁山、裴李崗、老官臺、河姆渡等新石器時代早期文化之中。但何以知作為祖型的那些器物是盛穀物酒而不是盛他種飲料的呢？論者尚未能給出確切的證明。式樣相近的器物在不同時期中可以被賦予完全不同的用途。明清時的若干筆筒、香爐之造型是從青銅尊、鼎那裏演變出來的，可是在用途上卻毫無共同點。舉這個例子並沒有走極端的意思，只是說，此類情況既然存在，論證這樣的問題時就迴避不開，不能認為凡屬在造型方面有淵源關係的容器，其功能必然是幾千年一貫制的，都只能盛同一種東西。所以儘管是酒器的祖型，但其本身的用途仍然得有證據才能作出判斷。何況將穀物酒出現的時間大幅度提前，勢必擠占了以自然發酵法製果酒的歷史階段；而後者如得不到充分發展，也就取消了穀物酒得以發明的前提。還有些論者談這個問題時只著眼於原始農業，似乎只要能生產一定數量的穀物就會有穀物酒。其實這種論點的根據更不充分。在技術史上，有些地區既有生產某種物品的原料，也存在著對它的社會需求，甚至也擁有與生產該物品之水平相近的技術條件，可就是遲遲做不出這種產品來。比如歐洲的地下蘊藏著瓷土，對硬瓷更極為喜愛，其窯業的發展歷史也很長，然而在 18 世紀以前卻一直不能生產硬質瓷器。技術史上這類例子很多，無煩縷述。對於工業革命以後，東西交往頻繁的歐洲尚且如此，更不要說對於一個作為原生文明的中國新石器時代古文化中的一項無從自外部取得借鑒的新技術了。

　　但這並不是說，商代各種酒器之類型學的發展序列均不必重視，恰恰相反，如果想根據現有的資料推測出穀物酒出現的大致時期，仍然得由此入手。不過商代甲骨文中提到的酒器，除卣以外，只有爵、斝等數種。其中特別值得注意的是爵。《說文・鬯部》：「爵，禮器也，象雀之形，中有鬯酒。」則爵也是盛鬯酒之器。爵的造型很特殊，它有三足和單鋬，口部前有流、後有尾，有些爵在流根處還立雙柱。銅爵和陶爵在中原地區發現較多，河南的出土地點尤為密集，其淵源可以從安陽殷墟追溯到鄭州二里崗和偃師二里頭。再往

前推，則其形制已與典型的爵不同，無法肯定它是否也是盛鬯酒的了。也就是說，根據卣和爵的線索，穀物酒的出現可以推到相當於二里頭文化的夏代。順便說一句，這和傳說中禹臣儀狄造酒的時代恰相符合。

在一般印象中，爵是喝酒的飲器，其實不盡然。爵有狹長的流，用嘴對著這樣的流喝酒相當不便。試看匜作為同樣的帶流之器，就是用於注水，而不是用於喝水的。古代的爵本是禮器。《禮記·禮器》說：「宗廟之祭，貴者獻以爵。」在祭禮中，爵中的鬯要澆在地上，即所謂「先酌鬯酒，灌地以求神」（《禮記·郊特牲》正義）。灌地時用帶流之器自然比較適合，這也正是爵作為禮器之第一位的功能。據此也可以推知，夏商時用於祭祀的禮器中所盛之酒，大抵都是鬯酒一類高級穀物酒。

祭祀用鬯，普通飲用則多為醴。《詩·小雅·吉日》：「以御賓客，且以酌醴。」醴是一種味道淡薄的甜酒。《說文·酉部》：「醴，酒一宿熟也。」《釋名·釋飲食》：「醴，體也，釀之一宿而成，體有酒味而已。」又《禮記·內則》鄭玄注說：「釀粥為醴。」可見這種快速釀成的醴有點像現代的酒釀。它在釀造時不下麴。《呂氏春秋·重己篇》高誘注：「醴者，以糵與黍相體，不以麴也。」故醴中酒精含量很低。《漢書·楚元王傳》說，楚元王劉交敬禮中大夫穆生，穆生不嗜酒，元王每置酒，特為穆生設醴。《晉書·石勒傳》說：當時「重制禁釀，郊祀宗廟皆以醴酒。行之數年，無復釀者。」則嚴格地說醴只能算是一種飲料。在《周禮·漿人》中，醴被列為「六飲」之一，「漿人掌王之六飲：水、漿、醴、涼、醫、酏。」其中除水和醴之外，漿指一種酸漿；涼指和水的冷粥；醫和醴的製法相似，但更清些；酏則指稀粥。就已有的認識而言，尚無法斷定喝這些飲料時是否各有專用的或習用的飲器。所以縱使把醴也劃入穀物酒的範疇，並且承認它的出現應較鬯為早，也仍然不能為穀物酒的起源提供出較清晰的背景材料來。而以卣、爵等為代表的盛鬯酒之器又只能上溯至夏。因此，認為夏代以前我國已有穀物酒的各種說法，目前還都停留在假說階段。

我國何時有蒸餾酒，說法也多種多樣，歸納起來有以下五種：一、東漢說，二、唐代說，三、宋代說，四、金代說，五、元代說。其中第五種是元、明以來的傳統說法，可稱舊說；第一至四種都是修改舊說的，可稱新說。新說中的二、三兩種是今人在古書中查到一些線索而作出的推測，包含著很大的誤解成分。黃時鑒先生在《文史》第 31 輯發表的《阿剌吉與中國燒酒的起始》一文對此二說提出的分析和反駁足以澄清事實，這裏就不多談了。新說中的一、四兩種則是根據傳世和出土的文物立論。作為文物工作者，對此想

提出自己的一點看法。

　　不過在討論新說之前，有必要先介紹一下舊說。舊說稱蒸餾酒始於元代，這是有元人的記載為證的。一、忽思慧《飲膳正要》（1330 年成書）卷三說：「用好酒蒸熬取露成阿剌吉。」二、許有王（卒於 1364 年）《至正集・詠酒露次解恕齋韻・序》說：「世以水火鼎煉酒取露，氣烈而清，秋空沆瀣不過也。其法出西域，由尚方達貴家，今汗漫天下矣。譯曰阿剌吉云。」三、由元入明的葉子奇所著《草木子》卷三下說：「法酒，用器燒之精液取之，名曰哈剌基。酒極釀烈，其清如水，蓋酒露也。……此皆元朝之法酒，古無有也。」此說在明代亦無異議。李時珍《本草綱目》卷二五說：「燒酒非古法也，自元時始創其法。」方以智《物理小識》說：「燒酒元時始創其法，名阿剌吉。」這些著作中談的是其當代或近世之事，而眾口一詞，可見是不能忽視它的權威性的。阿剌吉或哈剌基（亦作軋賴機、阿裏乞、阿浪氣）為阿拉伯語 ‘araq 的對音。這種酒是從西亞方面傳入我國的，因為它的酒度高，早期的記載中甚至說它「大熱，有大毒」（《飲膳正要》）；「哈剌吉尤毒人」（《析津志》）；「飲之則令人透液而死」（《草木子》）。反映出當時接觸此類烈性酒的時間還不長，飲用時還存在著某些思想障礙。

　　那麼，為什麼第一種說法認為東漢時已經有蒸餾酒呢？它的根據是上海博物館收藏的一件東漢青銅蒸餾器。這件蒸餾器的外形和漢代成套的釜甑相似，但甑的內壁下部有一圈斜隔層，可承接凝集的蒸餾液，並裝有導流管以便將液體引出，所以稱之為蒸餾器是沒有問題的（圖 12-1）。然而如果說此器係用於蒸餾酒，則尚有可議之處。

　　一、此器通高 53.9 公分，甑上部之凝露室的容積為 7500 毫升，甑下部的儲料室容積卻僅有 1900 毫升，太小，出酒量也必然很少。這一點方心芳先生在《再論我國麴蘖釀酒的起源與發展》（載中國食品出版社編《中國酒文化和中國名酒》）一文中已經指出。而且這件蒸餾器上未設水冷卻器，酒精的逸失量太大，作為蒸酒器是不合理的。二、上海博物館對此器作過蒸酒試驗，所得的酒最高為 26.6 度，最低為 14.7 度，平均為 20 度左右。而漢代早已發明了複式發酵法和連續投料法，這時的「上尊酒」是「稻米一斗得酒一斗」（《漢書・平當傳》顏

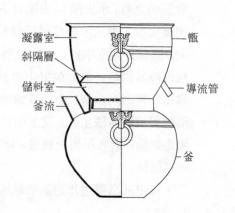

圖 12-1　漢，蒸餾器　上海博物館藏

凝露室
甑
斜隔層
儲料室
導流管
釜流
釜

師古注引如淳說引漢律）；投料比這樣大，酒醪必然是很濃的。根據現代製黃
酒時測試的數據，濃醪中的酒精含量可達 16% 以上，有的甚至可以達到 19～
20%，這和用上述蒸餾器蒸出之酒的度數相近。因此它不但不能生產出比上
尊酒的醲烈程度有明顯提高的產品，在酒度上不占多少優勢，還要承受丟掉
傳統風味的巨大損失。三、漢代還是一個飲低度酒的時代。這時有人「飲酒
石餘」（《漢書·韓延壽傳》），有人「食酒至數石不亂」（《漢書·于定國傳》）。
飲用量如此之大，當然不會是烈性酒。而且這時盛酒用大口的尊，以勺酌於
杯或卮中就飲，這套酒具也顯然不是用來喝烈性酒的。

　　因此，上海博物館收藏的這件蒸餾器是否有可能為煉丹術士所用？或為
蒸餾他物所用？總之，尚難以斷定必為蒸餾酒的器具。

　　再看第四種說法。此說的根據是河北承德市青龍縣西山嘴村南新開河道
中出土的一件據說是金代的青銅蒸餾器。此器通高 41.5 公分，由上下兩分體
套合而成。其下部是一個高 26 公分的釜，釜的口沿有雙唇，中有槽，槽寬 1.2、
深 1 公分，用於承接凝集的蒸餾液。自
槽中向外接出一根導流管，以將液體引
出。其上部為冷卻器，通高 16、口徑 31、
底徑 26 公分，底部凸起呈穹窿形，近底
處設排水管。當上下兩部分套合時，兩
端的子口扣得很緊密，確為實用之器（圖
12-2）。它的基本結構與現代的壺式蒸酒
器很肖似。特別是壺式蒸酒器上的冷卻
桶之底部也呈穹窿形，安放在圓形的槽

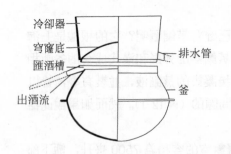

圖 12-2　元，蒸酒器　河北承德青龍出土

冷卻器
穹窿底
匯酒槽
出酒流
排水管
釜

內，冷卻了的蒸液流向四周再匯集到槽中流出；這和青龍出土的蒸餾器的結
構幾乎一般無二。因此可以認為青龍蒸餾器也是蒸酒用的。元代的蒸酒器許
有王稱之為「水火鼎」，表明其上部有注冷水的冷卻器，下部燃火。朱德潤《存
復齋文集·卷三·軋賴機酒賦》（作於 1344 年）中對此物的描寫是：「一器而
兩，圓鐺外環而中窪，中實以酒，仍緘合之無餘少焉。火熾既盛，鼎沸為湯，
包混沌於爵蒸，鼓元氣於中央。薰陶漸漬，凝結如餳。瀚渤若雲蒸而雨滴，
霏微如霧融而露瀼；中涵既竭於連爐，頂溜咸濡於四旁。」這和青龍蒸酒器的
形制與使用方法正合。又上引許有王的詩中也說：「火氣潛升水氣豪，一溝圍
繞走銀濤；璇穹不惜流真液，塵世皆知變濁醪。」這些句子用於青龍蒸酒器也
同樣貼切。

　　青龍蒸酒器也作過蒸酒試驗：「在承德市糧食局綜合加工廠製酒車間工人

師傅指導下，我們用這套燒酒鍋進行了兩次蒸酒試驗。第一次坯料（稻糠）
8 市斤，出 9.4 度酒 0.9 市斤。第二次坯料（稻糠）6 市斤，出 9.7 度白酒 0.56
市斤」（《文物》1976 年第 9 期，頁 98）。酒度如此之低，出酒量如此之少，
可以說試驗尚不得要領。因為從元代文獻看，當時並不是用稻糠蒸酒，而如
上文所引，是「煉酒取露」，「用好酒蒸熬取露」。或如《析津志》所說：「取
此酒（指葡萄酒）燒作哈剌吉。」「棗酒……燒作哈剌吉。」最低限度如《居家
必要事類全集》所說，也要用「不拘酸甜淡薄，一切味不正之酒」來蒸餾。
則當時是用釀造的酒作為蒸餾的原料，這樣自然可以蒸出酒度較高的燒酒了。

　　還應當指出的是，在青龍縣西山嘴村與此蒸酒器同出之物有一件飾花草
紋的滴水瓦。林榮貴先生在《金代蒸餾器考略》中說：「滴水的形式及其上面
的草紋飾，與 1965～1972 年北京後英房元代居住遺址出土的頗為相似，但
是青龍西山嘴的滴水，形體較大而厚重，花紋繁縟，製作上明顯粗糙，沒有
後英房滴水那樣寬平的邊緣和簡化清秀的花紋。分析這件滴水應是金代或元
初遺物」（《考古》1980 年第 5 期，頁 468）。但自拓片觀察，這件滴水定為
元代物問題不大，它出在僻遠的青龍，自然與大都所出者有精粗之別，但時
代的特點是一致的。結合元、明兩代人言之鑿鑿的元代始有阿剌吉之說，遂
令人感到，青龍蒸酒器不應屬於金代。因為不僅找不出證明金代有蒸餾酒的
古文獻，而且它既然與元瓦同出，本身又不附帶其他斷代證據，怎麼能一定
說成是金代的呢？相反，如果將此器定為元代之物，則無往而不合，文獻與
實物相輔相成，一切都順理成章了。

（原載《文物天地》1994 年第 4 期）

中國古代的葡萄與葡萄酒

萄原產於歐洲、西亞和北非，是世界上最古老的果樹樹種之一。七千多年以前，埃及人已開始種植葡萄，美索不達米亞的古代居民，也同樣在很早的年代裏就知道種這種果樹。栽培葡萄的方法從這些地區逐漸向全世界傳播。但我國先秦時尚未種植葡萄，它是在西漢武帝時傳入的。《史記・大宛列傳》說：大宛人「以葡萄為酒，富者藏酒萬餘石，久者十年不敗。……漢使取其實來。」則葡萄是一個外來詞彙，所以它有時又寫作「蒲桃」，這是因為外來語的對音起初往往無定字的緣故。葡萄來自大宛，此詞應是大宛語 budaw 的對音，與伊蘭語 budāwa 相對應。早年西方漢學家在言必稱希臘的觀念支配下，認為葡萄是希臘語 bòtrus（一嘟嚕〔葡萄〕）的對音。但大宛並不流行希臘語，此說連伯希和也不相信❶。漢朝使者將大宛的葡萄傳入內地，是我國植物引種史上的一件大事，它是我國最早有明確記載的自異域引入的果樹品種。當時引種的規模很大，「離宮別館旁盡種之」。在這之前，我國雖然也有一些本地野生葡萄品種，如《詩・豳風・七月》「六月食鬱及薁」，薁即蘡薁，就是我國原產的一種野葡萄，它遠在周代就被人採以供食。此外，如山東有「燕磊」、「水葫蘆塔」，東北有「阿木魯」，甘肅有「瑣瑣」，雲南彝族地區有「蔻枇瑪」，以及各地稱為野葡萄的若干品種。它們的生命力一般較強，或能耐寒，或能耐旱、耐濕、耐高原上的低氣壓，有的也相當甜（如瑣瑣）。然而它們在漢以前均不受重視，也未曾大規模種植。可是當大宛葡萄傳入我國後，野生葡萄的廣泛存在卻使我國園藝家有可能利用本地品種和外來品種通過無性或有性雜交等方法，逐步培育出適合我國水土的優良品種，如龍眼、馬乳、雞心等，從而形成了中國葡萄的獨特風味。早在東漢末年，曹丕在《與吳監書》中已把葡萄列為「中國珍果」，謂：「中國珍果甚多，且復為說蒲萄。當其朱夏涉秋，尚有餘暑，醉酒宿醒，掩露而食。甘而不飴，脆而不酢，冷而不寒，味長汁多，除煩解倦。又釀以為酒，甘於麴蘖，善醉而易醒。道之固已流涎咽唾，況親食之邪！」到南北朝末期，庾信說當時長安一帶的葡萄已經是「園種戶植，接蔭連架」，盛況空前了。

葡萄除了作為漿果生食外，還可以製果脯和釀酒。我國漢代已有葡萄酒，張衡《七辨》中提到過「玄酒白醴，葡萄竹葉」。但這時葡萄酒非常名貴，漢

圖 13-1
十六國，壁畫，左下角表示葡萄園　新疆
吐魯番哈拉和卓 96 號墓

末有人獻西涼葡萄酒十斛給大宦官張讓，「立拜涼州刺史」。南北朝時仍然如
此，《北齊書》說李元忠獻葡萄酒，「世宗報以百縑」。這時在新疆吐魯番十六
國墓壁畫的「莊園圖」中畫有葡萄園（圖 13-1）。至唐代，葡萄酒已較常見。
這時，涼州仍是葡萄酒的傳統產地。王翰《涼州詞》「葡萄美酒夜光杯，欲飲
琵琶馬上催」是膾炙人口的名句。但今山西地區卻有後來居上之勢。《新唐書・
地理志》記太原上貢有葡萄酒。劉禹錫《蒲桃歌》：「有客汾陰至，臨堂瞪雙
目。自言我晉人，種此如種玉。釀之成美酒，令人飲不足。」都反映出這種形
勢。由於葡萄酒是一種果酒，可用自然發酵法釀成，即蘇敬在《唐本草》中
所說：「凡作酒醴須麴，而葡萄、蜜等酒獨不用麴。」所以它帶有很濃的甜味，
與我國傳統的糧食酒風味不同。歷來詠葡萄酒者，也常著眼於這一點。如元
周權《葡萄酒詩》說它「甘逾瑞露濃欺乳」，明王翰在《葡萄酒賦》的序中說
它「甘寒清冽，雖金盤之露、玉杯之霜，不能過也。」不僅如此，明代的《遵
生八箋》還說行功導引之時，飲一兩杯葡萄酒，則「百脈流暢，氣運無滯」。
葡萄酒的滋補健身作用，也已為現代醫學所證實。

　　葡萄酒在我國北方民族建立的遼、金、元各朝中更為流行。遼寧法庫葉
茂臺遼墓主室中有木桌，桌上置漆勺、碗和玻璃方盤、瑪瑙杯等物，桌下瓷
壺中原封貯有紅色液體，據檢驗即葡萄酒❷。內蒙古
烏蘭察布盟察右前旗土城子元墓中曾出黑釉長瓶，
肩部刻有「葡萄酒瓶」四字（圖 13-2）。它們都是
我國古代葡萄酒的珍貴實物史料。在馬可波羅的
《東方見聞錄》中，也提到元代皇帝宴飲時用金
酒具滿盛葡萄酒供飲的事。

　　葡萄酒的酒精含量較低，為了提高酒度，元代
由西方傳來了蒸餾製酒的方法。李時珍《本草綱目》

圖 13-2
元，黑釉長瓶，肩部刻
出「葡萄酒瓶」四字內
蒙古烏蘭察布盟察右
前旗土城子出土

❶　馮承鈞譯《西域南海史地考證譯叢》第 1 卷，第 5 編，頁 82，商務印書館，1995 年。
❷　遼寧省博物館等《法庫葉茂臺遼墓記略》，《文物》1975 年第 12 期。

說，有一種用蒸餾法製成的葡萄露酒，其法是：「取葡萄數十斤，同大麴釀酢，入甑蒸之，以器承其滴露。」這樣製成的酒實際上就是今日通稱的白蘭地。現代的白蘭地也是蒸餾葡萄酒而成，與李時珍所說的方法基本相同。白蘭地的酒度一般在 40～43 度之間，酒味釅洌甘芳，是一種世界性的飲料。清朝末年，山東煙臺張裕葡萄釀酒公司已能生產優質白蘭地酒。

　　從種植葡萄，釀造葡萄酒到蒸餾白蘭地酒，雖然起初都是由西方傳入我國的，但它們都在很早的時期即為我國所接受，並逐漸形成了自己的特點。這說明，對於世界上各種美好的事物，我國不僅善於學習，而且能根據本國情況予以消化和吸收。

（原載《中國食品》1985 年第 6 期）

14

唐宋時代的茶具與酒具

在博物館工作中，經常會遇到鑒定古器物名稱和用途的問題。王振鐸先生關於漢代的樽、勺、卮、魁的研究，就在這方面作出了值得學習的範例❶。但由於古器物種類紛繁，故有待清理者尚所在多有。這裏僅就唐宋時代的杯類和壺類（近代意義上的）中哪些是茶具、哪些是酒具的問題，略作探討如下。

漢代主要用樽盛酒。漢詩中常提到樽，如「堂上置樽酒」（《相逢行》）、「清白各異樽」（《隴西行》）等等。漢代酒樽之實物存世者尚夥，漢畫像石所見飲宴場面，盛酒的器物也多用樽。王振鐸先生在他的文章中，曾作出了漢畫像石中酒樽的集成圖，更使讀者得以一目瞭然❷。樽作為主要的盛酒器，一直沿用到唐代前期，所以唐人詩中也不乏如「相見有樽酒，不用惜花飛」；「何時一樽酒，重與細論文」之句。需要說明的是，唐詩中提到的樽，一般並非泛泛地擬古之語，洛陽澗西唐乾元二年（759年）墓出土的高士飲宴紋螺鈿鏡、陝西長安南里王村唐墓壁畫「宴飲圖」、唐孫位「高逸圖」、宋摹唐畫「宮樂圖」，以及正倉院所藏金銀平紋琴的紋飾中，都出現了盛酒的樽❸（圖14-1）。其中螺鈿鏡和「高逸圖」中的樽有三足；「宴飲圖」中的樽看不到底部；而金銀平紋琴和「宮樂圖」中的樽都是圈足器，初看有些像盆。所以唐代文物中有些被定名為盆之器，其實是樽❹。如陝西扶風法門寺塔地宮中出土的鎏金鴛鴦團花雙耳圈足銀盆，體積相當大，口徑達 46 公分，口沿呈四瓣葵花形，與南里王村壁畫中口沿呈五瓣葵花形的樽類似；因而法門寺出的這件大銀盆應為銀樽。樽中置勺，銀樽中則置銀勺。美國華盛頓弗利爾美術館

---

❶ 王振鐸《張衡候風地動儀的復原研究》，《文物》1963 年第 4 期。又《再論漢代酒樽》，《文物》1963 年第 11 期。又《論漢代飲食器中的卮和魁》，《文物》1964 年第 4 期。

❷ 《文物》1963 年第 4 期，頁 2～3。

❸ 高士宴樂紋鏡見《中國歷史博物館》圖 139。南里王村唐墓壁畫見《文博》1989 年第 4 期。「高逸圖」見《中國美術全集·隋唐五代繪畫》圖 80～83。「宮樂圖」見臺北《故宮文物月刊》1 卷 9 期。

❹ 唐代有些樽呈盆形，亦可泛稱為盆。如《冊府元龜》卷一七〇記貞觀二十一年唐太宗為鐵勒渠帥設宴時：「置大銀盆，其實百斛，傾酥注於盆中，鐵勒數十人，不飲其半。」此處所稱之盆，即盆形樽。故法門寺塔地宮所出鴛鴦團花大銀樽在《物賬》中亦記為「銀金花盆」。

圖 14-1 唐代的酒樽

1 高士飲宴紋螺鈿鏡　　　2 宮樂圖

圖 14-2
唐，銀酒勺江蘇丹徒
丁卯橋窖藏出土

所藏折枝花八瓣銀勺，長 27 公分；卷草紋七瓣銀勺，長 31.2 公分，勺柄之端均作鳥頭形。《遊仙窟》稱：「杓則鵝項鴨頭，汎汎焉浮於酒上。」所狀與之極為肖似。也有些勺的柄做得比較簡單，如江蘇丹徒丁卯橋唐代窖藏所出扁柄銀勺，長 31 公分，亦應是樽中酌酒之勺（圖 14-2）。

　　本文起語中提到近代意義上的壺類，這是指接近近代茶壺、酒壺式樣的、大腹、裝管狀流的有把手（或提梁）的容器。唐以前，自殷周時代沿襲下來的壺的傳統形制卻並非如此，兩者最主要的區別是傳統的壺沒有把手和管狀流。因此漢詩中如「就我求清酒，絲繩提玉壺」（辛延年《羽林郎》）；晉詩中如「提壺接賓侶，引滿更獻酬」（陶潛《遊斜川》）；唐代前期詩如「花間一壺酒，獨酌無相親」（李白《月下獨酌》）等句所說的壺，都應和近代意義上的壺不同。不過唐代盛酒的容器除酒樽之外還有一種胡瓶，上述螺鈿鏡和金銀平紋琴的圖紋中在酒樽之旁都擺著胡瓶。它是有把手的，如再裝上管狀流，那就和後來的注子以至於近代的壺差不多了。有人主張酒壺即來自胡瓶。明劉元卿《賢奕編》：「今人呼酌酒器為壺餅。按《唐書》太宗賜李大亮胡餅。史炤《通鑑釋文》以為汲水器。胡三省辨誤曰：『胡餅蓋酒器，非汲水器也』。餅、瓶字通。今北人酌酒以相勸酬者亦曰胡餅。然壺字正當作胡耳。」劉元卿之說雖不盡符合實際情況，而且後來酒注的出現，從形制上說，也不能認為是自胡瓶演變而來；但就習俗而言，盛酒器之所以由樽向酒注過渡，胡瓶可能在當中起了一定的催化作用。

　　真正裝有管狀流的酒注出現於中唐時。唐李匡乂《資暇集》說：「元和初，酌酒猶用樽杓，所以丞相高公有斟酌之譽，雖數十人，一樽一杓，挹酒而散，

了無遺滴。居無何，稍用注子，其形若罌，而蓋、觜、柄皆具。太和九年後，中貴人惡其名同鄭注，乃去柄安系，若茗瓶而小異，目之曰偏提❺。論者亦利其便，且言柄有礙而屢傾仄。今見行用。」因之在中唐以後，有些注子是用來盛酒的，應定名為酒注。但是，《資暇集》中還提到茗瓶即茶瓶。那麼，茶瓶和酒注是怎樣的關係呢？是先有茶瓶還是先有酒注呢？這是本文要探討的一個問題。而要解決這個問題，則有必要先簡單地回顧一下我國飲茶方法的演變過程。

我國飲茶法的演變過程可分為三個階段：第一階段是西漢至六朝的粥茶法；第二階段是唐至元代前期的末茶法；第三階段是元代後期以來的散茶法。在粥茶階段中，煮茶和煮菜粥差不多，有時還把茶和蔥、薑、棗、橘皮、茱萸、薄荷等物煮在一起，也就是唐皮日休《茶中雜詠·序》所說：「季疵以前，稱茗飲者，必渾以烹之，與夫瀹蔬而啜者無異也。」明陸樹聲《茶寮記》也說：「晉宋以降，吳人采葉煮之，曰茗粥。」唐以後，此種較原始的飲法漸為世所不取，飲茶法進而變得十分講究。這時貴用茶筍（《茶經》說：「茶之筍者，生爛石沃土。」即茶籽下種後萌發的芽）、茶芽（《茶經》說：「茶之牙者，發於蘖薄之上。」即茶枝上的芽），春間採下，蒸炙搗揉，和以香料，壓成茶餅。飲時，則須將茶餅碾末。但碾末以後的處理方法在唐代又有兩種。一種以陸羽《茶經》為代表，他是將茶末下在茶釜內的滾水中。另一種以蘇廙《十六湯品》為代表，他是將茶末攝入茶盞，然後用裝著開水的有嘴（管狀流）的茶瓶向盞中注水；一面注水，一面用茶筅或茶匙在盞中環迴擊拂；其操作過程叫「點茶」（圖 14-3）。在第二階段的初期以後，此法比陸羽之法更為流行。

圖 14-3　點茶圖

1　遼，壁畫　河北宣化下八里遼墓　　　2　元，壁畫　內蒙古赤峰元寶山元墓

---

❺　偏提與酒注的區別在於「去柄安系」。晚唐時，偏提一度流行。韓偓《從獵》詩有「忽聞仙樂動，賜酒玉偏提」之句。其狀可於五代阮郜「閬苑女仙圖」中見之。至宋代，如林逋《送李山人》詩云：「身上祇衣粗直裰，馬前長帶古偏提。」則此時偏提已被視為古物。

唐詩中，有時還看到描寫在釜中下茶末的句子，如「松花飄鼎泛，蘭氣入甌輕」（李德裕《憶茗芽》）；「銚煎黃蕊色，椀轉曲塵花」（元稹《一至七言詩》）。而在宋詩和元代前期詩中，一般卻都描寫在碗中點茶的情況了，如「蒙茸出磨細珠落，眩轉繞甌飛雪輕」（蘇軾《試院煎茶》）；「黃金小碾飛瓊屑，碧玉深甌點雪芽」（耶律楚材《西域從王君玉乞茶，因其韻七首之七》）等句。宋羅大經《鶴林玉露》中並明確地說：「《茶經》以魚目、涌泉、連珠為烹水之節。然近世瀹茶，鮮以鼎鑊，用瓶煮水，難以候視。」可見在宋代多用《十六湯品》之法。北宋中期以後，末茶法進入極盛時期，所謂「采擇之精，製作之工，品第之勝，烹點之妙，莫不造其極」（《大觀茶論》）。這時丁謂、蔡襄等大官僚在福建製造的茶餅叫龍團、鳳團，一枚值黃金一兩；另一種叫作「北苑試新」的茶餅，一枚竟值四十萬錢，豪奢已極。但因自唐以後，「茶為食物，無異米鹽，於人所資，遠近同俗」❻；民間雖然不用價格如此昂貴的龍、鳳團，卻也摻上米粉或薯蕷粉壓茶餅，所以烹點的方法也大致相同，茶瓶的使用也愈加普遍。

茶瓶又叫湯瓶，因為它裏面盛的是開水。而在盞中下末之後，注湯點茶過程的完善與否，對茶之色味關係很大。《十六湯品》說：「湯者茶之司命，若名茶而濫湯，則與凡末同調矣。煎以老嫩言者，凡三品；注以緩急言者，凡三品；以器標者，共五品；以薪論者，共五品。」其中特別提到使用茶瓶時應注意之點：「茶已就膏，宜以造化成其形。若手顫臂䐃，惟恐其深，餅嘴之端，若存若亡，湯不順通，故茶不勻粹。」這和宋徽宗《大觀茶論》中論茶瓶的一段話很接近。那裏說：茶瓶「宜金銀，大小之制，惟所裁給。注湯害利，獨餅之口嘴而已。嘴之口差大而宛直，則注湯力緊而不散。嘴之末欲圓小而峻削，則用湯有節而不滴瀝。蓋湯力緊則發速，有節不滴瀝則茶面不破。」從其敘述中不難看出茶瓶在點茶過程中的重要性。宋徽宗認為茶瓶宜用金銀製作，自是皇家氣派。《十六湯品》則以為「貴欠金銀，賤惡銅鐵，則瓷瓶有足取焉。幽士逸夫，品色尤宜。」又說：「無油（釉）之瓦，滲水而有土氣，雖御胯宸縟，且將敗德銷聲。諺曰：『茶瓶用瓦，如乘折腳駿登高。』」實物中所見，茶瓶也大多是瓷的，金、銀、陶製的都很少。目前能夠直接確認的唐代茶瓶是西安太和三年（829年）王明哲墓出土的一件，其底部墨書「老导家茶社瓶，七月一日買。壹」❼（圖 14-4:1）。此器腹部圓鼓，盤口，肩上出短流，施墨綠色釉，基本上符合《十六湯品》中對茶瓶的要求。與此相類似的容器，即一般稱為水注者，就西安地區而論，約在武則天時已經出現❽。就長沙銅官窯發掘中所見，這裏的一種短頸，器身較直，口部略呈喇叭形，肩上裝多

圖 14-4 茶瓶

1 唐,「老导家茶　　2 唐,浙江寧波　　3 宋,《茶具圖贊》　　4 金,「茶具圖」雕
社」瓶 西安王明　　與托盞同出的越　　中的「湯提點」　　磚中之茶瓶 山東
哲墓出土　　　　　窯茶瓶　　　　　　　　　　　　　費縣出土

棱短流的注子，其出現的時間可能還要早些❾。而斟酒用酒注則是中唐以後
的事，所以上述早期注子大都係茶瓶。這也就回答了是先有茶瓶還是先有酒
注的問題，看來是在茶瓶行使了相當一段時期之後才開始用酒注的。並由於
用注固然方便，但用樽勺亦不礙宴飲；這和點茶之必須用茶瓶不同，所以一
直到金元時，還可以看到在酒宴上用樽勺。

從形制方面說，早期的茶瓶較矮，流也很短。晚唐時，茶瓶下身變瘦，
造型已較前為修長（圖 14-4:2）。南宋咸淳五年（1269 年）成書的《茶具圖贊》
中畫出的「湯提點」，是一件長身長流、口部峻削的茶瓶（圖 14-4:3）。傳世宋
畫「茗園賭市圖」中畫出了一群賣茶的男女小販，擔子上貼著「上等江茶」
的標記，他們所用的茶瓶之流更細長，注湯時當愈加緊湊有力❿。不過這並
不是說晚期茶瓶就沒有短流的了，河北宣化遼張世卿墓所出與黃釉茶托配套
的黃釉茶瓶的流就很短，其造型與山東費縣出土金代茶具雕磚上的茶瓶非常
接近⓫。足證短流茶瓶與長流茶瓶曾長期並存（圖 14-4:4）。

茶瓶的式樣能初步辨認之後，接下來的問題就是茶盞的式樣了。出土唐
盞大別之可分兩類，一類是高足的，習慣上稱之為高足盞，多用於飲酒。第
二類是圈足、玉璧足或圓餅狀實足的各種弧壁或直壁之盞。長沙石渚窯出土
的青釉圓口弧壁盞有自名「茶（茶）埦」者。陝西扶風法門寺唐塔地宮中出
土的玻璃托子和盞，《物賬》中記為「瑠璃茶椀，托子」⓬。其茶碗撇口、直

---

❻　《舊唐書・李珏傳》。
❼　《文物》1972 年第 3 期頁 36，將出土「老导家茶社瓶」之墓誤記為元和三年（808 年），
　　應正。
❽　接近水注形的器物，在隋代已有個別實例出現，當是由天雞壺演變而成，其用途尚難確知。
❾　長沙市文化局文物組《唐代長沙銅官窯窯址調查》，《考古學報》1980 年第 1 期。
❿　《(圖說) 中國的歷史・卷五・宋王朝與新文化》頁 110，插圖 139，東京講談社，1977 年。
⓫　河北省文管處、河北省博物館《河北宣化遼壁畫墓發掘簡報》，《文物》1975 年第 8 期。《山
　　東文物選集（普查部分）》圖 239。
⓬　周世榮《長沙窯「茶埦」》，《中國文物報》1990 年 4 月 19 日 4 版。

壁，與宋代所稱鼕子相同。可見茶盞的形制總不超出上述第二類盞式的範圍。其玻璃托子的器形與 1957 年西安和平門外出土的七枚銀質鎏金茶托相似，後者鑄造於唐大中十四年（860 年），刻銘中自名為「渾金塗茶拓子」❸，則此物為承茶盞之托盤（亦可稱茶托、托子、盞托；如果說托盞，那就是指帶托盤的茶盞而言），固無可置疑。

關於茶托的起源，李匡乂《資暇集》中有一說，謂：「始建中，蜀相崔寧之女以茶杯無襯，病其熨指，取楪子承之，既啜而杯傾，乃以蠟環楪子之央，其杯遂定。即命匠以漆環代蠟。進於蜀相，蜀相奇之，為制名而話於賓親。人人稱便，用於代。是後傳者更環其底，愈新其制，以至百狀焉。」南宋程大昌在《演繁露》中完全接受了李匡乂的說法，並進一步斷定：「臺盞亦始於盞托。托始於唐，前世無有也。」按李、程兩說均有可商。關於臺盞的問題，下文還要詳細討論；僅就盞托而言，它的出現也要早得多。崔寧相蜀在建中時（780～783 年），而西安大曆元年（766 年）曹惠琳墓已出白瓷盞托，唯其托圈較低，還與南朝的盞托近似。

在漢代，一般是把耳杯直接放在食案上，但也有少數例子在杯、卮之下承以小盤。然而這些小盤內沒有嵌納杯足的托圈，不能把飲器穩定在盤子上，與盞托的功用尚不相同（圖 14-5）。真正的盞托出現於晉代。但考古發掘中最早報導的長沙兩花亭晉墓所出者與武昌何家大灣齊墓所出者❹，大概都是燈或燈臺，而並非盞托。試把它們和江西新干金雞嶺晉墓所出瓷燈相較自明❺。不過長沙晉墓中確實出過盞托，沙子塘 2 號墓出土的一例是目前已知之最早的❻。以後在南朝墓中發現的盞托就更多了，它們有的與盞成套出土，其形制與唐代的托盞相同，似可推測為茶具（圖 14-6:1～3）。並且在南北朝時代，托盞多出於南朝墓，北朝墓中少見。這種現象當與此時南方飲茶而北方喝酪漿的風俗有關。《洛陽伽藍記》卷三記有自江南北上的王肅、蕭正德等人都好飲茶，而元魏貴族則嘲之為「酪奴」、「水厄」的故事；實物出土情況正可與文獻記載相印證。

遼、宋時，茶托幾乎已經成為茶盞之固定的附件（圖 14-6:4、5）。晚唐時

圖 14-5　漢代帶托盤的飲器

1　西漢，帶托盤石卮
湖南長沙漢墓出土

2　東漢，畫像石　山東
曲阜東安漢里出土

3　東漢，畫像石　山東
金鄉朱鮪石室出土

圖 14-6　托盞

1　南朝　江蘇
江寧東善橋出
土

2　唐　湖南長
沙銅官窰窰址
出土

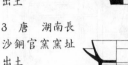

3　唐　湖南長
沙銅官窰窰址
出土

4　遼　北京八寶
山韓佚墓出土

5　北宋　江蘇鎮
江章岷墓出土

6　元　北京舊鼓樓
大街窖藏出土

茶托的托圈已增高，有的托子本身就彷彿是在盤子上加了一只小碗。元代茶托的式樣變化不大（圖 14-6:6）。托圈一般均較高，有斂口的，也有侈口的，而且有些托圈內中空透底，除承托茶盞外別無他用。出土物中除瓷、銀製品外，在內蒙古臨河高油房西夏窖藏中有金茶托。還有漆製的，江蘇常州北環新村宋墓出土銀釦朱漆茶托[17]。南宋吳自牧《夢粱錄》卷一六說杭州的茶店用「瓷盞、漆托供賣」。《茶具圖贊》中也稱茶托為「漆雕秘閣」，則當時的茶托應以漆製者為最適用。這是因為茶末用沸湯沖點，茶盞很燙，且無把手，故用托以便舉持，而漆製品的隔熱性能較金屬和陶瓷為優的緣故。只不過漆托不易保存，所以在出土物中反而比瓷托及金屬托少些。但在繪畫中仍多把茶托畫成漆製的，如河南白沙 2 號宋墓墓室東南壁所畫送茶者，端著朱紅漆茶托，上置白瓷盞[18]。河北宣化遼張世卿墓後室東壁壁畫中，在桌上擺著黑漆茶托，上面也放著白色瓷盞[19]。由於茶托的功用和造型都很特殊，所以與它配套的器物大抵皆為茶具。如傳南宋蘇漢臣筆「羅漢圖」中，有三童子在備茶[20]。其中一童子踞長凳用茶磨在磨茶末，一童子在爐前扇火煎湯，另一童子雙手捧方盤進茶，盤中就放著帶托的茶盞（圖 14-7）。又如山西大同元馮道真墓墓室東壁南端繪出一用茶托端茶的道童，他背後的方桌上就擺著鼎形

❸　馬得志《唐代長安城平康坊出土的鎏金茶托子》，《考古》1959 年第 12 期。
❹　湖南省博物館《長沙兩晉南朝隋墓發掘報告》圖 4:7，《考古學報》1959 年第 3 期。湖北省
　　博物館《武漢地區四座南朝紀年墓》圖 10:3，《考古》1965 年第 4 期。
❺　江西省文管會《江西新干雞嶺晉墓南朝墓》圖版 7:6，《考古》1966 年第 2 期。
❻　湖南省博物館《長沙南郊的兩晉南朝隋代墓葬》圖版 7:10，《考古》1965 年第 5 期。
❼　陳晶《常州北環新村宋墓出土的漆器》，《考古》1984 年第 8 期。
❽　宿白《白沙宋墓》圖版 37，文物出版社，1957 年。
❾　見注❶之 1 所揭文。
❿　見講談社《宋元の美術》圖 281。

圖 14-7　（傳）南宋，蘇漢臣，「羅漢圖」　　圖 14-8　元，壁畫，「進茶圖」
　　　　　中備茶與進茶的童子　　　　　　　　　　　　山西大同馮道真墓

風爐、湯銚、茶筅、三個茶盞、三個茶托、兩盤果品及一個帶蓋罐，上斜貼
一紙條，墨書二字：「茶末」（圖 14-8）。中國歷史博物館所藏宋代畫像磚「潔
盞圖」中㉑，一婦女在桌前擦拭茶盞和茶托，因知桌上之器均為茶具。其中
有一荷葉蓋罐，與上述大同元墓壁畫中所見者造型基本相同，其中盛的也應
是茶末。其實即令大同元墓壁畫中的罐上不寫明盛的是茶末，只要看到茶托，
餘物也大體上可以從《茶經・四之器》、蔡襄《茶錄》、《大觀茶論》或《茶具
圖贊》等書所列舉的茶具中查對出來。

　　將茶餅製成茶末，除了用上文中提到的茶磨外，更常用的是茶碾。《茶經》
裏說茶碾用木製，西安出土的西明寺茶碾是石製的㉒。講究的則用銀碾。《大
觀茶論》說：「碾以銀為上，熟鐵次之。生鐵者非掏揀槌磨所成，間有黑屑藏
於隙穴，害茶之色尤甚。」其實即便是熟鐵也帶有氣味。法門寺塔地宮所出之
碾即以銀製。其碾輪上的刻文自名為「碢軸」，表明此類茶碾的造型是截取圓
形碢碾的一段而成。晚近習見的輥碾要到元代才出現，元以前之所謂碾皆指
以槽承輪的碢碾。茶碾貴小。朱權《臞仙神隱》說：「茶碾……愈小愈佳。」

圖 14-9　茶碾與碾茶

1　後唐，天成四年造瓷茶碾　湖南長
沙窯窯址出土

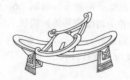

2　宋，《茶具圖贊》中所繪「金法曹」

3　北宋，石棺畫像，「碾
茶圖」　河南洛寧

法門寺茶碾槽面之長，僅合唐小尺 8 寸許。像西明寺茶碾那種大型石碾，可供僧眾聚飲之用，而非高人雅士的清供之器了。出土物中常見者則是一種瓷質的小茶碾（圖 14-9:1）；它和《茶具圖贊》中的「金法曹」（指茶碾）及宋代圖像中的碾茶人所用者形制基本相同（圖 14-9:2、3）。不過唐代研茶末時除用茶碾外也常用茶臼。唐柳宗元詩「山童隔竹敲茶臼」❷，已提到此物。宋朱翌《猗覺寮雜記》卷上說：「唐未有碾、磨，止用臼，多是煎茶。」他的說法不全面，因唐代雖未見茶磨，茶碾卻早就有了；但他指出茶臼之用先於碾、磨，則符合實際情況。茶臼沿用的時間很長。寧波市唐代遺址及長沙烈士公園五代灰坑中均有茶臼與茶碾同出❷。這些茶臼多為瓷質，淺缽狀，內壁無釉，刻滿斜線，線間且往往戳剔鱗紋，常被稱為擂缽或研磨器。內蒙古赤峰元寶山元墓壁畫中清楚地畫出了持杵與茶臼的研茶者（圖 14-10）。及至明代，《臞仙神隱》中仍將茶磨、茶碾與茶臼並列。其中並提到「將好茶研細」。佚名《多能鄙事》中也說到將「上等紅茶研細」。其研茶所用之具多為臼。清人章銓《吳興舊聞補》謂：「造茶之法：摘芽擇其精者，水漂，團揉入竹圈中，就火烘之成餅。臨烹點則入臼研末，瀹以蟹眼沸湯。」此書雖晚，卻把茶臼的用途說得很清楚。

圖 14-10

元，壁畫，持杵與茶臼的研茶者　內蒙古赤峰元寶山元墓

　　碾出的茶末還要過羅。羅多以木片捲屈為圈，底張紗羅而成，宋人《茶具圖贊》中的「羅樞密」畫的仍是此式羅。古代茶羅的實物只在法門寺塔地宮出過一例。此羅下附抽屜（圖 14-11）。宋岳珂《寶真齋法書贊》卷一四「黃魯直書簡帖」中說：「彼有木工，為作一抽替藥羅。」準其例，則此羅應稱「抽屜茶羅」。羅在《茶經》中雖曾提及，但一筆帶過，對它的作用未加申說。這是因為陸羽倡煎茶法——以鍑烹茶，再以杓酌入碗中；茶末稍粗些無妨。而唐代後期興起點茶法，在點茶的基礎上又興起了鬥茶的風習。對於後者說來，茶末的粗細是至關重要的。而上述各種茶具，無論茶瓶、茶盞或茶碾、茶羅，

㉑　石志廉《北宋婦女畫像磚》，《文物》1979 年第 3 期。

㉒　唐長安西明寺遺址出土的石茶碾，已殘，約存原器之半，長 16.4、寬 10.7 公分，刻有「西明寺石茶碾」六字。見《考古》1987 年第 4 期。

㉓　《全唐詩》六函一冊。

㉔　林士民《寧波出土的唐宋醫藥用具》，《文物》1982 年第 8 期；文中將該器指為醫藥用具，恐非。湖南省博物館《長沙烈士公園發現五代灰坑》，《考古》1965 年第 9 期。

圖 14-11 唐，銀抽屜茶羅 陝西扶風法門寺
塔地宮出土

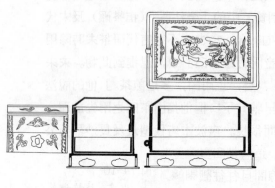

在末茶之點試過程中均不可少；它們
的產生雖容有先後，但到了宋代，都
圍繞著這種飲茶方式而各司其職了。

酒具則不然。前面說過，我國在
相當長的時期中一直用樽盛酒。酒不
像茶末那樣，下盞後必須用瓶注湯；
所以對飲酒來說，酒注不是絕不可少
的用具，並且早期之單件的茶瓶和酒
注不容易分得開。長沙唐銅官窯址出
土的若干注子上有「陳家美春酒」、
「酒溫香濃」、「浮花泛蟻」、「自入新峰（豐）市，唯聞舊酒香」等題字，當
是酒注，但其造型與「老导家茶社瓶」卻基本一致❷。所以只能從組合關係
中去尋求其特點。在這裏，值得注意的是酒注上所題「酒溫」一語。我國先
秦時與漢代，美酒多冷飲，南北朝以降，飲酒或預先加溫，如《北史》記孟
信與老人飲，以鐵鐺溫酒；李白《襄陽歌》「舒州杓、力士鐺，李白與爾同死
生」句中之鐺，也應是溫酒器。但溫酒與烹茶不同，酒常用熱水間接加溫，
在明唐寅「陶榖贈詞圖」中還可見到將酒壺浸入爐上之水銚內加溫的情形。
所以斟到盞中的酒並不太燙，無須像喝茶那樣，要端著托子舉盞。然而這並
不是說沒有承酒盞之器。福建閩侯杜武初唐墓出土的青瓷高足盞就帶有器
座❷。這類盞早在山西大同南郊北魏遺址中已出土過，研究者認為是由伊朗
東北部的呼羅珊一帶輸入的，其中有一件腹部飾有童子收穫葡萄題材的浮雕
花紋，當與其原製作地點盛行的酒神節風俗有關，因此這種盞係供飲酒之
用❷。江西高安元代窖藏中出土的一件青花高足盞內書「人生百年長在醉」
等文字，也證明了這一點。此外，如浙江臨安唐天復元年（901 年）水邱氏
墓出土的白瓷把杯，承以金釦白瓷托盤，盤心突起一小圓臺，與《倭漢三才
圖會》卷三一中畫出的「酒臺子」相同，說明這是一套酒具。這種瓷把杯的
器形係仿自金銀器，而唐代前期流行的小圈足、單環柄、多瓣或多棱的金銀
杯之器形又是從粟特一帶傳來的，它們在當地本是酒具（圖 14-12:1）；故上述
唐代金銀杯亦應用於飲酒。更由於水邱氏墓出的這一件還與酒臺子配套，就
把其用途反映得愈益清楚了（圖 14-12:2）。五代顧閎中「韓熙載夜宴圖」中飲
酒的人用的盞則和陝西耀縣發現的唐「宣徽酒坊」圈足刻花銀盞的形制相近；
其托盞之托盤的盤心也突起小圓臺，酒盞放在圓臺上，與水邱氏墓所出酒臺
的造型完全相同❷。所以這套器皿應即《演繁露》中所稱之「臺盞」。臺盞是

圖 14-12　酒杯與酒臺子

1　粟特，銀酒杯（8 世紀）
把手的按指板上有酒神像

2　唐，酒臺子與配套的白瓷酒
杯　浙江臨安天復元年（901 年）
水邱氏墓出土

酒具的專名。《遼史·禮志》記「冬至朝賀儀」中親王「摺笏，執臺盞進酒」；「皇后生辰儀」中大臣「執臺盞進酒，皇帝、皇后受盞」。元代飲酒仍用此器。《事林廣記》卷一一「拜見新禮·平交把盞」條說：「主人持臺盞，左右執壺瓶。……主人進前跪云：『哥每到這裏，小弟沒什麼小心哥每根底，拿盞淡酒。』」關漢卿《玉鏡臺》中，溫倩英給溫嬌敬酒：「旦奉酒科，云：『哥哥滿飲一杯。』做遞酒科。正末唱：『雖是副輕臺盞無斤兩，則他這手纖細怎擎將！』」明初之人對臺盞的用途仍然知曉，《草木子》卷三下：「筵席則排桌，五蔬五果五按酒，置壺瓶、臺盞、馬盂於別桌。」而且，臺盞之為飲酒器還可以從和它配套的酒注多帶注碗一事得到證明。注碗是溫酒之具。《營造法式》卷一二「照壁版寶床上名件」條中，就把和帶注碗之注子配套使用的杯叫酒杯。此外，這套器物之為酒器還可以從繪畫中所見陳設此器的桌上或桌下，常出現小口長身的「長瓶」一事得到印證。如河南禹縣白沙 1 號宋墓前室西壁磚砌夫婦對坐開芳宴之桌下即有長瓶，河南鞏縣稍柴宋墓壁畫開芳宴圖中也有相同的安排❷⑨。長瓶也叫經瓶，是貯酒用的，對此，宿白先生早已正確指出❸⓿。就近年所見，略可補充數事。安徽六安九墩塘宋墓出土的長瓶上有「內酒」二字。一件宋代磁州窯長瓶器肩書「清沽美酒」四字（圖 14-13:1）。一件宋代禹縣扒村窯長瓶器肩書「醉鄉酒海」四字。浙江寧波月湖清理宋代明州「都酒務」

❷⑤　同注❾。
❷⑥　黃漢杰《福建閩侯荊山、杜武南朝、唐墓清理記》圖版 13，《考古》1959 年第 4 期。
❷⑦　大同北魏遺址出土的高足杯，見《文化大革命期間出土文物》第 1 輯，圖版 150～152。參看孫培良《略談大同市南郊出土的幾件銀器和銅器》，《文物》1977 年第 9 期。
❷⑧　水邱氏墓出土帶酒臺的白瓷把杯見《浙江省文物考古所學刊》1981 年。宣徽酒坊銀盞見《文物》1966 年第 1 期。
❷⑨　《白沙宋墓》圖版 22。《考古》1965 年第 8 期，頁 428。
❸⓿　宋袁文《甕牖閒評》卷六：「今人盛酒，大瓶謂之京瓶，乃用京師『京』字，意謂此瓶出自京師，誤也。京字當用經籍之『經』字。普安人以瓦壺小頸環口修腹受一升，可以盛酒者名曰經，則可知經瓶者當用此字也。」參看《白沙宋墓》注 40、243。

圖 14-13　宋，長瓶

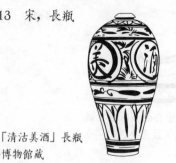

1　「清沽美酒」長瓶
　上海博物館藏

2　飲酒人物紋長瓶
　廣東佛山宋墓出土

3　佛山長瓶上的人物紋

作坊遺址時，曾出土大量長瓶。廣東佛山瀾石鎮宋墓出土之長瓶，在四個開光裏繪出一人從舉杯飲酒到酩酊大醉的情景（圖 14-13:2～3）。這些情況均反映出長瓶確用於貯酒❸。元明時仍沿襲此風。內蒙古烏蘭察布盟察右前旗土城子出土元代黑釉長瓶，肩部刻文「葡萄酒瓶」；甘肅漳縣汪家墳元墓出土白釉長瓶，器肩書「細酒」二字；西安曲江池出土元代白釉黑花長瓶，器腹書「風吹十里透瓶香」詩句。山東鄒縣明朱檀墓出土的青白瓷暗花雲龍紋長瓶內盛的也是酒❸。民初許之衡在《飲流齋說瓷》中將長瓶稱為「梅瓶」，言其口小可插梅枝。而自圖像中所見，直到明代插梅用的仍是花瓶而不是長瓶（圖 14-14）。因此，當時是將貯在長瓶內的酒先倒入酒注，藉注碗內的熱水加溫，然

圖 14-14　明，螺鈿漆奩蓋上的「折梅圖」

後斟在臺盞或盤盞內飲用。臺盞的形制上文已略作介紹，大致說來，早期的酒臺較低，如「韓熙載夜宴圖」中所見者；又浙江鄞縣窯也出土過五代或宋初的低酒臺。遼、宋後期的酒臺都比較高。另外值得注意的是山西忻縣所出銅酒臺及高麗時代的銀酒臺均用高足盞相配，反映出它們和杜武初唐酒盞之一脈相承的關係（圖 14-15）。與臺盞相反，盤盞的托盤中沒有高起的小圓臺。四川廣元古墓灣宋石板墓內的浮雕中，和帶注碗的酒注配套的酒盞放在淺盤裏❸（圖 14-16:1）。這種淺盤和上述酒臺的形制顯然不同。宋曾慥《高齋漫錄》：「歐公作王文正墓碑，其子仲儀諫議送金酒盤盞十副，注子二把。」《東京夢華錄》卷四「會仙酒樓」條說：「止兩人對坐飲酒，亦須用注碗一副、盤盞兩副。」此種以淺盤

圖 14-15　酒注、注碗與臺盞

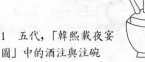

1　五代,「韓熙載夜宴
圖」中的酒注與注碗

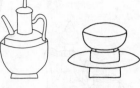

2　五代,「韓熙載夜宴
圖」中的臺盞

3　宋,瓷注碗
江西南城宋墓出土

4　宋,瓷酒注
江西南城宋墓出土

5　宋,瓷高足盞與酒臺子
江西南城宋墓出土

6　宋,酒注與注碗
江西南城宋墓出土

9　宋,銅臺盞　山西
忻縣宋墓出土

7　宋,壁畫,酒注與注碗
河南白沙2號墓

8　宋,壁畫,臺盞
河南白沙2號墓

承盞之酒器當即所謂盤盞❸❹。盤盞和臺盞一樣,也在圖像中和長瓶共存,並
有以高足盞和淺盤組成盤盞之實例。如鄭州南關外宋墓墓室西壁用磚雕出一
桌二椅,桌上有帶注碗的酒注、盤盞、小櫃,桌下有長瓶。遼寧朝陽前窗戶
村遼墓出土之盤盞(圖 14-16:2),則用淺盤承海棠口高足盞,它和上述忻縣臺
盞中之銅高足盞的形制基本相同。至於用一般圈足盞與淺盤組成之盤盞,其
實物在湖北麻城北宋墓中出過(圖 14-16:3),遼、宋、金、元繪畫中亦較常見。
如北京齋堂遼天慶元年(1111 年)墓出土木棺上所繪進酒之男子手捧盤盞;
宋陳居中「文姬歸漢圖」中也畫出了相同的場面❸❺。

❸❶　「內酒」瓶見《文物參考資料》1954 年第 6 期。「清沽美酒」瓶見《文物》1965 年第 2 期。
　　「醉鄉酒海」瓶見《文物天地》1989 年第 2 期。

❸❷　「葡萄酒瓶」見《內蒙古出土文物選集》圖 176~177。「細酒」瓶見《文物》1982 年第 2
　　期。「風吹十里透瓶香」瓶見《考古與文物》1989 年第 5 期。朱檀墓出土酒瓶見《文物》1972
　　年第 5 期。

❸❸　鄲縣窯出土酒臺見《文物》1973 年第 5 期。忻縣銅酒臺見《文物參考資料》1958 年第 5 期。
　　高麗銀酒臺見《朝鮮的文化遺物》圖版 62。廣元宋墓見《天成鐵路築路工程中在四川發現
　　的文物》,《文物參考資料》1953 年第 9 期。

❸❹　《新唐書‧五行志》說:「俗謂杯盤為子母,又名盤為臺。」但這僅是流行一時的俗說,並
　　不嚴謹。臺盞、盤盞的形制有顯著區別,不能援此說以混同之。

圖 14-16　盤盞

2　遼，瓷盤盞　遼寧朝陽前窗戶村遼墓出土

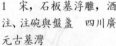

1　宋，石板墓浮雕，酒注、注碗與盤盞　四川廣元古墓灣

3　宋，瓷盤盞　湖北麻城宋墓出土

　　上文所述似乎給人以茶、酒各行其事的印象，實不盡然。自唐代以來，文學作品中每將茶、酒對舉，如唐白居易詩之「酒嫩傾金液，茶新碾玉塵」；「午茶能散睡，卯酒善銷愁」；「驅愁知酒力，破睡見茶功」。宋馮時行詩之「酒缸開半熟，茶餅索新煎」。宋文同詩之「少睡始知茶效力，大寒須遣酒爭豪」等句❸，反映出茶和酒常連類而及。因之在一些宋、金、元墓室的刻畫中，常出現有關茶和酒的內容。如山西長治李村溝金墓墓室南壁東、西兩龕內分別畫出茶具與酒具。茶具中有鼎形風爐、茶瓶、茶托、茶盞、盒子、插於罐中的拂子和一個紙囊（《茶經》說，其中貯已炙之茶）；酒具中則有長瓶、玉壺春式瓶、尊勺和盤盞。而山西文水北峪口元墓壁畫更有意思，此墓西北壁畫女侍進茶，托盞和茶瓶都畫得很清楚。東北壁畫男侍進酒，這裏出現了由長瓶演變而成的橄欖瓶、玉壺春式瓶、尊勺、盤盞和下酒的菜肴❸（圖 14-17）。可見進茶和進酒是這時墓室壁畫中常見的題材。而成套的茶器和酒器各成體系，互不混淆。只是單個的盞除高足盞可認為用於飲酒外，一般圈足盞尚不易確定其歸屬。比如長沙窯址出土的帶「嶽麓寺茶塸」與帶「美酒」字樣的唐代圈足盞，造型幾無分別（圖 14-18）。景德鎮湖田窯址出土的北宋前期圈足

圖 14-17

1　金，壁畫，茶具圖　山西長治李村溝金墓南壁東側龕內

2　金，壁畫，酒具圖　山西長治李村溝金墓南壁西側龕內

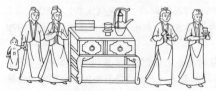

3　元，壁畫，進茶圖　山西文水北峪口元墓西北壁

4　元，壁畫，進酒圖　山西文水北峪口元墓西北壁

盞，有的在盞心印「茶」字，有的卻印「酒」字。可見茶具和酒具這時尚未從圈足盞中分化出各自專用的器形來❸。

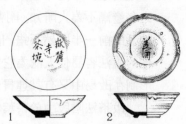

圖 14-18　唐代茶盞(1)與酒盞(2)

到了元代後期，隨著飲散茶和飲蒸餾酒之風的興起，茶、酒具都發生了變化，茶托和注碗逐漸隱沒不見了。散茶是將茶芽或茶葉採下日乾或焙乾後，直接在壺或碗中泲著喝，一般不屬香料，也不壓餅、碾末。此法自元代後期開始流行，到明代就完全排斥了末茶法。明洪武二十四年（1391 年）且明文規定禁止碾揉高級茶餅❸。這樣一來，連普通茶餅也隨之逐漸消失。於是原先盛開水的茶瓶遂一變而為泲茶的茶壺。它雖是自茶瓶演嬗而來，但不僅用法不同，而且所加的開水也有別；點茶因為要求沫餑均勻，雲腳不散，以便鬥試，所以《大觀茶論》要求「用湯以魚目蟹眼，連繹迸躍為度，過老則以少新水投之」。也就是讓水達到剛剛開始沸騰，如蘇軾詩所稱「蟹眼已過魚眼生，颼颼欲作松風鳴」的程度。三沸以上，便認為「水老不可食也」（《茶經》）。而在茶壺中泲茶，「湯不足則茶神不透，茶色不明」（明陳繼儒《太平清話》），所以要用「五沸」之水，才能使「旗（初展之嫩葉）槍（針狀之嫩芽）舒暢，清翠鮮明」（明田藝蘅《煮泉小品》）。不僅如此，這時由於在壺中泲茶，所以認為「若瓶大啜存停久，味過則不佳矣」（明顧元慶《茶譜》）。所謂「大小之制，惟所裁給」的說法不再提了，而強調「壺小則香不渙散，味不耽閣」（明馮可賓《岕茶箋》）。又認為「壺以砂者為上，蓋既不奪香，又無熟湯氣」（明文震亨《長物志》）。明代製茶壺的名手龔春、時大彬等人就是根據這些標準，製出了一種紫泥小砂壺，它正是散茶階段的產物。而近代茶壺之名稱，也是到這時才定下來的。雖然如此，但這一名稱之被社會普遍接受還需要有一個過程，所以起初它曾被叫作茶罐，不僅口語中用，詩文中亦用之，如明徐渭《某伯子惠虎丘茗謝之》「青箬舊封題谷雨，紫砂新罐買宜興」句中之紫砂罐，明張岱《陶庵夢憶·

❸　鄭州宋墓磚雕見《文物參考資料》1958 年第 5 期。朝陽遼墓出土盤盞見《文物》1980 年第 12 期。麻城出土盤盞見《考古》1965 年第 1 期。齋堂遼墓木棺畫見《文物》1980 年第 7 期。

❸　白詩見《白氏文集》卷一六、五八、五九。馮詩見《縉雲文集》卷二。文詩見《丹淵集》卷七。

❸　長治金墓壁畫見《考古》1965 年第 7 期。文水元墓壁畫見《考古》1961 年第 3 期。

❸　長沙窯課題組《長沙窯》，紫禁城出版社，1996 年。周世榮《金石瓷幣考古論叢》，岳麓書社，1998 年。劉新園、白焜《景德鎮湖田窯考察紀要》，《文物》1980 年第 11 期。

❸　《明會典》：洪武二十四年「詔有司聽茶戶采進建寧茶，仍禁碾揉為大小龍團」。

砂罐錫注》中之砂罐，均指紫砂茶壺。而當茶壺這一名稱傳播開之後，茶瓶之名遂漸不為人所知。明曹昭《格古要論》說：「古人用湯瓶、酒注，不用壺。」這話的前一半固然不錯，但湯瓶和茶壺、酒注和酒壺間實有緊密的承襲關係；他的說法容易使人認為它們各自的形制完全不同，而沒有把名稱雖變化、但形制在改易中又有其連貫性的一面說清楚，就有可能引起誤解了。

　　散茶法階段由於茶葉本身的焙製方式改變了，飲法和茶具也與前大不相同，所以這時對前代茶書中的若干提法也顯得有些隔膜。如宋蔡襄《茶錄》說「茶色白，宜黑盞」，「建安鬥試，以水痕先者為負，耐久者為勝」，「其青白盞鬥試自不用。」《大觀茶論》也說：「點茶之色，以純白為上」，「盞色貴青黑，玉毫條達者為上，取其燠發茶采色也。」金、元人筆下仍亟口稱道白色的茶。如金蔡松年詞：「午椀春風纖手，看一時如雪。」金高士談詞：「晴日小窗活火，響一壺春雪。」元人如耶律楚材之「雪花灩灩浮金蕊，玉屑紛紛碎白芽」等句，均著意於此❹。但這會給讀者一種錯覺，以為唐茶也是白色的，也重視深色的茶盞，其實不然。唐代罕見白茶，茶以綠色者為主。李泌詩「旋沫翻成碧玉池」；鄭谷詩「入座半甌輕泛綠」；李咸用詩「半匙青粉攪潺湲，綠雲輕綰湘娥鬟」；秦韜玉詩「老翠香塵下才熟，攪時繞筯秋雲綠」；所詠均為綠茶。這種情況至五代仍未改變，鄭遨詩「唯憂碧粉散，嘗見綠花生」，可證。由於茶是綠色，如再盛以黝暗的茶碗，則其色不彰。就遺物考察，當時邢窯細白瓷的質地實居諸窯之冠。李肇《唐國史補》說：「內丘白瓷甌」，「天下無貴賤通用之」。嗜茶者亦不例外，比如唐釋皎然《飲茶歌》就說：「素瓷雪色飄沫香。」陸士修《月夜啜茶聯句》：「素瓷傳靜夜，芳氣滿閒軒。」白居易《睡後茶興憶楊同州》：「白瓷甌甚潔，紅爐炭方熾。」皆著意於白瓷茶具。又皮日休《茶甌》詩說：「邢客與越人，皆能造茲器。」❹他雖然提到越瓷，卻仍將白色的邢瓷放在第一位。只是到了點茶法行世的宋代，茶色才尚白，茶盞才貴黑。而明代的茶盞又改成白色的。由白而黑而白，從表面上看是在循環往復，然而實反映出不同時期中飲茶方式的巨大變化。明代人往往不了解宋代末茶的特點，僅就散茶立論，所以反相詰難說：「茶色自宜帶綠，豈有純白者」（明謝肇淛《五雜組》）？「茶色貴白，然白亦不難，泉清、瓶潔、葉少，水洗，旋烹旋啜，其色自白，然真味抑鬱，徒為日食耳」（明熊明遇《羅岕茶記》）！又說：「宣廟時有茶盞，料精式雅，質厚難冷，瑩白如玉，可試茶色，最為要用。蔡君謨取建盞，其色紺黑，似不宜用」（明屠隆《考槃餘事》）。對於散茶說來，這些議論不無道理，然而用以說宋代末茶之茶色、用器，則全無是處。實際上黑色的建盞元末已停燒，明代文獻中所謂「建窯」，一般指德化窯的白

瓷，而不再指水吉窯的黑瓷；也有稱前者為「白建」，後者為「黑建」的。建盞由尚黑轉為尚白，正反映出上述變化。酒器的變化雖不像茶器這麼大，但失去了酒臺和注碗，和宋代比起來亦面目全非。

　　因此，元代後期以降，繪畫中如再出現前一階段的茶具和酒具，每或安排得不盡妥當。如山西洪洞廣勝寺水神廟北壁東部壁畫「尚食圖」中進茶的女官，前一人捧托盞，後一人卻端著帶注碗的酒注❷。明仇英「春夜宴桃李園圖」中表現的是酒鉹，但喝酒的人卻手執托盞❸。時易事異，而畫人不察，就不免張冠李戴了。

（原載《中國歷史博物館館刊》第 4 期，1982 年）

---

❹　蔡松年、高士談詞見唐圭璋編《全金元詞》頁 4、23，中華書局，1979 年。耶律楚材詩見《湛然居士集》卷五。

❹　李泌詩見《鄴侯家傳》。鄭谷詩見《全唐詩》一〇函六冊。李咸用詩見前書一〇函二冊。秦韜玉詩見前書一〇函五冊。鄭邀詩見《詩話總龜‧後集》引《三山老人語錄》。皎然詩見《全唐詩》一二函二冊。陸士修詩見前書一一函九冊。白居易詩見前書七函七冊。皮日休詩見前書九函九冊。

❷　柴澤俊、朱希元《廣濟寺水神廟壁畫初探》，《文物》1981 年第 5 期。

❸　明仇英「春夜宴桃李園圖」，日本京都藤井有鄰館藏。

中國茶文化與日本茶道

世界三大飲料作物之一的茶，原產於中國。但茶在成為日常飲料之前，還有一個主要供藥用的階段。因此，茶的見於記載和飲茶風習的出現不是一回事。目前只能根據漢王褒《僮約》（前59年）中「烹茶盡具」、「武陽買茶」等明確的史料，認為中國飲茶的興起始於西漢。武陽在今四川彭山縣雙江鎮。後來晉孫楚在《出歌》中也說：「薑桂茶荈出巴蜀。」可見兩千年前，巴蜀已以產茶著稱。

從漢代到南北朝，飲茶之風在西蜀和江南一帶逐漸流行，但原先的飲茶方式很不講究。據《爾雅》晉郭璞注等處記載，起初煮茶與煮菜湯相近。然而就在晉代，一種較精細的飲法開始出現。晉杜育的《荈賦》中有「沫沉華浮，煥如積雪」等句，表明當時不僅將茶碾末，而且已知救沸育華。《神農本草經》「苦菜」條梁陶弘景注：「茗皆有浡，飲之宜人。」亦指此而言。這種飲茶法在六朝時已博得上層社會的喜愛，因而這時的許多名人如孫皓、韋曜、桓溫、劉琨、左思等，都有若干與茶有關的逸事。和這種情況相適應，飲食器中便逐漸分化出專用的茶具。

中國最早的茶具約出現於東晉、南朝。這時在江、浙、閩、贛等地生產的青瓷器中，有和瓷盞配套的托盤，其內底底心下凹，周圍有凸起的托圈，形制與唐代帶「茶拓子」銘記的鎏金銀茶托基本一致。浙江溫州甌窯窯址出土物中，就有這類茶具的碎片。《荈賦》說「器擇陶揀，出自東甌」，正與這一情況相合。甌窯是中國最早燒茶具的窯口之一，其產品釉色青綠泛黃，玻化程度雖較高，胎、釉的結合卻不夠理想，常開冰裂紋，且出現剝釉現象。雖然如此，但專用的茶具卻濫觴於此時。

南北朝時飲茶雖在南朝流行，北朝地區卻不好此道。喜歡飲茶的南朝人士在北魏首都洛陽遭到嘲笑的情況，於《洛陽伽藍記》一書中有生動的記述。此風廣被全中國，應是盛唐時的事。8世紀後期，封演在《封氏聞見記》卷六中說：茶「南人好飲之，北人初不飲。開元中，泰山靈岩寺有降魔禪師大興禪教。學禪務於不寐，又不夕食，皆許其飲茶。人自懷挾，到處煮飲。從此轉相仿效，遂成風俗。」9世紀中期楊華在《膳夫經手錄》中說：「茶，古不聞飲之。近晉、宋以降，吳人采其葉煮，是為茗粥。至開元、天寶之間，

稍稍有茶，至德、大曆遂多，建中以後盛矣。」這是唐朝人講當代的事，應該
可信。當然，如果把盛唐以前有關飲茶的史料集中起來，似乎也洋洋大觀。
但第一，這麼作多少會造成一種假相，彷彿此時茶事已盛，其實不盡然。第
二，盛唐以前的茶是一種既辣且鹹的菜湯。儘管有人已知碾末，但如陸羽所
說，當時飲茶仍「用蔥、薑、棗、橘皮、茱萸、薄荷等，煮之百沸，或揚令
滑，或煮去沫，斯溝渠間棄水耳，而習俗不已。」把茶葉和這些、有的甚至是
帶刺激性的調味品煮在一起，那種湯的味道肯定和後世的茶相去甚遠。

　　就在這個時候出現了陸羽和他的《茶經》。《茶經》定稿成書大約在 764
年以後不久。這正是飲茶之風開始興盛的時候。陸羽是得風氣之先的開創性
的人物。《茶經》三卷十門，詳細論述了茶的生產、加工、煎煮、飲用、器具
及有關的典故傳說等。由於此書對茶事的記載內容既豐富，條理又明晰，從
而把飲茶活動推向高潮。陸羽在這方面的功績得到了普遍的承認和肯定。宋
代梅堯臣的詩中說：「自從陸羽生人間，人間相事學春茶。」可謂推崇備至。
《茶經》成書後只經過半個世紀，李肇在《唐國史補》（成書於 825 年前後）
中就說江南某郡的茶庫裏供奉陸羽為茶神。關於陸羽是茶神的記載，又見於
唐趙璘《因話錄》、北宋歐陽脩《集古錄跋尾》、《新唐書·陸羽傳》、北宋李
上交《近事會元》、南宋韓淲《澗泉日記》、南宋費袞《梁谿漫志》等書。這
些書上還說賣茶的人將瓷作的陸羽即茶神像供在茶灶旁，生意好的時候用茶
祭祀，生意不好就用熱開水澆灌。這種瓷像的製作前後延續了三個多世紀，
數量不會太少。中國歷史博物館藏有上世紀 50 年代在河北唐縣出土的一套
白釉瓷器，包括風爐、茶鍑、茶瓶、茶臼、渣斗和一件瓷人像。此像上身著
交領衣，下身著裳，戴高冠，雙手展卷，盤腿趺坐，儀態端
莊。其裝束姿容不類常人，但也並不是佛教或道教造像。根
據它和多種茶具伴出的情況判斷，應即上述茶神（圖 15-1）。
這是迄今為止所能確認的唯一一件陸羽像。

圖 15-1
茶神陸羽瓷像

　　陸羽在茶史上曾起到巨大的作用。但也必須看到，他是
處在粗放式飲茶法的末期；正規的精細式飲茶法這時剛剛起
步，不可能一下子就達到完善的境地。所以在《茶經》中仍
能看到一些不足之處。一、其所記製茶餅的工序仍比較粗放，
只有「采之，蒸之，擣之，拍之，焙之，穿之，封之」等步
驟。飲用時，茶餅也未被粉碎成很細的末。《茶經》說：「末
之上者，其屑如細米。」又說：「碧粉縹塵非末也。」可見這時
還不習慣用很細的茶末。二、《茶經》中提倡的煎茶法，是先

在風爐上的茶釜中煮水，俟水微沸，量出茶末往釜心投下，隨即用竹筴攪動，待沫餑漲滿釜面，便酌入碗中飲用。此法在中唐時最為流行，此時的詠茶詩句常反映出向釜中下末的情況。如「湯添勺水煎魚眼，末下刀圭攪麴塵」（白居易詩）；「銚煎黃蕊色，椀轉麴塵花」（元稹詩）等。《茶經》又明確指出，茶釜用生鐵製作；而生鐵帶有氣味，即蘇軾詩所說：「銅腥鐵澀不宜泉。」何況此法要求在第二沸、即釜中之水「如涌泉連珠」時，「量末當中心而下」。茶末經過這樣一煮，勢必熟爛，從而奪香減韻，失其真味了。三、《茶經》說煎茶時還要「調之以鹽」，所以喝的仍是鹹茶，還沒有擺脫唐以前之舊俗的樊籬。

至晚唐時，又興起了一種在茶瓶中煮水，置茶末於茶盞，再持瓶向盞中注沸水沖茶的「點茶法」。此法最早見於唐蘇廙《十六湯品》，它本是蘇氏所撰《仙芽傳》卷九的「作湯十六法」，但該書其他部分已佚，僅這一部分以上述名稱保存在宋初陶穀的《清異錄》中。此法特別重視點湯的技巧，強調水流要順通，水量要適度，落水點要準確，同時要不停地擊拂，以生出宜人的沫餑。由於這種作法更能發揮末茶的優點，故成為宋、元時飲茶的主要方式。

隨著點茶法的普及，茶末愈來愈細，被譽為「黃金粉」；和《茶經》所稱如細米者已大不相同。茶餅的製作也日益精工。這時最受推崇的名茶已由唐代所尚之湖州顧渚紫筍與常州宜興紫筍即所謂「陽羡茶」（浙西之茶），改為福建建安鳳凰山所產「北苑茶」。北苑本是南唐的一處宮苑，監製建州地方的茶葉生產以供御用，入宋以後就把鳳凰山一帶產茶區也叫「北苑」。其中品質最好的茶產在該地區的壑源一帶，叫作「壑源茶」。近年在福建建甌縣東北 15 公里的裴橋村發現了記載「北苑」的南宋石刻，得以確知北苑之所在。宋太宗時，以北苑茶製成龍、鳳團。仁宗時蔡襄製成「小龍團」。神宗時賈青製成「密雲龍」。徽宗時鄭可聞更以「銀絲水芽」製成「龍團勝雪」，每餅值四萬錢，珍貴無比。這種茶餅對原料的要求極高，它將撿出之茶只取當心一縷，用清泉漬之，光瑩如銀絲。在製作時又增加了「搾」和「研」兩道工序。南宋趙汝礪《北苑別錄》說：將茶芽蒸過之後，「入小搾以去其水，又入大搾以去其膏。」「至中夜，取出揉勻，復如前入搾，謂之翻搾。徹曉奮擊，必至於乾淨而後已。」這種作法是非常獨特的。一般認為，茶汁去盡則茶之精英已竭，但當時並不這麼看。這時對極品茶之風味的要求是宋徽宗在《大觀茶論》裏提出的「香甘重滑」四字，茶汁不盡則微澀、微苦之味勢難盡除。而且這時要求茶色「以純白為上真」，「壓膏不盡，則色青暗」（《大觀茶論》）。總之，情況正如趙汝礪所說：「膏不盡，則色味重濁矣。」搾過之後，還要放進盆中

研磨，細色上品之茶每團要研一整天，直到盆中的糊狀物「蕩之欲其勻，揉之欲其膩」，再「微以龍腦和膏」（蔡襄《茶錄》）。除少量龍腦及其他香料外，茶糊中還要和入澱粉。《太平御覽》卷八六七引《廣雅》說：「荊、巴間采茶作餅成，以米膏出之。」雖然這段話是否出自魏張揖之《廣雅》尚有疑問，但總反映出早期製茶餅時和過「米膏」。南宋陸游《入蜀記》卷一說：「建茶舊雜以米粉，復更以薯蕷。」南宋陸元靚《事林廣記・別集》卷七說「蒙頂新茶」是用「細嫩白茶」、「枸杞英」、「綠豆」、「米」一起「焙乾碾羅合細」而成。元忽思慧《飲膳正要・諸般湯煎》中說：宮廷中有「香茶」，是以白茶、龍腦、百藥煎、麝香按一定比例「同研細，用香粳米熬成粥，和成劑，印作餅。」茶餅裏澱粉的含量到底有多大，目前尚未確知；但用加入澱粉的茶餅碾末沖點的茶，肯定是乳濁狀的，同時由於羼有香料，所以味道甘芳。也就是說，漢六朝之茶基本上是辣湯型的，唐宋之茶基本上是甘乳型的。

茶餅的製作既然如此考究，烹點技術自然也精益求精。宋代出現了兩種鬥茶法，其中一種著重擊拂的效果，即晁補之詩所稱「爭新鬥試誇擊拂」，是從其物理性狀上作比較。另一種則著重品嘗茶味，即范仲淹詩所稱「鬥茶味兮輕醍醐」，是從其化學成分上作比較。這裏先說第一種方法。

用此法鬥茶的第一步是下末，首先要將茶餅炙乾、捶碎，才便於碾出極細的末，然後再入羅篩過。蔡襄在《茶錄》中明確指出：「羅細則茶浮，粗則水浮。」而茶末的浮沉又是鬥茶勝負的關鍵。只有當茶末極細，調膏極勻，湯候適宜，水溫不高不低，水與茶末的比例不多不少，茶盞事先預熱好，沖點時又用筅攪得極透，指旋腕活，擊拂得宜，盞中的茶才能呈懸浮的膠體狀態。這時茶面上銀粟翻光，浮霧洶湧，泛起的沫餑積結在碗沿四旁，「周回旋而不動」，「謂之咬盞」（《大觀茶論》）。這樣的茶「著盞無水痕」，也就是梅堯臣詩所說「烹新鬥硬要咬盞」之意。如果烹點不得法，末粗茶沉，懈而不「硬」，湯花散褪，雲腳渙亂，茶、水游離，從而粘附盞壁，形成水痕，茶就鬥輸了。

由於這種鬥茶法要驗水痕，而白色的水痕在黑瓷盞上顯得最分明，即宋祝穆《方輿勝覽》所謂：「茶色白，入黑盞，其痕易驗。」故蔡襄指出：「建安鬥試，以水痕先者為負，耐久者為勝。」可是到了明代以後，隨著飲散茶之風的普及，何謂鬥茶，講茶史者已不甚了了。如明王象晉在《群芳譜》中竟把蔡襄的話改成「建安鬥試，以水痕先沒者為負」，真是差之一字，謬以千里了。宋之黑盞以遺址在今福建建陽水吉鎮的建窯所產者最負盛名。《茶錄》說：「建安所造者紺黑，紋如兔毫，其坯微厚，熁之久熱難冷，最為要用。」除兔毫盞外，建窯的油滴盞俗稱「一碗珠」；油滴在黑釉面上呈銀白色晶斑者，稱「銀

油滴」，呈赭黃色晶斑者，稱「金油滴」；在晶斑周圍環繞著藍綠色光暈者，稱為「曜變」，更極珍貴。此外，遺址在今江西吉安永和墟的吉州窯也是宋代黑瓷的著名產地，這裏燒製的黑瓷盞上以鷓鴣斑、玳瑁斑、木葉紋及剪紙漏花著稱。鷓鴣斑黑釉盞是在黑色的底釉上又施一道含鈦的淺色釉，燒結後釉面形成羽狀斑條，如同鷓鴣鳥頸部的毛色。吉州窯的鷓鴣斑紋盞和建窯的兔毫盞有異曲同工之妙，在詩人筆下常相提並論。楊萬里《陳蹇叔郎中出閩漕別送新茶》詩中之「鷓鴣碗面雲縈字，兔毫甌心雪作泓」，是被廣泛傳誦的名句。吉州窯的剪紙紋盞也很別致，它在斑駁的赭黃色乳濁地子上，以漏印的

圖 15-2　北宋，吉州窯 剪紙紋瓷茶盞

圖 15-3　北宋，建陽窯 兔毫紋瓷茶盞

技法，表現出醬黑色的剪紙紋樣（圖 15-2）。為什麼在茶碗上施以剪紙紋樣呢？原來在龍團、鳳團等茶餅上當時還飾以用金箔剪貼的花樣。北宋歐陽脩《龍茶錄·後序》說：「宮人翦金為龍、鳳、花草貼其（指茶餅）上。」北宋王辟之《澠水燕談錄》卷八也說：「建茶盛於江南，近歲製作尤精，龍、鳳團茶為最上品。……宮人翦金為龍鳳花貼其上。」南宋李曾伯《可齋雜稿·卷三·謝特賜香茶鏤金花》說：「藉之畬金復鏤之精，侑以剪彩春工之巧。」所以吉州窯的剪紙紋盞，應受到茶餅上貼剪出之花樣的影響。為鬥茶所需，黑瓷盞不脛而走，不僅南方地區的許多瓷窯生產黑盞，有些北方燒白瓷的窯口也兼燒黑盞。但是如此精美的黑茶盞，儘管盞心這一面做得很考究，但其外壁於腹部以下卻往往做得不甚經意，比如釉不到底、圈足露胎，或者盞底之釉堆疊流淌等（圖 15-3）。其所以出現這種現象，則是因為當時的茶盞都要和托子配套之故，盞腹嵌入托子的托圈之內，則上述缺點均隱沒不見。不過托子以漆製者為主，不易保存至今，所以現在看到的許多宋代瓷盞，已與其原相配套的托子分離了。

　　第二種鬥茶法則如宋唐庚《鬥茶記》所稱：「政和二年三月壬戌，二三君子相與鬥茶於寄傲齋，予為取龍塘水烹之而第其品。以某為上，某次之，某閩人所資，宜尤高，而又次之，次之。然大較皆精絕。」當是對各種茶進行品評，鑒別高下。范仲淹《和章岷從事鬥茶歌》中也說：「其間品第誰能欺，十目視而十手指。」更可證明這種鬥茶法不以驗水痕先後為標誌，而著重於品嘗茶味。為滿足這方面的需求，還曾培養出品質優異的單株，以供鬥試。如宋黃儒《品茶要錄》所說：「茶之精絕者曰鬥，曰亞鬥，其次揀芽。茶芽鬥品最

上，園戶或止一株，蓋天材間有特異，非能皆然也。」

不製餅的葉茶，即所謂散茶，從茶史上說，是始終存在著的。但到了元代，散茶轉盛。元王禎《農書》卷一○說茶有三種：一是茗茶，即葉茶。二是末茶，但又說：「南方雖產茶，而識此法者甚少。」三是蠟茶，指用香膏油潤飾的高級茶餅，但「此品惟充貢獻，民間罕見之。」不過元代人喝茗茶即葉茶時，尚予以煎煮。《飲膳正要》卷二說：「清茶，先用水滾過，濾淨，下茶芽，少時煎成。」故與明代的撮泡法仍然不同。

撮泡法在明代的興起，使茶味和茶具都發生了很大的變化。以前的碾、磨、羅、筅等茶具廢而不用，黑盞亦逐漸失勢；相反，「瑩白如玉」的茶具被認為「可試茶色，最為要用」(明屠隆《考槃餘事》)。在明代說部中甚至連勾欄設茶都使用「雪綻般茶盞」(《金瓶梅》第一二回)。紫砂茶具的異軍突起，更引人注目。同時，社會上不同的階層對待飲茶的觀念也產生不同的趨向；可以說，明代出現了兩種不同的茶文化。

一、茶寮文化

《考槃餘事》中說：「茶寮，構一斗室，相傍書齋，內置茶具，教一童子專主茶設，以供長日清談，寒宵兀坐。幽人首務，不可少廢者。」明陸樹聲所撰茶書就叫《茶寮記》。所以明代走向精緻化的茶藝，可以稱為茶寮文化。

能在茶寮中享受茶中逸趣的主要是士大夫階層中帶有隱逸傾向的人士。他們輕視聲色犬馬，而且相對地不太熱衷於功名利祿。其中特別嗜茶的又稱茶人。明代江南六府（蘇州、松江、常州、嘉興、湖州、杭州）的若干名流成為其骨幹，比如杜瓊、徐有貞、吳寬、朱存理、沈周、王鏊、都穆、祝允明、文徵明、錢同愛、吳綸、王淶、顧元慶、許次紓、陳繼儒等人。以撮泡法飲茶這件事，在他們手中被推向極致。對名茶的品評鑒賞、製茶泡茶的技巧、茶具的設計製作等，無不精益求精。並且由於他們具有很高的文化素養，琴棋書畫、焚香博古等活動均與飲茶聯繫在一起，使茶寮籠罩在超凡脫俗的氣氛之中，這和前代是不同的。試看唐代盧仝極負盛名的《走筆謝孟諫議寄新茶》詩，形容喝茶時只說一碗如何，兩碗如何，一直數到七碗，簡直有點為喝茶而喝茶的樣子。宋代講鬥茶，講分茶，也未能從茶與喝的圈子裏跳出來。只有在明代的茶寮中，才使茶變成一種高雅的生活品味的象徵，變成一種恬淡的生活情調的組成部分。

明代茶人既然彼此引為同調，他們之間詩文唱酬、以茶會友的活動當然有，但他們並未形成有組織的茶人集團，這是為茶人的隱逸性和孤高性所決

定的。明張源《茶錄》（1595 年前後）說：「飲茶以客少為貴，客眾則喧，喧則雅趣乏矣。獨啜曰神，二客曰勝，三四曰趣，五六曰泛，七八曰施。」持此種主張的茶人追求的是瀟灑自適。在「獨啜曰神」的指導思想下，茶寮中的活動縱使不強調排他性，但也不會是群體性的。

二、茶館文化

市井小民進不了文士的茶寮，他們多喜下茶館。宋代的汴梁和臨安都有不少茶坊，它們往往還兼營酒飯、說唱等。單純賣茶的茶館到明代才發達起來。《儒林外史》第二四回說：南京「大小酒樓有六七百座，茶社有一千餘處。」有些茶館泡茶的質量也很高。明張岱《陶庵夢憶》說：「崇禎癸酉，有好事者開茶館，泉實玉帶，茶實蘭雪。湯以旋煮，無老湯；器以時滌，無穢器。」眾多茶館成為平民休閒的去處。特別是由於撮泡法簡單易行，所以坐茶館是一種低消費的散心之舉。清代廣州有許多茶館叫「二釐館」，即每客的茶資僅銀二釐而已。在茶館中洋溢著的是輕鬆的氣氛，這裏一般並不進行群體性的活動。

中國古代飲茶也並非完全沒有以群體的形式出現的，比如禪宗和尚的茶會就是有組織的活動。如前所述，飲茶在中國的興盛曾受到禪僧的推動。禪宗講究在坐禪中凝神屏慮，達到無欲無念，無喜無憂，梵我合一的境界。為防止未入禪定，先入夢寐，故飲茶提神。後來禪宗的義理有所變易，講究頓悟，禪宗寺院的秩序受到影響。8 世紀末 9 世紀初，禪法又有所改革。這時百丈懷海（724 ~ 814 年）在律寺外別建「禪居」作為道場，並創立「普請法」，上下均力，一齊勞作，組成了新型的僧團。他又制定規約，即《百丈清規》。此書之原本已不存，但元文宗在金陵建大龍翔集慶寺時，曾責令百丈山大智壽聖禪寺的住持東陽德輝重行編纂。至 1336 年編成，名《敕修百丈清規》。這些禪僧仍重視坐禪，所以也重視飲茶。在《清規》中有不少處講到集會時飲茶的儀式。如：

> 「茶湯榜」預張僧堂前上下間，庫司仍具請狀，備桦袱爐燭，詣方丈插香拜請。免則觸禮。稟云……。稟訖呈狀。隨令客頭請兩序勤舊大眾光伴。掛點牌報眾。僧堂內鋪設主持位。齋退，鳴鼓集眾。知事揖住持入堂。歸位揖坐燒香一炷，住持前揖香，從聖僧後轉歸中間訊立。行茶遍，瓶出。往住持前揖茶退身，聖僧右後出，炷香展三拜，起，引全班至住持前，兩展三禮送出。復歸堂燒香，上下間問訊收盞退座。

這裏說的「茶湯榜」即「茶榜」，是寺院舉行茶會時公布的啟事，因為茶會除禪僧外，還常有俗士參加。有些「茶榜」是由著名文人撰寫的。比如蒙古國時期，耶律楚材撰有《茶榜》，見《湛然居士集》卷一三。後來趙孟頫撰有《清謙講主茶榜》，見《松雪齋集・外集》，可見元代禪院中仍舉行茶會。但以後禪僧愈來愈講隨緣任運，愈來愈不講靜坐習禪了。「饑來吃飯，困來即眠」，「菩薩只向心覓」，「西方只在眼前」；理論演變到這種程度，連坐禪功夫都拋在一邊，當然更無須以茶卻眠了。

　　至此則須回答中國古代有無茶道的問題。由於漢字的組合比較自由，中國古文獻中出現過「茶道」這個詞組。比如與陸羽同時代的皎然，他寫的《飲茶歌》中就有「孰知茶道全爾真，唯有丹丘得如此」之句。《封氏聞見記》在敘述了陸羽和常伯熊提倡飲茶之後說：「於是茶道大行，王公朝士無不飲者。」明代陳繼儒在《白石樵真稿》中說：當時茶的蒸、採、烹、洗「悉與古法不同」，但有些人「猶持陸鴻漸之《經》、蔡君謨之《錄》而祖之，以為茶道在是。」這些「茶道」的含義相當於茶事或茶藝，有別於日本所稱「茶道」。

　　日本和中國不同，日本原先不產茶，茶是從中國傳去的，所以日本沒有中國起初把茶叫作荼，視為普通樹葉子的那段歷史。在平安時代，茶雖已傳入日本，但只在大内闢有茶園，且歸典藥寮管理，與一般民眾沒有關係。12世紀時，兩度入宋求法的榮西法師帶回茶種，開始在日本推廣飲茶。不過榮西的著眼點是看重茶的醫療保健作用。他在《吃茶養生記》中說：「茶也，末代養生之仙藥，人倫延齡之妙術也。山谷生之，其地神靈也；人倫采之，其人長命也。」又說：「貴哉茶乎！上通神靈諸天境界，下資飽食侵害之人倫矣。諸藥唯主一種病，各施用力耳；茶為萬病之藥而已。」把茶當成「萬病之藥」，在其原產地中國，人們恐難以置信；這種說法實際上反映出對來之不易的外國物品之作用的習慣性誇張。

　　榮西之後，飲茶在日本逐漸興盛，起初在禪院中流行，後來日本的公家和武家都欣賞飲茶之趣，在日本興起了舉辦茶會的風氣。根據《吃茶往來》（約為日本南北朝晚期或室町初期的著作）所記，當時高級武士修建了講究的茶亭，在這裏舉辦茶會。點茶獻客之後，要玩一種叫「四種十服茶」的賭賽遊戲，它有點像我國那種比茶味、比茶品的鬥茶。但當時日本茶的種類沒有中國那麼多，他們主要是猜測其中哪些是「本茶」（指栂尾茶）、哪些是「非茶」（其他茶），以定勝負。之後，「退茶具，調美肴，勸酒飛杯。先三遲而論戶，引十分而勵飲。醉顏如霜葉之紅，狂妝似風樹之動。式歌式舞，增一座之興；又弦又管，驚四方之聽」（《吃茶往來》）。但這種豪華的茶會被認為是

「無禮講」、「破禮講」，是一種敗壞風氣的行為。所以到了室町幕府的八代將軍足利義政（1449～1473 年）時，遂命能阿彌（1397～1471 年）創立起在書院建築裏進行的「書院茶」，這是一種氣氛嚴肅的貴族茶儀。之後又命村田珠光（1423～1502 年）為主持茶會的上座茶人，他把寺院茶禮，民間的「茶寄合」和貴族書院的臺子茶相結合，並注入禪的精神，排除一切豪華陳設，形成了樸素的草庵茶風。日文中的「茶道」一詞，就是由他開始使用的，在此之前只稱為「茶湯」而已。珠光認為茶道之大旨在於：「一味清淨，法喜禪悅。趙州（指唐代的從諗禪師，778～897 年）知此，陸羽未曾至此。人人茶室，外卻人我之相，內蓄柔和之德。至交相接之間，謹兮敬兮清兮寂兮，卒以及天下泰平」（《珠光問答》）。所以其終極的目的是天下太平；也就是說，是為鞏固日本社會的封建秩序服務的。

到了 16 世紀中葉，千利休（1522～1592 年）將草庵茶進一步庶民化，使之更加普及。他把珠光提出的茶道之四諦「謹敬清寂」改為「和敬清寂」，即將帶有嚴肅意味的「謹」改為沖淡平夷的「和」。但他又強調「敬」，敬體現在茶道的禮法上，這是日本封建等級制度下的人際關係的反映。由於中世紀的日本是一個以武士為中心的社會，所以武家禮法的地位很崇高，影響很大。而吸收了若干禪院清規制度的小笠原流派武家禮法中的茶禮，更在頗大的程度上為茶道所接納。千利休說：「茶道的技法以臺子技法為中心，其諸事的規則、法度有成千上萬種，茶道界的先人們在學習茶道時，主要是熟記、掌握這些規則。並且將此作為學習茶道的目的」（《南方錄》）。從千利休那裏流傳下來並漸趨定型的日本茶道，在茶室建築、茶具、烹點技法、服飾、動作乃至應對語言等方面，無不規定得很細緻。甚至連進茶室時先邁左腳還是先邁右腳；哪種茶具放在室內所鋪之草席的哪一行編織紋路即所謂「目」（標準的草席長 1.9 公尺，有 62.5 目）上；移動茶具時在空中經過的途徑是直線還是曲線；一碗茶要分幾口喝光；於何時提哪些問題並如何作答；均須按照成規一絲不苟地進行。而且其間參加茶會的主客雙方須頻頻致禮。一次茶會大約用四小時，據統計，一位主人和三位客人在此期間共行禮 213 人次，還要依場合之不同分真、行、草三種形式；如果行禮的次數過多、動作過謙，也是一種失禮的行為。真可謂繁瑣已極。禮法，無論在日本或古代中國，都是用來維護和養成封建秩序的，茶道禮法也是如此。而且從千利休的三世孫千宗旦以後，千家流茶道採取了傳嫡的家元制度。長子稱為「家元」，繼承祖上的事業和姓名，僅標明幾世，以為區別；其他諸子不但不能繼承茶人之業，還要改姓。家元則向入門求藝的弟子傳授茶技並發給不同段位的證明書，通

過這些活動對弟子進行管理，在本流派中擁有無可爭議的權威。

但茶道並不僅以演習一套繁文縟節為滿足，從「茶禪一味」的觀點出發，它有自己對美的特殊追求。茶道之美崇尚枯高幽玄、無心無礙，對世俗美採取否定的態度。比如茶室內不取世俗喜愛的豪華穠麗之色，而以暗淡的朽葉色為基調。飲茶之碗起初曾珍視中國建窯、吉州窯等地的作品，即日本所稱天目茶碗；後來根據茶道美的標準，改用朝鮮陶碗，這種碗的胎土未經仔細淘洗，夾雜石粒，表面有黑斑，相當粗糙，卻被日本茶人看重，稱作蕎麥茶碗，視之為藝術品 (圖 15-4)。繼而日本茶人自行設計製作茶碗，如在千利休指導下生產的樂窯茶碗是一種低溫釉陶器，製坯時不用陶輪而以手製，故器形不甚規整。這種茶碗呈筒形，器壁較厚，通體施深色釉，但濃淡不勻，釉面出現隱約的斑塊。再如織部窯茶碗，是在茶人古田織部 (1544～1615 年) 的指導下生產的，這種茶碗造型扭曲歪斜，被稱為「馬盥型」(圖 15-5)。他如「鞋型」、「洲濱型」、「山道口型」、「多舌口型」等茶碗，器形都比較怪，其審美情趣與中國傳統茶具大不相同。不僅如此，用中國的眼光乍看起來，日本

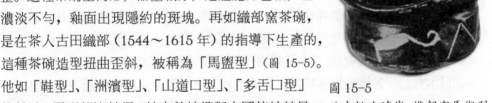

圖 15-4　朝鮮李朝時代，蕎麥茶碗

圖 15-5
日本桃山時代，織部窯馬盥型茶碗

茶道中還有不少難以理解之處。比如進行茶事活動之規範化的草庵茶室，其門戶 (躝口) 的高、寬均為 70 公分許，客人須匍匐爬行才能進去，如此待客在中國是不可想像的。而在日本茶人看來，茶室是一處超脫凡俗的清淨世界，必須用這樣一道窄門把它和塵寰隔開。所以英語把茶室翻譯成 Abode of fancy (幻想的屋子)、Abode of unsymmetrical (不勻稱的屋子)。這裏的情趣日文稱之為「佗」，正統的茶道稱為「佗茶」。佗的含義頗不易界定，簡言之，佗就是揚棄俗物，而從禪悅的無相了悟中去尋求毫無造作的清寂之美。可是儘管如此，這種美仍然不能不寄託在世俗的平凡物件上。甚至在進入清淨的茶室的客人中，也還要根據其社會地位區分出正客、次客和末客來，更不要說那些不勝其繁的禮節了。所以，茶道標榜的和敬清寂本身就包含著難以解脫的矛盾。而這樣的一種矛盾統一體當然不能只被看成是一種飲食文化、一種生活藝術或一種禮儀性的社交活動。它只能像最早向西方世界介紹日本茶道的岡倉天心在《茶書》(1906 年) 中所說：茶道「是一種審美主義的宗教。」「是超越飲用形式理想化以上的東西。即：它是關於人生的一種宗教。」「茶

室是人生沙漠中的一片綠洲。在那裏，疲倦了的征人相會在一起，共飲藝術鑒賞之泉。茶事是以茶、花、畫等為情節的即興劇。」這種走向超現世境界的茶道是日本所特有的，與中國的茶文化存在著質的區別。

日本茶道中飲用末茶，原是從南宋飲末茶的作法中學來的。但中國的飲茶法自元以後有了很大的變化，茶道卻一直沿用那在中國已趨絕跡的末茶，因而無法與中國茶事的新發展相接續。日本生產不出像中國宋代那樣的高質量的茶餅，卻又要保持飲末茶的成規，乃將茶葉直接粉碎為茶末，其色綠，其味苦澀；特別是點出的濃茶，幾乎難以下咽。日本人也覺得如果空腹飲這種濃茶恐損傷胃粘膜，所以要先吃「茶懷石」（一頓茶食，包括拌涼菜、燉菜、烤魚、酒、米飯和大醬湯）墊補之後才飲。雖然這和榮西所說「茶是味之上首也，苦味是諸味上首也」相合，但和中國六朝以前的辣湯型茶、唐宋的甘乳型茶、明清的清茶型茶均絕不相同。同時日本點茶時多不用湯瓶而從茶釜中舀取，與宋代之烹點手法相較，也使人產生似是而非的感覺。

中國沒有日本的那種茶道，因為兩國的歷史背景、社會風氣均不同，對茶的看法亦有別。這種認知本屬常識範圍，如楚天在《百科知識》上撰文介紹中日茶文化時曾說：「中日茶文化的主要區別，在於其中的『道』，中國無，日本有。」「茶道是日本茶湯之道的俗稱。日本飲茶之風已興起 700 多年，才由村田珠光從中悟出『道』來。至千利休時，日本茶道的體系始告完成。經過千餘年的歷史積澱，茶道深深融入日本民族精神，成為日本特有的文化形態。它在交友懇親的茶會上，形成以主人的茶事作法和客人的茶器鑒賞，及主客心領神會為環節的一整套繁縟複雜的禮儀，既細膩典雅，又莫測高深，同時還對時令、場所、道具、等級、規格的考究費盡心機」（見該刊 1991 年第 12 期）。而中國自宋以來，如王安石《議茶法》就認為：「夫茶之為民用，等於米鹽。」南宋的俗諺說：「早辰起來七般事，油鹽醬豉薑椒茶」（《夷堅續志前集》卷一）。中國人以務實的人生態度對待茶。不僅中國平民從不把喝茶視作特殊的「道」，而且連被尊稱為茶神的陸羽像也逃不脫以滾湯澆頭的遭際；這在實行家元制的日本茶人看來，也同樣會被認為是難以理解的了。

（此文為 1994 年 12 月 16 日在香港茶具文物館的演講稿，

經整理後發表於《中國歷史博物館館刊》第 26 期，1996 年）

江陵鳳凰山漢墓簡文中的「大柙」

1975 年在湖北江陵楚紀南故城內發掘的鳳凰山 167 號西漢墓中,出土了由 74 枚木簡組成的一套遣冊。由於此墓的隨葬品基本上保持原來的位置,且與遣冊所記大體相符,所以簡文與實物可以互相對應。其中第 32 號簡文云「大柙一枚」,發掘簡報以為指的就是隨葬品中的扁壺❶。《鳳凰山一六七號漢墓遣策考釋》一文則謂:「『柙』與『椑』音同。『大柙』即『大椑』。《說文》:『椑,酒器也。』椑有方、圓、扁、橫四形。此墓出漆扁壺一,即椑之扁形者。」❷其後筆者在《文物》1980 年第 10 期發表短文《說「柙」》,從形、音、義三方面加以論證,認為「大柙」當為「大椑」之假。後讀黃盛璋先生文,他仍主柙為椑字異體之說,認為柙與椑在字義上「毫無相干」。他並強調指出:「『柙』與『椑』不論古今音讀皆相差很遠:古音『柙』在葉部,『椑』在佳部,主元音與收音皆異,聲母更是牙(柙)、唇(椑)有別,說『柙、椑讀音全同』,從字音上全屬誤解。」❸的確,兩個字的讀音如互不相關,通假關係是難以建立的。至於字義,鑒於黃氏亦曾確認「扁壺形扁圓,亦即橢圓,所以也用『椑』或『錍』為名」❹,因此關於字義、字形,這裏不再討論。現在主要就字音方面進一步作些說明。

　　誠然,漢代將酒器稱為椑,但它僅指小口的盛酒之器。《說文·酉部》:「酋,椑上塞也。」段注:「椑,酒器也。以草窒其上孔曰酋。」椑類器物的上孔既然能用草塞住,可知其口不大。同時,從《淮南子·氾論訓》「雷水足以溢壺椑」的提法中,又可知此器當與壺為類。所以像尊、杆等大口的盛酒之器不能歸到椑類中去。黃文認為「『椑』、『扁』音近義通」,並引王念孫《廣雅疏證》中之說:「匾與椑一聲之轉,故盆之大口而卑者謂之匾。」可是椑,包括這裏討論的扁壺,都不屬於「大口而卑」的器型,因此王說與本題無涉。

---

❶ 鳳凰山 167 號漢墓發掘整理小組《江陵鳳凰山一六七號漢墓發掘簡報》,《文物》1976 年第 10 期。

❷ 吉林大學歷史系考古專業赴紀南城開門辦學小分隊《鳳凰山一六七號漢墓遣策考釋》,《文物》1976 年第 10 期。

❸ 黃盛璋《關於壺的形制發展與名稱演變考略》,《中原文物》1983 年第 2 期。

❹ 黃盛璋《盱眙新出銅器、金器及相關問題考辨》,《文物》1984 年第 10 期。

不過扁壺雖然可以歸入榼類，如古樂浪出土的陽朔二年漆扁壺，銘文中稱為「鬈汧畫木黃釦榼」，用的就是這一通稱；但此外它還有自己的專名。鳳凰山167號墓出土的這一件，簡文中稱為枰。鳳凰山10號墓出土簡中也記有「酒枰二斗一」。枰亦作鉀，見於江西九江徵集的漢代「于蘭家」銅扁壺銘文❺。而山西太原揀選到的戰國銅扁壺「土与鉀」的銘文中則稱為鉀❻。同為銅扁壺，一件銘文作鉀，另一件銘文作鉀，它們很可能是互相通假之字。但鉀字的本義與壺類無關，而枰字卻是壺類的名稱之一。《廣雅·釋器》：「扁榼謂之枰。」扁壺正是榼類中之扁橢者，與枰的定義完全相符；故鉀實為枰字之異體。同時，《考工記·廬人》鄭眾注：「枰，隋圜也。」則枰字本身就包含有橢圓形之義，所以用它作為扁壺的名稱非常切合。那麼，上舉遣冊中的枰字，也可能就是枰的假借字了。

這裏的問題是，枰與枰的讀音是否相同？認為它們的讀音相同，最現成的證據可以在《說文》中看到。《木部》：「枰，從木，卑聲。」《卩部》：「卑，從卩，甲聲。」從而不難推出枰字也讀甲聲。卑本來是一個會意字，「靜簋」作 （綼字偏旁），係手持一器之形。但此字在西周時已有甲聲一讀。陝西扶風出土之穆王時的「姲簋」銘文稱：「孚（俘）戎兵：瑚（盾）、矛、戈、弓、備（箙）、矢、裹、胄」（圖16-1:1）。此銘之「裹胄（ ）」即「虞簋」之「裹胄（ ）」❼（圖16-1:2）。所以卑字在小篆中遂逕作 ，上部明確地書作甲字。不過這並不是說，在古音中卑純粹是一個甲聲字。因為根據先秦兩漢韻文中若干韻腳的通押情況，卑字常應列入支部。甲聲只是一種異讀，但並不罕見。反映在《說文》裏面，不同的本子對卑字遂有不同的說法。覆宋本作：「卑，賤也，執事也。從卩、甲。」另一些本子有作「卑，賤也，執事者。從卩，甲聲」的。卑字「從卩、甲」的本子除覆宋本外，有南唐徐鍇

圖 16-1

1　西周，姲簋銘文，右起第6行第5、6字為「裹（甲）胄」

2　西周，虞簋銘文，右起第2行末2字為「裹（甲）胄」

《說文繫傳》、清段玉裁《說文解字注》、清王筠《說文句讀》、清錢坫《說文解字斠詮》、清高翔麟《說文字通》等。校作卑字「從ㄅ，甲聲」的本子，則有清鈕樹玉《說文解字校錄》、清姚文田、嚴可均《說文校議》、清汪憲《說文繫傳考異》、清桂馥《說文解字義證》、清孔廣居《說文疑疑》、清王玉樹《說文拈字》等。前一類本子對卑字的理解可以徐傳為代表：「右重而左卑，故在甲下。」然而古代並不見得全是以右為尊，譬如乘車，君位即在左；「虛左以待」的故事可以為證❽。何況甲文中ㄅ、又的位置有時可互換。所以卑字雖源出於會意，但徐傳的解釋卻不盡準確。後一類本子的理解可以《說文校議》為代表：「宋本聲字空白，小徐無聲字。卑，甲聲之轉。屮從卉聲，枼從世聲，痙、瘲從痎聲，可以見例。小徐語謬議刪。」姚、嚴二氏考察的角度與徐傳不同，他們的看法很值得重視，但所舉之例仍稍嫌迂遠。讓我們再看一些更直截了當的例子。

《說文‧木部》：「櫪㯕，椑指也。」玄應《一切經音義》卷一二引晉呂忱《字林》則作「櫪㯕，桿其指也。」可證椑通桿。《藝文類聚》卷四一引魏文帝《飲馬長城窟行》：「武將齊貫鏵。」又《世說新語‧捷悟篇》：「魏武征袁本初，治裝，餘有數十斛竹片……謂可為竹椑楯。」余嘉錫箋疏：「椑，唐本作桿。」《太平御覽》卷三五七引《世說》作「竹甲楯」。則椑楯就是甲盾，貫鏵就是貫甲。僧伽提婆在東晉時譯出的《中阿含經‧卷三四‧商人求財經》云：「彼商人等各自乘浮海之具——殺羊皮囊、大瓠、桿栿，浮向諸方。」❾其桿栿應即簰筏。《方言》卷九：「泭謂之簰，簰謂之筏。」簰亦作桿，《御覽》卷七七一引《東觀漢記》云：「張堪為陪義長，公孫述遣擊之。……乃選習水三百人，斬竹為桿渡水。」亦是椑、桿相通之證。再如《爾雅‧釋鳥》晉郭璞注：「鷽，雅烏也。小而多群，腹下白。江東亦呼為鶷烏。」清郝懿行義疏：「此烏大如鴿，百千為群，其形如烏，其聲雅雅，故名雅烏。」則雅是狀其鳴聲。月落烏啼，今不殊古，如依後人的注音讀鶷為匹，則與其鳴聲迥不相侔，因知此鶷字亦當讀甲聲。從以上諸例看來，卑字的古音有甲聲的讀法，當無可置疑。

❺　彭適凡《江西收集的西漢銅鉀》，《文物》1978 年第 7 期。

❻　胡振祺《太原檢選到土勻鏵》，《文物》1981 年第 8 期。

❼　戒簋銘文見《文物》1976 年第 6 期，頁 57。虞簋銘文見唐蘭《西周青銅器銘文分代史徵》頁 319，中華書局，1986 年。

❽　《史記‧信陵君列傳》。

❾　《大正藏》卷一。

　　此外，若干間接的例證也能從側面說明這個問題。《說文·口部》：「嗋，從口，盍聲，讀若甲。」《言部》：「讇，嗋也。從言，闔聲。」甲、盍、闔都是盍部字。榻字《說文》未收，其字當為從木，闔省聲。《釋名·釋床帳》：「長狹而卑曰榻。」按《釋名》以聲為訓，所以這裏的狹（夾聲與甲聲通。呷，從口，甲聲。字亦作欱）、卑、榻三字的讀音亦應相近。再如《莊子·馬蹄篇》「而馬知介倪」，釋文引晉李頤云：「介倪猶睥睨也。」按《詩·鄭風·清人》毛傳：「介，甲也。」介為月部，甲為盍部，月盍通轉；而且這兩個字同屬見紐。王力先生在《同源字典》中指出此二字是同源字。因此，從介、睥互通的情況，亦可證甲與睥讀音相近。

　　還有一個值得注意的現象是，若干以卑聲字為名的古物，常同時又有甲聲字的名稱。如《說文·土部》：「堞，城上女垣也，從土，葉聲。」堞亦作堞，亦謂之陴。《廣雅·釋宮》：「埤堄，女墻也。」《左傳》宣公十二年杜注：「陴，城上陴倪也。」則陴（支部）亦可稱為堞（盍部）。又如《玉篇》：「鉡、鑪，鉡也。」《廣雅·釋器》王念孫疏證：「鉡、鑪當為鉀、鑪。」則鉡（支部）亦可稱為鉀（盍部）。又如《說文·刀部》：「削，鞞也。」《廣雅·釋器》：「柲，劍削也。」而《說文·木部》謂：「柲，劍柙也。」則鞞（支部）亦可稱為柙（盍部）。這種現象應當不是偶然的。

　　從音韻史上考察，盍部的韻母為 ap，其中有些字的韻尾輔音 -p 在漢代已經失落，如甲 (keap) 這時讀 kea，因而這些字可以歸入魚部麻韻。又如羅常培、周祖謨先生指出的：在漢代，魚部麻韻一系的字又轉到歌部裏去，並與支部通押 ❿。如《子虛賦》中之隑、加通押，《光祿勳箴》中之罷、差通押均是其例。本來具有甲聲這一異讀的卑，在此音韻演變的背景下，遂完全成為支部字了。不過直到唐末，卑字讀甲聲的現象仍未完全消失。姜亮夫《瀛涯敦煌韻輯補逸》收錄之敦煌所出五代韻書殘片之狎韻字內有「碑」字 ⓫。《說文·石部》：碑「從石，卑聲。」此字在《廣韻》中列入支部，殘片卻將它列入狎部；清楚地說明了上述情況。這些例子不僅證實柙、椑兩字古音相同，而且也為《說文》中卑字到底是「從丿、甲」還是「從丿，甲聲」的老問題找到答案。在漢代，柙、椑相通，正書作椑，俗書作柙，它們是扁壺的專名。只不過從木的椑字常指木胎漆扁壺，銅扁壺作鉀；稍晚出的瓷扁壺則作㼌 ⓬。

　　證實卑字在古音中有甲聲的讀法，其意義不僅在於為扁壺正名而已。觸類旁通，它還可以為解決考古工作中某些懸而未決的疑點提供解決問題的新思路。比如近年屢次出土而受到廣泛注意的玉衣即玉柙，它的起源還不十分清楚。既然卑字可讀甲聲，那麼再看《禮記·檀弓》：「君即位為椑，歲一漆

之，藏焉。」鄭玄注：「椑謂杝棺，親尸者。椑，堅著之言也。」就可以知道這裏的椑，應即「玉椑」之椑。《呂氏春秋・節喪篇》：「含珠鱗施。」高誘注：「鱗施，施玉匣於死者之體如魚鱗也。」正是親尸之斂具之義。鄭訓椑為「堅著」，孔穎達疏「漆之堅固」，亦應就椑字而為說。則玉椑的淵源當與《檀弓》中所記之椑棺有關。用玉椑者如滿城劉勝墓，發掘報告根據棺環等遺物推定在玉椑之外有一棺一槨❸。按此墓鑿山為藏，在置棺的後室內且建有石屋，石屋即相當於石槨。《史記・張釋之列傳》說漢文帝欲「以北山石為椁」。北京故宮所藏山西離石出土的漢墓石門，刻銘中亦自名為「郭」。所以滿城漢墓中無須再安放木槨。劉勝為諸侯王身分，斷無只用單棺單槨之理。《禮記・檀弓》、《喪大記》及鄭注，皆謂諸侯用三棺。據單先進《西漢「黃腸題湊」葬制初探》一文的統計表明，西漢諸侯王墓多用三層棺；正與禮制相合❹。而平山中山王墓出土的「兆域圖」謂夫人的「椑棺、中棺視哀後」❺，則椑棺之外為中棺。今知玉椑相當於椑棺，則報告中所謂一棺一槨，實應為劉勝的中棺與外棺，這樣也正符合諸侯王用三棺之制。再如居延簡中記有「皮冒，草革」（《甲編》1863）。在居延甲渠候官遺址新出簡中作「皮瞀，草革」（EPT 48・129）。皮瞀亦作「鞮瞀」（EJT・119）。證以《戰國策・韓策》「甲、盾、鞮鍪」，吳師道補注「鞮鍪，首鎧也。」《漢書・韓延壽傳》「被甲鞮聲」，顏師古注「鞮聲即兜鍪也。」則其物為革製之冑。革則應讀為《世說》「竹椑楯」之椑，草革即草製之甲。居延簡中記有「革甲鞮瞀各一」（《甲編》121），廣西貴縣羅泊灣漢墓所出《從器志》記有「綀甲鞶瞀」❻，均以甲瞀連言，可為旁證。研究者或釋冒革為革製之幕與草製之簑、簾❼，義恐未安。釋冒為鍪，革為甲，則文義略無窒礙，問題可渙然冰釋。

---

❿　羅常培、周祖謨《漢魏晉南北朝韻部演變研究》，頁26，科學出版社，1958年。

⓫　姜亮夫《瀛涯敦煌韻輯補逸》，《敦煌學輯刊》4，1983年。但裘錫圭認為：「『卑』跟『甲』的古音實不相近。只是由於『椑』『柙』形近，古書中有二字互訛的現象」（《古代文史研究新探》夏587，江蘇古籍出版社，1992年）。然而如果認為從西周直到唐代，諸多以「甲」為聲符之字與以「卑」為聲符之字互相通假的現象均為「互訛」，並無語音上的依據；殊屬不經。

⓬　宋捷、劉興《介紹一件上虞窯青瓷扁壺》，《文物》1976年第9期。

⓭　中國社會科學院考古研究所、河北省文物管理處《滿城漢墓發掘報告》頁33，文物出版社，1980年。

⓮　文載《中國考古學會第三次年會論文集》，1981年。

⓯　朱德熙等《平山中山王墓銅器銘文的初步研究》，《文物》1979年第1期。

⓰　廣西壯族自治區文物工作隊《廣西貴縣羅泊灣一號墓發掘簡報》，《文物》1978年第9期。

⓱　初師賓《漢邊塞守禦器備考略》，載《漢簡研究文集》，甘肅人民出版社，1984年。

最後，還應當討論一下《急就篇》「榑榼椑榹匕箸籫」句中「椑榹」兩字如何解釋的問題。為《急就篇》作注的顏師古和王應麟都認為這是兩種器物。從整個句子看，這裏列舉的是飲食器：榑是圓筒形有蓋的卮，榼是小口盛酒器，椑是扁壺，榹是盤子 ❸，匕是尖匙，箸是筷子，籫是筷筒，意思本來很清楚、連貫。榼與椑均為小口酒器，舉此及彼，是很自然的。《漢書·張騫傳》顏注引韋昭說及晉郭義恭《廣志》（《初學記》卷二八引），均曾將「椑榼」連稱。但自從在馬王堆 1 號墓所出遣冊中發現指盤子而言的「卑庴」一詞後，研究者或認為「卑庴」即《急就篇》中之「椑榹」。其說未為得之。黃文也認為：「《急就篇》椑榹可能連讀，表圓形之盤，所以名為椑榹，因其形扁圓，椑就是扁。」亦不確。因為卑庴之卑屬支部，讀音與甲聲的椑不同。卑庴是疊韻連語，音轉為「匾匰」或「婢匰」（均見《一切經音義》卷六）。由於讀音和構詞方式均異，故各有所指。雖然「卑庴」、「婢匰」中的卑、婢與椑的字形相近，卻不宜把它們分離出來與椑相攀比。如鳳凰山 167 號漢墓的遣冊中，也記有「緒（紵）卑匰」、「食卑匰」、「膾卑匰」等，但其卑字的寫法與「大椑」之椑字判然有別；更可透露出此二字當時讀音不同的個中消息。

（原載《文物》1986 年第 11 期）

---

❸ 《說文·木部》：「榹，槃也。」

「溫明」與「秘器」

《文》物》1987 年第 7 期載有裘錫圭先生的《漆「面罩」應稱「秘器」》一文，認為漢墓所出罩在墓主頭部的漆面罩就是「秘器」，亦即「溫明秘器」。按以溫明混同於秘器，始自清王念孫《讀書雜志》卷六「溫明」條。他說：《漢書・霍光傳》云「東園溫明」，其「『溫明』下有『秘器』二字，而今本脫之。……《太平御覽・禮儀部》三十二引此已脫『秘器』二字。《文選・齊竟陵文宣王行狀》注引此正作『東園溫明秘器』。《漢紀》同。」往年研習王著，於此說竊不以為然。王氏好執苟悅《漢紀》以攻《漢書》，屢有所失。如改《漢書・淮南王傳》之「離騷傳」為「離騷傳（賦）」，即據《漢紀》而致誤，楊樹達先生辨之甚覈❶。且王氏於漢代棺具、斂具本未寓目，其說與實際情況有出入，本不足怪。但近年發掘了不少漢代大墓，棺具、斂具之定名卻成為一個很有意義的問題了。

漢代少府下屬有東園署，主事者稱東園匠。《漢書・百官公卿表》顏師古注：「東園匠，主作陵內器物者也。」陵內器物種類繁多，但最主要的是棺；故《後漢書・孝崇匽皇后紀》李賢注謂東園署「掌為棺器」。皇帝之棺名「東園秘器」。《漢書・董賢傳》顏師古注引《漢舊儀》：「東園秘器作棺，梓素木長二丈，崇廣四尺」（此處引文或有訛奪，孫星衍《漢官六種》本作「東園秘器作梓宮，素木長丈三尺，崇廣四尺」）。而《後漢書・袁逢傳》李賢注說得更為明確：「秘器，棺也。」可見秘器就是棺。有的著作認為「東園製作之器物，稱為東園秘器」❷；這樣就把秘器的範圍擴大了，不妥。按我國古代稱棺為器。《史記・伍子胥列傳》：「必樹吾墓上以梓，令可以為器。」張守節正義：「器謂棺也。」六朝人猶稱棺為器。甘肅武威旱灘坡 19 號晉墓所出衣物疏中記有「故黃柏器一口」，即柏木棺一具。王羲之書札中有「市器俱不合用」之語（《法書要錄》卷一〇），意同。器亦作棺器，如《晉書・杜預傳》說：「棺器小斂之事，皆當稱此。」《世說新語・文學篇》也說：「何以將得位而夢棺器?」均是其例。棺器又稱凶器。《抱朴子・內篇・道意》：「既沒之日，無

---

❶ 楊說見《積微居小學述林・離騷傳與離騷賦》，中國科學院，1954 年。

❷ 安作璋、熊鐵基《秦漢官制史稿》上冊，頁 193，齊魯書社，1984 年。

復凶器之直，衣衾之周。」秘器也是棺木的通稱，所謂「秘」，只不過表示它是喪葬用品。《後漢書・和熹鄧皇后紀》李賢注：「冢藏之中，故言秘也。」別無深意。所以一直到唐代還保留著這種叫法。段安節《樂府雜錄》說：「梁厚本有別墅在昭應之西，正臨河岸，垂鉤之際，忽見一物浮過，長五六尺許，上以錦綺纏之，令家僮接得就岸，即秘器也。及發棺視之，乃一女郎妝飾儼然。」故秘器就是棺，乃不爭之事實。

但東園匠所製東園秘器，因為是供皇帝等人用的，所以特別考究。《續漢書・禮儀志》說：皇帝死後「東園匠、考工令奏東園秘器，表裏洞赤，虛文，畫日月、鳥龜、龍虎、連璧、偃月、牙檜梓宮如故事。」至於諸侯王、公主、貴人則用「樟棺，洞朱，雲氣畫」。形制要下皇帝一等，其重要的區別之一，是樟棺未在紅地上畫虛紋。

虛文一名，在古文獻中屢見。《續漢書・輿服志》說：金根車「樠文畫輈。」晉崔豹《古今注》卷上說：漢成帝顧成廟的拘欄，「畫飛雲、龍、角虛於其上。」虛、樠和角虛，所指應相同。按《說文・虍部》虛通虞，「虞，鐘鼓之柎也，飾為猛獸。」虛是鐘、鼓的支架，它的底座常雕刻成怪獸狀。《考工記》稱鐘座的雕獸為「臝屬」。但當這種裝飾手法久相沿襲形成定制以後，虛就逐漸變成這種怪獸的專名了。漢張衡《西京賦》：「洪鐘萬鈞，猛虛趫趫；負筍業而餘怒，乃奮翅而騰驤。」句中「虛」字的用法就是如此。所以顏師古注《漢書・郊祀志》時便逕說：「虛，神獸名也。」虛紋的得名與這種神獸應有所關聯。

不過除了鐘虛之外，虛紋還同漢代所說一種叫「巨虛」的動物不無關係。這從虛紋也被稱作「苣文」，雲虛也被稱作「雲矩」的情況中透露了出來❸。巨虛在漢代並不是一個冷僻的名稱。《急就篇》中就提到「豹、狐、距虛、豺、犀、兕」。但巨虛又是什麼動物呢？《逸周書・王會解》晉孔晁注只說巨虛是「驢、騾之屬」。顏師古在《急就篇》注中說：「距虛即蛩蛩也，似馬而有青色。一曰距虛似騾而小。」唐張戩《考聲》也說：「距驢似騾而小，面短而折」（慧琳《一切經音義》卷七八引）。這些書中都認為巨虛乃驢、騾之類。後唐馬縞在《中華古今注》中則明確說：「驢為牡則馬（當作騾），為牝則駏。」那麼巨虛就是馬父驢母所生的「驢騾」了，牠的體型較驢父馬母的「馬騾」為小。白鳥庫吉認為巨虛相當於蒙語的 giki lagusa，滿語的 gihitu lorn，牠們也都指「驢騾」而言❹。

但在漢代以前，騾類在我國中原地區尚罕。明謝肇淛《五雜組》說：「騾之為畜，不見於三代，至漢時始有之。」「馬騾」即駃騠（蒙語 kuti lagusa，滿語 kutitu lorn），至漢代猶被認為是匈奴的「奇畜」。所以，巨虛之名雖然在漢

代社會上流傳，但很多人卻並不了解它的底細。直到晉代，葛洪在《抱朴子‧論仙》中還說：「愚人乃不信黃丹及胡粉是化鉛所作，又不信驒及駏驉是驢、馬所生。」❺尋其上下文意，葛洪在這裏並不是指很個別的人說的，因知至此時驒類仍不為世所熟知。所以牠也就很容易被誇張為一種善跑的奇獸。本來，《逸周書‧王會解》中曾說：「獨鹿邛邛距虛，善走者也。」❻《穆天子傳》卷一也說：「狻、□、野馬走五百里，邛邛距虛走百里。」所以漢人文字如司馬相如的《子虛賦》就加以發揮說：「蹴蛩蛩，轔距虛，軼野馬，轊騊駼，乘遺風，射遊騏。倏眒倩浰，雷動焱至，星流霆擊。」極言其奔走之迅疾。他如枚乘《七發》、王褒《九懷》、黃香《九宮賦》等處對巨虛的描寫，也著眼於此，都把牠說成是善跑的動物。在若干鏡銘中還出現了「距虛辟邪除群凶」、「角王巨虛辟不詳（祥）」的提法，可見漢代人還把牠當作一種吉祥的神獸來看待❼。

　　綜上所述，漢代一般觀念中所謂「虛」或「巨虛」，就具有孔武有力、能辟除邪厲和體型矯健、迅捷善跑的兩重屬性，並不把牠看成是普通的「驢騾之屬」。但這種神獸是什麼樣子，牠的形象有哪些特點，古文獻中卻交代得很不明確。顏師古只說牠是「神獸」。《後漢書‧董卓傳》李賢注引《前書音義》也只含糊地說牠是「鹿頭龍身」的「神獸」。因而這個名字遂成為神獸之籠統的稱謂。把握住這一點，就可以理解到，漢代文物中常見的那類有各種靈禽異獸穿插奔馳於雲氣間的圖案，原來就是雲虛紋或虛紋。而像《隋書‧禮儀志》中所說：「畫……（車）、牙、箱、軾以虛文，虛內畫以雜獸。」這種似乎疊杳費解的句子，含義就明朗了。甚麼叫在「虛內畫以雜獸」呢？看來就是指包含著多種形像的較複雜的雲氣禽獸紋而言。比如長沙馬王堆 1 號漢墓出土的黑

---

❸ 如《舊唐書‧輿服志》說玉輅「畫虛文」，《新唐書‧車服志》作「畫莒文」。又《水經注》卷一三「濕水」說石虎鄴城東門石橋柱「柱側悉鏤雲矩」。同書卷二三「渦水」說曹嵩冢上「石闕雙峙，高一丈六尺，椽櫨及柱，皆雕鏤雲矩。」趙一清本校作「雲煙」，不確。不過隨著「莒文」一詞在語言中的使用，它逐漸脫離了其原始的意義，只被當作一般花紋的名稱。如梁沈約《少年新婚為之詠》：「錦履並花紋，繡帶同心莒。」沈滿願（沈約孫女）《詠五彩竹火籠》：「可憐潤霜質，纖剖復毫分。織作回風莒，製為縈綺文」（見《玉臺新詠》卷五）。均可為例。

❹ 白鳥庫吉《東胡民族考》，方壯猷譯本，商務印書館，1923 年。

❺ 此據日本影印田中慶太郎藏古寫本。《四部叢刊》影明本「駏驉」誤作「駈驉」。《寶顏堂祕笈》本誤作「胙驉」。

❻ 邛邛距虛還被說成是互為依存的比肩獸，見《爾雅‧釋地》、《呂氏春秋‧不廣篇》等，以與本題無關，茲不旁騖。

❼ 前一例見富岡謙藏《古鏡の研究》頁 96，圖版 24，東京丸善株式會社，1920 年。後一例見羅振玉《古鏡圖錄》卷中，羅氏自印本，1916 年。

圖 17-1　西漢，漆棺上的雲虡紋　湖
南長沙馬王堆 1 號墓出土

地彩繪外棺，所繪即雲虡紋（圖 17-1）。有的研
究者曾企圖把其中的每一個靈怪都給予詮釋，
並尋求其相互間的情節性的聯繫，反而膠滯難
通；如果把它看作在雲虡中「畫以雜獸」，事情
就容易理解了。和東園秘器不同的是，它的地
子為黑色，如果也髹成「表裏洞赤」，那就與前
者更為接近，不過同時也就有僭越之嫌了。

　　東園秘器亦可賞賜親貴，在《漢書・董賢
傳》、《後漢書・和熹鄧皇后紀》及《馮勤傳》、
《劉愷傳》、《楊賜傳》、《蓋勳傳》、《單超傳》等處，都記有這類事例。不過由
於東園秘器本為皇帝所用，故又稱「乘輿秘器」，見《漢書・孔光傳》及《翟
方進傳》。由於棺上有彩繪，故亦稱「東園畫棺」，見《後漢書・梁竦傳》。由
於這種棺為梓木所製，故又稱「東園梓器」，見《後漢書・胡廣傳》。還有稱之
為「東園畫梓壽器」或「東園朱壽器」的，見《後漢書・孝崇匽皇后紀》及《梁
商傳》；李賢注：「壽器，棺也。」可見名稱雖多，指的卻都是一種以紅漆為地、
彩繪雲氣禽獸紋的梓木棺。

　　至於溫明，在漢代只見於《漢書・霍光傳》，謂：「光薨，上及皇太后親
臨光喪。」賜「梓宮、便房、黃腸題湊各一具，樅木外藏椁十五具，東園溫明，
皆如乘輿制度。」其所賜之「梓宮」就是棺，顏注：「以梓木為之，親身之棺
也；為天子制，故亦稱梓宮。」《漢紀》記敘此事時，在「東園溫明」句下增
「秘器」二字，王念孫氏即持以為據，其實這是講不通的。依《漢紀》所言，
於霍光之喪，皇帝既賜梓宮，又賜秘器；在一次葬禮中，重複賜棺，亦於理
不合。而所謂「溫明」，據《霍光傳》顏注引服虔說：「東園處此器，形如方
漆桶，開一面，漆畫之，以鏡置其中，以懸尸上，大斂並蓋之。」過去雖曾懷
疑溫明即漢墓所出漆面罩，但「方漆桶」、「開一面」云云，語意不甚明晰，
未敢遽定。1983 年發掘的江蘇揚州平山養殖場 1 號西漢墓出土了一件漆面
罩，位於死者頭部，呈方形，盝頂，前面敞開。兩
側壁垂直，相當人耳處有馬蹄形孔，後壁有長方孔。
「罩內盝頂頂部中心有銅鏡一面，直徑 9 公分。兩
側馬蹄狀氣孔的上部各有銅鏡一面，直徑 7.8 公分。
銅鏡均正面向內，背面紋飾全為四乳蟠螭紋，小鈕，
寬平緣，無銘文。銅鏡用瓦灰和生漆作粘合劑粘在
木胎上，惜出土時已殘破」❽（圖 17-2）。這是第一

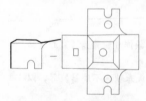

圖 17-2　西漢，漆溫明　江蘇
揚州平山 1 號墓出土

次見到在漆面罩內粘附銅鏡，其用意或類似
宋周密在《癸辛雜識》中所說，「用鏡懸棺，
蓋以照尸取光明破暗之義」。但無獨有偶，次
年即 1984 年江蘇邗江姚莊 101 號墓中又出
了這樣一件漆面罩，其結構雖與平山養殖場
漢墓所出者類似，但裝飾更加華奐。此面罩
「盝頂中心飾鎏金銅柿蒂，四角飾鎏金銅乳
丁各一顆，四角邊沿亦飾鎏金銅乳丁。盝頂
下三面帶立板，左右立板下方開馬蹄形孔，
孔上外壁各飾銅鋪首一枚。後立板中間開一
長方形氣孔，氣孔置有網狀銅格板，四角以
銅乳丁加固。面罩內上頂及左右壁各嵌銅鏡
一面。銅鏡直徑均為 9 公分，因嵌在立板上，
鏡背紋飾不詳。面罩外髹褐漆，邊沿繪斜菱
形幾何紋，其他部位用深色繪雲氣、禽獸、
羽人等。內髹朱紅漆，繪黑色雲氣紋、禽獸、
羽人等」❾ （圖 17-3）。後來發掘的安徽天長

圖 17-3 西漢，繪雲虞紋的漆溫明（俯
視圖） 江蘇邗江墓出土

西漢桓平墓、江蘇泗陽賈家墩 1 號等西漢墓所出漆面罩上也嵌以銅鏡❿。與
服虔所稱「漆畫之，以鏡置其中」之制，正若合符契，故此物無疑就是溫明。
鏡有辟除不祥的用意。《抱朴子・登涉》說：「明鏡徑九寸已上，懸於背後，
則老魅不敢近人。」溫明中置鏡，大概是要它起這種作用。也
有些溫明鑲嵌玉璧及琉璃飾片以代銅鏡，更加踵事
增華，如連雲港尹灣 6 號西漢墓所出之例⓫。又抗
戰期間日人在山西陽高古城堡盜掘之西漢晚期墓中所
出溫明，其上不僅鑲有琉璃璧、瑗等飾件，而且從下部左
右側之馬蹄形孔中伸出溫明內所置屍枕兩端的獸頭，樣子
很可怖⓬（圖 17-4）。王育成先生據東漢應劭《風俗通》
所說：「俗說亡人魂氣浮揚，故作魌頭以存之，言頭體

圖 17-4 西漢，溫明 山西
陽高古城堡墓出土

❽ 揚州博物館《揚州平山養殖場漢墓清理簡報》，《文物》1987 年第 1 期。
❾ 揚州博物館《江蘇邗江姚莊一○一號西漢墓》，《文物》1988 年第 2 期。
❿ 見《文物》1993 年 9 期；《東南文化》1988 年第 1 期。
⓫ 連雲港市博物館等《尹灣漢墓簡牘》頁 163，中華書局，1997 年。
⓬ 林巳奈夫《中國古玉器總說》頁 454，東京吉川弘文館，1999 年。

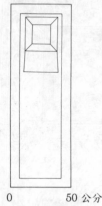

圖 17-5 西漢，江蘇揚州平山 1 號墓乙棺中溫明的位置

0　　　50公分

魌魌然盛大也。或謂魌頭為「觸壙」，殊方語也。」認為漆面罩亦名「魌頭」 ⓭。很有道理。《說文》段注謂：「魌、頯字同。」而頯訓醜。那麼稱作「魌頭」正意味著它是一件令人生畏的大頭，與陽高之例頗相符。特別是「觸壙」一名，尤其形象。作為斂具之溫明，雖然縱使「盛大」，也不會接觸到墓壙，但置於棺中，它卻塞得相當緊。以上述揚州平山 1 號墓乙棺為例，棺內的寬度約 47 公分，而溫明寬 36 公分，兩邊各餘 5.5 公分；如果像陽高的作法那樣，此間隙中恰可容納屍枕兩端的獸頭（圖 17-5）。稱之為觸壙，看來也是合適的。不過至今尚未見東漢之溫明，應劭說的情況仍有待證實。

由於溫明的被確認，從而上述《霍光傳》中提到的斂具和葬具之所指，也就很清楚了。它們是：梓木彩繪漆棺（梓宮）、梗木內槨（便房）、柏木枋壘砌之外槨（黃腸題湊）、陪葬坑所用樅木槨（外藏槨）及漆面罩（溫明）。文意完整，無須添改。《漢紀》所增「秘器」，適成蛇足。溫明在《漢書》、《後漢書》中不多見，但在《晉書》中卻屢屢出現，如說「賜溫明、秘器」（《苟顗傳》），「賜東園溫明、秘器」（《安平獻王孚傳》）等。這些溫明雖與秘器並提，指的卻是兩件東西，只不過當時不加標點，未明確表示出來而已。

（原載《文物》1988 年第 3 期）

⓭　王育成《從「溫明」覓「魌頭」》，《文物天地》1993 年第 5 期。所引《風俗通》之文見《太平御覽》卷五五二。

中國聖火

我國古代曾以陽燧將日光反射聚焦引燃艾絨而得火，因為此火「從天來」
（《論衡・說日篇》），乃稱為「明火」。《周禮・秋官・司烜氏》：「掌以夫
遂取明火於日，以鑒取明水於月，以共祭祀之明齍、明燭，共明水。」鄭玄注：
「夫遂，陽遂也。鑒，鏡屬；取水者，世謂之方諸。取日之火、月之水，欲
得陰陽之絜氣也。明燭以照饌陳，明水以為玄酒。」可見明火和明水均用於祭
祀，明火則用來點燃「明燭」，以照亮陳設的祭品。這種隆重的祭儀出現於先
秦時，而為漢代所承襲。《漢舊儀》說：「皇帝唯八月飲酎。……以鑒諸取水
於月，以陽燧取火於日，為明水、火。」❶至唐代仍保留著這種做法。《舊唐
書・禮儀志》載李敬貞議：「今司宰有陽燧，形如圓鏡，以取明火。……比年
祠祭，皆用陽燧取火。」應是當時實際情況的記錄。而李氏指出陽燧形如圓鏡，
也和傳統的說法相合。《淮南子・天文訓》：「陽燧見日則燃而為火。」高誘注：
「陽燧，金也。取金杯無緣者，熟摩令熱，日中時，以當日下，以艾承之，
則燃得火也。」❷淮南書另有許慎注，唐慧琳《一切經音義》卷三三及《太平
廣記》卷一六一引作：「陽燧，五石之銅精。圓以仰日，則得火。」在這裏，
許慎只說陽燧是圓形的銅器，魏晉時人乃以鏡擬之。《太平御覽》卷七一七引
魏高堂隆奏：「陽燧取火於日，……陰燧取水於月，並以銅作鏡，名曰水火之
鏡。」晉崔豹《古今注・雜注第七》也說：「陽燧，以銅為之，形如鏡，向日
則火生，以艾承之，則得火也。」不過陽燧與普通的鏡子也有區別，它是凹面
的，而不像銅鏡那樣是平面或凸面的。《考工記・鳧氏》鄭玄注：「隧在鼓中，
窒而生光，有似夫隧。」此夫隧即司烜氏所掌之夫遂，即陽燧❸；其特點是「窒
而生光」。高誘注把它比作杯狀物，雖曲度有深淺之別，但用意大體相同。將
陽燧之形制的特點概括得最全面的是唐張戩的《考聲切韻》，謂：「燧者，今

---

❶ 據周天游點校《漢官六種》本，頁 101，中華書局，1990 年。

❷ 《藝文類聚》卷八〇「火部」引《淮南子》高誘注作：「陽遂，金也。取金盂無緣者，執日
高三四丈時，以向，持燥艾承之寸餘，有頃焦之，吹之則然，得火。」語意較詳。

❸ 燧字除作遂外，亦作隧、鐆。清孫詒讓《周禮正義》卷七〇說：「案：遂，《考工記・攻金
之工》經注及《鳧氏》注並作『燧』。《鳧氏》注文作『隧』，《內則》亦作『燧』。鐆（見《說
文》）正字，遂、隧並假借字。……燧則鐆之俗，鐆為烽火，與陽鐆義別也。」然今通用燧
字。

之火鏡也。圓徑二寸許，皆有文，面窊。照日以艾承之，便得火。」❹出土的銅質陽燧正作凹面圓鏡狀。已知之最早的一批是西周時的。1975 年在北京昌平白浮 2、3 號西周墓各出土一件，M2:45 號陽燧直徑 9.5 公分，M3:30 號陽燧直徑 9.9 公分❺（圖 18-1:1）。1995 年在陝西扶風黃堆 60 號西周墓又出土一件，直徑 8.9 公分❻。以上三件均為素背。1972 年在陝西扶風王太川村西周中晚期墓出土的，直徑 8 公分，背面有重圈紋❼。春秋時代的陽燧，於 1957 年在河南三門峽市上村嶺 1052 號虢國墓中出過一件，背面為雙虎紋，直徑 7.5 公分❽（圖 18-1:2）。戰國時代的，於 1981 年在浙江紹興獅子山 306 號墓中出過一件，背面上下左右各飾一條龍紋，直徑 3.6 公分❾（圖 18-1:3）。1960～1961 年，在山西侯馬Ⅱ號鑄銅遺址之 13 號戰國房址中還出過整套的陽燧範❿（圖 18-1:4）。至西漢時代，1983 年在廣州象崗南越王墓中出土素背陽燧兩件，直徑均為 9.5 公分⓫。還有若干傳世品，天津市藝術博物館所藏漢代陽燧，銘文中云：「五月五丙午，火遂可取天火。」此外中國歷史博物館、上海博物館及日本京都大學文學部博物館也有收藏。這些陽燧皆為圓形，正面均內凹，其中作過實測的，曲率半徑為 30.8～7.26 公分不等⓬。它們的背面並不都鑄有花紋，與張戩所稱「皆有文」的說法不盡合。但從其凹面看，

圖 18-1
陽燧與陽燧範

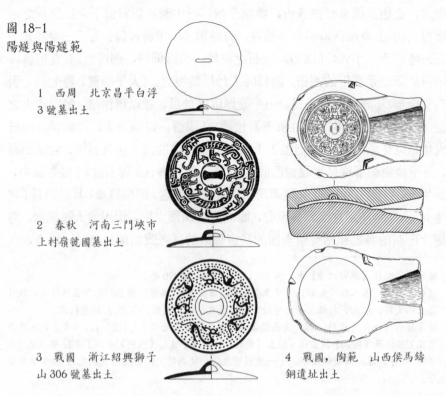

1　西周　北京昌平白浮
3 號墓出土

2　春秋　河南三門峽市
上村嶺虢國墓出土

3　戰國　浙江紹興獅子
山 306 號墓出土

4　戰國，陶範　山西侯馬鑄
銅遺址出土

當時都能反射聚焦而引火，證明《司烜氏》的記載可信。

　　由於陽燧的這種功用，遂被認為具有與天相通的性質，從而陽遂一詞也被賦予這樣一層意思。《文選・洞簫賦》形容簫聲：「被淋灑其靡靡兮，時橫潰以陽遂。」張銑注：「忽如水流之縱橫潰亂，復有清暢之音以通達也。」則陽遂亦訓通達。北京市揀選到一件漢代銅尊，銘文說：「郝氏之家大富貴，子孫千人皆陽遂。」❸也是祝願其子孫獲得通達尊顯的地位之意。「富貴陽遂」作為吉語，在漢、三國時的銅器和磚瓦上曾一再出現❹。而如陝西綏德蘇家岩東漢永元八年（96 年）墓西門坎左下角陰刻的「陽燧」二字，卻無疑應被理解作具有避邪祈福的含義了❺。

　　為什麼「陽遂」會有這一層含義呢？僅僅用「通達」來解釋顯然是不夠的。「取明火於日」的陽燧既與天相通，自然會被看作是與太陽密切相關的神聖之物。近來發現，在祥瑞圖畫中，陽燧還有一個被神化了的形象，它竟和代表太陽的陽烏類似，也作禽鳥形。朝鮮平安南道大安市德興里高句麗永樂十八年（408 年）壁畫墓前室墓頂東側所繪神禽靈獸中有一大鳥，其旁之榜題為：「陽燧之鳥，履火而行。」❻周季木先生收藏的陶文中，還有在鳥紋身

---

❹　唐慧琳《一切經音義》卷三三引。

❺　北京市文物管理處《北京地區的又一重要考古收穫——昌平白浮西周木椁墓的新啟示》，《考古》1976 年第 4 期。

❻　邊江、楊林《三千年前中華人民取火於日有了明證》，《光明日報》1995 年 10 月 13 日 2 版。

❼　羅西章《扶風出土的商周青銅器》，《考古與文物》1980 年第 4 期。

❽　中國科學院考古研究所《上村嶺虢國墓地》圖版 38，科學出版社，1959 年。

❾　浙江省文物管理委員會等《紹興 306 號戰國墓發掘簡報》，《文物》1984 年第 1 期。

❿　山西省考古研究所《侯馬鑄銅遺址》上冊，頁 175～177，文物出版社，1993 年。

⓫　廣州市文物管理委員會等《西漢南越王墓》下冊，圖版 42，文物出版社，1991 年。

⓬　昌平白浮陽燧的曲率半徑為 30.8 公分，見《考古》1980 年第 4 期。京都大學文學部博物館藏虺龍紋陽燧的曲率半徑為 22.12 公分，同館所藏蟠螭紋陽燧的曲率半徑為 7.26 公分，見梅原末治《中國殷周の古鏡》，《史林》42 卷 4 號，1959 年。扶風黃堆出土陽燧的曲率半徑為 20.75 公分，參看注❻所揭文。侯馬出土陽燧範之凹面的曲率半徑為 7.6 公分。

⓭　程長新《北京市揀選古代青銅器續志》，《文物》1984 年第 12 期。

⓮　《漢金文錄》卷五所錄漢代銅尊銘文為「大吉，宜用，富貴陽遂。」《鄂城漢三國六朝銅鏡》（文物出版社，1986 年）圖 110 所錄黃武六年鏡的銘文中有「宜子孫，陽遂富貴老壽」等語。湖南衡陽茶山坳 27 號三國墓所出墓碑上有「陽遂富貴」銘文，見《考古》1986 年第 12 期。此吉語亦見華非編《中國古代瓦當》（人民美術出版社，1983 年）圖 195、196 所錄瓦文。

⓯　綏德縣博物館《陝西綏德漢畫像石墓》，《文物》1983 年第 5 期。

⓰　朝鮮民主主義人民共和國社會科學院、朝鮮畫報社《德興里高句麗壁畫古墳》圖版 38，講談社，1986 年。

旁印「陽遂虫」三字者❶ (圖 18-2)。《書・益稷》:「山龍華蟲。」傳:「蟲,雉也。」《大戴禮記・曾子天圓》:「羽蟲之精者曰鳳。」《周禮・地官・大司徒》鄭注:「羽蟲,翟雉之屬。」則此「陽遂虫」即陽燧鳥。這兩個形象的出現對認識「明燭」為何物很有啟迪,拿它來印證 1969 年在河南濟源泗澗溝 24 號新莽墓出土的一件陶燈,問題的解決就變得有門徑可循了。此燈通高 28 公分,基座為蟾蜍形,燈柱上部為兔形,燈盞為昂首振翅翹尾的鳥形 (圖 18-3:1)。原發掘者李京華先生說:「這件燈和漢代畫像石上的金烏含義有些相同,金烏象徵太陽,中柱和燈座塑的兔和蟾蜍是象徵月亮。日、月相合為『明』。」這一分析是有道理的。不過由於當時不知道鳥形也是陽燧的象徵,所以只將它理解為「常明燈」❸。現在看來,其造型既寓意於「明」,鳥形燈盞又可代表陽燧,則此燈應即「明燭」之儔。稍後,於 1972 年在河南洛陽澗西七里河東漢墓又出土了一件十三枝的大陶燈,通高 85 公分。底部有膨大的斗笠形燈座,其上貼塑各種動物和人物,應象徵人寰。在燈座、燈柱之間的圓形燈盤

圖 18-2　朝鮮大安德興里高句麗墓壁畫中的「陽燧之鳥」(1)
與《季木藏陶》中的「陽遂虫」(2)

圖 18-3　漢,陶燈

1　河南濟源泗澗溝
新莽墓出土

2　河南洛陽澗西七
里河東漢墓出土

上，以及上層與中層燈盞之曲枝的後部，都有端坐或乘龍的羽人，應象徵仙界。燈炷頂端也有一枚大鳥形燈盞[19]（圖 18-3:2）。這只高踞仙凡之巔的鳥形燈，看來也只有從太陽取火的「明燭」可以當之。不過，由於它們的時代較晚，所以只能看作是《周禮》中提到的那類明燭的後輩了。

我國古代所說的燭，是將火炬、燈火、蠟燭等都包括在內的。《禮記·曲禮》「燭不見跋」，孔穎達疏：「古者未有蠟燭，唯呼火炬為之也。」用於照明的火炬，早在寧夏海原菜園村新石器時代建築遺址中已經發現，這裏的第 13 號窯洞之西壁，發現了多處供插松枝用的孔洞，附近的壁土已因火炬的烘烤而變色。此遺址之碳 14 年代為距今 4100～4500 年，因知此時室內已知燃「燭」[20]。雖然在壁上插松明當燭，煙氣既大又不便移動，是相當原始的，但畢竟已經出現了照明的設施。過去曾認為真正的燈要到戰國時才有，但這比海原之燭晚了兩千多年，時間差距太大。實際上不晚於早商時期我國已創製出燃油脂的燈具。點油脂和燃松明不同：第一，它須有盛油脂的容器；第二，須有支承燈炷、使燈火不至延燒及油面的裝置。我國在唐代以前，燈炷都是直立在燈盞當中的。山東沂南北寨村、河南鄧縣長冢店等地之漢畫像石及山西大同北魏司馬金龍墓所出漆屏風上刻畫的燈，都在燈盞中心升起火焰，即這類燈點燃時的寫照（圖 18-4）。充當燈炷的材料有硬有軟，硬的如用剝去麻皮的麻稭之類，軟的則可用各類纖維充當。古代將燈炷也稱為燭，麻稭作炷的燈即《淮南子·說林訓》所稱「麜燭」；軟材料作炷的燈即該書所稱「膏燭」。如採用後一種，須在盛油的容器內突起一柱狀小臺，將軟燈炷搭在上面，方可點燃。如採用前一種，則容器內須設支釘，將麻稭等物插在支釘上，才

圖 18-4　盞中立炷之燈

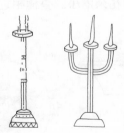

1　東漢，畫像石　山東沂南　　　　　　　　2　北魏，屏風漆畫　山西大同

---

[17]　《李木藏陶》冊 4，葉 107，精華印刷公司，1943 年。這條材料承王育成先生見告，深表謝意。

[18]　河南省博物館《濟源泗澗溝三座漢墓的發掘》，《文物》1973 年第 2 期。

[19]　洛陽博物館《洛陽澗西七里河東漢墓發掘簡報》，《考古》1975 年第 2 期。

[20]　陳斌《燈具的鼻祖——四千年前窯洞的壁燈》，《文物天地》1989 年第 2 期。

立得住。此支釘即《說文・丶部》「⍟，鐙中火主也」之火主，篆文所象之形甚明。早商時期的燈具就是根據這些特徵找到的。1975 年在鄭州東里路黃河醫院屬於二里崗下層的 C8M32 號墓內出土了一件陶中柱盂，敞口，平底，底部正中立一柱，柱頂微鼓。通高 8.4、口徑 35.5、柱頂面直徑 9.5 公分❷（圖 18-5:1）。1982 年在鄭州商城東南角外向陽回族食品廠發現了四個商代二里崗上層時期的灰坑 (H1～H4)，在灰坑 H1 中出土了一件青銅中柱盂，侈口，鼓腹，圈足。盂底中央突起一細柱，柱頂有飾渦旋紋的傘形帽。通高 12、口徑 29.5、中柱高 8、柱頂徑 8.2 公分❷（圖 18-5:2）。與此中柱盂同出的青銅器共 13 件，包括大方鼎、大圓鼎、牛首尊、羊首尊、饕餮紋大提梁卣等。在灰坑 H2、H4 內還發現了不少牛骨。據發掘者判斷：「這一地點與祭禮有關。」❷ 這兩件中柱盂的形制完全適合作為搭軟燈炷的燈具之用；除此之外，安排其他用途都有難以解釋之處。特別是那件銅中柱盂；在上古時代如此典重的器物絕不會是普通日用品，而應是一件禮器，它的出土情況也說明了這一點。而且從紋飾上看，它和「明燭」或有所關聯。因為其傘帽上的渦旋紋即冏紋。冏紋在《說文》中作囧，並引賈逵說以為囧「讀與明同」。那麼，將冏紋傘帽上所搭之燈炷點燃，似亦可視為「明燭」。上文已指出，燈炷即燭；有些銅燈在銘文中自名為「燭錠（燈）」，則燭也就是燈❷。「明燭」就是點「明火」的燈。這類燈不僅早商時有，河南安陽出土的晚商器物中也有，30 年代在殷墟西北崗王陵區 HPKM1005 號墓中出土過兩件銅中柱旋龍盂，盂內中柱的頂部呈分瓣的小花朵形，中柱周圍還繞以蟠龍❷（圖 18-5:3）。過去曾把它們當作玩賞用的水器，這是不確切的；因為和早商的中柱盂聯繫起來看，便不難認出它們也是燈具。特別是旋龍盂之中柱頂端的花朵，更與北京故宮博物院所藏戰國玉燈燈盞中部凸起的花朵狀小圓臺極相近；它們都應當是承搭軟燈炷

圖 18-5 商，中柱盂

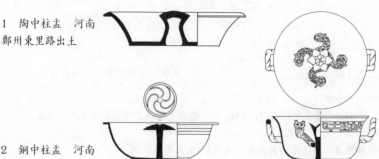

1 陶中柱盂 河南
鄭州東里路出土

2 銅中柱盂 河南
鄭州商城出土

3 銅中柱旋龍盂 河
南安陽殷墟出土

用的（圖 18-6）。林巳奈夫認為旋龍盃內之頂端呈花
朵狀的立柱象徵《山海經·大荒北經》中說的「若
木」❷。而《淮南子·地形訓》又認為若木之端有「十日」；
因此，點燃起中柱所承之燈火，遂彷彿是若木頂上升起太
陽，那麼此燈豈不也正是「明燭」嗎。只不過至今尚未
在商代遺物中發現過凹面鏡狀的陽燧，不能證明商代

圖 18-6
戰國，玉燈　北
京故宮博物院藏

是否已知用反射聚焦的方法從太陽光取火，從而也不能確知當時是否已有「明
火」與「明燭」的概念。但可以肯定的是：它們都是盛油點火的燈。

　　到了戰國時代，問題就更加明朗了。這時除了在鄭州二里崗戰國墓、信
陽楚墓等處繼續發現柱頂呈圓形的中柱盃外❷，又新出現了一類鳥柱盤，它
顯然是由前者發展出來的，河南輝縣固圍村 1 號墓、河北平山三汲 6 號墓等
處均出此物❷。平山 6 號墓是一座中山國國王的墓，所出銅鳥柱盤尤為典型。
此盤通高 47.5、口徑 57 公分，盤中立
一圓柱，柱頂立一展翅的飛鳥，鳥頭
昂起，鳥背、鳥尾與雙翼位於同一水
平，形成一個臺面，似是為了承搭燈
炷而作的安排。盤外壁有四枚鋪首銜
環，下為高足，圓形底座鑄出鏤空的花紋
（圖 18-7）。其造型上承商中柱盃，下啟漢
鳥形燈，並與戰國時開始使用豆形燈的風氣

圖 18-7
戰國，銅鳥柱盤
河北平山中山王
墓出土

相應。戰國以前燈較少見，這時乃以盛羹之豆充當盛油的燈盞。《爾雅·釋器》：
「瓦豆謂之登。」晉郭璞注：「即膏登也。」膏登就是油燈。豆本是日用器，用
豆製燈簡便易行，故得以迅速推廣，成為戰國遺址中並不罕見之物。上述鳥

❷ 楊育彬、趙靈芝、孫建國、郭培育《近幾年來在鄭州新發現的商代青銅器》，《中原文物》
　1981 年第 2 期。
❷ 河南省文物研究所、鄭州市博物館《鄭州新發現商代窖藏青銅器》，《文物》1983 年第 3 期。
❷ 同注❷。
❷ 參看拙著《漢代物質文化資料圖說》第 88 篇，文物出版社，1991 年。
❷ 胡厚宣《殷墟發掘》圖版 49，學習生活出版社，1955 年。
❷ 林巳奈夫《中國古代的日暈與神話圖像》，楊凌譯文載《三星堆與巴蜀文化》，巴蜀書社，
　1993 年。
❷ 河南省文化局工作隊《鄭州二里崗》，科學出版社，1959 年。河南省文物研究所《信陽楚墓》，
　文物出版社，1986 年。
❷ 中國科學院考古研究所《輝縣發掘報告》，科學出版社，1956 年。河北省文物管理處《河北
　省平山縣戰國時期中山國墓葬發掘簡報》，《文物》1979 年第 1 期。

柱盤的器身之造型也正和高足豆相近。但在中山王墓裏出現一件如此碩大精
美的銅燈，絕非日用的豆形燈所能望其項背，那上面的飛鳥只能被認為是陽
燧或陽烏。當盤內盛滿油，並將浸透了油的燈炷搭到鳥背上，再用反光的陽
燧鏡引下「明火」點亮它；這件鳥柱盤就成為照耀祭品的「明燭」，燃燒著聖
火的神燈了。

　　在我國，自邃古之初鳥就和太陽結下了不解之緣。陝西華縣泉護村出土
的仰韶彩陶上有鳥紋和日紋組合在一起的圖案。良渚文化玉器的刻紋中也常
出現一個飛鳥，鳥身中部為圓形圖案，前有頭，後有尾，左右展開雙翼（圖
18-8）。牟永抗先生和吳汝祚先生認為這是「一太陽符號，上端作冠冕狀圖形，
兩側有翅膀，是神化了的太陽。」㉙他們認為鳥身中部的圓形代表太陽，是很
中肯的見解。河南南陽英莊出土的漢畫像石與四川成都出土的漢畫像磚上，
都在陽烏或人首鳥身的羲和像中部刻劃出代表太陽的圓形。漢畫像磚、石雕
與良渚文化並無直接的承襲關係，但《山海經・大荒南經》所記：「湯谷上有
扶木，一日方至，一日方出，皆載於烏。」卻是世代相傳的神話。所以這些圖
案應演嬗自同一母題，表現的都是載日的飛鳥。俯視戰國鳥柱盤上的鳥，其
輪廓正與上述良渚玉器上的鳥紋（或稱太陽紋）相似，當非偶然巧合。在莊
嚴的祭禮中，在神鳥背上燃起炎炎明火，使關於太陽的神話傳說在眾目之前
顯現，這比用罔紋傘帽或所謂若木來承托這團火焰，不僅更形象化，還會使
在場的與祭者深深地感受到神聖而神秘的藝術魅力。

圖 18-8　良渚文化，玉器刻紋

1　玉璧　浙江
餘杭安溪出土

2　玉璧　臺北
故宮博物院藏

3　玉璧　美國弗
利爾美術館藏

4　玉琮　北京
首都博物館藏

5　玉琮　法
國吉斯拉 (G.
Gieseler) 氏藏

　　自先秦到唐代，我國自太陽光取明火點明燭用於祭祀的作法，其歷時之
悠久，用具之華美，在世界上是罕見的。對聖火 (Sacred flames) 的崇拜曾在
古代世界的廣大地區中流行。就亞洲而言，伊朗的瑣羅亞斯德教即拜火教、
祆教，不僅崇拜火同時也崇拜太陽，其主神阿胡拉・瑪茲達的形象就居於日
輪之中。突厥人也事火。王小甫《「弓月」名義考》認為：突厥的弓月城（在
今新疆伊犁河流域）之名，「來自古突厥語 kün（日，太陽）和 ört（火，火

焰）組成的一個合成詞，其意為『日火』或『太陽之火』，表達了當時已傳入突厥的祆教信仰」❸⓪。但突厥人的「日火」或係採自某些宗教聖山上的自燃之火。他們是否使用陽燧，至今尚不清楚。在地中海地區，一般認為陽燧形反光鏡是羅馬帝國時代的普盧塔克（Plutarch，約 46～119 年）發明的，遠較我國為遲。至於世所習知之奧運聖火，古代曾使用玻璃透鏡將陽光聚焦；反射聚焦的方式要到 1928 年在阿姆斯特丹舉行的第九屆奧運會上才採用，則是 20 世紀初葉的事情了。

（原載《中國聖火》，遼寧教育出版社，1996 年）

---

❷⑨　牟永抗、吳汝祚《水稻、蠶絲和玉器——中華文明起源的若干問題》，《考古》1993 年第 6期。

❸⓪　王小甫《唐、吐蕃、大食政治關係史·附錄》，北京大學出版社，1992 年。

19

摩羯燈

內蒙古哲里木盟庫倫旗 5 號遼墓出土的一件白瓷盞（圖 19-1:1），發掘簡報稱之為「魚龍形水盂」❶。遼寧北票水泉 1 號遼墓出土的一件青瓷盞（圖 19-1:2），與前者的造型頗有相近之處，發掘簡報稱之為「龍魚形青瓷水盂」❷；大型圖錄《遼寧省博物館》則稱之為「青瓷飛魚形水滴」❸。但它們究竟是不是水盂或水滴，似有可商。特別是後一件，其前部既無角度適合於倒水用的流；腹內又被分隔成兩部分，中間擋著一道高起的、向後彎捲的遮屏。如果用作水盂，那麼，要將後一部分中的水順利地傾注於它器，恐不無困難。與以上兩例的造型類似的瓷盞，還有一件已流出國外（圖 19-1:3）。此盞為施褐彩的白瓷，通體刻出鱗紋，尾部上翹為把手，器口前部塑出近於龍形的獸頭，下唇外侈為流，器底有蓮座狀足。審其形制，無疑是一盞燈。日本大阪市立美術館所編《宋元の美術》一書著錄此器時，也定名為燈。回過來再看前兩件，可以認為把它們定為燈似乎比定為水器的根據更充足。在庫倫旗 5號基中，有一銅燈檠與上述瓷盞同出（圖 19-1:4），上部呈弧形下偃，正與瓷盞的圓底相適合。以燈檠承燈盞，在宋、元遺物中例子很多。所以說此盞是燈，問題好像不大。但要將水泉 1 號基所出之瓷盞也定為燈，則需作更仔細的分析。因為在這件器物上，包含著從幾方面匯攏來的因素，以致初看時與習見之燈似有所不同。

魏晉以前，我國傳統的古燈，不論採取何種外形，就點燈的方式，也就是

圖 19-1　燈盞與燈檠

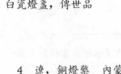

1　遼，白瓷燈盞　內蒙古庫倫旗遼墓出土

2　遼，青瓷燈盞　遼寧北票遼墓出土

3　白瓷燈盞，傳世品

4　遼，銅燈檠　內蒙古庫倫旗遼墓出土

說，就燈芯（炷）和燈盤（盞）的關係而言，都是「盞中立炷式」。比如漢代最常見的豆形燈，在其圓形的燈盤正中，常有一枚支釘（圖 19-2）。研究者稱之為「燭釺」；而根據它的有無，將漢燈分為油燈和燭燈兩大類。其實在漢代，除了單獨點的燭以外，油燈的燈炷也叫燭。

圖 19-2
漢，鑄出支釘（即「火主」）的銅燈
河北滿城漢墓出土

更確切地說，則前者叫䕡燭或麻燭，後者包括燈在內的整體叫膏燭。《淮南子·說林訓》：「䕡燭捎，膏燭澤。」䕡即蕡。《周禮·司烜氏》鄭眾注：「蕡燭，麻燭也。」它是將麻蕡（指剝去麻皮後的麻稭）縛成束點燃照明。麻蕡又名蒸。《說文·艸部》：「蒸，析麻中幹也。」武梁祠畫像石「顏淑」部分的榜題中就說她「燃蒸自燭」。而在油燈上，燭則指燈炷，燈柱也可以用麻蕡。將燈和燭的這種關係敘述得最清楚的是桓譚。《新論·祛蔽篇》說：「余後與劉伯師夜燃脂火坐語，燈中脂索而炷燋禿，將滅息。……伯師曰：『燈燭盡，當益其脂，易其燭……。』余應曰：『人既棄形體而立，猶彼持燈一燭，……惡則絕傷，猶火之隨脂、燭多少、長短為遲速矣。欲燈獨自盡易以不能。但促斂旁脂以染漬其頭，轉側蒸幹使火得安居，則皆復明焉。』」這裏說的「燃脂火」即點油燈，「持燈一燭」指用麻蒸做的燈炷。它一般插在燈盤中的支釘上。此支釘即《說文》所說的「主」，即「鐙中火主」。主字後亦作炷，專指燈芯，沂南與鄧縣長冢店漢畫像石及山西大同北魏司馬金龍墓所出漆屏風上刻畫的燈，燈火皆立在燈盤當中，即「盞中立炷式」之燈的寫照。麻蒸不易保存。然而雲南昭通桂家院子東漢墓出土的銅燈，在燈盤內尚殘存一段燈炷，是用八九根細竹條纏在一起作成的❹。如用麻蒸，做法亦應相近。不過火主除呈支釘形外，還有的作管形，將燈炷插入管內，也可立於盞中。如將麻蒸束成下粗上細之狀，不用火主，似亦可直接立在燈盤中；若干漢代銅燈中未見火主，或者就是這種做法的反映。晉傅玄《燈銘》：「素膏流液，玄炷亭亭」（《初學記》卷二五引）；梁簡文帝《列燈賦》：「蘭膏馥氣，芬炷擎心」（《藝文類聚》卷八〇引）；均著意於燈炷之亭亭直立的形狀。甚至新疆克孜爾 188 窟壁畫中「貧女難陀」所施之燈，燈炷也立在盞中（圖 19-3）。

《新論》還說，燈火「隨脂、燭多少、長短為遲速」，表明燭即燈炷要浸在脂裏。脂指動物油脂，滿城 1 號墓所出卮燈中的殘存物，經化驗即確定為

---

❶ 哲里木盟博物館《庫倫旗第 5、6 號遼墓》，《內蒙古文物考古》1982 年第 2 期。

❷ 遼寧省博物館《遼寧北票水泉一號遼墓發掘簡報》，《文物》1977 年第 12 期。

❸ 遼寧省博物館編《遼寧省博物館》圖 171，文物出版社／日本講談社，1983 年。

❹ 雲南省文物工作隊《雲南昭通桂家院子東漢墓發掘》，《考古》1962 年第 8 期。

圖 19-3
南北朝，壁畫，「貧
女難陀施一燈供養」
新疆克孜爾石窟
188 窟

動物脂類❺。此外，古代也用植物油點燈。《齊民要術・種麻子篇》引崔寔曰：「苴麻（即大麻的雌株）子黑，又實而重，擣治作燭，不作麻。」同書《荏蓼篇》又說：「荏（即白蘇子）油色綠可愛，其氣香美，……又可以為燭。」這裏之所謂「作燭」、「為燭」，均指點燈。直到元代，王禎在《農書》卷七中仍說：「按麻子、蘇子，……於人有燈油之用，皆不可闕也。」除了動物脂和植物油以外，還用蠟點燈。《潛夫論・遏利篇》：「知脂、蠟之可明鐙也。」20 世紀 30 年代商承祚先生於《長沙古物聞見記》中已指出：「漢墓偶有黃蠟餅發現，……豈以之代膏耶？」近年在長沙楊家大山 401 號、沙湖橋 A45 號等漢墓中，均於銅燈內發現殘蠟，可以作為以蠟代膏之證❻。晉范堅《蠟燈賦》中描寫過這種燃蠟的燈：「列華縈，鑠凝蠟。浮炷穎其始燃，秘閶於是乃闔。」（《藝文類聚》卷八〇引）可見燈內之蠟是融化後作為油膏使用的，並不製成細柱狀的蠟燭。這種銅燈可依范堅賦稱之為蠟燈，卻不能叫做燭臺❼。

　　上述各種燈內無論燃脂、燃油或燃蠟，燈炷大都是用麻蒸等硬纖維做的，所以能直插在火主上。此外，當時也有用軟纖維做的燈炷。軟炷立不起來，本不合乎「盞中立炷式」的要求。但在此法盛行期間，狃於積習，並不像後世那樣，將軟質燈炷搭在盞唇上，使燈火在燈盤的口沿處燃燒；而是在燈盤內立一小圓臺，將軟燈炷架在臺上點燃。北京故宮博物院所藏戰國玉燈可以為例（參見本書圖 18-6）。

　　古代西方點燈的方式則與中國不同。西方的燈一側有流，燈炷引入流內，搭在盞唇上點火，可以稱為「盞唇搭炷式」。古代地中海區域和西亞各國均用此式之燈。如圖 19-4:1 所舉安息釉陶燈❽。這種燈大約在唐代已通過新疆傳入內地，新疆巴楚縣脫庫孜薩來所出唐代銅燈❾（圖 19-4:2），即純屬西方式樣。石渚長沙窰所出帶流的瓷燈❿（圖 19-4:3、4），雖然外形與西方的燈有別，卻也採用盞唇搭炷的方式，無疑曾受到外來的影響。由於這種方式的流行，軟燈炷亦被推廣。《舊唐書・皇甫無逸傳》說他「夜宿人家，遇燈炷盡，……無逸抽佩刀斷衣帶以為炷」，可證。宋代以降，普遍用這種燈（圖 19-4:5、6），「盞中立炷式」燈遂隱沒不見。隨著燈盞結構的簡化，自戰國以迄兩漢極為興盛的銅燈工藝漸趨衰落。六朝、隋唐時，偶爾還能看到造型很美的瓷燈，宋以後也不常出現了。所以庫倫旗 5 號墓所出的銅燈檠和瓷盞，在晚期燈具中是頗為難得的精品。

圖 19-4 「盞唇搭炷式」燈

1 安息陶燈

2 唐，銅燈 新疆
巴楚出土

3 唐，瓷燈 湖南
望城出土

4 唐，瓷燈 湖南
望城出土

5 宋，瓷燈 福建
建陽出土

6 元，鐵燈 遼寧
開原出土

　　不過應當指出的是，庫倫瓷燈的形象並不是「魚龍」，而是來自印度神話
中的摩羯魚❶。這種水怪通過佛教經典、印度與中亞的工藝品，以及天文學
上的黃道十二宮的摩羯宮等渠道傳入我國。此物作長鼻上卷、獸首魚身之形，
庫倫瓷燈的造型與之正合。遼代的製燈工藝家把這一形象處理得很巧妙，在
庫倫燈上，其後卷的鼻子和前伸的尾巴靠在一起，既在後部形成把手，又使
底部形成適合於燈檠的曲線，顯得異常生動。它的名稱似可定為摩羯燈。流
出國外的那一件，頭部近於龍形，其實也是摩羯魚。因為摩羯魚的頭部，早
在唐代工藝品中已被處理得接近龍形（圖 19-5:1）。同時，印度和中亞的摩羯
魚本無翅膀，唐代的作品起初也沒有；中晚唐時，在金銀器上鎚鍱出的摩羯
魚被添上了翅膀。西安太乙路所出四曲金杯與丹徒丁卯橋所出鎏金銀盤之例
均如此❷。遼、宋文物中的摩羯魚也是這樣（圖 19-5:2、3）。我國繪製的黃道
十二宮的摩羯宮，就已知的三例而言，也都表現為有翼的飛魚形（圖 19-5:

---

❺ 中國社會科學院考古研究所、河北省文物管理處《滿城漢墓發掘報告》上冊，頁 71，文物
　出版社，1980 年。
❻ 中國科學院考古研究所《長沙發掘報告》頁 115，科學出版社，1957 年。李正光、彭青野
　《長沙沙湖橋一帶古墓發掘報告》，《考古學報》1957 年第 4 期。
❼ 東漢晚期已有細柱狀的蠟燭。在廣州東山三育路、先烈路、官洲鄉等地東漢墓中出土了一
　批最早的燭臺。見《廣州漢墓》頁 411〜412，文物出版社，1981 年。
❽ 此燈為美國密西根大學古典考古學博物館藏，A. U. Pope, *A Survey of Persian Art*, 卷 2,
　頁 664 著錄。
❾ 新疆維吾爾自治區博物館編《新疆出土文物》圖 178，文物出版社，1975 年。
❿ 周世榮《石渚長沙窯出土的瓷器及其有關問題的研究》，《中國古代窯址調查發掘報告集》，
　文物出版社，1984 年。
⓫ 摩羯魚為梵文 makara 的譯名，後秦弗若多羅譯《十誦律》卷三三：「摩羯魚……此等在海
　中未足為奇，有百由旬者，二百、三百乃至七百由延身。」唐金俱叱譯《七曜禳災訣》中作
　「摩羯」。因為希臘天文學中摩羯宮的圖形是半羊半魚狀，故譯名中宜用羊旁之羯字。參看
　岑蕊《摩羯紋考略》，《文物》1983 年第 10 期。

圖 19-5　摩羯紋 (1～3)、摩羯宮 (4～6) 與摩羯壺 (7～8)

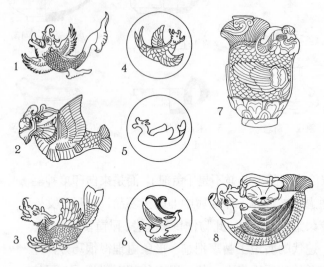

1　唐，鎏金銀盤　江蘇丹徒出土
2　遼，石墜　遼寧北票出土
3　宋，瓷片　河北定窯窯址出土
4　遼，版畫，「熾盛光佛與九曜
　　圖」　山西應縣木塔發現
5　遼，壁畫　河北宣化遼墓出土
6　元，壁畫　甘肅敦煌莫高窟
　　61 窟
7　遼，三彩壺　內蒙古寧城出土
8　遼，白瓷壺，傳世品

4～6)。因知水泉遼墓的青瓷盞，也應是摩羯燈，不過已將摩羯的頭部略去，只做出魚身和雙翼而已。

　　遼代對摩羯魚的形象似有特殊愛好。上述水泉遼墓中除出摩羯燈外，還有摩羯紋銅飾板和摩羯形石墜❸。北京故宮博物院藏有遼代的鎏金摩羯紋銅帶具，包括帶銙和鉈尾❹。在陶瓷容器中，內蒙古寧城和哲盟左中旗遼墓均曾出遼三彩摩羯壺❺（圖 19-5:7)，日刊《世界陶磁全集》卷一〇還著錄了一件遼代的白瓷摩羯壺❻（圖 19-5:8)。因而，上述三例摩羯燈也可能都是遼的產品。庫倫旗出土的，有可能是赤峰缸瓦窯村瓷窯所產。水泉所出的，許玉林先生認為其「胎質、釉色、燒造技術與裝飾風格，均與同時期的汝窯、耀州窯、龍泉窯等青瓷迥然不同」❼。它的窯口歸屬雖尚未確知，但看來也有可能是在遼地燒製的。

　　最後，再對水泉摩羯燈腹中分隔為兩部分的原因試作推測。從原理上說，它與宋代的夾瓷盞基本相同。陸游《陸放翁集·齋居記事》說：「書燈勿用銅盞，惟瓷盎最省油。蜀中有夾瓷盞，注水於盞唇竅中，可省油之半。」這裏未言及省油的原因，陸游在《老學庵筆記》卷一〇中作了進一步地說明：「宋文安公（宋白）集中有省油燈盞詩。今漢嘉（四川蘆山）有之，蓋夾燈盞也。一端作小竅，注清冷水於其中，每夕一易之。尋常盞為火所灼而燥，故速乾。此獨不然，其省油幾半。邵公濟牧漢嘉時，數以遺中朝士大夫。按文安公亦嘗為玉津令。則漢嘉出此物幾三百年矣。」今四川邛崍縣邛窯窯址曾出這種燈。

邛崍與蘆山為鄰縣，可證陸說。重慶市博物館藏有完整的精品，湖南岳陽和天津市亦曾出土過這種燈，足見流傳的地域相當廣。省油燈的構造略如圖 19-6:1；而水泉摩羯燈的構造則略如圖 19-6:2。將冷水注入水泉燈腹後部，而在前部盛油置炷。瓷盞被冷水降溫，故可減少燈油的蒸發，達到省油的目的。

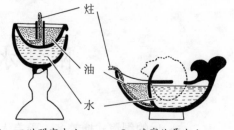

1　四川邛窯出土　　2　遼寧北票出土

圖 19-6　兩種「省油燈」結構示意圖

　　摩羯燈採用的「盞唇搭炷式」點燈法，其淵源可以追溯到西亞和地中海區域。其造型所取象之摩羯魚，既本諸印度神話，又曾經過唐代的加工和再創造。其注水省油的結構則取法邛窯之夾瓷盞。遼代工藝家擷取眾長而匠心獨運，創造出了這樣一種造型優美、結構精巧的摩羯燈，洵為我國工藝史上值得重視的佳作。

（原載《文物》1986 年第 12 期）

⑫　賀林、梁曉青、羅忠民《西安發現唐代金杯》，《文物》1983 年第 9 期。丹徒縣文教局、鎮江博物館《江蘇丹徒丁卯橋出土唐代銀器窖藏》，《文物》1982 年第 11 期。

⑬　同注❷。

⑭　王海文《鎏金工藝考》（《故宮博物院院刊》1984 年第 2 期）著錄。文中定之為元代物，不確。因此銙上的「古眼」尚近唐制。北宋中期以後，銙上一般已無「古眼」。

⑮　白俊波《內蒙古寧城出土遼代三彩壺》，《文物》1984 年第 3 期。哲盟左中旗所出摩羯壺曾於 1987 年在北京故宮博物院舉辦的「哲盟遼墓壁畫暨出土文物展覽」中展出。

⑯　參看馮永謙《新發現的幾件遼代陶瓷》，《文物》1981 年第 8 期。

⑰　同注❷。

兩件水禽銜魚釭燈

漢代的銅燈式樣繁多，蔚為大觀。不過如多枝燈之類，雖然華貴，卻還是沿襲著戰國時的老樣式。漢代新創制的一種燈型是帶煙管的燈。此型銅燈早在 20 世紀 50 年代初已於長沙五里牌 401 號西漢墓中發現過，燈身作鼎形，裝兩條煙管。鼎形器口置燈盤，有兩道槽口，嵌插兩片弧形罶板作為燈罩。燈盤可以轉動，罶板可以開合，從而燈光的照度和照射方向可以調節。這種燈型特別見長的是：它可以通過煙管將燈煙導入燈腹，溶入其中所貯之水，使室內減少煤臭而保持清潔。這一點已為研究者多次指出。但它既然具有與普通燈不同的功用，成為一種獨特的燈型，則應有自己的專名。然而在給出土的這類銅燈定名時，卻往往把結構上的特徵撇在一邊，僅依造型或銘記定名，比如燈身呈牛形或鳳形的被稱為「牛燈」或「鳳燈」；燈上的刻文中標出長信宮的就稱為「長信宮燈」。可是同樣以「牛燈」為名的，除了這種帶煙管的類型外；還有一種不帶煙管，結構與常見的羊燈相似，背部可以翻開成為燈盞的那一種。兩種構造互不相同的器物，卻都被簡單地稱為「牛燈」，其容易引起誤解，自不待言。

那麼，帶煙管的燈究竟應該怎樣定名呢？這個問題早在宋代的《宣和博古圖》中已透露出一點線索。此書中著錄了一件雙煙管鼎形燈的殘器，銘文為：「王氏銅虹燭錠」。此虹字應為釭字之假。南京大學藏有一件據傳出自長沙柳家大山古墓的同型之燈。有三條銘文。器肩銘：「閭翁主銅釭一具」；燈盤銘：「閭翁主釭中鑷」；蓋銘：「閭翁主釭鑷蓋」❶。後來，湖北省博物館在柳家大山清理了一座編號為 M32 的西漢晚期墓，其中出土的銅奩上刻銘：「閭翁主家」❷，則該燈即此墓所出。閭即閭字異體。鑷則為盞之假字。又晉夏侯湛有《釭燈賦》（《藝文類聚》卷八〇引），稱此種燈：「取光藏煙，致巧金銅。」「隱以金翳，疏以華籠。融素霄於回盤，發朱輝於綺窗。」金翳、回盤，正是這種燈上的構件；藏煙，正是其性能的特點。釭指中空的管狀物，《釋名·釋車》：「釭，空也；其中空也。」車釭和建築物壁帶上的金釭均由此得名，也正與煙管的形狀相符。所以煙管就是釭，帶煙管的燈就是釭燈；釭燈又可簡稱為釭。這種燈至南北朝時仍為人所熟知，經常在詩文中被提到。如劉宋謝莊《宋孝武宣貴妃誄》：「庭樹驚兮中帷響，金釭暖兮玉座寒。」齊王融《詠幔

詩》:「但願致樽酒,蘭釭當夜明。」梁蕭繹《草名詩》:「金錢買含笑,銀釭影梳頭。」不僅在南北朝,這類名稱還出現在唐代詩人筆下,如白居易《臥聽法曲霓裳詩》中仍有「起嘗殘酌聽餘曲,斜背銀釭半下帷」之句。考慮到唐段成式《寺塔記》中記載過一種令人懷疑與釭燈類似的「息煙燈」,則唐代人可能還曾使用,或者至少還了解這種類型的燈。到了北宋時,如晏幾道的「今宵賸把銀釭照,猶恐相逢是夢中」,則大約只是在用典故、掉書袋了。時代再晚些,對於何以稱燈為釭,遂愈益不解。《康熙字典·金部》釭字下甚至說:「按金釭非燈,乃詩人誤用也。」又引《韻會》:「俗謂金釭為燈,音杠,又書作缸;字義、字音、字畫皆誤。」由於裝煙管的燈型久已湮佚不存,所以他們遂全然不解釭燈之制。近人有時甚至連「蘭釭」之蘭也不知其所指,如說:「蘭釭,蓋因釭體飾有蘭花,故名。」❸其實古蘭是菊科的都梁香,又名澤蘭,並不觀賞其花,而是以其莖、葉作為香料。故可以煮蘭為蘭湯,如《楚辭·九歌》所稱「浴蘭湯兮沐芳」,也可以煎蘭為蘭膏,如《楚辭·招魂》所稱「蘭膏明燭」。蘭釭就是由於其中點燃的是加蘭製成的香油而得名,即北周庾信《燈賦》所稱:「香添然蜜,氣雜燒蘭。」至於蘭科的春蘭,即現代通稱之蘭花,要到南唐時才為人所注意,宋以前的文獻中幾乎不曾提到它。宋黃庭堅在《書幽芳亭》一文中捃蘭花為古蘭,就受到李時珍《本草綱目》的抨譏。所以釭燈和春蘭大約未見過面,更談不到在釭燈上飾以蘭花了。

　　儘管南北朝的釭燈之實物尚未發現過,但就已出土的漢代釭燈而言,它們在工藝上的成就已令人擊節讚歎。且不說斐聲海內外的長信宮燈。即以牛形釭燈而論,已發現的三例在造型上也各擅其勝,毫不雷同。長沙桂家花園出土的牛釭燈安詳雍雅;睢寧劉樓出土的古拙凝重;而邗江甘泉出土的那件通體錯銀,牛的體態出之以寫實手法,側首揚角,睥睨暗嗯,更是神氣十足。作鳥形者有廣西合浦出土的一對鳳形釭燈。而近年在山西平朔照什八莊和陝西神木塔村又分別發現水禽銜魚釭燈,這兩件銅燈極為肖似,好像是一組器物❹(圖 20-1:1; 2; 20-2)。它們在不同的地點相繼出土,珠聯璧合,堪稱佳話。特別值得注意的是其造型採用了水禽銜魚的形象,遂更加耐人尋味。

　　水禽銜魚的圖案,在河南臨汝閻村、陝西寶雞北首嶺等地出土的新石器

---

❶　查瑞珍《閩翁主釭鐶》,《文物》1979 年第 7 期。

❷　湖南省博物館《長沙柳家大山古墓葬清理簡報》,《文物》1960 年第 3 期。

❸　同注❶。

❹　雷雲貴《西漢雁魚燈》,《文物》1987 年第 6 期。牛志國《鵝魚燈》,《美術》1986 年第 12 期。

圖 20-1　水禽銜魚釭燈

圖 20-2　水禽銜魚釭燈（正視
圖）　山西平朔出土

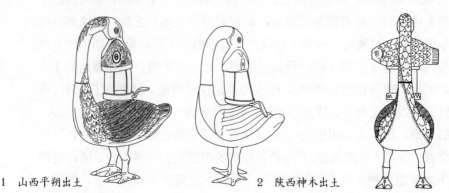

1　山西平朔出土　　　　　　2　陝西神木出土

時代彩陶上已經出現。到了歷史時期，在商和西周的玉雕、鳳翔秦雍城遺址出土的瓦當、河北滿城與遼寧新金西漢墓出土的陶盆以及江蘇銅山周莊、湖北當陽劉家冢子、四川宜賓翠屏村、山東蒼山卞莊、四川合川濮湖等地發現的東漢石刻畫像中也有這一題材❺。降至北魏，在山西大同司馬金龍墓出土

圖 20-3

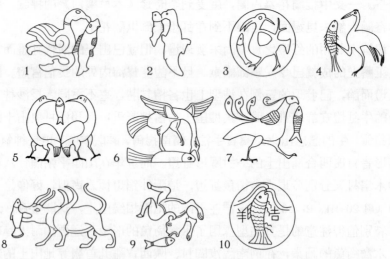

1　商，玉雕，水禽銜魚　英國不列顛博物館藏
2　西周，玉雕，水禽銜魚　山東濟陽出土
3　秦，瓦當，水禽銜魚　陝西鳳翔出土
4　西漢，彩繪陶盆，水鶴銜魚　河北滿城出土
5　東漢，畫像石，二鳥銜魚　山東濟寧出土
6　北魏，石硯，水禽銜魚　山西大同出土
7　東漢，畫像石，鳳凰銜魚　江蘇徐州出土
8　東漢，畫像石，辟邪銜魚　山東諸城出土
9　東漢，畫像石，飛仙銜魚　山東濟寧出土
10　東漢，銅杆上代表吉祥的魚紋　雲南昭通出土

的石硯上仍刻有水禽銜魚（圖 20-3:1～7）。水禽的種類有鶴，滿城漢墓所出陶盆上清楚地畫著一隻銜魚的丹頂鶴，蒼山畫像石的題記中也有「龍爵（雀）除央（殃）騙（鶴）嚼魚」之句。還有鷺，西南各地出土的朱提堂狼銅杆，器底常鑄出一鷺一魚。還有鸛，登封啟母闕及宜賓翠屏村石棺所刻此類圖形，銜魚的水禽都是鸛。在漢代，鸛銜魚是升官之兆。《後漢書・楊震傳》：「後有冠雀銜三鱣魚，飛集講堂前。都講取魚進曰：『先生自此升矣。』」李賢注：「冠音貫，即鸛雀也。」有意思的是，在雲南晉寧石寨山 21 號墓中還出了一件作鸕鶿銜魚狀的銅扣飾。除了這四種水禽外，此類圖形中還有不少銜魚之鳥因特徵不明顯而難以確指其名。可是在漢代藝術中，鳳凰的特點是很突出的，這種神禽有時也來銜魚；廣東德慶大遼山東漢墓之銅案、江蘇徐州青山泉東漢墓之畫像石中均有其例。不僅禽類，在山東諸城前涼臺、濟寧南張的東漢畫像石中，還有辟邪銜魚與飛仙銜魚的場面❻（圖 20-3:8、9）。它們為什麼都要銜魚呢？大約因為當時還把魚視作吉祥之物之故。雲南昭通出土的一件漢代銅杆，器底鑄出一條大魚，兩旁有「吉羊（祥）」二字（圖 20-3:10）。《古璽匯編》5683 所收兩面印，一面的印文為「□□吉鉥」；另一面為肖形印，作水禽銜魚狀。可見這是一種吉祥圖案。釭燈作成此形，無疑更將博得人們的喜愛。

　　不過話又說回來，朔縣與神木出土的這兩件釭燈上的水禽，與鶴、鷺等涉禽全異其趣，牠們有點像雁、鳧之類。因而《晉東宮舊事》中一再提到的「銅鴨頭燈」、「金塗連盤鴨燈」（《藝文類聚》卷八○引）等，其造型或與此二燈相近。那麼，將來會不會有晉代前後的水禽狀釭燈出土呢？看來是不無可能的。

（原載《文物天地》1987 年第 5 期）

---

❺　商代玉雕見講談社《世界博物館・六・大英博物館》圖 271。西周玉雕為山東濟陽劉臺子西周墓出土，見《文物》1986 年第 12 期。鳳翔秦瓦當見《文物》1984 年第 1 期。滿城陶盆見《滿城漢墓發掘報告》上冊，圖 194。新金陶盆見《文物資料叢刊》4，1981 年。銅山周莊畫像石為徐州市博物館藏品。當陽劉家冢子畫像石見《文物資料叢刊》1，1977 年。宜賓翠屏村畫像石棺見《考古通訊》1957 年第 3 期。蒼山卞莊畫像石見《考古》1975 年第 2 期。合川濮湖畫像石見《文物》1977 年第 2 期。

❻　《山東畫像石選集》圖 147、560，齊魯書社，1982 年。

絞胎器與瘦器

唐、宋時代，我國陶瓷製品中有一類絞胎器。它的坏胎是由深（如褐色或棕色）、淺（如白色或牙黃色）兩色瓷土重迭糅合，燒成後器表呈現盤旋蟠結的紋理。此種紋理初看似任意蟠屈，不受拘束；但綜觀多數絞胎器，就發現它們具有大體相近的組織形式和格調，形成了所謂野雞翅、木理紋等，其構圖應有所本。因此，絞合坏泥時須遵循一定的規律，對操作技藝會有種種要求；特別由於它不能用拉坏法成型，而是將絞合好的花泥一片片拼接或疊築起來的，故相當費工。有時乃將製法簡化，只在器物的表面（甚至只在局部）貼一薄層絞花泥片，內層仍為素胎。不過無論製法之繁簡，它們所追求的效果是相同的，同屬於一類工藝品。而另一種所謂絞釉，是將兩色釉汁攪兌攪拌，趁其混而未合之際，在素坯上蕩出一層帶有兩色斑條的釉面來。但這樣產生的斑條往往汗漫暈散，難以形成條理，與絞胎的風格不同，本文不作討論。

絞胎器大約出現於 7 世紀末至 8 世紀初。陝西乾縣唐懿德太子李重潤基中曾出土一件絞胎騎馬俑 ❶。13 世紀以降，這類器物漸趨絕跡。明、清時有關陶瓷的著述中幾乎沒有提起過它。只是到了 20 世紀 30 年代，在河北省宋鉅鹿故城址的發掘中又發現了這類器物，才重新引起注意。此後出土實例漸增，且有不少精品流出國外。近年在唐代的鞏縣窯、耀州窯、壽州窯與宋代的磁州窯、當陽峪窯等窯址中，均曾發現絞胎瓷片。完整的器物在各地唐基中亦時有所獲。大致說來，器種有杯、碗、平盤、三足盤、缽、罐、注子、枕等，而以長方形的絞胎瓷枕為最常見。

這種形制獨特的絞胎的意匠究竟是怎樣產生的，迄今尚無定論。西方學者稱之為「大理石紋陶瓷器」(marbled ware)，然而這只是一個借用的名稱，其紋理顯然並非模仿大理石。也有些研究者以為它是仿自漆器的犀皮工藝 ❷。然而犀皮漆器「文有片雲、圓花、松鱗諸斑」❸，「漫無定律，天然流動」❹；可見它的圖案是以不規則的大小斑塊構成的，與絞胎器之主要以線條構成紋理者有別。從直觀印象說，絞胎器的紋理很像木紋。據此進一步推求，則其意匠很可能與一類特殊的木器——瘦器有關。

我國古代很重視木材的紋理美。《拾遺記》說：「周靈王起昆昭之臺，聚

天下異木，得嶁谷陰生之樹，其枝千尋，文理盤錯，有龍蛇鳥獸之形。」《西京雜記》說：「魯恭王得文木一枚，伐以為器，意甚玩之。」它的紋理據形容是：「或如龍盤虎踞，復似鸞集鳳翔。青綢紫綬，環璧珪璋。重山累嶂，連波迭浪。奔電屯雲，薄霧濃霧。麢宗驎旅，雞族雉群。蜀繡鴛綿，蓮藻荇文。」簡直美麗得無以復加。但這些例子中的「異木」、「文木」，還只是樹木的幹材，而未特指癭木。到了三國時，文獻中開始特別注意癭木。吳張紘在《瑰材枕賦》中說此枕的紋理是：「有若蒲陶之蔓延，或如兔絲之煩縈。有若嘉禾之垂穎，又似靈芝之吐英。其似木者，有類桂枝之闌干，或象灌木之叢生。其似鳥者，若驚鶴之徑逝，或類鴻鵾之上征；有若孤雌之無咮，或効鴛鴦之交頸。紛雲興而氣蒸，般星羅而流精。何眾文之陽朗，灼儵爍而發明。」❺據《三國志‧吳書‧張紘傳》裴松之注：「紘見楠榴枕，愛其文，為作賦。」則此枕當為楠榴所製。晉左思《吳都賦》也說：「楠榴之木，相思之樹。」李善注：「南榴，木之盤結者，其盤節文尤好，可以作器。」晉蘇彥亦有《楠榴枕銘》，謂：「珍木之奇，文樹理解。槤槤方正，密滑貞堅。朝景西翳，夕舒映天。」❻這些文獻裏一再提到的楠榴木，實際上就是癭木。明方以智《通雅》卷四三說：「楠榴乃鬥斑櫻木，非塗林之丹若也。吳張紘有《楠榴枕賦》，人多疑為石榴也。智按《後山叢談》曰：『嘉州產紫竹、楠榴。』蓋木有癭瘤，取其材多花斑，謂之癭子木，書作櫻子木，訛為影子木。……陳後主施瓦官寺，有南榴枕，即楠榴。今《馬湖府志》：『楠年深向陽者，結成花紋，俗呼鬥柏楠。』乃鬥斑楠，狀其癭瘤文耳。」明謝肇淛在《五雜組》中也說：「木之有癭，乃木之病也。而後人乃取其癭瘤砢礌者，截以為器。蓋有癭而後有旋文，磨而光之，亦自可觀。」其實齊許瑤《詠柟榴枕》中說：「端木生河澳，因病遂成妍。」❼已指出這一點。唐代仍用癭器。唐張鷟《遊仙窟》中描寫一處宴席上的酒器有「金盞銀杯，江螺海蜯。竹根細眼，樹癭蝎唇。九曲酒池，十盛飲器」。《新唐書‧武攸緒傳》說王公贈彼之物有「鹿裘、素障、癭杯」。癭杯亦見於皮日休詩，他有「淡影微陰正送梅，幽人逃暑癭楠杯」之句❽。癭杯之外，唐詩

❶ 王仁波《唐三彩騎馬狩獵俑》，《文物》1979 年第 1 期。

❷ 橫田賢次郎《太宰府出土の唐三彩と絞胎陶》，《考古學雜誌》196 號，東京，1981 年。中國硅酸鹽學會編《中國陶瓷史》頁 214，文物出版社，1982 年。

❸ 明黃成《髹飾錄》坤集，楊明注。

❹ 袁荃猷《談犀皮漆器》，《文物參考資料》1957 年第 7 期。

❺ 均見《藝文類聚》卷七〇。

❻ 同注❺。

❼ 《玉臺新詠》卷一〇。

中還提到癭樽，李益有句云：「千畦抱甕園，一酌癭樽酒」❾。張籍與陸龜蒙的詩中則均寫到「癭床」❿。可見當時的癭器不僅精緻，而且是很高雅的。

癭器的種類甚多，其中最常見的還是癭枕，雖然在唐詩中沒有提到；然而上引張紘、蘇彥等人所描寫的以及陳後主所施捨的皆是此物。我國古代有用木枕的傳統，故枕字從木。五代錢鏐與宋代司馬光皆曾以圓木為枕，還保持著其樸素的原始狀態；講究的木枕則注重紋理之美。《酉陽雜俎・續集・支植》下說：「臺山有色綾木，理如綾文（《太平廣記》卷四〇六引作『理如綾窠』，《白孔六帖》卷一四引作『理如綾紋窠』），百姓取為枕，呼為色綾枕。」今本《雜俎》所奪之「窠」，是一個關鍵的字。窠指團窠。《元和郡縣圖志・劍南道綿州貢賦》中有「對鳳兩窠」之錦名，即團窠對鳳紋錦。《唐會要》卷三二中有「小團窠綾」，《舊唐書・輿服志》中稱之為「小科細綾」；「科」字即「窠」字之假。《營造法式》卷三三所載「團科寶照」之圖案亦作團花形。清王琦《李長吉歌詩匯解・梁公子》注：「所謂窠者，即團花也。」其說是。色綾枕上的紋理中當有若干團花，它大約是由分蘗的節理所形成的。而現存絞胎枕上也恰恰出現了這樣的團花。上海博物館所藏絞胎枕的枕面上有三組團花，枕底刻「杜家花枕」四字。蘇州博物館所藏絞胎枕的枕面上有一組團花和兩組花蕾狀紋飾，枕底刻「裴家花枕」四字（圖 21-1）。鞏縣窯出土的唐代絞胎枕上也有團花（圖 21-2）。這類瓷枕通稱「花枕」，而其造型正仿自癭木枕。至於犀皮漆器中雖亦有枕，如《太平廣記》卷一九五所引唐袁郊《甘澤謠》中就提到「犀皮枕」，但犀皮漆器上未見以團花為飾者，故不能為絞胎枕所取法。再看存世的絞胎瓷杯、缽等器，也無疑是仿自文獻中所說的「癭杯」、「癭樽」之屬，因為器物類型既相近，紋理結構又絕肖。唐、宋癭器實物雖未能保存下來，但自然形成的樹癭之紋理古今無殊，則上述論點不難在現實材料中取得證明。

圖 21-1　唐，裴家花枕　蘇州博物館藏

圖 21-2　唐，絞胎枕　河南鞏縣出土

圖 21-3

1 唐，絞胎器　美國
波士頓美術館藏

2 唐，絞胎器　美國
波士頓美術館藏

3　公元前 2～1 世紀地中海
東岸地區產品，絞花玻璃器
日本出光美術館藏

　　另外還有一種見解，認為絞胎之意匠來自西方的玻璃器⓫。但是西方古代玻璃器中並無與上述絞胎器的紋理完全相合的。只有如圖 21-3:1、2 所舉的一類不太常見的絞胎器，它們的紋理由或縱或橫排列成行的魚鱗形弧紋組成，看起來與圖 21-3:3 所舉西方玻璃器相近。但西方玻璃器上的這種紋飾早在公元前 15 世紀已出現於埃及，以後在羅馬和地中海東岸如敘利亞等地均曾發現過類似的標本。據研究，製作時是將平行地纏繞在器芯上的兩色相間的玻璃條，趁其尚未冷凝之際，用細棒從垂直於平行條紋的方向劃過，被劃之處的條紋互相擠合，遂形成一排排魚鱗形的弧線⓬。但這種方法的基本要領並不複雜，各地均有可能重複地獨立發明。何況我國的魚鱗形弧紋絞胎器的年代不早於公元 8 世紀；而在公元後，上述絞花紋樣於西方玻璃器中卻已不再流行。更何況在我國的出土物中幾乎可以說並未發現過此類西方玻璃的標本，縱使偶爾見到個別約略接近之物，亦屬鳳毛麟角。所以即便就這一部分絞胎器而言，其意匠也很少有自西方傳入的可能；兩者的相似之處，恐怕僅僅是偶合而已。

（原載《文物》1988 年第 12 期）

⓼　皮日休《夏景無事因懷章、來二上人》之一，《全唐詩》卷六一四。

⓽　李益《與宣供奉攜癭樽歸杏溪圓聯句》，《全唐詩》卷七八九。

⓾　張籍《和左司元郎中秋居》之六，《張司業集》卷二。陸龜蒙《寂上人院聯句》，《甫里集》卷一三。

⓫　轉引自 J. C. Y. Watt, Marbled Ware of the Tang ana Song Periods，載《三上次男博士喜壽紀念論文集・陶磁編》，東京平凡社，1985 年。

⓬　杉山二郎《東洋古代ガラス》頁 71，東京國立博物館，1980 年。

諸葛亮拿的是「羽扇」嗎？

無論在雕塑、繪畫或舞臺上，諸葛亮手裏總離不開一把羽扇（圖22-1）。這件道具猶如孫悟空的金箍棒或李逵的板斧一樣，和人物的性格結合得如此緊密，幾乎成為其有機整體中的組成部分了。甚至在口語當中，也常把「搖羽毛扇的」作為智囊或謀士的代名詞。但歷史上的諸葛亮並不拿這件東西。說他執羽扇，其根據大約可以追溯到晉代裴啟的《語林》。此書今已不傳，據《北堂書鈔》（光緒孔氏刊本）卷一一八、余嘉錫《殷芸小說輯證》卷六等處的引文，都說：「武侯乘素輿，葛巾、白羽扇。」然而查對若干唐、宋類書的早期刊本，所引文句則有所不同。宋刊《藝文類聚》卷六七引《語林》是這樣說的：

圖22-1
成都武侯祠諸葛亮塑像

> 諸葛武侯與宣皇在渭濱將戰，宣皇戎服涖事，使人視武侯——乘素輿，葛巾、毛扇，指麾三軍，皆隨其進止。宣皇聞而歎曰：「可謂名士矣！」

在這裏，諸葛亮拿的不是白羽扇，而是「毛扇」。宋刊《白氏六帖事類集》卷四「葛巾」條、宋刊《太平御覽》卷六八七引《蜀書》，文句大致相同，也作「葛巾、毛扇」，可見當以毛扇為正。毛扇並非羽扇，而是麈尾的別名。麈是一種大鹿。《逸周書·王會解》：「稷慎大麈。」孔晁注：「稷慎，肅慎也，貢麈似鹿。」清姚元之《竹葉亭雜記》卷八說：「麈即今之四不像也。」又說牠「時所稱堪達罕也。」在口語中，四不像可以指麋鹿，也可以指馴鹿。而根據《清文鑒》的解釋，滿語堪達罕 (kandahan) 指馴鹿，而與麈對應的滿文為 ultseheu-golmin-buho，是長尾鹿之意。據動物學家譚邦杰先生說，麈實為駝鹿 ❶。駝鹿的尾較長，古人將其尾毛夾在柄中，製成一種類似拂子之物，就叫麈尾。因為它的輪廓像扇子，所以也叫「麈尾扇」，見《南齊書·陳顯達傳》。又因為它是用尾毛製作的，所以又叫毛扇。《世說新語·言語篇》：「庾稚恭（庾翼）為荊州，以毛扇上武（當作成）帝。」這裏的毛扇也就是《宋書·明恭王皇后傳》中說的「玉柄毛扇」；而所謂玉柄毛扇在《晉書·王衍傳》、《陳書·張譏傳》、《世說新語·容止篇》等處都稱為玉柄麈尾。華貴的麈尾常裝玉柄，故

圖 22-2　各式塵尾

歧頭式

1　東漢,神人龍虎畫像鏡　浙江紹興出土
2　北魏,畫像石棺　河南洛陽出土
3　唐,壁畫　敦煌莫高窟 103 窟

尖頭式

4　東漢,壁畫　河南洛陽朱村漢墓
5　東晉,漆盤　湖南長沙新火車站永和八年雷陔墓出土
6　唐,「歷代帝王圖卷」

圓頭式

7　魏晉,畫像磚　甘肅嘉峪關 5 號墓出土
8　北魏,浮雕　河南龍門賓陽中洞
9　唐,壁畫　敦煌莫高窟 103 窟

《通鑒》卷八九胡三省注稱:「晉王公貴人多執塵尾,以玉為柄。」而在當時人描寫羽扇的文字中,卻未見有言玉柄者。相反,《晉書・五行志》說:「舊為羽扇者,刻木象其骨形。……王敦南征,始改為長柄,下出可捉。」則羽扇裝木柄,而裝玉柄的只能是毛扇,即塵尾。

　　塵尾起於東漢。東漢李尤有《塵尾銘》,見《北堂書鈔》卷一三四。因尾毛之夾裝與修剪的工藝不同,故式樣不一(圖 22-2)。早期多為歧頭式或尖頭式。圓頭的雖然出現的時間也不算晚,但要到南北朝時才定形;不過此式後來居上,陳徐陵《塵尾銘》所稱:「員上天形,平下地勢」,即指圓頭式塵尾而言❷。就目前所知,歧頭式塵尾最早見於浙江紹興出土的一面龍虎神人畫

❶　譚邦杰《關於真假四不像》,《光明日報》1980 年 3 月 31 日 4 版。
❷　見《藝文類聚》卷六九引。

像鏡的紋飾中❸。尖頭式者最早見於河南洛陽朱村東漢墓壁畫中❹。接近圓頭式者，最早見於甘肅嘉峪關魏晉墓壁畫，但修剪得不夠典型❺。及至南北朝以迄唐代，塵尾卻大都呈圓頭式的了。其製作的起因，據釋藏《音義指歸》引《兼名苑》說：「鹿之大者曰麈，群鹿隨之，皆看麈所往，隨麈尾所轉為準；故古之談者揮焉。」❻魏正始以降，名士執麈清談，漸成風氣。甚至被譽為「君子運之，探玄理微。因通無遠，廢興可師。」❼「既落天花，亦通神語。用動捨默，出處隨時。揚斯雅論，釋此繁疑。拂塵靜暑，引飾妙詞。誰云質賤？左右宜之。」❽趙翼《廿二史箚記》卷八遂謂：麈尾「初以談玄用之，相習成俗，遂為名流雅器，雖不談亦常執持耳。」其實麈尾本非專為清談製作的，所以《晉陽秋》中曾說王浚還把麈尾送給石勒（《御覽》卷七〇三引）。石勒是一個「不知書」的軍閥，與清談沾不上邊，連他都要執麈尾，可見此物的使用範圍很廣泛。從考古材料看，朝鮮安岳發現的「使持節，都督諸軍事，⋯⋯樂浪⋯⋯玄菟、帶方太守」冬壽墓壁畫中之冬壽像，雲南昭通發現的「晉故使節，都督江南交、寧二州諸軍事，建寧、越雋、興古三郡太守，南夷校尉，交、寧二州刺史，成都縣侯」霍承嗣墓壁畫中之霍承嗣像，與甘肅酒泉丁家閘 5 號十六國墓之墓主像均手執麈尾❾（圖 22-3）。安岳、昭通與酒泉，東南西北，天各一方，但畫中的高官皆執此物。則諸葛亮以麈尾指揮三軍，也正符合當時的風尚。

圖 22-3　執麈尾人像

| 1 晉，冬壽像　朝鮮安岳冬壽墓壁畫 | 2 晉，霍承嗣像　雲南昭通霍承嗣墓壁畫 | 3 十六國，甘肅酒泉丁家閘 5 號墓壁畫中之墓主像 |

但是，是不是統軍者只能用麈尾指揮而不能用羽扇指揮呢？這倒不盡然。只要翻開庾信的《哀江南賦》，就能看到「陶侃空爭米船，顧榮虛搖羽扇」之句。顧榮手執白羽扇指揮軍隊，蕩平陳敏，二定江南，是東晉建國之初的著名戰役。那麼，既然顧榮可以執羽扇，諸葛亮豈不也可以執嗎？然而情況卻並不如此。因為諸葛之執麈尾與顧榮之執羽扇，兩者背後存在著不容忽視的

時間與地域的差異。

自出土物中所見，戰國、西漢時多用竹篾編的長方形扇，即張敞所執的便面之類。東漢時紈扇增多，形狀也有方有圓。即所謂「織竹廓素，或規或矩」（傅毅《扇賦》）；「裂素製圓，剖竹為方」（張載《扇賦》）。但在漢末以前，卻很少有提到羽扇的。這是因為羽扇創始於吳地。晉江逌《扇賦》說：「惟羽類之攸出，生東南之遐嶼」（《藝文類聚》卷六九引）。晉傅咸《羽扇賦·序》說：「昔吳人直截鳥翼而搖之，風不減方圓二扇，而功無加；然中國莫有生意者。滅吳之後，翕然貴之，無人不用」（《世說·言語篇》劉孝標注引）。又晉嵇含《羽扇賦·序》也說：「吳楚之士，多執鶴翼以為扇。雖曰出自南鄙，而可以遏陽隔暑。大晉附吳，遷其羽扇，御於上國」（《北堂書鈔》卷一三四引）。敘述得非常明確，羽扇是東吳之具有濃厚的地方特色的工藝品。而且從「歷代帝王圖卷」中之孫權像仍執麈尾的情況看，即使在東吳，羽扇亦仍不如麈尾高貴。那麼，西晉統一以後，此物是否隨即風靡全國呢？也不然。只要讀一下陸機的《羽扇賦》（《藝文類聚》卷六九引），對當時的情形便可有所體會：

> 昔楚王會於章臺之上，山西與河右諸侯在焉。大夫宋玉、唐勒侍，皆操白鶴之羽以為扇。諸侯掩麈尾而笑。襄王不悅。
>
> 宋玉趨而進曰：「敢問諸侯何笑？」
>
> 「昔者武王玄覽，造扇於前；而五明、安眾，世繁於後。各有托於方圓，蓋受則於箑甫。捨茲器而不明，顧奚取於鳥羽？」
>
> 宋玉曰：「夫創始者恒樸，而飾終者必妍。是故烹飪起於熱石，玉輅基於椎輪。安眾方而氣散，五明圓而風煩。未若茲羽之為麗，固體俊而用鮮。於是鏤巨獸之齒，裁奇木之榦。憲靈樸於造化，審貞則而妙觀。」
>
> 諸侯曰：「善。」

---

❸ 王士倫《浙江出土銅鏡》圖 40，文物出版社，1987 年。

❹ 黃明蘭、郭引強《洛陽漢墓壁畫》頁 192，文物出版社，1996 年。

❺ 甘肅省文物隊等《嘉峪關壁畫墓發掘報告》，文物出版社，1985 年。

❻ 宋吳曾《能改齋漫錄》卷二引。

❼ 許詢《白麈尾銘》，《北堂書鈔》卷一三四引。

❽ 同注❷。

❾ 宿白《朝鮮安岳所發現的冬壽墓》，《文物參考資料》1952 年第 1 期。洪晴玉《關於冬壽墓的發現和研究》，《考古》1959 年第 1 期。雲南省文物工作隊《雲南省昭通後海子東晉壁畫墓清理簡報》，《文物》1963 年第 12 期。甘肅省文物考古研究所《酒泉十六國墓壁畫》，文物出版社，1989 年。

宋玉遂言曰：「伊茲羽之駿敏，似南箕之啟扉。垂皓曜之奕奕，含鮮風之微
微。」

襄王抑而拊節。諸侯伏而引非。皆委扇（此扇亦指麈尾扇）於楚庭，執鳥
羽而言歸。

在這裏，執麈尾的諸侯不但與操羽扇的宋玉相辯難，而且他們根本看不起羽
扇，「掩麈尾而笑」。考慮到西晉平吳之後，洛中對南人的輕視，可知羽扇的
推廣不會是一帆風順的。賦中的結局恐怕只不過是代表其作者吳士陸機的主
觀想法罷了。試看與上述江東首望吳郡顧榮同時在建康活動的過江名臣琅邪
王導，就不用羽扇而仍執麈尾。這不僅有他自己寫的《麈尾銘》，聲稱「勿謂
質卑，御於君子」，可以為證。而且《世說‧輕詆篇》劉注引《妬記》說：王
導「密營別館」，夫人曹氏聞知，將出尋討。「王公亦遽命駕，飛轡出門，猶
患牛遲。乃以左手攀車欄，右手捉麈尾，以柄助御者打牛，狼狽奔馳，劣得
先至。」此刻王氏猶捉麈尾，可證其平日殆手不釋麈。《輕詆篇》還提到庾亮
握重兵，因而與王導有矛盾。當時庾在武昌，王在冶城。西風揚塵，「王以扇
拂塵曰：『元規塵汙人。』」此所謂扇，亦當指毛扇即麈尾。《埤雅》卷三說：
麈「其尾辟塵。」則麈尾自是用於拂塵之物，與扇之用於拂暑者小有不同。王
導在東晉初年尚且如此；那麼，和他同屬琅邪之「儕」的諸葛亮，於 70 多年
以前，更無獨開風氣之先，率爾輕操羽扇之理。而且蜀、吳關係，時弛時張，
猇亭一戰，劉備敗亡。縱使此時羽扇已興，而諸葛亮忽襲用敵國之儀飾，亦
不知其將何以自解。何況梁簡文帝《賦得白羽扇》詩云：「可憐白羽扇，卻暑
復來氛。終無顧庶子（顧榮），誰為一揮軍！」詠羽扇數典而全不及諸葛。可
見當時《語林》原書具在，「毛扇」尚未訛為「羽扇」，諸葛亮與羽扇尚未發
生關係。

羽扇和麈尾的質地不同，使用方法亦有區別。用
羽扇多稱搖，用麈尾多稱揮，因而執麈與操扇的姿勢
也不一樣。這一點大概對當時清談家的風度有一定影
響，所以羽扇始終未能占領清談的陣地；故後人亦稱
清談為麈談。在晉與南北朝時代的形象材料中，常常
見到執麈尾的人物。至唐代，此物仍然流行。日本奈
良正倉院藏有唐代的麈尾多件。其中之柿柄麈尾，牙
裝雖剝落，但尾毛猶有存者，可據以推知其原狀（圖
22-4）。此麈尾盛於黑漆匣中。梁宣帝《詠麈尾詩》：

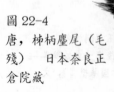

圖 22-4
唐，柿柄麈尾（毛
殘） 日本奈良正
倉院藏

「匣上生光影，毫際起風流。」❿其所謂匣，正指此類麈尾匣。而羽扇在這一時期中卻很少出現，它似乎還未打開局面。宋、元以降，在形象材料中才常看到它。

（原載《文物天地》1987 年第 4 期）

---

❿ 晉干寶《搜神記》中兩次提到吳時人執羽扇。卷一：「吳猛，濮陽人，仕吳，為西安（今江西武寧）令。後將弟子回豫章，江水大急，人不得渡。猛乃以手中白羽扇畫江，水橫流，遂成陸路，徐行而過。」卷五：「蔣子文者，廣陵人也。……逐賊至鍾山下，賊擊傷額，因解綬縛之，有頃遂死。及吳先主之初，其故吏見文於道，乘白馬，執白羽扇，侍從如平生。」可見一時之風尚。而書中所寫其他時代的人物，則均不涉及羽扇。蘇軾《念奴嬌　赤壁懷古》云：「遙想公瑾當年，小喬初嫁了，雄姿英發。羽扇綸巾，談笑間，檣櫓灰飛煙滅。」周瑜亦正是吳人。但不知東坡先生落筆時是否清楚地意識到這一點。

中國古代的平木工具

近幾年，工具史的研究正在迅速開展。且不說農具、紡織機具等方面取得的重要成果，即以木工工具而論，發表的文章也不少，勝義紛陳，啟迪良多。但由於這方面的史料未經系統整理，有些基本情況似尚待廓清。本文以平木工具為例，談一點粗淺的看法。

以手工操作的平木工具，現代最常見的是刨。但刨在我國出現得相當晚。銅綠山礦井中從木質工具到礦井構件的製作，均無用鋸的痕跡，更不用說用刨子了。考古工作者在湖北隨縣發掘曾侯乙墓時，發現「槨室所用的長條方木，全係用斧、斤、錛、鑿加工而成，沒有發現鋸和刨的痕跡」❶。郭寶鈞先生在《山彪鎮與琉璃閣》一書中也曾指出：琉璃閣第 55 號墓出土的方木表面有斲平痕，並非鋸平或刨平的，足證大鋸與刨子的使用遠在戰國時代之後。其說甚是。他所說的大鋸，應指框架鋸而言。雖然在我國新石器時代的遺物中已有帶鋸齒的工具，商、周時的青銅鋸也多次出土。至戰國時，還發現了兩端有孔的單刃鋸條，這種鋸條曾被認為是裝在框架鋸上使用的❷，然而作出這一判斷的證據不足。日本在 4～5 世紀中曾使用一種兩端裝短木柄的條

圖 23-1　「斲琴圖」中的木工工具

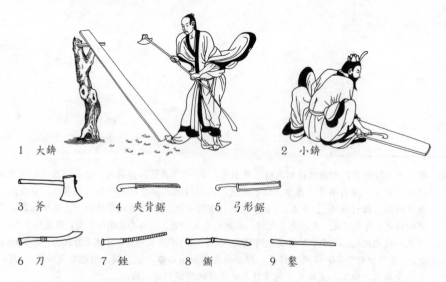

1　大錛　　　　　　　　　　　　　　　　　　2　小錛

3　斧　　　4　夾背鋸　　　5　弓形鋸

6　刀　　　7　銼　　　8　鏟　　　9　鑿

形鋸，這是根據出土時附著在鋸上的木質殘片推知的。我國上述鋸條很可能也只在兩端裝短柄。我國早期的鋸有刀鋸、夾背鋸❸和弓形鋸。清宮舊藏的一幅「斲琴圖」，描繪了製作七弦琴的過程。現存之圖是宋或元人的摹本，或謂原作出於顧愷之筆。此說雖難以成為定論，但以之與「列女傳圖」、「女史箴圖」等繪畫相較，其中的服飾、器用與畫風都相當接近，所以它的底本產生的時代無論如何應早於唐。圖中所繪木工工具有大鏟、小鏟、斧、夾背鋸、刀、銼、鑿、鍬和裝鋸條的弓形鋸，可謂相當齊備（圖23-1）。但其中卻沒有框架鋸，不能開解大木。就目前所知，框架鋸的形象最早出現在12世紀初的「清明上河圖」中（圖23-2:1）。這件架鋸的構造已相當完善，在工字形木架的一側裝鋸條，另一側裝繃子 (tensioning cord)，中插摽棍 (toggle stick)，以便絞繩將鋸條繃緊，與現代國內外通用的架鋸基本上沒有區別。以後在12世紀末至13世紀初的安西榆林窟第3窟西夏壁畫、13世紀20年代南宋李嵩的三幅「貨郎圖」（臺北故宮博物院、美國紐約大都會美術博物館、加里夫蘭美術博物館各收藏一幅）中都能見到。不過榆林窟壁畫與「貨郎圖」中的架鋸未與木工一同出現。另一幅南宋小品「仕女圖」中的箍木盆者，身旁的工具中

圖23-2　宋畫中所見架鋸

1　北宋，「清明上河圖」中的造車者

2　南宋，「仕女圖」中的箍木盆者

❶　銅綠山考古發掘隊《湖北銅綠山春秋戰國古礦井遺址發掘簡報》，《文物》1975年第2期。湖北省博物館《曾侯乙墓》上冊，頁12，文物出版社，1989年。

❷　四川省博物館所藏戰國單刃鋸條，一端有小方孔，另一端殘斷。殘長20.9、寬2.3公分。陳振中《殷周的青銅器》（《考古》1984年第1期）認為：「它可能用兩端的孔固定在工字形木架上使用，類似今日木工所用的架鋸。」雲翔《試論中國古代的鋸（上）》（《考古與文物》1986年第3期）則認為：「這種鋸的框架可以像近代框鋸（即架鋸）那樣為工字形，也有可能是弓背形框架，其結構形式如同今日鋼絲鋸之框架。」

❸　漢代刀鋸如出土於湖南長沙金塘坡1號墓者，見《考古》1979年第5期。漢代夾背鋸如出土於四川涪陵黃溪土坑墓者，鋸背上尚留有嵌夾木質材料的痕跡，見《考古》1984年第4期。

也有架鋸，表明架鋸此時已為木工所習用❹（圖 23-2:2）。當然，架鋸之實際使用的年代應比它反映到圖畫中的年代更早些。但究竟早到什麼時候，能否早到唐代，均有待新材料加以證明。而當架鋸在我國出現以前，由於缺少適合用於解大木的工具，所以在新石器時代已經發明的用楔開裁木板的方法，遂被長期沿用❺。這對於我國古代木工工具的形制與組合，產生了頗為深遠的影響。

晉陸璣的《毛詩草木鳥獸蟲魚疏》一書中記述樹木時，常強調其木材的紋理是否平直；這是因為直理的木材容易開解，所以此項性質遂為觀察者所注意。我國古代稱解木為劌。《爾雅・釋器》：「木謂之劌。」郭璞注引《左傳》（隱公十一年）：「山有木，工則劌之。」《說文・刀部》：「劌，判也。」又說：「判，分也。」解釋得很清楚。《詩・閟宮》：「徂來之松，新甫之柏，是斷是度，是尋是尺。」詩中的「度」字應為「劌」之省借（見清馬瑞辰《毛詩傳箋通釋》卷三一），孔疏釋「度」為「度量」，不確。另外，解木也可以稱為劃。《玉篇》卷一七：「劃，解也（《廣韻》作『解木也』）。」其籀文作劃。劃字可以簡作劃。《廣雅・釋詁》：「劃，裂也。」《釋名・釋兵》：「矛，霍也，所中霍然即破裂也。」但要使木材霍然開裂，必須沿一條直線多處加楔才成。這種楔子名鐫，即《說文・金部》所說：「鐫，破木鐫也。」四川綿竹西漢木板墓中的木板，表面不平整，有明顯的撕裂痕跡。簡報中認為它們「可能用楔子硬劈開的」❻，正與上面的敘述相合。至於已截成小段的木材則可用斧劈開，稱為析。《說文・木部》：「析，破木也。」《詩・南山》：「析薪如之何？匪斧不克。」析亦作柎。《論衡・量知篇》說：「斷木為槧，柎之為板，力加刮削，乃成奏牘。」或作片。《廣韻》：「片，半也，判也，析木也。」片也叫鋠。《方言》卷二：「鋠，……裁也。梁、益之間裁木為器曰鋠。」《廣雅・釋詁》王念孫疏證：「鋠之言劈。」正說明了其操作的情況。

劈裂而成的木板，表面起伏不平，給下一步的修整留下了相當大的加工量。這時首先須用斤將板材大致砍平。斤就是錛。《國語・齊語》韋昭注：「斤形似鉏而小。」鉏即鋤，其刃橫；斤形似鋤，則應指現代所說的錛，它和直刃的斧有別。由於斤是古代木工的重要工具，故木工也被稱為「執斲」。《左傳》成公二年：「楚侵及陽橋，孟孫請往賂之以執斲、執鍼、織紝，皆百人。」杜預注：「執斲，匠人。」楊伯峻注：「指木工。」《說文・斤部》斲字徐鉉注：「器也，斤以斫之。」則執斲也就是執斤。在《釋名・釋用器》中，對用斤平木這道工序的敘述很得要領：「斤，謹也。板廣不得削，又有節，則用此釿之。所以詳謹，令平滅斧跡也。」板材上的所謂「斧跡」，應當包括劈裂的痕跡在

內。假如板材是鋸成的，則鋸口相對來說要平整得多，斤即錛的作用也就不會這麼顯著了。

　　劈裂的板材用錛平過之後，仍然不夠光滑，下一步還要進行刮削，精工製作時並須加以磨礱。《釋名·釋用器》：「鐯，鐯彌也。斤有高下之跡，以此鐯彌其上而平之也。」又《穀梁傳》莊公二十四年：「禮：天子之桷，斵之礱之，加密石焉。」這最後一道打磨的工序用的是礪石，文獻記載很明確。需要討論的是刮削時用的是何種工具。

　　依《釋名》之說，此刮削工具名鐯。《集韻》也說：「鐯，平木器。」自春秋到金代的考古資料中，這種工具時隱時現，留下了一串斷斷續續的蹤跡，但大體說來，發展線索是連得起來的（圖23-3）。春秋時的鐯多為銅製，也有少量鐵製的。戰國以後則多為鐵製，銅製的雖然有，但較少見。早期的鐯比較短，一般長20公分左右。前端有尖鋒，有時這一部分還向上翹起。兩側有對稱的刃。斷面常呈弧形或人字形。後端平齊，可夾裝木柄。河南信陽長臺

圖 23-3　鐯

1　春秋早期，銅鐯　河南光山黃君孟墓出土
2　春秋早期，銅鐯　湖南資興307號墓出土
3　春秋後期，鐵鐯　湖南常德德山12號墓出土
4　戰國中期，銅鐯　山西長治分水嶺35號墓出土
5　戰國早期，鐵鐯　河南信陽1號墓出土
6　戰國中期，鐵鐯　湖南古丈白鶴灣32號墓出土
7　戰國後期，鐵鐯　河北易縣燕下都44號墓出土
8　西漢，銅鐯　江蘇漣水墓出土
9　西漢，鐵鐯　廣東廣州竹園崗152號墓出土
10、11　5世紀，鐵鐯　日本大阪府野中阿里山古
　　　　墳出土
12、13　唐，鐵鐯　日本奈良正倉院藏
14　金，鐵鐯　遼寧吉林窖藏出土

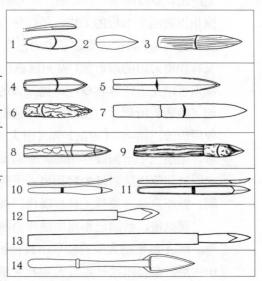

❹　石村真一《桶·樽》卷2，頁92，東京法政大學出版局，1997年。「仕女圖」箍盆部分之晚明摹本今藏臺北故宮博物院，圖上有（元）盛懋偽款。
❺　我國新石器時代以楔解木之法，已由楊鴻勛先生研究解決，見其論文《石斧石楔辨——兼及石錛與石扁鏟》，《考古與文物》1982年第1期；《論石楔及石扁鏟——新石器時代考古中被誤解了的重要工具》，《文物與考古論集》，文物出版社，1986年。
❻　四川省博物館、綿竹縣文化館《四川綿竹縣西漢木板墓發掘簡報》，《考古》1983年第4期。

關楚墓及四川新都巴蜀墓所出之鐁，木柄尚存，可以反映其完整的形制。戰國鐁的出土地點南達兩湖、兩廣，北抵山西長治、河北易縣，遠及朝鮮、日本，說明它是南北各地以至海東所通用的木工工具。研究者有稱這種工具為刮刀或篾刀的❼。但稱之為刮刀尚可，稱之為篾刀似不妥；因為目前尚未掌握將它用於竹工的確證，更難以將它定為專用的製篾工具。特別是在廣西平樂銀山嶺戰國墓群中，鐁經常和斤（報告中或稱為凹口鋤）及礪石同出。在湖北江陵望山 1 號墓中，鐁也和斤、礪石同放在一個木籃內。這種組合關係，正代表了鏟、刮、磨這三道互相連接的平木工序。

　　鐁也可以稱為削。《淮南子・本經訓》高誘注：「削，兩刃句刀也。」鐁的形制正與其所狀相合。但《考工記・築氏》鄭玄注又說削是「今之書刀」。其實，亦名書刀的削與亦名削的鐁，是形制全然不同的兩種器物。書刀是單刃的環首小刀，鐁則是雙刃、裝木柄的刮刀。鐁之所以也被稱作削，可能是據其功用而云然。《史記・秦始皇本紀》說：「堯舜，采椽不刮，茅茨不翦。」《潛夫論・浮侈篇》也說：「後世以楸、梓、槐、柏、杶、樗（製棺槨），各取方土所出，膠漆所致。釘細腰，削除鏟靡，不見際會。」這兩處所說的刮削，均應指以鐁刮平木板的工作。所以鐁有時也被稱為削。但是不是鐁和書刀可以互相通用呢？試看信陽楚墓中的書寫工具箱內，既有鐁（報告中稱為夾刻刀），又有作書刀用的環首削；廣州麻鷹崗 1175 號西漢墓中的漆奩內，也放有鐁、鐵環首削及玉印等物❽；可見二者的用途各別。這裏的鐁是治簡的工具，即如《論衡》所稱「力加刮削，乃成奏牘」時所用者；而不是像書刀那樣，主要用於改正錯字。《史記》和《潛夫論》都是漢代的文獻，反映的是當時的見解，則漢代平木無疑亦用鐁。不過漢墓出的鐁比戰國墓少得多，只在江蘇漣水與廣州等地的漢墓中發現過若干例❾。這種現象可能與隨葬風習的變化有關，並不意味著這種工具在漢代已被冷落或淘汰。

　　漢以後，我國已不見用鐁作為隨葬品。但在日本的墓葬中仍頻頻出土此物。如 4 世紀的大阪府和泉市黃金冢古墳，5 世紀的大阪府美陵町野中阿里山古墳、奈良市法華寺町大和 6 號墳、和歌山市大谷古墳、滋賀縣栗太郡新開古墳等處，均出鐵鐁。其形制與上述我國出土物極為相近❿。在日本奈良正倉院的藏品中，還有自我國傳入的唐鐁。這裏的鐁的頭部已近柳葉形，在木柄和鐁頭之間還有一段鐵莖。

　　再晚一些，在我國吉林市江南公社的金代窖藏中又發現了鐁。這是一種全鐵製的長鐁，鐁頭呈柳葉形，以長鐵莖連接鐵柄，柄、莖之間有環狀鐵箍。其中一件頭長 12、莖長 16.3、柄長 11.7 公分，看起來有些像一支短矛⓫。這

類鏟不僅見於我國，而且同一時期在日本也通用。日本延慶二年（元至大二年，1309 年）繪製的「春日權現靈驗記繪卷」中，畫出了一系列木工操作的情況。其中不僅有用楔破木、用斤錛木，還有用長鏟平木的場面；鏟的使用方法在這裏可以一目瞭然⓬（圖 23-4）。日本學者以使用者的身長為比例，復原了圖中的鏟。復原件頭長 12、莖長 27、柄長 10 公分，無論形制和尺寸均與吉林金代鏟十分接近（圖 23-5）。又日本正德二年（清康熙五十一年，1712 年）成書的《倭漢三才圖會》中稱鏟為「槍鏟」，這個名稱也很耐人尋味。《說

1　用楔破木

2　用斤錛木

3　用鏟平木

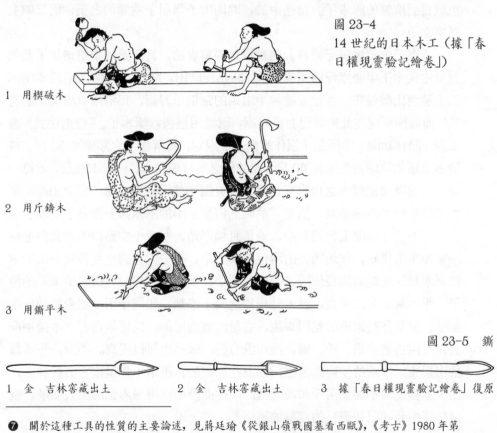

圖 23-4
14 世紀的日本木工（據「春日權現靈驗記繪卷」）

圖 23-5　鏟

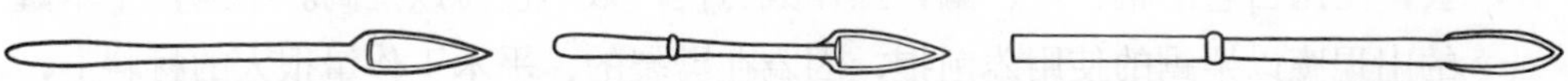

1　金　吉林窖藏出土　　2　金　吉林窖藏出土　　3　據「春日權現靈驗記繪卷」復原

---

❼ 關於這種工具的性質的主要論述，見蔣廷瑜《從銀山嶺戰國墓看西甌》，《考古》1980 年第 2 期；豐州《考古札記（三）・九》，《考古與文物》1983 年第 5 期。

❽ 見《信陽楚墓》頁 64～67，文物出版社，1986 年。《廣州漢墓》上冊，頁 163，文物出版社，1981 年。

❾ 漣水出土者，見南京博物院《江蘇漣水三里墩西漢墓》，《考古》1973 年第 2 期。廣州出土者，見注❺所揭後一文。

❿ 見村松貞次郎《大工道具の歷史》，東京岩波書店，1973 年。吉川金次《斧・鑿・刨》，東京法政大學出版局，1984 年。

⓫ 吉林市博物館《吉林市郊發現的金代窖藏文物》，《文物》1982 年第 1 期。

⓬ 見澁澤敬三《繪卷物による日本常民生活繪引》圖版 602～606，東京平凡社，1984 年。

文‧金部》:「鏓，鏘鏓也，從金，悤聲。一曰大鑿平木也。」《集韻》:「鏓，
《說文》:『鏘鏓也。』一曰大鑿，一曰平木剗。」可見所謂鏘鏓和剗乃是同類
之物。日本古文獻中多稱鐁為鈍。日文やりがんな的漢字既可作鐁，亦可作
鈍。本來鈍是審母字，鐁是心母字，審心准雙聲，固可通假。鈍亦作鉇。《方
言》卷九:「矛，吳揚、江淮、南楚、五湖之間謂之鉇。」可見鈍原為矛之別
名。晚期的鐁體加長，更與矛相似。既然它也被稱為槍鐁，那麼過去在古兵
器史研究中長期未能解決的、為何早期稱為矛的兵器晚期又稱之為槍的疑問，
也就找到解答的線索了。這是由於，晚期的矛借用了槍鐁的名稱，而又略去
鐁字之故。

「春日權現靈驗記繪卷」的畫風是很寫實的，其細緻的描繪增加了我們
對於古代木工生產狀況的認識。但同時也反映出，直到 14 世紀初，日本的木
工工藝還比較保守。在這幅繪卷中出現的鋸仍是刀鋸，仍沿用以楔解木的方
法；而我國至遲在北宋時已有框架鋸，已通用框架鋸解木了。《營造法式》卷
二四「諸作功限」中所記「鋸作解割功」規定，每解檀木之類硬木 50 尺，或
榆木之類中等硬度的木材 80 尺，或較軟之木材如杉木、桐木 100 尺，才算一
功。則這時用鋸解木之功官有定程，可見鋸作技術已趨成熟。與之相應，平
木工具也有了新的進展，這在「清明上河圖」中的平木鐽上得到了反映。

在上述「清明上河圖」中，過了虹橋不遠，一處十字路口的東北角上有
一家製車的作坊，作坊門外的兩位製車工中，有一人正跨坐在長凳上用平木
鐽平木料。此鐽為扁長條形，兩側有把手，很像現代磨刀人用以搶菜刀的搶
子。平木鐽的刃口平直，鐽木時橫持之向下推動，如同使用一把未裝刨床的
刨子。對於修整鋸出的茬口來說，它是比較適用的。以框架鋸與平木鐽相配
套，比用古老的鐫、斤、鐁，操作既方便，效率也可以提高。不過，平木鐽
的出現應以架鋸的使用為前提，因為在劈裂的、平木工作量很大的材料上，
用平木鐽反而不如使用斤和鐁便當。而在此圖中使用平木鐽的工人面前，就
放著那把我國已知最早的完整的架鋸。

但是在中古漢語中，平削木材叫刨。《玉篇》:「刨，薄爻切，削也。」它
本指一種動作，後來則將進行此動作的用具也叫刨。《廣韻》「去聲三十六效」:
「鉋，鉋刀，治木器也。」從「鉋刀」之名稱看來，它仍呈刀狀，或與平木鐽
相近。唐李程《攻堅木賦》所寫木工平木的情況是:「鉤繩定其規矩，斧斤飄
其上下。剖劂罔輟，疾徐既工。鐽鱗皴於理外，擷精粹於文中。」❸其「鐽鱗
皴」之具仍然是鐽。然而到了南宋，戴侗在《六書故》中說: 鉋「治木器，
狀如鐽，拘之以木而推之，捷於鐽。」它在平木鐽上增加了新設施:「拘之以

木」。但此書中仍說刨「狀如鏟」，乃是指當時之刨的整體造型而言；既然整
體尚如鏟，當然不可能裝刨床。問題是所拘之木如何與刨刀組合。由於缺少
宋代之可資參考的圖像，只能權作推測。《集韻》：「拘，擁也。」故一種可供
設想的方式是：將刨刀緊貼於角度適宜的木片上，用手壓住，使用時連同刨
刀一起推動，這樣可以控制刨刃入木的深度，刨木的效果會得到某種程度的
改善。另一種方式是在刨刃兩端設插桿，將它插在一條木棒上。刨刀可以是
直刃的，也可以是弧刃的，其所插之木棒也有直有曲，分
別用於刨平面或刨弧面❶（圖 23-6）。不過用這類方式「拘
之以木」的刨仍未脫離鏟的範疇，它其實是由舊式鏟狀刨
刀發展到裝刨床之推刨的過渡狀態。

圖 23-6　無刨床的刮刨

　　再發展一步推刨就出現了。關於這種刨的記載最早見於明張自烈的《正
字通》：「鉋，正木器。鐵刃狀如鏟，銜木匡中，不令轉動。木匡有孔，旁兩
小柄，以手反覆推之，木片從孔出，用捷於鏟。」《正字通》遣詞很有分寸，
它說「鐵刃狀如鏟」，而不是刨「狀如鏟」，表明其結構已與前大不相同。至
於它說的「木匡」，則無疑指刨床，所以這種刨應是推刨。關於此器的記載又
見於明宋應星的《天工開物・錘鍛篇》：「凡刨，磨礪嵌鋼寸鐵，露刃秒忽，
斜出木口之面，所以平木。」在形象材料中，刨最早見於國家文物局所藏明萬
曆刊本《魯班經匠家鏡》一書的插圖中（圖 23-7）。則刨在我國約出現於明代
中葉以前。這和《倭漢三才圖會》所稱：「按古者唯用槍鐁，
凡百年餘以來，始用突鐁，二物狀異，功相似矣。（突鐁）
比槍鐁甚捷且精密，今俗用鉋字。」突鐁是刨的別名。而自
此書成書的年代上推百餘年，也正是明代中葉，與我國文獻
中反映出的情況相合。臺北故宮博物院所藏傳宋蘇漢臣筆
「貨郎圖」中，其貨車上懸掛的什物裏有一件刨子❶。但此
外在這輛車上還懸有算盤、明式纏棕帽、明式錫執壺等。故
此圖顯然不可能出於蘇漢臣之手，而應是明代後期的作品。

圖 23-7
明萬曆刊本《魯班經匠
家鏡》中的用刨者

　　刨子出現以後，很快就發展出多種類型。如《天工開物》
中已記有製桶用的圓刨、起線刨，以及「刮木使極光者……，
一木之上，銜十餘小刀，如蜈蚣之足」的蜈蚣刨。值得注意
的是，平木工具在明代的巨大變革，與明式硬木家具生產的

❸　《文苑英華》卷一〇一。

❹　石村真一《桶・樽》卷 2，頁 130～133。

❺　見《故宮文物月刊》1 卷 11 期（1984 年）所刊圖片。

高潮幾乎是同步出現的。二者之間互為因果、互相促進的關係，值得詳加研討。

圖 23-8　羅馬的架鋸與推刨

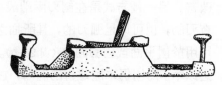

1、2　1 世紀，玻璃瓶畫，用鋸與用刨的木工　　　3　羅馬鐵刨

圖 23-9
13 世紀的歐洲木工　義大利威尼斯
聖馬可大教堂門廊鑲嵌畫

不過，還應當看到，架鋸和刨在歐洲開始使用的時代遠比我國為早。公元 1 世紀的羅馬玻璃器上所繪的木工，已經在使用這兩種工具了（圖 23-8:1、2）。羅馬遺物中還有用鐵作刨床的刨子（圖 23-8:3）。在中世紀的歐洲，它們一直被互相配合地沿用下來❶（圖 23-9）。歐洲的架鋸與我國的同類之物是如此地肖似，很難認為前者對後者沒有影響。但可怪的是，架鋸和刨子在我國並不是同時產生的，它們出現的時間至少相隔 5 個世紀。這就又使傳入說在解釋上增加了困難。很難設想，兩種互相配合的工具如均自外部傳入，在時間上會如此參差。何況西方刨子上的手柄是一前一後順裝的，而我國刨子上的手柄則橫裝於兩側。顯然，刨上橫裝手柄應是接受了自平木鏟沿襲下來的傳統，歐洲不曾有過以平木鏟為主要平木工具的階段，所以在那裏很少見橫裝手柄的古刨。而在我國，卻又不存在順裝手柄的古刨。那麼，刨子有沒有可能是我國木工在平木鏟的基礎上的獨立發明，而就世界範圍而言，則是重複的、殊途同歸的創造呢？關於這個問題還需要繼續搜集證據，以便作出進一步地分析和判斷。

（原載《文物》1987 年第 10 期）

---

❶　見 C. Aldred, Furniture: To the End of the Roman Empire 及 R. H. G. Thomson, The Medieval Artisan，均載 *A History of Technology*, Oxford, 1956。

24

托克托日晷

此晷（圖 24-1）於清光緒二十三年（1897 年）在內蒙古托克托出土，是現
存唯一可靠而完整的漢代日晷，由中國歷史博物館收藏。晷體用方形緻
密泥質大理石製成，因石質細膩，過去曾稱之為「玉盤日晷」。其邊長為 27.4、
厚 3.5 公分。晷面中央為一圓孔，直徑 1 公分，不穿透，深約 1.2 公分。以中
央孔為心刻出兩個圓周和一個大圓弧。在內圓與外圓之間刻有 69 條輻射線，
占去圓面的大部分，而餘其一面未刻。輻射線與外圓的交點上鑽小孔，小孔
與大圓弧間繫以 1～69 的數字，字體為謹嚴的漢篆，故此晷當為漢器。這些
輻射線間的夾角相等，補足時可等分圓周為 100 份。另外，在兩圓之間刻有
一正方形，在此正方形之外還刻有所謂 TLV 紋，但都粗率而不規整，且掩去
了部分數字，與上述圓周及輻射線當非一次所刻。

同類型的日晷在周進《居貞草堂漢晉石影》一書中還著錄了一件，山西
右玉出土，僅存一小角殘石，保留了圓周外緣上 35～38 等四個完整的小孔及
其數字銘文，和四條輻射線的一小段。復原後，晷面刻紋應與托克托晷相近。
此外，還有據說是 1932 年在洛陽金村出土的一件（圖 24-2），現為加拿大安

圖 24-1　日晷（拓本）　內蒙古托克托出　　圖 24-2　日晷（拓本）　河南洛陽金村出土，
　　　　　土，北京中國歷史博物館藏　　　　　　　　　　加拿大安大略皇家博物館藏

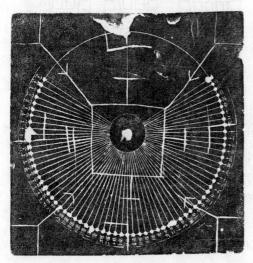

大略皇家博物館收藏。此晷晷面刻紋與托克托晷極相似，由於以前未發表其拓片，而從小尺寸的照片和摹本上又不易對其細節作出進一步的判斷，所以一向被認為是一件重要的古文物。現在根據原拓片考察，其刻文之字形雖與托克托晷相彷彿，但神氣枯槁，書體呆滯❶。而且晷面外緣的大圓弧是刻數字時所加輔助線，本非日晷刻度中必須具備者；但此晷上不但也有這條輔助線，而且其起迄部位也與托克托晷一致。在這類日晷上，周度以外的空餘部分本與觀測無關；也就是說，方形晷面的大小本無嚴格之規定。托克托晷晷面為 27.4 公分見方，漢尺每尺約合 23.1 公分，27.4 公分在漢代不是尺寸的整數；但安大略晷晷面的一側卻也是 27.4 公分，僅另一側稍長，為 28.1 公分。甚至圓周上所鑽小孔之孔徑，托克托晷為 0.4 公分左右，安大略晷也大致相同。這兩項如此接近的數字，出現在不同時間、地點之不同匠師的製品上，是有點不大好解釋的。更奇特的現象是，筆者曾親自將兩種拓片重疊透光觀察，發現有些文字的輪廓竟能基本重合（圖24-3）。因此，這件日晷的真偽十分可疑，令人感覺後者可能是根據前者翻刻而成；因為如果不是刻意摹仿，此種現象將無法解釋。儘管對其真偽目前尚存歧說，但由於安大略晷與托克托晷的格式並無二致；所以若干就安大略晷作出的論述，在研究托克托晷時也可參稽。

圖 24-3　托克托日晷 (T) 與安大略皇家博物館藏日晷 (O) 部分刻文比較，用
　　　　　相同的比例摹寫。可以看出，其位置、尺寸、書體均極為一致

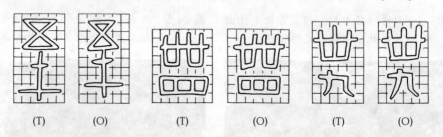

(T)　　　(O)　　　(T)　　　(O)　　　(T)　　　(O)

日晷的定名，目前還存在著不同的意見。古文獻中常將日晷單稱為晷。《說文》：「晷，日景也。」晷的本義是日影，進而測日影之器也稱為晷。但測影之晷有兩種：一種是表，《漢書・天文志》說：「夏至至於東井，北近極，故晷短；立八尺之表，而晷景長尺五寸八分。」其所謂晷景即表影。另一種是通常所說的日晷，因為日晷盤面上刻有周度，所以《釋名・釋天》說：「晷，規也，如規畫也。」古文獻中同一晷字而所指不同，引用時須加以區別。不過漢代已有日晷一詞。《漢書・藝文志》中所載《太歲謀日晷》、《日晷書》等書

目中的日晷，可能就是指後一種晷而言。因此這裏也將托克托等地所出者定名為日晷，以免混同於測影之表。

不同意將這種器物定名為日晷的學者，主要是陳夢家和李鑒澄，他們都根據《漢書·律曆志》中「議造漢曆：迺定東西，立晷儀，下漏刻，以追二十八宿相距於四方，舉終以定朔晦分至，躔離弦望」的記載，而認為它應稱為「晷儀」❷。但此處之「晷儀」實指日晷與渾儀。《續漢書·律曆志》稱「孝章皇帝曆度審正，圖儀晷漏，與天相應」。圖、儀、晷、漏，即星圖❸、渾儀、日晷和漏刻。其「儀晷」亦即《漢書》中的「晷儀」。且《續漢書》同《志》又說：「日道周（圜），不可計率分，當據儀度，下參晷景。」儀、晷被分別稱為「儀度」、「晷景」，寓意尤明。至於以為日晷即其所謂「晷儀」還可以簡稱為「儀」，而將《續漢書·律曆志》「曆數之生也，乃立儀、表，以校日景」一語中的儀、表解釋為「儀指晷儀，表指圭表」之說，則更有可商❹。按清李銳《李氏遺書·四分術注》中已指出：「儀謂渾儀，表謂圭表。」《續漢書·律曆志》中還說過：「黃道去極，日景之生，據儀、表也。」而黃道去極度在該《志》中給出了相當精密的數據，固應用渾儀測定。徐振韜先生在研究了新出土的帛書《五星占》以後，認為至遲在秦始皇元年以前，我國已有較高精度的「先秦渾儀」，並推測上引《漢書》「立晷儀，下漏刻」中之儀，「最可能就是用的落下閎渾儀進行測量的」❺。他的意見很值得注意。

漢代日晷是怎樣使用的呢？這首先要從它的裝置情況談起。在這方面有兩種意見：一種認為它是斜置的赤道日晷，晷面與地平面之間有一個相當於當地餘緯度 $(90°-\phi)$ 的夾角。這樣，晷面中央孔所立之表便直指北極，自表影可以測出當地的真太陽時。最早主張此說者為清末的湯金鑄和日人和田雄治❻。但如果認為漢代日晷是這樣裝置的，卻有幾點難以解釋之處。一、漢日晷底座部分並無適應斜置的結構。形制與漢日晷相接近的漢代式盤、占盤、圓儀等器物，傳世與發掘出土者累計已達八件，它們都是平置的；所以漢日

---

❶ 此拓片係史樹青先生藏。

❷ 陳夢家《漢簡年曆表敍》，《考古學報》1965年第2期。李鑒澄《晷儀——我國現存最古老的天文儀器之一》，《科技史文集》第1輯，1978年。

❸ 《漢書·天文志》：「凡天文在圖籍，昭昭可知者，經星常宿中外官凡百一十八名，積數七百八十三星。」則漢代已有正式的星圖，歸專司觀測星象的官員「典星」掌管。

❹ 見注❷所揭李文。

❺ 徐振韜《從帛書「五星占」看「先秦渾儀」的創制》，載《中國天文學史文集》，1978年。

❻ 湯說見端方《匋齋藏石記》卷一，1909年。和田說見《秦時代の日晷儀》，日本《天文月報》1卷8號，1908年。

晷似亦應平置❼。二、漢日晷面大圓周圍鑽小孔以立游儀,而赤道日晷則無此必要。並由於太陽的直射點在秋分以後移至地球赤道以南,所以赤道日晷秋分以後還要觀測底面指南極的表影。但漢日晷底面無刻度,立中央表之孔亦不穿透,與一般赤道日晷的構造不同。如果說漢日晷在秋分後調轉方向使用,亦極不便。三、赤道日晷在我國發明得比較晚。隋開皇十四年(549年)袁充發明的「短影平儀」也是一種地平日晷。南宋初年曾敏行所著《獨醒雜志》中才提到曾瞻民發明的赤道日晷❽。故漢代似不可能出現這種日晷。因而,另一種意見,即認為漢日晷係平置之說,自清末周暭提出後,遂得到馬伯樂、陳夢家、李鑒澄等人的贊同❾。看來這種說法比較切合實際。

由於對日晷裝置狀況的認識不同,所以對其用途的看法也有分歧。湯金鑄的測地方真太陽時之說,曾被劉復、懷履光和米利曼等人加以發揮,他們並設計出不同形制的中央表和游儀,使之不僅能測出時刻而且兼能測定節氣❿。但由於漢代本無赤道日晷,他們的推測建立在並不存在的前提之上,故其說難中肯綮。他們其實是對這類日晷進行改裝,而不是加以復原。

但在主張平置的學者中,對其用途也還有不同的說法。周暭認為這種晷不能測時,但可以「逐時以驗晷」。馬伯樂認為它在漢代主要用以測量日出、日入時的平經,從而計算出當日的白晝長度,使掌漏壺的人員據以調整晝夜漏刻,確定換箭日期。陳夢家也認為它是用以校定漏刻的。然而最近李鑒澄卻認為它只是「用以測定方向的儀器」。雖然,在安置渾儀、日晷等器物時,必須先將方位擺正,但它們並不經常移動,無須頻頻測定其方向。而且我國古代在發現磁北之前,早已能利用圭表據日出、入時的方位或照準北極星測出真北,可以滿足上述需要。所以認為日晷係用於測定方向之說,實難令人信服。況且晷面大圓劃分為100度,而不是適用於測量的$365\frac{1}{4}$度,如依李說此器用以測定方向,這一點也不好解釋。

晷面的100度和漏刻的一日百刻恰相一致,當非偶然巧合。桓譚《新論·雜事》說:漏刻「晝日參以晷景,暮夜參以星宿,則得其正」。《續漢書·律曆志》說:「漏所以節時分……,當據儀度,下參晷景,……以晷景為刻,少所違失。」《隋書·天文志》也說:「揆日晷,下漏刻,此二者測天地正儀象之本也。」可見日晷本是漏刻的校準器。當未採用日晷之前,漏刻可以用表影來校。《史記·司馬穰苴列傳》:「穰苴先馳至軍,立表下漏待賈。……日中而賈不至,穰苴則仆表決漏。」甚至到了三國時,還有沿用這種作法的。《吳錄》:「關羽將降,孫權問(吳)範,範曰:『期明日中。』權立表下漏以待之。」(《藝文類聚》卷六八引)都是用圭表測日中以校漏。而且日晷不僅可以測出日中,

還可以用它測日出、入時的方位角。《周髀算經》說：「置以定，乃復置周度之中央立正表。以冬至、夏至之日，以望日始出也。立一游儀於度上，以望中央表之晷。晷參正則日所出之宿度。」所記即用日晷測影時的工作情況。與實際稍有出入的是，測影時當自中央表通過游儀照準太陽；而且不僅冬、夏至，任何一天用日晷測出的日出、入間的夾角的度數（亦即刻數），加上晨昏蒙影各 2.5 刻，即為這天晝長之刻❶。百刻減去此數值即為夜長之刻（圖 24-4）。所以，漏刻分為晝漏和夜漏兩部分。又由於漏壺❷起漏以後，其流速的快慢可以用日晷測日中或用渾儀測中星求出夜半加以校準，所以晝漏和夜漏又各分為兩段，前一段稱晝（或夜）漏上水或上，後一段稱晝（或夜）漏未盡或下。漏所用之箭的刻度不同，換箭日期應據日晷測出的結果

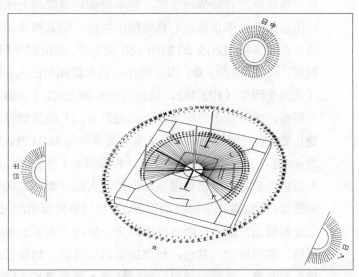

圖 24-4　托克托日晷使用方法示意圖

---

❼　漢代式盤已發現者有：中國歷史博物館藏銅式地盤，故宮博物院藏象牙式天盤，樂浪彩篋冢出土木式天盤，樂浪王盱墓出土木式，安徽阜陽汝陰侯墓出土木式，甘肅武威磨嘴子 62 號墓出土木式，凡六件。占盤與圓儀在汝陰侯墓各發現一件。以上共計八件。

❽　這一點李鑒澄曾加以論述，見注❷所揭李文。

❾　周說亦見端方《匋齋藏石記》卷一。馬伯樂 (H. Maspero) 說見 Les Instruments Astronomiqus des Chinois au Temps des Han，載 *Mélanges Chinois et bouddhiques*，卷 6，1938～1939。陳說與李說見注❷所揭文。

❿　劉復《西漢時代的日晷》，北京大學《國學季刊》3 卷 4 期，1932 年。W. C. White & P. M. Millman, An Ancient Chinese Sundial，載 *Journal of the Royal Astronomical Society of Canada*，32 卷 9 期，1938 年。

⓫　晨昏蒙影各 2.5 刻的數值，見《漢舊儀》（孫星衍校輯本），亦可從後漢四分曆所載晝夜漏刻表中推得。但《文選·新漏刻銘》注引《五經要義》云：「日入後漏三刻為昏，日出前漏三刻為明。」但漢代是否曾實行此制，尚未能確證。

⓬　漢代銅漏皆為直腹筒狀器，應定名為漏卮，見王振鐸《西漢計時器「銅漏」的發現及其有關問題》，載《中國歷史博物館館刊》總 2 期，1980 年。但由於《續漢書·律曆志》中有「孔壺為漏」的說法，則漏壺為世之通稱。

而定。周暻、馬伯樂、陳夢家等人對日晷用途的看法是對的，只不過它不能「逐時」進行檢驗，而只能測出晝、夜漏刻數和在日中時校準漏壺的流速而已❸。至於晷面之所以只刻出 69 條線共 68 度者，是因為夏至最長的晝漏是 65 刻，故日晷標至 68 度，已足敷測影之用。而日晷在周度上鑽小孔立游儀，這是因為每天白晝的刻數不能在日出時直接讀出，所以須插上標記，俟測出日入方位後再進行計算。

可是由於我國幅員遼闊，在不同的地理緯度上所測的太陽出入時刻是不同的。如各地都根據地方真太陽時校漏，則其標準將不統一。所以漢武帝時將二至間晝夜相差的 20 刻用 180 天平分，得出每 9 日增損一刻，作為通行的制度，稱為「官漏」❹。但這種作法與天象頗有出入，《續漢書·律曆志》稱：「永元十四年（102 年），待詔太史霍融上言：『官漏率九日增減一刻，不與天相應，或時差至二刻半，不如夏曆密。』」此後遂採用夏曆漏，以太陽赤緯變化 2.4 度而增減一刻。這是由於黃赤交角為 24 度，二至間太陽赤緯的變化為 48 度，其間晝長相差 20 刻，相除得 2.4 度。此法較官漏為密，最大誤差不超過 0.2 刻，這是東漢曆法上的一大成就❺。太陽在赤緯上的度數須用渾儀測定，所以當採用夏曆漏以後，上述日晷對漏刻的校準作用就更被縮小了。

但另一方面，自西漢晚期以來，我國出現了一種稱作「加時法」的記時方法。加猶居也，當也，日之加即日之所居，這是根據太陽在天穹上所居方位以記時❻。其實例最早見於《漢書·翼奉傳》：「（初元元年，前 48 年）迺正月癸未，日加申，有暴風從西南來。」申屬地支，但由於西漢初年我國已出現標以二十四方位的式盤，同時古文獻所記日之所加，除以十二支標出的方位外，還有以八干和乾、坤、巽、艮等四維標出的方位。如《周髀算經》：「故冬至徙坎陽，在子，日出巽而入坤。」《隋書·律曆志》：「（武平七年）至日食，乃於卯甲之間。」故加時法自其初始大約用的就是二十四方位。文獻中甚至有直接用式盤測加時的記載，《漢書·王莽傳》：「天文郎按栻於前，日時加某，莽旋席隨斗而坐。」但也有用日晷測加時的，因為日晷有照準太陽的裝置，測加時應較式盤為便。《續漢書·五行志》注引袁宏《紀》：「（初平四年正月甲寅日食）未蝕八刻，太史令王立奏曰：『日晷過度，無有變也。』」所謂日晷過度，指此時日晷所測之加時已超過預測日蝕時所定之加時，可證。但現存漢代日晷都只標數字，未標方位，所以有人懷疑日晷不能作此用途。然而在宋監本《尚書》卷首所載「日永日短之圖」中畫出了一個日晷的圖形（圖 24-5），此晷周度平分為百刻，標出二十四方位的名稱，每一方位占四刻，而於東北、西南、西北、東南四對角處各標「維」字。鑑於十二時辰記時法至宋代通行

已久，所以這個日晷標出的名稱並非當時的制度，很可能是早期晷盤形制的遺留。測加時之晷的晷面標記，應和它相接近。更值得注意的是，這個晷面上標出獨立的四維，並未將它們包括在乾、坤、巽、艮四個方位之內。拿它同《晉書·律曆志》「(魏黃初) 三年十一月二十九日庚申，加時西南維日食」的記載相對照，則《晉書》不記作時加坤日食，而特別標明加西南維，是否意味著其所用之日晷之形制，類似宋監本《尚書》所載的圖樣呢？這個問題很耐人尋味。

圖24-5　宋監本《尚書》卷首所載「日永日短之圖」

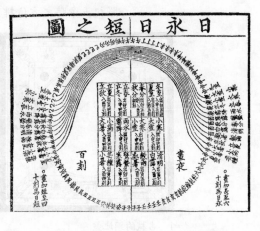

　　最後，再談一下 TLV 紋的問題，這種幾何圖案不僅見於日晷，而且也見於規矩鏡和六博局。在漢代的式盤上，雖然沒有明確地標出 TLV 紋，但卻包蘊著這種圖案的意匠。其實，如中國歷史博物館所藏漢銅式地盤的圖案，與規矩四神鏡就相當接近。它們都按照祭祀五帝時的壇位，將青龍、朱雀、白虎、玄虎安排在寅、巳、申、亥四方，在代表中央土的未方，規矩鏡一般安排中央土之靈獸麒麟❿；銅地盤則在這裏鑄出明堂，而明堂也正是代表地中的，可見兩者是何等接近❸ (圖 24-6)。式盤的四角為四維，這是主張蓋天說的天文學家從繫車蓋的四維或繫表柱之八引中的四維聯想出來的。《周禮·春官·馮相氏》賈公彥疏：「按《易緯·通卦驗》云：『冬至日，置八神，樹八

⓭　托克托晷雖然可以定名為日晷，又是水平放置的，但與現代所稱之「地平日晷」的作用與構造不同。後者的晷針和盤面斜交，時線間距也不相等，均與托克托晷有別。

⓮　據《隋書·天文志》。

⓯　藪內清《中國の天文曆法》頁 43，東京平凡社，1969 年。

⓰　《孟子·公孫丑》：「夫子加齊之卿相。」趙注：「加猶居也。」《老子》：「抗兵相加。」王注：「加，當也。」

⓱　漢代祭祀五帝時，壇位須「各如其方」。參看拙搞《幾種漢代的圖案紋飾》，《文物》1982 年第 3 期。以麒麟為代表中央土之靈獸之記載，見王莽《大誥》(載《漢書·翟方進傳》)、《禮緯·稽命徵》(《御覽》卷八七三引)，許慎《五經異義》，蔡邕《月令章句》等處。

⓲　明堂為五方之中的象徵，亦為地的中心。《大漢原陵祕葬經》(《永樂大典》卷一一九九，陵字韻內所收) 中「標禍福在明堂之內圖」即以明堂代表地心。宋王洙《地理新書》卷一四，「祭壇位置」節亦言「地心為明堂」。又 S. Cammann, The TLV Pattern on the Cosmic Mirrors of the Han Dynasty (載 Gournal of the American Oriental Society, 1948, 68, 159.) 認為規矩鏡中部的圖案就代表明堂。

圖24-6　漢，地盤與規矩鏡（皆將主紋以外的羽人、禽獸略去，顯
　　　　　示出二者的構圖是相通的，其五靈紋或四靈及明堂紋皆按
　　　　　照祀五帝時之方位排列）

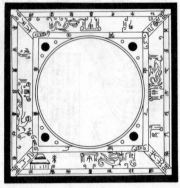

1　占栻的銅地盤

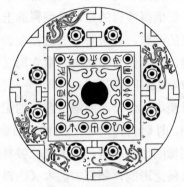

2　規矩鏡之內區的圖案　河南洛
陽燒溝 1023 號漢墓出土

尺之表。』注：『神，讀如引。言八引者，樹杙於地，四維四中引繩以正之。』」
《淮南子‧墜形訓》說：「九州之外，乃有八殥。」「八殥之外，而有八紘。」
高誘注：「紘，維也。維落天地而為之表，故曰紘也。」又《原道訓》高誘注：
「紘，綱也，若小車蓋四維謂之紘繩之類也。」古人設想天地的四面八方均有
紘繩維繫牽引之，TLV 紋即代表這些繫引物。四角的 V 紋作鉤形。《淮南子‧
天文訓》說：「太陰在四鉤。」高誘注：「丑鉤辰，申鉤巳，寅鉤亥，未鉤戌，
謂太陰在四角。」所狀正與之相合。式盤上子午、卯酉二繩之四端為四仲，故
四組 TL 紋應即四仲❿。它之所以呈 TL 狀，或係代表繫引天地的紘繩上之衙
橛。《鶡冠子‧道端篇》所謂：「鉤繩相布，衙橛相制。」看來正是在描述這套
繫引物。不過，現實中測算、度量所用的權衡規矩繩等，有時也被神化，被
賦予陰陽五行的象徵意義。如《漢書‧律曆志》說：「大陰者，北方。……故
為權也。」「大陽者，南方。……故為衡也。」「少陰者，西方。……故為矩也。」
「少陽者，東方。……故為規也。」「中央者，陰陽之內，四方之中，經緯通
達，……故為繩也。」「五則揆物，有輕重圓方平直陰陽之義，四方四時之體，
五常五行之象。」所以那套幻想的繫引天地之物，乃以規矩鉤繩的形象出現。
比如占式的圖案就被描述為「規矩相輔，副以權衡」（《史記‧龜策列傳》）。
這是因為它們均植根於同一種觀念，即陰陽家所謂「四時八位十二度」之術，
其表現形式也不能脫離開由它派生出來的這套圖形框架之故❷。占式圖案的
主旨是「法天地，象四時」㉑，鏡銘也宣稱其圖案「法象天地，如日月之光」㉒；
可見它們的主題思想都是法天，由四維和規矩衙橛等組成了一幅象徵天宇的

圖案。規矩四神鏡上還將五靈和羽人、辟邪、蟾蜍等充實於其間，將這種神秘的宇宙模式形象地展現出來。而行棋原則為「則天地之運動，法陰陽之消息」的六博，也要在博局上畫上它❷。「知天」的占式上既包含著這種意匠，而測天的日晷更把它作為重要的標誌。托克托日晷初製時，可能未刻上 TLV 紋；但在一般漢代人看來，日晷似乎不可缺少這種具有象徵性的紋樣，所以隨後又補刻上去。這也就是為什麼此晷之規度與 TLV 紋的刻工之工拙程度不相一致的原因。

不過關於 TLV 紋的定名，由於近年新發現的規矩鏡銘中有「刻具博局去不羊」、「刻治六博中兼方」等語，故有學者認為 TLV 紋實為博局紋，主張將規矩鏡改稱博局鏡❷。李學勤先生曾就此提問：「銅鏡上為什麼要有博局的圖案呢？博局怎麼會和代表天上星宿的四神結合在一起呢？博局說尚未能回答。」後來李先生又根據江蘇東海尹灣 6 號漢墓出土木牘《博局占》上端標出「南方」的例子指出：「《博局占》的『南方』字樣標識著圖形的宇宙論性質，因為單純作為遊戲的六博本身是不需要固定方位的。」❷筆者同意這一論點。因為在這裏，宇宙觀是源，占栻和銅鏡上的 TLV 紋作為其圖解，則是流。將 TLV 紋移植於博局；利用陰陽五行四時觀念投影在栻盤上而形成的相生、相剋、生門、死門等說法，以設置六博行棋的規則，更是衍生出來的末流了。故 TLV 紋仍宜稱規矩紋；鏡銘中的「博局」云云，恐不過是市井俗諺而已。

（原載《中國歷史博物館館刊》第 3 期，1981 年）

---

⑲ 《淮南子·天文訓》。

⑳ 《史記·太史公自序》。

㉑ 《史記·日者列傳》。

㉒ 此鏡銘見《湖南出土銅鏡圖錄》頁 12，文物出版社，1960 年。

㉓ 北魏薛孝通《博譜》，《太平御覽》卷七五四引。

㉔ 周錚《「規矩鏡」應改成「博局鏡」》，《考古》，1987 年第 12 期。連雲港市博物館等《尹灣漢墓簡牘》頁 160，中華書局，1997 年。

㉕ 李學勤《比較考古學隨筆·規矩鏡、日晷、博局》，香港中華書局，1991 年。同氏《綴古集·「博局占」與規矩紋》，上海古籍出版社，1998 年。

說「箕斂」

秦統一後，若干措施暴戾乖張，以致速亡。漢初則是一個普遍譴責秦之暴政的時代；但有些人的說法言詞過激，不盡實事求是。劉邦入咸陽，僅謂：「父老苦秦苛法久矣，誹謗者族，偶語者棄市。」❶全然未涉及賦稅等經濟問題。《淮南子・兵略訓》中卻說：二世皇帝「發閭左之戍，收太半之賦。」許慎注：「費民之三而稅二。」可是秦代尚無此種計家資而徵收的財產稅。《鹽鐵論・未通篇》認為：「往者，軍陣數起，用度不足，以貲徵賦，常取給見（現）民。」其所謂「軍陣數起」指武帝討伐匈奴，則西漢時才開始徵收貲賦；故許說不確。顏師古注《漢書・食貨志》時，又將太半之賦訓為「三分取其二」，意指田租，更與沿用「什一之稅」的秦制相違。如果僅田租就占收穫量的三分之二，農民將無以為生，所以顯係誇張之詞。不過陳勝起義後，派武臣略趙地時，曾向諸縣的豪傑們說：「秦為亂政虐刑，……百姓罷敝，頭會箕斂，以供軍費。」❷其時「秦未亡」，武臣所言乃現實情況，當可信。類似的說法又見《淮南子・氾論訓》：「秦之時……頭會箕賦，輸於少府。」舊注所作的解釋是：「家家人頭數出穀（《漢書・張耳傳》顏注引服虔曰：『吏到其家，人（當作以）人頭數出穀』，以箕斂之」（《史記・張耳陳餘列傳》集解引《漢書音義》）。「頭會，隨民口數，人責其稅。箕賦，似箕然，斂民財多取意也」（《淮南子・氾論訓》高誘注）。意思本來很清楚，即這是一項人口稅，交納的是穀物。由於官府用箕斂取，泛言之，也可以和多取民財相聯繫。

不過，多數當代學人對此卻有不同的看法。黃今言《秦代租賦徭役制度初探》說：「關於口賦的徵斂形式，這在秦代一般為『計口出錢』。官府不收穀，原則上只收錢。……秦統一全國後，口賦納錢，那是確鑿無疑的。據《秦簡・金布律》記載：『官府收錢者，千錢一畚，以丞、令印印，不盈千者，亦封印之。』『畚』就是畚箕。只有錢才用畚箕裝，若是穀，只能論升、斗、石，何謂『畚』乎！錢的計算單位是文、緡，故『畚』可盛錢；而穀的計算單位是升、斗，盛穀只能用籧、囷，這自很明白。」又說：「官府收錢不收穀，這對農民來說，是一大災難。因為農民所生產的東西，主要是穀物。用穀折錢交賦，農民無形中多受了一層奸商的中間剝削，加重了負擔。」❸楊寬《從「少府」職掌看秦漢封建統治者的經濟特權》說：「所謂『箕斂』，服虔說是用箕

斂「穀」，其實斂的是「錢」，而不是「穀」。秦的人口稅同漢代的算賦一樣是收「錢」的。」下文引《金布律》「千錢一畚」條，然後說：「秦代官府收受人民繳納的錢，是每一千個錢裝入一畚箕而加封的。所謂「箕斂」，就是形容當時少府所徵收的「錢」數量眾多，都是用畚箕來裝的。」❹高敏《秦漢賦稅制度考釋》說：「『頭會』即按人口徵收之意，與『口賦』之名正合；徵收的目的是『以供軍費』，也與先秦時期的軍賦之意符合；徵收的辦法是以箕斂之。」他也認為：「千錢一畚」之畚「即上述『頭會箕斂』或『箕賦』之箕，可見箕也是盛錢的器物。」❺錢劍夫並據此進一步否定了舊注中關於按人頭數出穀的可信性。他說：「所云『出穀』，恐怕是因為『箕斂』兩字而望文生訓，認為錢不可以畚箕斂，只有穀才可以畚箕斂而然。那麼，用『箕』斂的到底是甚麼物件？」證據於是又回到《金布律》，他稱那條史料是「箕斂」的「確詁」。並說：「畚箕連稱，或單用『箕』用『畚』，直到現在還是這樣，就無待繁考。」❻蘇誠鑒《「頭會箕斂」與「八月算人」》和馬怡《漢代的諸賦與軍費》亦肯定此說。蘇文謂：「『箕斂』收的是錢，不是穀，同時又含有苛重之意。」馬文謂：「『頭會箕賦』和『頭會箕斂』，即用畚箕按人頭斂錢。」❼而且它甚至作為成說寫進專史。《中國封建社會經濟史》第一卷中說：「『頭會箕斂』就是計口受錢，按人口交納口賦。」❽諸家眾口一詞，「箕斂」指用箕斂錢似乎已經成為定論。如果此說揭示了歷史的真相，固應予以重視。但是，如果它尚大有值得商榷的餘地，則其亟待澄清，也就不言而喻了。

首先，從訓詁上說，無法將「畚」引申為現代漢語的「畚箕」，再簡化成「箕」。秦代和漢代的文獻中未出現「畚箕」一詞。稍晚的《列子》中雖然同時提到箕和畚：《湯問篇》描寫北山愚公率子孫移山時，曾謂：「叩石墾壤，箕畚運於渤海之尾。」但這裏的箕與畚是兩種器物。《列子釋文》：「畚，籠也。」《左傳》襄公九年「陳畚挶」，杜預注：「畚，箕籠。」《國語·周語中》「徲而

❶ 《史記·高祖本紀》。

❷ 《史記·張耳陳餘列傳》。

❸ 黃今言《秦代租賦徭役制度初探》，《江西師範學院學報》1979 年第 4 期。

❹ 楊寬《從「少府」職掌看秦漢封建統治者的經濟特權》，《秦漢史論叢》第一輯，陝西人民出版社，1981 年。

❺ 高敏《秦漢史論集·秦漢賦稅制度考釋》，中州書畫社，1982 年。

❻ 錢劍夫《秦漢賦役制度考略》頁 56，湖北人民出版社，1984 年。

❼ 蘇誠鑒《「頭會箕斂」與「八月算人」》，《中國史研究》1983 年第 1 期。馬怡《漢代的諸賦與軍費》，《中國史研究》2001 年第 3 期。

❽ 田昌五主編《中國封建社會經濟史》卷 1，頁 234，齊魯書社／文津出版社，1996 年。

畚桐」，韋昭注：「畚，器名，土籠也。」《漢書‧五行志上》「陳畚鞾」，顏注引應劭曰：「畚，草籠也。」可見畚是籠狀容器。它可以盛土、盛穀物，甚至還可以用來盛黃金。《漢書‧韋賢傳》：「遺子黃金滿籯，不如一經。」《說文》：「籯，笭也。」「籠，一曰笭也。」籠、籯、笭是三個音義相近的同源字❾。籠，東部；笭，耕部；東耕旁轉。籯為喻母耕部字，和笭字既是鄰紐，又是疊韻。所以盛黃金的籯和《金布律》中盛錢的畚是同一類器物。特別應當指出的是，諸家所引《金布律》的上述條文，其實是對官府所掌錢幣之存貯方式的規定。即以一千錢為單元，裝入畚籠，繩緘之後，封泥鈐印，使之不僅利於保管，而且當對外支付須「出計」時，亦責任分明，便於審核。此規定所表述的內容，和徵收人口稅誠了不相關。

那麼，對「箕斂」之箕又應當怎樣理解呢？服虔雖強調用箕斂穀，但前提是按「人頭數」計算，也就是說斂穀有一定的額度；否則一味「多取」，就不成其為政府行為了。因此，所用之箕必須規範化，不能混同於一般家用的簸箕。更具體地說，它應是一種量具；而存世的秦代遺物中正發現過這種箕量。

秦代的箕量已知者只有一例，山東省博物館藏，1951 年由山東省文管會撥交，原出土地不詳。器呈箕形，銅質，長21、寬 15.5～19、高 6 公分，外壁一側分四行刻出秦始皇二十六年統一度量衡的詔書（圖 25-1、2）。因其前端開敞，裝入的穀物會流淌而形成斜面，且因不知當日使用時是否在裝滿後臨時將前端擋一下，所以準確的容量難以測出。大致估算，此器所容約為三分之一斗，即《秦律‧倉律》中所稱「少半斗」，《墨子‧雜守篇》所稱「參」，即「參升小半」❿。箕量之所以少見，或緣多為竹木製品，未能保存之故。不過同類量器漢代尚沿用，廣東高州在文物普查中發現的一處漢代遺址內，

圖 25-2　秦，箕量（側面、背面）

圖 25-1　秦，箕量

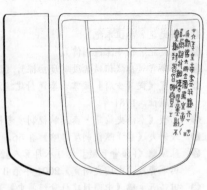

與漢代陶器伴出的有一批石量器，包括石斗、石圓升、石方升、石合和石箕量⓫（圖25-3）。石箕量底平，兩壁自後部向前斜收，器身長 15、寬 12.5，後高 7.6 公分，接以長 6 公分的器柄。此器的容量為 300 毫升，屬升半量。它的發現，表明箕量在秦漢間確曾一度通用。從形制上看，這類器物不適於裝錢，更難完成像〈金布律〉所要求的，在裝錢之後再加緘封。秦代官府收錢的手續

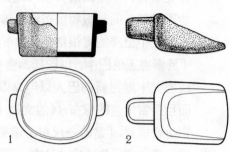

圖 25-3　漢，石斗(1) 與石箕量(2)　廣東高州出土

十分嚴格。《秦律・關市律》：「為作務及官府市，受錢必輒入其錢缿中，令市者見其入。不從令者貲一甲。」箕量與缿（類似撲滿的陶器）、畚的器形不同，用途亦有別，它顯然是量穀物用的。上引黃今言文說，穀物「只能論升、斗、石」，高州箕量與升、斗共出，是升、半（伞，即半斗）之間的一級量器；正符合此說舉出的條件。

　　但諸家為何力主秦的人口稅收錢？其中的原因除了對《金布律》上述條文的誤解外，可能還出於據漢代的情況逆推而云然。秦、漢都徵收人口稅，秦代稱口賦；漢代則有對成年人收的算賦和對未成年人收的口錢。算賦起於漢初，《漢書・高帝紀》：五年八月「初為算賦」。顏注引如淳曰：「《漢儀注》民年十五以上至五十六出賦錢，人百二十為一算。」《漢書・惠帝紀》「六年」條顏注引應劭曰：「《漢律》人出一算，算百二十錢。」口錢則如《漢書・昭帝紀》「元鳳四年正月」條顏注引如淳曰：「《漢儀注》民年七歲至十四出口賦錢，人二十三。」漢代的這兩項人口稅，收的都是錢，固無疑義。但關於秦之口賦，歷來的解釋卻頗有分歧。秦的口賦是否相當漢的口錢加算賦？李劍農認為秦國一向是算賦、口賦並徵⓬。高敏則徵引《後漢書・南蠻・板楯蠻夷傳》「十妻不算」，李賢注「雖有十妻，不算口、算之錢」之說，稱：「李賢認為秦昭王時期就是口錢、算賦並徵的說法，雖未舉出證據，卻是可信的。」但他又指出：「廣義的『算』可以作動詞用，如『八月算人』、『算車船』、『算六畜』、『算緡』、『算貲』等。」而「十妻不算」之「算」，他認為「亦為動詞」⓭。

⓽　王力《同源字典》頁 383，商務印書館，1982 年。
⓾　岑仲勉《墨子城守各篇簡注》頁 146，中華書局，1958 年。
⓫　張均紹《高州漢代石量的量形及製作》，《中國文物報》1988 年 6 月 3 日。
⓬　李劍農《先秦兩漢經濟史稿》頁 247，三聯書店，1957 年。
⓭　高敏《從江陵鳳凰山十號漢墓出土簡牘看漢代的口錢、算賦制度》，《文史》第 20 輯，1983 年。

那麼,《板楯蠻夷傳》中的話本不涉及稅種,李賢注簡直是無的放矢了。從現存史料看,不僅關於秦徵口錢之說全無蹤跡可尋,就是對成人年徵的口賦,也不是錢,而是穀物或布縷。秦之人口稅徵穀物,服虔在為「頭會箕斂」所作的注中已經說得很清楚。徵布縷之例見《後漢書·南蠻·巴郡南郡蠻傳》:「及秦惠王併巴中,以巴氏為蠻夷君長。……其民戶(歲)出賨布八丈二尺,雞羽三十鍭。」秦向巴人以戶為單位徵布,是一種變相的人口稅。但徵的是布,而且是當地產的賨布(《說文》:「賨,南蠻夷布也」),不是錢。有的學者卻把它折合成錢:「當時一尺布的價格為『十一錢』。八丈二尺布折錢九百零二文。若五口之家,則全家大小每人平均出口賦一百八十錢。……有可能超出漢代後來通行的算賦和口錢的總額。」❹按此說不確。因為《金布律》明說:「布表八尺,福(幅)廣二尺五寸。」「錢十一當一布。」則八尺布的價格才十一錢,而且這是「如式」的布,應比賨布貴些。即使不考慮其價格比,那麼八丈二尺布也只合 112.75 錢,五口人平均,每人為 22.55 錢。前一種計算結果可謂嚴重失實。就像有的研究者認為秦的「口賦每人每年約一千錢」一樣❺,均不免流入誇張一途。這些並無根據的數字實際上在為秦用畚箕收口賦錢的說法營造氣氛,使讀者於不經意中在「秦的口賦」、「畚箕」、「錢」之間建立聯想,產生誤導。類似的事例古已有之。《晉書·李特載記》說:秦併天下以後,對巴賨人「薄賦斂之,口歲出錢四十。」《晉中興書》也說:「巴氏子孫布列於巴中。秦并天下,薄其賦稅,人出錢四十。」(《太平寰宇記》卷一三八引)不是按戶出賨布,而是按人出錢了。其實這也是子虛烏有的。因為《後漢書·板楯蠻夷傳》說:「至高祖為漢王,發夷人還伐三秦。」秦地既平,為酬其功勞,復板楯七姓不輸租賦,「餘戶乃歲入賨錢口四十。」《華陽國志·巴志》也說:巴人「從高祖定秦有功,高祖因復之」,「戶歲出賨錢口四十。」明明是漢高祖時之事,卻轉嫁到秦的名下。所以用這條材料證明秦的口賦徵錢,亦了不足信。本來在議政、「言得失」的場合中,漢代官員對這個問題發表過正式的官方見解。位居三公的御史大夫貢禹認為:「古民亡賦算、口錢。」❻這話是直接向漢元帝說的,是政府高官對稅制之沿革的回顧。過去或據以探討漢以前有無人口稅,未免偏離了主題。在這裏,貢禹強調的是,漢代以前沒有在人口稅中收錢的。其所稱「賦算」之「算」,是和「口錢」之「錢」互相對應,指漢代以百二十錢為一算之相對固定的一筆稅金;漢代文獻中出現的「一算」、「倍算」、「五算」等亦是此義。其所謂「古」,應指漢代以前,說那時「亡賦算」,不是認為漢以前無口賦,而是說當時不徵收用錢交納的「算」。至於說漢代以前無口錢,更沒有任何材料可資反證。本文對秦代人口稅徵收情況

的考察結果，正與此說相一致。

　　從政府的角度講，征錢比征穀物在某些手續方面有方便之處，但秦時難以向農民征錢。秦的「半兩」重十二銖，被漢代人評為「錢重難用」**⑰**。秦在短時期內完成統一事業，管轄地區急劇擴張，半兩作為唯一的銅錢，必須超大規模鼓鑄，才能滿足全國範圍內的貨幣需求量。對此，秦政府一時尚難以做到。當時鑄錢權屬國家，所以睡虎地秦簡《封診式》中有關於盜鑄的爰書：「某里士五（伍）甲、乙縛詣男子丙、丁及新錢百一十錢，容（鎔）二合。告曰：『丙盜鑄此錢，丁佐鑄。甲、乙捕索其室而得此錢、容（鎔），來詣之。』」由於未見到判詞，不知如何量刑，但處罰想必會相當嚴重。可是《秦律·金布律》中卻又規定：「錢善不善，雜實之。」「百姓市用錢，美惡雜之，勿敢異。」不善的惡錢中肯定會包括部分私鑄的錢，卻仍使之得以流通。在打擊私鑄者的同時卻保護私鑄的錢；正是既要維護法令的尊嚴，又在錢幣短缺的現實面前不得不曲加變通的作法。

　　由於錢重、錢少，所以當時錢比較珍貴。《史記·蕭相國世家》說：「高祖以吏繇咸陽，吏皆送奉錢三，何獨以五。」蕭何多送兩個半兩錢，太史公亦特予表出，其意義可見一斑。後人或以為這幾個錢太少，設法加碼。如集解引李奇曰：「或三百，或五百也。」索隱又引劉氏曰：「時錢有重者，一當百，故有送錢三者。」都是援後世看物價的眼光以例古。秦錢重如其文，幾曾見過標「五十兩」之當百的秦錢！至於解三、五為三百、五百，不僅與《史記》的文例不合，也不近當時的情理。秦的穀價「石卅錢」**⑱**，三百錢相當十石穀；而當時畝產量平均一石，那麼它就是治田百畝的農民之全年收入的十分之一，五百錢則是六分之一。下級官吏間做一次普通的人情，不應如此破費。

　　在這種形勢下，秦的商業活動發達不起來。《商君書·去彊篇》說：「金生而粟死，粟死而金生。」把農民和商人的關係描述得形同水火。上農除末，是秦一貫奉行的政策。《呂氏春秋·士容論·上農篇》也說：「民舍本而事末，則不令，不令則不可以守，不可以戰。」事態被渲染得竟這般嚴峻。因此秦雖有個別大商人，但並沒有在全國形成活躍的商業網。農民縱使打算用穀物換錢，願意忍受商人的「中間剝削」，在某些地區中，也不容易找到買主。商鞅

---

⑭ 黃今言《秦漢賦役制度研究》頁 201，江西教育出版社，1988 年。

⑮ 蕭國亮《秦二世而亡的經濟原因》，《社會科學》1980 年第 6 期。

⑯ 《漢書·貢禹傳》。

⑰ 《史記·平準書》。《漢書·食貨志》。

⑱ 《秦律·司空律》；《睡虎地秦墓竹簡》頁 88，文物出版社，1978 年。

早就主張，「使商無得糴，農無得糶」 ❸。秦統一後，形勢看來並沒有發生根本的變化。這時要推行征錢的口賦，而且要落到全國每個成年人頭上，則歷史尚未給秦的統治者提供這種可能。所以像有的研究者說的，「頭會箕斂」之際，「『大夫』帶著不少裝錢的『畚箕』奔走於四鄉之間」 ❷；雖生動而形象，卻不能不被看作是一幅羌無故實之虛擬的畫面。

（原載《中國歷史文物》2003 年第 1 期）

---

❸　《商君書·墾令篇》。

❷　見注❼所引蘇誠鑒文。

漢代黃鐘律管與量制的關係

《尚書·舜典》說舜「同律、度、量、衡」。孔穎達疏:「律者,候氣之管。而度、量、衡三者,法制皆出於律。」在他看來,似乎唐虞之際已經把計量單位和樂律相聯繫了。但上古時代顯然不可能對樂律和度量衡的關係理解到這種深度。《尚書》幾經竄亂,這些話很像是後人加進去的。因為直到東周時,《國語·周語》中才將「律、度、量、衡」相提並論,《尹文子·大道篇》中才說到:「故人以度審長短,以量受多少,以衡平輕重,以律均清濁。」才有可能產生「同律、度、量、衡」的觀念,從而將律管與量制聯繫起來。

所謂「候氣之管」、「律管」,即校正標準音高所用的定音管。它最初用於鐘之調音。《周禮·春官·大司樂》鄭玄注:「以律立鐘之均。」又《春官·典同》孫詒讓正義:「八音之樂器,其律度通以鐘為本也。」唐蘭先生也說:「十二律本來是和鐘相應的,並且是用銅做的。」他還認為,十二律大約是在春秋時完成的❶。但直到西漢,才開始用律管作為計量單位的基準。《漢書·律曆志》說:武帝元封七年,募治曆者,其中有巴郡落下閎,「閎運算轉曆。其法以律起曆,曰:律容一龠,積八十一寸,則一日之分也。與長相終。律長九寸,百七十一分而終復。三復而得甲子。夫律陰陽九六,爻象所從出也。故黃鐘紀元氣之謂律。律,法也,莫不取法焉。」這裏已經指出黃鐘律管長九寸,容一龠。物理學證明,對於一支律管來說,如管徑不變,則頻率與管長的四倍成反比。也就是說,一支管徑已確定的律管要發出一定頻率的音,那麼它的長度也必然是固定的。從而,其容積也必然保持固定的值。所以,用律管作計量的基元,具有準確性、恒定性和復現性。選擇律管作為基元,從當時的科學水平說,是十分難能可貴的。

《漢書·律曆志》關於漢代度量衡之標準值是這樣說的:「度者,分、寸、尺、丈、引也,所以度長短也;本起黃鐘之長。」「量者,龠、合、升、斗、斛也,所以量多少也;本起於黃鐘之龠。」「權者,銖、兩、斤、鈞、石也,所以稱物平施,知輕重也;本起於黃鐘之重,一龠容千二百黍,重十二銖。」

---

❶ 唐蘭《長沙馬王堆漢軑侯妻辛追墓出土隨葬遣冊考釋》,《文史》第10輯,1980年。

可知它們的關係是：黃鐘律管的長度是 9 寸；容積是 1 龠；1 龠中可容 1200 粒黍，這些黍的重量為 12 銖，即半兩。因而在一支黃鐘律管上，就包含了漢代度、量、衡三者的基本單元。

　　黃鐘律管長 9 寸，從無異說。但其管徑是多少呢？蔡邕《月令章句》說：「黃鐘之管長九寸，孔徑三分，圍九分。」漢尺的長度據新莽嘉量實測值推算，為 23.08864 公分。中國歷史博物館藏甘肅酒泉北稍門外東漢墓出土銅尺為 23.1 公分，這個數值和洛陽金村銅尺相同，與據商鞅方升折算出的數值亦極相近。今以一漢尺等於 23.1 公分，則三分等於 0.693 公分。依 $\pi R^2 H=$ 圓柱體容積的公式計算，則黃鐘律管的容積為 7.841726 立方公分。研究者認為：

圖 26-1
新莽，銅龠銘文
陝西咸陽底張灣
出土

「這個數字和龠的積為 10 立方公分完全合不起來。但是黃鐘管孔圓柱面積是孔圍 9 分乘以 9 寸，其積為 810 分，和龠的容積數值相同。應該指出，這兩個相同數值的性質是不同的，為了強調黃鐘的重要性，新莽的律官們以此作了不甚妥善的比較。此外，在黃鐘和龠之間再也找不出數值上有其它共同之點了。」❷ 可是這樣一來，則漢代量制、衡制之基元建築在黃鐘律管上的說法將被完全否定；從度量衡史上講，問題的性質是嚴重的。但新莽嘉量龠與陝西咸陽底張灣出土新莽龠的銘文均分明說：「龠……容如黃鐘」❸（圖 26-1），確是就容積而言。這也正是「同律、度、量、衡」之原則的體現。而龠的容積之值和黃鐘律管孔圓柱面積之值，則性質絕不相同，根本無從比較，也從未見到新莽律官作過這種比較。

　　問題的癥結在於，所謂黃鐘律管孔徑三分之說，是大有可懷疑之餘地的。因為在《漢書·律曆志》顏注所引孟康的說法中，就存在著疑竇。孟康一再說：「黃鐘律長九寸，圍九分。以圍乘長，得積八十一寸也。」「大族長八寸，圍八分，為積六百四十分也。」「林鐘長六寸，圍六分。以圍乘長，得積三百六十分也。」但圍（管孔的圓周）乘長並不等於管的容積，只有底面積（冪）乘長才等於其積。所以孟康說的圍，實際上應指冪而言。在新莽量器的銘文中，記積時多並記其冪與深，也從側面說明了這個問題。東漢光和二年大司農銅斛的銘文還說：「依黃鐘律曆、九章算術，以釣長短、輕重、大小，用齊七政。」❹ 而《九章算術·少廣章》中正記有求容積的計算方法。

如以黃鐘律管的長度為 9 寸，則合 20.79 公分，以其底面積為 9 方分，則管半徑（$\sqrt{\dfrac{9}{\pi}}$）等於 1.6926 分，合 0.391 公分。從而求得管容積為 9.985 毫升。這一數值與嘉量龠的 10.65 毫升、咸陽龠的 9.898 毫升均極接近；與中國歷史博物館及故宮博物院所藏容積為 10 毫升的漢代銅龠，相差僅 0.015 毫升[5]。都應在當時允許的誤差範圍以內。

但是漢代的黃鐘律管已無實用品存世，上說無法直接驗證。然而上海博物館藏有新莽無射銅律管一支（圖 26-2）。這支律管的下半部雖已殘缺，但其孔徑是清楚的，實測值為 0.5771 公分。其長度據銘文排列的距離推算，約為 11.2 公分[6]，合 4.848 漢寸。另外，上引孟康說中，還透露出這樣一條規律：依漢制，律管的圍值乘 10 等於管長[7]。上文已指出，孟康之所謂圍，實際上是冪。現在可以用無射律管來檢驗。已知管長為 4.848 寸，如以 4.848 分為圍長，則管徑等於 1.5432 分，合 0.3565 公分，與無射律管直徑的實測值 0.5771 公分差得多。如以 4.848 方分作為冪，則管徑為 2.48448 分，合 0.5739 公分；與實測值非常接近。因此，上述推測可以成立。這樣，就有理由肯定，黃鐘律管的直徑為 0.782 公分，合 3.385 分。萬國鼎《秦漢度量衡畝考》求得的直徑為 3.38 分[8]。蔡邕所稱「孔徑三分」似是為行文之便而取其約數。如定管徑為三分，則黃鐘律管對於計量器說來，除了校準長度外，在校準容積方面已經沒有意義，更談不上用以校準重量了。

圖 26-2
新莽，無射律管（殘）　上海博物館藏

「同律、度、量、衡」是我國度量衡史上劃時代的重大進步，它標誌著我國以物理量對計量器進行校準的實際應用，這在世界度量史上也是空前的創舉。過去由於囿於黃鐘律管孔徑三分之說，認為其容積與漢代量制相齟齬；

[2] 馬承源、潘建明《新莽無射律管對黃鐘十二律研究的啟示》，《上海博物館館刊》第 1 期，1981 年。但此文採用的漢尺換算值與本文不同，故依徑三分之說求得的黃鐘律管之容積與本文微異。

[3] 咸陽龠於 1970 年出土，咸陽市博物館藏。器銘除首句無「嘉」字外，均與嘉量龠銘同。見《中國古代度量衡圖集》圖 129，文物出版社，1984 年。

[4] 光和二年斛傳河南睢州出土，上海博物館藏，見注[3]所揭書，圖 147。

[5] 中國歷史博物館與北京故宮博物院所藏龠，見注[3]所揭書，圖 135～137。

[6] 同注[2]。

[7] 如孟說黃鐘管圍 9 分，乘 10 等於管長 9 寸。大簇管 8 分，乘 10 等於管長 8 寸。林鐘管圍 6 分，乘 10 等於 6 寸。餘可類推。

[8] 河南省計量局編《中國古代度量衡論文集》頁 107，中州古籍出版社，1990 年。

甚至懷疑漢代對律、量關係的記載為牽強附會、故弄玄虛。當找出了黃鐘律管之直徑的正確值後，則各項實測數字無不密合，我國度量衡史上的這一重大疑團也就渙然冰釋了。

（原載《考古》1991 年第 5 期）

焦作窖藏出土的桿秤

1989 年 3 月間在河南焦作嘉禾屯林場出土窖藏銅器的消息，當年 12 月已經見報❶。其中的五鳳銅熏爐造型獨特，且曾赴新加坡等地展出，稱得上是一件知名的文物了。但直到《華夏考古》1995 年第 2 期刊出其發掘簡報後，始獲悉這一窖銅器的具體情況。簡報中指出：這次出土的銅器「精品之多，鑄造水平之高，是焦作市建國四十多年來的第一次」。其實不僅在焦作，就全國來說出土物這麼豐富的窖藏也是不多見的。此窖共出銅器 41 件，種類頗繁，且每種只出一件（組），互不重複，所以看起來洋洋大觀，相當精彩。

從形制上看，窖藏中的銅器並不屬於同一時代。簡報認為：「其上限不超過西漢中期」，「下限可定為西漢晚期或最晚到東漢早期為宜。」這個時代斷限似乎定得過窄了一些，因為其中雖然有不少西漢銅器，卻也不乏東漢中期以後之物。比如其中的扁壺（藏 33 號），器壁較直，頸部短粗，已與湖北雲夢大墳頭、陝西漢中安中機械廠等地所出器身扁橢、下腹收縮、膨口細頸的西漢扁壺造型不同，而與河北望都 2 號墓、山東沂南畫像石墓等東漢晚期墓出土的實物及圖像相似❷。又如其中的銅牌飾（藏 20 號），它的用途雖至今仍定不下來，但大都出在東漢墓裏。窖藏中的這一件，上部之蟠龍鈕及下部長方框內立於雲氣中的馬紋與洛陽吉利區 C9M445 號東漢中期晚段墓所出者極為肖似，所以其年代應不早於東漢中期❸（圖 27-1）。再如簡報中定名為「銅跽祭熊燈」（藏 24 號）之器，乃是熨斗支架上的立柱，柱上部的孔係用於插

---

❶ 《焦作出土一批漢代窖藏銅器》，《中國文物報》1989 年 12 月 1 日 2 版。

❷ 拙著《漢代物質文化資料圖說》第 81 篇，文物出版社，1991 年。

❸ 洛陽出土的牌飾，見洛陽市文物工作隊《洛陽吉利區東漢墓發掘簡報》，《文物》2001 年第 10 期。除傳世者不計外，這種牌飾還曾在山東披縣坊北村（《文物參考資料》1956 年第 12 期）、湖南長沙紙園沖（《考古通訊》1957 年第 5 期）、長沙五里牌（《文物》1960 年第 3 期）、河南陝縣劉家渠（《考古學報》1965 年第 1 期）、陝西興平竇馬村（《文物》1965 年第 7 期）、河北石家莊東崗頭（《考古》1965 年第 12 期）、四川西昌六合（《考古與文物》1983 年第 1 期）、陝西華陰（《考古與文物》1986 年第 5 期）等地的東漢墓及窖藏中出土。其用途有厭勝錢、鈕、瓶、磨薑汁蒜泥的廚具諸說，似均有可商。四川簡陽元代墓出土者，其上鑄有西王母像（《文物》1987 年第 2 期），表明它含有某種宗教上的用意。

圖 27-1　銅牌飾　　　　　　　　　　圖 27-2　熨人

1　河南焦作窖藏出土　　2　東漢　河南洛陽　　　1　河南焦作窖藏出土　　2　西晉　河南鞏義
　　　　　　　　　　　吉利區漢墓出土　　　　　　　　　　　　　　　　　晉墓出土

熨斗的柄，柱下部應接底座。依《北堂書鈔》卷一三五引《東宮舊事》的記
載，此支架應名「熨人」，是熨斗的附件，與燈無關。河北邯鄲張莊橋出土過
一套東漢晚期的帶銅熨人的熨斗。清吳雲《兩罍軒彝器圖釋》卷一二著錄的
此型熨斗，銘文稱「太和三年二月廿三日，中尚方造銅熨人、熨斗。」堪為確
證。此外河南鞏義市倉西 40 號西晉墓還出土過一件陶熨人，說明此物流行於
東漢晚期至魏晉時❹（圖 27-2）。

　　焦作窖藏中所出銅器，除了有東漢中晚期之物外，還有若干件的年代要
晚於漢代。比如這裏出土的帷帳插管（藏 1～9 號），應名「帳鐏」。戰國和西
漢的帳鐏如山東長清及河北滿城所出者，皆由方管構成。東漢晚期的帳鐏，
如河北定縣 43 號漢墓所出者，雖一端為圓形，但另一端仍然是方形。到了魏
晉時期，帳鐏則由圓管構成。如洛陽 16 工區曹魏墓出土的「正始八年」鐵帳
鐏、遼寧朝陽袁臺子後燕墓出土的鎏金銅帳鐏均為此式❺。焦作窖藏中的帳
鐏亦由圓管構成，故應為魏晉物。

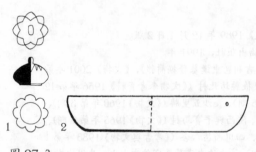

圖 27-3
秤砣 (1)、秤盤 (2)　河南焦作窖藏出土

　　不僅如此，窖藏出土物中有的還應
晚到北朝。比如簡報說這裏出土的銅權
（藏 19 號）為：「圓形瓜棱狀，小圓底，
上部中間有一橋形鈕。通高 4.3、腹徑
5.8、底徑 4 公分，重 528 克」（圖 27-3:
1）。過去通稱為瓜棱狀的權，實際上包
含兩種不同的形式。一種在權壁上起凸
棱，依凸棱將權壁劃分成若干條平緩的
弧面。如河北省博物館藏戰國中山王 6

號墓出土銅權，中國歷史博物館藏始皇詔二十斤銅權、始皇詔九斤銅權，旅順博物館藏始皇詔五斤銅權等均呈此狀❻。另一種銅權上並無凸起的棱，而且由凹陷的溝槽將權壁分割成膨起的若干凸瓣（通常為八瓣），頂部在鈕的四周還往往有萼片狀紋飾，有的文章中稱之為「蒜頭形」；焦作窖藏所出銅權的形制正是如此。蒜頭形鐵權曾在河南澠池車站北魏窖藏出土，中國歷史博物館和北京故宮博物院亦藏有北朝的此式銅權❼。故焦作窖藏中出土的這枚銅權應為北朝物。

可是將此物稱作「權」並不確切。權字的本義與銓衡無關。《說文·木部》：「權，黃華木。」乃是一種樹木之名。段玉裁在《說文·金部》「銓」下的注中說：「古權、衡二字皆假借字，權為垂之假借。」他認為用在衡器中的權字是一個假借字，其說甚是。但權字古音屬元部，垂字屬歌部，不屬於同一韻部，雖可對轉，然以權為垂字之假，卻終嫌迂曲。況且段氏當時沒有注意到，權和垂（錘）的形制實不相同。按我國自春秋以來，衡器所用砝碼之形南北有別，南方楚國用環狀的，北方各國用半球狀的。環狀砝碼的正式名稱為「環」。重慶市博物館收藏的一套戰國衡器，有木衡桿和六枚環狀銅砝碼，是 1933 年在安徽壽縣朱家集楚墓出土的，其第四枚砝碼上刻有「𨟻子之官環」銘文，表明它們是政府監製的環❽。而半球狀砝碼如雲夢秦簡《效律》中所稱：「黃金衡贏不正，半朱（以）上，貲各一盾。」衡贏即衡累，表明其名為「累」。中國歷史博物館、上海博物館、旅順博物館等處均藏有刻銘為「官累，重斤十兩」的西漢半球狀銅砝碼，亦足為證❾。不過在漢代，「累」只是官稱，通俗的說法叫「稱錘」。《禮記·月令》鄭玄注中已出現「稱錘」之名。《爾雅·釋樂》郭璞注：塤「大如鵝子，銳上平底，形如稱錘」。描寫的正是這種形狀。所以焦作窖藏中的「藏 19 號」銅器，嚴格說不宜稱為銅權，因為衡器中用的權字本是環字之假。古音環屬元部匣母，權屬元部群母，這兩個字為同部旁

---

❹　《漢代物質文化資料圖說》第 87 篇。河南省文物考古研究所《河南鞏義市倉西戰國漢晉墓》，《考古學報》1995 年第 3 期。

❺　定縣博物館《河北定縣四三號漢墓發掘簡報》，《文物》1973 年第 11 期。李宗道等《洛陽一六工區曹魏墓清理》，《考古通訊》1958 年第 7 期。遼寧省博物館文物隊等《朝陽袁臺子東晉壁畫墓》，《文物》1984 年第 6 期。

❻　國家計量總局等《中國古代度量衡圖集》圖版 165、176、182、187，文物出版社，1981 年。

❼　《中國古代度量衡圖集》圖版 221、222。澠池縣文化館等《澠池縣發現的古代窖藏鐵器》，《文物》1976 年第 8 期。

❽　《中國古代度量衡圖集》圖版 160。

❾　同上書，圖版 199、200、201。

紐，從語音上講互相通假是沒有問題的。而《說文・走部》：「趮，疾也。从走，𤽄聲，讀若讙。」更直接說明有些以𤽄為聲的字和以𦰩為聲的字讀音相同。又《考工記・玉人》：「駔琮五寸，宗后以為權。」鄭玄注：「駔讀為組，以組繫之，因名焉。」琮是中空的筒形器，小扁琮則接近環形，所以可以拴上組用它代替權；這又從造型方面給出了旁證。中古音權讀群仙合三，環讀匣刪合二，到這時這兩個字的讀音才被拉開。但為什麼「權」這個名稱廣泛流行呢？大概是受到《漢書・律曆志》的影響之故。那裏說：「五權之制，以義立之，以物鈞之，其餘大小之差，以輕重為宜。圜而環之，令之肉倍好者，周旋無端，終而復始，無窮已也。」由於《律曆志》以劉歆《鐘律書》為底本，所以其中反映的多為王莽時的情況。王莽篡漢後，硬要託古改制。新莽一朝不用西漢時通行的半球狀稱錘，而改用楚式環權。這和他仿照平首平肩、長身方足的楚幣「旆錢當鈒」，鑄造「大布黃千」等十布的作法有點相似。甘肅定西秤鈞驛出土的新莽石權，銘文中自名為權❿。而在半球狀稱錘的銘文中，卻從來沒有將自己稱作權的，所以權和累即稱錘是兩種不同的器物；過去把稱錘叫權，從形制上說可謂張冠李戴。何況稱錘這個名稱比權通俗得多，今天似乎無必要為了維護約定俗成的習慣，而給半球狀稱錘繼續加上「權」這樣一個名不符實的古稱了。

　　對權和累（稱錘）作以上辨析，不僅為了正名，而是研究衡器發展史的需要。我國春秋時的衡器多為等臂式天平，即《漢書・律曆志》所說：「權與物鈞而生衡。」湖南各地楚墓中出土了許多件這種天平，有的在衡桿兩側各懸一稱盤，所用環狀砝碼多的一套達十枚，其使用方法也比較清楚⓫。但與秦漢之稱錘配套的衡桿似與等臂式天平不同。因為稱錘一般只出一枚，而且其上又常標明本身的自重，多為一斤的整數倍。陝西長武雖然出過六枚東漢鐵稱錘，但其重量的增減沒有規律，它們不是一套，而只能說是一批，所以這一特例並不能改變稱錘的性質⓬。既然只有一枚稱錘，如果把它用在等臂式天平上，則只能稱固定的重量，顯然很不方便。但實際上其使用情況並非如此。因為早在戰國時已出現了不等臂銅衡，最先論述這種衡器的劉東瑞先生將它定名為「衡秤」⓭。鑒於戰國時尚無秤字，本文姑稱之為「衡稱」。中國歷史博物館收藏的兩件衡稱，衡桿當中有鼻紐，衡面有十等分刻度。使用時可移動砝碼或被稱物體所懸掛的位置，根據衡桿上刻度的距離，依照槓桿原理計算出所稱之物的重量（圖27-4）。雖然使用時須進行計算，仍不夠簡便，但比起使用多枚砝碼的等臂式天平來，終究前進了一大步。不過衡稱由於提紐位於衡桿中央，尚未擺脫等臂式天平的格局，所以只能被看作是從天平到

圖 27-4　戰國，「王銅衡」(1) 與其使用
　　　　　方法示意圖 (2)

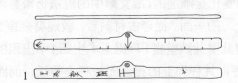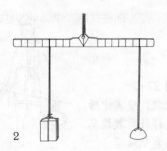

桿秤之間的過渡型衡器了。

　　插在這個過程中之主張復古的新莽衡器卻反映出一種倒退的現象。定西
秤鉤驛出土的新莽銅衡，其衡桿上部中央有提紐，衡桿下部裝對稱的掛鉤，
正可與成套的新莽銅環權配合使用，仍沿襲著等臂式天平之舊制。

　　撇開新莽衡器不論，則等臂式天平與環權、衡稱與稱錘，大體上是互相
對應的。由於衡稱在使用方式上與天平有近似之處，故其稱錘仍帶有砝碼的
某些痕跡。再前進一步，衡稱的提紐移開衡桿中央的位置，這就成為桿秤了。
桿秤之砣的重量只要和秤星間距的臂比關係相適合便可，本身無須作成整斤
數。因此，我國古代衡器的發展，大體上經過天平・環權──衡稱・稱錘──
桿秤・秤砣三個階段。當然，它們並不是截然劃分開的。儘管到了很晚的時
代，不僅天平仍在使用，而且有些秤砣仍標明其自重，如北宋熙寧秤砣上有
「一百斤銅砣」的銘記，元大德八年秤砣上有「五十五斤秤」和八思巴文「二
斤砣」的銘記，還帶有稱錘的影子❶。

　　我國最早的衡器當為等臂式天平。戰國時的《墨子・經說下》已分析了
與槓桿平衡有關的問題，顯然這時已具有出現衡稱的條件。秦漢的稱錘大多
數已當是與衡稱配套使用的。但桿秤出現於何時，尚無明確答案。《國語・周
語》吳韋昭注：「衡，稱上衡，衡有斤兩之數。」衡桿上有斤兩，豈不意味著
這上面已標定了秤星嗎。又《御覽》卷三七六引《諸葛亮書》：「吾心如秤，

❿　《中國古代度量衡圖集》圖版 207。傅振倫《甘肅定西出土的新莽權衡》，《中國歷史博物館
　　館刊》第 1 期，1979 年。

⓫　高至喜《湖南楚墓出土的天平與砝碼》，《考古》1979 年第 4 期。

⓬　丘光明《我國古代權衡器簡論》，《文物》1984 年第 10 期。又稱商承祚先生認為「錘形權」
　　「都是不可信」，並稱漢代「一律用『肉倍好』的環權」(《秦權使用及辨偽》，《學術研究》
　　1965 年第 3 期)。面對長武出土物，以及滿城 2 號漢墓所出「三鈞」、成都天迴山崖墓所出
　　「汶江市平」等稱錘的實例，可知商先生之說殆不可從。

⓭　劉東瑞《談戰國時期的不等臂秤「王」銅衡》，《文物》1979 年第 4 期。

⓮　《中國古代度量衡圖集》圖版 226、229。

圖 27-5
北魏，壁畫中所
見桿秤　敦煌莫
高窟 254 窟

不能為人作輕重。」更似乎表示三國時已有桿秤。然而由於衡稱和桿秤亦有類似之處，其間的變化是漸進的，故文獻中的說法仍帶有模糊的一面。從考古材料看，敦煌莫高窟 254 窟北壁北魏壁畫「尸毘王本生圖」中出現的桿秤，其秤桿上的提紐距被秤之物近，而距秤砣較遠，可以確認無疑（圖 27-5）。過去有學者曾引用所謂南朝梁張僧繇「二十八宿神像圖」的秤物圖，認為它比上述北魏壁畫還早。但此圖的作者實為唐代的梁令瓚，圖卷的全名應為「五星二十八宿真形圖」。此圖卷已流入日本，見阿部房次郎、阿部孝次郎輯《爽籟館真賞》2 輯，時代比北魏晚得多。所以從文獻記載和圖像資料兩方面看，桿秤的出現大約在三國至北魏這一時期 ❶。

　　說到這裏，讓我們再回到焦作窖藏出土的「藏 19 號」銅器上來，看來它不僅不宜稱為銅權，也不宜稱為銅累或銅稱錘，因為這時已經進入了桿秤的時代，似可定名為「蒜頭形銅秤砣」。它和同窖所出「藏 41 號」銅秤盤應組合成一套衡器。此秤盤直徑 27.5 公分，口沿上有三個等距離的小孔，為繫繩鏈之用（圖 27-3:2）。莫高窟 254 窟壁畫中之桿秤的秤盤上也有三系，與此盤相同；而湖南出土的戰國天平銅盤的直徑多為 4 公分左右，邊沿穿四孔，和它有明顯的區別。

　　焦作銅秤砣重 528 克，應代表一斤之重。在我國度量衡史上，北朝是衡制單位量值急劇增長的時期。《左傳》定公八年孔穎達正義：「魏、齊斗稱於古二而為一。」這裏說的古制指漢、魏舊制。漢代一斤約合 250 克，則北魏、北齊一斤約合 500 克。故宮博物院所藏北朝一斤銅砣重 487.5 克；中國歷史博物館所藏北朝半斤銅砣重 265 克，一斤合 530 克 ❶。焦作窖藏之一斤砣的重量與上述之例相近。北朝時尺斗秤值的大幅度增長，與北魏初年百官無俸祿有關。北魏班祿始於太和八年（484 年），以前是沒有的，但其後行之未久，又大加裁減。《魏書‧于栗磾傳附于忠傳》說：「太和中，軍國多事，高祖以用度不足，百官之祿，四分減一。」《北史‧齊本紀》「天保元年」（551 年）條說：「自魏孝莊（528 年即位）已後，百官絕祿，至是復給焉。」既無官祿，則一切供給資用，皆任其向民間斂取，因此北魏官員很少有「廉白自立」的。在管理失控制度廢弛的情況下，統治者遂增大量值，盤剝人民。這時租稅制度由勞役地租向實物地租的轉化，也助長了此種趨勢。北魏政府雖曾加以干涉，卻沒有多少實際效果。太和十九年（495 年）「詔改長尺、大斗，依《周

禮》制度，班之天下」❼。但到孝明帝初年，距太和十九年也不過二十餘年之後，張普惠就上疏說：「高祖廢大斗，去長尺，改重秤，……自茲以降，漸漸長闊，百姓嗟怨，聞於朝野。」❽可見北朝度量衡值增大的勢頭並未被遏止住。所以到了隋開皇時，遂達到「以古稱三斤為一斤」的程度❾。1930 年在河北易縣老姥臺出土的隋一斤鐵砣重 693.1 克，與古稱三斤亦可謂相當接近了❿。雖然現在尚不能系統地排列出自北魏至隋衡值遞增的序列來，但焦作窖藏銅砣所提供的一斤重 528 克之值大約還排不到北朝晚期。這件銅砣有可能是北魏時的遺物。

　　總之，不論焦作銅砣的年代為北魏或略晚些，它和同出的秤盤相配，參照莫高窟 254 窟壁畫，便可復原出一套桿秤來；而在度量衡史上，這就是我國最早的桿秤之實例了。

（原載《華夏考古》1997 年第 1 期）

---

❺　張勳燎《桿秤的起源發展和秦權的使用方法》(《四川大學學報（哲學社會科學版）》1977 年第 3 期）認為西漢武帝末年以後，桿秤已「完全脫離原始狀態而進入了成熟階段」；恐與事實不符。

❻　《中國古代度量衡圖集》圖版 222。

❼　《魏書‧高祖紀》。

❽　《魏書‧張普惠傳》。

❾　《隋書‧律曆志》。

❿　《中國古代度量衡圖集》圖版 224。

記保利藝術博物館所藏青銅鼓座

保利藝術博物館收藏有一件青銅鼓座，高 46.5、底徑 63 公分，重 19.4 公斤❶（圖 28-1），體型巨大，氣勢堂皇。其器身似膨起的半圓球體。底部中空。近底處的器壁垂直，飾一圈蟠螭紋帶，四面各鑄出一枚鋪首銜環。器身上部飾三圈蟠螭紋帶，在當中的花紋帶上突起八枚圓形對獸紋附飾。三圈蟠螭紋帶之上下兩側均間以較窄的絇紋，直壁上的蟠螭紋帶下面也有一圈絇紋。

圖 28-1　春秋，蟠螭紋銅鼓座
北京保利藝術博物館藏

此器係建鼓的底座。建鼓是我國古代的大型鼓類。它在座上立楅柱，柱中部貫鼓腔，鼓橫置，兩面蒙皮，穿過鼓腔之柱的上端還飾以羽葆或華蓋等物。商代是否已有建鼓，目前尚不能確知，但甲骨文鼓字作 𝄐（《佚》233，《粹》539，《乙》7378），由上部的裝飾物、中部的鼓面和下部的鼓座構成，已經包含了建鼓的主要組成部分。安陽侯家莊西北岡 M1217 號墓西墓道出土之鼓，鼓腔兩面蒙鼉皮，有鼓架、鼓座，入葬時已拆散，原來的高度達 150 公分；其整體形制雖不明，但應與建鼓相當接近。

周代講究鐘鼓之樂。《詩·小雅·彤弓》：「鐘鼓既設，一朝饗之。」鄭箋：「大飲賓曰饗。」又《周南·關雎》：「窈窕淑女，鐘鼓樂之。」鄭箋：「琴瑟在堂，鐘鼓在庭。」則周代貴族於大饗宴時在堂下庭中設鐘鼓之樂。當然，大祭祀時在宗廟的庭中亦應設之。在這些場合中，所用之鐘是帶筍簴的高架編鐘，而立於楅柱上的建鼓之形制正和它相適應。先秦建鼓較完整的實例見於湖北隨縣曾侯乙墓，此墓所出建鼓之鼓柱、鼓腔、鼓座尚存，唯鼓柱頂上的羽葆和蒙鼓面的皮革已朽失。木製的鼓腔、鼓柱也有損壞之處，但卻保存下來一件極精美的立雕蟠龍銅鼓座 ❷（圖 28-2）。這種器物古代稱為「鼓趺」。《儀禮·大射》：「建鼓在阼階。」鄭注：「建猶樹也，以木貫而載之，樹之趺也。」《左傳》宣公四年：「伯棼射王，汰輈，及鼓趺。」即謂此。不過像編鐘的筍簴一樣，大多數鼓趺也是木製的。《說文·虍部》：「虡，鐘鼓之柎也。」將趺字寫

圖 28-2　戰國，銅鼓座 (1) 及復原之建鼓 (2)　湖北隨縣曾侯乙墓出土

作柎，從木，可證。所以青銅鼓柎很少。出土物中時代最早的一例見於安徽舒城九里墩春秋墓，銘文中自名為「雋鼓」❸。陳秉新和殷滌非先生各撰文考證，皆認為雋應釋隽，讀作晉，晉鼓即建鼓❹。李純一先生則認為，古讀精母文部的雋和精母真部的晉都可通假為建❺。《國語·吳語》:「十旄一將軍，載常建鼓。」韋昭注:「鼓，晉鼓也。」從水陸攻戰圖鑒的花紋上看，將軍所建之晉鼓即本文上述之建鼓，《左傳》宣公四年孔疏也說:「車上不得置簨簴以懸鼓，故為作柎，若殷之楹鼓也。」故陳、殷、李說可從。

建鼓兩面蒙皮，可以由二人相對敲擊。湖南長沙馬王堆 3 號西漢墓之遣冊中說:「建鼓一，……鼓者二人，操枹。」在漢畫像石上也常見到二人對擊建鼓的場面。但也有只由一人敲擊鼓之一面的，在河南輝縣山彪鎮與琉璃閣等地出土之銅器及曾侯乙墓出土之漆器的紋飾中都能看到這種做法。不僅如此，《儀禮》中還特別指出，何處所陳之鼓為「南鼓」，何處為「東鼓」；鄭注:「南鼓謂所伐面也。」可見那些建鼓只敲它的南面或東面。然而無論單敲一面或對敲兩面，由於建鼓的鼓胴大，並高貫於柱上，所以鳴鼓之際震動均較劇烈，故將鼓柎做得大而且重，以保持穩定。九里墩春秋銅鼓柎與曾侯乙墓戰國銅鼓柎的底徑均達 80 公分。九里墩鼓柎已殘，重量不明，曾侯乙鼓柎則重

❶　保利藝術博物館《保利藏金》頁 243～248，嶺南美術出版社，1999 年。

❷　湖北省博物館《曾侯乙墓》上冊，頁 152，下冊，圖版 43，文物出版社，1989 年。

❸　安徽省文物工作隊《安徽舒城九里墩春秋墓》，《考古學報》1982 年第 2 期。

❹　陳秉新《舒城鼓座銘文初探》，《江漢考古》1984 年第 2 期。殷滌非《九里墩的青銅鼓座》，《古文字研究》14，中華書局，1986 年。

❺　李純一《中國上古出土樂器綜論》頁 6，文物出版社，1996 年。

達 192.1 公斤。本器雖較此二例略小，但比起隨縣擂鼓墩 2 號墓所出之底徑僅為 37 公分的戰國中期銅鼓跗來，又要大得多❻；然而其重量僅為曾侯乙鼓座的十分之一，從本器之殼體的形狀看，內部原應裝有某種填充物。

本器所飾蟠螭紋具有三晉青銅紋飾的特色，比如用兩道絢紋間一道蟠螭紋的圖案，見於侯馬鑄銅遺址所出 II 59T10H93:4 號陶模，其風格與南方楚式青銅器上的花紋有別。依類型學排出的演變序列，應為春秋晚期之物。而上述九里墩、曾侯乙、擂鼓墩 2 號等墓所出銅鼓跗，卻都是舒、曾等楚文化圈中的產物；本器則為中原製品。它的式樣很典型，因為它和水陸攻戰圖鑒等處見到的鼓跗之輪廓全然一致。只不過後者因係戰地所用，故於鼓跗上斜出一桿以插鉦，倖可「鳴金收兵」。本器如用於宴饗、祭祀，則無須插鉦了。水陸攻戰圖鑒等器中的鼓跗或未必盡是銅鑄；倘全以木製，似為實木削成的墩形物。到了漢代，從畫像石上看，建鼓之跗多為縱橫交午呈十字形的四足支座，這種情形在晉代的「洛神賦圖卷」中猶清晰可見。《說文・木部》：「柎，闌足也。」正謂此物。也有作獸形跗的，則可能是陶、石製品。南北朝以後，外來的大鼓、羯鼓等樂器廣泛流行，建鼓僅在宮廷韶樂中偶一出現，以青銅鑄鼓跗之舉漸成絕響。

銅鼓跗是我國青銅鑄造工藝臻於極盛時期始克生產之物，數量本來就少，而本器的年代早，形體大，造型與紋飾端莊嚴飾，殼體的保存又極為完好；先秦銅編鐘存世雖夥，然而倘無以銅鼓跗為代表之建鼓相配合，仍不足窺「鐘鼓之樂」的全貌，故本器洵極可珍。

（原載《文物》1999 年第 9 期）

---

❻ 湖北省博物館、隨州市博物館《湖北隨縣擂鼓墩二號墓發掘簡報》，《文物》1985 年第 1 期。

中國梵鐘

中國先秦時代的樂鐘在世界音樂史上曾大放異彩，它的截面呈合瓦形，可以奏出兩個樂音；將構成一定音階關係的多數樂鐘成編地懸掛在一起，則能演奏複雜的樂曲。而中國梵鐘的出現遠較先秦樂鐘為遲。它的截面呈圓形，並不成編懸掛，也無法演奏樂曲，和先秦古鐘屬於不同的類型。它雖然稱作梵鐘，但古印度卻未發現過這類器物❶。因此，中國梵鐘並不是現成的外國鐘的仿製品，而基本上應被看作是古代中國所創制的一種樂器。

關於中國先秦古樂鐘的淵源，一說認為其前身為鐃，另一說認為其前身為鈴。河南偃師二里頭曾出土早商時期的銅鈴，到晚商時期鈴更為常見。商代銅鈴的截面亦呈合瓦形，兩側多有扉棱。扉棱是由合範對縫所留下的痕跡演變而來。有些銅鐘上也有扉棱，顯然是承襲了銅鈴的形制。而鐃則是器口向上倒立起來敲擊的，和鈴、鐘的懸掛方式不同。故中國古樂鐘可能是由銅鈴演變出來的。梵鐘的起源與此有類似之處，它的前身也是鈴。當佛教在印度興起後，各地建塔禮佛，塔上除以幢幡瓔珞等物為飾外，並懸有許多銅鈴。《妙法蓮華經‧寶塔品》說：「爾時佛前，有七寶塔」，「無數幢幡，以為嚴飾，垂瓔珞，寶鈴萬億而懸其上。」如果說佛經中的描寫有想像成分的話，那麼《洛陽伽藍記》卷五中對伽膩色迦王所造、號稱「西域浮圖，最為第一」的雀離大塔的描寫則是翔實的，那裏說這座塔「旭日始升，則金盤晃朗；微風漸發，則寶鐸和鳴。」這段話出自北魏宋雲等人遊歷印度時所撰《行記》，應是當時實際情況的記錄。印度佛塔上所懸之鈴的截面呈圓形，與先秦樂鐘之呈合瓦形者判然有別。及至佛法東傳，中國依西域制度，也在塔上懸掛圓形銅鈴。但先秦時中國原有鑄大鐘（特鐘）的傳統，東漢時又出現了用於報時的鐘。《文選‧放歌行》：「日中安能止，鐘鳴猶未歸。」唐李善注引東漢崔寔《政論》：「永寧詔曰：『鐘鳴漏盡，洛陽城中不得有夜行者。』」《三國志‧魏書‧田豫傳》也說：「年過七十而以居位，譬猶鐘鳴漏盡而夜行不休，是罪人也。」說明這時使用漏壺計時，而當晝漏水盡行將入夜之際，乃鳴鐘報時並開始宵禁。由於出土物中尚未發現過此類鐘，形制不知其詳，但可以推測它們大約安置

---

❶ 林謙三《東亞樂器考‧梵鐘形態裏的印度要素》，中譯本，音樂出版社，1962 年。

在譙樓或市樓等處。至南北朝時，文獻中出現了在樓上鳴鐘的明確記載。《南齊書・武穆裴皇后傳》說：「宮內深隱，不聞端門鼓漏聲，置鐘於景陽樓上，宮人聞鐘聲，早起裝飾。」宋劉子翬詠景陽鐘的詩說：「景陽鐘動曉寒清，度柳穿花隱隱聲。」❷度柳穿花固屬詩人之想像，但聲欲遠聞，所用之鐘便不能是合瓦形口的，而只能是圓形鐘。如果鐘體呈合瓦形，則聲音迅速衰減，就難以傳播到遠處了。陳江總《攝山棲霞寺山房夜坐》詩中有「翻愁夜鐘盡，同志不盤桓」之句❸，忖其情狀，此「夜鐘」似是寺中之鐘聲。所以有理由推測：東漢出現的報時鐘，受到佛塔所懸銅鈴的影響，最晚不遲於南北朝時，已改作圓形，成為所謂的梵鐘了。雖然在梵宇之外，道觀、饗舍以及一般鐘樓都懸掛這種鐘，並非專用於佛寺；籠統地稱之為梵鐘，不過是沿襲約定俗成的慣例而已。

　　傳世之最古的中國梵鐘也正是南北朝時代的，與古文獻所反映的情況恰相符合。日本奈良國立博物館藏有陳太建七年（575 年）銅鐘，高 39.1、口徑 21 公分，屬於小型鐘❹（圖 29-1:1）。此鐘鐘體為圓筒形，上部略收縮，口沿平直。外壁中部偏下鑄出兩個飾以蓮瓣紋的撞座，以撞座為中心用凸起的陽線隔成十字形方格紋，十字形之外的空間再用短橫線加以分割。這種縱橫

圖 29-1　I 型梵鐘

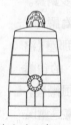   

1　陳太建七年　日本奈良國立博物館藏

2　唐天寶年間　四川黔江縣文化館藏

3　唐廣德元年浙江諸暨出土

4　唐天復二年　原廣東端州清泉禪院之鐘，今在日本岐阜長德寺

 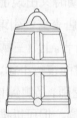  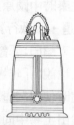

5　宋政和四年廣東潮州開元寺

6　明永樂二十二年雲南昆明金殿

7　明崇禎十三年福建黃檗山萬福寺

8　清康熙三年　原廣西平南大佛寺之鐘，今在日本大阪大黑寺

有序的方格近似僧人所著袈裟上的圖案，故名袈裟紋。鐘頂部則有兩端飾龍
首的蒲牢。據《文選・東都賦》李善注引薛綜曰：「海中有大魚曰鯨，海邊又
有獸名蒲牢，蒲牢素畏鯨，鯨魚擊，蒲牢輒大鳴。凡鐘欲令聲大者，故作蒲
牢於上。」民間傳說中則認為龍生九子，「一曰蒲牢，好鳴，為鐘上鈕鼻」。但
龍子的行第說亦不一，見明楊慎《升庵外集》卷九五、明陸容《菽園雜記》
卷二等處。不過從正立面看，太建鐘與古樂鐘中的平口鈕鐘（如蔡侯編鐘等）
之外輪廓頗相近。所以中國梵鐘的造型既吸取了印度銅鈴的因素，也取法於
中國古樂鐘；它從這兩方面均受到啟發，均有所取捨。
但得自古樂鐘的成分是不能低估的。如果再對在中國
的影響下產生的朝鮮梵鐘和日本梵鐘加以考察，更發現
這些鐘都在鐘體上部鑄出乳枚，而印度銅鈴上絕無此
物，所以它只能來源於中國古樂鐘。特別是朝鮮梵鐘頂
部有的還立有一枚圓筒，被稱為「甬」，更使人不能不
想到它是從樂鐘中的甬鐘那裏摹擬而來的（圖 29-2）。

圖 29-2
新羅鐘　韓
國公州博物
館藏

　　以陳太建鐘為代表的鐘型本文稱之為Ⅰ型。Ⅰ型鐘主要流行於長江以南，
自南北朝以迄明、清，歷代相沿不絕。以下依年代為序，試對有代表性的Ⅰ
型鐘略作討論。

　　現存唐代Ⅰ型鐘中，最早的一例是浙江省博物館所藏開元八年（720 年）
鐘，高 40 公分許，也是一件小型鐘❺。其次是山東省博物館所藏唐北海郡龍
興寺鐘，肩高 129.4、口徑 97 公分。唐代鐘銘已於金大定間被剗毀殆盡，推
定是天寶年間（742～755 年）所鑄❻。還有一口天寶鐘保存在四川黔江縣文
化館，高 143、口徑 78 公分（圖 29-1:2）。鐘腹刻銘中有「金紫光祿大夫工部
尚書兼黔府都督御史大夫持節充本道觀察處置選補等使汧國公趙國琛」題
名❼。按趙國琛在天寶年間任黔府都督。「黔府」舊稱「黔中府」，治所在今
四川彭水，黔江為其屬縣之一。故此鐘亦是天寶遺物。上述兩天寶鐘均飾袈
裟紋，雙撞座。另一口Ⅰ型唐鐘出土於浙江諸暨，廣德元年（763 年）鑄造，
高 45、口徑 25 公分，尺寸與造型均和太建鐘及開元八年鐘相近❽（圖 29-1:

❷　《宋詩鈔》卷 2，頁 1532，中華書局，1986 年。

❸　逯欽立《全漢三國晉南北朝詩・陳詩七》，中華書局，1983 年。

❹　坪井良平《歷史考古學の研究・支那鐘隨想》，東京，1984 年。

❺　原田淑人《中國考古學の旅》頁 123、170，東京，1957 年。

❻　畢沅、阮元《山左金石志》卷三。段松苓《益都金石記》卷一。

❼　龔節流、陳世雄《唐代銅鐘》，《文物》1981 年第 9 期。

❽　方志良、張光助《浙江諸暨發現唐代銘文銅鐘》，《文物》1984 年第 12 期。

3)。此外，有一口流入日本的Ⅰ型唐鐘，今在岐阜縣大垣市長德寺，原為廣東端州清泉禪院之鐘，鑄於天復二年（902 年）❾。此鐘高 127.6、口徑 73 公分（圖 29-1:4）。造型上與上述各鐘不同的是，它在前後左右四方設四個撞座，餘則仍舊。北宋時，有政和四年（1114 年）鑄造的廣東潮州開元寺鐘，形制與天復鐘酷似❿（圖 29-1:5）。明代的Ⅰ型鐘如雲南昆明金殿鐘，永樂二十二年（1424 年）鑄，高約 165 公分⓫。其鐘壁上的袈裟紋與前並無大殊，但四枚撞座已移至接近口沿的位置上了（圖 29-1:6）。明末，崇禎十三年（1640 年）所鑄福建黃檗山萬福寺鐘，仍沿襲此種形制，唯不設撞座⓬（圖 29-1:7）。至清代，Ⅰ型鐘已較少見，存世之廣西潯州府平南縣大佛寺鐘，高 231、口徑 141 公分。其袈裟紋的方格很寬大，與唐代Ⅰ型鐘的風格已頗異其趣，鐘口的邊緣且明顯外侈（圖 29-1:8）。鐘上的銘文說：「時龍飛康熙三年歲次甲辰仲春之吉，平南王捐資鼎建大佛寺於仙湖之麓。」則此鐘乃清初三藩中的平南王尚可喜於康熙三年（1664 年）斥資鑄造。今已流入日本，藏大阪府羽曳野市大黑寺⓭。

　　唐代的Ⅰ型鐘對日本有較大影響，和鐘除了上部設乳枚為其特殊的做法外，整體造型皆與唐Ⅰ型鐘相近。從現存最早的京都花園妙心寺「春米連廣國鑄鐘」（文武天皇二年，698 年）起，直到慶長末年（1615 年），和鐘的形制仍大體相沿未替。

　　Ⅱ型梵鐘的造型與Ⅰ型之最顯著的區別是鐘口有波曲，但較淺，可稱為「淺波口鐘」。印度古代的銅鈴都是平口，從未出現過波口的，所以波口為中國所創造。但圓鐘一般可以被看作是一端閉合的圓柱體，受到敲擊時之發音的機制是由其周向振動的模式決定的，與鐘口的形狀沒有多大關係。鐘口如製出深陷的波曲，雖然會對其基音以外的哼音有些影響，但就淺波口鐘而言，這一點是可以忽略不計的。因此，早期之淺波口鐘的出現並非出於音響上的考慮，而只是受到工藝造型上之創新要求的推動。然而審美的眼光為何會偏愛這種帶波曲的鐘口泥？回答這個問題仍須從塔上懸鈴說起。早期中國佛塔上所懸之鈴本是圓體平口的，與印度鈴之原型相近，敦煌莫高窟 428 窟北周壁畫金剛寶座式塔上就懸著這樣的塔鈴（圖 29-3:1）。可是銅鈴內有鈴舌，有些鈴舌的底端還露在鈴口之外。河北邯鄲南響堂山第 1 洞北齊浮雕佛塔上的塔鈴甚至將舌下之鎚都露了出來（圖 29-3:2）。也有些浮雕的表現手法較含蓄，鈴舌微露，與鈴口混合為一條波狀曲線（圖 29-3:3）。隨著時間的推移，當這種曲線逐漸在人們心目中形成較固定的印象，並進而轉移到鐘口上時，「淺波口鐘」遂開始問世。

圖 29-3　佛塔及窟簷上所懸之鈴

1　北周，壁畫金剛寶座
式塔塔頂　敦煌莫高窟
428 窟

2　北齊，浮雕佛塔塔頂
河北邯鄲南響堂山第 1 洞

3　北齊，窟簷　河北邯鄲南響堂山第 7 洞

　　在 II 型淺波口鐘中，首先應當提到的是陝西富縣寶室寺鐘，高 155、口徑 150 公分，鑄於唐貞觀三年（629 年）❶。鐘口分六道波曲，自鈕部向每道波曲的弧尖處聯接條帶紋，將鐘壁表面縱分為六區，再以水平條帶將鐘壁橫分為三層，從而整個鐘面共劃分成十八格。每格中或飾飛天紋、龍紋、鳳紋，或飾對角線與圓珠紋，但迭錯相間，同樣的圖案互不毗鄰，頗富韻律感（圖 29-4:1）。此鐘下部較寬，鐘體呈饅頭形，但 II 型鐘當中也有鐘壁較直、接近圓筒形的。寶室寺鐘底層當中一格內陰刻銘文 318 字，是我國國內所藏有明確紀年之最早的銅梵鐘。加以其花紋優美，範鑄精工，聲音洪亮，遠聞數十里，故為世所珍。

　　II 型梵鐘主要流行於北方。敦煌莫高窟唐代經變壁畫中的佛寺，殿堂兩側的兩座角樓，一座懸鐘，另一座貯經卷（圖 29-5）❶；其所懸之鐘多為 II 型鐘。寺院中的鐘聲除了作為起居作息的信號外，兼有醒世宏法的意義。《法苑珠林・鳴鐘部》說：「洪鐘

圖 29-5　盛唐，壁畫　敦煌莫高窟 91 窟

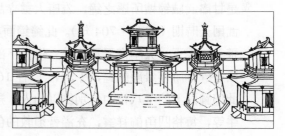

❾　隱元等重修《廣東通志》卷二〇四。

❿　常磐大定、關野貞《中國文化史蹟》卷三、四。

⓫　同註❹。

⓬　同註❿。

⓭　同註❹。

⓮　姬乃軍《我國存世最早的唐鐘》，《考古與文物》1983 年第 1 期。王永亮《富縣寶室寺銅鐘》，《文博》1990 年第 3 期。

⓯　蕭默《敦煌建築研究・佛寺院落式布局的討論》，文物出版社，1989 年。

圖 29-4
II 型梵鐘

 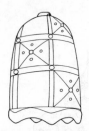  

1 唐貞觀三年 陝西富縣寶室寺	2 唐武則天時期 甘肅武威鐘樓	3 唐景雲二年 西安碑林	4 唐中和三年 原存江蘇丹陽公園

 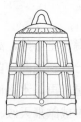   

5 宋熙寧十年 北京古鐘博物館藏	6 宋紹聖四年 韓國江華島傳燈寺	7 金天德三年 遼寧瀋陽故宮藏	8 明正統三年 日本長崎發心寺	9 明正德四年 日本福岡光明寺

震響覺群生，聲遍十方無量土。含識群生普聞知，被除眾生長夜苦。」元代所修《百丈清規・法器章》說：鐘，「叢林號令資始也，曉則破長夜，警睡眠，暮則覺昏衢、疏冥昧。」它的功用如此廣泛，固應受到重視。

還有兩口 II 型鐘的風格與寶室寺鐘逼肖，但都比它的形體大。其中一口是甘肅武威鐘樓所懸之鐘，為唐大雲寺故物，高 240、口徑 145 公分，鑄於武則天時期（684～704 年）。此鐘鐘面亦分成十八格，除對角線紋外，飾有飛天、天王、鬼卒夜叉及龍紋。惜其下部稍有殘損 ❻（圖 29-4:2）。另一口是西安碑林所存景龍觀鐘，高 247、口徑 165 公分，鑄於唐景雲二年（711 年）。此鐘鐘面上的十八格中分別飾以仙人、翔鶴、走獅、騰龍、朱雀、獨角獨腿牛等，每格四角飾祥雲，充溢著道教的色彩 ❼（圖 29-4:3）。底層當中的框格內刻有唐睿宗李旦撰文並自書的銘文 292 字，其中說：「朕翹情八素，締想九玄。命彼鼓延，鑄斯無射。」也是信奉道教之君主的口吻。

寶室寺鐘、大雲寺鐘與景龍觀鐘雖分屬佛、道二教，但三鐘時代相接，大小相次，形制基本相同，可以作為唐代前期關隴地區鑄鐘工藝水平的代表。唐代後期的此型鐘，如原存江蘇丹陽縣公園內的中和三年（883 年）鐘，雖外輪廓變化不大，但鐘面上僅以凸線勾畫出簡單的袈裟紋，與上述三種之紋飾的壯麗，乃不可同日而語了 ❽（圖 29-4:4）。

　　宋代的II型鐘如北京大鐘寺古鐘博物館所藏熙寧十年（1077年）鐘，高130、口徑113.5公分⑲（圖29-4:5）；今在韓國江華島傳燈寺的紹聖四年（1097年）鐘，高164、口徑100公分⑳（圖29-4:6）；以及韶關南華寺的乾道三年（1167年）鐘㉑，雖皆為淺波口鐘，但已由六曲增為八曲。只有瀋陽故宮所藏金天德三年（1151年）鐘，因為是在「因兵火隳壞」的古鐘的基礎上「再鑄」的，所以保存了若干早期鐘的特點，仍為六曲㉒（圖29-4:7）。

　　明代的II型鐘如浙江餘杭徑山寺永樂元年（1403年）鐘㉓、現在日本長崎市發心寺的正統三年（1438年）鐘㉔（圖29-4:8），也都是八曲淺波口。值得注意的是，這些鐘之鐘面的區劃是先橫向分層，每層再縱向分成大小八個格。與之相適應，常在鐘壁之近底部的八個方位上標以八卦紋。少數例外如現在日本福岡縣田川郡光明寺的正德四年（1509年）鐘，鐘口為六曲；但它也標以八卦紋，顯示出時代的風尚㉕（圖29-4:9）。

　　明代II型鐘中之最著名的重器是北京大鐘寺的永樂大鐘，1420年鑄，高675、口徑330公分，重46.5噸。雖然它比重59.5噸的北京鐘鼓樓大鐘為輕，但鑄造精美。依重量計，排名在它前面的幾口外國大鐘的年代則均不如它古老㉖。此大鐘鐘壁內外鑄有佛教經咒100多種，達23萬多字。大鐘是分鑄的，鐘身用泥範；蒲牢用失蠟法鑄成後，嵌入鐘體外範內，再澆鑄銅液熔接為一體。大鐘的波口亦為六曲，顯得分外莊嚴。

　　II型鐘為淺波口，III型鐘則為深波口。過去曾稱前者為荷葉口，後者為蓮瓣口，但容易產生混淆，不如逕依波口的深淺區分為宜。深波口鐘出現於金代。寧夏寧縣文化館所存貞元四年（1156年）鐘，高220、口徑150公分，為八曲深波口，但鐘面上仍飾以袈裟紋㉗（圖29-6:1）。山東肥城關帝廟金大

⑯　絲綢之路考察隊《絲路訪古・考察紀程》，甘肅人民出版社，1983年。
⑰　王翰章《景雲鐘的鑄造技術及其銘文考釋》，《文博》1986年第4期。
⑱　《江蘇金石待訪目》卷七。
⑲　全錦雲《鑄造祥和》，《中華文化畫報》1996年第3、4期。
⑳　武億《授堂金石文字續跋》卷一一。金序基《宋崇明寺鐘》，《考古美術》4卷3期。
㉑　翁方綱《粵東金石略》卷四。
㉒　王明琦、李仲元《盛京定更鐘考》，《故宮博物院院刊》1981年第2期。
㉓　同注⑩。
㉔　同注④。
㉕　同注④。
㉖　世界上現存最大的鐘是俄羅斯克里姆林宮的沙皇鐘，重193噸，1735年鑄。緬甸的敏貢鐘重90噸，1808年鑄。而日本四天王寺的頌德鐘，雖重達158噸，但鑄造的時間已遲至1903年，比永樂大鐘晚了483年。

圖 29-6　III 型梵鐘

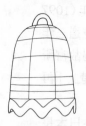 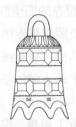   

1　金貞元四年 寧夏寧縣文化 館藏　　2　金大定二十四 年　山東肥城關 帝廟　　3　宋慶元五年 四川達縣太平 興國禪院　　4　明天順四年 河北正定臨濟寺　　5　清康熙三十九年 日本京都藤井有鄰館藏

定二十四年（1184 年）鐵鐘❷（圖 29-6:2）、四川達縣太平興國禪院南宋慶元五年（1199 年）鐵鐘❷（圖 29-6:3）、河北正定臨濟寺明天順四年（1460 年）鐵鐘❸（圖 29-6:4）、日本京都藤井有鄰館所藏清康熙三十九年（1700 年）銅鐘❸（圖 29-6:5），也都是八曲深波口。在這類鐘上，鐘口分為八曲漸成定制。鐘面紋飾的布局多依橫向分層，以前的袈裟紋已很少見到。鐘上這時常鑄出吉語，如慶元鐘有「皇帝萬歲，重臣千秋」銘文。此種吉語北宋時已流行❸，歷南宋、金、元各代沿用不衰，也有再續以「風調雨順，國泰民安」等語句的，使梵鐘帶上了濃厚的世俗化色彩。到了清代，在有鄰館所藏康熙鐘上，還鑄出「皇帝萬歲萬萬歲」銘文，雖說是梵鐘，但對人間帝王的崇拜已上升到第一位了。

　　IV 型鐘出現於元代，平口，口緣向外擴張。元至元三十年（1293 年）的益都路府學鐘❸（圖 29-7:1）、明成化二十一年（1485 年）的雲門寺鐘❸（圖 29-7:2），以及流入日本的康熙四十七年（1708 年）順德凌水會館鐵鐘❸（圖 29-7:3），均可為例。此類鐘之外擴的口緣部分增厚，形成水平型聲弓，敲鐘時撞擊聲弓發聲，鐘聲可更加響亮。這種設計本是西洋鐘的特點，卻已經被中國的 IV 型梵鐘所吸取了。

圖 29-7　IV 型梵鐘

  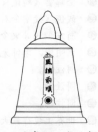

1　元至元三十年 益都路府學　　2　明成化二十一年 雲門寺　　3　清康熙四十七年 順德凌水會館

中國梵鐘上還有獨具特色的蒲牢；西洋鐘頂部卻只有簡單的鐘鈕，那裏
未曾將這一部件作為裝飾的重點，發展出如此優美瑰奇的造型。在我國，先
秦銅鎛之鈕式已相當繁複，蒲牢的出現或曾受到它的啟發，但梵鐘畢竟是中
世紀以後的產物，與先秦銅鎛的藝術趣味有所不同。早期梵鐘上的蒲牢多為
兩端飾龍頭的橋形鈕。此種意匠的起源極古老，新石器時代紅山文化的玉器
中就發現過雙龍頭璜，商代甲骨文的「虹」字也寫作兩端帶龍頭的弧形。不
過尋找蒲牢造型之淵源似乎不必把目光投向如此遙遠的往昔，因為南北朝時
代若干石碑的碑首亦作此形。如北魏魯郡太守張猛龍碑（正光三年，552 年）
之碑首的圖案（圖 29-8:1），就和比它僅僅晚半個世紀的太建鐘之蒲牢相一致
（圖 29-8:2）。循此線索試作探尋，不難發現碑首與蒲牢之演變的軌跡彼此互
相呼應，大體上保持同步；也就是說，用碑首作為蒲牢之造型的參照係是可
以成立的。

在唐鐘上，蒲牢兩端的龍頭或鑄出前肢，拱起的背部正中飾以摹擬寶珠
形的出尖之如意頭（圖 29-8:4）。再看唐碑，如李勣碑、李靖碑、溫彥博碑（圖
29-8:3）、房玄齡碑，乃至道因法師碑、大秦景教流行中國碑等碑之碑首，從正
面看，都是左右二龍嚙碑肩，前爪攀碑額，兩後爪相對將寶珠擎在當中。蒲
牢的造型雖稍簡化，但主要特徵並無二致。宋代碑首繼踵唐制，河南登封的
嵩嶽中天王廟碑、河南偃師的重修升仙太子大殿碑之碑首，都很精緻；而古
鐘博物館所藏宋熙寧鐘的蒲牢，正可與此類碑首相比附。到了金元時代，碑
首之蟠龍改變了原先龍首俯向下方的構圖，呈二龍昂首相向共銜寶珠之式，
如山東曲阜顏廟元加封公國復聖公制詞碑（圖 29-8:5）、山東濟寧文廟重修尊經
閣記碑等碑首可以為例。同樣，這時的蒲牢也作二龍相對狀，遼寧省博物館
所舊藏之金代鹵簿紋鐘的蒲牢即呈此式，其造型英挺，風骨雄肆（圖 29-8:6）。
此型蒲牢在古鐘博物館所藏明正德鶴紋鐘上也能見到，均為傑出的工藝品。

㉗ 許俊臣《寧縣貞元銅鐘》，《考古與文物》1985 年第 2 期。

㉘ 田口洌三郎《東亞の梵鐘》，《日本學術協會報告》第 16 卷第 3 號。

㉙ 劉喜海《金石苑》。余天健、程前林《宋太平興國禪院古鐘》，《文物》1984 年第 3 期。

㉚ 同註⑩。

㉛ 同註④。

㉜ 山西臨猗雙塔寺塔基出土的北宋熙寧二年（1069 年）《地宮記》石碑上已有「皇帝萬歲，臣
佐千秋，雨順風調，兆民安泰」之吉語。見《文物》1997 年第 3 期。

㉝ 同註⑥。

㉞ 同註⑩。

㉟ 同註④。

圖 29-8　碑首與蒲牢的構圖

碑首

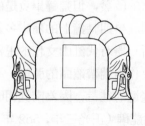

1　北魏正光三年，張猛龍碑碑首　　3　唐，溫彥博碑碑首　　5　元，加封公國復聖公制
　　　　　　　　　　　　　　　　　　　　　　　　　　　　　　　詞碑碑首　山東曲阜顏廟

蒲牢

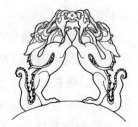

2　陳太建，鐘蒲牢　　　　4　唐，龍興寺鐘蒲牢　　　6　金，鹵簿紋鐘蒲牢
　　　　　　　　　　　　　　　　　　　　　　　　　　　遼寧省博物館

　　也有些巨型鐘因頂端距地面很高，且多懸掛在鐘樓或鐘亭內，鐘頂不易
觀察到，所以它們反而不鑄複雜的蒲牢。比如古鐘博物館的永樂大鐘就只有
簡潔的鐘鈕，承重只靠一根長 1 公尺，高 14、寬 6 公分的鐵芯銅穿釘。其工
程設計之精到，力學結構之合理，更為科學界所稱譽❸❻。

　　中國梵鐘的發展經歷了一千四百多年的歲月星霜，在藝術造型、聲學性
能、合金配比、鑄造技術諸方面，均達到極高的水平。目前尚未進行全面的
調查、修整和研究，今後在這方面還有許多工作要做。

（原載《考古與文物》1998 年第 5 期）

---

❸❻　凌業勤、王炳仁《北京明永樂大銅鐘鑄造技術的探討》，《科學史集刊》第 6 集，1963 年。
　　吳坤儀《明永樂大鐘鑄造工藝研究》，載北京鋼鐵學院《中國冶金史論文集》，1986 年。

三子釵與九子鈴

舊時代的金石學家有一種偷懶的辦法，即常把一些他們認不得的小件片狀銅器歸入古錢幣類；比如銅珩被稱為「橋形幣」，辟兵符被稱為「厭勝錢」。本文所介紹的三子釵，也曾長期被稱為「太昊伏羲氏金幣」或「棘幣」。當然，這種說法是完全靠不住的。三子釵多為銅製，一般長 15～17 公分，當中為長條形橫框，兩端為對稱的三叉形；有些標本之居中的一股再分為兩叉，且與兩側的兩股分別彎成三個呈品字形排列之不封閉的弧圈。

近年，它在考古發掘中屢被發現。如洛陽燒溝 1035、1037 號及陝西華陰 2 號東漢墓、洛陽 16 工區及瀋陽伯官屯 1 號魏墓、廣州西北郊晉墓中均出此物❶（圖 30-1:1、2）。它的出土地點從東北直到嶺南，在東漢、魏晉時期，應當說是一件風行全國的器物。可是過去由於不知其用途，難以定名。在考古報告中它或被稱為「叉形器」、「銅架」，或者乾脆叫作「不知名銅器」。「不知名」就是提出了問題，就具有吸引力，使文物考古工作者去尋求能圓滿地解釋這個問題的答案。

20 世紀 50 年代中期，根據在廣州西北郊晉墓中此物出於硯臺後面這一情況，曾認為它是「硯臺的附屬品」，或者說得更具體，認為它就是「筆架」。但這個答案並不令人滿意，因為這種銅器上的叉有些幾乎抱攏在一起，根本容納不下一支筆；更不要說它的兩端為對稱的叉形，也難以立得牢。答案既不能成立，問題遂又被擱淺。在這裏，解決定名問題的前提是弄清楚其用途；而出土時的位置與狀況，以及對情況的正確理解與判斷，則是認識其用途的鑰匙。

這把鑰匙終於在二十多年後於北京順義大營村 4 號晉墓中找到了❷。此

圖 30-1　三子釵

1　東漢　河南洛陽燒溝漢墓出土

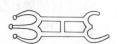

2　東晉　廣東廣州西北郊晉墓出土

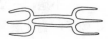

3　西晉　北京順義晉墓出土

---

❶ 洛陽燒溝出土者，見《洛陽燒溝漢墓》頁 183。華陰出土者，見《考古與文物》1986 年第 5 期。洛陽 16 工區出土者，見《考古通訊》1958 年第 7 期。瀋陽出土者，見《考古》1964 年第 1 期。廣州出土者，見《考古通訊》1955 年第 5 期。

❷ 北京市文物工作隊《北京市順義縣大營村西晉墓葬發掘簡報》，《文物》1983 年第 10 期。

圖 30-2
東漢，畫像石上
戴三子釵的神靈
山東臨沂西張官
莊出土

墓中的一具未被擾動的女性頭骨上端出現此物（圖 30-1:3）。 這就給人以啟示：它很可能是婦女用的髮飾。可是在漢、晉女俑頭上未見過這種髮飾；如果沒有進一步的證據，此說也只能停留在推測階段。可喜的是，經過搜尋比較，在山東臨沂西張官莊出土的東漢畫像石中的一個神靈頭上發現了和它相似的髮釵❸。這件髮釵較長，橫貫於額頂，與戴勝杖的式樣相近（圖 30-2）。神靈頭頂有一絡直立的長髮，世間婦女則應當在這裏梳一個髮髻。得到了西張官莊畫像石的旁證，問題遂豁然開朗：此物正是一枚髮釵。

但是，此種髮釵當時叫什麼名字？這就需要到古文獻中找答案了。經檢尋，發現東漢崔瑗《三子釵銘》中描寫的或即此物。銘文說：「元正上日，百福孔靈。鬢髮如雲，乃象眾星。三珠橫釵，攝媛贊靈。」（《藝文類聚》卷七〇引）其最末一句或有訛誤，不大好講。前面的幾句則可以理解為：三子釵又名三珠釵，於節日盛妝時使用，而且它應是橫著簪帶的。又《江表傳》說：「魏文帝遣使於吳，求玳瑁三點釵。群臣以為非禮，咸云不與。孫權敕付使者。」（《御覽》卷七一八引）廣州晉墓出土的那一件，三個叉尖上都鑄出小圓球，正可稱為三點或三珠。當然，三珠之名和《山海經》裏描寫的三珠樹也可能有點關係。至於叉端呈弧圈形者，則可以看作是其繁體。總之，文獻和實物在這裏得到結合，答案也就顯得較堅實可靠。

不過，三點釵或三珠釵的名稱，似乎已經把這種髮釵的特徵概括得很形象了；為什麼又稱之為三子釵呢？這是由於漢、晉間人習慣於錢幣「子母相權」的說法，常把一件器物上的小部件或小組成部分稱為「子」。比如東漢晚期至六朝時流行的七乳禽獸帶紋鏡，由於其花紋內的七枚乳突之中央皆有小鈕、周圍且繞以連弧紋，好像在大鏡子上又飾以七面小鏡子，故名「七子鏡」❹（圖 30-3）。詩人詠滿月常以鏡為喻，所以它也常常在這類詩裏出現。如梁簡文帝《望月》云：「形同七子鏡，影類九秋霜。」庾信《望月》中也有「照人非七子，金風異九華」之句。與此類器物之命名方式相同的還可以舉出九子鈴。《西京雜記》說趙飛燕之妹住在昭陽殿，「上設九金龍，皆銜九子金鈴」，微風吹來，響起一殿鈴聲。《西京雜記》成書於六朝，其中所記之器物有些並不見於漢代。比如九

圖 30-3　東漢，「宜子孫」銘七子鏡

子鈴，在漢代的文獻和文物中就未能得到證實。而南朝時卻確有這種鈴。《南史·齊本紀》說齊廢帝東昏侯蕭寶卷把莊嚴寺的玉九子鈴取下來，裝飾他嬖幸的潘妃之神仙、永壽、玉壽三殿。後來李商隱在《齊宮詞》一詩中寫道:「永壽兵來夜不扃，金蓮無復印中庭。梁臺歌管三更罷，猶自風搖九子鈴!」所詠即東昏與潘妃之事。詩人撫今追昔，詩句悱惻低迴;從而使讀者早就熟悉了九子鈴的名字。1965 年在北京西郊八寶山西晉幽州刺史王浚妻華芳墓中出了一件❺。這是一枚鏤飾極精的銀鈴，腹徑 2.6 公分，嵌紅、藍寶石。鈕下承以伏牛。鈴體上半部以掐絲工藝做出八個樂人，各持樂器一件，每名樂人下面懸一小鈴（圖 30-4）。或可稱為八子鈴。1998 年在南京仙鶴觀 6 號東晉墓中又出土一件八子銀鈴，腹徑 2.7 公分，素面，應懸之小鈴被簡化成了八個小銀球❻（圖30-5）。而 1990 年在倫敦克里斯蒂拍賣

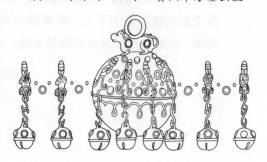

圖 30-4

西晉，八子銀鈴　北京八寶山華芳墓出土

圖 30-5

東晉，八子銀鈴　南京仙鶴觀 6 號墓出土

圖 30-6

九子金鈴　傳世品

行的目錄中有一件時代與前二者大致相當的小金鈴，腹徑 4 公分，比那兩個稍大一點。腹壁有以金粟粒排焊成的花紋，並嵌飾綠松石。鈴腹周圍附有九個掛小鈴用的環，但所掛小鈴只存七枚，其他二枚佚失;補足之，恰是九子金鈴（圖30-6）。三國六朝人士喜佩鈴。《三國志·吳書·甘寧傳》說他「負毦帶鈴，民聞鈴聲，即知是寧。」《晉書·清河王覃傳》:「初，覃為清河世子，所佩金鈴欻生（光）隱起如麻粟。」南朝宋劉敬叔《異苑》:「山陰劉琦每出門，見一女子貌極豔麗，琦便解銀鈴贈之。」這些鈴都是佩飾。不過有的建築裝飾

❸　《山東漢畫像石選集》圖 394。

❹　樋口隆康《武寧王陵出土鏡與七子鏡》，《史林》55 卷 4 號，1972 年。楊泓《七子鏡》，載《文物叢談》，文物出版社，1991 年。

❺　北京市文物工作隊《北京西郊西晉王浚妻華芳墓清理簡報》，《文物》1965 年第 12 期。

❻　南京市博物館《江蘇南京仙鶴觀東晉墓》，《文物》2001 年第 3 期。

亦取法於佩飾。漢代宮室內常飾璧翠，即仲長統《昌言》所稱「壁帶加珠玉之物」；六朝時則於幄帳四角懸垂玉璜、流蘇之類。故佩飾中之鈴當與建築裝飾之鈴的造型差別不大。昭陽殿的九子金鈴與潘妃三殿的九子玉鈴雖已不可復睹，但讀史者與讀詩者鉤稽史跡，或可根據這幾件金銀鈴而彷彿其大略了。

（原載《文物天地》1987 年第 6 期）

鸚鵡杯與力士鐺

鸕鸛杓，鸚鵡杯，

百年三萬六千日，一日須傾三百杯。

遙看漢水鴨頭綠，恰似葡萄初醱醅。

此江若變作春酒，壘麴便作糟丘臺！

……

舒州杓，力士鐺，李白與爾共死生。

襄王雲雨今安在？江水東流猿夜聲。（李白《襄陽歌》）

李白的這首膾炙人口的名作，千百年來廣泛流傳。但其中提到的鸚鵡杯與力士鐺究竟是何等樣的器物，過去一直說不很清楚。往年詠習此詩時，念到這裏，雖然也囫圇吞下，卻總不免有梗塞之感。詩人舉出眼前的器物，本應使詩中的形象更加親切鮮明；可是由於後世的讀者對這些器物已然陌生，所以印象反而撲朔迷離，甚至使這些天才詩句的藝術感染力也因之而減色了。

其實鸚鵡杯在詩文中並不罕見。如隋薛道衡詩：「同傾鸚鵡杯」，唐駱賓王賦：「鸚鵡杯中休勸酒」，唐方干詩：「琵琶弦促千般語，鸚鵡杯深四散飛。」所詠均係此物。它是用南海所產鸚鵡螺的殼製作的杯子。在我國此物大約於 4 世紀初才受到重視；這和當時交廣地區進一步得到開發，嶺表異物紛紛傳入中原的形勢是分不開的。東晉初，作過廣州刺史的陶侃曾「上成帝螺杯一枚」（《藝文類聚》卷七三引《陶侃故事》）。《宋書·張暢傳》說：「孝武又致螺杯、雜粿，南土所珍。」❶此所謂螺杯，指的就是鸚鵡螺製的杯。吳萬震《南州異物志》說：「鸚鵡螺狀似霞，杯形如鳥，頭向其腹，視似鸚鵡，故以為名。」唐劉恂《嶺表錄異》卷中：「鸚鵡螺旋尖處屈而朱，如鸚鵡嘴，故以此名。殼上青綠斑文，大者可受三升。殼內光瑩如雲母，裝為酒杯，奇而可翫。」直到

---

❶ 余嘉錫說：「李慈銘云：『案《通鑒》：盧循遺劉裕益智粽。《宋書》：廢帝殺江夏王義恭，以蜜漬目睛，謂之鬼目粽。近儒段玉裁謂粽皆當作粿。《廣韻》、《集韻》、《類篇》、《干祿字書》皆有粿字，蜜漬瓜食也。』……嘉錫考之諸書，凡釋粿字，皆謂蜜漬瓜果，蓋即今之所謂蜜餞。」見《世說新語箋證》頁832，中華書局，1983年。

清代，屈大均在《廣東新語》卷一六中還說：「鸚鵡杯本海螺殼也，出瓊州三亞港青欄海中。前屈而朱，如鸚鵡嘴然，尾旋尖處作數層，一穴相貫，甚詰曲，可以藏酒。」它的殼外有暗紫色、鮮紅色或青綠色的花斑，殼內光瑩如雲母。此物用於盛酒，庾信詩「香螺酌美酒」，可證。《宋書‧禮志》說：「奠霍山，盛酒當以蠡杯。」蠡杯也就是螺杯，因為用於祭山，登上了高貴的廟壇，所以名稱也變得古雅了。講究的螺杯琢磨精緻，往往鑲金銀釦（見《格古要論》）。並且由於螺腔蜿曲，藪穴幽深，飲酒時不易一傾而盡，號稱「九曲螺杯」（見《清異錄》），故為人所寶愛。歐陽脩《鸚鵡螺詩》中甚至寫出了「一螺千金價誰量」之句❷。而元謝宗可《螺杯》則稱：「香醅浮蟻入旋渦，半殼蒼瓊費琢磨。應媿美人盤寶髻，且供豪客捲金波。」元王惲《賦鸚鵡螺杯》稱：「鷗斑漬粉垂金薤，鸚喙嫌寒縮翠窠。樽出瘦藤紋浪異，瓢成椰子腹空艖。」❸均極盡體物肖形之能事。

　　可是過去沒有出土過鸚鵡螺杯，儘管文獻中言之鑿鑿，對其具體形制仍不明瞭。1965 年，在南京人臺山東晉王興之墓中出土了一件大螺殼，以銅鑲釦，器口兩側裝銅質雙耳，殼外並飾有朱紅色的條紋。此器長 13.3、高 10.2、寬 9.9 公分。發掘報告稱之為「鑲銅蚌飾」，並推測說：「可能為一冠或盔飾。」❹基於這種認識，所以最初發表的照片是底朝上倒扣著的。　其實，它並不是冠飾，而正是一只鸚鵡杯，並且是科學發掘出土的早期鸚鵡杯之已知的唯一實例（圖 31-1）。這只杯的旋尖處彎向器口，即所謂「頭向其腹」。它裝有雙耳，表明確是杯子。它是圓底器，無圈足，平置之不易放穩；這又和梁陸倕《蠡杯銘》中所說「用邁羽杯，珍愈渠椀。實同蠡測，形均撲滿」的提法相一致。撲滿也被看作是欹器之類，用它比擬圓底的鸚鵡杯，正相切合。從前見到的圖畫中的「太白醉酒」，畫家常在李白手裏放一只於唐代遺物中絕不經見的方形酒斗；其實按照《襄陽歌》中所述，李白拿的卻應是這種斑駁晶瑩的鸚鵡杯。

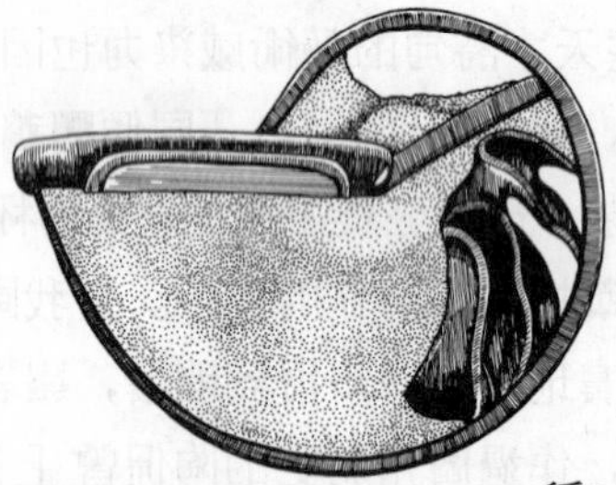

圖 31-1
東晉，鸚鵡杯（後部殘損）　南京人臺山晉墓出土

　　至於力士鐺，則是一件溫酒之器。《通俗文》說：「鬴有足曰鐺。」（《御覽》卷七五七引）唐代的鐺三足有柄，在西安何家村唐代窖藏中曾出過兩件。一件是金鐺（圖 31-2），一件是銀鐺。金鐺在魚子紋地上刻鏤出纏枝卷草和飛禽走獸。銀鐺雖為素面，但足作蹄形，柄可折疊。均極精美。《新唐書‧武攸緒傳》說朝廷賜給他「金銀鐺鬲」，其物大約與何家村所出者相接近。李白所吟

詠的，可能也是這類器物。但問題是對
力士鐺之「力士」二字應作何解釋。《新
唐書‧韋堅傳》說，天寶二載（743 年）
自江南向長安進奉之物中有「豫章力士
瓷飲器」一品。1982 年，在江蘇丹徒
丁卯橋的唐代窖藏中出土了一大批銀
器，其中的銀盆、銀盒、銀茶托、銀碗、
銀盤、銀碟、銀高足杯、銀注子、銀鍋、
銀勺、銀筷、銀匕、銀熏爐以及銀令旗
上，都刻有「力士」二字❺（圖 31-3）。
研究者或認為標有「力士」字樣的器物
都是酒器，說「力士」是「標明一種銀
酒具的特定名稱」。但像盒子、茶托、

圖 31-2　唐，金鐺　西安何家村窖藏出土

圖 31-3
唐，銀器上的「力士」刻銘
江蘇丹徒丁卯橋窖藏出土

熏爐之類，實難歸入酒器之列。還有一種更具體的意見，即認為「力士」是
器主之名，並找到盛唐大璫高力士名下，說「這批銀器可能即是當時潤州地
方官吏進獻高力士或受命製作的禮品」。可是丁卯橋銀器的風格顯然晚於盛
唐，去高力士炙手可熱之時已遠，地方官員已經沒有必要去巴結一個已失勢
或已逝世的人物了。故此說恐難以成立。結合《襄陽歌》中的「力士鐺」與
《韋堅傳》中的「力士瓷飲器」來考慮；則第一，「力士」不應是器主之名。
第二，從在瓷飲器之前冠以「豫章」的語法看，「力士」也不應代表特定的產
地。第三，丁卯橋之力士銀器，種類繁雜，所以「力士」也並不專指酒器。
而高力士之得名，本無深意。《舊唐書‧宦者‧高力士傳》稱：「高力士……
少閹，與同類金剛二人，聖曆元年嶺南討擊使李千里進入宮。」「力士」既與
「金剛」為類，則不過是流俗之恒語而已。看來，它似乎可以被認為是當時
對堅實之製品的一種美稱。比如在漢代，銅器、漆器以及磚的銘文中，都出
現過「造作牢」之類說法。六朝至唐代的文獻中，又有所謂「百煉刀」、「百
煉鏡」、「百煉金」等物；「百煉」一詞起初雖含有冶金工藝上的具體定義，但
這時說的「百煉」只不過是泛指優等品，並不代表特定的技術規格。猶之乎
宋代所稱之「功夫布」、「功夫細針」，明、清所稱之「貢酒」、「貢米」、「貢緞」

❷　《六一居士集》卷四。
❸　清俞琰《詠物詩選》卷五。清張玉書等《佩文齋詠物詩選》卷二一三。
❹　南京市文物保管委員會《南京人臺山東晉王興之夫婦墓發掘報告》，《文物》1965 年第 6 期。
❺　丹徒縣文教局、鎮江博物館《江蘇丹徒丁卯橋出土唐代銀器窖藏》，《文物》1982 年第 11 期。

一樣，一般皆為虛譽。這和現代口語中說的「高級」品相仿；既無統一的標準，也不限其使用範圍。當然，像「牢」、「百煉」、「功夫」、「貢」等詞的語源已為人所共知；而唐代何以將優質品稱為「力士」？其語源尚無一致看法，有待作進一步地探討。

　　總之，鸚鵡杯即螺殼杯，力士鐺即高級三足鐺。弄清楚了它們的形制，雖然對名物研究不無小補，但詩就是詩，既要理解，還要隨著詩人一同展開想像的翅膀。倘若把《襄陽歌》中那句詩譯為「舒州勺子、高級三足鐺，李白和你們共死生」，可就大煞風景了。

（原載《文物天地》1987 年第 1 期）

一枚刺鵝錐

在內蒙古奈曼旗青龍山遼開泰七年（1018年）陳國公主、駙馬合葬墓中，駙馬蕭紹矩腰間的佩物內有一枚玉柄銀錐❶（圖32-1）。此錐有鎏金銀鞘，錐鞘的式樣與所佩的刀子之鞘基本一致（圖32-2）。這把刀子大體仍沿襲唐制。在唐代，刀子不屬於武器的範疇。《唐六典·武庫令》條所記作為武器的用刀，只有儀刀、鄣刀、橫刀、陌刀四種，不含刀子。唐代壁畫上的人物佩帶的刀子，或於鞘外附有潔手的帨巾，說明它的用途大約與近代蒙古族隨身佩帶的餐刀相近❷。遼之刀子應不例外。此錐既與刀子配套，則亦應與飲宴有關，但一般飲食器中未聞用錐的。結合遼代情況考察，它應是在春季捺缽時特用的刺鵝錐。

圖 32-1
遼，蕭紹矩所佩玉柄銀錐　內
蒙古奈曼旗青龍山遼墓出土

圖 32-2
遼，玉柄銀錐 (1) 與玉柄銀刀子 (2)
內蒙古奈曼旗青龍山遼墓出土

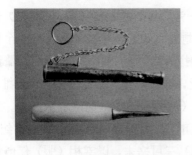

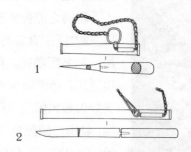

　　遼代皇帝四時出行，其行營名捺缽（nutuk-ba，係契丹語）。在捺缽地點除夏季避暑外，另外三季各有專門的遊獵活動：春季捕鵝雁，名春水；秋季射鹿，名秋山；冬季則破河冰鉤魚。《遼史·營衛志》記敘春季捺缽時的情況是：

---

❶　內蒙古文物考古研究所《遼陳國公主駙馬合葬墓發掘簡報》，《文物》1987 年第 11 期。

❷　此種餐刀宋人稱之為「篦刀子」，見《武林舊事》卷七。明初葉子奇追記元代的情況時說：「北人茶飯重開割。其所佩小篦刀，用鑌鐵、定鐵造之，價貴於金，實為犀利，王公貴人皆佩之。」見《草木子》卷三下。後來明代漸不用篦刀之名，只稱作「刀兒」，見劉若愚《明宮史》水集。朝鮮則稱此種刀為「妝刀」。

春捺缽曰鴨子河濼（今吉林大安月亮泡）。……皇帝每至，侍御皆服墨綠色衣，各備連鎚一柄，鷹食一器，刺鵝錐一枚，於濼周圍相去各五七步排立。……有鵝之處舉旗，探旗馳報，遠泊鳴鼓。鵝驚騰起，左右圍騎皆舉幟麾之。五坊擘進海東青鶻，拜授皇帝放之。鶻擒鵝墜，勢力不加。排立近者舉錐刺鵝，取腦以飼鶻。救鶻人例賞銀、絹。皇帝得頭鵝薦廟，群臣各獻酒果，舉樂，更相酬酢，致賀語。

這段文字把放海東青鷹擒天鵝的情況描寫得有聲有色，將刺鵝錐的用法也說得很清楚。不過遼帝春季捺缽的地點不止鴨子河濼一處，另外還有鴛鴦濼（在今內蒙古烏盟集寧市境內）、長濼（在今內蒙古赤峰市境內）及延芳淀等處。後者位於北京市通縣漷縣鎮，久已淤填，遼時卻是美麗的湖泊。《遼史・地理志・南京道・漷陰縣》載：「延芳淀方數百（？十）里，春時鵝鶩所聚，夏多菱芡。國主春獵，衛士皆衣墨綠，各持連鎚、鷹食、刺鵝錐，列水次，相去五七步。上風擊鼓，驚鵝稍離水面，國主親放海東青擒之。鵝墜，恐鶻力不勝，在列者以佩錐刺鵝，急取其腦飼鶻。得頭鵝者例賞銀絹。」記事與《營衛志》差近。但兩《志》為什麼都強調要刺鵝助鶻呢？因為從體型上說，海東青遠比天鵝小，這在明殷偕的「鷹擊天鵝圖」上看得很清楚（圖 32-3）。但佩錐者是否皆為侍御等人，駙馬之流貴族僅在一旁觀賞？不是的。《契丹國志》卷二三說：「宋真宗時，晁迥往（遼）賀生辰。還，言始至長泊，泊多野鵝鴨。國主射獵，領帳下騎擊扁鼓繞泊，驚鵝鴨飛起，乃縱海東青擊之，或親射焉。國主皆佩金、玉錐，號殺鵝殺鴨錐。」可見刺（或云殺）鵝錐連皇帝都佩帶。獲鵝，特別獲頭鵝是一件大事，賞賜很豐厚。《遼史・道宗紀》說：「大康五年（1079 年）三月辛未，以宰相（張）仁傑獲頭鵝，加侍中。」宋姜夔《白石詩集・契丹歌》中也有「一鵝先得金百兩，天使走送賢王廬」之句。因而在場的親貴都會躍躍欲試，自然他們也都應佩帶刺鵝錐。

圖 32-3
明，殷偕，「鷹擊天鵝圖」

再者，捺缽是否僅僅是一項遊獵活動呢？也不然。20 世紀 40 年代首先對這個問題進行全面考察的傅樂煥先生，在他的著名論文《遼代四時捺缽考》中說：「所謂捺缽者，初視之似僅為遼帝弋獵網鉤，避暑消寒，暫時遊幸之所，宜無足重視。然而夷考其實，此乃契丹民族生活之本色，有遼一代之大法，其君臣之日常活動在此，其國政之中心機構在此。凡遼代之北、南面建官，

蕃、漢人分治，種種特制，考其本源，無不出於是。」❸就現象而言，這樣說並不算過分。但當時由於資料不足，傅文僅鉤稽文獻，而未能取證文物以使其論述更加充實。

圖 32-4　遼，壁畫，「春景圖」(局部)
內蒙古巴林右旗瓦爾漫汗
山慶陵東陵中室東南壁

　　1930 年，位於內蒙古巴林右旗瓦爾漫汗山之遼慶陵的東陵，即聖宗的永慶陵被軍閥湯玉麟盜掘。由於此墓的調查報告發表較遲，傅文未及徵引❹。其中室壁畫繪有「四季山水圖」。東南壁所繪春景，丘壑間桃枝掩映，溪流潺湲，天鵝、鳧鴨、鴛鴦等游棲於葦萑叢中，風光十分恬靜，正是春季捺缽的處所 (圖 32-4)。據《遼史》記載，遼聖宗因與宋構兵，常駐南京 (今北京)，故多次弋獵於延芳淀，其地他帝罕至。因此聖宗陵內所繪「春景圖」中，容有延芳淀的影子。唯空山寂寂，渺無人跡；擊鼓縱鷹，盛況不再。後來發掘的大量遼墓，在石棺畫、壁畫中出現過放牧、氈帳等場景，但以捺缽為題材的尚未見過，更不要說這方面的實物了。近年雖自傳世玉器中識別出有關「春水」、「秋山」的製品，但時代只定到金代，與遼之捺缽尚有距離❺。《天水冰山錄》中登錄過一件帶鞘的「玉柄錐」，或亦為刺鵝錐，惜形制不明。這次出土的刺鵝錐，才真正是遼人捺缽中的用具，是第一次發現的、與這一重要史實直接有關的文物，宜應受到研究者的珍視。

(原載《文物》1987 年第 1 期)

❸　傅樂煥《遼史叢考》頁 37，中華書局，1984 年。
❹　田村實造、小林行雄《慶陵》，日本京都大學文學部，1953 年。
❺　楊伯達《女真族「春水」、「秋山」玉考》，《故宮博物院院刊》1983 年第 2 期。

鎮

鎮 是用來壓席子角的。中國古代室內家具的種類不多，比較講究的房間裏，也不過陳設矮床、几案、屏風等物。但需鋪席的地方卻不少，為了避免由於起身落坐時折捲席角，遂於其四隅壓鎮。這種作法早在西周時已出現。已知之最早的鎮見於陝西寶雞茹家莊 1 號西周墓，外層為銅質，略近橢圓形，頂面飾饕餮紋。由於澆鑄時用青麻石作內模，所以其銅殼與石模緊貼在一起❶（圖 33-1）。可是因為西周鎮只有此一件孤例，所以不知道它在當時的流行程度。鎮的再次出現已屆春秋末，浙江紹興印山越國大墓雖經嚴重盜擾，仍出玉鎮 19 件，高度一般在 7 公分左右，底徑約 8 公分，皆呈秤錘形，式樣已初步定型❷（圖 33-2:1）。紹興發現的戰國原始青瓷鎮，高 11.8、底徑 12.8 公分，因內部中空，故較玉鎮略大，但造型類似❸（圖 33-2:2）。在這時之著名的大墓、湖北隨縣曾侯乙墓中，也出此式銅鎮，不過裝飾得很華麗，鎮面上有八條互相蟠結的龍，或呈浮雕狀，或高出器表呈鏤空圓雕狀。它不僅內部中空，且不封底，如同一枚半球形的器蓋（圖 33-3）。同墓所出金鎮，亦作器蓋形，卻更扁些、小些❹（圖 33-4）。和這些金鎮的造型極為接近的錯金銅鎮，又見於湖北黃岡螺沖 1 號和荊門包山 2 號江陵九店 275 號等楚墓中❺（圖 33-5）。以上情況說明，至戰國時鎮已不甚罕見，於是在文獻中也能看到有關它的記述。

《楚辭·九歌·東皇太一》：「瑤席兮玉瑱。」《北堂書鈔》卷一三三、《藝文類聚》卷六九引

圖 33-1 西周，石模銅鎮 陝西寶雞茹家莊 1 號墓出土

圖 33-2 秤錘形鎮

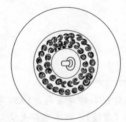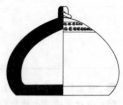

1 春秋，玉鎮 浙江紹興印山越墓出土　2 戰國，原始青瓷鎮 浙江紹興徵集

圖 33-3　戰國，銅蟠龍鎮　湖北隨縣曾　　　圖 33-4　戰國，器蓋形金鎮　湖北隨
　　　　　侯乙墓出土　　　　　　　　　　　　　　縣曾侯乙墓出土

圖 33-5　戰國，器蓋形銅鎮

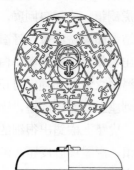

1　湖北黃岡蘆沖 1 號墓出土　　　2　湖北荊門包山 2 號墓出土　　　3　湖北江陵九店 275 號墓出土

並作鎮。朱熹集注：「瑱與鎮同，所以壓神位之席也。」《九歌‧湘夫人》：「白
玉兮為鎮。」王逸注：「以白玉鎮坐席也。」漢、六朝文獻中對鎮的用法描述得
更加具體。漢鄒陽《酒賦》說：「安廣坐，列雕屏，綃綺為席，犀璩為鎮。」
舊題漢郭憲撰《洞冥記》卷二說：「金床象（席），虎珀鎮。」追記漢代情況的
《西京雜記》也說昭陽殿有「綠熊席，席毛長二尺餘」，「有四玉鎮，皆達照，
無瑕缺」。陳姚察《漢書訓纂》更指出：「瑱，謂珠玉壓座為飾也」（《華嚴經
音義》卷上引）。鑒於鎮字可以從金，又可從玉，表明它有金屬的和玉石的兩
大類，實際情況也正是如此。

❶　盧連成、胡智生《寶雞強國墓地》上冊，頁 280，文物出版社，1988 年。
❷　浙江省文物考古研究所等《浙江紹興印山大墓發掘報告》，《文物》1999 年第 11 期。
❸　紹興市文物管理處《浙江紹興市發現的印紋硬陶器和原始青瓷器》，《考古》1996 年第 4 期。
❹　湖北省博物館《曾侯乙墓》上冊，頁 244、393，文物出版社，1989 年。
❺　黃岡市博物館等《湖北黃岡兩座中型楚墓》，《考古學報》2000 年第 2 期。湖北省荊沙鐵路
　　考古隊《包山楚墓》上冊，頁 194，文物出版社，1991 年。湖北省文物考古研究所《江陵
　　九店東周墓》頁 211，科學出版社，1995 年。

圖33-6　漢，素面鐵鎮　河北
懷安6號墓出土

漢代的玉石類鎮不多見，廣西賀縣西漢墓曾出土四個一套的方錐形券頂石鎮，貴州興義東漢墓中出過下方上圓的石鎮❻。而金屬鎮在漢代則蔚為大觀，完整的一套皆為四枚，高約3.5～10、底徑6～9公分。其中有沿襲傳統的秤錘形者，如河北懷安北沙城6號墓所出素面鐵鎮（圖33-6）。同式鐵鎮也曾在江蘇徐州漢墓出土，徐州博物館陳列出許多件。山東沂水荊山西漢墓出土的鉛鎮，雖飾以蹲獸，輪廓仍接近扁球形❼。但更令人耳目一新的是漢代創制的動物形鎮，常見的有虎、豹、辟邪、羊、鹿、熊、鳳、龜、蛇等（圖33-7:1～8）。為了避免牽罣衣物，這些動物往往蜷屈蟠伏成一團，但其身姿並不顯得局促。陝西西安小白楊村西漢墓所出鎏金銀臥虎銅鎮，虎轉身回顧，頭俯在臀上，雙耳後抿，四足併攏，利爪連成一片，造型簡潔洗練❽。江蘇銅山小龜山西漢崖墓及北京豐臺大葆臺2號西漢墓所出虎鎮，式樣雖與小白楊村者相接近，但缺乏後者在遒勁之中又透露出幾分溫馴之氣的那種大可玩味的神態❾。山西渾源畢村2號西漢墓所出虎鎮，在圓座上有雙虎旋繞，別具一格❿。河北定縣北莊東漢墓出土的錯金銀銅虎鎮，虎體上嵌錯出很細的斑條，作風典雅莊重⓫。一枚傳河南出土的鎏金銅虎鎮，虎體極度反屈，前後肢對抱在一起，給人以緊張獰猛之感。而體型與虎相接近的豹出現在漢鎮中時，卻又表現出不同於虎的特點。如河北滄州地區發現的一例，全身用金

圖33-7　漢，異形鎮

1　虎鎮　西安出土　　2　虎鎮　傳世品　　3　虎鎮　（傳）　　4　豹鎮　河北　　5　羊鎮　山西
　　　　　　　　　　　　　　　　　　　　　　河南出土　　　　滿城2號墓出土　　陽高出土

6　羊鎮　寧夏　　　　7　鳳鎮　西安出土　　8　熊鎮　安徽　　　9　山岳形鎮
固原出土　　　　　　　　　　　　　　　　合肥出土　　　　　山西渾源出土

絲錯出旋渦紋，與虎的斑條一望而有別❶。特別是滿城 2 號西漢墓出土的四件錯金銀豹鎮，身上嵌錯出梅花狀豹斑，昂首側腦，嗔目皺鼻，口部微張，若凝視某處而發出低聲的嘶吼❸。它們的眼睛本嵌以白瑪瑙，由於黏合劑中調有顏料，故呈現紅色，更顯得炯炯有神；完全可以躋身於我國古代最成功的動物雕塑小品之列。

　　以虎豹等動物的形象製鎮，大約還含有辟去邪厲的用意。漢代陵墓前常立石虎，乃是為了驅除地下的魑魅罔象。應劭《風俗通義》就說「罔象畏虎」。但漢代人還創造出了一種叫作「辟邪」的神獸，造型更加雄肆，專用以「辟除群凶」。漢鎮中也有辟邪，常作成三隻在一起環山繞行之狀，頗似博山爐的蓋子。這種辟邪鎮北起樂浪、南抵合浦均有實例出土。此外，羊和鹿也是漢鎮習用的題材，牠們都是象徵吉祥的動物。漢鄭眾《婚物贊》說：「羊者祥也」，「鹿者祿也。」漢代墓地立石羊，墓門楣雕石鹿，或亦著眼於此。而當牠們的形象被製成銅鎮時，較之石雕就細膩生動得多了。河北定縣 40 號西漢墓、邢台南郊西漢墓和寧夏固原所出羊鎮，均用銀嵌錯❹。遼寧新金西漢墓和河南陝縣後川 3003 號西漢墓所出鹿鎮，則以南海產的帶斑點的大貨貝充鹿身❺。山西陽高 12 號西漢墓所出羊鎮、渾源畢村所出龜鎮也嵌貝❻。瑩潤斑駁的貝殼和銅鑄的其他部分搭配得非常自然。有些漢鎮則做成山岳形（圖 33-7:9）。為了增加鎮的重量，新金鹿鎮在貝殼內灌滿細砂，滿城豹鎮內甚至灌鉛。漢

---

❻　廣西文物工作隊、賀縣文化局《廣西賀縣河東高寨西漢墓》，《文物資料叢刊》4，1981 年。貴州省博物館考古組《貴州興義、興仁漢墓》，《文物》1979 年第 5 期。

❼　水野清一等《萬安北沙城》。沂水縣文物管理站《山東沂水縣荊山西漢墓》，《文物》1985 年第 5 期。

❽　《中華人民共和國シルクロード文物展》圖 11。

❾　南京博物院《銅山小龜山西漢崖洞墓》，《文物》1973 年第 4 期。北京市古墓發掘辦公室《大葆臺西漢木槨墓發掘簡報》，《文物》1977 年第 6 期。

❿　山西省文物工作委員會等《山西渾源畢村西漢木槨墓》，《文物》1980 年第 6 期。

⓫　河北省文化局文物工作隊《河北定縣北莊漢墓發掘報告》，《考古學報》1964 年第 2 期。

⓬　滄州地區文化局文物組《杜陽虎符與錯金銅豹》，《文物》1981 年第 9 期。

⓭　《滿城漢墓發掘報告》上冊，頁 265。

⓮　河北省文物研究所《河北定縣 40 號漢墓發掘簡報》，《文物》1981 年第 8 期。河北省文物管理處《河北邢台南郊西漢墓》，《考古》1980 年第 5 期。《文物考古工作三十年·寧夏三十年文物考古工作概況》。

⓯　旅順博物館、新金縣文化館《遼寧新金縣花兒山漢代貝墓第一次發掘》，《文物資料叢刊》4，1981 年。黃河水庫考古工作隊《1957 年河南陝縣發掘簡報》，《考古通訊》1958 年第 11 期。

⓰　小野勝年、日比野丈夫《蒙疆考古記》圖版 43。渾源出土龜鎮見注❻所揭文。

鎮一般重 600～800 克，約合 2.5～3 漢斤，很適於壓席，實用和裝飾的目的被巧妙地統一了起來。

至於蛇鎮，在《萬安北沙城》一書中著錄過一件，與銅印之蛇鈕的造型不同，它要蟠繞糾結得更複雜些。熊在漢代也被視為吉祥的動物。《詩·小雅·斯干》鄭玄箋：「熊羆在山，陽之祥也。」漢代工藝家頗善塑熊，肥胖的熊體被處理得憨厚可愛，這樣的四枚熊鎮放置在坐席四隅，就使漢代較單調的室內布置增添了活潑的氣氛。此外，漢代還有一類人物形鎮，近年在河北滿城、山西朔縣、甘肅靈臺、江西南昌、四川資陽、廣西西林等地的漢墓中多次出土❼。它們往往袒胸露腹，手臂或上舉，或下拍，表情多作嬉笑滑稽之狀（圖 33-8）。漢代有一種「拍袒」之戲，表演者科頭袒衣，正和這類人物形鎮的裝束相似❽。而且邊打節拍邊說唱，在我國也有悠久的傳統❾。所以這些人物似即代表作拍袒之戲的優伶。席上放置這樣的鎮，會使人感到詼諧可喜，室中也就顯得生趣盎然了。

圖 33-8
漢，人物形鎮　河北滿城出土

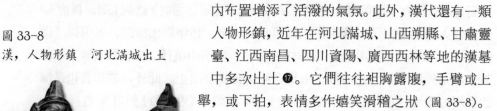

在未經擾動的漢墓中，四枚鎮多排列成方形，也有的還放置在漆柈或石柈的四角，如在河北邢台西漢劉遷墓、山西陽高古城堡 12 號及 17 號西漢墓中所見者（圖 33-9）。但柈有兩種。一種是坐具，即服虔《通俗文》所說：「板獨坐曰柈」（《初學記》卷二五引）。這種柈呈方形矮案狀，其上只坐一人。《釋名·釋床帳》說：「小者曰獨坐，主人無二，獨所坐也。」河北望都 1 號東漢墓的壁畫中有獨坐板柈的人物，然而在畫中的柈上未繪出鎮。鎮在漢以後還

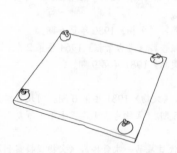

圖 33-9
西漢，石柈上放置的四枚銅羊鎮
山西陽高古城堡 17 號墓出土

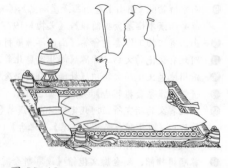

圖 33-10
唐，孫位，「高逸圖」中所見坐席鎮

繼續使用，所以劉宋鮑照的《代白紵舞歌辭》中仍說：「象床瑤席鎮犀渠。」
直到晚唐，在孫位「高逸圖」中右起第二人所坐花氈的四角上仍各壓一枚鎮，
將坐席鎮的使用情況表現得極為明確（圖33-10）。

圖 33-11
唐，卷草紋帶蓋
銀豆 美國弗利
爾美術館藏

但「高逸圖」是宋徽宗定名，參照南京西善橋南朝墓所出拼
鑲磚畫「竹林七賢與榮啟期圖」及洛陽存古閣所藏宋代石刻「竹
林七賢圖」，則此圖實為「七賢圖」殘卷。而自南朝以降，「竹林
七賢」是常見的繪畫題材，各家之作在構圖上不無遞相仿效之處。
那麼孫位畫的坐席鎮究竟是摹自古本？還是現實中之唐鎮的寫
照呢？從「高逸圖」中出現的器物看，後一種設想是有可能
的。圖中的鎮雖在唐代遺物中尚未見過，但其坐席上方所置
之豆，與美國弗利爾美術館收藏的唐卷草紋帶蓋銀豆絕肖，
說明所繪器形確有依據（圖33-11）。圖中的鎮雖稍高些，但顯
然是在傳統的秤錘狀的基礎上加工而成，唐鎮如採用這種造型
也是合理的。

再看第二種秤，它是玩六博時投箸用的，即揚雄《方言》
卷五所說：「所以投籌之枰。」一套博具中有六根箸，箸亦名籌，六博即得名
於六籌。此外，對博的雙方各有六枚棋子。棋子布在博局上。博局又名曲道，
因為那上面有 TLV 形的規矩狀格道。行棋之前要投箸，視所得之籌數決定行
棋的步子。箸一般投在枰上。所以漢畫中所見之六博圖，好像在兩名對博的
人中間擺著兩個棋盤；其實有格道的那一張是博局，素面的那一張是博枰。
博枰上有時刻繪出六條線，代表六根箸。它一般比獨坐之枰矮，有的只是一
塊方板。不過也有不用博枰，直接在博席上投箸的。如湖北江陵鳳凰山 8 號

⑰ 滿城人物形鎮見注⑬所揭書，下冊，圖版60。朔縣人物形鎮見《山西朔縣秦漢墓發掘簡報》，
《文物》1987年第6期。靈臺人物形鎮見《甘肅靈臺發現的兩座西漢墓》，《考古》1979年
第2期。南昌人物形鎮見《南昌東郊西漢墓》，《考古學報》1976年第2期。資陽人物形鎮
見《全國基本建設工程中出土文物展覽圖錄》圖版215。西林人物形鎮見《廣西西林縣普馱
銅鼓墓葬》，《文物》1978年第9期。

⑱ 《三國志·魏書·王粲傳》裴松之注引《魏略》說：「（曹）植初得（邯鄲）淳甚喜，延入
坐，不先與談。時天暑熱，植因呼常從取水自澡迄，傅粉。遂科頭拍袒，胡舞五椎鍛，跳
丸擊劍，誦俳優小說數千言訖。」又同書《齊王芳傳》裴注引《魏書》所載司馬師《廢帝奏》
說：曹芳「日延小優郭懷、袁信等於建始芙蓉殿前裸袒遊戲。」可見當時優人常袒衣。

⑲ 《荀子》書中有《成相篇》。宋王應麟《漢藝文志考證》卷八說：「相者，助也；舉重勸力
之歌。」清俞樾《諸子平議》卷一五：「鄭注曰：『相謂送杵聲。』蓋古人於勞役之事必為歌
謳以相勸勉，亦舉大木呼邪許之比，其樂曲即謂之相。」後來在這類號子的基礎上加工而成
的說唱表演，仍要打出較強的節拍。

西漢墓所出遣册中記載的一套博具，包括：「博箄（指箸）、綦（指棋子）、桐（指博局）、博席一具。博囊一。」❷其中就沒有枰，只有席。講究的博具則既有席，又有枰。如漢馬融《樗蒱賦》說：「枰則素旃紫罽，出乎西鄰，緣以繢繡，紩以綺文。」（《藝文類聚》卷七四引）它所鋪的甚至是高貴的毛織物。這類博席也用鎮壓住四角。《說文·金部》：「鎮，博壓也。」即指博席上所用的博鎮。但段玉裁注竟說它「如今賭錢者之有椿也」，大誤。山東微山兩城山與四川新津出土的漢畫像石之六博圖中，在博席四角都刻出四枚圓形物；新津畫像石上的圓形物還明顯地凸起來，所表現的無疑是博鎮❷（圖 33-12）。

圖 33-12
漢，畫像石中所見博鎮　四川新津出土

　　既然漢鎮分坐席鎮與博鎮二種，那麼能不能在出土物中將二者區分開來呢？要做到這一點還是比較困難的。有的學者主張人物形鎮都是博鎮❷。但人物形鎮有的很大，如西林鎮高 9～10 公分，靈臺鎮高 7.5～9.2 公分，舊金山亞洲美術館所藏鎮的高度近 9 公分，日本京都有鄰館所藏兩枚人物形鎮分別高 9.7 和 10.3 公分，安徽省博物館所藏兩枚人物形鎮分別高 8.4 和 9 公分。在 60～70 公分見方的博枰之四角擺上這麼高的四枚鎮，顯然有礙其投箸。自新津畫像石上看，博鎮的體積相當小。故上說似有可商。目前大約只能籠統地講，高 4 公分左右的小型鎮中可能有博鎮，而高度近 10 公分的大型鎮可能大都為坐席鎮。

　　南北朝以後，六博已不流行，所以隋唐的鎮都是壓席角的，不再存在從中區分出博鎮的問題。已出土的隋唐鎮皆為玉或石質，作上有伏獸的方臺形。安徽亳縣隋王幹墓出土的石鎮，底部的方臺邊長 10.5、高 12 公分，上伏一獅❷（圖 33-13:1）。西安唐興慶宮遺址出土的白玉鎮，方臺邊長 13、高 7.5 公分，刻龍鳳葡萄紋，上伏一兔❷（圖 33-13:2）。西安東郊唐韋美美墓出土的白玉鎮，底部之臺呈長方形，長 8、寬 4.6、高 5.6 公分，臺頂亦伏一兔❷（圖 33-13:3）。鎮上伏兔或取其溫馴之意，而詩文中所稱道者多為伏獅鎮。秦韜玉詩：「地衣鎮角香獅子，簾額侵鉤繡辟邪。」❷和凝詩：「奯猊鎮角舞筵張，鸞

圖 33-13　隋唐鎮

1　隋，石鎮　安徽
亳縣王幹墓出土

2　唐，白玉鎮　西安
興慶宮遺址出土

3　唐，白玉鎮　西安
韋美美墓出土

鳳花分十六行。」[27]特別是閻隨侯的《鎮座石獅子賦》，由於採用了賦的體裁，
所以描寫得更加淋漓盡致：

　　　爾其拂拭為容，剖斷成質。
　　　臨玉簟而雙麗，向雕楹而對出。
　　　形勢雄壯，似生入戶之風；
　　　浮彩輕明，欲奪臨軒之日。
　　　……
　　　俯以瑠璃之砌，安以玟瑉之床。
　　　芳座豔綺羅之色，錦衣染蘭麝之香。
　　　光耀銅武，彩映銀章。
　　　威愪百城，褰帷見之而增懼；
　　　坐鎮千里，伏威無勞於武張。
　　　……
　　　一為席上之珍，幾對高堂之宴。
　　　棄置為從於取捨，光價幸生乎顧盼。
　　　觀乎府庭之內，莫為之最。
　　　其情也無欲於中，其質也見生於外。

⑳ 長江流域第二期文物考古工作人員訓練班《湖北江陵鳳凰山西漢墓發掘簡報》，《文物》1974
　　年第 6 期。
㉑ 微山兩城畫像石見《山東漢畫像石選集》圖 9。新津畫像石見 R. C. Rudolph, *Han Tomb Art
　　of West China.*, pl. 57.
㉒ 曾布川寬《六博の人物坐像鎮と博局紋について》，《古史春秋》第 5 號，1988 年。
㉓ 亳縣博物館《安徽亳縣隋墓》，《考古》1977 年第 1 期。
㉔ 陝西省博物館《漢唐絲綢之路文物精華》圖 165，龍出版公司，1990 年。
㉕ 呼林貴、侯寧彬、李恭《西安東郊唐韋美美墓發掘記》，《考古與文物》1992 年第 5 期。
㉖ 《全唐詩》十函五冊。
㉗ 《全唐詩》十一函四冊。

　　　既狎人之不恐，亦與物而何害❷。

詩人未曾想到的是，其所稱「狎人不恐」的獅子鎮有時竟變成凶器。《遼史·穆宗紀》載：應歷十年（960 年）「以鎮茵石殺猞猁擊殺近侍古哥。」可見石鎮也不可小覷。它和立在大門口的石獅子在造型上應有一定的親緣關係；不過這是別一問題，這裏就不擬詳談了。

（據《漢鎮藝術》，《文物》1983 年第 6 期；《坐席鎮與博鎮》，《文物天地》1989 年第 6 期合併改寫）

---

❷　《文苑英華》卷一○九。

中國早期的眼鏡

對於現代人來說，眼鏡的重要性是不言而喻的。當眼鏡未傳入我國之前，年老眼花，除了感歎自己「髮蒼蒼，視茫茫」之外，幾乎無法補救；更不要說患近視的青年，只能在雲山霧罩的狀況下度過一生了。在西方，眼鏡發明於 14 世紀初期。這之前，那些拿在手裏的有柄單片透鏡，雖然也有助於觀察物件，但不能戴在眼睛上，還不能算是真正的眼鏡。不過最早的眼鏡實際上就是用關捩連接在一起的兩枚單片鏡，可以折疊。一張 1380 年畫的聖保羅像，戴的正是這種眼鏡（圖 34-1）。恩格斯對眼鏡的發明給予極高評價，他說：「使希臘文學的輸入和傳播、海上探險及資產階級宗教改革真正成為可能，並且使它們的活動範圍大大擴展，發展大為迅速」的幾項重要發明，即「磁針、印刷、活字、亞麻紙、火藥、眼鏡」，以及在「計時上和力學上是一巨大進步的機械時計」❶。在這些發明中，前幾項都是我國的貢獻。最後提到的機械時鐘，它的一個關鍵部件：擒縱器，也是我國最先發明的。但眼鏡卻是西方文明送給古代中國的一件禮物。

圖 34-1
1380 年繪製的聖保羅像

製造眼鏡的基本元件——玻璃透鏡，在我國出現的時代並不晚。東漢王充在《論衡·率性篇》中所說的向日取火之陽燧，因為是「消煉五石」而成，故有可能就是指玻璃凸透鏡而言。與王充的時代相近的安徽亳縣曹操宗族墓中出土過五件製作得頗精緻的玻璃凸透鏡，最大的一件徑 2.4、中心部分厚 0.6 公分，和《論衡》之說正可互相印證❷。但這種工藝以後並未得到充分發展，我國在西方的眼鏡傳入之前亦未曾生產過類似的物品。

眼鏡是在 15 世紀中傳入我國的。明張寧《方洲雜言》說：「嘗於指揮胡龘寓所，見其父宗伯公所得宣廟賜物，如錢大者二，其形色絕似雲母石，類世之硝子，而質甚薄，以金相輪廓，而衍之為柄。紐制其末，合則為一，歧則為二，如市肆中等子匣。老人目昏，不辨細字，張此物於雙目，字明大加

---

❶ 《馬克思恩格斯全集》卷 20，頁 530～531，人民出版社，1971 年。

❷ 安徽省亳縣博物館《亳縣曹操宗族墓葬》，《文物》1978 年第 8 期。

倍。近者，又於孫景章參政所再見一具，試之復然。景章云：「以良馬易得於西域賈胡滿剌，似聞其名為優逮。」優逮是阿拉伯語 uwainat（眼鏡）的對音。但在稍晚一些的文獻中，卻都借用了現成的靉靆一詞。靉靆原指光線昏暗之狀。《楚辭‧遠遊》：「時曖曃其矘莽兮，召玄武而奔屬。」晉潘尼《逸民吟》：「朝雲靉靆，行露未晞。」可見此詞和眼鏡本不相干。但在明代和清初，它卻成為眼鏡的通稱。不僅我國這樣稱呼，日本於 1712 年成書的《倭漢三才圖會》中也稱眼鏡為靉靆。康熙年間，顧景星《白茅堂集》中還有一首感謝曹寅贈給他靉靆之詩。乾隆時，李綠園在《歧路燈》中仍說開封一帶的塾師等人「臉上拴著靉靆鏡」。本意指「昧不明」貌（《慧琳音義》卷三八引《坤蒼》）的一個詞彙，竟爾變成視字「明大」的眼鏡之專名了。

圖 34-2，「南都繁會景物圖卷」中戴眼鏡的老者

我國早期眼鏡的圖像和實物資料存世不多。中國歷史博物館所藏明人繪「南都繁會景物圖卷」中，在鬧市看「雜耍把戲」的觀眾裏面，有一位戴眼鏡的老者（圖34-2）。他的眼鏡和 16 世紀前期日本將軍足利義晴的眼鏡相似，時代應相去不遠。他們的眼鏡沒有腿，也不像明田藝蘅《留青日札》中說的，「用綾絹聯之，縛於腦後」；而是與當時歐洲的夾鼻鏡的戴法一樣（圖 34-3:1）。不用時，則將兩枚鏡片折疊，裝在眼鏡盒裏。盒子的形狀的確像等（戥）子匣，只不過稍短一些。

除了「靉靆」這種諧音的譯名外，國人亦循其用途稱之為「眼鏡」。上海圖書館所藏明于宣（成化、弘治間人）書函中云：「錢復老一見知為古人，所授眼鏡適與弟合。」❸此名稱為清代所沿襲。孔尚任在康熙三十八年（1699 年）完稿的《桃花扇傳奇》之《迎駕》一齣中，就說阮大鋮「腰內取出眼鏡戴」。曹寅的《棟亭集》中也有《夜飲和培山眼鏡歌》一詩。雍正時眼鏡的史料增多。如雍正在雲貴總督高其倬請安摺上的批諭中說：「賜你眼鏡兩個，不知可

圖 34-3

1 歐洲早期眼鏡

2 清，眼鏡　江蘇吳縣畢沅墓出土

3 晚清，眼鏡，架鼻梁處的圖案以蝙蝠和眼錢組成，寓意「福在眼前」

對眼否?」雍正本人也經常戴眼鏡，他的遺物中眼鏡種類很多，有車上戴的、安銅鉤的、安別簪的、上節骨頭下節鋼鉤的、玳瑁圈的，有近視眼鏡，也有40 歲、50 歲、60 歲等不同年齡所戴度數不同的眼鏡❹。乾隆五十六年，在正大光明殿大考翰林，詩以眼鏡命題。參加考試者 96 人，成績不入等的僅侍講學士集蘭一人，「著革職」❺。可見多數翰林已能就眼鏡敷衍成篇。江蘇吳縣祥里村清畢沅墓出土的眼鏡，應是乾隆年間的產品❻。它的鏡架為黑漆木框，已裝有供繫結用的絲縧（圖 34-3:2）。而且這副眼鏡是水晶鏡片，證明是我國自行製造的。因為如趙翼《陔餘叢考・眼鏡》所說：此物「蓋本來自外洋，皆玻璃製成。後廣東人仿其式，以水精製成。」我國既能琢製鏡片，眼鏡遂逐漸流行。雖然如此，但它畢竟是一種新事物。《紅樓夢》五三回《榮國府元宵開夜宴》中說：「賈母歪在榻上，和眾人說笑一回，又取出眼鏡向戲臺上照一回。」鄧雲鄉先生指出，這段話「貌似十分生動，卻產生小問題了。試想，賈母年紀大了，眼鏡匣子所裝，自然是老花鏡。」而老花鏡是「看近不看遠的」，所以這裏的描寫「不是很滑稽了嗎」❼？經鄧先生一指出，遂知博雅如曹雪芹者，當時對眼鏡也不甚在行。所以直到乾隆十六年（1795 年），楊米人寫的《都門竹枝詞》中仍說：「車從熱鬧道中行，斜坐觀書不出聲。眼鏡戴來裝近視，學他名士老先生。」似乎這時眼鏡還只是名士老先生所戴之物。至嘉慶二十四年（1819 年）張子秋在《續都門竹枝詞》中卻說：「近視人人戴眼鏡，鋪中深淺制分明。更饒養目輕猶巧，爭買皆由屬後生。」則眼鏡已成為青年人爭買之物，形制亦踵事增華（圖 34-3:3）。至道光時，如李光庭在《鄉言解頤》（1849 年刊）中說：「眼鏡以十二辰編號，從亥逆數，由淺入深。」這時廣州太平門外眼鏡街的產品行銷全國，深淺度數已較齊全，在當時的知識階層即所謂「士林」中，已具有一定程度的普及了。

（原載《文物天地》1988 年第 3 期）

---

❸ 《上海圖書館藏明人尺牘》冊 1，頁 176～177，上海科學技術文獻出版社，2002 年。

❹ 鞠德源《清代耶穌會士與西洋奇器・下》，《故宮博物院院刊》1989 年第 2 期。

❺ 清李調元《淡墨錄》卷一六。

❻ 南波《江蘇吳縣清畢沅墓發掘簡報》，《文物資料叢刊》1，1977 年。

❼ 鄧雲鄉《紅樓風俗譚》頁 200，中華書局，1987 年。

漢代的跳丸飛劍

雜技表演中拋球是一個常見的節目，它在漢代叫跳丸，先秦則叫弄丸。《莊子·徐无鬼》提到楚國有善弄丸的勇士名宜僚。據陸德明《釋文》稱：當時楚國的白公勝想襲殺令尹子西，打算借用宜僚的力量。「乃往告之，不許也。承之以劍，不動，弄丸如故。」宜僚在刀劍的脅迫下，不失常態，繼續弄丸，可見其風度之從容與技藝之嫻熟；則先秦時我國的這項表演已有相當高的水平。至漢代，在藝術品中更屢屢見到它。四川彭縣出土的畫像磚上有跳三丸的，山東肥城出土的畫像石上有跳六丸的（圖35-1:1、2）；演員或一腳踩盤，或一腳踩鼓，說明它與七盤舞、鼙舞等節目有所關聯，屬於我國傳統的表演範疇。跳丸本來只用手拋接，但僅靠手技，能掌握之球的數量有限。據雜技家傅起鳳、傅騰龍先生說：拋三四個球還不難，五個以上要想再增加一個，非磨上幾年功夫不可。目前能拋九個的人，世界上也不多。可是在山東濟寧出土的畫像石上有跳八丸的；傅惜華先生所編《漢代畫像全集》中著錄的一塊山東地區所出之畫像石上，還有跳九丸的（圖35-1:3、4）。從圖像上看，這些表演者不僅用雙手，還用身體其他部位拋接彈丸，這是值得注意的現象。

圖 35-1　漢畫像中所見跳丸

1　畫像磚，跳三丸　　2　畫像石，跳六丸　　3　畫像石，跳八丸　　4　畫像石，跳九丸
四川彭縣出土　　　　山東肥城出土　　　　山東濟寧出土　　　　山東出土

除跳丸外，雜技表演中還有拋劍的。由於劍刃鋒利，手不能觸，拋接時須看準方向，握住劍柄，故難度更大。《列子·說符篇》說宋人蘭子能拋劍，「弄七劍迭而躍之，五劍常在空中。」《列子》一書雖是魏晉人所作，但其中

頗採擷逸書，綴集舊聞，所以拋劍之技的出現，縱使到不了先秦，也不會晚於漢代。因為不但在沂南漢畫像石中有拋劍者，而且在別處還看到將球和劍同時拋接的表演；漢代稱後者為跳丸飛劍，有時也寫作飛丸跳劍。李尤《平樂觀賦》說：「飛丸跳劍，沸渭回擾」（《藝文類聚》卷六三引）。張衡《西京賦》說：「跳丸劍之揮霍。」《魏略》中曾提到曹植能「跳丸擊劍」（《三國志·魏書·王粲傳》裴松之注引），如果這裏說的跳丸和擊劍是邊跳邊擊，同時進行，則詩人曹子建也是一位了不起的雜技家了。這都是東漢時的事。魏明帝時，傑出的發明家馬鈞能「使木人跳丸擲劍」（《三國志·魏書·杜夔傳》裴注引傅玄《序》）。南朝劉宋時，鮑照在《舞鶴賦》中描寫了鶴的舞姿之美妙，然後說：「當是時也，燕姬色沮，巴童心恥，巾拂兩停，丸劍雙止。」可見這時的表演者仍以兼用丸、劍兩種道具者為多。而到了唐代，白居易在《立部伎》一詩中卻只說：「舞雙劍，跳七丸。」這時似乎已將舞劍和跳丸分開，變成為兩個節目。日本奈良正倉院所藏唐代漆彈弓背上所繪雜技圖，是很有代表性的，但其中的跳丸者只拋六個球而未擲劍。再往後，同時又跳丸又飛劍的表演遂鮮有所聞。

　　跳丸飛劍的表演大約在東漢安帝以後才形成高潮，魏晉時猶衍其餘波；不過文物中見到的形象資料主要是東漢晚期的。山東諸城前涼臺畫像石中的表演者跳四丸、飛三劍，山東安丘王封村畫像石中的表演者跳八丸、飛三劍（圖35-2:1、2）。而更引人矚目的是安丘董家莊畫像中所見之例。此石出在一座有前、中、後三室附兩個耳室的大型畫像石墓中，該墓南北長14.3、東西寬7.91公尺，大部分壁面刻有畫像。在全墓的224塊石材中，刻畫像者達103塊。樂舞百戲畫像石位於墓之中室室頂北坡，場面極為宏大，除仙凡人物、神禽異獸散綴其間外，一幅力士手擎九人的緣橦圖和這幅跳丸飛劍圖最為精

圖35-2　中國跳丸飛劍與羅馬跳丸

| 1　漢畫像石，跳四丸飛三劍　山東諸城前涼臺出土 | 2　漢畫像石，跳八丸飛三劍　山東安丘王封村出土 | 3　漢畫像石，跳十一丸飛三劍　山東安丘董家莊出土 | 4　羅馬，折合雙連畫，跳七丸 |

彩。過去《山東漢畫像石選集》刊載過它的拓片，但較模糊，細部難以辨認。1992 年出版的《安丘董家莊畫像石墓》一書中有清晰的圖版，可以明確地看出此表演者共跳十一丸、飛三劍（圖 35-2:3）。彈丸與利刃同擲，拋接的要領不同，頗難兼顧；況且其總數有 14 件之多，起落紛繁，節奏急促，表演者擲雪迴電，觀賞者目眩神馳，真是罕見的熱烈場面。而東漢晚期的雜技家之所以能勝任如此繁難的表演要求，主要是因為他們不僅用雙手，連腰、膝、足背、足跟、肩、臂乃至臀部都以不同的方式參與拋接，其動作要領在畫像石上反映得相當具體。不過，劍的拋接卻只能用手，否則無法準確地握住劍柄，這也就是為什麼此節目中用的劍始終不超過三把的緣故。

　　跳丸飛劍的表演之所以形成高潮，是與它在拋接技巧上的改進分不開的，而這一點又和西方雜技的影響有關。我國古代史書中經常稱讚西亞和歐洲的條支（敘利亞）、大秦（又稱犁軒，即羅馬）等國的雜技藝術。《史記·大宛列傳》說：「條支在安息西數千里，臨西海。……國善眩。」安息即西亞古代史上的帕提亞。《通典》卷一九三說：武帝時「安息獻犁軒幻人二，皆蹙眉峭鼻，亂髮拳鬚，長四尺五寸。」好像是兩名侏儒。這時正是安息名王密司立對提二世（Mithridates II）在位期間，他遣使來「觀漢廣大」並獻幻人是在元鼎五年（前 112 年）。此事又見《漢書·張騫傳》及《西域傳》，但均對雜技演出的情況未加描述。《魏略》中則說：「大秦國俗多奇幻：口中吐火，自縛自解，跳十二丸，巧妙非常。」（《後漢書·西域傳》李賢注引）大秦的雜技演員在西漢武帝和東漢安帝時都到中國來過。《後漢書·西南夷傳》說：「永寧元年（120 年），撣國（在今緬甸）王雍由調復遣使詣闕朝賀，獻樂及幻人，能變化吐火、自支解、易牛馬頭，又善跳丸，數乃至千。自言我海西人，海西即大秦也。」他們來華的次年（永寧二年），「元會，作之於庭，安帝與群臣共觀，大奇之。」可見羅馬雜技的表演使中國觀眾大開眼界。但在場的諫議大夫陳禪卻出來阻止，說：「帝王之庭不宜設夷狄之技。」其觀點狹隘得連安帝都無法接受，所以把他左遷至玄菟郡，當一名邊防線上的障尉，讓他到那兒防「夷狄」去了（見《後漢書·陳禪傳》）。然而為什麼羅馬雜技演員隨撣國使者一道來華呢？因為羅馬和中南半島間原有一條海上交通線。《魏略》說：「大秦國一號犁軒，在安息、條支西，大海之西，……故俗謂之海西。」「大秦道既從海北陸通，又循海而南，與交趾七郡外夷比。又有水道通益州永昌，故永昌出異物。」（《三國志·魏書·東夷傳》裴松之注引）在《後漢書·安帝紀》中，上述永寧元年撣國使者來華之事，正被記為：「永昌徼外撣國遣使貢獻。」則羅馬演員是先從地中海地區赴中南半島的緬甸，再從緬甸到雲南西部

的永昌郡,最後從永昌抵東漢首都洛陽,經由的路線很清楚。可是《後漢書‧西南夷傳》說大秦跳丸「數乃至千」的「千」,卻應為「十」字之誤;因為不僅拋接一千個球非人力所能致,也和《魏略》說的「跳丸十二」過分懸殊。古書中「十」字和「千」字常互訛。如《漢書‧西域傳》說自烏秅城(今新疆塔什庫爾干)赴懸度(今克什米爾西北部之巴勒提斯坦 Baltistan)的途中有一段險路,「臨崢嶸不測之深,行者騎步相持,繩索相引,二千餘里乃到懸度。」而《水經注》卷一則說:這條路上「有盤石之蹬,道狹尺餘,行者騎步相持,組橋相引,二十許里方到懸度。」證明《漢書‧西域傳》的「二千」實為「二十」之誤。《後漢書‧西南夷傳》中那段話致誤的情況和它有類似之處。

　　東漢永寧年間羅馬演員來華演出,對我國雜技中跳丸飛劍這套節目的改進產生了積極影響。相形之下,西漢時由新開通的絲路上到來的羅馬侏儒演員,演出的情況究竟如何,文獻中卻語焉不詳。而根據《魏略》、《後漢書》等處的記載,東漢時到來的羅馬演員肯定在我國表演過其拿手的跳丸之技。以上述山東地區漢畫像石中出現的形象與羅馬的同類圖畫作比較,會發現雙方之拋接的基本動作如出一轍。羅馬演員表演跳丸的圖像,日本學者宮崎市定在《條支、大秦和西海》一文中介紹過一例。他說:「玩十二丸的藝人之形相,可從古羅馬的折合雙連畫中看到。圖中的藝人只玩了七個圓球,但與玩十二丸的原理相同,就是使圓球在前額、手腕、足尖、小腿肚等處跳動而不致落地。在拉丁語中稱之為 Pilarius。」❶(圖 35-2:4)看來這種拋接方法應起於羅馬,我國雜技接受了他們的若干技巧。雖然這幅羅馬跳丸圖中只畫出七丸,但如宮崎先生所說,用這套方法將圓球增加到十二個也是有可能應付的。這樣一來,則與董家莊畫像石上跳的十一丸非常接近了。不過西方雖擅長跳丸,卻未能同時擲劍;從這個角度上講,漢代表演的難度要更勝一籌。這是因為漢代雜技演員在吸收外來技巧的基礎又有所發展,冰寒於水,青出於藍;從而呈現出如董家莊畫像石上之跳丸飛劍的技術水平,遂高出儕輩,雄踞於當時世界上此類表演的巔峰了。

(原載《尋常的精緻》,遼寧教育出版社,1996 年)

---

❶ 原載《史林》24 卷 1 號,1939 年。劉韶軍譯文載《日本學者研究中國史論著選譯》卷 9,中華書局,1993 年。

金明池上的龍舟和水戲

20世紀 50 年代後期天津市藝術博物館徵集到一幅宋代絹畫，描繪的是北宋時在東京開封府金明池上泛龍舟觀水戲的情景。它原是從一套圖冊裏散出的一開，高 29.5、寬 30 公分。此圖所表示的方位：上為西，下為東，左為南，右為北，與現代畫地圖的習慣不同。尺幅之中，反映出了這一熱鬧場面的全貌。虹橋水殿、樓觀彩棚，盡收眼底。水面之上，大小龍舟鼓枻激浪，

圖 36-1
宋，（傳）張擇端，「金明池爭標圖」

池岸夭桃垂柳，掩映成趣。各處稱人廣眾，徘徊瞻眺，熙來攘往，不下數百。此圖界畫精妙，風骨秀潤，對池臺亭榭的形制布局，反映得準確而細緻（圖 36-1）。四十餘年前，羅哲文、李庵二位先生就此圖所寫的文章已指出這一點❶。金明池位於東京外城西垣之外，在順天門和汴河西水門之間。它雖然距汴河較近，但引入的卻主要是供內苑使用的金水河之水（王應麟《玉海》卷一四七）❷；所以圖中的池面為一鑒清波，與濁流滾滾的汴河水不同。東京順天門俗稱新鄭門，因為它是外城即新城之門，且正對著內城即舊城西垣的舊鄭門（正式名稱為宜秋門）之故。明李濂《汴京遺蹟志》卷八說：「金明池在城西鄭門外西北，周回九里餘。」泛稱鄭門，不分新舊，有失縝密，但所記池周長度與孟元老《東京夢華錄》卷七之「九里三十步」相一致。而《夢華錄》稱「池西（呂原明《歲時雜記》作『池面』，是）直徑七里許」則有誤。因為新鄭門和西水門相距僅二里許，且金明池的平面接近方形，每面只能有二里多，故周回九里有餘。據新近鑽探的結果：此池東西長 1240、南北寬 1230、周長 4940 公尺❸。周長折合 9 宋里 45 宋步，與記載堪稱密合。它的面積不算太大，但在開封的四處池苑：凝祥、金明、瓊林、玉津中，卻是最著名的。主要是因為它從三月初一開放，時稱「開池」，上巳過後才關閉（李燾《續資治通鑑長編》卷四八）。至南宋時，猶豔

稱「宣和中，京師西池春遊」❹。在此期間還有皇帝車駕親臨，宴群臣、觀龍舟競渡之舉，這天「遊人增倍」。圖中表現的正是這一盛況。

　　此圖右下角接近邊緣處有一道雉堞，即開封外城西垣。雉堞上高聳之樓，即新鄭門的門樓。其左方之烏頭門，挾門柱上端裝日月版，兩扇櫺子門大開，應即金明池正門。池對岸位置與此門相當的另一座烏頭門，即金明池西門。門內為池之西岸，「亦無屋宇，但垂楊蘸水，煙草鋪堤，遊人稀少」（《夢華錄》）。這裏就是劉斧《青瑣高議・西池春遊》所記侯生與獨孤姬邂逅之處，該文中說「池西遊人多不往」，與《夢華錄》及此圖所示之狀況正合。循池西折而向北，有高大的屋宇跨水而建，《夢華錄》稱之為「奧屋」，沈括《夢溪筆談・補筆談》卷二稱之為「澳屋」，即神宗時採納黃懷信的設計所築，用以修理和存放大龍舟的船塢。圖中的大龍舟已離開澳屋，正向南岸駛去。此舟極其富麗豪華，應為哲宗紹聖年間名匠楊談重造者（蔡絛《鐵圍山叢談》卷四）。《夢華錄》說：「大龍船約長三四十丈，闊三四丈，頭尾鱗鬣皆雕鏤金飾。」「上有層樓臺觀檻曲，安設御座。龍頭上人舞旗，左右水棚排列六槳。」然而考慮到鄭和下西洋時乘坐的寶船據說才長 44 丈 4 尺❺，則這裏所記長度顯係誇大之詞，因為即以長 30 宋丈而論，已折合今制約 98.7 公尺，這麼大的船用六支槳是划不動的；對此本文姑存而不論。但《夢華錄》的其他描寫在圖中均約略可辨，特別是大龍舟船首龍頭上站著的人，後來的同類圖畫中多半未予表現，在這裏卻看得清清楚楚。可是這樣一艘高峻巍峨的平底船，在水上極易傾側，為了保持穩定，其艙底密排著桌面大小的壓艙鐵，據《鐵圍山叢談》說，總重量達 18 萬斤，折合今制約 115.2 噸，數字亦太大，難以全信。不過此船的規模無論如何總是相當驚人的，從而運轉之時勢難靈便。元符年間有一次上巳節宴群臣，蔡京在金明池登大龍舟，剛要上船，「而龍舟忽遠開去，勢大且不可回」，竟將他閃跌入池。當時「萬眾喧駭，倉卒召善泅水者」，但

---

❶　羅哲文《一幅宋代宮苑建築寫實圖》，《文物》1960 年第 7 期。李庵《宋張擇端的金明池龍舟爭標圖》，《新觀察》1960 年第 7 期。

❷　當時很重視金水河的清水，東京城裏自金水河引水的渠道多用磚甃砌，且有覆蓋。又《夢溪筆談・補筆談》中提到金明池建澳屋後，「決汴水入澳」，則金明池中亦曾注入汴河之水。但此水是當時改引洛水為源的清汴之水。

❸　見 1996 年 12 月 29 日《中國文物報》。

❹　洪邁《夷堅志・丁志》卷九。

❺　鄭和寶船的長度依 44.4 明丈折合，應在 150 公尺以上，從而其排水量應達三萬噸；這個數字也大得令人懷疑。上海交大楊槱教授據寶船現存的舵杆之長估算，寶船的長度為 60 公尺左右。池中的龍舟自應比作為遠洋航船的寶船小得多。

這位人稱「六賊」之首的蔡京還有一身功夫❻，救援的人尚未趕到，他自己已經游出水來了（《鐵圍山叢談》卷三）。

大龍舟行使的方向正對著池南岸的一座殿宇，此殿名臨水殿。據陸游《老學庵筆記》卷六記載，哲宗有一次曾拒絕登大龍舟，表示「但臨水殿略觀足矣」。因知其建造的年代不會晚於此時。惟《夢華錄》稱：金明池南岸「有面北臨水殿，車駕臨幸觀爭標，錫宴於此。往日旋以彩幄，政和間用土木造成矣。」彷彿臨水殿是政和時才建造的，其實它在哲宗時已經存在，政和時所建者只不過是用以取代「彩幄」的那一部分而已。圖中所畫的臨水殿，前部有寬闊的露臺，上面搭設著黃色的大幄帳。這是一個很值得注意的現象，是對此圖進行斷代的標尺，因為它說明此圖之最初的創作時間不會晚到政和時；而圖中的大龍舟又說明它不會早於重造此舟的紹聖時。

宋初開鑿金明池的目的本為操練水軍，真宗時曾在池側置水軍營「按試戰棹」（《續資治通鑒長編》卷八一）。宋袁褧《楓窗小牘》說當年神衛虎翼水軍在池中演習時，「船舫迴旋，戈船飛虎，迎弄江濤，出沒聚散，欻忽如神。」熙寧以後，武備漸弛，水戰演變成水戲。不過由於有原先形成的傳統，所以水戲也相當緊張熱烈。其中最主要的項目是龍舟爭標。上述小絹畫中，在臨水殿的露臺前，兩列紅旗立於水中，這是為競渡爭標之船「標識地分遠近」用的。兩列旗當中還豎著一根高竿，上面掛著不少物件，即《夢華錄》所說：「有小舟，一軍校執一竿，上掛以錦彩、銀碗之類，謂之標竿，插在近殿水中。」競渡的小龍船、虎頭船等，正在大龍舟兩側鼓噪前進。遺憾的是畫幅太小，展觀時如自高空俯瞰大地，景色雖一覽無餘，細節卻不甚了了。比如在兩列紅旗之西，即圖的中部，池面上還停泊著三艘船，靠左面的那一艘形制奇特，彷彿是搭在水上的一座舞臺。此船或即《夢華錄》所記：「又有一小船，上結小彩樓，下有三小門，如傀儡棚，正對水中樂船。上參軍色進致語，樂作，彩棚中門開，出小木偶人，小船子。……又作樂，小船入棚。繼有木偶築球舞旋之類，亦各念致語唱和樂作而已，謂之水傀儡。」可惜這一在戲劇史上具有重要意義的表演項目雖已近在眼前，卻看不真切。至於當中之帶架子的船是否即「水秋千」，右面那艘是否即「樂船」，就更不易作出判斷了。但在這三艘船後面的仙橋，卻畫得很清楚。此橋「南北約數百步，橋面三虹，朱漆欄楯，下排雁柱，中央隆起，謂之駱駝虹」（《夢華錄》）。鄭獬《遊金明池》詩中「波底畫橋天上動，岸邊遊客鑒中行」之句，即詠此橋❼。橋之右端通往池中心的亞字形人工島，島上有以廊廡相連接的五座殿堂，名水心殿。橋左端則通往建於磚砌高臺上的寶津樓，這是皇帝賞閱諸軍表演百戲之處，

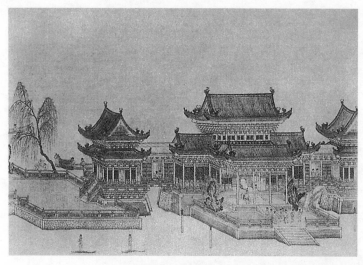

圖 36-2 元，王振鵬，「金明池爭標圖」（局部）

與龍舟爭標無關，所以圖中只把它們作為襯景處理了。

　　不過，圖中那些分辨不清的細節，有的卻可以參看元仁宗時王振鵬所繪「金明池爭標圖」（圖 36-2）。此圖臺北故宮博物院藏有兩卷，美國紐約大都會博物館、底特律美術館各藏一卷，內容及筆意大致相同，可能原作便不止一本。此卷中出現的大龍舟，較短而寬，甲板上的建築物擁擠不堪，顯然是摹自南宋李嵩的「天中戲水圖」（圖 36-3）。這艘船在結構上不合理的地方很

---

❻ 北宋末年禍國殃民的權奸大璫蔡京、梁師成、李彥、朱勔、王黼、童貫等六人被稱為「六賊」。見宋陳東《陳修撰集・登聞檢院上欽宗書》。

❼ 鄭獬《鄖溪集》卷二七。

圖 36-3　宋，李嵩，「天中戲
　　　　　水圖」

圖 36-4　元，王振鵬，「金明池爭
　　　　　標圖」中的「水秋千」

多，它似乎受了當時流行的仿大龍舟製作的玩具龍船（金盈之《醉翁談錄》
卷三）的影響。李嵩畫過不少幅「貨郎圖」，對玩具知之甚稔，容有所偏愛。
而王振鵬在其歷史畫卷中，居然把大龍舟也畫成這種樣子，就使人感到他對
北宋的情況未免有些隔膜。雖然如此，但他畫的水秋千卻十分具體，蕩起者
與騰越半空行將入水者的姿勢都很生動（圖 36-4）。與《夢華錄》所說「又有
兩畫船，上立秋千，船尾百戲人上竿，左右軍院虞候監教，鼓笛相和。又一
人上蹴秋千，將平架，筋斗擲身入水」的情況差似。表演水秋千給人的印象
深刻。朱翌詩：「卻憶金明三月天，春風引出大龍船。二十餘年成一夢，夢中
猶記水秋千。」❽真可謂魂牽夢縈。南宋時，「西湖春中，浙江秋中，皆有龍
舟爭標，輕捷可觀，有金明池之遺風」（耐得翁《都城紀勝》）；「又有踏滾木、
水傀儡、水百戲、撮弄等，各呈技藝」（周密《武林舊事》卷七）。這些記載
卻都未提水秋千，或者此時這個節目已不太流行。清代又有秋千船，然而只
是女孩子在船面的秋千上蕩來蕩去，「飄然而來花冥冥，忽然而去風泠泠」，
並不往水裏跳（丁午《湖船續錄》），和北宋時的水秋千大不相同。至於《夢
華錄》所說「百戲人上竿」的情況，在王振鵬的畫卷裏也能看到。這裏的一
艘船上疊起長凳和條案，案上有人足蹬高竿，竿頭的表演者手展長幡，上書

「慶國泰民安賀風調雨順」等字。此船上還有一人執長
竿，上面懸掛著各色「利物」，應即標竿（圖36-5）。此外，
卷中眾多小龍船爭先恐後互相競賽的氣氛也被渲染得緊
張熱烈，立在小船龍頭上的軍校「舞旗招引」之狀頗為傳
神。而在上述小幅絹畫中，雖然也有人立在小船的
龍頭上，但僅具輪廓，就難以充分引起觀者的
注意了。

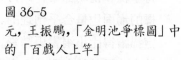

　　在王振鵬的畫卷中，金明池的建築物也畫
得比較實在，雖然不無改動之處，且因所採用的透
視方法不同，它們被以橫向順序排列開來，與正常
的方位亦有別，但水心殿、仙橋、橋頭的華表、
橋南的彩樓以及競渡之終點臨水殿的形像都還
認得出來。金明池毀於靖康兵燹，元代的王振鵬
無緣得見，而且他對該池的詳情也並不十分了

圖 36-5

元，王振鵬，「金明池爭標圖」中
的「百戲人上竿」

解，他的「爭標圖」有一本在臨水殿的匾額上竟添寫「寶津之樓」四字，張
冠李戴，就鬧了一個笑話。所以他繪此長卷時必有所本。南渡以後，中原人
士之旅居江外者，往往通過描寫京師風物的文字或圖畫以寄託鄉思。及至元
代，這類圖畫之存世者尚有多少？有哪些可能被王振鵬看到？已很難說清。
但尋覓蛛絲馬跡，仍會找見若干可資探討的線索。

　　讓我們再回到上文所說的小幅絹畫上來。此圖左側粉牆一角有「張擇端
呈進」細字款，但畫的筆意與北京故宮所藏張擇端「清明上河圖」相去很遠，
其非張氏原作，固不待言；研究者多認為它是南宋時傳摹之本。但問題是它
的底本有沒有可能出自張氏手筆？答案應該是肯定的。只要看圖中描繪的金
明池風物的真實程度，便可知其創作者倘非親歷，是絕對畫不出來的。至於
有些細節與《東京夢華錄》的記載微有出入，則不足病。因為一來《夢華錄》
的記載也並不完全可靠，到底是相信該書還是相信此圖，也還有個比較鑑別、
見仁見智的問題。二來古代中國畫並無百分之百地照原樣寫生的傳統，小絹
畫所繪金明池與《夢華錄》所記如此契合，已經是很難能可貴的了。再者「上
河圖」後幅金代張著的題跋說張擇端有「西湖爭標圖」與「清明上河圖」；鑑
於金明池當時通稱「西池」，故「西湖爭標圖」也有可能即「西池爭標圖」之
誤記。又據張著所列二畫的次序，「爭標圖」應作於「上河圖」之前。而這時

---

❽　朱翌《灊山集》卷一。

張擇端不應南渡，當時杭州的西湖上也未聞有龍舟爭標之盛。所以有理由認為，畫史上推重的張氏早年所作「爭標圖」，或即這幅小絹畫的底本。不過從構圖上說，王振鵬的「爭標圖」是長卷的形式，倒與張氏的「上河圖」更為接近。

現存的「上河圖」是從東京外城東部較空曠之處起手向西畫，經過下土橋，進內城角子門，然而再經過一處十字路口，畫卷就戛然而止，分明是一個殘卷 ❾。其完本往西還應畫出相國寺、州橋等東京城內有代表性的繁華市街，可惜後面的一大段已佚失不存。鄭振鐸先生說：「根據後來的許多本子，『清明上河圖』的場面還應向前展開，要畫到金明池為止。」❿ 無疑是正確的判斷。因為只有這樣才是一卷首尾完整、橫亙東京的都城全景圖。金明池龍舟爭標和清明節常在同月之中，時間相近，「上河圖」末段在金明池上安排爭標的場面也是合乎情理的。這一熱鬧景觀張氏久已會心，在「上河圖」中一定描繪得比小絹畫更精彩。它引起了王振鵬的懷古之情，從而以之為主要依據完成了他的在形式上亦互相接近的「爭標圖」。雖然後者並非前者之忠實的摹本，這裏面夾雜著若干後出之事物。大龍舟不必說，畫卷中的「鰍魚船」，也和《夢華錄》所稱「止容一人撐划，乃獨木為之」的情況不同，而是一人站在魚形長木上，且不見撐划的動作，令人覺得其中有南宋弄潮人之踏滾木表演的身影。其他不合宋制之處尚有不少，不備述。但從王氏畫卷幾個本子的內容無多大出入，而且所繪金明池風物確非向壁虛構等方面看來，王氏揮毫之前，胸中應有一先入為主的底樣，而此底樣或即「上河圖」未殘本（包括其摹本）的末段。假如本文的這一設想能夠成立，則今日猶可據王氏畫卷窺知「上河圖」佚失部分的風貌之一斑。失之東隅，收之桑榆，對讀畫者說來也是不幸中的大幸了。

（原載《文物天地》1992 年第 6 期）

---

❾ 《許政揚文存‧「清明上河圖」畫的是哪座橋》，中華書局，1984 年。
❿ 鄭振鐸《「清河上河圖」的研究》，《文物精華》1，文物出版社，1959 年。

佛像的火焰肩與火焰背光

美國哈佛大學福格美術博物館藏有一尊據傳出自我國河北石家莊地區的鎏金銅佛像，應製作於 4 世紀前期 ❶。這是一尊著通肩衣的禪定坐佛，高 31.8 公分，方形臺座，座前供養瓶花，左右踞伏獅子。座兩側各鑄出一執燈或執蓮花的供養人。佛像隆準修目，八字短髭，薄唇長耳，額間凸起白毫，造型帶有濃厚的貴霜色彩；但供養人的面像卻完全是中國式的。特別應當注意的是，佛像之兩肩分別升起四束向內彎成弧形的火焰。在鎏金銅造像中極為獨特（圖 37-1）。

圖 37-1　4 世紀前期，鎏金銅焰肩佛像　美國哈佛大學福格美術博物館藏

肩上升起火焰的佛像通稱焰肩佛。但就存世之實例而言，火焰肩並不是首先出現在佛像上，而是出現在貴霜帝王像上。公元 1 世紀中期，自我國西北地區遷徙到中亞阿姆河流域的大月氏各部，由丘就卻 (Kujūla Kadphises) 將五翕侯統一起來，建立貴霜帝國。又經過無名王的拓殖，至 1 世紀後期，丘就卻之子閻膏珍 (Vima Kadphises) 繼立，國勢強盛，領土擴張至西北印度。閻膏珍所鑄金幣正面的國王像，於左肩升起火焰（圖 37-2）。可是在已發現的早期佛像上，卻未看到這種做法。如 19 世紀中葉在阿富汗賈拉拉巴德附近的比馬蘭 2 號佛塔出土的鑲寶石金舍利函外壁所鑄佛像，及 1908 年在白沙瓦附近的沙吉奇德里出土的伽膩色迦銅舍利函上所鑄佛像，均不呈火焰肩（圖 37-3）。比馬蘭舍利函中盛有四枚塞王阿澤斯的錢幣，故近年研究者多將其年代定為 1 世紀，也有人逕指為丘就卻時代之作 ❷。沙吉奇德里舍利函上的佉盧文銘中則說，此器製於伽膩色迦王元年。它是伽膩色迦一世送給在伽膩色迦布邏城中他的寺廟的禮物 ❸。伽膩色迦一世在位之年代目前尚無一致的說法，但此器的製作當不晚於 2 世紀中葉。以上兩例中的佛像均不見火焰肩，並非

圖 37-2　貴霜，閻膏珍王金幣，左肩升起火焰

---

❶ 水野清一《中國の彫刻》圖 7，東京，1960 年。
❷ 林梅村《古代大夏所出丘就卻時代犍陀羅語三藏寫經》，《文物天地》1998 年第 1 期。
❸ B. N. Mukherjee, "Shah-ji-ki-Dheri casket-inscription", *British Museum Quarterly*, 28.

圖 37-3

1　貴霜，舍利函　阿富
汗比馬蘭 2 號佛塔出土

2　貴霜，伽膩色迦銅舍利函

偶然。

這種情況在伽膩色迦一世的錢幣上也看得很清楚。由於貴霜帝國統治地域中
民族眾多，信仰複雜，而當政者採取寬容的宗教政策，所以在其錢幣背面鑄
出的神像中，希臘的以及祆教、婆羅門教、佛教的神祇都曾出現。與火焰肩
相關的神像主要是祆教中的火神兼鍛冶之神阿次洒 (Athsho)，它還可以代表
其創造者祆教的主神阿胡拉·瑪茲達。在一枚伽膩色迦一世的金幣上，正面
的國王像僅在右肩升起火焰，而背面的阿次洒像卻於雙肩均升起火焰（圖 37-
4:1）。祆教崇拜火，像上的火代表善和光明。國王像大多只在肩之一側升火焰，
似乎意味著下阿次洒神一等，從大貴霜時的閻膏珍像到小貴霜時的瓦爾喀什
王 (Valkash，484～488 年) 像上都能看到這樣的例子❹。至於有些晚期的國
王像逾出此規格，那就是另外的問題了。但在早期，在伽膩色迦一世所鑄背
面有佛陀像的著名金幣上，雖正面的國王像亦循例於肩之一側升起火焰，佛
陀像的雙肩上卻一無所有（圖 37-4:2）；因知火焰肩本非佛像之固有的相好。
然而伽膩色迦一世是一位虔誠的佛教徒，他信奉大乘教派，佛教之第四次「無
遮大會」即在他的主持下召開，名僧龍樹、馬鳴、僧伽羅剎等都得到他的優
禮。從而原本是伊蘭系神官之尊貴的表徵的火焰肩，此後遂逐漸與佛像發生

圖 37-4　貴霜，伽膩色迦一世金幣

1　正面：國王像　　　背面：阿次洒神像　　　2　正面：國王像　　　背面：佛陀像

聯繫。《大唐西域記・迦畢試國・大雪山龍池及其傳說》條記伽膩色迦王與龍王較量，龍王作法，「聲震雷動，暴風拔木，沙石如雨，雲霧晦冥，軍馬驚駭。王乃歸命三寶，請求加護。曰：『宿殖多福，得為人王，威懾強敵，統贍部洲，今為龍畜所屈，誠乃我之薄福也。願諸福力，於今現前！』即於兩肩起大煙焰，龍退風靜，霧卷雲開。」由於玄奘去伽膩色迦王時已近五六百年，他記載的神話已經後世潤色加工，所以伽膩色迦一世在佛法的佑護下，也於「兩肩起大煙焰」了。不過就在此王之後不久，於迦畢試地區確已出現焰肩佛像。迦畢試在漢籍中又作迦臂施、迦毘試、迦卑試、劫比舍也，其地即今阿富汗的貝格拉姆 (Begram)，位於巴米安石窟東面，南距喀布爾 62 公里，伽膩色迦時為貴霜帝國之夏都❺。此古城附近的派特瓦 (Pāitāvā) 寺院遺址所出石雕「大奇跡佛」，兩肩各升起四束火焰，年代約為 3 世紀，正可與《西域記》的記載相印證；惜其下部已殘❻。法國吉美博物館所藏阿富汗出土的石雕「舍衛城雙神變」，構圖與前者基本相同，卻相當完整❼。此像雕出大水從地下湧起，佛像騰空而立，熊熊烈焰在肩後噴薄搖曳，呈密集狀；佛像抵右掌作施無畏印，氣勢雄健，風姿軒昂，極顯刀工。但此立佛肩上之火焰尚不夠規範。喀布爾博物館所藏石佛像，肩上的火焰雖仍為前後兩叢，卻已歸併成幾束（圖 37-5：1）。而派特瓦出土的禪定佛像於雙肩各出火焰四束，以後逐漸成為定式（圖 37-5：2）。從出土地點看，這類佛像是在新疆以西到印度河上游之間，即今南烏茲別克斯坦至北阿富汗一帶形成的，這一帶正是貴霜藝術中烏滸河派的發祥之地；它是犍陀羅造像進一步與伊蘭風、大夏風以及若干中亞本地特色相

圖 37-5　阿富汗地區的焰肩佛像

1　喀布爾博物館藏　　　　　　　　　　　　　　　　2　派特瓦出土

❹ Katsumi Tanabe, *Silk Road Coins, The Hirayama Collection*, fig.103、108, London, 1993.

❺ 季羨林等《大唐西域記校注》頁 137，中華書局，1985 年。

❻ B. Rowland, *The Art and Architecture of India*, p. 128, New Delhi, 1984.

❼ J. Meunié, *Shotorak*, Paris, 1942.

結合的產物❽。

　　5 世紀以前，貴霜一直是佛法東傳的樞紐，我國的佛教最初就是從大月氏人那裏傳來的。《三國志》卷三〇裴松之注引魚豢《魏略・西戎傳》說：「哀帝元壽元年（前 2 年）博士弟子景盧受大月氏王使伊存口授《浮屠經》。」不僅如此，將佛經譯成漢文的早期譯者也幾乎都是月氏人，或經貴霜來華的安息人、天竺人、粟特人。而我國新疆地區由於毗鄰貴霜，所以率先接受佛教，修寺建窟，開展佛事活動。新疆地區的石窟多集中在絲路北道沿線的綠洲地帶，而以龜茲境內之石窟遺跡最富，尤以拜城的克孜爾石窟和庫車的庫木吐拉石窟規模為大。特別是克孜爾石窟由於開鑿的時間早，地位更加重要。宿白先生說：「它正處在蔥嶺以西阿富汗巴米安石窟群和新疆以東諸石窟群之間。它所保存早期壁畫的洞窟的數量，遠遠超過了巴米安，而其第一階段的洞窟的具體年代至少要早於新疆以東現存最早的洞窟約一百年左右。」❾在克孜爾石窟的壁畫中，就出現了畫得很清楚的焰肩佛，其雙肩升起的成朵的火焰，與上述派特瓦出土禪定像的造型相一致（圖 37-6:1）。此外，在吐魯番拜西哈爾石窟和鄯善吐峪溝石窟的壁畫中，也能看到肩背之後升起火焰的佛像（圖 37-6:2）和比丘像，不過這些像上的火焰呈分散狀。值得注意的是，在我國通往巴基斯坦的喀喇崑崙高山公路所經山谷間發現的岩畫中，也有帶火焰肩的造像，如沙提阿勒橋附近所刻尸毘王捨身救鴿本生，尸毘王雙肩各有四道火焰❿（圖 37-7）。晃華山先生說：喀喇崑崙高山公路「正是漢代以來所謂的『罽賓道』，它是由現在新疆塔里木盆地西南部的皮山縣向西南，經紅其拉甫山口進入巴基斯坦境內的洪札河谷，接著是吉爾吉特河谷和印度河谷，最後到達白沙瓦、土瓦特以及阿富汗喀布爾河中下游地區。這個地區包括古代的迦畢試、犍陀羅、呾叉始羅和烏萇等地，漢代所說的罽賓就是指這個地區。」⓫因此，這條路線正是貴霜藝術中的犍陀羅流派與烏滸河流派傳入新疆

圖 37-6　新疆早期石窟中的焰肩佛

圖 37-7　岩畫，尸毘王捨生救鴿本生畫　喀喇崑崙高山公路山谷間

1　壁畫，克孜爾 1207 窟

2　壁畫，吐魯番拜西哈爾 3 窟

的通道之一。在這裏發現帶火焰肩的造像並不使人感到意外，通過它不難使
人聯想起福格博物館所藏金銅焰肩佛像；看來兩肩各出四束火焰乃是此類造
像之較規範的格式。福格館的金銅像與上述闞賓道岩畫的年代大約相去不遠，
均不出 4 世紀。而克孜爾石窟的開鑿，據研究可以上溯到 3 世紀 ❷，所以這
裏有些早期佛像兩肩上的火焰各密集成一整朵，而不分散成束。

　　我國開始造佛像的時間約為 2 世紀後期，如四川樂山「麻浩享堂」、江蘇
連雲港孔望山等地之例，但這時畢竟為數不多 ❸ （圖 37-8:5）。至 3 世紀，在
東吳統治區內出現了較多的佛像，可又往往只充作器物的裝飾。「人們將佛教
造像飾於馬具中用於轡帶的飾件，以及用作酒樽的附飾，甚至以佛像作為支
承香熏的足，或貼飾承痰的唾壺。」❹尤不堪者，如《法苑珠林・敬佛篇・觀
佛部》說：「吳時於建業後園平地，獲金像一軀，……孫晧得之。素未有信，
不甚尊重，置於廁處，令執廁籌。」其褻慢乃爾。像湖北鄂州塘角頭 4 號吳墓
所出之獨立的、兩旁伴以脅侍、顯然作為供奉對象的佛像，是很少見到的 ❺
（圖 37-8:6）。不過也有例外，在這時的若干種銅鏡如畫紋帶佛獸鏡、夔紋佛
像鏡的圖紋中，佛像出現在原先安排東王公、西王母的位置上，表明它們同
樣被視為神仙，受到崇敬。在東漢晚期的畫像鏡或神獸鏡上，東王公的形像
比比皆是。起初東王公戴高山、進賢之類高冠，裝束和世俗的諸侯王差不多。
後來東王公改戴山字形冠，或即《仙傳拾遺》所稱東王公「冠三維之冠」的
三維冠。這種冠式是識別東王公的標誌之一。而且東王公之肩可生羽翼。《論

---

❽　貴霜藝術中的「烏滸河流派」是樋口隆康先生提出來的。他說：「可以認為，貴霜除有犍陀
　　羅派和秣菟羅派兩個美術流派以外，貴霜還有一個新的流派。把這個流派稱為大夏（巴克
　　特利亞）美術，會發生時代上的語病。稱之為吐火羅斯坦美術，一般又不為人熟悉。因此，
　　以這種美術作品製作材料的石灰岩的出產地烏滸河（Oxus，即今阿姆河）來命名。」轉引自
　　姜伯勤《論呾密石窟寺與西域佛教美術中的烏滸河流派》，載《段文傑敦煌研究五十年紀念
　　文集》，世界圖書出版公司，1996 年。

❾　宿白《中國石窟寺研究・新疆拜城克孜爾石窟部分洞窟的類型與年代》頁 37，文物出版社，
　　1996 年。

❿　國家文物局教育處《佛教石窟考古概要・中亞佛教建築與造像》頁 287～288、292，文物
　　出版社，1993 年。

⓫　同注❿。

⓬　霍旭初、王建林《丹青斑駁，千秋壯觀——克孜爾石窟壁畫藝術及分期概述》，載《中國新
　　疆壁畫全集・1・克孜爾》。

⓭　俞偉超《東漢佛教圖像考》，《文物》1980 年第 5 期。俞偉超、信立祥《孔望山摩崖造像的
　　年代考察》，《文物》1981 年第 7 期。

⓮　楊泓《跋鄂州孫吳墓出土陶佛像》，《考古》1996 年第 11 期。

⓯　湖北省文物考古研究所等《湖北鄂州市塘角頭六朝墓》，《考古》1996 年第 11 期。

圖 37-8

上：東王公

1　東漢，龍虎神仙畫　　2　東漢，神仙畫像鏡　　3　三國，畫紋帶神獸　　4　魏晉，畫磚　甘肅
　像　浙江省博物館藏　　　浙江省博物館藏　　　　鏡　湖北鄂州出土　　　高臺駱駝城出土

下：佛陀像

5　東漢　四川樂山　　6　吳　湖北鄂州塘角　　7　三國，四葉八鳳佛　　8　4 世紀前期，鎏金銅
　「麻浩享堂」門額　　　頭 4 號墓出土　　　　　獸鏡　湖北鄂州出土　　焰肩佛像　美國哈佛大
　　　　　　　　　　　　　　　　　　　　　　　　　　　　　　　　　　　學福格美術博物館藏

衡·道虛篇》：「好道學仙，中生毛羽，終以飛升。」《楚辭·遠遊》王逸注：
「人得道，身生毛羽也。」銅鏡上的東王公有的生小羽翼 ❶ (圖 37-8:1)，也有
的將羽翼表現為許多道弧線 ❶ (圖 37-8:2)，甘肅高臺駱駝城魏晉墓出土畫磚
上的東王公之翼仍然如此 ❶ (圖 37-8:4)。東王公又和西王母一樣，起初「梯
几」，後來坐龍虎座 ❶ (圖 37-8:3)。它們的坐姿本應為漢族傳統式樣的跪坐，
但由於鏡上不少圖像採取正視的角度，且因衣裾向兩側擴張，所以看起來頗
類似趺坐。不過肩生羽翼或毛羽始終是東王公、西王母等神仙的特徵；出現
在 3 世紀之三國和西晉前期銅鏡上的佛像，是不具備這一特徵的。儘管後者
有時也坐龍虎座，雙肩上卻並無這類附加物 ❷ (圖 37-8:7)。也就是說，3 世紀
時長江流域鑄造的銅鏡上的佛像，不像新疆那樣，於其上看不到貴霜藝術之
烏滸河派的影響。有的學者指出，佛教初向我國傳播時還有幾條南方之路 ❹；
而從南方之路傳入的佛教藝術看來與烏滸河派有一定距離。可是到了如福格
美術博物館所藏大約製作於華北的 4 世紀前期的佛像上，肩部出現了分散的
弧線形附加物，雖然它和東王公像上的毛羽十分相似，所代表的卻是火焰（圖
37-8:8）。似乎不能認為這是藝術上的不約而同、殊途同歸。因為這時的佛像
有向神仙像靠攏的趨勢，福格館上述藏品實際上是將東王公之毛羽的造型嫁
接到佛像的火焰肩上了。而所謂 3 世紀和 4 世紀初的中國銅鏡圖紋中有「模

仿佛像的神仙像」的提法❷，疑不確。相反，這時只能有「模仿神仙像的佛像」。佛教入華之初，依附於神仙道術，其表現是所謂佛道雜糅，此世所共鑒。比如將佛像安排在龍虎座上，於佛經則無據，於神仙家則有徵。同樣，上述福格館藏品也正帶有「模仿神仙像的佛像」的痕跡；縱使肩上升起四道火焰合乎烏滸河派造像的規範，也不能據而否定它在當時之客觀情勢下所處的位置。

　　於犍陀羅晚期，迦畢試地區出土的貴霜石造像已有在背光邊緣處增飾窄窄的一圈火焰紋之例，但並未擴及整個背光（圖37-5:1）。而在克孜爾76窟中發現的兩件木雕佛像，其橢圓形背光中充滿了不規則的火焰紋，時代約為5世紀初❷（圖37-9:1）。同時期的遼寧北票北燕馮素弗墓（太平七年，415年）出土的金冠瓔上壓印的佛像，背後也升騰起不規則的火焰❷（圖37-9:2），與上述克孜爾木雕像可謂異曲同工。這樣形成的火焰背光問世後，很快便傳播開來，5世紀前期的幾十年中，南北方都出現了配舟形火焰背光的佛像。而

圖37-9　帶火焰背光的佛像

1　5世紀初，木雕佛像　新疆克孜爾76窟發現　　　2　北燕，金瓔　遼寧北票馮素弗墓出土　　　3　劉宋元嘉十四年，韓謙造銅佛像　　　4　北魏太平真君五年，銅佛像

---

⑯　王士倫《浙江出土銅鏡》圖37、39，文物出版社，1987年。

⑰　同注⑯。

⑱　張掖地區文物管理辦公室等《甘肅高臺駱駝城畫像磚墓調查》，《文物》1997年第12期。

⑲　《山海經·海內北經》：「西王母梯几而戴勝杖。」漢畫像石中常見西王母坐高几上，東王公亦然。坐龍虎座的東王公見湖北鄂城鄂鋼544工地出土鏡，載《鄂城漢三國六朝銅鏡》圖103，文物出版社，1986年。

⑳　《鄂城漢三國六朝銅鏡》圖81。

㉑　南京博物院等編《佛教初傳南方之路文物圖錄》，文物出版社，1993年。

㉒　西田守夫《鉛同位體比法による漢式鏡研への期待と雜感──主として吳鏡と三角緣神獸鏡の關係資料について》，《MUSEUM──東京國立博物館美術誌》1982年1月號。

㉓　查婭·帕塔卡婭《中亞藝術》圖21、28，載許建英、何漢民編譯《中亞佛教藝術》，新疆美術攝影出版社，1992年。

㉔　黎瑤渤《遼寧北票縣西官營子北燕馮素弗墓》，《文物》1973年第3期。

且對火焰紋的處理手法漸趨嚴謹，不復鋪張散漫，僅使之繚繞於背光外緣，如日本永青文庫藏宋元嘉十四年（437年）韓謙造銅禪定佛像㉕（圖37-9:3）、意大利羅馬某氏藏北魏太平真君五年（444年）銅立佛像㉖（圖37-9:4）。它們的背光製作精巧，火焰紋路細密，繁而不亂，布局既有規律又洋溢著流麗圓轉的躍動感，所以為後世所長期仿效。

然而並不是說當火焰背光出現後，原先的焰肩圖案隨即消失；實際上，整個5世紀乃至6世紀前期，火焰肩仍是背光的一個組成部分。這時在頭光與背光之間，於佛像肩部正餘下一塊弧邊三角形的空隙，恰可填充火焰。它和頭光、背光結合在一起，不僅使火焰肩這一傳統觀念繼續保留，而且也使佛像靠背的圖案更加充實。如甘肅劉家峽市炳靈寺169窟第6龕有西秦建弘元年（420年）題記，是已知有明確記年的最早石窟造像。此像作禪定式，背光邊緣繪細密的火焰紋，兩肩又各升起一朵炎炎的火焰㉗（圖37-10:1）。這種構圖傳入北魏後，無論在小型造像或大型石窟中都能看到它的蹤跡。日本藤井有鄰館所藏北魏太安元年（455年）石造像㉘、日本書道博物館所藏北魏延興二年（472年）石造像㉙（圖37-10:2），背光邊緣均為忍冬紋，背光及頭光中有多尊化佛，但雙肩卻升起火焰，頗為醒目。石窟中的背光圖案也是如此。如雲岡20窟是和平初年（460年或稍後）開鑿的曇曜五窟之一，窟內正中有大坐佛，高13.7公尺，為雲岡最宏偉的造像，其背光也在兩肩處刻火焰紋。直到孝文帝遷洛前最後開鑿的雲岡第6窟中的佛像之背光，仍保持著此種構圖（圖37-10:3）。也就在遷洛這一年，太和十八年（494年）尹受國所

圖37-10
帶火焰背光的焰肩佛像

1 西秦建弘元年　甘肅劉家峽炳靈寺169窟第6龕
2 北魏延興二年　日本書道博物館藏
3 北魏孝文帝時期　山西雲岡6窟
4 北魏太和十八年，尹受國造像
5 北魏永平二年　陝西博物館藏

造石佛坐像，被認為具有典型的太和期佛像風格，也在頭光、背光中刻火焰紋。其頭光的邊框且向下延伸，將雙肩上的火焰納於其中，構圖顯得更加整齊，火光內外輝映，渾然一體，但火焰肩反而不夠突出 ❸ （圖 37-10:4）。北魏遷洛，將這種圖案帶到龍門。古陽洞北壁太和十九年（495 年），長樂王丘穆陵亮夫人尉遲氏所鑿龕像，為古陽洞諸龕中最早者。造像的布局恢宏，裝飾瑰麗，上部張垂瓔珞花蔓，其下為大舟形火焰背光，內有多層化佛與供養天，頭光最內一層為蓮花紋。由於背光太大太複雜，肩上的三角形區域所占比例相對減小，其中容納的火焰就更不突出了。6 世紀初的焰肩佛，可以陝西博物館所藏西安市王家倉出土的北魏永平二年（509 年）石造像為代表 ❸ （圖 37-10:5）。往後直到 6 世紀末，在莫高窟 410、282、427、420 等隋窟中，佛像兩肩上仍然畫出火焰。入唐，它才完全與背光融作一片。

　　火焰背光是在貴霜佛像背光上的一窄圈火焰紋和焰肩圖案的基礎上創造性地發展而成，從而為佛像提供出一屏輝煌的背景，不僅烘托氣氛，而且激發聯想。當它出現以後，大型佛殿中的造像如不安裝火焰背光，就有失去依托之感。而且，我國的火焰背光的圖案也曾不斷有新的創意。6 世紀 20 年代的正光時期，不但在背光中將火焰紋和纏枝卷草、蓮花、化佛等巧妙地組合在一起，而且在背光外緣裝飾多身飛天。它們手持樂器，凌空翱翔，裙帔飄揚上舉，其輕盈之體態與升騰之火焰若合節拍，相得益彰。有些背光頂部尖端還裝小舍利塔，塔頂聳立相輪；祥容寶剎，流光動瑞，雖華飾繽紛而意致高朗。存世之正光三年（522 年）、正光五年（524 年）、永安二年（529 年）諸作 ❸，均為其箇中翹楚。故中國式樣的火焰背光可以說是我國在佛像藝術上的重大創造之一，現存之此類精美的造像更無疑是我國文物中的瑰寶。

（原載《中國歷史博物館考古部紀念文集》，科學出版社，2000 年）

---

❷⑤　金申《中國歷代紀年佛像圖典》圖 7、11、22、80，文物出版社，1994 年。

❷⑥　同注❷⑤。

❷⑦　《中國石窟寺研究》圖版 19、20。

❷⑧　《中國の彫刻》插圖 54、82。

❷⑨　同注❷⑤。

❸⓪　同注❷⑧。

❸①　同注❷⑤。

❸②　張總《北朝金銅佛像背光飛天分析》，《文物》1993 年第 12 期。

中國早期高層佛塔造型之淵源

在中國建築史上，佛塔固應認為是由於佛教的傳入而引進的外來建築形式，漢文塔字的語源來自巴利語 thūpa，梵文作 stūpa，漢語的對音為窣堵婆。但中國早期高層佛塔與印度窣堵婆的造型差異甚大❶。對於形成這一特殊現象的原因，海內外建築史學者已作過許多探討❷。筆者不揣譾陋，亦略陳所見，以求教正於方家。

印度的窣堵婆與精舍

如所眾知，印度窣堵婆的本義指墳墓。宋法雲《翻譯名義集》卷二○：「窣堵婆，《西域記》云：『浮圖，又曰偷婆，又曰私偷簸，皆訛也。』此翻方墳，亦翻圓冢，亦翻高顯，義翻靈廟。劉熙《釋名》云：『廟者貌也，先祖形貌所在也。』又梵名塔婆，發軫曰：『《說文》元無此字，徐鉉新加，云西國浮圖也。』言浮圖者，此翻聚相。《戒壇圖經》云：『原無塔字，此方字書乃是物聲，本非西土之號。若依梵本，瘞佛骨所，名曰塔婆。』」不過根據桑奇大窣堵婆垣門浮雕圖像中之所見，這種形狀的墳墓在佛教出現以前就存在於印度，瘞佛舍利的窣堵婆乃是在傳統形制的基礎上發展而成。中印度之典型的窣堵婆，其主體是接近半球狀的覆缽 (anda 或 garbha)，其下部有供右繞禮拜用的附階 (sopāna)，再下部為基壇 (medhi)。在覆缽之上有方形的平頭（神邸）(harmikā)，上立剎杆 (yasti)，杆上裝傘蓋 (chattrā)。在其周圍一定距離處建有欄楯 (vedikā)，欄楯四方闢四垣門 (torana)（圖 38-1、2）。這樣的一座窣堵婆是

圖 38-1　印度桑奇 3 號窣堵婆

圖 38-2　中印度典型的窣堵婆（據桑奇 3 號窣堵婆製圖，補出欄楯）

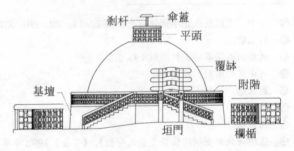

剎杆　傘蓋

平頭

覆缽

基壇

附階

垣門　欄楯

寺院中最神聖的場所，也是佛陀生涯中最後的大事件涅槃的象徵。特別是在紀元前的小乘佛教時代，從教義上就認為佛身不可形象。如《增一阿含經》卷二一謂：「如來身不可造作」，「不可模則，不可言長言短」(《大正藏》卷二，頁 657b)。因此，信徒並不供奉佛像，只以若干象徵物如白象、鐵缽、菩提樹、金剛座、法輪等來代表❸。在它們當中，窣堵婆當然是更重要的對象，它常建造於寺院正中，在最矚目的位置上接受信徒的禮拜。由於窣堵婆是墳墓，是禮佛的象徵物，因此它是實心的，信徒不僅在事實上不能進入其內部，在願望上一般也無由產生這樣的要求。

不過，到了公元 1 世紀以後，情況發生了變化，這時在西北印犍陀羅地區由馬鳴 (阿濕縛竇沙，Aśvaghośa) 所倡導的大乘佛教興盛起來了。大乘佛教主張造佛像，大乘經典《般舟三昧經》中明確指出：「復有四事，疾得是三昧，一者作佛形象，用成是三昧故」(《大正藏》卷一三，頁 899c)。❹因此這時在犍陀羅地區留下了不少帶有希臘作風的佛像。而佛像一出現，就成為信徒通過直觀直接禮拜的對象，寺院中必須安排適當的處所放置它們。雖然，這時在犍陀羅的、較之中印度的形制已有所改易的窣堵婆上常於覆缽中部闢龕造像，但大量佛像不能全都依托於窣堵婆，仍然要有專門供奉佛像的建築物。可是這種建築物原先是沒有的，所以佛教徒遂借用婆羅門教的天祠，特別是一種名為希訶羅 (śikhara) 的神堂的形式來建造自己的佛殿——精舍❺。這種情況在玄奘的《大唐西域記》中反映得很清楚。此書卷五《殑伽河伽藍》條說：

> 伽藍東南不遠有大精舍，石基磚室，高二百餘尺，中作如來立像，高三十餘尺，鑄以鍮石，飾諸妙寶。精舍四周石壁之上，雕畫如來修菩薩行所經

❶　本文所論僅限於高層佛塔，單層佛塔另有其發展途徑，茲未涉及。

❷　關於中國佛塔造型的起源諸說不一：梁思成《中國的佛教建築》、羅哲文《中國古塔》、伊東忠太《東洋建築研究》主張起源於重樓；關野貞《南北朝時代の塔とガンダラ式塔との關係》、G. Combaz, *L'évolution du stūpa*、H. G. Franz, *Von Gandhāra bis Pagàn* 主張起源於犍陀羅式塔；原田淑人《中國式塔婆の起因についての考察》主張起源於門闕；村田治郎《支那の佛塔》則主張一種折衷說。而劉致平《中國建築類型及結構》、P. Brown, *Indian Architecture* 都認為嵩嶽寺塔很像印度的希訶羅；筆者草此文時受到了他們的啟發。

❸　如以白象象徵佛誕生，鐵缽象徵巡錫，菩提樹、金剛座象徵成道，法輪象徵說法等等。

❹　支婁迦讖於東漢光和二年 (179 年) 已將此經譯成漢文，因此中土的造像活動開展得較早。

❺　《史記·大宛列傳》正義引《括地志》：「佛上忉利天，為母說法九十日。波斯匿王思欲見佛，即刻牛頭栴檀像，置精舍內佛坐。此像是眾像之始，後人所法也。」也認為最早的佛像置於精舍中。

事蹟，備盡鐫鏤。石精舍南不遠有日天祠，祠南不遠有大自在天祠，並瑩
青石，俱窮雕刻，規模度量，同佛精舍。

此書卷六《給孤獨園》條又說：

> 伽藍東六七十步有一精舍，高六十餘尺，中有佛像東面而坐。如來在昔於
> 此與諸外道論議。次東有天祠，量等精舍。日旦流光，天祠之影不蔽精舍；
> 日將落照，精舍之陰遂覆天祠。

玄奘站在佛教的立場上立論，所以說天祠「量等精舍」，其實倒是精舍的建築
形式在模仿天祠；而《西域記》中對精舍的描寫，也無不與希訶羅式建築物
大體相合。如該書卷七所記鹿野伽藍中的一座精舍：「高二百餘尺，上以黃金
隱起作庵沒羅果，石為基陛，磚作層龕，翕帀四周，節級百數」；正是希訶羅
式布滿層層水平節線的高塔式建築的寫照。而所謂庵沒羅果即藥用植物餘甘
子的果實 ❻，在這裏指此類建築結頂處所裝扁球狀物。但是也有些精舍在結
頂處裝剎，如《西域記·鞮羅釋迦伽藍》條所記之精舍：

> 中門當塗，有三精舍，上置輪相，鈴鐸虛懸。下建層基，軒檻周列，戶牖
> 棟梁，墻垣階陛，金銅隱起，廁間莊嚴。中精舍佛立像高三丈，左多羅菩
> 薩像，右觀自在菩薩像。凡斯三像，鍮石鑄成，威神肅然，冥鑒遠矣。精
> 舍中各有舍利一升，靈光或照，奇瑞間起。

這段記載很重要，它表明有的精舍不但在頂部裝相輪即剎，而且內部放有舍
利；這兩點都和窣堵婆相接近。但它畢竟是中空的高建築，其中且置有三丈
高的佛像。所以，綜合起來看，就有理由認為這類精舍已具有窣堵婆和佛殿
的雙重性質了。

中國樓閣式木塔造型的淵源

中國是在印度本土的佛教建築已大致發展到這一階段時才開始營建自己
的佛塔的。因此對於佛塔的認識，已難以回到公元前印度小乘佛教的單純象
徵物的概念上去。佛教雖已於西漢末年開始傳入我國，但這種宗教引起社會
高層的注意是在東漢明帝時，而佛像從一開始便是它的顯著的標誌。《洛陽伽
藍記》卷四說：「白馬寺，漢明帝所立也，佛入中國之始。寺在西陽門外三里
御道南。帝夢金神長丈六，項背日月光明，金神號曰佛。遣使向西域求之，
乃得經像焉。時白馬負而來，因以為名。」漢明帝感夢之說雖不可盡信，但此

時佛像已傳入中國是實,而洛陽白馬寺中也確有像和塔。《魏書·釋老志》說:
「自洛中構白馬寺,盛飾佛圖,畫迹甚妙,為四方式。凡宮塔制度,猶依天
竺舊狀而重構之,從一級至三、五、七、九,世人相承,謂之浮圖。」可見在
這座寺院中應建有浮圖,即塔;而以塔為主體建築的佛寺也叫塔廟或浮圖寺。
我國古文獻中最早作出較具體的描述的浮圖寺是東漢末年笮融在徐州建造
的。《三國志·吳書·劉繇傳》說:笮融「大起浮圖祠,以銅為人,黃金塗身,
衣以錦采。垂銅槃九重,下為重樓閣道,可容三千餘人。」同一史實在《後漢
書·陶謙傳》中也有記載,那裏說笮融「大起浮屠寺。上累金盤,下為重樓,
又堂閣周回,可容三千許人。作黃金塗像,衣以錦綵。」陳壽和范曄關於這座
浮圖的兩段文字,其内容略有出入,容於下文中再加探討;而它們的相同之
處,是都說這座浮圖的塔身為重樓,樓頂上裝重層鎏金銅盤,内部置鎏金銅
佛像。由於在塔内供佛像,所以晉葛洪《字苑》說:「塔,佛堂也」(《玄應音
義》卷六引)。《魏書·釋老志》也說:「塔亦胡言,猶宗廟也。」至於是否瘞
有舍利,史無明文。雖然如此,仍可認為這座塔應與羯羅釋迦伽藍中的精舍
為近,而與桑奇等地的窣堵婆卻差得遠。所以嚴格地說,笮融的浮圖不是塔
而是精舍,或者至少是具有精舍和塔的雙重性質。

　　不過並不能把笮融的浮圖只看作是中國重樓與印度窣堵婆上的剎的簡單
疊合。如果在中國建築的傳統中完全不存在嫁接這種外來植株的砧木的話,
陌生的印度塔剎是難以移植到重樓上的。所以笮融浮圖的結構中,實際上包
含著不少中國固有的成分。

　　在漢代,木構樓觀有在屋頂上立標柱的做法。張衡《西京賦》:「營宇之
制,事兼未央。圜闕竦以造天,若雙碣之相望。鳳騫翥於甍標,咸遡風而欲
翔。」李善注:「謂作鐵鳳凰,令張兩翼,舉頭敷尾,以函屋上,當棟中央,
下有轉樞,常向風,如將飛者焉。」圜闕的闕身應為圓形,其屋頂如果像若干
陶囷的做法那樣,則可在攢尖處立標。如果此闕之頂仍砌出短短的正脊,依
張衡賦,其脊上也應立標,標上再裝鐵鳳凰。平面作矩形的建築物之頂用四
角攢尖者在漢代尚少見❼,但也有在短脊上立標柱的。《漢書·尹賞傳》顏師
古注引如淳曰:「舊亭傳於四角面百步築土四方,上有屋,屋上有柱出,高丈
餘,有大板貫柱四出,名曰桓表。」師古曰:「即華表也。」華表也可簡稱為「表」

---

❻　《毗奈耶雜事》卷五:「庵摩洛迦即嶺南餘甘子也。初食之時,稍如苦澀,及其飲水,美味
　　便生,從事立名,號餘甘矣。舊云庵摩勒果者,訛也。」

❼　漢代的四角攢尖頂曾於廣州 4019 號東漢墓出土的井亭上一見。英國不列顛博物院所藏之攢
　　尖頂陶望樓既裝寶珠又懸匾額,與漢制不合,殆偽。

圖 38-3 漢畫像石上所見之標

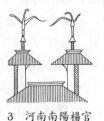

1 山東沂南出土　　2 山東莒南大店出土　　3 河南南陽楊官寺出土　　4 山東沂南出土

或「標」❽。山東沂南畫像石中出現過在屋頂上立「交午柱」即華表的闕（圖38-3:1）。山東莒南大店和河南南陽楊官寺的漢畫像石中都出現過在高樓上立華表的圖形（圖38-3:2、3），其華表頂部呈三角形，與沂南畫像石中立於橋頭之華表的造型一致（圖38-3:4）❾。而在中國旅行家看來，印度窣堵婆頂上的剎也屬此類。《西域記・大雪山龍池》條記一座窣堵婆失火的情況，謂其「內忽有煙起，少間便出猛焰，時人謂窣堵婆已從火爐。瞻視良久，火滅煙消，乃見舍利如白珠璠，循環表柱，宛轉而上。」這裏說的「表柱」正指其剎而言。並且這個詞不僅用於窣堵婆，也用於精舍。同書卷一一「僧伽羅國」條云：「王宮側有佛牙精舍⋯⋯上建表柱，置鉢曇摩羅伽大寶」，便是其例。同樣，此稱謂也適用於中國塔的剎，所以杜甫《同諸公登慈恩寺塔》一詩開頭就說「高標跨蒼天」。因此，笮融之浮圖如在重樓頂上立標柱，則與漢代建築的傳統手法並無違礙之處。

　　但是印度窣堵婆的剎上還要裝傘蓋。印度氣候炎熱，貴人出行常有從者執傘護侍；窣堵婆上立傘蓋，也是用以表示尊貴崇敬之意。但我國漢代原來也有禮儀性的華蓋，在武氏祠鐫刻的周成王像和沂南畫像石的西王母像上均張有華蓋（圖38-4:1、2），可見無論帝王或神仙均可用之。我國早期金銅佛像

圖 38-4 華蓋

1 畫像石中的周成王 山東武氏祠　　2 畫像石中的西王母 山東沂南　　3 銅佛像 河北石家莊北宋村出土　　4 銅佛像 甘肅涇川出土

上所張之蓋亦與上述華蓋並無二致（圖 38-4:3、4）。不過印度窣堵婆上的傘蓋不止一重，《法苑珠林》卷三七引《十二因緣經》謂：傘蓋「佛塔八重，菩薩七重，辟支佛六重，四果五重，三果四，二果三，初果二，輪王一；凡僧但蕉葉火珠而已。」堪稱巧合的是，中國古代也有使用多重蓋的傳統，其淵源可以追溯到先秦。《山海經・海外西經》：「大樂之野，夏后啟……乘兩龍，雲蓋三層。」漢代的耕根車也用三重蓋❿。王莽的「登仙車」則用九重蓋。《漢書・王莽傳》：「或言黃帝時建華蓋以登仙，莽乃造華蓋九重，高八丈一尺。」車蓋之外，也在神壇上樹多重蓋。《水經注・谷水》引華嶠《後漢書》：「靈帝於平樂觀下起大壇，上建十二重五彩華蓋，高十丈。壇東北為小壇，復建九重華蓋，高九丈。」所以，笮融在他的重樓上累金盤九重，既可以看作是在樓頂的標柱上建九重華蓋，又可以被認為是裝上了印度式的剎。傳統的形制和外來的因素在這裏恰巧被統一了起來。

　　但有的研究者認為，中國塔的剎就是整座窣堵婆的縮影或模型⓫。他們常強調塔剎底部的小覆缽，認為這一部分就代表窣堵婆的主體。對於晚期佛塔來說，或許可以作這樣的理解，但不能認為中國塔的結構從一開始便遵循著這樣的法則；因為現存為數不多的早期塔剎並不支持此說，在它們的底部很難明確地指出一個覆缽來。如雲岡 11、14 窟中若干浮雕塔之剎，相輪底部多承以用蕉葉裝飾的基座，對照雲岡 14 窟中雕出大覆缽的單層塔，則前者僅相當於窣堵婆上的平頭而已（圖 38-5）。因此更有理由認為，笮融重樓上的金盤是窣堵婆之傘蓋和中國之多重華蓋的綜合體，而並非疊床架屋，在重樓頂部再拼接上整座的縮小了的窣堵婆。

　　如前所述，印度往往將窣堵婆建於佛寺的中央，中國早期佛塔的位置也是如此。這種將高層建築置於正中的布局雖與中國傳統的以門塾堂寢等組成的建築平面不同，但不能說漢晉時沒有類似的式樣。不但漢長安城南郊禮制

---

❽　《呂氏春秋・似順論・慎小篇》高誘注：「表，柱也。」《管子・君臣上》尹知章注：「表謂以木為標，有所告示也。」《宋書・五行志》：「大明七年，風吹初寧陵左標折」，而《建康實錄》卷一三則謂：「大明七年夏四月，大風折初寧陵華表。」可見表、標、華表諸名稱互通。

❾　沂南畫像石中橋頭華表頂部為三角形，孝堂山畫像石中橋頭華表頂上立鳥，楊官寺華表頂部兼有三角形物與立鳥。後來由於受了丁令威化鶴歸來立於華表的神話的影響，此鳥常作鶴形。

❿　《文選・東京賦》薛綜注：「農輿三蓋，所謂耕根車也。」《續漢書・輿服志》：「耕車有三蓋。」河北滿城 2 號漢墓之 1 號車，在車箱範圍內共出蓋弓帽 61 枚，分大、中、小三種，屬於三個車蓋，應看作是漢代裝三蓋之車的直接證據。

⓫　梁思成《中國的佛教建築》，《現代佛學》1961 年第 2 期。

圖 38-5　塔刹（各塔虛線以上不應再起覆缽）

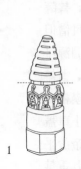

1　北涼，高善穆造石塔　甘肅酒泉出土
2　雲岡 14 窟浮雕塔
3　雲岡 11 窟浮雕塔

建築在平面正中安置了一座規模巨大的高建築，而且與笮融的時代相近的東漢晚期至魏晉間的墓葬中出土的若干明器陶樓，也有安排在院落當中的，如河南靈寶張灣、甘肅張掖郭家沙灘、甘肅武威雷臺等地所出者均如此（圖 38-6）。特別是雷臺所出的一例，院當中建有五層高樓，四隅建角樓，角樓之間連以帶欄杆的天橋，院內又用重牆砌出夾道，天橋與夾道上下相對。依《史記·留侯世家》集解引如淳說，這種構造名為「復道」，而依韋昭說，則名為「閣道」。也有的文獻認為單是天橋即可名為閣道。《史記·天官書》正義：「閣道，……飛閣之道。」又同書《高祖紀》索隱：「棧道，閣道也。」則不論依哪一說，雷臺所出的這件明器正是一座重樓閣道的建築模型。它和《三國志》所記笮融浮圖的「重樓閣道」之形制頗相合。可以設想，笮融浮圖的塔身或與雷臺陶樓為近。再看《後漢書》中所稱「下為重樓，又堂閣周回」云云，則有失陳壽原意。因為如依《後漢書》所說，此塔院四周應繞以廊廡和殿堂，這就和「閣道」不是同一種形式了。雷臺陶樓在各層腰簷上未施平坐，北魏石窟中的塔柱及浮雕和壁畫中的塔也是如此，這種互相一致的現象似非偶然。但現存之日本飛鳥時期的木塔卻有平坐。那麼，中國早期高層木塔為

圖 38-6　漢晉，陶樓

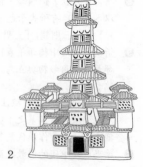

1　甘肅張掖郭家沙灘漢墓出土
2　甘肅武威雷臺晉墓出土　　　　1　　　　　　　　　2

何不施平坐？其中的原因尚有待探討。

中國密簷式磚塔造型的淵源

上述高層佛塔的實物以木塔為主，《洛陽伽藍記》中所記之十七座塔也大都是木塔。但木塔頂部裝有巨大的金屬塔剎，容易引電落雷而失火。如北魏熙平元年（516 年）所建洛陽永寧寺九層大木塔，「殫土木之功，窮造形之巧」，為一時偉觀，但只經過十八年，至永熙三年（534 年）便被焚毀。所以遠在晉太康六年（285 年）已出現了太康寺的三層磚浮圖❷。磚塔的防火性能較木塔為優，它是當時突然出現的一種全新的建築類型，北魏正光四年（523 年）所建河南登封嵩嶽寺塔是中國現存最早的磚塔。在這座塔上第一次看到以逐層縮短而內收的疊澀密簷形成的緩和弧線，這使它的外輪廓略呈炮彈形（圖 38-7）。應當指出的是，在中國傳統的梁柱式土木結構的建築物上是難以出現這種效果的，所以這種弧線不可能在中國自身的建築意匠中產生。結合上文對中國塔與希訶羅式建築的關係的分析，可以認為，炮彈形的輪廓當來自印度。印度古代有一類竹構建築物，它是將植在地上的四根竹竿的梢部縛在一起，再以石塊封頂（圖 38-8:1），這樣很自然地形成了一個弧形的方錐體。這是在印度本土產生的一種建築形式，希訶羅的造型即取法於此。用磚石建造的希訶羅的外壁，早期多砌出水平節級。而嵩嶽寺塔不但接受了希訶羅的外輪廓，並且它的疊澀密簷也是在當時的條件下用中國建築的語彙迻譯希訶羅之水平節級的既接近又可行的作法。又如《西域記》卷八所記，在印度，這類建築有的「疊以青磚，塗以石灰」；而嵩嶽寺塔的外皮也正滿塗石灰。雖經千年風霜，今已多處剝脫，但還保留著相當一部分，而且其磚砌的塔剎由於包在灰皮裏面，還曾長期被誤認為係用白石雕成。這些情況都說明，至南北朝時，雖然自漢代已經形成的以木構重樓充塔身的做法仍相沿未替，但隨著佛教知識在中國的流傳弘布，僧俗信士已經產生了使佛教建築物進一步肖似印度「舊狀」的要求。特別在修建磚塔時，由於採用了新材料，所以在形式上也進行了新探索。嵩嶽寺塔就是在這樣的背景下做出的最初的嘗試之一。

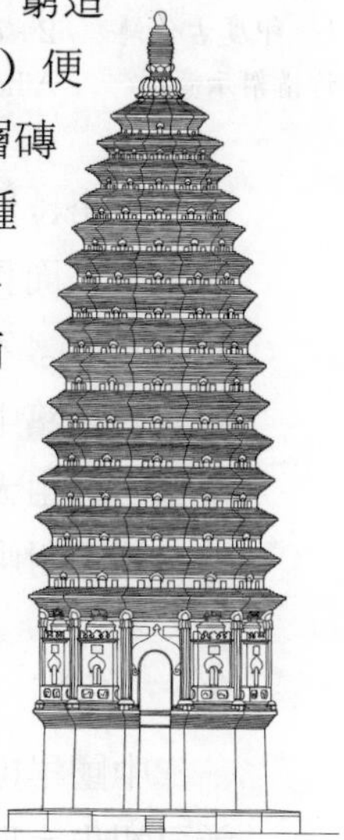

唐代高層磚塔仍以密簷式為多，如西安薦福寺小雁塔、嵩山永泰寺塔和

圖 38-7　北魏，河南登封嵩嶽寺塔

---

❷　北魏楊衒之《洛陽伽藍記》卷二。

圖 38-8　建築物上的炮彈形輪廓線

1　印度古代縛	2　5世紀，印度	3　6世紀，印度	4　8世紀，印度希	5　8世紀，山西
竹構架示意圖	Aihole 希訶羅	Pattadakal 希訶羅	Osia, Jodhpur 希	西安小雁塔
			訶羅	

法王寺塔、房山雲居寺石塔、昆明慧光寺塔、大理崇聖寺千尋塔等都屬於此
種類型。而且唐代密簷塔的平面均為方形，這就更接近希訶羅的式樣了（圖
38-8：2～5）。不過印度建築對唐代密簷塔所起的影響亦僅到此為止。希訶羅在
印度教建築中以後還有所發展，它在四隅簇生出許多層方錐狀突起，最後變
得像一叢由大小方錐嵌結而成的結晶體，同時表面雕飾也愈益繁縟。但晚期
的希訶羅對中國佛教建築未產生影響。

餘　論

　　中國早期高層佛塔主要的兩種類型——樓閣式塔和密簷式塔雖然在唐以
前已初步定型，但在唐代還有人進行了一次使中國高層佛塔進一步向窣堵婆
靠攏的努力，這就是玄奘修建長安大慈恩寺塔的活動。玄奘在印淹留日久，
濡染較深，姑不論他所建立的慈恩宗學說是否具有太印度化的傾向，但至少
他在建塔時是嚮往於較純粹的印度形制的。他在永徽三年（652 年）建議修
慈恩寺塔，原計畫全用石料，地點在寺端門之陽，高度為 300 尺。後經唐高
宗勸阻，材料改用磚，地點改在該寺西院，高度減為 180 尺。當時玄奘「親
負簣畚，擔運磚石」，所以塔的規模雖然縮減，但式樣仍是依玄奘的要求：「仿
西域制度，不循此舊式也。」❸因知此塔不會是習見的密簷式或樓閣式。其塔
基每面為 140 尺，可是塔高連相輪露盤在內才 180 尺，而且這座塔為「磚表
土心」，即是實心的；所以它與此前之具有精舍性質的塔不同，而應接近於窣
堵婆。但此塔建成後不到半個世紀，「浮圖心內，卉木鑽出，漸以頹毀。長安
中（701～704 年）更拆改造，依東夏剎表舊式，特崇於前」❹。重修時據說
是武則天和王公大臣們出的錢❺。這回不但恢復了中國式樣，而且增至十層，
中空有梯可攀。自盛唐以降，它始終是長安城中登臨的勝地；而玄奘恢復「西
域制度」的努力在唐代遂成絕響。中國佛塔仍然依中國佛教徒當時的理解，
用中國的材料、技術，遵循東漢、六朝以來形成的傳統於各地繼續興建，從

而在中國建築史上留下了獨具風格的許多建築珍品。

　　基本保持窣堵婆形制的塔，雖在南北朝、隋、唐的壁畫與線雕中曾經出現，但較具規模的建築實例除五台山佛光寺後山之窣堵婆式磚塔外，頗為罕見。在我國，只有喇嘛塔最接近犍陀羅式窣堵婆。它於元代才在內地流行，最早的一例是至元八年（1271 年）所建北京妙應寺白塔。也就是說，在佛教傳入中國一千餘年之後，窣堵婆的身影才真正從南亞次大陸投射到我國東部地區。

（原載《中國歷史博物館館刊》第 6 期，1984 年）

---

❸　唐慧立《大慈恩寺三藏法師傳》卷七。

❹　宋宋敏求《長安志》卷八。

❺　宋張禮《遊城南記》。

中國早期單層佛塔建築中的粟特因素

從淵源上說，中國佛塔之造型應追溯到不晚於公元前3世紀已在中印度出現的窣堵婆。大型窣堵婆以半球形覆缽丘為主體，下承圓形塔基，周圍設環道，樹欄楯，闢塔門，供信士右繞禮拜。覆缽丘正頂建平臺，名平頭，其正中立剎杆，裝相輪。但這類窣堵婆並未在中國營造，我國古代不僅沒有此型建築物之實例，而且在圖像中也不曾見過它。與中國塔之造型關係較近的是北印度的犍陀羅式塔。這類塔的圓形塔身建在方形塔基上，覆缽丘的比例加高，平頭成為倒置的方壇形，皆立相輪多重。最下層的相輪特別大，面積遠遠超過平頭，有時甚至與覆缽的直徑相當；往上逐漸減小，其外緣的連線側視呈三角形。而且大部分犍陀羅式塔已不在外圍設欄楯（圖39-1:1）。

圖39-1　犍陀羅式塔

 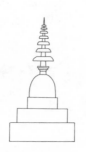   

1　犍陀羅小石塔　印度加爾各答博物館藏

2　壁畫中所繪之塔　卡拉切佩1號寺院遺址

3　木雕塔　新疆樓蘭遺址出土

4　北涼，程段兒造石塔

5　殘石塔　新疆和闐約特干遺址出土

佛教通過克什米爾自印度向北傳布，2世紀以降，這一帶留下了不少犍陀羅式塔的圖像。近年經新疆塔什庫爾干出紅其拉甫山口，循吉爾吉特河谷至印度河平原修建了一條中巴國際公路，沿線發現的岩畫中常刻有這種類型的塔❶。20世紀初，斯坦因第二次赴和闐時選擇的路線偏北，他是沿著今巴基斯坦西北邊境省的吉德拉爾河谷經阿富汗瓦罕谷地東行，翻越瓦赫吉里山口進入我國的，沿線也發現了刻有犍陀羅式塔的岩畫❷。如自瓦罕谷地轉而

向西，取道噴赤河谷可逕達烏茲別克斯坦南陲的鐵爾梅茲，這裏的卡拉切佩1號寺院遺址的壁畫中所繪之塔也是這樣的❸（圖39-1:2）。所以最早傳入中國的塔型似莫能外，亦應屬於犍陀羅式塔。但在我國早期佛教遺物中，這種塔不僅少，而且其造型已在發生變化，覆缽丘以上之平頭、相輪部分的變化尤其明顯。斯坦因於新疆樓蘭遺址劫獲之木雕小塔，相輪結構單調，互相連接，只在邊緣部分稍加刻削，劃出層次❹（圖39-1:3）。而酒泉、敦煌、吐魯番等地出土之北涼石塔，其保存較完整者，相輪均聚合成一體，僅以刻出的環狀淺槽表示分層，平頭部分則簡化成八角與四角之短柱，或被稱為塔頸❺（圖39-1:4）。新疆和闐約特干遺址出土的小石塔殘件，相輪直接加在覆缽丘上，平頭、剎杆均被略去，所謂塔頸幾乎不存，碩大的多重相輪依次增減所形成的氣勢也看不到了❻（圖39-1:5）。這種情況說明，犍陀羅式塔傳入我國後，其固有的建築意匠並未再度輝煌，相反，無論整體造型或細部結構都出現了省便的趨勢。

為什麼犍陀羅式塔在我國沒有獲得充分發展的空間呢？這是由於在小乘佛教時期，塔本是禮佛的象徵物，佛教紀念地所建大窣堵婆固不待言，小型供養塔也是如此。有一類小型塔建在石窟中以供禮拜，這種窟被稱作支提窟或塔堂窟。但由於大乘教義的創立和造像活動的盛行，佛像已成為禮佛之重要而直觀的崇拜對象，出現了供奉佛像的精舍和石窟中的佛殿窟；塔也隨即在外壁增飾龕像，這樣就突破了其原先之單純的象徵性意義。塔既然與像相結合，而我國又早就有在樓閣式塔內「作黃金塗像，衣以錦綵」的作法，所以中土信士自然會產生入塔禮佛，使塔也成為一種「佛堂」的願望❼。而以封閉的、相當於墓葬封土之覆缽丘為主體的犍陀羅式塔，則難以滿足這種要求。

另一方面，當時修造石窟已形成風氣。可是在有些沙漠綠洲地區中找不到適合開窟的山體，於是出現了平地上砌起的相當於塔堂窟的建築物，即用土坯建一座方形塔堂，堂中央建圓形實心塔。最清楚的實例是新疆若羌米蘭的3號塔堂，因為其中的塔保存較好，而且還在塔堂內壁發現了精美的壁畫，

❶ 國家文物局教育處《佛教石窟考古概要》頁289～293，文物出版社，1993年。

❷ 斯坦因《重返和闐綠洲》（劉文鎖譯本）頁78～93，廣西師範大學出版社，2000年。

❸ 同注❶，頁300。

❹ 斯坦因《路經樓蘭》（蕭小勇、巫新華譯本）頁87，廣西師範大學出版社，2000年。

❺ 王毅《北涼石塔》，《文物資料叢刊》第1輯，1977年。

❻ 同注❷。

❼ 《後漢書·陶謙傳》，又葛洪《字苑》：「塔，佛堂也」（《玄應音義》卷六引）。

圖 39-2　新疆若羌米蘭塔堂 (1)
與山東歷城神通寺四
門塔 (2) 之比較

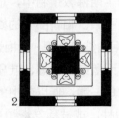

故蜚聲於世。此塔堂每邊長約 9 公尺，四面闢門，堂內為直徑 7.8 公尺的圓形空間。中央之塔：基座直徑 2.74 公尺，殘高 3.5 公尺❽（圖 39-2:1）。如果將堂中的圓塔易為方形塔柱，內部空間隨之改建成方形，則米蘭塔堂與山東歷城神通寺四門塔的平面可謂基本一致（圖 39-2:2）。因此有理由設想，新疆綠洲地區以土坯砌造之塔堂，在我國早期單層佛塔從不能入內的象徵物，到得以入內的「佛堂」之發展過程中，曾起到承先啟後的作用。

但這裏有一個問題，米蘭 3 號塔堂的外形是什麼樣子？發現時此塔堂四壁雖已坍塌成低矮的土墩，但相距不遠的 10 號建築遺跡之用焙燒過的土坯砌成的穹窿頂仍有部分完好，能辨認出原是一座方形圓拱頂的屋子；3 號塔堂可能與之近似❾。西域氣候乾燥，居民原有建土坯房屋的傳統，稱作「土室」。唐杜環《經行記》說：「從此（拔汗那國，今費爾干納）至西海，盡居土室。」在莫高窟第 217 窟盛唐壁畫「法華經變・化城喻品」中出現過一座西域城，城中有方形建築，其表面未表現磚縫，應為土室。此建築物頂上有兩重平直的屋簷，簷口飾山花，上層屋簷特別寬，似延伸為一層屋頂，但其上又起一筒形拱頂（圖 39-3:1）。這裏的平簷很值得注意，莫高窟第 23 窟盛唐壁畫中的一座西域式精舍，也是平簷，也起筒形拱頂（圖 39-3:2）。《隋書・西域・安國傳》謂安國「宮殿皆為平頭」。所稱「平頭」，似與此種平直的屋簷有關。不過在平簷上不一定非加筒形拱頂不可，也可用圓拱頂。圓拱頂是穹廬的外形。安國等粟特地區曾受突厥統治，突厥人習用「穹廬氈帳」，多以「氈帳為屋」❿，所以氈帳在粟特地區應不罕見。而且磚石或土坯建造的屋宇與氈帳可以並存。唐太和公主嫁回紇時，「可汗先升樓東向坐，設氈幄於樓下，以居

圖 39-3　敦煌壁畫中所見西域式建築

1　盛唐　莫高窟 217 窟　　　　　　　　　　　　　2　盛唐　莫高窟 23 窟

圖 39-4　氈帳

1、2　北周，石棺床雕刻
　　　西安安伽墓出土
3　北朝，石棺床雕刻
　　日本滋賀 Miho 博物館藏

公主」⓫，足資參證。野外用的氈帳構造簡單（圖 39-4:1），而設於較固定的
地點供貴人起居的氈帳卻有很華麗的。《大慈恩寺三藏法師傳》說：突厥「可
汗居一大帳，帳以金華飾之，爛眩人目。」2000 年西安掘的北周安伽墓所出
石棺床，其圍屏的三面雕刻中均出現氈帳。右側面刻的那一頂比較講究：帳
門上端平直，似裝有木質門額，兩端突出蕉葉狀物，圓拱形帳頂上飾以由忍
冬葉片托起的大花朵⓬（圖 39-4:2）。日本滋賀 Miho 博物館近年入藏之北朝石
棺床上雕刻的大帳更精緻。帳門以木柱支撐，其上之闌額及多層枓栱間施弛
腳人字栱、蜀柱和曲尺形的花格子。平直的簷口上飾山花蕉葉，圓拱形帳頂
上滿布花飾⓭（圖 39-4:3）。而在法國吉美博物館和美國波士頓美術博物館所
藏傳安陽出土的北齊石棺床圍屏上所雕廳堂、門屋，雖與氈帳的形式不同，

圖 39-5　粟特式建築與中國早期單層佛塔

1　北齊，石棺床雕刻
　　河南安陽出土
2　隋唐，石棺床雕刻
　　甘肅天水出土
3　北齊，浮雕石塔
　　河北邯鄲南響堂山 1 窟

---

❽　同注❹，頁 213～249，312～314。
❾　同注❹。
❿　《隋書·突厥傳》。慧超《往五天竺國傳》。
⓫　《舊唐書·回紇傳》。
⓬　陝西省考古研究所《西安發現的北周安伽墓》，《文物》2001 年第 1 期。
⓭　Annette L. Juliano and Judith A. Lerner, "Cultural Crossroads: Central Asian and Chinese En-
　　tertainers on the Miho Funerary Couch", in *Orientations*, Oct., 1997.

但圓拱頂、平簷、山花蕉葉等粟特建築的特點，同樣被強調地予以表現。更由於這些雕刻刀工細緻，它們的造型顯得格外優雅❶（圖 39-5:1；39-10:1）。應當說明的是，在這裏，藝術誇張的成分並不是主要的。《經行記》說末祿國（即木鹿城，今土庫曼斯坦的馬雷）的建築：「墙宇高厚，市廛平正，木既雕刻，土亦繪畫。」木鹿雖不在河中地區，但此城北臨阿姆河，文化面貌與粟特應無大殊。上面舉出的例子，可以證明杜環所讚不虛，粟特建築的確有相當高的水平，形成了自己的風格。

特別當看到甘肅天水一座隋唐墓出土的石棺床上所雕屋宇時，更驚異地發現原來中國早期之單層佛塔的造型竟與粟特建築有密切的關係。這所屋子呈方形，門邊立柱，在柱頭枋上又施尖拱，狀若龕楣。兩重屋簷，底下露出許多椽子，可知這一部分是木結構，但簷口出奇地平直。上築圓拱頂，山花蕉葉均醒目而灑脫。屋內一胡人坐筌蹄，持角杯飲酒，面前跪一侍者❶（圖 39-5:2）。它純粹是世俗的廳堂，不帶任何宗教氣味。可是以南響堂山第 1 窟之浮雕石塔與之相比，則二者極其相似（圖 39-5:3）。可以說，南響堂山石塔除了在圓拱頂上立剎杆、懸鈴鐸以外，幾乎原封不動地借用了粟特建築的外形。其剎杆直插在原先飾於圓拱頂端的花朵上，這一部分後來被稱作「受花」，以為是從犍陀羅塔之平頭演變而成，其實它本是粟特建築上的飾件。北響堂山第 9 窟中的塔形龕，在圓拱頂上飾以忍冬卷草、火焰寶珠等，手法極奔放恣肆，但相輪卻被壓縮成小紡錘形，夾在花飾當中，沒有給予應有的地位，顯然不符合印度佛塔的法則，完全是設計者根據粟特建築藝術模式而作的發揮。在敦煌壁畫中看到的單層磚石塔，有的甚至連受花都被省去，剎杆和相輪直接裝在圓拱頂上（圖 39-6）。也有些塔上的受花造型嚴矜，如安陽寶山北齊道憑法師塔上所見者，但也無非是對上述粟特飾件加以規範化處理而已。假使不考慮其基座和受花以上部分，只看塔身，那麼這座方室圓頂之塔的外

圖 39-6　敦煌壁畫中所見無「受花」之塔

1	盛唐	敦煌莫高窟 23 窟
2	五代	榆林窟 33 窟
3	五代	敦煌莫高窟 61 窟

形大約和米蘭 3 號塔堂相去不遠❶（圖 39-7）。阿富汗瓦罕谷地蘭加爾以東有一座用石塊砌成的塔，似是 3～4 世紀所建，當地稱之為「喀爾萬巴拉什」，還保存著方形塔身與圓拱頂。此地距離我國邊界只有步行半日的路程，可謂近在國門之前；如果說米蘭 3 號塔堂的外形和它更接近，或不為無據❶。所以像南響堂山、寶山這類 6 世紀的北齊塔，正不妨被看作是 3 世紀之米蘭塔堂的胤裔。

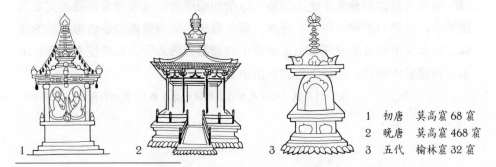

圖 39-7　北齊河南安陽寶山道憑法師塔

　　既然早期單層佛塔之造型源於粟特建築，從而對過去的一些說法遂有重新認識的必要。首先，如南響堂山第 1 窟浮雕中表現的這類塔，其塔簷以上的半球體所代表的並非窣堵婆上的覆缽丘，而是粟特建築的圓拱頂。我國古塔中，大約只在北涼石塔一類塔和喇嘛塔上有真正的覆缽丘。關於喇嘛塔無須多說。北涼石塔從其上所刻之經文來看，尚是小乘教義下的產物，當然與北齊諸塔不同❶。受花部分也是如此，如圖 39-6 所示，這類塔本可不設此部件；唐代壁畫中塔上的受花，乃是將粟特式塔之塔簷以上部分縮小了置於塔頂而成，圖 39-8:1、2 所舉的例子反映得很清楚。或以為這時有些塔的受花部分疊澀挑出甚遠，似已成為塔簷。其實它本來就是塔簷，不過用在這裏，看起來又像受花而已。為了使塔顯得高聳，此類受花有時重複疊加好幾層，如莫高窟第 217 窟盛唐壁畫中所見者❶。不僅壁畫如此，建築遺物中也有實例：山西平順明惠大師塔為亭式單層方形石塔，它就在石雕的盝頂上加兩層此式受花，再以仰覆蓮、寶珠等

圖 39-8　敦煌壁畫中所見有「受花」及「仰月」、「寶珠」之塔

1	初唐	莫高窟 68 窟
2	晚唐	莫高窟 468 窟
3	五代	榆林窟 32 窟

❶　O. Sirén, *Chinese Sculpture from the Fifth to the Fourteenth Century*, Pl. 448, Lond., 1925.

❶　天水市博物館《天水市發現隋唐屏風石棺床墓》，《考古》1992 年第 1 期。

❶　楊寶順等《河南安陽寶山寺北齊雙石塔》，《文物》1984 年第 9 期。

❶　同注❷，頁 158～163。

❶　北涼石塔上所刻經文皆為《增一阿含經》，屬小乘經典。見注❺所揭文。

❶　蕭默《敦煌建築研究》頁 164，文物出版社，1989 年。本文所舉敦煌壁畫中的塔，皆自此書轉引。

構成塔剎。至於有些塔剎上出現的仰月、寶珠（圖 39-8:3），則也有可能來自粟特；花剌子模出土的粟特納骨器上、安伽石棺床刻紋中的帳頂上均有其例（圖 39-9）。這種圖案源於拜火教，但顯然已為佛教藝術所吸收。

圖 39-9　粟特式建築上的星月紋

1　納骨器上所繪屋宇大門　花剌子模出土

2　石棺床雕刻中所見帳頂
裝飾　西安安伽墓出土

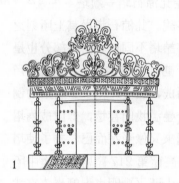

圖 39-10　河南安陽出土北齊石棺床雕刻中的粟特式建築 (1) 與
河北邯鄲南響堂山 7 窟窟簷 (2)

粟特人是富於藝術才能的民族。以前我國學者研究粟特金銀器的文章為數不少，注意力多集中在這一方面。現在看來，粟特建築也是值得探討的課題。以本文所涉及的安陽石棺床雕刻中的建築裝飾為例，其造型為南響堂山第 7 窟窟簷所仿傚，也是不容忽視的事實（圖 39-10）。

（原載《宿白先生八秩華誕紀念文集》，文物出版社，2002 年）

40
商周的「弓形器」

商、　周青銅器中有一種「弓形器」，器身作扁長條形，中部往往稍寬且微微拱起。有的底部有凹槽，當時或曾嵌入木楦。其兩頭伸出兩條上昂復下垂的曲臂，臂端多鑄出帶鏤孔的鈴，也有的做成獸頭形或蛇頭形。臂端與中部扁條之底邊的延線靠得很近，或僅留有不寬的間隙（圖 40-1）。大多數「弓形器」的長度為 20～45 公分，橫置之，幾可占滿人體腰前的部位。此物的用途和定名經過長期討論仍未取得一致意見。目前通常認為它是弓上的附件❶，這主要是以石璋如、唐蘭二先生之說為依據的。石說稱此物為「銅弣」，認為它應縛於弓弣裏側，以保持弓的弧度，並增加發射時的剽力❷。但「弓形器」表面常鑄出凸起的紋飾，有時其中還有立體的夔龍之類，棱角崢嶸，不便把持，無法握住它用力張弓。所以懷履光、林巳奈夫、唐蘭等均不贊成此說❸。可是唐蘭先生雖不贊成石說，卻也主張此物應縛於弓弣之內，不過他認為只在弛弓時縛之，裝弦後則須解下。他給出的「弓形器」使用復原圖（圖 40-2:1），仍沿襲石氏之舊（圖 40-2:2），只是刪去了石氏圖中那張裝弦的弓。根據這一修正，唐先生改定此物之名為「銅弓柲」，認為它是弛弓時縛在弓內以防損壞的。

　　但是問題是：一、此物是否附屬於弓，目前尚無確證。唐先生的論文中說：「從出土時的位置來看」，「弓形器」「顯然是在弛弓的背上中部的。」他所

圖 40-1　銅「弓形器」

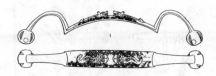

1　商　河南安陽婦好墓出土　　　　　　2　西周　甘肅靈臺白草坡出土

---

❶ 陳志達《殷墟武器概述》，載《慶祝蘇秉琦考古五十五年論文集》，文物出版社，1989 年。

❷ 石璋如《小屯殷代的成套兵器》，《歷史語言研究所集刊》22 本，1950 年；同氏《殷代的弓與馬》，同刊 35 本，1964 年。以下所引石說皆據此二文。

❸ W. C. White, *Bronze Culture of Ancient China*. Toronto, 1956. 林巳奈夫《中國殷周時代の武器》，京都大學人文科學研究所，1972 年。唐蘭《「弓形器」（銅弓柲）用途考》，《考古》1973 年第 3 期。

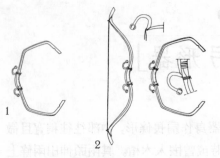

圖 40-2　唐蘭文中的「銅弓柲」使用復原
　　　　圖 (1) 與石璋如文中的「銅弓弣」
　　　　使用復原圖 (2)（二說的復原方式
　　　　全同，僅定名有別）

說的出土之例指安陽小屯 M20 車馬坑。在唐文的附圖中畫出的「弓形器」，
位於圍成略近橢圓形的大半圈銅泡之中部❹（圖 40-3:1）。揣其文意，似乎他
認為這大半圈銅泡代表一張弛了弦的弓。其實不然。因為小屯 M20 車馬坑中
埋有一輛車，這圈銅泡是車輿下部軨木上的飾件，與弓無涉（圖 40-3:2）。小
屯 M40 車馬坑也出銅軨飾，也圍成類似的橢圓形，可證❺。並且「弓形器」
如果裝在弓上，則應與弓及箭上的部件如弓尾之弭或箭鏃等物伴出。然而若
干未經擾動的商、周墓，如安陽戚家莊東 269 號及孝民屯南地 1、2 號商墓、

圖 40-3

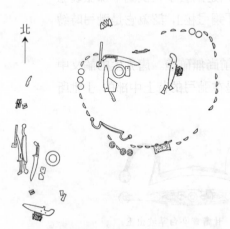

1　唐蘭文中的「銅弓柲」出土位置圖（「弓
形器」位於大半圈銅泡中部，這些銅泡是輿
底軨上的裝飾）

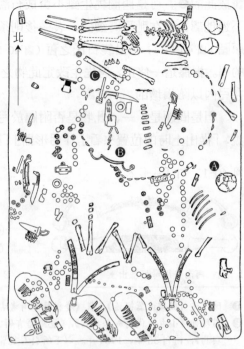

2　河南安陽小屯 M20 車馬坑平面圖（車上有一殉人，
「弓形器」(B) 位於此殉人的頭骨 (A) 和腿骨 (C) 當中，
相當其腰部）

北京昌平白浮 2、3 號西周墓中，雖均出「弓形器」，卻都不見弓尾之弭或鏃的蹤影❻。沒有弓弭，還可以用已朽失等原因來解釋；鏃卻是不易朽失的，沒有鏃，則表明隨葬品中未放入箭，而無箭之弓乃是無用之物，故可知墓中其實連弓也不曾放入，因此唐說中的弓柲也就無所附麗了。況且在昌平白浮 2 號墓中，一件長 37.5 公分的「弓形器」之一端距槨壁不足 20 公分。在陝西岐山賀家村 1 號墓的壁龕中，一件通長 34 公分的「弓形器」之一端距龕壁亦僅 30 公分❼。而在金文中看到的表示未裝弦之弓的象形字，弓體仍相當長❽，不像石璋如先生設想的那樣，弛弓會反屈成 C 字形；所以上述之狹小的空間中絕容不下半邊弓。因而這些「弓形器」均難以指為弓上的附件。何況如安陽武官村大墓陪葬坑 E9 出土的那類「弓形器」，器身中部飾有上下向的獸面紋，表明此器是橫向使用的❾；這和引弓時弓體的方向相牾，也反映出「弓形器」並非弓上的部件。二、如果「弓形器」是弓柲，那麼據《儀禮・既夕禮》鄭注說：「柲，弓檠。弛則縛之於弓裏，備損傷。以竹為之。」賈疏也說：柲「以竹狀如弓，縛之於弓裏。」可見柲是弛弦後因收藏之需才縛在弓上的，本非炫耀兵威之物，無須用貴重的銅製作。並且依鄭、賈之說，它應該是竹製的，而不是銅製的。它的長度應大體與弓相等，才能使它所保護的弓不受損傷；假若它僅為 20～45 公分長的一枚銅件，則無法將 1 公尺多長的弓加以周到的保護。故「弓形器」不是弓柲。三、「弓形器」的造型何以要在兩頭作出頂端帶鈴的曲臂？石說的解釋是：此兩末端可以作為弓已拉滿的標準，鈴可以在發出箭後有響聲。唐先生評之為：「向壁虛構，羌無實據。」唐說則認為：「其所以兩端上屈如臂，是由於繫縛牢固，不致搖動。鈴或其它馬頭等形象，都是裝飾，但也許是怕人盜竊，跟簋的方座下有鈴是一個道理。」然而如僅著眼於繫縛牢固的目的，可採取的方法很多，大可不必統一用鑄出兩條曲臂這種奇特的、對於縛結來說又不很方便的形式。「弓形器」是一種工具，總不應老放著不動，它和在宗廟等場所陳置的簋之使用的情況大不相同；

---

❹ 見注❸所引唐蘭文。以下所引唐說皆據此文。

❺ 石璋如《小屯四十號墓的整理與殷代第一類甲種車的初步復原》，《歷史語言研究所集刊》40 本下冊，1970 年。

❻ 安陽市文物工作隊《殷墟戚家莊東 269 號墓》，《考古學報》1991 年第 3 期。中國科學院考古研究所安陽發掘隊《安陽殷墟孝民屯的兩座車馬坑》，《考古》1977 年第 1 期。北京市文物管理處《北京地區的又一重要考古收穫》，《考古》1976 年第 4 期。

❼ 陝西省博物館等《陝西岐山賀家村西周墓葬》，《考古》1976 年第 1 期。

❽ 見注❷所揭林巳奈夫書，插圖 369。

❾ 郭寶鈞《一九五〇年春殷墟發掘報告》，《中國考古學報》第 5 冊，1951 年。

倘若那上面的鈴一響，使用者就要注意防盜，恐不勝其煩。故唐說亦缺乏合理性。

也有些學者認為「弓形器」並非弓上的附件。馬衡先生曾說：「近見一器，狀如覆瓦，長約尺許，寬寸餘。兩端各有曲柄，柄末銅和下垂。《西清古鑑》目為旂鈴，其實即軾前之和也。」❿但至今在出土的車馬器中尚不能確指何物為「和」，故馬說難以被證實。至於「旂鈴」說，近年又得到秦建明先生的認同，他並作出「弓形器在旂旗上位置示意圖」（圖 40-4:1），詳加闡釋⓫。唐嘉弘先生則認為「弓形器乃衣服上的掛鉤，用以懸掛裝飾物品的」⓬（圖 40-4: 2）。但「弓形器」出土的位置多在車中或騎馬人腰間，上述使用方法和這些現象頗相齟齬。此外，「弓形器」在南西伯利亞青銅時代的卡拉蘇克文化中也曾發現⓭。前蘇聯考古學家科仁認為使用此物時，應把它和軛以靭繩連接起來，組成一副像後代所稱「套盤」那樣的軛具⓮（圖 40-4:3）。這種設想與實際情況相去太遠，與這個時代之古車的繫駕法全不相合。況且「弓形器」之兩曲臂並不十分碩壯，用它作為套盤上極吃力的部件，也是這件器物所不能勝任的。

圖 40-4　對「弓形器」使用方法的幾種設想

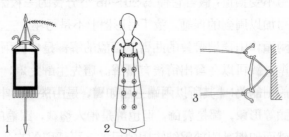

1　旂鈴說（據秦建明）
2　掛飾物鉤說（據唐嘉弘）
3　套盤說（據科仁）

1980 年，林沄先生發表了《關於青銅弓形器的若干問題》一文，在探討「弓形器的用途」一節中，此文的結論是：弓形器「為繫於腰帶正前方的掛韁鉤。但這一新的假設，仍有待今後更多的考古發現來驗證」⓯。林氏矜慎，謙稱其說為「假設」；筆者則認為，這一看法精當無誤。茲謹在林文的基礎上，就此問題談一點看法。

根據出土實例得知，我國商、周古車的車箱有大、小兩種，小車箱的寬度僅 1 公尺許，只能容納兩名乘員。這種車投入戰鬥時，如由御者雙手執韁繩即轡，車上只有一名乘員可以使用武器；倘使此人傷亡，則該車與其御者將完全陷於被動挨打的境地。對此，當時似應有某種對應的措施。在西方，

古戰車上有時僅一名乘員，此人既要駕車，又要戰鬥，遂將轡繫在腰間，以便騰出雙手使用武器（圖40-5）。不過這種方式把轡拴得太死，不夠靈活。而如果將「弓形器」縛在御者腰前，既可用那上面的兩條曲臂掛住轡繩，通過「弓形器」駕車，又可根據需要隨時將轡解下，重新用手操縱，顯然更為適用。從它的造型、尺寸和牢固程度看，也完全適合這一用途；和考古發掘所揭露的情況也有相合之處。仍以小屯M20車馬坑為例，如圖40-3所示，其車輿東南部有一帶玉飾的人頭骨，輿的西北部有兩條腿骨，則此人的軀體應壓在車上，其骨骸雖已大部不存，但「弓形器」出土時正位於他的腰部附近。安陽武官村大墓中E9殉葬人的「弓形器」亦出在腰間[16]。

圖40-5　一人兼御者與射手時，將轡繩繫於腰間。埃及底比斯阿蒙神廟浮雕中乘戰車的法老拉美西斯二世

均可印證上說。而且在殷墟出「弓形器」的八座車馬坑中，有四座坑同出銅、骨或玉製的策柄，且往往與「弓形器」放置在一起[17]。此物與馭馬的策伴出，正說明二者以類相從。不過，小屯M20車馬坑中壓在車上的人架不太完整，也沒有在轡與「弓形器」之間顯示出互相連接的痕跡，因此上面的說法仍是一種未被出土物充分證實的推測。當然，要在考古發掘中找到保存狀況絕佳的有關之實例，是很不容易的。但在古文獻中卻發現了一些支持這一推測的線索。如《詩·小雅·采薇》中有一章說：

> 駕彼四牡，四牡騤騤。
> 君子所依，小人所腓。
> 四牡翼翼，象弭魚服。
> 豈不日戒，玁狁孔棘。

這章詩主要描寫一輛駕四匹馬的車，對車上的裝備詩中只舉出象弭、魚服二

⑩　馬衡《凡將齋金石叢稿》，中華書局，1977年。
⑪　秦建明《商周「弓形器」為「旄鈴」說》，《考古》1995年第3期。
⑫　唐嘉弘《殷周青銅弓形器新解》，《中國文物報》1993年3月7日。
⑬　С. В. Киселев, Древняя история Южной Си-бири. гл. IV. Москва, 1951.
⑭　П. М. Кожин, К вопросу о происхождении иньских колесниц, ——《Культура народов зарубежной Азии и Океании》, Леньнград, 1969.
⑮　林沄《關於青銅弓形器的若干問題》，《吉林大學社會科學論叢·歷史專集》，1980年。
⑯　同注⑨。
⑰　楊實成《殷墟文化研究》頁142，武漢大學出版社，2002年。

物。其中的象弭特別值得注意。毛傳:「象弭,弓反末也,所以解紒也。」鄭箋:「弭,弓反末彆者,以象骨為之,以助御者解轡紒,宜滑也。」這種弭與裝在弓簫末梢上用以掛弦的弭是不同的兩種器物,因為後一種弭與轡全然無涉。《說文・弓部》:「弭,弓無緣,可以解轡紛者。」其定義之後一部分也是指《采薇》所詠的這類弭。舊說把《采薇》中的象弭當作弓梢之弭,以為詩中的弭代表弓;服是箭囊,魚服代表箭,則屬誤解。這裏說的魚服其實也是車上固定的裝備。《儀禮・既夕禮》:「主人乘惡車,白狗幦,蒲蔽,御以蒲菆,犬服。」這個犬服自應從屬於車。鄭注:「笭間兵服,以犬皮為之。」它是裝在車笭間的一個箱籠狀物,又名籠服,其實物曾在始皇陵出土的 1 號銅車上見過。它雖然多用以盛箭,但也可以盛別的物件,如《周禮・巾車》中提到的「小服」,鄭注說它是「刀、劍、短兵之衣」,說明其中可以盛刀、劍及其他短兵。《續漢書・輿服志》還說耕車上有「耒耜之籊」。所以《采薇》中的魚服是裝在車上的用海獸皮做的籠服 ⑱。「毛公鼎」所記受賜的車器中也有「魚葡」,卻不曾與弓矢之屬並列。可見魚服和別的籠服一樣,所盛之物盡可多種多樣;因而不能用它代表箭。故詩中說的訓「弓反末」又可用來解轡的弭,似非「弓形器」莫屬了。

　　說「弓形器」即這種弭,還可以找到其他旁證。如《左傳》僖公二十三年記晉公子重耳對楚成王說:「若……晉、楚治兵,遇於中原,其辟君三舍。若不獲命,其左執鞭、弭,右屬櫜、鞬,以與君周旋。」「左執鞭、弭」一語,多被解釋為左手執鞭與弓,其實這樣講不通,因為下文明說右邊掛著櫜(箭囊)、鞬(弓袋)。如果弭也代表弓,鞬也代表弓,則重耳的話反來復去、疊床架屋,就不成其為著名的外交辭令了。其實這裏說的與鞭為伍的弭,顯然是一種御車用具,把它解釋成「弓形器」,倒是很通順的。

　　還應當說明的是,繫轡用的「弓形器」即弭並不僅限於御車,早期的騎馬者亦曾使用此物。小屯 M164 馬坑中葬有一人、一馬、一犬,人架身下壓著一柄精美的馭馬所用之策,此人被認為是一名騎手 ⑲,但他的腰間有一件「弓形器」⑳(圖 40-6),可為上說之證。此外,在卡拉蘇克文化中,「弓形器」也常在墓主腰部出土 ㉑。那裏罕見車的痕跡,其「弓形器」也應是騎手馭馬用的。

　　「弓形器」即弭在商末周初頗盛行,以後在中原地

圖 40-6　河南安陽小屯 M 164 馬坑平面圖

北

50 公分

0

區漸少見。但在南西伯利亞地區，其流行時間一直延續到相當我國春秋時代。不過既然西伯利亞有，也就很難斷言它在中原已完全絕跡。而且假如上文對重耳所稱「左執鞭弭」一語的解釋得以成立，則春秋時晉、楚等地仍使用此物，唯實例尚有待發現。到了漢代，學者對它似乎還有所理解，但已不十分熟悉，所以《采薇》的毛傳和鄭箋中對弭的解釋遂若即若離。時代愈晚，則愈陌生。如唐孔穎達在《采薇》的疏中說：「弭之用骨，自是弓之所宜，亦不為解轡而設。……若轡或有紒，可以助解之耳；非專為代御者解紒設此象弭也。」他的認識比毛、鄭又大為遜色，說得不著邊際，反映出這時對「弓形器」即弭的作用已感茫然了。

上文已經談到，主張「弓形器」即掛轡鉤，是林沄先生最先提出來的，筆者對此說表示信服。但在林文的論述過程中，還曾以「鹿石」上的刻紋作為判斷「弓形器」用途的重要依據之一。他說：

> 廣布於蒙古北部、蘇聯圖瓦和外貝加爾的「鹿石」，早就有人推測是一種概略化的人像。這次在烏施金—烏魏爾所詳細勘查的「鹿石」中，第 14 號「鹿石」的上端有仔細刻出的人面，從而確證其他「鹿石」亦源於不同程度地簡化了的人像。早先，在不刻人面的「鹿石」上，已經發現過刻有腰帶的例子，而在腰帶上掛著短劍、戰斧、小刀、礪石等物，而且還掛著弓形器。烏施金—烏魏爾第 14 號「鹿石」之可貴處，則在於有人面而可以確鑿判斷弓形器是掛在腰帶正前方的 ㉒。

自從林文提出鹿石上刻有「弓形器」之說後，多年來常得到學者的肯定。如烏恩先生說：

> 弓形器……在商周墓葬中屢見不鮮，在南西伯利亞卡拉蘇克文化和塔加爾文化中也有這類器物。關於弓形器的用途，學術界頗有爭議，有弓弣說、有掛轡說。但不管其用途如何，蒙古鹿石的腰帶正中常刻有弓形器，而這種弓形器自西周以後已消失 ㉓。

---

⑱ 《詩・采薇》孔疏引陸璣疏：「魚服，魚獸之皮也。魚獸似豬，東海有之。」

⑲ 楊泓《騎兵和甲騎具裝》，載《中國古兵器論叢》，文物出版社，1980 年。

⑳ 石璋如《殷墟最近之重要發現》，《中國考古學報》第 2 冊，1947 年。

㉑ 吉謝列夫《蘇聯境內青銅文化與中國商文化的關係》，《考古》1960 年第 2 期。

㉒ 同注⑮。

㉓ 烏恩《試論賀蘭山岩畫的年代》，《文物》1994 年第 7 期。

圖 40-7　蒙古庫
蘇古勒省木倫汗縣
烏施金－烏魏爾
14 號鹿石

於是，則不僅認為鹿石上刻有「弓形器」，而且反過來又依據「弓
形器」為鹿石斷代；二者的關係遂愈益密不可分。但實際上此
說大有可商。因為細審該鹿石刻紋，其所謂「弓形器」太小，
兩曲臂的位置偏低，互相靠得太近，懸垂的方式也與使用「弓
形器」的情況不同（圖 40-7）。根據諾夫戈羅多娃的《古代蒙古》
與沃爾科夫的《蒙古鹿石》等書所提供的實例，蒙古鹿石人像
腰間佩帶的「弓形器」乃是一種掛鉤，有單鉤，也有雙鉤；連
結雙鉤的軸桿有的是一根，也有的是兩根❷（圖 40-8:1）。這類掛
鉤在我國北方夏家店上層文化的墓葬，如遼寧凌源五道河子 1
號墓、遼寧朝陽十二臺營子 2 號墓、內蒙古寧城南山根石槨墓
及小黑石溝 8061 號石槨墓中均曾出土；傳世品中也有不少例
子❷。它們的形制與鹿石刻紋互相對應，故後者顯係此物（圖
40-8:2～7）。出土之銅掛鉤的寬度在 5～14 公分間，與鹿石刻紋
中之掛鉤的比例相符，而與「弓形器」的寬度有別。而且掛鉤之鉤首與鉤體

圖 40-8　鹿石刻紋與銅掛鉤

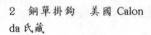

1　蒙古鹿石上的掛鉤形刻紋

2　銅單掛鉤　美國 Calon
da 氏藏

3　銅單掛鉤　瑞典斯德哥爾摩
遠東古物館藏

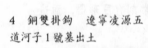

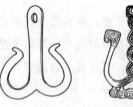

4　銅雙掛鉤　遼寧凌源五
道河子 1 號墓出土

5　銅雙掛鉤　遼寧朝陽十二臺
營子 2 號墓出土

6　銅雙掛鉤　內蒙古寧城
小黑石溝 8061 號墓出土

7　銅雙掛鉤　美國 Sackler 氏藏

間有時僅留一窄縫，個別例子兩者甚至互相搭合，無法用與掛韁。夏家店上層文化的年代約為西周中期至戰國中期，從整體上說較「弓形器」盛行的時代略晚，所以研究「弓形器」時不宜與鹿石相比附。並且此物由於體型較大，平時佩帶有所不便。它是一種專用工具，大約只在駕車或騎馬時才緊縛於御者、騎手腰前。它的正式名稱應定為「弓弭」，通常可稱為「弓形器」，聯繫其用途則可以叫作「掛韁鉤」。至於林文說「弓形器」是商代首創並進而影響到北方草原地區的，則與器物本身的年代所反映出的情況正合，筆者認為這一點殆無可置疑。

（「中國考古學會第八次年會」論文，1991 年）

㉔ Э. А. Новгородва, Древняя Монголияо, Неко-торые проблемы хронологии и этнокультрной истории. Москва, 1989. В. В. Валков, Оленные камни Монголии. Улан-Батор, 1981.

㉕ 出土的銅掛鉤見遼寧省文物考古研究所《遼寧凌源縣五道河子戰國墓發掘簡報》，《文物》1989 年第 2 期。朱貴《遼寧朝陽十二臺營子青銅短劍墓》，《考古學報》1960 年第 1 期。李逸友《內蒙昭烏達盟出土的銅器調查》，《考古》1959 年第 6 期。寧城縣文化館等《寧城縣新發現的夏家店上層文化墓葬及其相關遺物的研究》，《文物資料叢刊》9，1985 年。傳世的銅掛鉤見 E. C. Bunker、C. B. Chatwin、A. R. Farkas, "Animal Style" Art from East to West, New York, 1970. J. F. So、E. C. Bunker, Traders and Raiders on China's Northern Frontier, Seattle and London, 1995. 東京國立博物館《大草原の騎馬民族》，東京，1997 年。

玉具劍與璏式佩劍法

西漢董仲舒《春秋繁露》說：「劍之在左，青龍之象也。刀之在右，白虎之象也。戟之在前，朱鳥之象也。冠之在首，玄武之象也。四者人之盛飾也。」東漢張衡《東京賦》描寫皇帝的裝束時，也說他「冠通天，佩玉璽，紆皇組，要干將」。在我國，自先秦以迄漢、晉，男子法服盛裝時均須佩劍。而玉具劍是其中最豪華的一種。《說苑・反質篇》說：「經侯往過魏太子，左帶玉具劍，右帶環佩，左光照右，右光照左。」❶則戰國時可能已有這一名稱。劍上的玉具最完備時共有四件，即《漢書・匈奴傳》顏師古注引孟康所說的「摽、首、鐔、衛」。其中首和鐔裝在劍上，而摽和衛裝在鞘上。已經發現的時代最早的玉具劍是春秋晚期前段的，那上面只有玉首和玉鐔，春秋晚期後段才出現玉衛（璏）和玉摽❷。但其最興盛的時期是在漢代。輝縣趙固 1 號墓的出土物中雖已有玉製的摽、首、鐔、璏，卻並不裝在一把劍上；一劍而四件玉具齊備的標本要到漢代才出現❸。可是古兵器研究者至今對這些玉具的定名還不統一，有時甚至把劍體本身上的名稱也加於玉具。這種情況不利於研究的深入，因此有必要結合實物和文獻記載再加以考訂。

一、首　《釋名・釋兵》：劍「其末曰鋒。」鋒在下為末，那麼，上面的劍柄頂端當為首。玉具劍在柄端所裝玉飾即玉首，這一點已為多數研究者所公認。此物明、清人或稱之為珥、璏❹，現代已經很少有人再沿用了。只是駒井和愛曾把上引「摽、首、鐔、衛」的句讀斷為「摽首、鐔衛」，將摽與首、鐔與衛，各誤連為一詞❺。後來郭寶鈞也稱劍首為「摽首」，造成的影響較大❻。

二、摽　摽或作標、鏢。《淮南子・修務訓》高誘注：「摽，刀削末銅也。」又同書《本經訓》高注：「標讀刀末之標。」《說文・金部》：「鏢，刀削末銅也。」按以票為聲符的字常有末義，《說文・木部》：「標，木杪末也。」《集韻》：「藨，禾末。」《荀子・賦篇》楊倞注：「剽，末也。」摽是鞘末的包尾。《梁書・侯景傳》：「景所帶劍水精標無故墮落。」這是由於它位於鞘的最下端，所以容易脫落。它本用銅製作，玉具劍代之以玉。我國古代曾把玉理解為「美石」，所以瑪瑙、水晶等連類而及，也用於琢製劍具。廣西賓陽戰國墓與河北邢台西漢劉遷墓出土的銅劍裝水晶首、鐔和璏❼，正和侯景之劍的做法相同。

但有的研究者稱玉摽為珌。按《詩・大雅・公劉》：「鞞琫容刀。」毛傳：

「下曰鏢，上曰琫。」《釋名・釋兵》也說刀室「下末之飾曰鏢」。則鏢可以作為刀、劍鞘末之包尾的通稱，而琕只用於刀，不用於劍；因為在古文獻中還沒有發現過「劍琕」這種稱謂。又有人稱玉鏢為珌。這種叫法來源於《詩・小雅・瞻彼洛矣》：「鞸琫有珌。」毛傳：「鞸，容刀鞸也。琫上飾，珌下飾也。天子玉琫而珧珌。」❽即使撇開刀和劍的區別不論，這首詩的小序說它是「刺幽王也」，則應作於西周末年；那時還是柳葉形短劍的時代，長劍尚未產生，遑論此玉劍具中較為晚出之物。《說文》中雖然收了珌字，謂：「珌，佩刀下飾，天子以玉。」其實是沿襲成說講解經訓而已。並不表示當時尚通用這一名稱。所以對玉具劍說來，此物仍以定名為鏢較妥。

三、璏　《漢書・卷九四下・匈奴傳》顏注：「衛，劍鼻也。……衛字本作璏，其音同耳。」《說文・玉部》：「璏，劍鼻玉也。」又《漢書・王莽傳》：「後莽疾，（孔）休候之。莽緣恩意，進其玉具寶劍，欲以為好。休不肯受。莽因曰：『誠見君面有瘢，美玉可以滅瘢，欲獻其瑑耳。』即解其瑑。」顏注：「服虔曰：『瑑音衛。』蘇林曰：『劍鼻也。』師古曰：『瑑字本作璏，從玉彘聲，後轉寫訛也。』」郭寶鈞《古玉新詮》說：「彘、衛非僅同音，實為古今字。吾人發掘衛侯墓，其戟銘 ⚔ ⚔，衛正作㣀，少一㠯首耳。」❾可證璏就是孟康所說的衛，亦即玉製的劍鼻。

但訓劍鼻的璏又是什麼呢？自宋呂大臨《考古圖》、元朱澤民《古玉圖》、明謝堃《金玉瑣碎》、明文震亨《長物志》到清瞿中溶《古玉圖錄》等書都認

---

❶ 通行本作「左帶羽玉具劍」，「羽」字衍。《北堂書鈔》卷一二八、《藝文類聚》卷六七引《說苑》皆無「羽」字。

❷ 春秋晚期前段的玉具劍，如邯鄲百家村57號墓所出者，只裝玉首、鐔。春秋晚期後段的洛陽中州路2717號墓所出者才裝玉璏，輝縣趙固1號墓所出者才裝玉鏢。

❸ 夏鼐《漢代的玉器》（《考古學報》1983年第2期）說：「具備有四種主要玉劍飾於一劍而稱為『玉具劍』的，似乎始於漢代。」

❹ 明人撰《古玉圖譜》（舊題宋龍大淵撰）稱玉劍首為璏，清吳大澂《古玉圖考》稱之為鐔。

❺ 駒井和愛《漢代の玉具劍に就いて》，《考古學雜志》22卷12號，1932年。

❻ 郭寶鈞《古玉新詮》（《歷史語言研究所集刊》20本，下冊，1949年），稱玉劍首為鏢首。此名稱為四川省文管會《成都羊子山第172號墓發掘報告》（《考古學報》1956年第4期）、中國科學院考古研究所《輝縣發掘報告》（科學出版社，1956年）及雲南省博物館《雲南江川李家山古墓群發掘報告》（《考古學報》1975年第2期）等著作所沿用。

❼ 廣西壯族自治區文物工作隊《廣西賓陽縣發現戰國墓葬》，《考古》1983年第2期。河北省文物管理處《河北邢台南郊西漢墓》，《考古》1980年第5期。

❽ 《說文・玉部》：「珧，蜃甲也。……《禮記》曰：『佩刀，天子玉琫而珧珌。』」這裏的引文雖不見於今本《禮記》，但也認為珌是佩刀上的部件。

❾ 郭文出處同注❻。

為它就是劍鞘上的玉劍扣。後來清吳大澂《古玉圖考》改定其名為璲，乃為端方《匋齋古玉圖》、勞費爾《玉》、濱田耕作《有竹齋古玉譜》、梅原末治《從考古學上所見漢代文物之西漸》、商承祚《長沙古物聞見記》及近年出版的《廣州漢墓》等著作所沿用。但它曾引起陳大年的反駁，他認為：玉劍扣「在劍鞘之中央，其形直垂，如人鼻形。且鞘為衛劍而設，此器既鑲在鞘上，亦與衛義有關，不特音之相通為然。是則應名之為璲，不應復照吳說稱為劍璲也。」❿陳氏稱玉劍扣為璲，是根據鼻形和璲、衛讀音相同這兩點立論的。郭沫若也認為玉劍扣應名璲，他說：「璲著於鞘，有類於鼻，孔復貫緣，亦似穿牛鼻然，故謂之鼻也。」⓫但僅舉出這樣兩項理由，說服力還不夠強，因為主張璲是指劍格者可以另作解釋。如郭寶鈞說：「後世名劍隔為衛手、護手，正隔絕劍刃護衛人手之意；此璲之所以名也。」⓬周南泉也主張璲指劍格，他說：「所謂『劍鼻』，是根據它的形態和部位在當時人們中的一種俗稱，是劍身整體形象化的比喻。因為玉璲處在劍首之下，劍口（刃）之上，形有脊如鼻而名。」⓭兩說各執一詞，問題並沒有解決。

其實對劍鼻的解釋，還應從它的用途上著眼。《說文・金部》：「鈕，印鼻也。」《廣雅・釋器》：「(印) 鈕謂之鼻。」《淮南子・說林訓》：「龜紐之璽，賢者以為佩。」高誘注：「鈕，係也。」不但印鈕可以稱鼻，鏡、鐘之鈕也可稱鼻。

圖 41-1 漢，畫像磚上所見的屨絇

《酉陽雜俎・物異篇》：「大鐵鏡徑五寸餘，鼻大如拳。」《唐重修內侍省碑》：「武德殿前舊鐘，累朝寶其靈異，昨因燒損鼻穴，不堪復懸。」⓮可見鼻是指器物上供貫組帶以懸繫之處而言，鞘上的玉劍扣的作用正符合上述鼻的定義。不僅如此，《儀禮・士冠禮》「青絇」，鄭玄注：「絇之言拘也，以為行戒，狀如刀衣鼻。」絇是勾曲的屨頭；刀、劍鞘上的鼻即璲側視作 ⌒⌐ 狀，正和屨絇的形狀相像⓯（圖 41-1）。而劍格卻和繫鈕及屨絇完全聯繫不上，所以璲只能指劍扣而言。回過來再看所謂劍格衛手之說，就愈發顯得難以成立了。因為古劍格的形體很小，並不足以衛手。而且當時的劍是「直兵」，擊刺方式和後世的刀不同，無須裝那類護手。何況《王莽傳》中有「解璆（璲）」的記事，倘若璲是位置相當於護手的劍格，則應當固著在劍上，難以解得下來⓰。因此，璲不是劍格，而是鞘外的劍扣。

四、鐔　《考工記・桃氏》鄭玄注引鄭眾曰：「莖謂劍夾，人所握，鐔以上也。」《莊子・說劍篇》釋文引司馬彪曰：「夾，把也。」既然人所握的劍把位於鐔以上，則鐔當居劍把和劍身之間，所以它就是通常所說的劍格。《急就

篇》顏師古注:「鐔，劍刃之本，入把者也。」《漢書・匈奴傳》顏注:「鐔，劍口旁橫出者也。」又同書《韓延壽傳》顏注:「鐔，劍喉也。」顏師古在以上三處的解釋中，說法雖各不相同，但審其文義，均應指劍格而言。

鐔又名劍珥。《說劍篇》釋文引司馬曰:「鐔，劍珥也。」《楚辭・九歌》:「撫長劍兮玉珥。」王逸注:「玉珥謂劍鐔也。」珥的用意和上引顏注所謂劍口旁「橫出」的意思是相同的。《釋名・釋天》:「珥氣在日兩旁之名也。珥，耳也；言似人耳之在兩旁也。」《呂氏春秋・明理篇》高誘注:「珥，日旁之危氣也。兩旁內向為珥。」劍格的形狀正向兩旁橫出，所以根據劍珥的命名判斷鐔即劍格，也具有合理性。

圖 41-2 刀鞘上的琫與珌

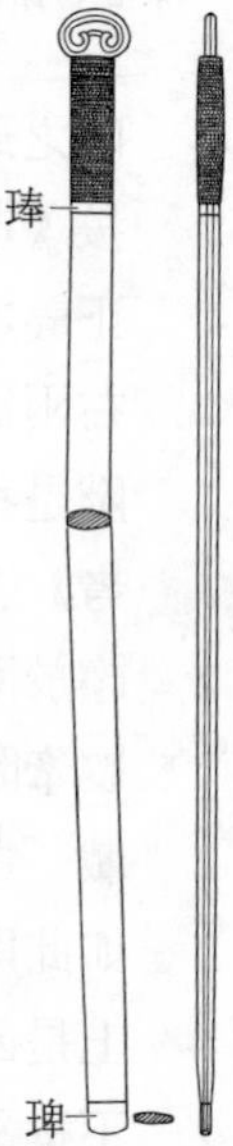

此外，斷定鐔是劍格還可以在《莊子・說劍篇》的敘述中找到旁證。《說劍篇》謂:「天子之劍，以燕谿、石城為鋒，齊、岱為鍔，晉、衛⑰為脊，周、宋為鐔，韓、魏為夾。」這裏提到了劍上的五個部位:鋒、鍔、脊、鐔、夾，乃是自劍末至劍首循序列舉的。鋒指劍末。鍔，《說文》作剽，指劍刃。脊指劍身中部隆起處。鋒刃畢露的劍，自當不在鞘內，所以此處並不涉及鞘外的劍扣即璏。因之，脊與夾之間的鐔，也就只能被認為是劍格了。順便提一下，日文つば（刀劍之格）的漢字是鐔，可見當這個漢字傳到日本時，它的意義也是被這樣理解的。

不過在關於玉劍具的各種稱謂中，對劍格的命名分歧最大。不僅有稱之為璏的，還有稱之為琫的。按《說文》謂琫是佩刀「上飾」，徐傳:「上謂首也。」則琫似是指玉首。但徐鍇去古已遠，他的說法不一定可靠。因為《釋名・釋兵》說「室口之飾曰琫。琫，捧也；捧束口也。」在朝鮮平壤附近的樂浪古墓中出土的環首刀，有的還保存著較完整的刀鞘，為了加固鞘口，在口沿鑲有一道箍（圖 41-2）。所謂捧束室

---

⑩ 陳大年《古玉石器、琉璃器出品說明書》，教育部第二次全國美術展覽會，南京，1937 年。
⑪ 郭沫若《金文叢考・金文釋餘・釋鞞䩦》，人民出版社，1954 年。
⑫ 郭文出處同注❻。
⑬ 周南泉《玉具劍飾物考釋》，《考古與文物》1982 年第 6 期。
⑭ 保全《唐重修內侍省碑出土記》，《考古與文物》1983 年第 4 期。
⑮ 駒井和愛在研究玉具劍時最先注意到《士冠禮》鄭玄注的說法，見注❺所揭文。關於屨絇，請參看拙著《中國古輿服論叢》頁 284，文物出版社，1993 年。
⑯ 郭寶鈞《古玉新詮》又釋璏為瑑（玉環），但這和《王莽傳》顏注及《藝文類聚》卷六〇引《字林》之說均不合。就考古發掘中所見，也不能證明佩劍有繫在腰間的玉環上的通例。
⑰ 通行本作「晉、魏」，此從日本高山寺卷子本校改。

圖41-3 鐔下裝尖齒的兵刃

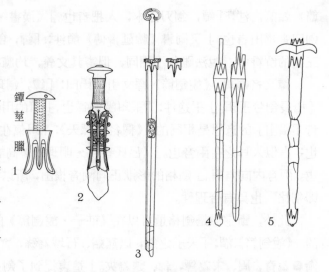

1 阮元所舉劍柄與其標出的部位
　名稱
2 銅柄鐵劍　雲南晉寧石寨山出
　土
3 東漢，環首刀　浙江紹興灘渚漢
　墓出土
4 西漢，兩件鐵兵器　山東巨野紅
　土山漢墓出土
5 銅鐔鐵鐵　瑞典斯德哥爾摩遠
　東古物館藏

口之瑋，應指此物而言。因而，瑋並不是劍格。此外，還有稱劍格為臘的❸。
按《考工記》：「桃氏為劍，臘廣二寸有半寸。」鄭玄注：「臘謂兩刃。」孫詒讓
正義：「云臘廣二寸有半寸者，明劍身一面之橫度也。臘廣者，中為一脊，左
右兩從，合為一面謂之臘。其橫徑之度，廣二寸半。」這些解釋都很明確，即
臘是指劍身的寬度，和劍格本不相涉。但程瑤田《考工創物小記・桃氏為劍
考》說：「臘者何？臘之言鬛也。前承劍身而後接於莖，半中而漸殺焉，以橫
趨於兩旁，如髮鬛鬛然，故謂之臘。」程氏的說法於古無據，他用鬛解釋臘純
屬牽附。但後來阮元卻舉出一件實物以證成其說。《揅經室集・古劍鐔臘圖考》
載一古劍柄（圖41-3:1），阮氏把其劍格下的突出物名為「四出長鬛」，以為「必
如此則臘之所以名臘，獵獵然如長鬛者，乃可見也。」但阮氏所舉的例子實際
上是西南或寧夏一帶古民族使用的銅柄鐵劍之柄❹，這種劍柄附有較寬的格，
下垂叉狀尖齒，考古學上稱之為「三叉格」（圖41-3:2），與中原地區的周、漢
之劍不屬於同一類型，不能用它來解釋《考工記》中的臘，因而阮說完全不
能成立。但應該提到的是，在浙江紹興灘渚東漢墓葬中出土過一柄環首刀❺，
其格下也有尖齒（圖41-3:3），和阮元所舉的標本中的「四出長鬛」有些相像；
彷彿可以將阮說改用灘渚之例為證。但近年山東巨野紅土山西漢墓出土的鐵
兵器上也發現此類尖齒（圖41-3:4），原來裝在鞘（已朽）外。雖然紅土山的
尖齒為兩枚相對，與灘渚之只有一枚者不同；但紅土山的尖齒有的當中一齒
特長，與灘渚的形狀相同，顯然是同類物品。瑞典斯德哥爾摩遠東古物館所
藏漢代鐵鐵亦附鞘，鞘口也裝有尖齒❹（圖41-3:5）。通過這些材料，可知此
類尖齒是鞘上的飾物，與劍鐔無關。

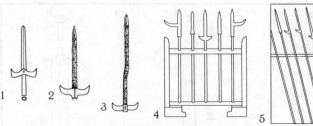

圖 41-4　漢，鈹

1　河北定縣北莊出土
2　河南洛陽燒溝出土
3　內蒙古包頭後灣出土
4　畫像石　江蘇徐州青山泉
5　畫像石　河南唐河

　　造成對劍鐔的定名眾說紛紜的現象還有一個原因，即由於自東漢以來，文獻中對它的解釋已產生若干舛誤。如《釋名・釋兵》說：劍「其旁鼻曰鐔。鐔，尋也，帶所以貫尋也。」則把劍扣即璏叫作鐔。儘管《釋名》是漢代人的著作，這種說法仍是不正確的；這可以用鈹的構造作為有力的反證。鈹在秦漢時是一種重要的武器，賈誼《過秦論》說：「鉏耰棘矜，非銛於句戟長鎩也。」馬王堆 3 號墓的遣冊中記其兵衛有「執短鈹六十人」，「操長鈹（執）盾者百人。」據《說文》說，鈹的形制是「劍有鐔也」。通過對秦俑坑出土兵器的研究，已證實鈹是一種長刃矛❷，而出土物中確有在這種長刃矛的喉部裝鐔的武器（圖 41-4:1～3），應即是鈹。在一些畫像石中的兵蘭上也曾見到它（圖 41-4:4、5），其中江蘇徐州白集畫像石中的一例，將鈹插在兵蘭正中，可見對它的重視。《西京賦》：「植鎩懸犛，用戒不虞」，描寫的正是這種場面。鈹是長兵，無法裝扣貫帶以佩，所以它的鐔只能是那上面所裝相當於劍格之物。又《說文・金部》：「鐔，劍鼻也。」則誤以劍珥為劍鼻。徐傳：「鐔，鼻也。人握處之下也。」雖仍尊許說訓鐔為鼻，卻又說它在手握處之下，則指的還是劍格。何況《說文》已訓璏為劍鼻，一劍之上不能兼存兩鼻，因知鐔字所訓之劍鼻當為「劍珥」之訛。後人或彌縫諸說，如《戰國策・趙策・趙惠文王三十年章》宋鮑彪注：「鐔，珥鼻也」直不知所云。《廣韻》則兩置之，屬侵部者訓劍鼻，屬覃部者訓劍口。多歧亡羊，使讀者更無所適從了。

---

❸　如周緯《中國兵器史稿》（三聯書店，1957 年）、中國科學院考古研究所《洛陽中州路（西工段）》（科學出版社，1959 年）、林壽晉《東周式銅劍初論》（《考古學報》1962 年第 2 期）及增田精一《パルティア、ササン朝プルシアの文化》（《世紀考古學大系》卷 11）等著作中均將鐔稱作臘。

❾　參看童恩正《我國西南地區青銅劍的研究》，《考古學報》1977 年第 2 期。

⓴　浙江省文物管理委員會《浙江紹興灘渚東漢墓發掘簡報》，《考古通訊》1957 年第 2 期。

㉑　紅土山所出鐵兵器見山東省菏澤地區漢墓發掘小組《巨野紅土山西漢墓》（《考古學報》1983 年第 4 期），文中定為 II 式劍，但可能是鈹。遠東古物館藏鐔見林巳奈夫《中國殷周時代的武器》（京都，1972 年），頁 120。

㉒　劉占成《秦俑坑出土的銅鈹》，《文物》1982 年第 3 期。

圖 41-5　各家對古劍部位的定名

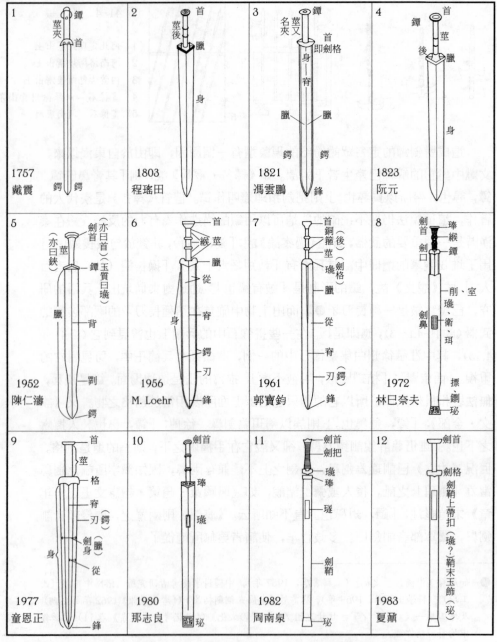

1　據《考工記圖》卷上　2　據《考工創物小記》卷五　3　據《金索》卷二
4　據《揅經室集》一集　5　據《金匱論古初集》　6　據 Chinese Bronze Age Weapons
7　據《殷周的青銅武器》,《考古》1961年第2期　8　據《中國殷周時代の武器》
9　據《我國西南地區青銅劍的研究》,《考古學報》1977年第2期　10　據《古玉鑒裁》
11　據《玉具劍飾考釋》,《考古與文物》1982年第6期
12　據《漢代的玉器》,《考古學報》1983年第2期

在以上的討論過程中，提到了劍上的鋒、鍔、脊、臘、從、口、喉、鐔、夾、莖、首、摽、璏、鼻、珥等部位和部件的名稱。而各家所繪標明古劍各部名稱的示意圖中，彼此的提法時有出入。茲就所見，綜合排列如圖 41-5。並在各家研究成果的基礎上，試將本文的理解標示如圖 41-6。請讀者鑒正。

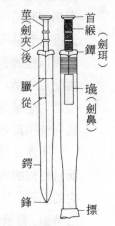

圖 41-6　本文對古劍各部位定名的理解

　　下面，再對玉具劍的淵源略作探討。如前所述，玉具劍出現於春秋晚期，邯鄲百家村 57 號墓、六合程橋 2 號墓、洛陽中州路 2717 號墓所出的幾例早期玉具劍❷，都是扁莖的，玉鐔皆作橫直的一字形，琢有由蟠虺紋演變出來的渦紋（圖 41-7:1～3）。但值得注意的是，在程橋 2 號墓中與扁莖玉具劍同出的 II 式劍，是一種實心圓莖、有箍（即後）、蝠形鐔❷的銅劍。這種有箍的圓莖和蝠形鐔，在浙江長興和安徽屯溪的西周早期墓所出的劍上已經發現過，所以研究者認為程橋 II 式那種類型的劍，起源於我國南方的吳越文化當中❷。但是，扁莖和一字鐔卻並不是吳越劍的特點，而作為吳越鑄造工藝之代表的吳王夫差、越王句踐、越王句踐之子、越王者旨於賜、越王州句等精美的名劍，又都不裝玉具。因此看來玉具劍是在中原地區產生

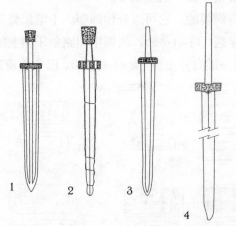

圖 41-7　扁莖玉具劍

1　河北邯鄲百家村 57 號墓出土
2　江蘇六合程橋 2 號墓出土
3　河南洛陽中州路 2717 號墓出土
4　河北滿城劉勝墓出土

---

❷　河北省文化局文物工作隊《河北邯鄲百家村戰國墓》，《考古》1962 年第 12 期。南京博物
　　院《江蘇六合程橋二號東周墓》，《考古》1974 年第 2 期。《洛陽中州路（西工段）》，頁
　　97～98。

❷　這種劍鐔一般作 ⌣ 形，也有作 ⌣ 形的，外輪廓有些像吉祥圖案中的蝙蝠，故名。

❷　李伯謙《中原地區東周銅劍淵源試探》，《文物》1982 年第 1 期。

和發展起來的。程橋 2 號墓所出玉具劍和時代稍早些的百家村 57 號墓所出者是如此肖似❷；前者很可能是由中原傳到江南去的。在裝玉鐔的劍中，不僅銅劍起初用扁莖，鐵劍如滿城西漢劉勝墓所出者（圖 41-7:4）及揚州東風磚瓦廠新莽墓所出者，也是扁莖❷。這裏面可能還有一個技術上的原因，即扁莖可以從鐔孔中插過去，便於安裝。而帶箍的圓莖卻通不過，需在裝鐔之後再配接劍柄，手續要複雜得多。所以雖然在帶箍的圓莖劍上也有裝玉鐔的，但那只能被認為是出於對玉具的愛好而移植上去的，產生玉具劍的土壤應是具有使用扁莖劍的傳統的中原地區。

不僅從對莖和鐔的考察中，得出了玉具劍最先產生於中原地區的結論；而且對璏的考察也同樣可以說明這一點。玉具劍上的璏是供穿帶子佩劍用的，它的出現，比開始用劍的時代要晚得多。但在中原地區，卻早就有用璏佩劍的傳統。春秋早期的洛陽中州路 2415 號墓所出象牙鞘銅劍，在鞘的正面雕出凸起的璏狀物，橫穿三小孔，孔中有朱色痕跡，是用朱色絲帶貫孔佩劍所遺留❷（圖 41-8:1）。雖然這裏的璏狀物和鞘是一個整體，與在鞘外裝璏的做法有別，但繫佩的方式則並無不同。中州路 2415 號墓的絕對年代約為前 8 世紀後期，在世界各地找不到比它更早的用璏佩劍的實例。所以完全有理由認為，這種佩劍方式是我國所創造。到了春秋晚期，在中原地區的洛陽中州路 2717 號、輝縣趙固 1 號等墓葬中，就發現了最早的玉璏❷。

在出土物中，璏有玉製的也有銅製的。它可以分作四型。Ⅰ型無簷璏，只是一段扁管，劍帶從它的孔中穿過（圖 41-8:2），尚與中州路象牙鞘上的璏狀物近似。Ⅱ型單簷璏，其頂面有一端向外出簷（圖 41-8:3、4）。Ⅲ型雙簷璏，

圖 41-8　劍璏

1　春秋早期，象牙劍鞘上的原始璏狀物
　　河南洛陽中州路 2415 號墓出土
2　秦，Ⅰ型無簷銅璏　陝西臨潼秦俑坑出土
3　春秋晚期，Ⅱ型單簷玉璏　河南洛陽中州
　　路 2717 號墓出土
4　漢，Ⅱ型單簷銅璏　日本清野謙次藏
5　東漢，Ⅲ型雙簷玉璏　河南洛陽燒溝
　　1039 墓出土
6　西漢，Ⅳ型雙卷簷玉璏　廣東廣州墓出
　　土
7　西漢，Ⅳ型雙卷簷玉璏　湖南長沙 240
　　號墓出土
8　西漢，Ⅳ型雙卷簷玉璏　河北滿城劉勝
　　墓出土

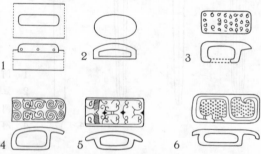
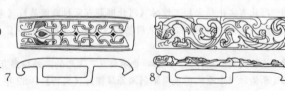

頂面兩端都出簪，但不彎卷，或者只有一端
的簪微彎（圖 41-8:5）。IV型雙卷簪璏，其兩簪
均向下彎卷；仰過來看，則有如鄭玄所說的
履絇之形了（圖 41-8:6～8）。IV型璏是較成熟
和定型的式樣；I型璏則是較原始的形式，
II型、III型璏就裝飾意匠而言，也還沒有充
分發育。但各型璏均具有貫劍帶配劍的功能，
所以在IV型璏通行以後，它們仍作為簡化的
式樣繼續存在。璏上的簪只供裝飾，並無實
際用途。霍麥曾認為劍帶是由璏下端的卷簪
和鞘間的空隙穿過，璏孔只用於將璏
縛在鞘上（圖 41-9:1）。後來郭寶鈞也
以為劍璏（郭氏名之為瑲）「兩端內卷
附鞘後形成二孔者，所以束劍且留劍
系之游移地」❸（圖 41-9:2）。實際上
並非如此，因為不但這種設想對 I、
II、III型璏不適用，即使是IV型璏，
其兩簪也有時彎得很淺，不能緊附鞘
面以形成閉合的孔，約束不住假若穿
進去的帶子。從出土的形像材料看，
山西侯馬所出人像、始皇陵 2 號銅馬

圖 41-9　對貫璏佩劍方式的設想

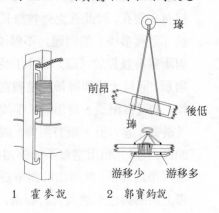

1　霍麥說　　2　郭寶鈞說

圖 41-10　用劍帶貫璏佩劍的實例

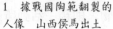

1　據戰國陶範翻製的
　人像　山西侯馬出土

2　2 號銅車上的御者
　陝西臨潼秦始皇陵出土

❷⑥ 邯鄲百家村 57 號墓所出銅器，如鼎、盤、豆、舟等，與洛陽中州路 115 號、唐山賈各莊 18
　　號、燕下都 31 號等墓出土者在器形與紋飾方面均相接近，所以其時代應屬春秋晚期前段；
　　而程橋 2 號墓則屬於春秋晚期後段。參看林巳奈夫《春秋戰國時代文化の基礎編年》（《中
　　國殷周時代の武器》附錄）。

❷⑦ 揚州博物館《揚州東風磚瓦廠漢代木槨墓群》，《考古》1980 年第 5 期。

❷⑧ 《洛陽中州路（西工段）》頁 97，圖版 46。

❷⑨ 特魯茲達爾在《亞洲的長劍與璏》（W. Trousdale, *The Long Sword and Scabbard Slide in
　　Asia*，華盛頓，1975 年）一書中認為劍璏是居住在烏拉爾山以南、裏海以北的撒烏洛瑪泰
　　伊人（Sauromatae）於前 7～6 世紀中發明的。但他舉不出證明此說的實例來。在裏海、伏爾
　　加河下游和黑海地區，除曾發現中國製作的玉璏外，本地所製者造型質拙，顯係前者的模
　　仿品。中州路所出璏，見注❷⑧所揭書頁 97～98，圖版 66。輝縣所出璏，見《輝縣發掘報告》，
　　頁 117，圖版 90。

❸⑩ 霍麥說見 R. P. Hommel, "Notes on Chinese Sword Furniture", *The China Jounal*, 8 (1),
　　1928. 郭說見注❻所揭文。

車上的御者，他們的劍都用一條帶子穿過璏孔佩在腰間（圖 41-10）。這些璏都只有一個孔，除此孔之外並無其他位置可穿劍帶；所以並不存在「前昂後低」或「游移多少」的問題。不僅如此，清桂馥《札樸・昭文帶》條以為「大帶與兩劍系並貫於（璏）穿中」之說，也不符合實際情況。因為本不存在兩條劍系，而且大帶即紳帶乃是較寬的絲帶，劍帶卻是較窄的革帶。《墨子・公孟篇》和《淮南子・齊俗訓》都說晉文公「大布之衣，牂羊之裘，韋以帶劍」。《漢書・卷六五・東方朔傳》說漢文帝「身衣弋綈，足履革舄，以韋帶劍」。顏師古注：「但用空韋不加飾。」可見用以貫璏繫劍的帶子多為革帶，兩端且常用帶鈎勾括。然而由於劍帶要穿過不太大的璏孔，所以不能太寬，相應地，那上面的鈎也不能太大。湖南、湖北等地的戰國、兩漢墓葬中，人架不僅在

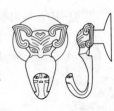

圖 41-11　戰國，劍帶上用的劍鈎　湖北江陵拍馬山 10 號楚墓出土

腹部出束腰之帶的帶鈎，而且佩劍者在腰際還往往另出一種長僅 3 公分左右的小帶鈎❸（圖 41-11）。此物應是劍帶之鈎。也有不繫劍帶，逕以束腰的革帶貫璏佩劍（多為短劍）的，那就不需要再用劍鈎了。但關於劍鈎的使用方法，近年有的研究者主張：

「劍與刀的佩掛應當是在鞘上配裝附加構件，可能一般都固定有銅、玉或骨製的套環，再套掛在鈎首上。」而這種鈎的裝法則被認為是：「將鈎鈕嵌入革帶一側，鈎首向下，便於鈎掛器物。」❸ 實際上由於鈎首頗短淺，如將帶鈎豎裝在革帶上鈎掛器物，則稍一活動所懸之物就會滑脫。特別是劍，當時是在腰間繫得很牢的。荊軻刺秦王時，嬴政於惶急之際，一下子竟拔不出自己的佩劍來。左右侍臣忙喊：「王負劍！」❸ 要他把劍推到背後、令前短易拔。倘依鈎掛說，則其劍一摘便下，這個驚心動魄的場面在歷史上就不會出現了。所以凡是用鈎的革帶，無論束腰或佩劍，鈎掛起來之後都必須繫得稍緊，這樣帶鈎才能由於受到左右兩個方向的橫向牽拉之力而服之不脫。在圖 41-10所舉貫璏佩劍的形象中，帶上的鈎雖然沒有表現出來，但其劍並非鈎掛在豎裝的劍鈎上，卻是不難察知的。不過應當說明的是，從中州路 2415 號墓所出象牙鞘銅劍的實例看來，貫璏佩劍之法起初在較短的青銅劍上採用時，可用一條腰帶佩劍並束腰，使劍緊貼在佩劍者的身側或背後。然而當劍身加長時，仍用此法則不便於自鞘中拔劍。所以在漢代的圖像中，佩劍者多於腰帶之外另繫劍帶；後者可稍稍向下拖垂，為拔劍留一些活動的餘地。

　　貫璏佩劍之法可名為璏式佩劍法，在戰國、兩漢和稍後一些的時代中，不僅在中原地區通行，而且流傳到邊遠地區和國外。雲南晉寧石寨山古滇國

圖 41-12 貫璏佩劍的東胡人和匈奴人

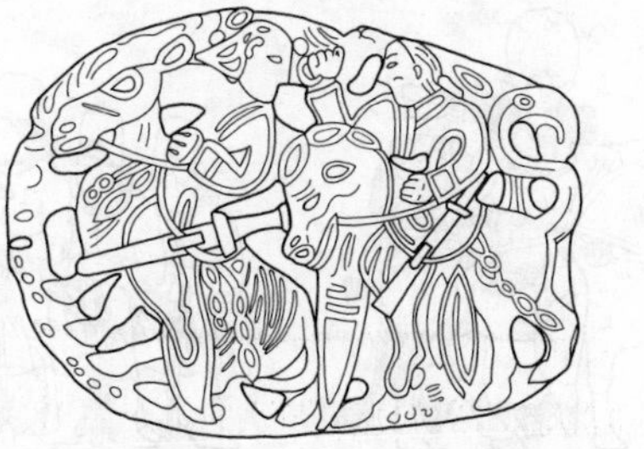

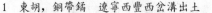

1 東胡，銅帶鐍 遼寧西豐西岔溝出土

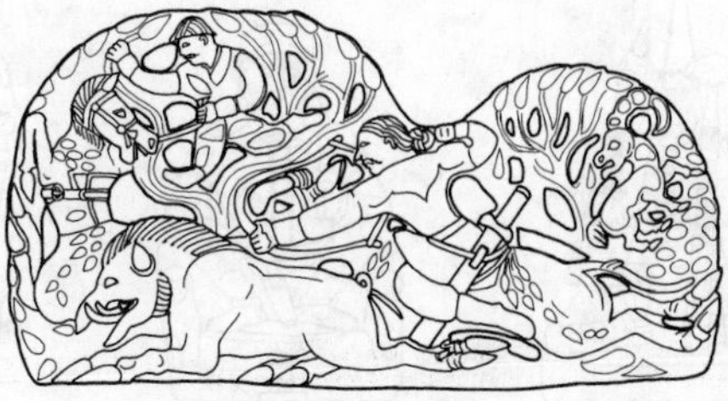

2 匈奴，金帶鐍 南西伯利亞出土

墓葬中曾出玉璏㉞。遼寧西豐西岔溝出土的青銅帶鐍上的武士用此法佩劍㉟（圖 41-12:1）。南西伯利亞所出匈奴黃金飾牌也將這種佩劍法表現得很清楚㊱（圖 41-12:2）。而隨著匈奴等各族騎士的行蹤，劍璏在歐亞大草原被廣泛傳播開來。它曾在南俄出土，黑海地區出土的薩爾馬泰人的遺物中也多次發現劍璏，包括中國製造的玉璏㊲。值得注意的是，璏式佩劍法並通過起初居住在中國西部地區的大月氏人，向西南傳入他們所建立的貴霜王朝。在印度瑪特地方發現的著名的伽膩色迦王一世（約 78～96 年）石雕立像，手中就握有一把附璏的劍㊳（圖 41-13:1）。遺憾的是，此像的頭部和臂部缺失不存，但對照貴霜貨幣上的國王像，可知早期貴霜王戴中亞式尖筒狀帽，著對襟褊衣、長靴。而在印度發現的貴霜時期之日神蘇利耶 (Surya) 像，踞坐於獅子座上，手中卻也持有一把用帶子貫璏的劍㊴（圖 41-13:2）。在犍陀羅雕刻中，用這種方式佩劍的武士像曾屢次發現㊵。可見在貴霜朝，璏式佩劍法已形成傳統。而

㉛ 《考古》1963 年第 9 期，頁 469；又見該刊 1973 年第 3 期，頁 157。《湖南考古輯刊》第 1 集（1982 年），頁 33。

㉜ 王仁湘《古代帶鉤用途考實》，《文物》1982 年第 10 期。

㉝ 《史記 · 刺客列傳》。

㉞ 雲南省博物館《雲南晉寧石寨山古墓群發掘報告》，圖版 110:3，文物出版社，1959 年。

㉟ 孫守道《「匈奴西岔溝文化」古墓群的發現》，《文物》1960 年第 8～9 期。

㊱ M. I. Rostovtzeff, *The Animal Style in South Russia and China*, 圖版 16。普林斯頓，1929 年。

㊲ O. Maenchen-Helfen, "Crenelated Mane and Scabbard Slide", *Central Asiatic Journal*, 3 (1957/58).

㊳ J. Ph. Vogel, "Explorations at Mathurā", *Archaeological Survey of India, Annual Reports*, 加爾各答，1911～1912 年。

㊴ A. Coomaraswamy, *History of Indian and Indonesian Art*, 圖版 64，倫敦—萊比錫—紐約，1927 年。

㊵ 見注㉙所揭特魯茲達爾書，頁 74～76。

圖 41-13　貫璏佩劍貴霜人和薩珊人

1　貴霜王伽膩色　　　2　日神蘇利耶像　　　3　薩珊王沙普爾一世像　　　4　薩珊侍臣
迦一世像

且不僅在貴霜用此法，與貴霜毗鄰而後起的波斯薩珊王朝也接受此法。薩珊
朝早期雄君沙普爾一世（242～273 年）於公元 259 年俘虜了羅馬皇帝瓦勒里
安，這是當時的一件大事。在伊朗的納克西伊盧斯塔姆（Nāqsh-i-Rūstām）地
方有巨大的摩崖造像，雕刻出瓦勒里安向沙普爾一世屈膝投降的情景，騎在
駿馬上的沙普爾一世的劍就是貫璏而佩的❹（圖 41-13:3）。同地區所見薩珊侍
臣雕像的劍也用此法佩帶（圖 41-13:4）。再經過近一個世紀，一面皇家銀盤上
的狩獅圖中，沙普爾二世（309～379 年）的長刀仍然貫璏而佩❷。特別使人
感到興味的是，在公元 4 世紀的遺物中，南俄出土的銀壺上鏨刻的希臘武士
（圖 41-14）、意大利蒙查大教堂所藏象牙板上鏨刻的羅馬武士，都用璏佩劍❸。

圖 41-15　裝單附耳的劍

1　波斯帕塞波里斯宮殿浮雕

圖 41-14　銀壺上的圖像，
貫璏佩劍的希臘武士　黑
海北部地區出土

2　銀來通，亞美尼亞出土　3　斯基泰金鞘劍

圖 41-16　裝雙附耳的刀

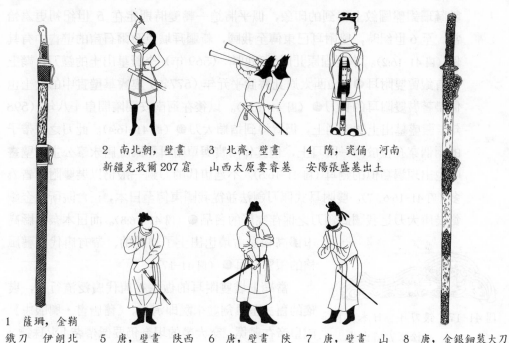

2　南北朝，壁畫
新疆克孜爾 207 窟

3　北齊，壁畫
山西太原婁睿墓

4　隋，瓷俑　河南
安陽張盛墓出土

1　薩珊，金鞘
鐵刀　伊朗北
部出土

5　唐，壁畫　陝西
乾縣永泰公主墓

6　唐，壁畫　陝
西咸陽蘇君墓

7　唐，壁畫　山
西太原金勝村墓

8　唐，金銀鈿裝大刀
日本奈良正倉院藏

可見我國古代發明的這種佩劍法，確曾穿越無數國境，一直影響到西方世界的文明中心。

　　古波斯還有另一種佩帶刀劍的方法，是在鞘口向外上方斜出一耳，穿耳以佩。此法早在阿契美尼德王朝的遺物中已經見到，帕塞波里斯古波斯宮殿中的浮雕及亞美尼亞 Erebuni 城址出土的前 5 世紀之銀獸首杯上的人物，都有用此法佩短劍的❹。斯基泰人在劍鞘上裝附耳的方法也是如此（圖 41-15）。但用此法佩劍，由於鞘上只有一個附耳，當活動劇烈時所佩之劍會晃得厲害，因此有時在鞘的末端再用繩子縛住。到了薩珊朝中晚期，在銀盤的圖紋中出現了裝兩個附耳的長刀❺，其實物曾在伊朗北部出土❻（圖 41-16:1）。據特魯

❹　和田新《イーラーン藝術遺蹟》圖版 58，東京，1945 年。

❷　A. U. Pope, *A Survey of Persian Art*，卷 7，圖版 210，蘆屋，1981 年。

❸　見注❷所揭特魯茲達爾書，頁 102、107。

❹　參看江上波夫《徑路刀考》，《東方學報》〔東京〕3，1933 年。

❺　同注❷所揭書，卷 7，圖版 217。

❻　白木原和美《天理參考館藏イラン出土黃金裝鐵劍について》，《オリエント》14 卷 11 號，1971 年。

茲達爾說，薩珊刀劍由裝璲改為裝雙附耳的時間是在公元 4 世紀❹。但從多數薩珊銀盤圖紋上得到的印象，似乎將這一轉變時期定在 5 世紀初更為恰當。至 6 世紀時，雙附耳已東傳至我國，新疆拜城克孜爾石窟的壁畫中有其例（圖 41-16:2）。寧夏固原北周天和四年（569 年）李賢墓出土的鐵刀，鞘上裝有銀質雙附耳❹。山西太原北齊武平元年（577年）婁睿墓壁畫中的武士也佩帶著裝雙附耳的長刀❹（圖 41-16:3）。以後在河南安陽隋開皇十八年（598 年）張盛墓出土的瓷俑上，仍看得到這類大刀❺（圖 41-16:4）。此刀之繫帶子的兩個穿孔位於同一附耳上，但其作用實與單附耳不同。唐永泰公主墓壁畫中也出現過類似的劍耳（圖 41-16:5）。不過唐代的刀劍一般仍以裝雙附耳者為多（圖 41-16:6、7）。雙附耳式佩刀劍法並從我國東傳至日本，正倉院所藏金銀鈿裝唐大刀是我國此類刀之保存完好的名品❺（圖 41-16:8）。而日本奈良縣高市郡高松冢古墳也出土了精美的、帶有唐代工藝風格的銀質刀耳❺（圖 41-17）。

圖 41-17　銀刀耳　日本奈良高松冢古墳出土

當鞘上裝雙附耳的做法在唐代廣泛流行後，裝璲的舊式玉具劍並未隨即消失。《舊唐書·輿服志》說皇帝在戴冕、穿大裘的場合仍要佩帶裝「火珠鏢、首」的「鹿盧玉具劍」。宋摹唐畫「歷代帝王圖卷」中晉武帝司馬炎的佩劍，於劍首上嵌一大珠，應即火珠劍首。圖卷中雖未見嵌珠的鏢，但漢光武帝劉秀的佩劍露出裝梯形摽的劍鞘末端，說明這時在法服上仍佩舊式玉具劍。只不過其劍璲掩在衣內，不能看到。然而呂大臨《考古圖》卷八所載「瑑玉璲」的說明謂：「《李氏錄》云：『……璲，劍鼻也。……蜀張惡子廟有唐僖宗解賜玉具劍，其室之上下雙綴以管緌，正此物；非劍鼻而何？』」❺可以作為唐代仍少量用璲的證明。在西方，璲的消失也經歷了一段過程。俄羅斯聖彼得堡愛米塔契博物館所藏 1842 年在刻赤發現的一件銅璲，那上面沒有供貫劍帶的大孔，卻在這個部位上穿有兩個圓洞，估計是用它代替雙附耳繫劍的（圖 41-18:1）；所以這件劍璲本身兼有璲和附耳的兩重屬性。它的年代原定為 4 世紀，但看來可能還晚些。在中亞，塔吉克斯坦片治肯特古城中第 6 號建築遺址所出 7 世紀的壁畫，描繪出坐在胡床上的粟特貴族。他所佩的長劍（刀？）在鞘

圖 41-18　璲與璲狀物

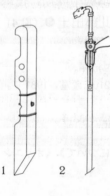

1　刻赤出土銅璲　俄羅斯聖彼得堡愛米塔契博物館藏
2　壁畫　中亞塔吉克斯坦片治肯特古城 6 號遺址

外保留著由璏演變出來的一個半圓形鈕，另在近鞘口處再裝兩個鈕，劍帶穿過三個鈕繫在腰間（圖 41-18:2）。這些都可以看作是劍璏在其消失的過程中留下的痕跡。

璏式佩劍法從我國西傳至伊朗和希臘、羅馬，而雙附耳式佩刀劍法又從伊朗東傳至我國和日本。這種不拘成法、擇善而從、互相學習的事例，也可以稱得上是東西文化交流史上的一則佳話了。

（原載《考古》1985 年第 1 期）

---

❹ 見注❹所揭特魯茲達爾書，頁 99。

❹ 寧夏回族自治區博物館等《寧夏固原北周李賢夫婦墓發掘簡報》，《文物》1985 年第 11 期。

❹ 山西省考古研究所、太原市文物管理委員會《太原市北齊婁睿墓發掘簡報》，《文物》1983 年第 10 期。

❺ 中國科學院考古所安陽發掘隊《安陽隋張盛墓發掘記》，《考古》1959 年第 10 期。

❺ 傅芸子《正倉院考古記》頁 50～51，東京，1941 年。

❺ 中國科學院考古研究所資料室《日本高松冢古墳簡介》（《考古》1972 年第 5 期）中稱此刀耳為「銀製刀飾」。但因《東大寺獻物賬》中描述大刀的外形時說「鮫皮把作山形」，而《內宮長曆送官符》描述大刀時說「帶取山形金二枚，各長三寸」；故日本刀劍研究者稱此類刀耳為「山形金」或「山形足」。

❺ 容庚《宋代吉金書籍述評》（《學術研究》〔廣東〕1963 年第 9 期）認為《李氏錄》即《籀史》所載之李伯時《考古圖》五卷。

42

禽獸紋刀環

中國自西漢以來，騎兵逐漸成為最具優勢的兵種，其所用之適宜在馬上揮砍的環首刀，也成為最常見的短兵器，各地漢墓中多次出土。鐵環首刀長1公尺左右，柄頂部作出一個近橢圓形的扁環。由於人們對刀環非常熟悉，所以在隱語中遂以「環」諧「還」。《漢書‧李陵傳》記任立政等欲招已降匈奴的李陵歸漢，可是在單于設的酒宴上不便私語，於是「目視陵，而數數自循其刀環」，暗示他可以歸還。漢代民間歌詩：「藁砧今何在？山上復有山。何當大刀頭，破鏡飛上天。」前兩句是說丈夫外出，而第三句的「大刀頭」就代表「還」，下面的第四句便是說重新團圓了。則刀頭必有環，乃被看作是正常的情理中事。

至東漢時，刀環開始突破其橢圓形的輪廓，將刀柄上端納入環內一小段，環之底部則左右中分且貼緊柄端向上翻捲，於是遂組合成一個三葉形。這種做法起初大約是出於強化環與柄連接處之牢固程度的考慮，後來轉而注重其裝飾性（圖42-1）。而禽獸紋刀環就是在三葉式環之翻捲的兩末端增益動物首尾而成。河南南陽楊官寺一座東漢中期的畫像石墓所出銅劍柄，提供了已知之最早的實例。此劍柄長13.5公分，鎏金，柄端有龍紋環（圖42-2）。龍的軀體即環身，龍首龍尾則順應三葉式環兩末端的走向加工而成，其構圖無疑是

圖42-1　漢，環首刀

圖42-2

東漢，龍紋環首　河南
南陽楊官寺漢墓出土

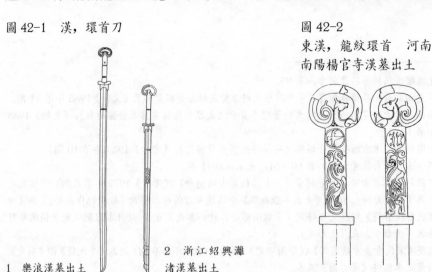

1　樂浪漢墓出土

2　浙江紹興瀾
渚漢墓出土

從這一更早的環型發展出來的。由於漢劍絕少裝環首者，所以此環首完全可以被視為刀環的代表。

不過禽獸紋刀環於2世紀中尚未發現過第二例。《東觀漢記》說鄧遵在安帝時因立戰功，受賜「墨再屈環橫刀」（《太平御覽》卷三四五引）。「墨再」不可解。疑「再」字原為「削」字，此字壞而為「肖」，復訛而成「再」。削即刀劍之室。《續漢書‧輿服志》記臣僚佩刀之制時，謂：「諸侯王黃金錯環、挾（挾通夾，即刀柄），半鮫黑室。公卿百官（室）皆純黑，不半鮫。小黃門雌黃室，中黃門朱室。」可見東漢人很重視刀室即刀鞘的顏色，鄧遵之刀配以「墨削」正是所謂「黑室」。「屈環」則又稱「屈耳環」。《蒲元傳》說他：為諸葛亮鑄刀三千口，「金屈耳環者，乃是其遺範」（《藝文類聚》卷六〇引）。蒲元造的屈耳環在陶弘景《刀劍錄》中稱為「連環」。屈環、屈耳環、連環三名，味其命義，可能式樣仍與三葉式環為近。直到3世紀初，曹植在《寶刀賦》中說：「魏王命有司造寶刀五枚，以龍、熊、鳥、雀為識。」又說這種刀「規圓景以定環，攄神思而造象」（《初學記》卷二二引）。似乎才出現了用禽獸形裝飾的刀環。

接下來到了以暴發八王之亂為序幕的大動蕩的4世紀，有關禽獸紋刀環的遺物或文獻記載均鮮有所聞。至南北朝初期，才出現了赫連勃勃製造的「大夏龍雀」。他於鳳翔年間築都城統萬城，並造龍雀環刀，時在5世紀前期。《晉書‧赫連勃勃載記》說他：「造百煉剛刀，為龍雀大環，號曰『大夏龍雀』。銘其背曰：『古之利器，吳楚湛盧。大夏龍雀，名冠神都。可以懷遠，可以柔邇。如風靡草，威服九區。』世甚珍之。」張衡《東京賦》「龍雀蟠蜿」，薛綜注：「龍雀，飛廉也。」司馬相如《上林賦》「椎飛廉」，李善注引郭璞曰：「飛廉，龍雀也，鳥身，鹿頭。」則龍雀大環中表現的似是一種神禽的形象，這也正和大夏新改的紀年「鳳翔」相應。此種刀既然受到舉世珍賞，無疑製作極精。但赫連夏是一個驟興驟滅的小國，它與拓跋魏為世仇，427年魏太武帝拓跋燾破統萬城，這時距龍雀大環的問世不過十餘年，故應有相當數量的此種刀落入北魏人之手。文獻中也明確記載：北魏宮廷儀衛正式使用禽獸紋環刀。《唐六典‧武庫令》條說：「今儀刀蓋古班劍之類，晉、宋已來謂之御刀，後魏曰長刀，皆施龍鳳環。」聯繫歷史背景看，北魏之施龍鳳環的儀刀在某些方面必然會取法「大夏龍雀」的形制。

可以初步推測為北魏儀刀的實例，目前所能舉出的只有一件，據說係1929年出土於河南洛陽市孟津縣北慶山古墓，已流入美國，今歸紐約大都會博物館。因該館藏有洛陽出土的兩件中國古刀，故此刀被稱為「洛陽乙刀」。

圖 42-3
洛陽乙刀　美
國紐約大都會
博物館藏

它的環首中飾鳳，刀柄與刀身相接處裝漢式菱形銅鐔，鞘外束有 17 道狹窄的銀箍（圖 42-3）。據格蘭瑟於 1931 年發表的《公元 600 年時的中國古刀》一文中之介紹，此刀出土時用絲絹包裹，附著在上面的土塊且粘有墓內所鋪硃砂❶。可見出土後未經清洗修整即盜運至美。格氏推定的年代據稱係與朝鮮、日本的古刀劍相比較而得出；但徵引的資料不足，其論斷缺乏充分依據。1996 年，穴澤咊光、馬目順一二氏發表了《由大都會美術館所藏傳洛陽出土的環頭大刀論及唐長安大明宮出土品》一文，提出洛陽乙刀上的銅鐔為古玩商後配之說，從而認為刀的年代為南北朝後期至隋，即 6 世紀晚期至 7 世紀初期❷。雖然，洛陽乙刀上所見之鐔在漢代多用於劍，刀上用的很少。但並非沒有先例，圖 42-1 舉出的兩件刀皆裝此類鐔。至於認為洛陽乙刀之鐔係後配，則與運至美國時的狀況不合；其中推測的成分居多，並無實據。從形制上看，乙刀不會晚到二氏所推斷的年代。因為南北朝後期正是我國古刀劍繫佩方式大轉變的時期。自東周以來，中國古刀劍多貫璲而佩，間或有在鞘外裝帶扣佩帶的，但很少見。而西亞方面早在古波斯阿契美尼德王朝時已在鞘上製出單附耳佩刀劍。到了薩珊王朝中期，鞘上的單附耳改進成雙附耳，具體年代約在 5 世紀初。由於用此法佩刀劍有許多優點，所以不晚於 5 世紀末，鞘上設雙附耳的做法已傳入中國。新疆拜城克孜爾石窟 69 窟壁畫中的龜茲供養人腰佩嵌寶石的雙附耳短劍。這種短劍形制奇特，應為西亞產品。俄羅斯聖彼得堡愛米塔契博物館藏有哈薩克斯坦科克切塔夫州博羅沃耶湖 (Borovoje L.) 附近出土之此種短劍的部件，而其較完整的實物曾在韓國慶州雞林路 14 (N) 號墓出土，可見它已傳至遙遠的東方（圖 42-4）❸。在克孜爾石窟壁畫中所見雙附耳刀劍不止上述一例，第 207 窟壁畫中的畫家腰間也佩帶這樣的短劍❹（參見本書圖 41-16:2）。到了 6 世紀中期以後，刀鞘上裝雙附耳之制在中國已普遍流行。寧夏固原北周天和四年（569年）李賢墓出土裝銀質雙附耳的鐵刀。山西太原北齊武平元年（577年）婁睿墓壁畫中的眾多武士均佩帶裝雙附耳的長刀❺（參見本書圖 41-16:3）。而在洛陽乙刀上卻全無裝雙附耳的痕跡，所以它的年代應比李賢、婁睿等墓為早。

再看環首本身的造型。洛陽乙刀之刀環一端形成鳳首，另一端形成鳳尾，仍保持著南陽楊官寺漢代龍紋環首之構圖的格式。而此種意匠在朝鮮半島與日本列島出土的同類製品中卻見不到了。朝鮮半島的禽獸紋刀環，最早的一

圖 42-4　雙附耳短劍

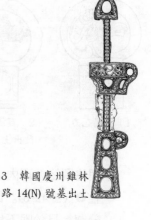

1　壁畫　新疆克
孜爾 69 窟

2　哈薩克斯坦博
羅沃耶湖附近出土

3　韓國慶州雞林
路 14(N) 號墓出土

例為韓國忠清南道公州百濟武寧王陵所出者。武寧王歿於 523 年，但根據陵中所出王妃之飾以與刀環環身龍紋相同的銀釧所鐫「庚子年」銘文推斷，刀和釧均應製於庚子年即 520 年❻。可是在這件刀環上，龍首兀立於環中，而尾部已被省略，表明較初出之構圖有所改進。故洛陽乙刀的年代又應早於武寧王時（圖 42-5:1、2）。

　　既然洛陽乙刀從不設附耳的構造上說應早於李賢墓，從環首的構圖上說又應早於武寧王陵；那麼它就很可能不是 6 世紀的，而是 5 世紀後期的製品了。考慮到《唐六典》指出的，魏有施龍鳳環的儀刀。而北魏太武帝在 5 世紀前期破統萬城後，再經過幾代的經營，統一北方，太和十八年（494 年）又遷都洛陽，國勢臻於極盛。洛陽乙刀很可能就是這時的儀刀，其環內之鳳首的造型，也正和這一時期的藝術風格相合。孝文帝遷洛之前，自太和五年至十四年（481～490 年）在平城方山（今大同市西寺兒梁山）建造了文明皇后馮氏的永固陵。陵內的石券門兩側龕柱上雕有口銜寶珠的神禽，以其頭部

❶ S. V. Grancsay, Two Chinese Swords Dating about A.D.600, *Bulletin of the Metro-politan Museum of Art*, 25 (1930～31), New York.

❷ 穴澤咊光、馬目順一《メトロポリタン美術館所藏傳洛陽出土の環頭大刀を論じて唐長安大明宮出品に及ぶ》，《古文化談叢》第 36 集，1996 年。

❸ 穴澤咊光、馬目順一《慶州雞林路 14 號墓出土の嵌玉金裝短劍をめぐる諸問題》，《古文化談叢》第 7 集，1980 年。

❹ 同注❸。

❺ 寧夏回族自治區博物館等《寧夏固原北周李賢夫婦墓發掘簡報》，《文物》1985 年第 11 期。
山西省考古研究所等《太原市北齊妻睿墓發掘簡報》，《文物》1983 年第 10 期。

❻ 大韓民國文化財管理局編《武寧王陵》，1974 年。

圖 42-5　單龍鳳首刀環

1　洛陽乙刀　　2　百濟武寧王　　3　日本拜冢　　4　（傳）日本　　5　日本前原
　　　　　　　　　陵出土　　　　　古墳出土　　　奈良榛原町出土　　古墳出土

與洛陽乙刀環內之鳳首相較，不難看出在整體輪廓及細部處理上有不少一致性❼（圖 42-6）。比如銜珠的姿勢，頭頂上的三簇冠毛，喙與眼目之間以線條分割，且於喉下捲繞成結等做法，均極相似；說明乙刀如果不是遷洛時自平城攜來，便是北魏在洛陽製作的。

　　　　　　　　　　　飾禽獸紋刀環的長刀，在朝鮮和日本屢屢出土，久已引起考古學者的重視，濱田耕作、梅原末治早在 1923 年已對此進行考察，其後如末永雅雄、後藤守一、穴澤咊光、馬目順一、町田章、新納泉、金廷鶴等人，都有重要成果問世❽。但作為創出此種刀環的中國方面的材料卻太少了，以致難以將其傳播和演變的過程排出系統的序列。不過，如果本文上述推測得以成立，那麼有了洛陽乙刀這件 5 世紀後期的標本，情況就會清楚得多。將它和日本福岡縣春日市

圖 42-6　北魏，石雕　山
　　　　　西大同永固陵

日拜冢古墳、傳奈良縣宇陀郡榛原町、福島縣須賀川市前原古墳等處出土的鳳首刀環相較，不僅可以看出中國刀環對海東的強烈影響，同時也會查覺到，若干當地製品在模仿中國式樣的過程中，既有某些新的創造，也不免顯露出工藝上的粗放和造型上的簡率❾（圖 42-5:3～5）。

　　至於大都會美術館所藏洛陽甲刀，則是一件典型的唐代雙附耳龍環儀刀。同類型的刀環在大明宮三清殿遺址出土過。在大明宮玄武門遺址還出過一件獅紋刀環。工藝均極精美，為海東之同類製品所不及❿（圖 42-7）。

　　但是還有一個問題，為什麼此類環刀在朝鮮、日本出土的數量反而比中國多？則恐與其使用範圍有關。在中國，禽獸紋刀環只裝在儀刀上，而儀刀只能由宮廷儀衛使用。《隋書・禮儀志》保留了北周時使用儀刀之制度的記載。左右宮伯、小宮伯「各執龍環金飾長刀」，左右中侍「左執龍環、右執獸環長刀」，左右侍「左執鳳環、右執麟環長刀」，左右前侍「左執犀環、右執兕環

圖 42-7　雙龍首刀環與獅首刀環

雙龍首刀環

1　洛陽甲刀　美國紐　　2　陝西大明宮三清殿出土　　3　日本兵庫御園古墳出土
約大都會博物館藏

獅首刀環

4　陝西大明宮玄武門出土　　5　日本御崎山古墳出土

長刀」，左右騎侍「左執罷環、右執熊環長刀」，左右宗侍「左執豹環、右執
貔環長刀」。規定得如此嚴格、細緻，非應執掌者不便僭用。而在朝鮮、日本
似乎無此定制，有力者多製禽獸紋環刀以自矜貴，所以在出土物中就屢見不
鮮了。

(原載《漢唐之間文化藝術的互動與交融》，文物出版社，2001 年)

❼　中國歷史博物館《華夏之路》第 2 冊，頁 294，朝華出版社，1997 年。

❽　濱田耕作、梅原末治《近江國高島郡水尾村鴨の古墳》，《京都帝國大學文學部考古學研究
報告》第 8 冊，1923 年。末永雅雄《日本上代の武器》，東京，1943 年。後藤守一《歷史
時代の武器と武裝》，《考古學講座》，東京，1928 年。穴澤咊光、馬目順一《龍鳳文環頭大
刀試論──韓國出土例を中心として》，《百濟研究》第 7 號，1976 年。町田章《環刀の系
譜》，《古代東アジアの裝飾墓》，京都，1987 年。新納泉《單龍、單鳳環頭大刀の編年》，
《史林》64 卷 4 期，1982 年。金廷鶴《韓國の考古學》，東京，1972 年。

❾　日拜冢出土者，見中山平次郎等《日拜冢》，《福岡縣史蹟名勝天然紀念物調查報告書》第
5 輯，1930 年。榛原町出土者，見京都大學文學部《京都大學文學部博物館考古學資料目
錄》第 2 部，1968 年。前原古墳出土者，見江藤吉雄《福島縣須賀川市前原古墳群發現の
飾大刀二題──環頭、方頭──》，《福島考古》18 號，1977 年。

❿　大明宮三清殿出土者，見馬得志等《唐代長安宮廷史話》，新華出版社，1994 年。大明宮玄
武門出土者，見中國科學院考古研究所編《唐長安大明宮》，科學出版社，1959 年。

鼓與鉦

從春秋到漢代，鼓聲和鉦聲是作戰時指揮軍隊進退的信號。

春秋是車戰盛行的時代，將領和甲士都立乘在戰車上，步兵即徒兵跟在車後。這時一輛戰車一般駕四匹馬，乘三個人。右邊的叫「車右」，執長兵器；左邊的叫「車左」，執弓矢；中間是御者。從駕車的方便考慮，將御者的位置安排在當中顯然是合理的。但是當某輛車上乘有指揮作戰的將領時，御者就得把當中的位置讓出來：將居中，御者居左，右邊仍然是「車右」。為什麼如此調整呢？這是因為「將居鼓下」，而鼓裝在車中部的緣故。比如公元前 589 年的齊、晉鞌之戰中，晉國主將郤克的車上，鄭丘緩為右，解張為御。交戰時，郤克為箭所傷，「流血及履」，但「未絕鼓音」。解張被箭射穿手和肘，他折斷箭桿繼續駕車，滴下的血使「左輪朱殷」，即將左邊的車輪染成朱紅色（見《左傳》成公二年）。可證解張居左，鄭丘緩居右，而郤克居中。居中的將領須親自擊鼓。《荀子‧議兵篇》說：「將死鼓，御死轡。」《尉繚子‧武議篇》說：「將受命之日忘其家，張軍宿野忘其親，援枹而鼓忘其身。」同書《兵令篇》又說：「存亡死生，在枹之端。」都強調指出這一點。如若交戰時一方的鼓忽然音寂聲消，致使三軍進退失據，則其敗亡可以立待。這時鼓聲代表進軍，而鉦聲代表退兵，即《尉繚子‧勒卒令篇》所說：「鼓之則進，重鼓則擊。金之則止，重金則退。」為了發令之便，作戰用的鼓和鉦是組裝在一起的。公元前 605 年，楚莊王與其令尹若敖氏之族作戰，子越椒向王發箭，這支箭自王車的正面射來，「汰輈，及鼓跗，著於丁寧」。就是說此箭飛過車的獨輈，射在鼓座的丁寧（即鉦）上；正反映出鼓和鉦的這種組合關係（見《左傳》宣公四年）。但遺憾的是，直到戰國時期，在表現戰車的雕刻或繪畫中，從未見過車上裝鼓的情況，所以沒有可以直接與文獻相印證的形象資料。只在河南汲縣山彪鎮所出水陸交戰圖鑒上看到過裝在戰船上的鼓。其鼓下有鼓座（跗），座上立楹柱，鼓貫於柱，柱頂飾以羽葆；屬於建鼓類型（圖 43-1:1）。《國語‧吳語》吳韋昭注中說作戰用的鼓，要「為楹而樹之」。《左傳》宣公四年唐孔穎達疏也說：「車上不得置簨簴以懸鼓，故為作跗，若殷之楹鼓也。」可見戰車上也曾用這種鼓。但水陸交戰圖鑒中的鼓還從鼓座旁斜出一桿，桿頭裝有圓形物。擊鼓者執兩根

鼓槌，一根用於擊鼓，另一根則用於擊
此圓形物。成都百花潭出土的戰國畫像
壺上之類似的圖像中，則將此桿頭所裝
之物畫成橢圓形（圖43-1:2）。以上兩例
中的圓形物與橢圓形物到底代表什麼，
過去頗難確指。幸好近年在山西潞城出
土的戰國銅匜上也發現了這類圖像，可
以清楚地看出斜桿上裝的是鉦（圖43-
1:3）。《詩‧小雅‧采芑》毛傳：「鉦以
靜之，鼓以動之。」孔疏：「凡軍進退，
皆鼓動鉦止。」把它的用途說得很明確。
潞城銅匜上之擊鼓、鉦者腳旁還有割下

圖43-1　裝鉦的建鼓

2　戰國，銅壺紋飾
四川成都百花潭

1　戰國，水陸交戰圖鑒
河南汲縣山彪鎮

3　戰國，銅匜紋飾
山西潞城

的人頭，戰爭氣氛被渲染得很充分。這裏的鉦由斜桿支承，口部向上，與商周
時的銅鐃一樣；而與口部向下，通過甬旋上的環懸掛起來的樂鐘，無論就形制
和功能而言，均大不相同。《說文》說：「鉦，鐃也。似鈴，柄中上下通。」「上
下通」指鉦柄呈開口的管狀，正因為如此，所以能插在桿上敲擊。
給早期的銅鉦下定義，《說文》的提法可謂相當得體；《漢書‧平
帝紀》顏注所引應劭關於鉦的解釋，就完全是重複《說文》的意
見。至於在發展中，鉦的形制超出了上述定義的範圍，則是由於
變化了的情況所造成的。也有些鉦作為節拍性打擊樂器參加器
樂演奏，但那是另外的一個問題，本文對此不作討論。
　　在考古發掘中，可以根據出土物的共存關係而被確認的鉦，
有始皇陵1號兵馬俑坑中分別發現於兩輛兵車之旁的兩件鉦，
它們原是車中之物（圖43-2）。與之相類似的鉦在河南陝縣上村
嶺1052號、山東沂水劉家店子1號等春秋墓中也曾發現，雖然
它們未與車同出，但證以秦俑坑的標本，仍可確認無疑。河南
襄城出土新莽天鳳四年（17年）銅鉦，銘文自稱「潁川縣司盾
發弩令正」，更直接說明它是向弩手發令所用之鉦❶。而中原地

圖43-2　秦，銅鉦
陝西臨潼始皇陵兵
馬俑坑出土

❶　中國科學院考古研究所《上村嶺虢國墓地》圖版38，科學出版社，1959年。山東省文物考
　　古研究所、沂水縣文物管理站《山東沂水劉家店子春秋墓發掘簡報》，《文物》1984年第9
　　期。姚鑑《襄城縣出土新莽天鳳四年銅鉦》，《中原文物》1981年第2期。或將天鳳鉦銘中
　　之「令正」視為官名，即《左傳》襄公二十六年杜預注所稱「主作此令之正」。不確。此「正」
　　字應為「鉦」字之假。

區的商鐃，其形制與鉦實無多大差異。《說文》謂：「鐃，小鉦也。」湖北荊門包山2號墓出土鉦，《遣冊》中稱為「一鐃」。《周禮‧鼓人》說：「以金鐃止鼓。」可見其功能也與鉦相同。因知鐃與鉦應屬於同一系統，而與樂鐘則判然有別。商墓所出之鐃有的雖三至五枚大小相次，但不能用以演奏完整的樂曲；加以目前亦無法證明它們當時插在同一基座上，各鐃恐係分別單獨使用，故亦難確認它們是成編的。

如上所述，早期銅鉦之柄中空，晚期的則並不如此；這是因為鉦與鼓相配套，鼓的形制變了，鉦的形制遂隨之改易。早期戰車上使用的是建鼓類型的鼓，鼓座上插鉦。但這種鼓的體積大，占的空間太多，影響乘車者的活動。鄭珍和孫詒讓等經學大師都看到了這一點，他們認為將建鼓裝在車上，軍將「幾無立處」，所以臨戰時所擊者，「亦不過提、鼙等小鼓」（《周禮‧大司馬》正義）。他們說的小鼓應即古文獻中所稱「懸鼓」。《禮記‧明堂位》：「夏后氏之鼓足，殷楹鼓，周縣鼓。」其「鼓足」當作「足鼓」。《商頌‧那》毛傳：「夏后氏足鼓，殷人置鼓，周人縣鼓。」《隋書‧音樂志》：「夏后氏加四足，謂之足鼓，殷人柱貫之，謂之楹鼓。周人縣之，謂之縣鼓。」楹鼓即建鼓，懸鼓和它的最大區別是不設鼓座。從出土物的情況分析，戰車上由用建鼓改為用懸鼓，大約是戰國時的事。湖北隨縣曾侯乙墓和秦俑坑中均出裝有三枚銅環的圓形扁鼓，即懸鼓，後者和鉦共存於戰車中，無疑是作戰時所用者。懸鼓在車上如何懸掛，目前還不清楚，但它並無鼓座，卻是能夠斷定的。可是這麼一來遂使鉦失去憑藉，無處安插，只能握在手裏敲打，從而鉦柄逐漸由空心管形改變為實心柱形。湖北宜城楚皇城、四川涪陵小田溪、湖南漵浦大江口鎮等地戰國墓所出之鉦無不如此❷。始皇陵兵馬俑坑中的鉦與鼙鼓相搭配，其柄本可做成實心柱形，但卻按照老規矩做成空管形；兵馬俑坑中所出器物的形制常反映出一種保守的傾向，此亦其例證之一。不過當時在這裏的鉦柄中再插入較短的木把，也不是沒有可能的。漢代軍隊仍繼續使用鉦、鼓。《漢書‧平帝紀》說元始二年「使謁者大司馬掾四十四人持節行邊兵，遣執金吾陳茂假以鉦、鼓。」青海大通上孫家寨11號墓出土的簡文中說：「兵車御、右及把摩（麾）、干、鼓、正（鉦）城者，拜爵賜論爵比士吏。」均可為證。漢鉦的柄有雖為空心但將兩端封死的，如山東臨淄齊王墓3號陪葬坑中與錞于同出之鉦。也有實心的，如上述天鳳四年的「潁川鉦」及地皇二年的「侯騎鉦」等。這時的鉦柄且有做成竹節形的，更便於握持。四川成

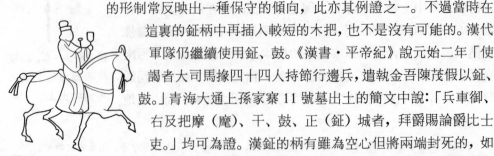

圖43-3 東漢，畫像磚
上的持鉦者 四川成都
青杠坡3號墓

都站東鄉青杠坡 3 號東漢墓出土的畫像磚上，騎吹者中有持鉦敲擊的，用的就是這類鉦（圖 43-3）。

　　但由於古鉦的形體小，其聲不能及遠。所以到了漢代，又對鉦形加以改進。廣西貴縣羅泊灣 1 號墓出曾出一鑼形銅器，面上刻一「布」字，指當時的布山縣，即今貴縣❸。此器亦裝三環，正與鼙鼓相似；它就是漢代創制的新型鉦（圖 43-4）。遼寧遼陽棒臺子屯東漢末期大墓的壁畫中有金鉦車，車上以木架懸鑼狀物，正是這種鉦。它的聲音響亮，比鐃形鉦適用。故漢代以降，鑼形鉦日益得到推廣。宋蘇軾《日喻》：「生而眇者不識日。問之，或告之曰：『日之狀如銅鉦。』」同氏《新城道中之一》：「嶺上晴雲披絮帽，樹頭初日掛銅鉦。」說的都是鑼形鉦。明、清說部中凡提到「鳴金收兵」時，不論描寫的背景是何代之事，但作者心目中所指，也都是這種後出的鑼形響器了。

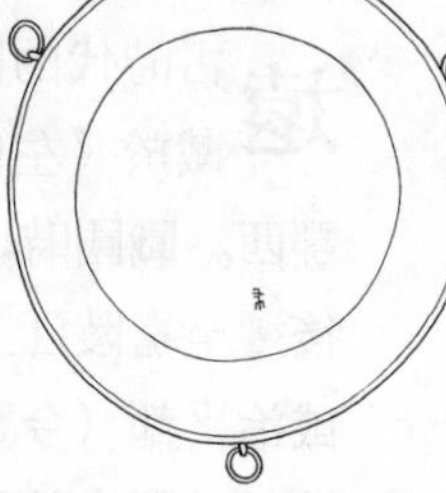

圖 43-4　西漢，「布（山）」銅鉦　廣西貴縣羅泊灣 1 號墓出土

　　　　　　　　　　　　　　　（原載《文物天地》1990 年第 3 期）

❷ 楚皇城考古發掘隊《湖北宜城楚皇城戰國秦漢墓》，《考古》1980 年第 2 期。四川省博物館等《四川涪陵地區小田溪戰國土坑墓清理簡報》，《文物》1974 年第 5 期。張欣如《漵浦大江口鎮戰國巴人墓》，《湖南考古輯刊》第 1 輯。

❸ 廣西壯族自治區文物工作隊《廣西貴縣羅泊灣一號墓發掘簡報》，《文物》1978 年第 9 期。

說閬中之巴

遠　古時代的巴人當非一源一系，但春秋時著名的巴國只有一個，即最早見
載於《左傳》桓公九年（前 703 年）的「巴子」之國。此巴國當時位於
鄂西。戰國時，為楚所迫，向四川轉移。其治所起初設在川東沿長江一帶，
後遷至嘉陵江上的閬中。「巴子時雖都江州（今巴縣），或治墊江（今合川），
或治平都（今豐都），後治閬中。」❶閬中應是戰國中、後期巴人之主要的根
據地。閬中的巴人又被稱為板楯蠻。《後漢書·南蠻西南夷列傳》說：「板楯
蠻夷者：秦昭襄王時有一白虎，常從群虎數游秦、蜀、巴、漢之境，傷害千
餘人。昭王乃重募國中有能殺虎者，賞邑萬家、金百鎰。時有巴郡閬中夷人，
能作白竹之弩，乃登樓射殺白虎。昭王嘉之，而以其夷人，不欲加封，乃刻
石盟要，復夷人頃田不租、十妻不算。……至高祖為漢王，發夷人還伐三秦。
秦地既定，乃遣還巴中，復其渠帥羅、朴、督、鄂、度、夕、龔七姓，不輸
租賦。餘戶乃歲入賨錢，口四十。世號為板楯蠻夷。閬中有渝水，其人多居
水左右。天性勁勇，初為漢前鋒，數陷陣。俗喜歌舞，高祖觀之，曰：『此武
王伐紂之歌也。』乃命樂人習之，所謂巴渝舞也。」這些記載除了漢高祖將閬
中巴人和隨從武王伐紂的「巴師」相聯繫，似乎根據不足外，其他均應視為
信史。閬中的巴人即漢之賨人，雖然賨人並不盡居閬中一地，但這裏卻彷彿
是他們共同的「族望」。《巴志》所載循吏貞女，多為閬中人。為劉邦募賨人
伐三秦的范目也是閬中人。秦地平定後，范目被封為閬中慈鳧鄉侯。所以那
位射白虎的勇士，《巴志》說是「朐忍（今雲陽）夷」，而《後漢書》乃逕稱
之為「閬中夷」了。

　　閬中之巴尚武。東漢晚年程包說：「板楯七姓，射殺白虎立功，先世復為
義人。其人勇猛，善於兵戰。昔永初中，羌入漢川，郡縣破壞，得板楯救之，
羌死敗殆盡，故號為神兵。」❷諸葛亮也提到：其所部「賨、叟、青羌散騎、
武騎一千餘人，此皆數十年之內所糾合四方之精銳」❸。又《魏書·董紹傳》
說：「蕭寶夤之反於長安也，紹上書求擊之。云：『臣當出瞎巴三千，生啖蜀
子。』肅宗謂黃門徐紇曰：『此巴真瞎也。』紇曰：『此是紹之壯詞，云巴人勁
勇，見敵無所畏懼，非實瞎也。』」董紹時任洛州（治所在今陝西商縣）刺史。
《隋書·地理志》說：「自漢高發巴蜀之人定三秦，遷巴之渠帥七姓居商洛之

地，由是風俗不改其壤。其人自巴來者，風俗猶同巴郡。」❹但巴人的渠帥七姓伐三秦後，《後漢書》明確說已將他們遣返回原籍，當時並無遷商洛之事。這種傳說的出現，大約是由於巴竇強盛，不斷擴充勢力，向外地遷徙，而攘伐三秦時之功業以自炫飾之故。但既然降至南北朝時，巴人尚未墜其聲威，那麼從秦昭襄王到漢高祖這一百年中，更是他們的英雄得意之秋。因為秦舉巴蜀後，巴和蜀所受的對待不同。蜀地因屢次叛亂，秦將司馬錯三度伐蜀，蜀的軍事力量已被徹底摧毀。而秦卻想利用巴。《華陽國志·蜀志》說司馬錯認為：巴地「水通於楚，有巴之勁卒，得大舶船以東向楚，楚地可得。」起初，秦相張儀尚持異議。而當張儀使楚時，卻對楚王說：「秦西有巴蜀。大船積粟，起於汶山，浮江以下，至楚三千餘里。舫船載卒，一舫載五十人與三月之食。下水而浮，一日行三百餘里。里數雖多，然而不費牛馬之力，不至十日而距扞關。扞關驚，則從竟陵以東盡城守矣。黔中、巫郡，非王之有。」可見自巴蜀出水軍攻楚，已成為秦之舉朝一致的國策。後來「司馬錯率巴蜀眾十萬，大舶船萬艘，米六百萬斛，浮江伐楚，取商於之地為黔中郡」❺。在此次戰役中，巴人應為軍中主力。秦之所以與巴人刻石盟要，恐怕不單純是由於除虎害這一事件引發的短期行為，而含有穩定被其視為戰略後方的巴蜀地區之長遠考慮。安撫民風驍悍的巴人，是鞏固秦在巴蜀之統治的重要條件。試看雲夢秦簡中的《屬邦律》及有關「臣邦人」、「隸臣妾」等帶有濃厚的奴隸制色彩的條文何等嚴酷，便可知秦給予巴人的優待幅度是很寬的。相反，蜀人「俗好文刻」，後來文翁一興學，旋即「學徒鱗萃，蜀學比於齊魯」，民風顯然有所不同❻。故戰國後期的巴人在承認秦的主權的前提下，仍大可稱雄於四川盆地。那種認為這時巴人的勢力已很微弱的論點是值得商榷的❼。

這種情況在出土物中也有所反映。巴竇又稱板楯蠻：但盾是防禦性武器，作戰不能只靠盾，還應有進攻性的長兵。閬中巴人「其俗喜舞」，他們的巴渝舞之舞曲，「有《矛渝本歌曲》、《安弩渝本歌曲》、《安臺本歌曲》、《行辭本歌曲》，總四篇。」❽後兩篇似與武器無關，前兩篇中則提到矛與弩。弩是當年

❶　《華陽國志·巴志》。
❷　《後漢書·南蠻西南夷列傳》。
❸　《三國志·蜀書·諸葛亮傳》裴松之注引《漢晉春秋》。
❹　參看周一良《魏晉南北朝史札記·魏書札記·暗巴三千生噉蜀子》條，中華書局，1985年。
❺　《華陽國志·蜀志》。《史記·六國年表》又《張儀列傳》。
❻　《華陽國志·蜀志》。
❼　《四川文物考古工作三十年》，載《文物考古工作三十年》，文物出版社，1979年。
❽　《晉書·樂志》。

圖 44-1 短骹矛

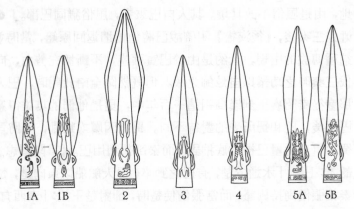

1B～5A: 螳螂形（良字）的
演變
1A、5B: 骹兩側有良字和
白虎紋銘記的矛　1A　1B　2　3　4　5A　5B

巴人射白虎時所用，固應予以強調；但第一篇卻是關於矛的，可見矛是其主要的長兵器。四川戰國墓中所出之矛的數量很大，多為短骹，裝弓形耳或半環耳。值得注意的是，在矛骹上常鑄或刻出用巴蜀圖形符號（或稱「巴蜀文字甲」，或稱「巴蜀圖語」）組成的銘記。其中最常見的是所謂「蟬紋」。但此圖形之所以有點像蟬，乃是幾經訛變的結果，它原來的較寫實的形象本為螳螂❾（圖 44-1）。此象形的螳螂即「良」字。戰國古文良字作 （《古璽匯編》3592）， （同上書 2712）、 （侯馬盟書），與《說文·畐部》所收良字古文 之形基本相同。陳漢平先生認為這是「昆蟲螳螂之象形」，此說很有見地❿。或以為巴蜀圖形符號與中原的甲文、金文並無關係，這種說法看來

圖 44-2
戰國，銅劍 (1) 與劍銘字形輪廓 (2)　四川成都出土

不宜絕對化；就整體而言，巴蜀圖形符號是自成體系的，但不排除其中個別圖形的結構曾受到古漢字造字原理的啟發，此良字即是一例。另外，在成都戰國墓出土的同鞘雙劍上有一銘記（圖 44-2）。王仁湘先生認為：「它的一半與蟬形（按：應指螳螂形）相似，被認為是圖案化的蟬形，大概問題不大。」⓫這個符號與甲文良字作 （《續》5·20·5）之形極肖似，所以亦應為良字；同時也更證明了釋上述象螳螂形的符號為良字之不誤。矛骹上的良字在此處應讀閬，即閬中之閬。古代川中有些地名與昆蟲有關，比如朐忍就是一例。據闞駰《十三州志》說：「其地下濕，多朐腮蟲，因名。」或謂朐腮即蚯蚓。則該地因多蚯蚓而得名⓬。閬中則可能是因多螳螂而得名。它是否和《後漢書》所記，願與廩君共居的鹽水神女「旦即化為蟲，與諸蟲群飛，掩蔽日光，天地晦冥」的故事有關，目前尚莫能遽斷。但矛骹銘以良字，足以表明此類

矛的製作者為閬中之巴，或者至少是在他們的影響下產生的。

在此類矛上，有的骹部之銘記一側為良字，另一側為虎紋。白虎與巴人的關係更為密切。巴實世號「白虎復夷」❸，其王號「白虎夷王」。《輿地紀勝》卷一七九引《通州志》說：「梁山軍、忠州兩界舊有漢刻石，著白虎夷王姓名。」此地在今梁平與忠縣之間，原屬巴人統治區。而《隸續・繁長張禪等題名碑》上亦列出「白虎夷王」的姓名。繁在今彭縣，卻是蜀之故地。可見漢代的白虎夷王不僅巴郡有，而且蜀郡也有，已經打破了舊巴、蜀的界限。

但《後漢書》中還記有關於廩君的神話傳說，謂「廩君死，魂魄世為白虎。」這樣就在字面上和閬中巴人射白虎的故事相忤。研究者因而或謂：「這說明廩君之與板楯情同不共戴天。」❹有的甚至將此事進一步引申為：「巴族是有廩君之魂化為白虎的傳說的，此處的白虎，應該看成是巴族反動奴隸主的象徵。白虎的勢力達秦、蜀、巴、漢之境，可見叛亂的範圍相當大。秦王募『閬中夷人』射殺白虎，實質上就是利用板楯蠻的武力鎮壓了這次叛亂。」❺以上諸說將神話與實事攪在一起，恐不足據；而所謂巴族大叛亂更於史無徵，純屬虛構。況且果依其說，則四川所出眾多帶虎紋的武器將不知所屬。蜀沒有白虎的神話，這些武器不能屬於蜀。板楯蠻又與白虎「不共戴天」，故這些武器也不能屬於閬中之巴。那麼它們似乎只能屬於廩君蠻了；但廩君蠻的主要活動地區在鄂西夷水（今清江）流域，此地漢代屬於南郡，根本不在益州境內。如果說川中出的武器多數屬於鄂西人，就更難以解釋。相反，將矛上的白虎紋與良字銘記皆歸於閬中之巴，則了無滯礙。

為什麼閬中之巴的武器幾乎遍於全川呢？這一方面與秦舉巴蜀後，巴面前的對手蜀急劇式微，巴的力量相對坐大有關。二來蜀之開明王朝的建立者鼈靈本非蜀人❻。關於他的族屬，童恩正先生認為是「巴人」❼，王有鵬先

❾　劉瑛《巴蜀兵器及其紋飾符號》，《文物資料叢刊》7，1983年。

❿　陳漢平《古文字釋叢》，載文化部文物局古文獻研究室編《出土文獻研究》，文物出版社，1985年。

⓫　王仁湘《巴蜀徽識研究》，《中國考古學會第七次年會論文集》，文物出版社，1992年。

⓬　劉琳《華陽國志校注》頁79，巴蜀書社，1984年。

⓭　或以為「巴、實兩族是絕不混淆的」（《古代的巴蜀》，頁46），並舉《文選・陳琳檄吳將校部曲》中「巴夷王樸胡」與「賨邑侯杜濩」被分別列出為證。按此說不確。賨人之得名是由於他們繳納口賦即賨錢，而其渠帥七姓（包括上舉樸姓）是「不輸租賦」的，自然無由稱賨，而只能仍稱為巴。凡巴賨連言時，皆指一族而非並立之二族。但隨著時間的推移，七姓之巴有時亦通稱賨人。

⓮　蒙默等《四川古代史稿》頁26，四川人民出版社，1988年。

⓯　童恩正《古代的巴蜀》頁149～150、70～73，四川人民出版社，1979年。

生認為是「夔巴」❶。總之，遠在秦舉巴蜀之前，巴、蜀王室間已有千絲萬縷的聯繫，所以從器物形制上區分巴、蜀本非易事❶。

最後還應指出，短骹矛雖曾在川東各地出土，但閬中的材料已發表者尚不多，這就使我們的認識受到局限❷。正像 20 世紀 60 年代初，當《四川船棺葬發掘報告》發表後，一般都認為船棺墓是巴人墓的特點；後來船棺墓發現得愈來愈多，不僅成都與其附近的綿竹、什邡、彭縣、郫縣、廣漢、雙流等地均曾發現，而且遠在雅安地區的蘆山和滎經也有❷，從而使大家改變了原來的想法。現在看來，短骹矛和船棺墓一樣，也很難說成是巴或蜀之獨有的特點，而只能在全巴蜀之統一的背景中尋求其脈絡。雖然，巴蜀古史的底蘊誠難一舉揭開，但對閬中之巴的地位，卻似應給予更加充分的重視。

（原載《考古》1994 年第 9 期）

---

❶ 《太平御覽》卷八八八引《蜀王本紀》說「荊有一人名鼈靈」，並未指明他是「荊人」。但研究者多認為他是從荊地來的人。

❶ 同注❶。

❶ 王有鵬《成都地區楚式敦的出土及開明氏蜀族源試探》，載《中國考古學會第七次年會論文集》。

❶ 《新中國的考古發現和研究》頁 357 也說：「巴和蜀的文化面貌如何區分，則尚需進一步探討。」

❷ 王家祐、劉磐石《涪陵考古新發現與古代「巴國」歷史的一些問題》（《文物資料叢刊》7）一文所舉出土巴蜀式銅兵器的地點中有閬中，但未介紹具體情況。

❷ 見前引《四川文物考古工作三十年》。又《四川省文物考古十年》，載《文物考古工作十年》，文物出版社，1991 年。

45

床弩考略

我國是世界上最先發明弩的國家。古文獻中有關原始木弩的線索可以追溯到上古時期❶。裝銅製弩機的弩在戰國中期也已出現❷。至漢代，弩的使用相當普遍，在漢與匈奴的戰爭中，弩是漢軍特有的利器❸。漢代曾設馬、弩關，禁止私攜弩出塞。自漢簡中所見，對邊防所用之弩的檢查和校驗也是很嚴格的❹。這時較常見的是用雙手張弦的擘張弩，力量再強一些的是用手、足共同張弦的蹶張弩，更強一些的則是用腰、足共同張弦的腰引弩；它們的形象在考古資料中均曾發現（圖45-1）。

圖45-1　漢弩張弦的三種方式

1　擘張弩
陶俑，河南陝
縣劉家渠出土

2　蹶張弩　畫像石，
山東沂南漢墓

3　腰引弩　畫像石，
山東嘉祥武氏祠

4　《武備志》中的「腰絆
上弩弦圖」（用以與漢代的
腰引弩相對照）

---

❶ 《禮記·緇衣篇》引《太甲》說：「若虞機張，往省括於度則釋。」《韓非子·說林篇》說：「羿執鞅持扜操弓關機。」兩處所記都是商周以前的情況，所提到的「機」，都宜解釋為弩機。參據考古發掘中所出以骨、蚌製作的原始懸刀和20世紀初鄂倫春、納西、苗、瑤、傣、黎等少數民族仍使用木弩的情況推測，我國在上古時代應已有木弩。

❷ 洛陽中州路東軸19號車馬坑中出土裝銅弩機之弩，時代為戰國中期。見《考古》1974年第3期。

❸ 《漢書·晁錯傳》：「勁弩長戟，射疏及遠，則匈奴之弓弗能格也；堅甲利刃，長短相雜，遊弩往來，什伍俱前，則匈奴之兵弗能當也；材官騶發，矢道同的，則匈奴之革笥木薦弗能支也；⋯⋯此中國之長技也。」晁錯所舉的這幾種「中國之長技」均與弩有關。這裏提到的材官，是漢代從郡國徵集的以弩手為主的步兵兵團，他們的指揮官有的就叫「強弩將軍」。

❹ 居延漢簡中發現過檢驗已損傷的弩的記錄，如：「夷胡燧七石具弩⋯⋯今力三石卅六斤六兩」（《甲》1796），「官六石第一弩，今力四石卅斤」（《甲》269），「大黃力十石具弩一，右深強一分，負一算」（《甲》362），「六石弩一，組緩，今已更組」（《甲》12）等，可見當時在這方面相當認真。

　　由於弩臂上裝有可以延緩發射的機括，張弦和發射被分解為兩個單獨的動作。同時，弩比起弓來，張弦搭箭均較費時；所以在戰爭中，弩手要分成發弩、進弩、上弩等組，輪番放箭❺。張弦的弩手須在隱蔽處操作，故有可能不必過分倉猝。於是可以用多數人或其他動力來張開強弩。這樣，就促成了床弩的發明。

　　床弩是將一張或幾張弓安裝在弩床（發射臺）上，絞動後部的輪軸，利用輪與軸的半徑差產生強力以張弦。多弓床弩以幾張弓的合力發箭，其彈射力更遠遠超過單人使用的各類弩。

　　床弩在我國的發明不晚於西漢。江蘇連雲港尹灣漢墓出土之西漢成帝永始四年（前 13 年）《武庫兵車器集簿》中記有「連弩床一具」❻。王充《論衡・儒增篇》中兩次提到「車張十石之弩」。《後漢書・陳球傳》載，在一次戰爭中，陳球曾「弦大木為弓，羽矛為矢，引機發之，遠射千餘步，多所殺傷」。這種能射矛的大弩應為床弩。又《三國志・杜襲傳》記杜襲對曹操說：「千鈞之弩不為鼴鼠發機。」千鈞合 25 石，《宋書・殷孝祖傳》中提到的強弩也正是 25 石。即使這裏是約略言之，也不僅比漢代常用的 4 石或 6 石之弩的強度大，而且比 10 石的大黃弩（或稱黃肩弩、大黃力弩）還大一倍以上，用蹶張、腰引等法是張不開的，因而應當是床弩。不過從陳球「弦大木為弓」的記載看來，這時的床弩可能還處在單弓的階段。

　　南北朝時對床弩相當重視。東晉末年盧循領導的起義軍進攻建康，《宋書・武帝紀》謂，當時盧循「遣十餘艦來拔石頭柵，公（劉裕）命神弩射之，發輒摧陷。循乃止，不復攻柵」。這種威力很大的弩在同《紀》中又稱之為「萬鈞神弩」，萬鈞雖屬泛指，但它的強度有可能大於上述千鈞弩，故無疑也是床弩。1960 年在南京秦淮河出土了五件南北朝時的大型銅弩機，每件長 39、寬 9.2、通高 30 公分❼（圖 45-2）。如予以復原，其弩臂之長當在 2 公尺以上，可見這種弩機是床弩上使用的。它的出土地點接近當年盧循進軍的戰場，雖不能確指為此次戰爭的遺物，但可以看作此時床弩已較前為多的實物證據。史書中所記南朝用床弩的戰例尚不止此，如《南史・楊公則傳》記齊末楊公則攻建鄴，「嘗登樓望戰，城中遙見麾蓋，縱神鋒弩射之，矢貫胡床，左右皆失色」。神鋒弩的射程既然如此遙遠，所以也應屬床弩一類。不僅南朝用床弩，北朝也用。《北史・源賀傳》說他在北魏文成帝時，「都督三道諸軍屯漠南，……城置萬人，給強弩十二床，武衛（一種車）三百乘。弩一

圖 45-2
南北朝，床弩上的弩機
南京秦淮河出土

床給牛六頭，武衛一乘給牛二頭」。每臺床弩配備六頭牛為絞軸的動力，雖然不清楚六頭牛是同時使用，還是分成幾組輪番使用；但總之，它有可能是多弓床弩，且已開後世所謂「八牛弩」之先河。

床弩在唐代稱絞車弩，見於杜佑《通典‧兵二》。謂：「今有絞車弩，中七百步（約合 1060 公尺，唐 1 步＝大尺 5 尺＝1.515 公尺），攻城壘用之。」700 步這個數字大約可信，因為李靖《衛公兵法》卷下「攻守戰具」中說：「其牙一發，諸箭齊起，及七百步。所中城壘無不摧隕，樓櫓亦顛墜。謂之車弩。」王琚《教射經》也說：「今有絞車弩，中七百步。」（《御覽》卷三四八引）但是由於「弩張遲，臨敵不過一、二發，所以戰陣不便於弩」。然而杜佑又指出：「非弩不利於戰，而將不明於弩也。不可雜於短兵，當別為隊攢箭注射，則前無立兵，對無橫陣。復以陣中張、陣外射，番火輪回；張而復出，射而復入，則弩不絕聲，敵無薄我。夫置弩必處其高，爭山奪水，守隘塞口，破驍陷果，非弩不克！」杜佑對弩的性能和用弩之法，闡述得很精到；對於小型床弩來說，這些原理也同樣是適用的。

床弩的使用在宋代得到較大的發展。《武經總要》所載床弩，自二弓至四弓，種類很多。張弦時絞軸的人數，小型的用五至七人；大型的如所謂「八牛弩」，要用 100 人以上。瞄準和擊牙發射都有人專司其事。所用之箭以木為桿，以鐵片為翎，號稱「一槍三劍箭」。《宋史‧張瓊傳》說：「及攻壽春，太祖乘皮船入城濠。城上車弩遽發，矢大如椽。」可能就和這種箭類似。床弩又能上下成行地依次射出一排「踏橛箭」釘在夯土城牆上❽，攻城者可攀緣以登，起到在難以接近的堅城之下，極快速地裝置起登城之梯的效果。床弩除了發射單支的箭以外，還可以「繫鐵斗於弦上，斗中著常箭數十支，凡一發可中數十人，世謂之斗子箭，亦云寒鴉箭，言矢之紛散如鴉飛也。」❾ 北宋開寶年間，魏丕對床弩還作了一些改進。《宋史‧魏丕傳》說：「舊床子弩射止

---

❺ 明茅元儀《武備志》說：「假令弩手三百人，先用百人，弩已上，箭已搭，列於前，名為發弩。再用百人，弩已上，箭已搭，列於次，名為進弩。再又用百人列於後方，上弩搭箭，名為上弩。先百人發弩者，發完退後。以次百人進弩者上前，變為發弩。以後百人上弩者上前，變為進弩。以先百人發完者退後，變為上弩。如此輪流發矢，則弩不致竭矣。」

❻ 連雲港市博物館等《尹灣漢墓簡牘》頁 114，中華書局，1997 年。

❼ 《江蘇省出土文物選集》圖 130。

❽ 明代以前，我國多用夯土築城牆，包磚的城牆僅偶或出現。以首都的城牆而論：唐長安城是夯土城牆；平均厚度比長安城還厚的大明宮宮牆也是夯築的，僅在城門兩側及城拐角處用磚包砌。北宋汴梁城的做法接近大明宮宮牆，在「清明上河圖」中看得很清楚。元大都城亦然。所以能用床弩將踏橛箭射進城牆中去。

❾ 宋曾公亮《武經總要‧前集》卷一三。

圖 45-3　明刊本《武經總要》中
　　　　的三弓床弩

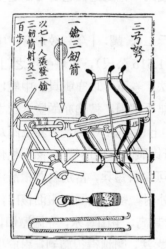

圖 45-4　三弓床弩復原示意圖

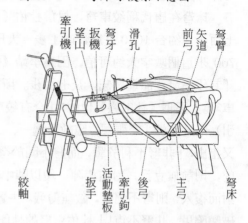

七百步，令丕增造至千步。」宋代一步約合 1.8 公尺，千步約合 1800 公尺。
《文獻通考》卷一六一說這種弩試射時「矢及三里」，三宋里約合 1620 公尺，
與《魏丕傳》所記數字差近。這是我國冷兵器時代中，射遠武器所達到的最
高的射程記錄。

　　但是宋刊《武經總要》是否還有殘葉存世，情況已不太清楚❿。明弘正
本所載床弩圖樣，有些細部沒有表現出來，一下子難以看清楚其發射原理（圖
45-3）。茲以弘正本為據，重新繪製出宋代三弓床弩的復原示意圖（圖 45-4）。
須要說明的是：在三弓床弩上，裝於中部的弓應為主弓，主弓自弓弭（即弓
弰）處用短繩與前弓相連，拉緊主弓的弓弦時，前弓即隨之開張。但後弓裝
置的方向相反，如僅自弓弭以短繩與主弓連接，是張不開的。所以主弓的弭
上還應裝有滑輪或滑孔，後弓之弦通過此輪或孔與主弓之弦併在一起。主弓
張弦時，後弓之弦繞過輪或孔折而向後，隨主弓之弦一同拉緊；所以也能隨
著主弓張開，雖然後弓彎曲的弧度要比主弓與前弓都小一些。在床弩上，當
轉動絞軸收緊鉤在主弦上的牽引繩以後，用弩牙扣住弓弦，解下牽引繩，並
將箭置於弩臂上面的矢道內，使箭括頂在兩牙之間的弦上。發射時，扣擊扳
機，牙即下縮，三弓同時回彈，箭乃以強力射出。

　　大型床弩雖然機動性差，但由於它的威力強大，所以在防禦戰、特別在
城防中受到重視。《宋史·兵志》載，元豐四年「涇原路奏修渭州城畢，而防
城戰具寡少，乞給三弓八牛床子弩、一槍三劍箭，各欲依法式製造。詔圖樣
給之。」在 1004 年的澶淵之役中，宋軍射死遼軍主將蕭撻覽，對戰局的影響

很大。但《宋史·真宗紀》只說：「契丹兵至澶州北，直犯前軍西陣，其大帥蕭撻覽耀兵出陣，俄中伏弩死。」《遼史·蕭撻凜（即撻覽）傳》也只說他「中伏弩卒」。但據《契丹國志》卷七說：「契丹既陷德清，率眾抵澶州北。……統軍順國王撻覽為床子弩所傷，中額而殞。契丹師大挫，退卻不敢動。」宋張表臣《珊瑚鉤詩話》記載得卻更詳細：當時「安床子弩於城上，使卒守之，……忽……驚起，擊而發之，遂中虜酋。軍退」。所謂虜酋即指蕭撻覽。由是可知在這一事件中，床弩發揮了很大的作用。

　　大型床弩射程遠、殺傷力強，在冷兵器時代中，它可以被看成是與礮（拋石機）並列的重武器。但及至床弩發展臻於極盛的宋代，火器已在戰場上嶄露頭角。隨著火器的發達，床弩就逐漸退出實戰領域了。

（原載《文物》1985 年第 5 期）

---

❿　聽說趙萬里先生生前談到他曾見過宋本《武經總要》殘葉。今不知其所在。

周代的組玉佩

在大量使用磨製石器的新石器時代中，質地最精的「美石」——玉的被利用，既合乎情理又異乎尋常。說它異乎尋常是因為這種瑩潤堅致的礦物不僅產量稀少，而且其高硬度和由於結晶狀態不同而表現出的各種特性，如頂性、臥性、韌性、擰性、斜性以及脆性、燥性、凍性等，使多數玉器無法通過鑿擊取形，碾琢工藝則極為繁難。只是在先民以驚人的熱忱投入巨大的創造性努力的情況下，玉器才在古代中國嶄露頭角，放射出奪目的光彩。它所包含的勞動量極大，從而其價值也被推上極峰，成語所稱「價值連城」即源於對玉器的估價❶。因此到了歷史時期，玉器——特別是琢製精美的玉器，極少會有人拿它當工具來使用。就勞作的實際需要而言，更廉價，更易製作，且便於修理加工和回爐重鑄的金屬製品比玉器更占優勢。所以玉器基本上可以歸入禮器和禮器以外的工藝品兩大類。夏鼐先生曾把商代玉器分作禮玉、武器和工具、裝飾品三類。但先生的論文中又指出：這些「武器有許多只是作儀仗之用，不是實用物。」❷其實幾乎所有的玉製刃器均不耐衝擊，不適宜在戰場上用於格鬥；它們既被視為儀仗，則仍然屬於禮器。所以像《越絕書·外傳·記寶劍》所稱「至黃帝之時，以玉為兵，以伐樹木為宮室，鑿地」的說法，顯然與實際情況不符，因為不可能普遍用玉器作為伐木和挖土的工具，更難以據此推導出一個「玉兵時代」或「玉器時代」來。由於質脆值昂等特點，玉器的使用範圍受到限制，使它成為在精神領域中影響大，在生產實踐中作用小的一個特殊器類。所以像 C. J. 湯姆森提出的以生產工具之材質為依據，將史前時期分成石器、青銅器、鐵器等時代的體系裏，也安排不上玉器的位置。

玉禮器中最被古人看重的是瑞玉，但這裏面有些器物的含義既神秘，造型又比較奇怪，如琮、璋之類，性質不容易一下子說清楚。可是瑞玉中的璜和璧，特別是與璧形相近的瑗和環，早在原始社會中就同玉管、玉珠等玉件組合在一起，形成了組玉佩的雛型。組玉佩既有禮玉的性質，又有引人注目的裝飾功能，隨著其結構的複雜化和制度化，乃逐漸成為權貴之身分的象徵或標誌。它的起源悠古，歷代傳承，其胤裔一直綿延到明代尚未絕跡。尤其是兩周時期，組玉佩在服制和禮制中都有舉足輕重的地位，然而其演變過程

卻長期未曾得到較明晰的解釋。清俞樾《玉佩考》說：「夫古人佩玉，詠於《詩》，載於《禮》；而其制則經無明文，雖大儒如鄭康成，然其言佩玉之制略矣。」❸所幸近年由於新資料的不斷發現，始為此問題的解決提供出一系列可供探討的線索。

璜和璧類均出現於新石器時代，從北方的紅山文化、山東的大汶口文化、中原的河南龍山文化到江南的良渚文化中都有它的蹤跡；特別是璜類，式樣繁多。「弧形璜較常見（仰韶、馬家窯、大溪、馬家浜、崧澤、寧鎮地區等），折角璜應屬弧形璜的變例（馬家浜、良渚、大溪），半璧璜常見於長江流域（崧澤、良渚、薛家崗、大溪等），扇形璜則多在黃河流域（仰韶、中原龍山、馬家窯等）。其他的特例有薛家崗文化的花式璜、良渚文化的龍首紋璜、紅山文化的雙龍首璜等。」❹在這時的遺物中已經發現用璜充當一串佩飾之主體的做法，它被串連在玉佩中部的顯著位置上。如江蘇南京北陰陽營出土的玉佩飾，由 24 件玉管和三件玉璜組成❺（圖 46-1）。當時的人們將它套在頸部，垂於胸前，所以考古學文獻中或稱之為項鏈；而周代的組玉佩卻很可能正是在這類項鏈的基礎上發展出來的。不過周代的和原始時代的玉佩之間的承襲關係目前還說不清楚，因為在商代尚未發現可以作為其中間環節的標本。如安陽婦好墓出土各種玉飾達 266 件，卻看不出有哪些是串連成上述組玉佩形的。所以本文僅以周代的組玉佩作為主要的考察對象。

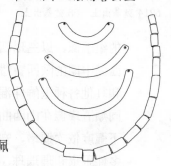

圖 46-1　新石器時代，玉佩飾　南京北陰陽營出土

在西周，以璜為主體的組玉佩很早就出現了。山西曲沃曲村 6214 號西周早期墓中出土的兩套組玉佩，下部正中皆懸垂二璜，上部有玉或石質的蟬、鳥、魚形，並以瑪瑙、綠松石、滑石製作的小管串連而成。這兩套組玉佩各有二璜，可稱為二璜佩❻（圖 46-2：1）。陝西長安張家坡 58 號西周中期墓出土

---

❶ 《藝文類聚》卷八三引《尹文子》：「魏田父有耕於野者，得玉徑尺。……王問其價，玉工曰：『此無價以當之，五城之都，僅可一觀。』」《史記·廉頗藺相如列傳》：「趙惠文王時，得楚和氏璧。秦昭王聞之，使人遺趙王書，願以十五城請易璧。」

❷ 夏鼐《商代玉器的分類、定名和用途》，《考古》1983 年第 5 期。

❸ 俞樾《春在堂全書·俞樓雜纂之十·玉佩考》。

❹ 鄧淑蘋《新石器時代玉器圖錄·試論中國新石器時代的玉器文化》，頁 24，臺北故宮博物院，1992 年。

❺ 中國玉器全集編委會編《中國玉器全集》卷 1，圖 57，河北教育出版社，1993 年。

❻ 北京大學考古系編《燕園聚珍》圖 85、86、87，文物出版社，1992 年。

圖 46-2 西周，多璜組玉佩

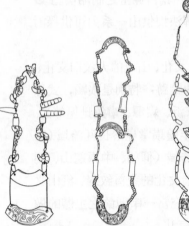

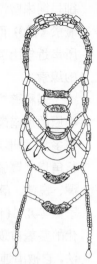

1 二璜佩 山西曲沃曲村 6214 號墓出土　　2 三璜佩 陝西長安張家坡 58 號墓出土　　3 五璜佩 山西曲沃北趙村 91 號墓出土　　4 六璜佩 山西曲沃北趙村 31 號墓出土　　5 七璜佩 河南三門峽上村嶺 2001 號墓出土　　6 八璜佩 山西曲沃北趙村 92 號墓出土

的組玉佩，以三璜四管和瑪瑙珠串成，可稱為三璜佩❼（圖 46-2:2）。也屬於西周中期的陝西寶雞茹家莊 2 號墓棺內出的則是一串五璜佩，不過這串玉佩和其他各種玉飾件混雜在一起，發掘報告中沒有把它明確地單獨列出來❽。同類五璜佩在山西曲沃北趙村 91 號西周晚期墓中出過一串，五件璜自上而下弧度依次遞增，安排得很有規律❾（圖 46-2:3）。在西周晚期的大墓中，以多件玉璜和瑪瑙珠、綠松石珠、料珠等串連成的組玉佩已發現不少例。北趙村 31 號墓出土的六璜佩，上端套在墓主頸部，下端垂到腹部以下❿（圖 46-2:4）。河南三門峽市上村嶺 2001 號墓出土七璜佩，七件璜自上而下，從小到大排列有序，其下端亦垂於腹下（圖 46-2:5）。此墓墓主虢季是虢國的國君。同一墓地之 2012 號墓墓主為虢季的夫人梁姬，則以五璜佩隨葬⓫。多璜組玉佩中已知之璜數最多的一例見於北趙村 92 號墓，為八璜佩，這串玉佩中還繫有四件玉圭，恰與金文的記述相符⓬（圖 46-2:6）。由於它們皆以多件玉璜與玉管、玉珠等組合而成，故可名為「多璜組玉佩」。

　　上述組玉佩雖均出自墓葬，但它和覆面上的那些玉飾件的性質完全不同，大多數應是墓主人生前佩帶之物，即《禮記・玉藻》所說：「古之君子必佩玉」，「君子無故玉不去身」。有人把它們籠統地歸入葬玉的範疇，不確。雖然，本文上面的敘述給人以西周晚期組玉佩用璜較多的印象，但璜數的變化並不是按照時代先後直線增加的。因為除了時代的因素外，它還受到地區差別的影

響和墓主地位尊卑的制約。在當時的社會生活中，組玉佩是貴族身分在服飾上的體現之一，身分愈高，組玉佩愈複雜愈長；身分較低者，佩飾就變得簡單而短小了。這種現象的背後還與當時貴族間所標榜的步態有關，身分愈高，步子愈小，走得愈「舒遲」，愈顯得氣派出眾，風度儼然。《禮記・玉藻》：「君與尸行接武，大夫繼武，士中武。」孔穎達疏：「武，迹也。接武者，二足相躡，每蹈於半，未得各自成迹。」「繼武者，謂兩足迹相接繼也。中，猶間也。每徙，足間容一足之地，乃躡之也。」就是說，天子、諸侯和代祖先受祭的尸行走時，邁出的腳應踏在另一隻腳所留足印的一半之處，可見行動得很慢。大夫的足印則一個挨著前一個，士行走時步子間就可以留下一個足印的距離了。不過這是指「廟中齊齊」的祭祀場合，平時走得要快些，特別當見到長者或尊者時，還要趨。《釋名・釋姿容》：「疾行曰趨。」在這裏是致敬的表示。《禮記・曲禮》：「遭先生於道，趨而進。」《論語・子罕》：「子見齊衰者、冕衣裳者與瞽者，見之雖少必作，過之必趨。」從而可知步履之徐緩正可表現出高貴的身分之矜莊，而繫上長長的組玉佩則不便疾行，又正和這一要求相適應。故當時有「改步改玉」或「改玉改行」的說法。《左傳》定公五年說季平子死後「陽虎將以璵璠斂，仲梁懷弗與，曰：『改步改玉。』」楊伯峻注：「據《玉藻》鄭注及孔疏，越是尊貴之人步行越慢越短。……因其步履不同，故佩玉亦不同；改其步履之疾徐長短，則改其佩玉之貴賤，此改步改玉之義。」又《國語・周語中》：「晉文公既定襄王於郟，王勞之以地。辭，請隧焉。王不許，曰：『……先民有言曰：改玉改行。』」韋昭注：「玉，佩玉，所以節行步也。君臣尊卑，遲速有節，言服其服則行其禮。以言晉侯尚在臣位，不宜有隧也。」此制不僅適用於王侯，大夫等人著朝服時亦須遵循。《禮記・玉藻》：「將適公所，……既服，習容，觀玉聲，乃出。」正義：「既服，著朝服已竟也。服竟而私習儀容，又觀容，聽己佩鳴，使玉聲與行步相中適。玉，佩玉

---

❼ 同注❺所揭書，卷2，圖273。

❽ 盧連成、胡智生《寶雞強國墓地》上冊，頁363，文物出版社，1988年。

❾ 北京大學考古學系等《天馬──曲村遺址北趙晉侯墓地第五次發掘》，《文物》1995年第7期。至於北趙村63號墓出土的四十五璜玉佩，總長度已超過人的體高，難以佩帶。參加發掘的人員中有的認為這本來不是一組佩玉，初步整理時誤連為一。

❿ 山西省考古研究所等《天馬──曲村遺址北趙晉侯墓地第三次發掘》，《文物》1994年第8期。

⓫ 河南省考古研究所等《三門峽虢國墓》第1卷上冊，頁154、275～277、531，文物出版社，1999年。

⓬ 同注❾。

也。」等而下之，一般貴族也視以佩玉節步為禮儀之所需。《詩·衛風·竹竿》：「巧笑之瑳，佩玉之儺。」毛傳：「儺，行有節度。」鄭箋：「美其容貌與禮儀也。」雖然目前出土的資料不足，還無法將組玉佩的規格和貴族的等級準確對應起來；但它的功能性的作用是節步，禮儀性的意義是表示身分。對此，似已無可置疑。

同時也應注意到，《禮記·玉藻》在提到君子玉不去身時，還說：「君子於玉比德焉。」《禮記·聘義》中認為玉有「十一德」。《管子·水地》則認為玉有「九德」。《荀子·法行》認為玉有「七德」。到了漢代，許慎在《說文解字》中將玉德歸納為五項：「潤澤以溫，仁之方也；䚡理自外，可以知中，義之方也；其聲舒揚，專以遠聞，智之方也；不撓而折，勇之方也；銳廉而不忮，絜之方也。」盧兆蔭先生對這段話的解釋是：「『五德』概括了玉的質感、質地、透明度、敲擊時發出的聲音以及堅韌不撓的物理性能。五德中最主要的德是『仁』，是『潤澤以溫』的玉質感。『仁』是儒家思想道德的基礎，所以儒家學派用『仁』來代表玉的質感和本質。」[13]然而並非所有玉器都是玉德之恰當的載體，在一枚玉觽或玉玦上，似乎難以全面地反映出這許多道理來。而代表君子身分的組玉佩，對此卻可以有較完整的體現。本來古人就看重佩飾的象徵意義，如佩弦、佩韋之類。而帶上組玉佩，「進則揖之，退則揚之，然後玉鏘鳴也。」經常聽到佩玉之聲，則「非辟之心無自入也」，豈不正顯示出玉德的教化作用嗎。鄭玄在《玉藻》的注中又說，當國君在場時，世子則「去德佩而設事佩，辟德而示即事也。」這裏出現了兩個名稱：德佩、事佩。據孔穎達疏：「事佩：木燧、大觿之屬。」則事佩乃如《內則》中所記「子事父母」時所佩帶的那些小用具；而德佩顯然指的就是組玉佩了。

不過周代的玉佩也不能都包括在德佩和事佩兩類中，有些佩飾雖不知其當時的名稱，卻似乎應劃在此兩類之外，它們在出土物中也一再見到。比如一種玉牌聯珠串飾，早在陝西岐山鳳雛村西周早期的甲組建築遺址內已出土，玉牌呈梯形，雕雙鳳紋，其所繫之珠串雖不存，但在玉牌底邊上有繫珠串用的 10 個穿孔[14]。曲沃曲村 6214 號西周墓早期出土的這種佩飾比較完整，其梯形牌為石質，雕對鳥紋，牌下端繫有 10 串以瑪瑙、綠松石管和滑石貝、珠等組成的串飾[15]。至西周晚期，實例增多，河南平頂山應國墓地及山西曲沃北趙村 31、92 號墓均出[16]。其中北趙村 31 號墓的玉牌聯珠串飾與六璜佩伴出，一同掛在墓主胸前。玉牌亦呈梯形，雕龍紋，其上端有六個穿孔，繫六串瑪瑙珠，下端有九個穿孔，繫九串珠飾，整套佩飾長 67 公分，亦可垂至腹間。而 92 號墓出土的兩組玉牌聯珠串飾，一組出在墓主右股骨右側；另一組

中雜綴玉瓚、玉戈、玉圭等飾件，出於墓主左肩胛骨下，原應佩於肩後（圖46-3）。其佩帶方式互不一致，顯得頗不規範，它們的地位應比多璜組玉佩為低。另外還有各種小型玉佩，有的只以幾件玉管、玉珠或玉環、玉瓚等物組成，結構不固定。還有一種以一環一璜組成，在洛陽中州路西工區、信陽2號楚墓和廣州南越王墓出土的人像身上，都刻劃出這種佩飾**⑰**（圖46-4）。這些人物為小臣、舞姬之流，身分不高，他們的玉佩中只有一璜，可名「單璜佩」。《韓詩外傳》卷一稱「孔子南遊適楚，至於阿谷之隧，有處子佩璜而浣者」；她佩帶的大約也是單璜佩。此類佩飾的地位是不能和多璜組玉佩相提並論的。

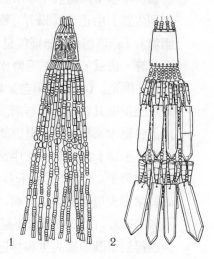

圖46-3　玉牌聯珠串飾　山西曲沃北趙村92號墓出土

圖46-4　單璜佩

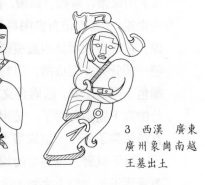

1 東周　河南洛陽中州路西工區出土

2 東周　河南信陽2號楚墓出土

3 西漢　廣東廣州象崗南越王墓出土

　　多璜組玉佩既然是代表大貴族身分的儀飾，那麼如此重要的玉器在周代青銅器銘文之冊命辭所記錫物的名目中應有所反映。陝西扶風白家莊1號窖藏所出西周懿孝時的八件「瘨簋」和四件「瘨鐘」，銘文中都說是因王「錫佩」

---

⑬ 盧兆蔭《玉德・玉符・漢玉風格》，《文物》1996年第4期。

⑭ 陝西周原考古隊《陝西岐山鳳雛村西周建築基址發掘簡報》，《文物》1979年第10期。

⑮ 同注**❻**。

⑯ 平頂山應國墓地出土者，見《中國文物精華》(1990)圖56。北趙村31號墓出土者，見《文物》1994年第8期。北趙村92號墓出土者，見《文物》1995年第7期。

⑰ 洛陽中州路西工區出土玉人，見*Mysteries of Ancient China*. fig. 73. 信陽楚墓出土木俑，見沈從文《中國古代服飾研究》頁18～19。廣州南越王墓出土玉舞人，見《西漢南越王墓》下冊，圖版148。

而作器 ❸。錫佩作器之記事他處雖罕見，可是命服中的「赤市幽黃」、「赤市
悤黃」、「赤市同黃」、「朱市五黃」❹等，其所謂「黃」就是佩飾中的璜；「五
年琱生簋」中正作「璜」，「縣妃簋」中還提到「玉璜」，更足以為證。「赤市
幽黃」、「赤市悤黃」無疑就是《玉藻》中的「再命赤韍幽衡，三命赤韍蔥衡」。
而《詩·曹風·候人》毛傳作「再命赤芾黝珩，三命赤芾蔥珩」。則黃即璜，
即衡，即珩。《小雅·采芑》說：「服其命服，朱芾斯皇，有瑲蔥珩。」還為蔥
珩加上反映其質地的形容詞。毛傳：「瑲，珩聲也。」充分說明珩是玉製品。
以上各點本來極清楚，但唐蘭先生於 1961 年發表的《毛公鼎「朱韍、蔥衡、
玉環、玉瑹」新解》一文中卻提出不同的看法，他認為黃、衡不是珩，而是
繫市的帶子。他說：「兩千多年來，『韍』與『衡』的制度久已失傳，今天，
如非掌握大量兩周金文資料，對漢代學者所造成的錯誤是很難糾正的。至於
玉佩的制度，由於『蔥衡』不是佩玉，過去學者的許多說法，都已失去根據。」❹
唐說得到了陳夢家先生和林巳奈夫先生的支持。陳先生說：「金文名物之『黃』
不是玉器而是衣服的一種。」「金文的朱黃、素黃、金黃、幽黃、蔥黃即《玉
藻》的朱帶、素帶、錦帶、幽衡、蔥衡；而幽衡和緇帶可能是同類的。」❹ 林
先生說：「秦以後有表明身分差別的垂帶『綬』，以黃赤、赤、綠、紫、青、
黑、黃等色的絹絲組織成帶。關於綬的起源，據傳是在韍、佩廢止後，由其
紐一部分殘存而成的。另方面《禮記·玉藻》也有關於『衡』因身分高下而
顏色不同的記載，西周金文上連著市的各種顏色的黃（衡），當然應該是與身
分的高下區別有關了。黃相當於衡，也有橫的意思，是在市上面與市本身成
直角的帶子，……這條帶子被稱為衡即黃是很有可能的。」❹

　　以下試對三位先生的說法略事分析；匪敢逞其私臆，唐突鴻彥，只是因
為受到近年之出土文物的啟發，感到已有條件對這個問題重新加以考慮。首
先，唐先生認為金文中「蔥黃」、「幽黃」、「朱黃」、「金黃」之蔥、幽、朱、
金「是顏色，但決非玉色」❹。林先生並補充說：「金文中『朱黃』之例數見，
朱色的『黃』被當作佩玉是不合理的，因為在殷及西周時代，不僅佩玉，一
切工藝品中都沒有使用赤玉的例子，上村嶺虢國墓發現的雞血石之類紅色小
玉算是很早的例子，春秋後期有若干紅色瑪瑙環等，《說文》有『瑓、經色玉
也。瑕，玉小赤也』等記載，可見紅色玉的語彙不是沒有，但紅色系統的半
寶石類在古代中國向來不為人所尊重。此項事實與唐蘭所謂金文中『黃』上
面的形容詞是有關染色的名稱一併探討，可知『黃』非佩玉是無庸置疑的。」❹
但事實上古人很重視玉色，稱之為玉符❹。漢王逸《正部論》說：「或問玉符。
曰：赤如雞冠，黃如蒸栗，白如脂肪，黑如淳漆，此玉之符也。」曹丕《與鍾

大理書》中也有相同的說法❷。至於認為中國不用赤色玉，亦不盡然。不少古玉表面塗有一層均勻的朱色，有的較厚，應是當時有意識地塗上去的，稱此類塗朱之玉璜為「朱黃」應是合理的。蔥（素）、幽（黝）色的玉更為常見。至於「金黃」，亦不無可能乃指銅珩而言。

再對「五黃」試作探討。「師兌簋」說：「市五黃。」「元年師兌簋」說：「乃且市，五黃。」「師克盨」說：「赤市五黃。」將「五黃」釋為五璜佩，本來順理成章。但唐先生和陳先生都沒有見過後者的實例。唐先生認為「五黃」是市上的五條帶子。但市的形狀有如蔽膝，繫市用一條帶子足夠，一件市何以要縫上五條帶子，既無根據也不合理。陳先生說：「五黃猶婕黃，疑指交織之形。」林先生說：「假設古時候『吾』讀為『梧』，梧即青桐，『五黃』就是以這種樹皮的纖維來作『黃』；可是此纖維相當粗這點又說不過去。」此二說連提出者也缺乏充分的自信。

陳先生又說：「金文賜市多隨以黃，亦有單錫『黃』者（如「康鼎」），可證帶是獨立的服飾。《玉藻》謂韠的『肩革帶博二寸』，這是附屬於韠的革帶，和大帶不同。」他認為「黃」是大帶，而不是韠（即市）上的帶子，這一點與唐說略有區別。但他又認為黃不是整條大帶，說：「帶分別為橫束繞腰與下垂於前的兩部分，下垂者為紳，橫束者即金文之『黃』，《玉藻》之衡；衡、橫古通用而橫從黃。」然而既認為「黃」可以單錫，是「獨立的服飾」，那麼又怎能只賞賜一條大帶上之橫束的部分，而不及其下垂的部分呢？《詩・小雅・都人士》：「彼都人士，垂帶而厲。」毛傳：「厲，大帶之垂者。」則大帶橫向束腰以後，下垂的剩餘部分名厲，而不叫紳；紳是指整條大帶。陳先生之所以斷大帶為兩截以證成其說，或緣牽合衡、橫相通之義而發。

再如唐先生所說：金文中『黃』次在『市』與『舄』之間，可見『衡』（按：指黃）是屬於『韍』的服飾。……決不是佩玉。」又說：「古書中所見

⑱　《陝西出土商周青銅器》卷2，文物出版社，1980年。
⑲　《唐蘭先生金文論集・毛公鼎「朱韍、蔥衡、玉環、玉璲」新解——駁漢人「蔥珩佩玉」說》，紫禁城出版社，1995年。
⑳　同注⑲。
㉑　陳夢家《西周銅器斷代》，《燕京學報》新1期，1995年。
㉒　林巳奈夫《西周時代玉人像之衣服及頭飾》，《史林》55卷2號。葉思芬譯文載《故宮季刊》10卷3期。
㉓　同注⑲。
㉔　同注㉒。
㉕　同注⑬。
㉖　王逸《正部論》，玉函山房輯本。曹丕《與鍾大理書》，載《文選》卷四二。

的衡（蔥衡、幽衡等）也寫作珩，毛萇說是佩玉，金文作黃，或作亢。我曾根據金文中黃的質料和顏色，認為佩玉說是錯的。……現在「師鷸簋」的『赤市朱橫』，橫字正從市旁，證明它從屬於市而非佩玉。這雖然是很小的問題，但可以說明毛萇儘管是西漢初人，對古代事物已經有很多不了解了。」❷陳先生也說：「西周金文中的賞賜，命服與玉器是分開敘述的，『黃』隨於『市』之後而多與『玄衣黹屯』『玄袞衣』『中絅』『赤舃』等聯類並舉；尤其是「師酉簋」的『朱黃』介於『赤市』與『中絅』之間，「訇壺」的『赤市幽黃』介於『玄袞衣』與『赤舃』之間，「師嫠簋」的『金黃』介於『叔市』與『赤舃』之間，可證『黃』是整套命服的一部分。」認為黃屬於整套命服的提法並不錯，組玉佩本來就是服飾的組成部分，歷代史書中的《輿服志》講祭服、朝服的組成時，也大都把玉佩包括在內。周代的大型組玉佩拖垂到腰下腹前，這裏正繫著市，從外表看，組玉佩和市是重疊在一起的。何況根據金文的描述，市和黃的顏色須互相配合，更使二者間形成緊密的聯繫，所以說黃從屬於市也是合理的。但唐先生卻強調：「如果『衡』（按：指黃）確是玉佩，就不應該插入『敫、舃』之間。」實則金文言錫物時，既有種類多少之別，也有敘述詳略之分，比如「毛公鼎」說：「易女……朱市、恩黃、玉環、玉瑹。」黃不是正和玉環、玉瑹等玉製品相次嗎❷？環在佩飾中常見，瑹則是玉圭之類。《玉藻》說：「天子搢珽」，「諸侯荼」。《荀子・大略篇》：「天子御珽，諸侯御荼，大夫服笏。」荼（即瑹）雖然下天子之珽一等，式樣亦應有小殊，但無疑仍屬圭類。而北趙村 92 號西周晚期墓出土的八璜佩中正綴有玉圭，堪稱確證。黃為命服中的玉佩，至此已無可置疑。唐先生如能親見這些新出的實例，想必也會對其舊說作出修正的。

古書中常以璜代表玉佩，如《山海經・海外西經》說：「夏后啟佩玉璜。」漢張衡《大司農鮑德誄》說：「命親如公，弁冕鳴璜。」然而析言之，有時也只用它指玉佩中的一個部件。《國語・晉語二》韋昭注：「珩，佩上飾也，珩形似磬而小。《詩傳》（按：係轉引《周禮・玉府》鄭注所引《韓詩》的傳）曰：『上有蔥珩，下有雙璜。』」似乎只有一串玉飾上部的磬形提梁才是珩，璜則是玉佩下部懸掛的弧形垂飾。珩和璜古音皆屬陽部匣母，本可通假。而且先秦時，珩和璜的區別並不嚴格，西周並無磬形之珩，儘管是一組玉佩最頂上那一件，亦作圓弧形。但是為什麼後來會產生珩在上、璜在下的說法呢？其原因應和這類佩飾的形制在東周時的劇烈分化有關。當然並不是說，多璜組玉佩至東周已然絕跡，太原春秋晚期晉趙卿墓主棺內出玉璜 18 件、龍形佩 10 件，還有大量水晶珠❷。雖然由於棺槨坍塌，隨葬器物受震移位，但從出

土時的分布狀況看，其中的若干件可能原本是一副多璜組玉佩。戰國早期的曾侯乙墓，墓主內棺出土玉璜 36 件。放置的情況是：「墓主腰部以上有九對和七個單件；腰部以下有四對和六個單件。」❸其中有的也可能原應組成一副多璜組玉佩。可是上述兩例佩飾之部件間的聯繫痕跡不明，已無法復原。值得注意的是，兩座墓中都出土了一類玉「龍形佩」。根據中山王𰻝墓出土之此類佩上的墨書銘文，它被稱為「玉珩」❸（圖 46-5:1），而與成組的東周玉佩相對照，此物都作為垂飾，是安排在組玉佩最下部的璜。目前雖難以確知西周時是否已有「珩」字❸；但縱然這時已出現珩、璜二名，它們的界限也必然是模糊的。

　　東周以降，組玉佩的形制產生了較大的變化。自春秋晚期起，組玉佩不再套於頸部，而繫在腰間的革帶上。望山 2 號墓 50 號竹簡稱：「一革繡（帶），備（佩）。」佩與革帶連言，表明佩玉附於革帶。形象材料也證實了這一點，

圖 46-5　龍形佩

1　河北平山中山王墓出土　　2　山西長子 7 號戰國墓出土　　3　湖北隨縣曾侯乙墓出土

4　山東曲阜魯故
城 58 號墓出土

5　安徽長豐楊公 8
號墓出土

---

❷⑦　《唐蘭先生金文論集·用青銅器銘文來研究西周史》。

❷⑧　《番生簋》說：「易朱市、悤黃、鞞鞑、玉睘、玉琭。」所敘錫物名目與《毛公鼎》類似。鞑為璜字之假，亦是玉器。至於《番生簋》和《毛公鼎》銘所稱玉琭，雖屬圭類，但並非分封土地，頒賜策命時所授之「命圭」。《考工記·玉人》鄭注：「命圭者，王所命之圭也，朝覲執焉，居則守之。」命圭又稱介圭，《詩·大雅·崧高》：「王遣申伯，路車乘馬。我圖爾居，莫如南土。錫爾介圭，以作爾室。往近王舅，南土是保。」鼎銘之玉琭如果是這麼重要的、可視為諸侯鎮國之寶的命圭，則在錫物的名單中不會排列到玉環之後，所以它只能被認為是組玉佩中的部件。

❷⑨　據山西省考古研究所等《太原晉國趙卿墓》頁 175～179 所載出土遺物登記表統計，文物出版社，1996 年。

❸⓪　湖北省博物館《曾侯乙墓》頁 409，文物出版社，1989 年。

❸①　河北省文物研究所《𰻝墓——戰國中山國國王之墓》頁 440，文物出版社，1995 年。

❸②　唐蘭先生在注❶所揭文中說：「『璜』是古字，『珩』是春秋以後的新字。」

信陽2號墓與江陵武昌義地楚墓出土的彩繪木俑身上所繪玉佩，都從腰帶上垂下來❸。同時，構成組玉佩的部件也多有創新。以組玉佩下部所垂龍形璜而論，山西長子7號春秋晚期墓所出者，龍身較短肥，蜷曲的程度不甚劇烈，代表角、鰭、足、爪等部位的凸出物尚未充分發育❹（圖46-5:2）。同時期的山西太原趙卿墓所出者，尾部雖稍稍加強，但整體變化不大❺。戰國早期的龍形佩，如湖北隨縣曾侯乙墓所出者，體型變瘦，蜷曲度增大❻（圖46-5:3）。戰國中期的河南信陽長臺關1號墓、山東曲阜魯故城58號墓等地所出者，龍身更加瘦長，更加蜷曲，而且頭尾兩端的曲線趨於對稱❼（圖46-5:4）。至戰國晚期，如安徽長豐楊公8號墓所出者，身姿蜿蜒，鰭爪紛擎，有飛舞騰踔之勢❽（圖46-5:5）。雖然中山王嚳墓出土的此類玉件名「珩」❾，但它們卻從來不出現在一組玉佩頂端起提梁作用的位置上。相反，嚳墓所出另一種亦自名為「珩」的部件❿（圖46-6:1），造型全不「似磬」，卻常被安排在組玉佩頂端或當中的關鍵部位，以牽引提擎其他佩玉。起初，它們的形狀還接近弧形璜，只不過附加上不少透雕紋飾。以後越來越複雜，越來越不適於放到組玉佩底端充當垂飾了（圖46-6:2～5）。東周玉佩飾中的其他部件如各類璧、瑗，或出廓，或遍施透雕，構圖往往新穎奇巧。再如從觿形演變出來的「雞心佩」、活潑生動的玉舞人等，碾琢工藝也都得到長足進展，其中不乏極具匠心的精美之作。這時的組玉佩已經突破了西周之疊加玉璜的做法，出現了不拘一格、鬥奇爭妍的盛況。可惜出土時原組合關係未被擾動的東周玉佩為數很少，而且由於其結構無定制，復原起來很困難。洛陽金村周墓出土之著名的金鏈玉佩，由於部分玉件已從金鏈上脫落，就出現了兩種復原方案⓫。圖46-7所舉

圖46-6 「珩」形佩

1 河北平山中山王墓出土　　2 山東曲阜魯故城乙組52　　3 北京故宮博物院藏
　　　　　　　　　　　　　　　號墓出土

4 安徽長豐楊公2號墓出土　　　　　　　　　　　　　　　　5 美國華盛頓弗利爾美術館藏

圖 46-7　戰國至西漢的組玉佩

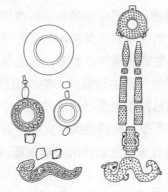
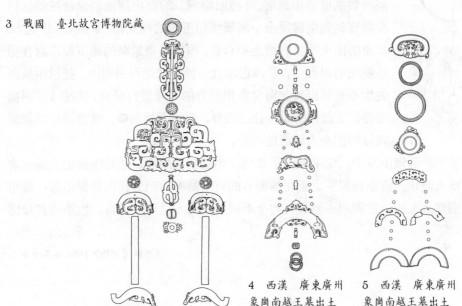

1　戰國　河南洛陽中州
路 1316 號墓出土

2　戰國　山東曲阜魯故
城乙組 58 號墓出土

3　戰國　臺北故宮博物院藏

4　西漢　廣東廣州
象崗南越王墓出土

5　西漢　廣東廣州
象崗南越王墓出土

㉝　湖北省文物考古研究所《江陵望山沙冢楚墓・望山 1、2 號墓竹簡釋文與考釋》。武昌義地
　　楚墓出土木俑見《中國玉器全集》卷 2，頁 40。

㉞　山西省考古研究所《山西長子縣東周墓》，《考古學報》1984 年第 4 期。

㉟　見注㉙所揭書，頁 148。

㊱　見注㉚所揭書，頁 416。

㊲　楊建芳《戰國玉龍佩分期研究》，《江漢考古》1985 年第 2 期。

㊳　安徽省文物工作隊《安徽長豐楊公發掘九座戰國墓》，《考古學集刊》第 2 集，1982 年。

㊴　同注㉛。

㊵　同注㉛。

㊶　第一種復原方案見梅原末治《洛陽金村古墓聚英》，東京，1937 年。第二種復原方案見 T.
　　Lawton, Chinese Art of the Warring States Period, 華盛頓，1982 年。

圖 46-8　戰國組
玉佩模式圖（據
郭寶鈞）

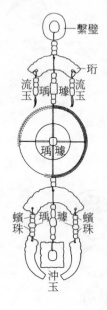

— 繫璧

— 珩

流玉　瑀　璲　流玉

瑀璲

蠙珠　瑀　璲　蠙珠

沖玉

諸例，如洛陽中州路和曲阜魯故城所出者，形制比較簡單。臺北故宮博物院所藏者，其組合亦帶有某些復原的成分❷。廣州南越王墓所出者，時代則晚到西漢初，不過它們無疑還保留著東周餘風❸。這類成組的實例儘管不夠多，可是亦足以證明大量存世的單件佩玉本是從組玉佩中游離出來的。而且若干東周時期之精緻的玉佩件，已嫻熟自如地運用透雕技法，花紋雖繁縟密集，圖案仍灑脫流利，有不少例堪稱我國古文物中的瑰寶。但對個別部件的極力加工和整套玉佩之組合的不斷創新，卻使自西周以來組玉佩為反映貴族身分而建立起的系統化序列規範受到削弱；這和東周時舊制度逐步瓦解、「禮崩樂壞」的歷史潮流也是合拍的。以前郭寶鈞先生曾擬出一幅戰國組玉佩的模式圖（圖 46-8），但近 50 年來的出土物罕有與之相合者。現在看來這時的組玉佩正處在更迭變化的過程中，要為它確立一種模式是很困難的。並且由於郭先生不贊同以實物與文獻相結合的方法進行研究，主張「玉器自玉器，文獻自文獻，分之兩真，合之兩舛」❹，就更使他的探討難以得出令人信服的結論。

　　至西漢中晚期，組玉佩已不多見，朝服普遍用綬，這是服飾史上的一次重大變化。綬雖與繫玉之組在淵源方面有所關聯，但它是用於佩印的；從這個意義上說，它和組玉佩具有完全不同的作用。就形式而言，也不宜直接比附了。

（原載《文物》1998 年第 4 期）

❷ 鄧淑蘋《藍田山房藏玉百選》圖 62，臺北，1995 年。
❸ 廣州市文物管理委員會等《西漢南越王墓》下冊，彩版 4、10，文物出版社，1991 年。
❹ 郭寶鈞《古玉新詮》，《歷史語言研究所集刊》第 20 本下冊，1949 年。

進賢冠與武弁大冠

古代華夏族「束髮」，以有別於少數族的「披髮」、「編髮」、「髡髮」等髮式。冠起初只是加在束起的髮髻上的一枚髮罩，所以《白虎通·衣裳篇》稱之為「帩持髮」之具，《釋名·釋首飾》稱之為「貫韜髮」之具，早期的冠「寒不能暖，風不能鄣，暴不能蔽」❶，它的意義首先是禮儀性的。《晏子春秋·內篇·諫下》謂「冠足以修敬」，就說明了這一點。我國古代士以上階層的男子二十歲行冠禮而為成人。舉行冠禮是他們一生中的頭一件大事，所以《儀禮》的第一篇就是《士冠禮》。《說苑·修文篇》說：「冠者所以別成人也。」「君子成人必冠帶以行事，棄幼少嬉戲惰慢之心，而衎衎於進德修業之志。」《禮記·冠義》也說：「凡人之所以為人者，禮義也。禮義之始在於正容體、齊顏色、順辭令。……冠而後服備，服備而後容體正、顏色齊、辭令順。故曰：冠者禮之始也。」可見對冠的重視。但先秦冠制頗繁，如《周禮·司服》孫詒讓正義所說：「冠則尊卑所用互異。」而可持以相印證的形象資料又極缺乏，還難作出具體說明。所以下面的考察集中在自漢到唐這一階段的兩種主要的冠式：即文職人員所戴進賢冠類型之冠，和武職人員所戴武弁大冠類型之冠等兩個方面。

漢、唐的進賢冠

進賢冠是我國服裝史上影響極為深遠的一種冠式。在漢代，上自「公侯」，下至「小史」，都戴這種冠。而且這時皇帝戴的通天冠，諸侯王戴的遠遊冠，也都是在進賢冠的基礎上演變出來的。漢以後，自南北朝迄唐、宋，進賢冠在法服中始終居重要地位。明代雖不用進賢之名而改稱梁冠，實際上仍然屬於進賢冠的系統。在我國服裝史上，進賢冠被沿用了 1800 多年，這當中其形制幾度變易，早、晚期的式樣差別很大，有必要予以清理。

《續漢書·輿服志》（以下簡稱《續漢志》）對進賢冠的描述是探討這種冠式的主要依據：「進賢冠……文儒者之服也。前高七寸，後高三寸，長八寸。公侯三梁，中二千石以上至博士兩梁，自博士以下至小史、私學弟子皆一梁。

---

❶ 《淮南子·人間訓》。

宗室劉氏亦兩梁冠，示加服也。」現代考古學家首先據此而對進賢冠的形制作
出推斷的是李文信先生❷。他說：「其形前高七寸，梁長八寸，後高三寸。若
前後以豎立擬之，冠底亦應長八寸，漢尺雖短，其長已超人頂縱長直徑。……
其上長八寸，下無文者，蓋以髮髻為大小，略之也。故知其前七寸、後三寸
必斜立無疑。若前七寸直豎，上八寸向後低斜，以三寸之高為內斜，不特短
不能及髻，而全冠重量位於腦後，既不美觀，亦欠安牢。以其尺寸揣之，必
以前高七寸，上長八寸之二線作銳角而前突於頂上，始與人首部位、冠之重
心均相稱也。」❸李說甚覈。在漢畫像石上，常常可以看到有些人頭戴前端突出
一個銳角的斜俎狀之冠。與附有榜題的例子中所表明的人物身分相推勘，可
知這種冠正是進賢冠。不過漢畫像石大多數成於東漢，那上面的進賢冠也大
都是東漢式的。而東漢和西漢的進賢冠，在形制方面卻存在著相當大的差別，
倘若用上述西漢及其前的文獻對冠的描述來衡量它們，會覺得有點不太相符。
這主要是因為西漢之進賢冠單著，而東漢卻在冠下加幘，以致其構造和作用
都有所改變的緣故。

《續漢志》說：「古者有冠無幘。」這句話裏所說的「古」，其實可以包括
到西漢。在西漢的玉雕、空心磚和壁畫中出現的戴冠者都沒有幘，他們的冠
正是一種「幡持髮」的用具（圖47-1:1～4）。這類冠的側面是透空的，確乎不
能障風取暖。它們當中有的呈斜俎形，應該被認為就是進賢冠。有些雖然形
式稍異，但其基本結構仍與進賢冠相一致。這類冠遠在戰國時已經出現，河
南三門峽與河北平山出土的銅人物燈座及秦始皇陵兵馬俑坑出土的若干陶俑
所戴之冠都可以看作是這類西漢冠的先型。特別值得提出的是，西漢時冠不
加幘的做法，東漢人是認識得很清楚的。試看東漢晚期的沂南畫像石所刻歷
史故事中的人物都戴無幘之冠❹（圖 47-1:5），與反映當時的祭祀、飲宴等場

圖 47-1　無幘之冠

1　西漢，空心磚上的戴冠者　河南洛
　　陽出土（據《河南漢代畫像磚》）
2　西漢，空心磚上的戴冠者　河南洛
　　陽出土（據《河南漢代畫像磚》）
3　西漢，空心磚上的戴冠者　河南洛
　　陽出土（據 W. C. White, *Tomb tile
　　pictures of ancient China*）
4　西漢，玉人　河北滿城墓出土
5　東漢，畫像石所刻歷史故事中的「蘇
　　武」　山東沂南

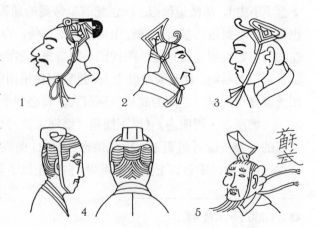

面中的人物所戴的有幘之冠判然有別，便可知畫像石的作者是把無幘冠當成前一歷史階段的服裝來處理的。

幘是什麼呢？《急就篇》顏師古注：「幘者，韜髮之巾，所以整亂髮也。當在冠下，或單著之。」它起初大約類似包頭布，後來發展得有點像現代的便帽。身分低微的人不能戴冠，只能戴巾、幘。《釋名·釋首飾》：「二十成人，士冠，庶人巾。」蔡邕《獨斷》卷下也說：「幘，古者卑賤執事不冠者之所服。」不過從記載中看來，西漢時已有將幘納於冠下，使它成為冠的襯墊物的趨勢。《續漢志》說：「秦雄諸侯，乃加其武將首飾，為絳帕以表貴賤。其後，稍稍作顏題。漢興，續其顏卻摞之，施巾連題卻覆之；今喪幘是其制也。名之曰幘；幘者，賾也，頭首嚴賾也。至孝文乃高顏題續為之耳，崇其巾為屋，合後施收，上下群臣皆服之。文者長耳，武者短耳。稱其冠也。」這裏敘述的是幘由包頭布狀向便帽狀演變的過程。所謂「作顏題」、「高顏題」，是指在幘下部接額環腦處增設一圈介壁❺，這是幘脫離其原始的「韜髮之巾」狀之關鍵性的步驟。至於所謂文、武官要使幘耳與冠相稱之說，似乎意味著西漢時已有加幘之冠，但在形象材料中沒有發現過，大約這種形制當時還不普遍。

在漢代，與進賢冠配合使用的幘叫介幘。《獨斷》卷下說：「元帝額有壯髮，不欲使人見，始進幘服之，群臣皆承焉；尚無巾，如今半幘而已。王莽無髮乃施巾。故語曰：『王莽禿，幘施屋。』」施屋之幘即介幘，這是一頂上部呈屋頂形的便帽。因為要保持屋頂形的輪廓，所以必須做得硬挺些。「介」就是指這種狀態而言（圖47-10:1）。當時的文職人員都可戴這種幘，即如《晉書·輿服志》所說：「介幘服文吏。」並由於自漢元帝時開始，戴幘漸成風氣，進而進賢冠遂被安裝在介幘上，二者結合成為整體。在沂南畫像石中可以看到這種進賢冠的較典型的形像（圖47-2:2）。

有幘的進賢冠的形制是：下部為位於額上的「顏題」，這一部分延伸至腦

❷　李文信《遼陽北園壁畫古墓記略》，《國立瀋陽博物院籌備委員會彙刊》第 1 期，1947 年。

❸　「前高七寸」之「七」字，李文均誤記為「八」，茲據《續漢書·輿服志》校正。

❹　沂南畫像石墓歷史故事部分的人物造型逼肖安徽亳縣董園村 2 號墓所出畫像石，而後者為東漢桓帝前後之墓葬，故沂南墓的時代亦應相去不遠。

❺　顏、題均指額部。《廣雅·釋親》：「顏，題，額也。」又《戰國策·宋策》：「宋康王⋯⋯欲霸之速成，故射天笞地，斬社稷而焚之，曰威服天下鬼神。罵國老諫臣。為無顏之冠以示勇。」宋鮑彪注：「冠不覆額。」則冠顏應位於額上。至於題，如《山海經·北山經》所說：「石者之山有獸焉，其狀如豹而文題。」郭璞注：「題，額也。」可知二者本無分別。故《隋書·禮儀志七》轉述《續漢志》的話時，只說：「至孝文時，乃加以高顏。」《後漢書集解》卷三〇黃山注：「本單言顏，或連言顏題，後始揑之。《器物總論》：『華蓋有顏題』，則凡事物亦連言顏題矣。」因知所謂「高顏題」，即加高覆額環腦的一圈介壁。

圖 47-2 明代的梁冠與東漢的有幘之冠

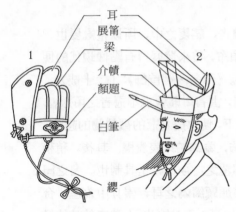

1 《三才圖會・衣服圖會》中所載「三梁冠」
2 畫像石中之戴冠者　山東沂南

後，並突起兩個三角形的「耳」；罩在頭上的是屋頂形的介幘；而跨於介幘之上的，則是斜俎形的「展筩」，它其實就是原來的冠體。這些部位的名稱都比較明確，成問題的是進賢冠的「梁」。冠梁代表戴冠者身分的高低，理應當安裝在顯著的位置上，然而在漢代冠服人物的圖像中，卻不容易把它辨別出來。《漢大官令注》只說：「梁，冠上橫脊也。」❻語意不甚明晰。可是由於進賢冠沿用的時間長，所以可以從晚期的、雖然形狀略有改變但部位較易確定的冠梁求得旁證。宋孟元老《東京夢華錄》卷一

○說：「冬至前三日，車駕宿大慶殿。正宰執百官皆法服，其頭冠各有品從：宰執、親王加貂、蟬、籠巾，九梁；從官七梁；餘六梁至三梁有差。臺諫增鹰角。所謂『梁』者，謂冠前額梁上排金銅葉也。」在宋代的進賢冠上，展筩和介幘已合而為一，冠梁即冠前的金銅葉遂直接排在冠頂上。漢代冠前最顯著的部位是展筩，所以這時的冠梁大概就是穿在展筩當中的鐵骨。宋代進賢冠的式樣大體為明代所沿襲，唯明代稱之為「梁冠」，冠梁更容易識別。今以《三才圖會・衣服圖會》中所載「三梁冠」的圖樣（圖 47-2:1）與沂南畫像石中的進賢冠相對照，其上之各部位的名稱乃不難通過比較而確定。漢代進賢冠之展筩的寬度有限，所以梁數最多不過五枚❼。宋、明的冠梁不受展筩寬度的限制，所以可有七梁、九梁乃至二十四梁之多。由於進賢冠和介幘相結合，使原先僅僅是髮罩的冠得到了幘的補充和襯墊，就成為一頂把頭頂完全遮蓋起來的帽子了。

為什麼宋、明的進賢冠將冠梁直接裝在冠頂上呢？這還須從進賢冠之形制的演變談起。上文說過，冠體本來只是一枚斜俎形的髮罩，「其戴也，加首有頍。所以安物。」證以《儀禮・士冠禮》：「緇布冠，缺項青組纓，屬於缺。」鄭注：「缺讀如有頍者弁之頍。緇布冠無笄者，著頍圍髮際，結項中，隅為四綴，以固冠也。」可知《續漢志》的解釋是正確的。頍是固冠的帶子，它的形象在始皇陵兵馬俑坑出土的陶俑上看得很清楚（圖 47-3）。可是當幘與冠相結合以後，一方面由幘代替了頍的功能，成為承冠和固冠的基座；另方面又由

圖 47-3　秦，陶武士俑冠下之頍　陝西臨潼始皇陵兵馬俑坑出土

於幘蒙覆整個頭頂，反而把冠架空了，使起初作為髮罩的冠這時卻與髮髻相脫離。於是原始的冠體之轉化物——展筒遂逐漸萎縮。漢代的進賢冠之展筒是有三個邊的斜俎形，但是到了晉代，許多展筒卻成為只有兩個邊的「人」字形了（圖 47-4:1、2）與此同時，晉代進賢冠的冠耳急劇升高，冠耳的高度幾乎可與展筒之最高點取齊。到了唐代，如洛陽關林 59 號唐代前期墓出土陶俑所戴的進賢冠之冠耳升得更高，且由尖變圓；其展筒則由人字形演變成卷棚形❽（圖 47-4:3）。陝西禮泉咸亨元年（670 年）李勣墓所出之進賢冠尚與之相近❾。可是一到開元、天寶年間，情況就起了變化。禮泉開元六年（718 年）李貞墓所出陶俑的進賢冠上已無展筒❿。特別值得注意的是咸陽底張灣天寶三年（744 年）豆盧建墓出土俑，它所戴的進賢冠在顏題的前、後壁上都可以看到由於展筒已折斷而餘下的斷痕（圖 47-4:4；47-18:5），但此斷痕在該俑隨葬前曾用白粉塗飾過，似乎這時展筒已可有可無⓫。再晚一些時候，如西安高樓村天寶七年（748 年）吳守忠墓之俑和傳唐梁令瓚筆「五星二十八宿真形圖」中「亢星」所戴的進賢冠，都把展筒和相當於介幘的冠頂合為一體⓬

圖 47-4　進賢冠的演變

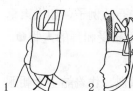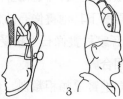

1　晉，《當利里社碑》
2　晉，陶俑　湖南長沙永寧二年墓出土
3　唐，陶俑　河南洛陽出土
4　唐，陶俑　陝西咸陽天寶三年豆盧建墓出土
5　唐，梁令瓚，「五星二十八宿真形圖」中之「亢星」
6　唐，陶俑　西安天寶七年吳守忠墓出土

---

❻　《後漢書集解》卷三〇黃山注引。
❼　因為展筒的寬度有限，容不下許多枚冠梁，故《續漢志》所記進賢冠最多僅有三梁。但《後漢書·法雄傳》說：海賊張伯路起兵，自「冠五梁冠」。李注：「《漢官儀》曰：『諸侯冠進賢三梁，卿大夫、尚書、二千石冠兩梁，千石以下至小吏冠一梁。』無五梁制者也。」但《晉書·輿服志》說：「人主元服，始加緇布，則冠五梁進賢。」則此時之皇帝已效法海賊，也戴起五梁進賢冠來了。
❽　洛陽博物館《洛陽關林 59 號唐墓》，《考古》1972 年第 3 期。
❾　李勣墓所出進賢冠，見《人文雜志》1980 年第 4 期。
❿　昭陵文物管理所《唐越王李貞墓發掘簡報》，《文物》1977 年第 10 期。
⓫　陝西省文物管理委員會《陝西省出土唐俑選集》圖 54、55，文物出版社，1958 年。
⓬　吳守忠墓出土俑見注⓫所揭書，圖 102。「五星二十八宿真形圖」見阿部孝次郎續輯《爽籟館欣賞》第二輯。

（圖47-4:5、6）。此後，展筩遂不再單獨出現。於是，梁也就只能裝在冠頂上了。

進賢冠與通天冠的異同

在漢代的各類冠中，規格最高的是通天冠。《後漢書‧明帝紀》李注引《漢官儀》：「天子冠通天，諸侯王冠遠遊，三公、諸侯冠進賢三梁。」關於通天冠的形制，《續漢志》說：「通天冠高九寸，正豎，頂少邪卻，乃直下為鐵卷梁。前有山、展筩為述，乘輿所常服。」《太平御覽》卷六八五引晉徐廣《輿服雜注》說：「通天冠高九寸，黑介幘，金博山。」同卷又引劉宋徐爰《釋問》：「通天冠，金博山，蟬為之，謂之金顏。」則通天冠以前部高起的金博山即金顏為其顯著的特點，因此也被稱為「高山冠」。《隋書‧禮儀志》引魏董巴《輿服志》：「通天冠……前有高山。故《禮圖》或謂之高山冠也。」漢代通天冠的形狀，也可以從當時的畫像石中尋求，而武氏祠畫像石由於人物旁邊常附有榜題，身分明確，更比較易於識別。圖47-5上列是武氏祠中刻出的「王慶忌」、「吳王」、「韓王」與「夏桀」，他們的冠前面都有高高的突起物，應即金博山。而此圖下列的「縣功曹」、「孔子」、「公孫杵臼」與「魏湯」等人所戴的進賢冠上則無此物，因知前者即通天冠。再看一下其他畫像石的例子，如山東嘉祥焦城村畫像石中之「齊王」及山東汶上孫家村畫像石中接受朝拜的人物❸。都戴著這種通天冠，也正和他們的身分相合。

通天冠除了它的金博山以外，式樣同進賢冠頗相類似。作為諸王之朝服的遠遊冠，據傅玄說它的式樣「似通天」❹，可見也屬於同一類型。但漢代遠遊冠的圖像尚難確認，現在所知道的最早的例子是宋摹顧愷之「洛神賦圖」中曹植所戴的那一頂。由於摹本的細部很難完全準確，從這裏僅能大體得知遠遊冠的式樣約介乎通天和進賢之間。只是通天冠前的金博山上飾有蟬紋，遠遊冠上沒有這種裝飾。進賢冠上雖然也不附蟬，但侍中、中常侍等所戴籠

圖 47-5
武氏祠畫像石中的通天冠（上列）與進賢冠（下列）

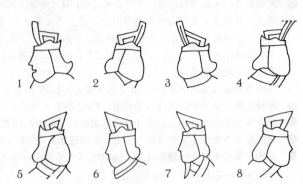

1	王慶忌	5	縣功曹
2	吳王	6	孔子
3	韓王	7	公孫杵臼
4	夏桀	8	魏湯

冠底下的平上幘的金璫上卻有附蟬。不過當這類蟬紋飾件有實物遺存可資探討時，其平上幘已演變為「小冠」，而和那時的進賢冠的式樣相接近了。這一點到下面討論籠冠時再談。

　　漢代和唐代的進賢冠雖然形制有別，但互相一致的地方還比較多。漢代和唐代的通天冠可就差得遠，而且它們是沿著不同的途徑演變的，所以漢代進賢和通天之間的類似之處，在唐代的進賢和通天之間已找不到了。

　　漢代通天冠的形制上文已初步推定。下面再就譜錄中所載晚期的通天冠舉出二例，即宋代的《三禮圖》與明代的《三才圖會》中的兩幅圖像（圖 47-6: 5、8）。而永樂宮三清殿西壁元代壁畫中之十太乙，由於宋政和年間規定他們要戴通天冠❶，所以也能辨認出來（圖 47-6:7）。用這四項實例作為基點，就

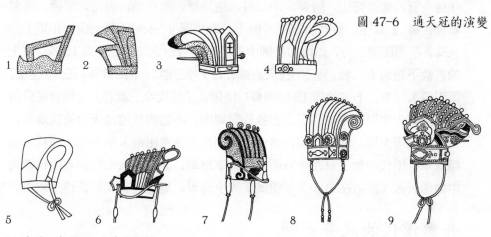

圖 47-6　通天冠的演變

1　東漢，畫像石　山東武氏祠

2　北魏，「皇帝禮佛圖」　河南龍門賓陽洞（未破壞前，據 É. Chavannes, *Mission Archéologique dans La Chine Septentrionale*, PL.171）

3　盛唐，壁畫　新疆伯茲克里克石窟（據 Le Cop, *Die buddhistische spälantike in Mittelasien*, V. 4, Tafel 17）

4　唐，咸通九年刊本《金剛般若波羅蜜多經》卷首畫　敦煌石室發現

5　北宋，《三禮圖集注》中之通天冠

6　北宋，武宗元「朝元仙仗圖」中東華天帝君之通天冠

7　元，壁畫　永樂宮三清殿西壁

8　明，《三才圖會·衣服圖會》中之通天冠

9　明，壁畫，天帝之通天冠　北京法海寺大殿後壁

---

❶　嘉祥焦城村畫像石見傅惜華編《漢代畫像全集》初編，圖 162。汶上孫村畫像石見同書二編，圖 87。

❶　《晉書·輿服志》引。

❶　宋宋敏求《春明退朝錄》卷中。

可以排列出通天冠自漢至明的發展系列。

　　三清殿所畫通天冠，其冠頂向後旋卷。但這一部分並不透空，而北宋武宗元「朝元仙仗圖」中之東華天帝君所戴通天冠的這一部分卻是透空的，它正和《三禮圖》中的畫法相合。唐代的通天冠上的旋卷部分也透空（圖47-6: 3、4），顯示出是從漢通天之展筩演變而成。可是以圖47-6:6 與圖47-6:1 相比較，兩者還是差得多；圖47-6:2 所舉龍門賓陽洞北魏浮雕「皇帝禮佛圖」中的一例，恰可填補起當中的缺環，使這個發展過程前後能銜接得上。

　　漢代的通天冠前部有高起的金博山，上面裝有附蟬。這個山後來變成「圭」形，而且逐漸縮小。唐代有時在其中飾以「王」字，明代更在其旁飾以雲朵。但總的說來，從唐代起，通天冠已經變得富麗堂皇了。《舊唐書·輿服志》說：「通天冠，加金博山，附蟬，十二首，施珠翠，黑介幘，髮纓，翠緌，玉若犀簪、導。」其十二首疑指冠頂所飾十二珠。圖47-6:4 所舉之例，正頂上飾八珠，左側面飾二珠，如再加上圖中看不到的右側之二珠，恰為 12 珠。冠上的首數不超過十二枚。唐王涇《大唐郊祀錄》卷三說：「十二首者，天大數也。」原田淑人以為，十二首即 12 個蟬❻；但唐人「歷代帝王圖卷」上的袞冕只附有一個蟬，宋以後才有在冠上加多枚附蟬的。不過唐代的通天冠施以珠翠，則為漢代所未見。從唐代起，通天冠的圖像上常畫出許多小圓球，即代表這類珠翠。明代的通天冠在這方面愈益踵事增華，北京石景山法海寺明代壁畫中的通天冠（圖47-6:9），上下綴滿了大小珠翠，更極盡其燦爛輝煌之能事。

弁與漢代的武弁大冠

　　何謂弁？《釋名·釋首飾》說：「弁，如兩手合抃時也。」《續漢志》說弁「制如覆杯，前高廣，後卑銳。」可見弁的外形猶如兩手相扣合，或者像一只翻轉過來的耳杯，即是一下豐上銳的橢圓形帽子。《儀禮·士冠禮》鄭注：「皮弁者，以白鹿皮為冠，象上古也。」正義：「上古也者，謂三皇時，冒覆頭句頷繞項。」按《荀子·哀公篇》：「魯哀公問冠於孔子，……孔子對曰：『古之王有務（鍪）而拘領者矣。』」又《淮南子·氾論訓》：「古者有鍪而綣領以王天下者矣。」高注：「古者，蓋三皇以前也。鍪，頭著兜鍪帽，言未知製冠也。」則弁的形狀又有些像兜鍪即冑。《隋書·禮儀志》：「弁之制。案《五經通義》：『高五寸，前後玉飾。』《詩》云：『瑲弁如星。』董巴曰：『以鹿皮為之。』《尚書·顧命》：『四人綦弁執戈。』故知自天子至於執戈，通貴賤矣。……通用烏漆紗而為之。天子十二琪。……案《禮圖》有結纓而無笄導。少府少監何稠請施象牙簪導，詔許之。弁加簪導，自茲始也。」這裏說明從士兵到皇帝都可

以戴弁，但皇帝的弁上有十二琪珠。在歷代皇帝當中特別喜歡戴弁的是隋煬帝。《隋書·煬帝紀》：「上常服皮弁十有二琪。」《通典》卷五七「皮弁」條記隋煬帝時的弁制為：「大業中所造，通用烏漆紗，前後二傍如蓮葉，四閑空處又安拳花，頂上當縫安金梁，梁上加璂，天子十二珠為之。」再看「歷代帝王圖」中的隋煬帝，所戴正是皮弁（圖47-7:1），而且是何稠改制後施簪導的皮弁，弁梁上的琪珠也歷歷可見，所以這件皮弁可以確認無疑。它的形狀也正與上引之似兩手合抃、似覆杯、似兜鍪諸說相合。再看「歷代帝王圖卷」中的陳後主，所戴也是皮弁（圖47-7:2），不過是何稠改制前未施簪導的皮弁。又宋聶崇義《三禮圖集注》卷一所繪之皮弁與陳後主戴的那種樣子很相近（圖47-7:3）。因知聶圖修纂時當有古《禮圖》為據，雖不無舛誤，但絕非盡出臆構。不過從這三例中都看不到《隋書·禮儀志》根據《禮圖》指出的弁上應有的「結纓」。如果把這一層也考慮進去，那麼始皇陵兵馬俑坑出土之騎兵俑所戴者就可以被認為是弁（圖47-8:1）。不過始皇陵騎俑之弁下露髮，沒有其他襯墊物；而咸陽楊家灣西漢墓從葬坑中出土甲士俑所戴的弁，雖與上述騎兵俑所戴者完全一致，但有的底下襯著幘，這就是漢代的武弁了（圖47-8:2）。

　　前面說過，漢代文職官吏戴進賢冠，

圖 47-7　皮弁

1　「歷代帝王圖」中的隋煬帝
2　「歷代帝王圖」中的陳後主
3　《三禮圖集注》中的皮弁

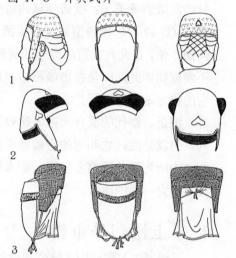

圖 47-8　弁與武弁

1　秦，戴弁陶俑　陝西臨潼始皇陵兵馬俑坑出土
2　西漢，戴弁陶俑，弁下已襯有幘　陝西咸陽楊家灣漢墓從葬坑出土
3　新莽，墓主所戴武弁大冠　甘肅武威磨嘴子62號墓出土

圖 47-9
西漢，漆纚紗弁　湖南長沙馬王堆3號墓出土

⑯　原田淑人《東亞古文化論考·冠位の形態から見だ飛鳥文化の性格》，東京，1962 年。

武職戴的就是這種武弁。武弁又叫武冠或武弁大冠。《續漢志》:「武冠一曰武弁大冠,諸武官冠之。」《晉書‧輿服志》:「武冠一名武弁,一名大冠,一名繁冠,一名建冠,一名籠冠,即古之惠文冠,或曰趙惠文王所造,因以為名。亦云惠者,蟪也,其冠文輕細如蟬翼,故名惠文。」案將惠文冠說成是趙惠文王所造,或是細如蟬翼,均嫌迂闊費解。《釋名‧釋采帛》:「繐,惠也。齊人謂涼為惠,言服之輕細涼惠也。」《儀禮‧喪服》鄭注:「凡布細而疏者謂之繐。」武弁除用鹿皮做的以外,也有用稀疏的繐布製作的,在漢代更是如此,所以得名為惠(繐)文冠。也有的在上面再塗漆,湖南長沙馬王堆 3 號西漢墓與甘肅武威磨嘴子 62 號新莽墓均曾出漆纚沙弁。前者把弁單獨保存在一個漆笥裏(圖 47-9);後者還戴在男屍頭上,周圍裹細竹筋,頭頂用竹圈架支撐,內襯赤幘,是武弁大冠的完整的實例(圖 47-8:3)。這些弁的纚紗均孔眼分明。不僅實物如此,即使在畫像石中表現武弁時,也往往特地刻出網紋來,表示它的質地確與繐布相近。

但是,漢代的武弁大冠本是弁加幘而成,與以冠加幘的進賢冠的構成不同,也就是說,它和冠的定義並不符合,所以它的叫法比較混亂,有上面的引文中所列舉的那麼多名稱。根本原因就在於它本來並不是冠,其後卻又被視為冠之一種的緣故。

從平上幘到平巾幘

《續漢志》劉注引《晉公卿禮秩》:「大司馬、將軍、驃騎、車騎、衛軍、諸大將軍開府從公者:著武冠,平上幘。」《晉書‧輿服志》也說:「平上服武官也。」則襯在武弁底下的幘名平上幘。河北望都 1 號漢墓壁畫中之「門下游徼」,在所戴武弁之下可以看到塗成紅色的平上幘,與《御覽》卷六八七引《東觀漢紀》「詔賜段赤幘大冠一具」的記載及上述武威磨嘴子 62 號墓中所見的情況均相合。漢晉時的軍官與士兵都穿緹(黃赤色)衣或縓(暗赤色)衣,戴赤幘。《漢書‧尹賞傳》:「群盜探赤丸,斫武吏;探黑丸,斫文吏。」即以其衣、幘的顏色為據。《論衡‧商蟲篇》:「蟲食穀。……夫頭赤則謂武吏,頭黑則謂文吏所致也。」也是這種用意。《古今注》卷上「五伯」條更直接說:「今伍伯服赤幘,縓衣,素韠。」可見與赤幘配套的確係武弁。只有水軍服黃幘❶⃝,而文官的衣冠則都是黑色的❶⃝。

平上幘的形狀如在武威磨嘴子所見者,周圍是一圈由四層平紋方孔紗粘合而成的顏題,額前部分模壓成人字紋,頂上覆軟巾❶⃝。單獨戴平上幘者,如山東汶上孫家村出土的畫像石中之執戟的士兵(圖 47-10:2)。它們的幘頂雖

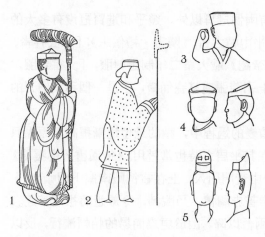

圖 47-10　介幘、平上幘與平巾幘

1　東漢，畫像石中之介幘　山東沂南
2　東漢，畫像石中之平上幘　山東汶上孫家村
3　東漢，灰陶執盾俑　傳世品
4　東漢，石雕騎俑　望都 2 號漢墓出土（以上二例代表從平上幘向平巾幘過渡之形態）
5　東晉南朝，戴平巾幘之陶俑　南京石子崗出土

然都比較低平，但輪廓齊整，好像已經把以前的軟巾縫得固定了❷。也有的平上幘頂部中央稍稍隆起，如廣州漢墓所出陶俑❷及美國奈爾遜美術館所藏漢玉俑❷。這種幘的頂部或已製成硬殼。至東漢晚期，平上幘的後部逐漸加高。《續漢書·五行志》說：「延熹中（158～166 年），梁冀誅後，京師幘顏短耳長。」顏短耳長即前低後高。一件傳世的東漢中期灰陶執盾俑❷（圖 47-10：3）。幘的後部已略高。光和五年（182 年）的望都 2 號墓所出石雕騎俑之幘❷（圖 47-10：4），前低後高的造型愈加明顯。東晉、南朝時，平巾幘更小、後部更高。中國歷史博物館藏南京石子崗六朝墓出土陶俑之幘，其後部的高度幾乎相當於此人面部之半❷。在幘頂向後升起的斜面上，出現兩縱裂，貫一扁簪（箅簪），橫穿於髮髻之中（圖 47-10：5）。晉式平上幘可供單著，有時它還被稱為「小冠」。如《宋書·五行志》所說：「晉末皆小冠，而衣裳博大，風流相仿，輿臺成俗。」輿臺所戴的應是平上幘，而《志》中稱之為小冠，可見這時的小冠即指平上幘。平上幘既然也被稱為小冠，它的式樣也就逐漸向冠、特別是向進賢冠靠攏。湖北武昌周家大灣隋墓❷和陝西禮泉唐鄭仁泰墓出土

⑰　楊泓《中國古兵器論叢·水軍和戰船》，文物出版社，1980 年。
⑱　漢代文官常朝皆著黑衣。詳見拙著《中國古輿服論叢·兩唐書輿（車）服志校釋稿》卷三【舊 81】注〔1〕，文物出版社，2001 年。
⑲　甘肅省博物館《武威磨嘴子三座漢墓發掘簡報》，《文物》1972 年第 12 期。
⑳　甘肅省博物館《武威雷臺漢墓》，《考古學報》1974 年第 2 期。
㉑　黎金《廣州的兩漢墓葬》插圖 10，《文物》1961 年第 2 期。
㉒　《服裝大百科事典》卷上，頁 656，文化出版局。
㉓　平凡社《世界考古學大系》卷 17，頁 72。
㉔　河北省文化局文物工作隊《望都二號漢墓》圖 24、25，文物出版社，1959 年。
㉕　參看：葛玲玲《南京六朝陶俑述略》（南京市博物館研究論文）。

的陶裲襠俑❷所戴的幘，除了沒有兩個冠耳以外，幾乎和進賢冠沒有多大的區別。而且在名稱上，隋以後只用平巾幘之名。《隋書・禮儀志》：「承武弁者，施以笄導，謂之平巾。」同書《煬帝紀》載大業二年制定輿服，「文官弁服，佩玉，……武官平巾幘，袴褶。」上引隋張盛墓瓷俑❷，正是一個手按儀刀的戴平巾幘著裲襠甲的武官。

也就在上述平上幘向平巾幘演變的過程中，幘的地位逐漸提高。原先只是「卑賤執事」戴的幘，貴冑顯要在其平居之時也常著用。《後漢書・馬援傳》李注引《東觀記》：「援初到，敕令中黃門引入，上在宣德殿南廡下俱幘坐。」《三國志・吳志・孫堅傳》：「堅常著赤罽幘。乃脫幘，令親近將祖茂著之。卓騎爭逐茂，故堅從間道得免。」兩晉以降，由於更為簡易的帢帽流行，反以幘為禮服。《世說新語・任誕篇》：「謝鎮西往尚書墓還葬後，三日反哭，諸人欲要之，初遣一信，猶未許，然已停車；重要，便回駕。諸人門外迎之，把臂便下，裁得脫幘著帽，酣宴半坐，乃覺未脫衰。」《晉書・謝安傳》：「溫後詣安，值其理髮，……使取幘。溫見留之曰：『令司馬著帽進。』其見重如此。」《北堂書鈔》卷九八引《俗說》：「謝萬與太傅共詣簡文，萬來無衣幘可前。簡文曰：『但前，不須衣幘。』萬著白綸巾，鶴氅、裘、履、板而前。」都可以證明當時把幘看成禮服，而把巾、帽看成燕服。

這時不僅把幘看成禮服，而且更把它當成正式的官服，即所謂「江左……縣令止單衣幘」❷。在其他傳記材料中也反映出這種情況。《晉書・易雄傳》：「少為縣吏，自念卑淺無由自達，乃脫幘，掛縣門而去。」《南史・卞彬傳》：「延之弱冠為上虞令，有剛氣。會稽太守孟顗以令長裁之，積不能容，脫幘投地。曰：『我所以屈卿者，政為此幘耳，令已投之卿矣。卿以一世勳門，而傲天下國士。』拂衣而去。」可見這時已經用「掛幘」代替「掛冠」。又《太平廣記》卷三一六引《搜神記》：「陳留外黃范丹字史雲，少為尉從佐，使檄謁督郵。丹有志節，自恚為廝役小吏。及於陳留大澤中，殺所乘馬，捐棄官幘。」汪紹楹校注《搜神記》改「官幘」為「冠幘」，不確。因「官幘」一語正符合六朝人的說法。

籠冠與貂、蟬

當武弁大冠形成以後，終兩漢之世，它一直被武官戴用（圖 47-11:1）。雖然我國遠在殷、周時已有金屬冑，但並不普遍，其實物在考古發掘中也很少見到。漢代的將軍們常常戴著武弁大冠上陣。咸陽楊家灣出土的軍官俑雖身穿魚鱗甲，但頭上只戴武冠❸。沂南畫像石墓墓門橫額上表現墓主人與異族

作戰的場面中，主人頭上也只戴著武冠❸。然而東漢晚期的和林格爾大墓與遼陽北園大墓的壁畫中，均有全副甲胄的武士像。此後著甲胄的甲士俑更屢見不鮮。武弁大冠從而退出了實戰領域。也就在這個時候，本來結紮得很緊的網巾狀的弁，遂變成了一個籠狀硬殼嵌在幘上（圖47-11:2），這就是《晉書·輿服志》所稱之「籠冠」。南北朝時，南北雙方都用籠冠，在「女史箴圖」、「洛神賦圖」以及北朝各石窟之禮佛圖、供養人像與陶俑中不乏其例。其下垂的兩耳比西晉時長，但頂部略收斂（圖47-11:3）。隋代的籠冠頂平，正視近長方形，僅兩側微向外擴展（圖47-11:4）。至唐代，籠冠的垂耳有長有短（圖47-11:5、6）。唐末以後，在冠體之下復綴以軟巾（圖47-11:7、8）。到了明代，軟巾又變成直下而微侈的硬壁（圖47-12:6）。這種冠式還影響到日本。日本的「武禮冠」即仿宋、明籠冠又稍加變化而成（圖47-12:7）。

　　最高級的武冠與籠冠是皇帝的近臣如侍中等人戴的。他們在這類冠上加飾貂、蟬。《漢書·谷永傳》：「戴金貂之飾，執常伯之職者。」顏注：「常伯，侍中。」「金」則指加附蟬的金璫。《後漢書·朱穆傳》：「假貂、璫之飾，處常

圖47-11　籠冠的淵源和演變（自圖3以下均未表示出籠冠上的孔眼）

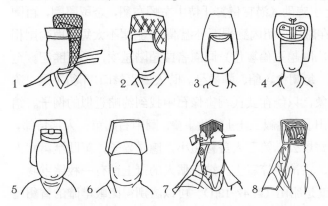

1　東漢，畫像石中的武弁大冠　山東沂南
2　晉，永寧二年陶籠冠俑　湖南長沙墓出土
3　北魏，陶籠冠俑
4　隋，陶籠冠俑　湖北武漢周家大灣241號墓出土
5　唐，貞觀十六年陶籠冠俑　陝西咸陽獨孤開遠墓出土
6　唐，景雲元年陶籠冠俑　陝西咸陽薛氏墓出土
7　據「送子天王圖」
8　元，壁畫中的戴籠冠者　永樂宮三清殿北壁

㉖　湖北省文物管理委員會《武漢市郊周家大灣241號隋墓清理簡報》，《考古通訊》1957年第6期。本文所舉之俑在簡報中列為武士俑之第二種。
㉗　陝西省博物館、禮泉縣文教局唐墓發掘組《唐鄭仁泰墓發掘簡報》，《文物》1972年第7期。
㉘　中國科學院考古研究所安陽發掘隊《安陽隋張盛墓發掘簡報》，《考古》1959年第10期。
㉙　《宋書·禮志》。
㉚　《中華人民共和國シルクロード文物展》第一部，圖1，1979年。
㉛　曾昭燏等《沂南古畫像石墓發掘報告》圖版24，文化部文物管理局，1956年。

圖47-12 從簪貂尾到簪鵬羽

1 東漢，畫像石中之「二桃殺三士」圖，三士
　戴貂尾冠　山東嘉祥武氏祠

2 北魏，孝昌三年線雕人物中之簪貂尾者　寧
　懋石室

3 唐，垂拱二年壁畫中之簪貂侍臣　敦煌莫高
　窟335窟

4 唐，壁畫中之簪貂者　湖北鄖縣李欣墓

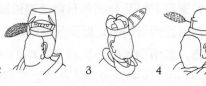

5 北宋，「丞相周益公像」，在籠冠上簪雉尾（據
　É. Chavannes, *La Peinture chinoise au Musäe
　Cernuschi en 1912*）

6 明，在籠冠上簪鵬羽　北京十三陵文石

7 日本的武禮冠

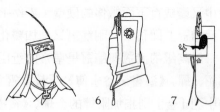

伯之任。」李注：「璫以金為之，當冠前，附以金蟬也。」「貂」則指紫貂的尾
巴。《藝文類聚》卷六七引應劭《漢官儀》：「侍中左蟬右貂，金取堅剛，百陶
不耗。蟬居高食潔，目在腋下。貂內勁悍而外溫潤。」貂尾不太短，與狗尾相
近。《晉書‧趙王倫傳》：「（趙王倫篡位）同謀者咸超階越次，不可勝記。至
奴卒廝役，亦加以爵位。每朝會，貂、蟬盈坐。時人為之諺曰：『貂不足，狗
尾續。』」漢代簪貂的形象，只能在武氏祠畫像石中找到約略近似的例子。這
裏的一塊畫像石上表現出「二桃殺三士」的故事❸。圖中右起第一人係侍郎，
第二人戴通天冠，應是齊景公，第三人身材短小，應是晏子，第四至第六人
則應是公孫接、田開疆、古冶子等三士。這三個人的冠上都有一枚尾狀物，
或前拂，或後偃，可能就是貂尾（圖47-12:1）。可以識別得比較準確的簪貂尾
的形象，最早見於北魏寧懋石室❸（圖47-12:2），這裏將籠冠、貂尾、平巾幘
等都刻得很清楚。唐人簪貂的圖像在莫高窟335窟垂拱二年壁畫及湖北鄖縣
李欣墓壁畫中均曾發現（圖47-12:3、4），只是不知道為什麼他們都未戴籠冠，
而將貂尾直接插在平巾幘上。

　　至於蟬，在我國古代被認為是「居高食潔」❸、「清虛識變」❸的昆蟲。
晉陸雲《寒蟬賦》說：「蟬有五德。……加以冠冕，取其容也。君子則其操，
可以事君，可以立身。豈非至德之蟲哉！」推崇備至。漢冠上的金蟬雖尚未發
現，但晉與十六國時的蟬紋金牌飾卻有實物出土。最先發表的一例是遼寧北

票北燕馮素弗墓出土的 ❸。這是一塊高約 7 公分的金牌，上部稍寬，下部稍
窄，頂部的弧線在當中合尖處突起，輪廓略近圭形。牌之正面鏤出花紋，並
焊有細金絲和小粒金珠，還在上部對稱的位置上鑲有兩顆半球形灰色石片（圖
47-13:1）。它的圖案乍看時頗難辨認，然而當時參加撰寫發掘簡報的李文信先
生卻正確指出應是蟬形，並認為它：「可能就是秦漢以來侍中戴用的『金璫』。」
因為此金牌在鏤孔飾片背後還墊著一塊大小相同的金片，現在看來，所謂金
璫，確係此物。《隋書‧禮儀志》引董巴《輿服志》說：「內常侍右貂，金璫，
銀附蟬。」則其墊片（璫）用金，鏤孔飾片（附蟬）用銀，與馮素弗墓所出者
的規格不同。不過這時可資比較的材料太少，所以李先生又說：「這裏只是結
合馮素弗的身分，提出這種飾片用途的一種可能；也有把它作為漆器上的裝
飾復原的。」遲一個月發表的南京大學北園東晉墓的發掘簡報中提到，在這裏
也出土同類金飾牌，高 4 公分，發掘者「懷疑這些金片可能是一件漆器上的
鑲嵌飾物」❸。再過一年，又發表了敦煌新店臺 60M1 號前涼墓出土的金牌 ❸。
此牌殘高 5 公分，所飾蟬紋比較清楚（圖 47-13:2）。發掘者馬世長等先生肯定
地指出：它「中間鏤出一蟬，雙睛突起。」然而此墓中只有一具骨架，墓主為

圖 47-13　冠璫上的金附蟬

1　北燕　遼寧北票馮素弗墓出土　　2　前涼　甘肅敦煌汜心容墓出土　　3　東晉　江蘇南京仙鶴觀
　　　　　　　　　　　　　　　　　　　　　　　　　　　　　　　　　　　　　高悝墓出土

❸　關野貞《支那山東省に於ける漢代墳墓の表飾》附圖 93。簪貂尾本是戰國時山東諸國的習
　　俗。《晉書‧輿服志‧序》：「及秦皇并國，攬其餘軌，豐貂東至，獬豸南來。」「二桃殺三士」
　　正是東方齊國的故事，所以三士簪貂尾的可能性很大。
❸　趙萬里《漢魏南北朝墓誌集釋》圖版 262:10，科學出版社，1956 年。
❸　《太平御覽》卷六八八引應劭《漢官儀》。
❸　《古今注》卷上。
❸　黎瑤渤《遼寧北票縣西官營子北燕馮素弗墓》，《文物》1973 年第 3 期。
❸　南京大學歷史系考古組《南京大學北園東晉墓》，《文物》1973 年第 4 期。
❸　馬世長等《敦煌晉墓》，《考古》1974 年第 3 期。

「張弘妻汜心容」。據《晉書・張軌傳》，張弘為張重華部將，在與前秦的戰
爭中歿於戰地。他的屍骨或未歸葬，汜心容墓中遂瘞以亡夫的衣冠，所以它
出於汜心容墓正不難理解。可是這一點當時尚屬推測，對其用途並未掌握直
接證據，故簡報中仍稱之為「金飾」。1998 年在南京仙鶴觀東晉高悝墓中又
出土了一塊金牌，高 6.8 公分，保存狀況良好，極為完整，其上之蟬紋與南
京大學北園墓及張弘墓金牌上的圖像幾乎完全一致 ❸（圖 47-13:3）。但張弘墓
所出者已殘去一部分，以致蟬紋頭側的線條用意不明。對比高悝的金牌，就
看得出它原來代表蟬的六足，其安排頗具巧思，且形象完整，構圖飽滿。可
是要認定這些金牌就是冠上附蟬的金璫，最有說服力的證據是舉出戴此冠飾
之人像。因為此制行使的時間長達八九百年；更如左思《魏都賦》所稱：「禁
臺省中，連闥對廊……藹藹列侍，金蜩齊光。」服之者不在少數。然而寧懋石
室、莫高窟 235 窟及李欣墓中的圖像，雖出現貂尾，卻並無金璫，後來在山
西太原發掘了北齊太傅東安王妻睿墓，其墓門外甬道西壁所繪侍臣戴籠冠、
簪貂尾，而且冠前飾圭形璫 ❹；惜璫上一無紋飾（圖 47-14:1）。同墓所出籠冠
俑，冠前也刻出圭形璫。但不知伊誰作俑，竟認為它們都代表「女官」；實屬
誤解。洛陽北魏永寧寺遺址出土之影塑，其中戴籠冠的頭像與妻睿墓所出者
肖似，卻有不少件塑出修剪得頗整齊的髭鬚，應當是一些很講究儀表的男
性 ❹。這裏出土的 T1:1104 號頭像，冠前也貼有一片圭形璫；可惜的是，其
上亦無紋飾（圖 47-14:2）。直到 1998 年，發表了陝西蒲城坡頭鄉唐惠莊太子
李撝墓壁畫，墓道內所繪執笏進謁的文臣像中，有一人在冠前飾圭形璫，璫
上繪出蟬紋 ❹（圖 47-14:3）。於是上述金牌即璫上之金附蟬或曰蟬璫，乃了無
疑義。不過在皇帝之近臣的冠上加一個「目在腋下」而又「清虛識變」的蟬
形徽識，要他們既善於韜晦，又通達封建政治的權變之術，真是一個莫大的
嘲諷。

南北朝後期，此物的使用受到限制。《周書・宣帝紀》：「（宣帝）嘗自……
冠通天冠，加金附蟬，顧見侍臣武弁上有金蟬……者，並令去之。」隋代雖然

圖 47-14　飾蟬璫之籠冠

1　北齊，壁畫　山西太原妻睿墓
2　北魏，影塑　河南洛陽永寧寺遺
　　址出土
3　唐，壁畫　陝西蒲城惠莊太子墓　　1　　　　　　　2　　　3

恢復了服制中的貂、蟬，但使用範圍較前為小。《隋書·禮儀志》說：「開皇時，加散騎常侍在門下者，皆有貂、蟬，至是（大業元年）罷之。唯加常侍聘外國者特給貂、蟬，還則納於內省。」至唐代，簪貂之官仍以左右散騎常侍為主 ❹，文藻上也沒有用貂蟬稱侍中或中書令的，而都用它稱散騎常侍了。

　　唐以後，不再簪貂尾。宋代用雉尾充替（圖 47-12:5）。元以後更易以鶡羽。永樂宮三清殿元代壁畫中太乙的侍臣（王遜編號 248、249）所簪已是鶡羽 ❹。明代仍然如此 ❹（圖 47-12:6）。

鶡冠與翼冠

　　漢代的武冠除武弁大冠以外，還有另一種叫作「鶡冠」。《續漢志》所記武冠就已區分成這樣兩種。那裏說鶡冠的形制是：「環纓無蕤，以青系為緄，加雙鶡尾豎左右。」又說：「鶡者，勇雉也。其鬥對，一死乃止，故趙武靈王以表武士。秦施之焉。」劉注：「徐廣曰：『鶡似黑雉，出於上黨。』」荀綽《晉百官表注》曰：『冠插兩鶡，鷙鳥之暴疏者也。每所攫撮，應撲摧岨。天子武騎，故以冠焉。」傅玄《賦》注曰：『羽騎騎者戴鶡。』」這種鶡冠在洛陽金村出土的錯金銀狩獵紋鏡的圖像中已經出現，其鶡尾其實是插在弁上的（圖 47-15）。西漢空心磚上也有這種鶡冠，不過這裏的弁上加刻出許多網眼，說明其質地已是緫布、纚紗之類。以上兩例在插鶡尾的弁下都未襯幘，而河南鄧縣出土的東漢畫像磚上的人物，卻在正規的襯平上幘的武弁大冠上插雙鶡尾，這就是《續漢志》所說的鶡冠了 ❹（圖 47-16）。鄧縣鶡冠所插羽毛中有清晰的

圖 47-15
戰國，金銀錯狩獵紋鏡上的武士
河南洛陽金村出土

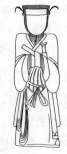

圖 47-16
東漢，畫像磚上之「鶡冠」　河南鄧縣出土

❸　《六朝家族墓地考古有重大收穫》，《中國文物報》1999 年 1 月 17 日。

❹　山西省考古研究所等《太原市北齊婁睿墓發掘簡報》，《文物》1983 年第 10 期。

❹　中國社會科學院考古研究所《北魏洛陽永寧寺》彩版 15，中國大百科全書出版社，1996 年。

❹　陝西省考古研究所《陝西新出土文物選粹》圖版 121，重慶出版社，1988 年。

❹　《新唐書·百官志》：「顯慶二年，分散騎常侍為左右，金蟬珥貂。」關於唐代以貂蟬稱散騎常侍事，參看岑仲勉《唐史餘瀋·貂蟬字用法》條。

❹　王遜《永樂宮三清殿壁畫題材試探》，《文物》1963 年第 8 期。

❹　明周祈《名義考》卷一一「冠幘」條。

橫向紋理，故此時之所謂鶡似是一種雉。鶡又作鳻。《後漢書·西南夷傳》李注引《山海經》郭璞注：「鳻雞似雉而大，青色，有毛角，鬥敵死乃止。」按此處說的鳻雞很像指褐馬雞，牠有兩簇高聳的白色頰毛，頗類「毛角」。鳻亦訓白。《儀禮·士喪禮》：「鳻豆兩。」鄭注：「鳻，白也。」但褐馬雞卻不善鬥。《史記·佞幸列傳》說：「故孝惠時，郎、侍中皆冠鵔鸃。」鵔鸃冠即武冠之別名，見《續漢志》劉注。鵔鸃也是雉屬。《說文·鳥部》：「鵔、鵔鸃，鷩也。」《爾雅》郭注：「鷩似山雞而小，冠、背毛黃，腹下赤，項綠，色鮮明。」雉尾顏色美麗，以後遂被沿用。《南齊書·輿服志》說：「武騎虎賁服文衣，插雉尾於武冠上。」可見這時已將插雉尾的做法制度化了。

鶡冠除豎插一對鶡尾的類型外，還有將鶡鳥的全形裝飾在冠上的。《史記·仲尼弟子列傳》：「子路性鄙，好勇力，志伉直，冠雄雞，佩豭豚。」武氏祠畫像石中的子路像，冠上飾有雞形❹（圖47-17:1）。這類在冠上飾以整體鳥形的實例雖不多見，但直到唐代卻仍在文獻中被提到。《舊唐書·張說傳》：「說因獲巂州鬥羊，上表獻之，以申諷諭。其表：『臣聞勇士冠雞，武夫戴鶡。……』」則冠雞與戴鶡為類。唐代最流行的武官之冠，正是在冠上飾以鶡鳥全形的那一種。雖然這種做法與佛教藝術中的鳥形冠，如在莫高窟257窟北魏壁畫中所見者不無關係（圖47-17:3），但仍可將漢代的雞冠視為其固有的淵源。

唐代鶡冠上所飾的鶡鳥並非似雉或似雞的大型鳥類，而是一種小雀。鶡到底是哪種鳥，諸書之說本不一致。上引《續漢志》說牠是「勇雉」，曹操則稱牠為「鶡雞」❹，《晉書·輿服志》又說鶡「形類鷄而微黑」，可是也有人認為鶡形似雀。《漢書·黃霸傳》：「時京兆尹張敞舍鶡雀飛集丞相府，霸以為神雀，議欲以聞。」顏注引蘇林說：「今虎賁所著鶡也。」西安出土的漢代鶡鳥陶範，表現的也是一種小雀，其形與唐代鶡冠所飾者頗相近❹。

唐代的鶡冠不但飾以鶡鳥全形，而且冠的造型相當高大，冠後還有包葉。這種造型是前所未見的。它的形成，大約一方面是為了和日趨高大的進賢冠相諧調，另方面又受到唐代新創的「進德冠」的式樣的影響。《新唐書·車服志》說：「（太宗）又製進德冠以賜貴臣，玉琪制如弁服，以金飾梁，花趺。三品以上加金絡，五品以上附山、雲。」這種冠皇太子、貴臣以及舞人都可以戴，流行的時間也比較長。宋元祐五年（1090年）游師雄摹刻的「凌煙閣功臣圖」殘石拓本上的魏徵、侯君集二像所戴之冠❺後部有軟腳，類幞頭，與《新唐書·車服志》所稱「進德冠制如幞頭」之說合。其冠之前部飾以五山、三雲朵，又與「附山、雲」之說合。加以人物的身分正屬貴臣，所以此冠應為進德冠（圖47-17:5）。以進德冠與唐式鶡冠相較，則發現後者的造型在很大

圖 47-17　唐代鶡冠與進德冠造型之淵源

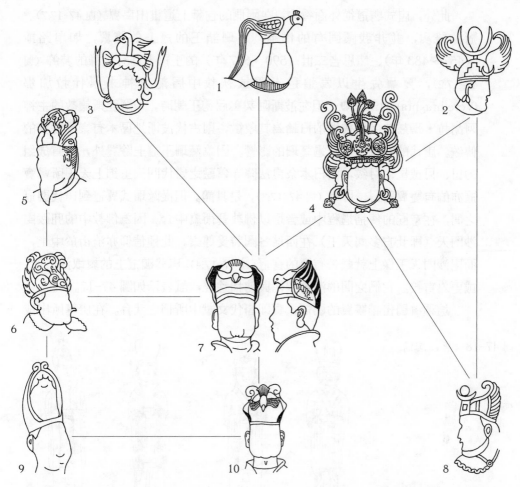

1　東漢，畫像石，「孔子弟子圖」中子路之雞冠　山東嘉祥武氏祠

2　薩珊銀盤上之王者像　俄羅斯聖彼得堡愛米塔契博物館藏

3　北魏，壁畫中之力士　敦煌莫高窟257窟

4　初唐，壁畫中之北方天王　敦煌莫高窟338窟

5　宋，「凌煙閣功臣圖」中侯君集所戴進德冠

6　唐，天寶四年石門線雕武士　西安蘇思勗墓

7　唐，鶡冠俑　荷蘭阿姆斯特丹 H. K. Westendrop 氏舊藏

8　唐，天王狩獵紋錦　日本奈良法隆寺藏

9　唐，天寶七年陶俑　西安吳守忠墓出土

10　唐，開元十六年陶鶡冠俑　英國 G. Eumorfopoulos 氏舊藏

㊻　鄧縣出土鶡冠畫像磚，見周到等編《河南漢代畫像磚》圖244，上海人民美術出版社，1985年。

㊼　據注㉜之一所揭書附圖92。

㊽　曹操《鶡雞賦·序》，《大觀本草》卷一九引。

㊾　見《文物》1985年第4期，頁94。

㊿　金維諾《「步輦圖」與「凌煙閣功臣圖」》，《文物》1962年第10期。

程度上以前者為模式。

此外，唐式鶡冠從外面看去，在兩側的包葉上還畫出鳥翼（圖 47-17:7）。冠飾雙翼，並非我國固有的作風。薩珊諸王的冠上飾雙翼，如卑路斯（457～483 年）、庫思老二世（590～627 年）的王冠上都有這樣的裝飾（圖 47-17:2），夏鼐先生以為這是太陽或祆教中屠龍之神未累什拉加那 (Verethraghra) 的象徵❺。但在波斯阿契美尼德王朝時，瑣羅亞斯德教的主神阿胡拉·瑪茲達就用帶翼的日輪為其象徵，則古代波斯地區本有崇拜雙翼的傳統。唐代的翼冠確曾受過薩珊的影響。因為薩珊王冠上除翼外，還有成組的日、月或星、月紋，而日本奈良法隆寺舊藏之唐代四天王錦上天王所戴寶冠亦飾有雙翼與日、月❺（圖 47-17:8），是其證。但從薩珊式翼冠到唐代鶡冠之間，在意匠的傳播過程中或者還以佛教藝術為中介。因為佛教中的兜跋毘沙門天（即北方多聞天王）在西域各國特受尊崇，此種信仰亦流衍於中土，而毘沙門天王像上就戴著有翼的寶冠（圖 47-17:4）。唐式鶡冠上的翼取法於此，或更為直接。它們之間的淵源關係與傳播途徑，試表示如圖 47-17。

這種飾鶡雀輔雙翼的鶡冠，實即唐代文獻中所稱之武弁。在唐墓所出成

圖 47-18　唐，陶俑

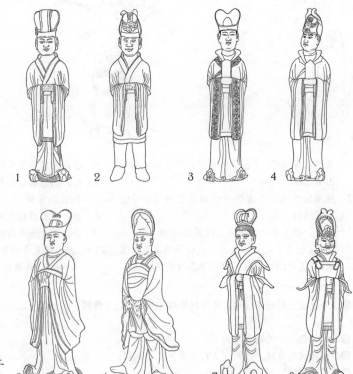

1　2
3　4
5　6　7　8

1、2　陝西乾縣李賢墓出土
3、4　陝西禮泉李貞墓出土
5、6　陝西咸陽豆盧建墓出土
7、8　上海博物館藏

組的文、武俑（圖 47-18）或唐陵的文、武石中所見唐代武官著禮服時所戴之冠，大都是這類鶡冠或是其再經演進的式樣❸（圖 47-17:6、9、10；47-18:2、4）。唐中葉以後，鶡冠上的雀形漸次消匿。但武官著禮服時所戴之冠仍是鶡冠之流裔，其冠身加高，上無鳥形，而代以卷草、雲朵、連珠等紋樣。如上海博物館所藏一唐代著裲襠甲的武官俑❹，冠前部只裝飾著三葉紋和連珠紋，包葉上的翼紋也不見了，僅在冠頂上探出二紐狀物（圖 47-18:8）。咸陽底張灣唐豆盧建墓出土的武官俑之冠甚至連這樣的紐狀物也沒有了，造型更趨簡化❺（圖 47-18:6）。不過它們從進德冠那裏接受的影響還是看得出來的。

（原載《中國歷史博物館館刊》第 13／14 期，1989 年）

❺¹ 夏鼐《中國最近發現的波斯薩珊朝銀幣》，《考古學報》1957 年第 2 期。

❺² 平凡社戰後版《世界美術全集》第 8 卷，彩版 15。

❺³ 這類文、武俑在發掘中常與一對鎮墓獸和一對甲冑土俑同出，如在西安唐獨孤思貞墓甬道中所見者（《唐長安城郊隋唐墓》，頁 32）。依王去非、徐蘋芳的考證，前兩者即祖明、地軸，後兩者即當壙、當野。而依《大漢原陵秘葬經》所記，在「親王墳堂」的明器神煞中尚應有「大夫」和「太尉」；「公侯卿相墓堂」中尚應有「大夫」和「太保」。這類文、武俑或即「大夫」、「太保」之類。它們雖然可以和其他鎮墓俑相組合，但亦可自成一組。如西安洪慶村 305 號唐李仁墓（景雲元年，710 年）石墓門的門扉上便刻有一對這樣的人物（《西安郊區隋唐墓》，頁 12～13）。其冠服應為現實生活中文、武官員之禮服的寫照。

❺⁴ 上海博物館《陳列品圖片》第 3 輯。

❺⁵ 據注⓫所揭書，圖 57。

唐代婦女的服裝與化妝

唐代三百年，是我國封建文化繁榮發達的時代。唐人氣魄大，對外來事物能廣泛包容，擇其精華而吸取。表現在服飾方面，當時也出現了嶄新的風貌。如果一個只熟悉漢魏時之冠冕衣裳的觀察者，忽然置身於著幞頭、缺骻袍、鞢䪎帶、長鞓靴的唐代人物面前，一定會覺得眼前大為改觀，不勝新奇。這是由於唐代男裝常服吸收了胡服褶衣的若干成分，將漢魏以來的舊式服裝全盤改造了的緣故。唐代女裝也擺脫了漢代袍服的影響，接受了一些外來因素，形成了一整套新的式樣。

唐代女裝的基本構成是裙、衫、帔。唐牛僧孺《玄怪錄》：「小童捧箱，內有故青裙、白衫子、綠帔子。」❶這裏說的是一位平民婦女的衣著。又前蜀杜光庭《仙傳拾遺‧許老翁》說：唐時益州士曹柳某之妻李氏「著黃羅銀泥裙、五暈羅銀泥衫子、單絲紅地銀泥帔子，蓋益都之盛服也。」❷可見唐代女裝無論豐儉，這三件都是不可缺少的。東漢時，我國婦女的外衣多為袍類長衣，圖像中罕見著裙者。甘肅嘉峪關曹魏、西晉墓畫磚中的女裝，大體上仍沿襲這一傳統。十六國時，在甘肅酒泉丁家閘 5 號墓的壁畫中出現了上身著衫、下身著三色條紋裙的婦女。此後，條紋裙流行了相當長的時間：敦煌莫高窟 288 窟北魏壁畫、莫高窟 285 窟西魏壁畫、莫高窟 62 窟隋代壁畫、山東嘉祥隋徐敏行墓壁畫、陝西三原唐李壽墓壁畫以及西安白鹿原 43 號初唐墓與新疆吐魯番唐張雄墓出土的女俑中均有著此式裙者 (圖 48-1)。其條紋早期較寬，晚朝變窄。日本奈良高松冢壁畫中的條紋女裙，顯然接受了這一傳統的影響。到了開元時期，吐魯番阿斯塔那北區 105 號墓所出之暈繝彩條提花錦裙以黃、白、綠、粉紅、茶褐五色絲線為經，織成暈繝條紋，其上又以金黃色緯線織出蒂形小花，圖案意匠已明顯有所創新。隨即興起的寶相花紋錦、花鳥紋錦等，則在鮮明的單一地色上織出花紋，突破了以條紋為地的格式。故自盛唐以降，條紋裙在我國漸少見，婦女多喜著色彩更為濃豔之裙。如《開元天寶遺事》說長安仕女遊春時，用「紅裙遞相插掛，以為宴幄。」又如萬楚詩之「裙紅妒殺石榴花」，元稹詩之「窣破羅裙紅似火」，白居易詩之「山石榴花染舞裙」，所詠亦為紅裙。這時各式女裙色彩紛繁。如杜甫詩之「蔓草見羅裙」，王昌齡詩之「荷葉羅裙一色裁」，所詠為綠裙。而如張籍詩之「銀

圖 48-1 條紋裙

1 十六國，壁畫　甘肅酒泉丁家閘 5 號墓
2 北魏，壁畫　敦煌莫高窟 288 窟
3 西魏，壁畫　敦煌莫高窟 285 窟
4 隋，壁畫　敦煌莫高窟 62 窟
5 唐，著衣木俑　吐魯番張雄夫婦墓出土

泥裙映錦障泥」，孫棨詩之「東鄰起樣裙腰闊，剩蹙黃金線幾條」等句，所詠
則為銀泥裙、金縷裙之類❸。唐代最華貴之裙為織成毛裙。《朝野僉載》卷三
說：「安樂公主造百鳥毛裙，以後百官百姓家效之。山林奇禽異獸，搜山滿谷，
掃地無遺。」安樂公主為中宗與韋后之季女，驕奢傾一時。她的這條裙子在《舊
唐書》及《新唐書》的《五行志》、《資治通鑒》卷二○九等處均有記載。此
裙「正看為一色，旁看為一色，日中為一色，影中為一色，百鳥之狀，並見
裙中」。拿它和唐代勞動婦女所穿的裙，如劉禹錫詩所稱「農婦白紵裙」相比，
其懸隔不啻天壤。

　　我國古代的布帛幅面較窄，作裙時要用好幾幅布帛接在一起，故《釋名·
釋衣服》說：「裙，群也，連接群幅也。」唐代之裙一般是用六幅布帛製成，
即如李群玉詩所謂「裙拖六幅瀟湘水」❹。《新唐書·車服志》記唐文宗在提
倡節儉的前提下，曾要求「婦人裙不過五幅」，可見五幅之裙應是比較狹窄的
一種。更華貴的則用到七幅至八幅，如《舊唐書·高宗紀》提到的「七破間
（襴）裙」❺，曹唐《小遊仙詩》所說的「書破明霞八幅裙」❻，可以為例，
按《舊唐書·食貨志》說布帛每匹「闊一尺八寸，長四丈，同文同軌，其事

❶　《太平廣記》卷三一。《玄怪錄》的作者從汪辟疆《唐人小說》之說。
❷　同注❶。
❸　萬詩見《全唐詩》二函一〇冊；元詩見同書六函一〇冊；白詩見同書七函四冊；杜詩見同
　　書四函三冊；王詩見同書二函一〇冊；孫詩見同書一一函三冊。
❹　《李群玉詩集·後集》卷三。
❺　郭沫若《武則天》附錄二：「破殆謂襞，七破間裙殆即七襞羅裙。」但《格致鏡原》卷三六
　　六引《辨音集》：「李龜年至岐王宅，二妓女贈三破紅綃。」可見破不宜解作襞。《新唐書·
　　車服志》記唐代婦女服制時，「破」、「幅」二字互見。
❻　《全唐詩》一〇函二冊。

久行」。此處的尺指唐大尺，約合 0.295 公尺，因而每幅約合 0.53 公尺。六幅的裙子周長約 3.18 公尺，七幅約 3.71 公尺。文宗所提倡的五幅之裙約合 2.65 公尺，仍比現代帶褶的女裙還略肥一些。

裙、衫之外，唐代女裝皆施帔。唐人小說《補江總白猿傳》說：「婦人數十，帔服鮮澤」(《顧氏文房小說》本)，就以「帔服」作為女裝的代稱。唐代的帔像一條長圍巾，又名帔帛或帔子，與漢、晉時指裙或披肩而言的帔不同❼。不過當舊日所稱之帔未絕跡前，帔帛已經出現，目前所知最早的一例見於青海平安魏晉墓出土的仙人畫像磚 (圖 48-2:1)。此像耳高於額，戴的帽子則與嘉峪關畫磚中常人所戴者相同，因知並非佛教造像❽。但稍晚一些，在莫高窟 272 窟北涼壁畫的菩薩像上也見到帔帛 (圖 48-2:2)。其淵源均應來自中亞。1970 年山西大同出土的鎏金銅高足杯上的人物有施帔者 (圖 48-2:3)，此器的國別不易遽定，但很可能是波斯一帶的製品❾。所以帔帛大約產生於西亞，後被中亞佛教藝術所接受，又東傳至我國。可是當東晉時，漢族世俗女裝中尚不用此物。顧愷之的「女史箴圖」、「列女傳圖」、「洛神賦圖」等繪畫中，女裝雖襪髾飛舉、帶袂飄揚，卻並無帔帛。至隋、唐時，帔帛在女裝中就廣泛使用了。

圖 48-2　帔帛

1　魏晉，畫像磚　青海平安墓出土
2　北涼，壁畫　敦煌莫高窟 272 窟
3　鎏金銅杯　山西大同出土

1　　　　2　　　　3

裙、衫、帔之外，唐代女裝中又常加半臂。宋高承《事物紀原·背子》條說：「《實錄》又曰：『隋大業中，內官多服半臂，除卻長袖也。』唐高祖減其袖，謂之半臂，今背子也。」則半臂乃是短袖的上衣。此物又名半袖，出現於三國時。《宋書·五行志》：「魏明帝著繡帽，披縹紈半袖，嘗以見直臣楊阜。阜諫曰：『此禮何法服邪？』」可見這時半臂初出，看起來還過分新奇。不過至隋代它已逐漸流行。到了唐代，男女都有穿的，而以婦女穿半臂的為多。《新唐書·車服志》：「半袖、裙、襦者，女史常供奉之服也。」證以圖像，如永泰公主墓壁畫中所繪的侍女，其身分應與女史為近，正是上身在衫襦之外又加半臂。而且這種裝束不僅宮闈中為然，中等以上唐墓出土的女俑也常有著半臂的。至盛唐時，不著半臂已顯得是很不隨俗的舉動。唐張泌《妝樓記》：「房

太尉家法，不著半臂。」房太尉即房琯，就是在咸陽陳濤斜以春秋車戰之法對付安史叛軍羯騎而大吃敗仗的那位極其保守的指揮官，他家不著半臂，或自以為是遵循古制，但在社會上不免被目為特異的人物了。

半臂常用質量較好的織物製作。《舊唐書・韋堅傳》、《新唐書・來子珣傳》、唐姚汝能《安祿山事蹟》卷上、五代王定保《摭言》卷一二等處都提到「錦半臂」❿。與之相應，《新唐書・地理志》記載的揚州土貢物產中有「半臂錦」。玄宗時曾命皇甫詢在益州織造「半臂子」⓫，估計這也是一種特殊的供製半臂用的優等織物。新疆吐魯番阿斯塔那 206 號唐墓出土的絹衣女木俑著團窠對禽紋錦半臂。李賀《唐兒歌》則有「銀鸞睒光踏半臂」之句，描寫一襲用銀泥鸞鳥紋織物製作的半臂⓬。上述阿斯塔那 206 號墓所出者或與之相類。

雖然在古文獻中發現過三國時著半袖的記事，但當時的具體形制尚不明瞭。從圖像材料考察，唐代女裝中的半臂，應受到龜茲服式的影響。在新疆拜城克孜爾石窟中所見龜茲供養人常著兩種半臂：一種袖口平齊，另一種袖口加帶褶的邊緣。這兩種半臂都在中原地區流行。特別值得注意的是後一種，它常加在褒博的禮服上。但由於這類衣服太肥大，實不便再套上一件半臂，所以有時就把半臂袖口上的那圈帶褶的邊緣單縫在禮服袖子的中部。在一些陶舞俑上，還予以藝術加工，使之成為袖子上很惹人注目的裝飾品（圖 48-3）。另外，半臂有時還可以穿在外衣之下，襯衣即中單之上。後唐馬縞《中華古今注》卷中：「尚書上僕射馬周上疏云：『士庶服章有所未通者，臣請中單上加半臂，以為得禮。』」採用這種著法，在衣服之外不能直接看到半臂，但唐畫中確也發現過衣下隱約呈現出半臂輪廓的例子（圖 48-9：1～3）。證明當時確

---

❼ 《方言》卷四：「裙，陳魏之間謂之帔。」《釋名・釋衣服》：「帔，披也；披之肩背，不及下也。」

❽ 耳朵向上聳，是漢魏六朝時仙人面型的特徵之一。《抱朴子・論仙》說：「邛疏之雙耳，出乎頭巔。」洛陽出土北魏畫像石棺上仙人之耳亦作此狀，見《考古》1980 年第 3 期。

❾ 大同銅杯見《文化大革命期間出土文物》第 1 輯，頁 149。愛米塔契博物館之八曲銀杯見奈良國立博物館「シルクロード」大文明展」的圖錄《シルクロード・オアシスと草原の道》圖 202。在塔吉克斯坦片治肯特粟特古城址發現的「商人飲宴圖」壁畫中，一商人所持金杯上亦有類似的施帔帛之女像。

❿ 《舊唐書・韋堅傳》：「（崔）成甫……白衣缺胯綠衫，錦半臂。」《新唐書・來子珣傳》：「珣衣錦半臂自異。」《安祿山事蹟》：「玄宗賜……錦襦子並半臂。」《摭言》卷一二：「（鄭）愚著錦襦子、半臂。」

⓫ 李德裕《李文饒集・別集・奏綀綾狀》。

⓬ 《李長吉歌詩》卷一。

圖 48-3　上列：袖口不帶褶的半臂，
　　　　　下列：袖口帶褶的半臂

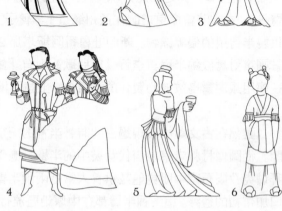

1　龜茲，壁畫　新疆克孜爾石窟
2　唐，壁畫　永泰公主墓
3　唐，石槨線雕　西安韋頊墓
4　龜茲，壁畫　新疆克孜爾石窟
5　北魏，皇后禮佛圖　河南龍門賓陽洞
6　唐，俑　湖北武昌何家壠 188 號墓出土

有這樣著半臂的。

　　不過，總的說來，半臂在唐代前期的女裝中較流行，唐代中晚期則顯著減少。這是因為唐代前期女裝上衣狹窄，適合套上半臂；中唐以後，隨著女裝的日趨肥大，再套半臂就感到不便，所以使用範圍就逐漸縮小了。

　　唐初女裝衣裙窄小，「尚危側」，「笑寬緩」❸，仍與北周、北齊時相近，如莫高窟 205、375 等窟初唐壁畫中的供養人便是其例。這種服式大體上沿用到開元、天寶時期，西安鮮于庭誨墓出土的陶俑，是開元時期最典型的作品，其服式仍然帶有初唐作風。所以《安祿山事蹟》卷下說天寶初年「婦女則簪步搖，衣服之制，襟袖狹小」。白居易《新樂府‧上陽人》所說「小頭鞋履窄衣裳，……天寶末年時世妝」，更可以代表中唐人對盛唐服式的看法。但盛唐時一種較肥大的式樣也開始興起，莫高窟 130 窟盛唐壁畫中榜題「都督夫人太原王氏一心供養」的女像便可為例。總之，至盛唐時，婦女的風姿漸以健美豐碩為尚。《歷代名畫記》卷九稱盛唐談皎所畫女像作「大髻寬衣」，正是這種新趨勢的反映。中唐以後，女裝愈來愈肥（圖 48-4）。元稹《寄樂天書》韻：「近世婦人……衣服修廣之度及匹配色澤，尤劇怪豔。」白居易《和夢遊春一百韻》也說：「風流薄梳洗，時世寬妝束。」❹女裝加肥的勢頭在唐文宗朝急劇高漲。文宗即位之初，於太和二年（828 年）還曾向諸公主傳旨：「今

圖 48-4
唐代女裝加肥的趨勢

1　初唐，壁畫　敦煌莫高窟 375 窟
2　初唐，壁畫　永泰公主墓
3　盛唐，壁畫　敦煌莫高窟 205 窟
4　盛唐，壁畫　敦煌莫高窟 130 窟
5　中唐，壁畫　敦煌莫高窟 107 窟
6　晚唐，壁畫　敦煌莫高窟 9 窟
7　晚唐，壁畫　敦煌莫高窟 192 窟

後每遇對日，不得廣插釵梳，不須著短窄衣服。」可是由於其後此風日熾，不過十年，至開成四年（839 年）正月，在咸泰殿觀燈之會中，卻因為延安公主衣裾寬大，而將她即時斥退，並下詔說：「公主入參，衣服逾制；從夫之義，過有所歸。（駙馬竇）澣宜奪兩月俸錢。」⑮可見這時貴族婦女追求寬大服式的狂熱，已經使封建朝廷覺得有加以限制的必要了⑯。

　　但是在唐代前期，對服式審美的角度不僅並不傾向於褒博，反而比較欣賞胡服。《大唐西域記》卷二說：「其北印度，風土寒烈，短制褊（《宋藏》音義：窄也）衣，頗同胡服。」則胡服以褊狹為特點。再如翻領、左衽之類，也是胡服不同於漢以來的傳統服制之處。唐代著胡服的婦女，在石刻畫和陶俑中都曾發現。而更特殊的還是胡服的帽子，《新唐書·五行志》說：「天寶初，貴族及士民好為胡服胡帽。」可見著胡服時，胡帽是相當惹眼的。最典型的胡

---

⑬　祖瑩語，《文獻通考》卷一二九引。
⑭　《元氏長慶集》卷三〇。《白香山詩集·長慶集》卷一二。
⑮　《舊唐書·文宗紀》。
⑯　開成四年二月，淮南節度使李德裕奏：「比以婦人長裾大袖，朝廷制度尚未頒行，微臣之分合副天心。比閭閻之間，（袖）闊四尺，今令闊一尺五寸；裾曳四尺，今令曳五寸。」（《冊府元龜》卷六八九）據此可知其肥大的程度。

圖 48-5 尖頂帽

1 Kul Oba 銀瓶上的斯基泰武士
2 畫像石中的匈奴武士　山東沂南

帽即所謂「卷檐虛帽」❼。這種帽子與歐亞大陸北方草原民族——從斯基泰人到匈奴人都喜歡戴的尖頂帽很接近（圖 48-5）。唐墓所出胡俑（圖 48-6:1）、莫高窟 45 窟盛唐壁畫中的胡商都戴它。若干看來是漢族面像的陶俑也有戴這種帽子的（圖 48-6:2）。唐劉肅《大唐新語》卷九說長安市上「漢著胡帽」，或指這種情況而言。咸陽邊防村唐墓出土男俑所戴之帽，折上去的帽沿裁出凸尖和凹裂，形成很大的波曲（圖 48-6:3），其形制和斯坦因在新疆和闐丹丹烏力克發現的木板畫上所繪者很相似。陝西禮泉李貞墓出土女俑所戴花帽亦屬此型，不過它的下垂之帽耳更引人注目（圖 48-6:4）。西安韋頊墓石槨線雕中的女胡帽另有兩種式樣：一種裝上翻的帽耳，耳上飾鳥羽；另一種在口沿部分飾以皮毛（圖 48-6:5、6）。這兩種女胡帽與莫高窟 159 窟中唐壁畫「維摩經變」中吐蕃贊普的侍從及莫高窟 158 窟壁畫中外國王子所戴的帽子很接近（圖 48-6:7、8、9）。只不過贊普侍從的帽子與吐魯番阿斯塔那出土絹畫中女胡帽的戴法一樣，將帽耳放了下來而已。唐代的這類女胡帽或即劉言史《夜觀胡騰舞》一詩中

圖 48-6　胡帽

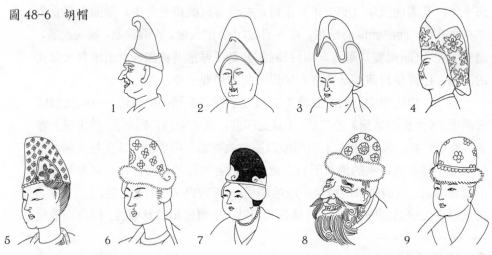

1　唐，胡俑　西安嗣聖十年楊氏墓出土
2　唐，男俑　西安韓森寨高氏墓出土
3　唐，男俑　陝西咸陽邊防村墓出土
4　唐，女騎俑　陝西禮泉李貞墓出土
5　唐，石槨線雕　西安開元六年韋頊墓出土
6　唐，石槨線雕　西安開元六年韋頊墓出土
7　唐，壁畫，吐蕃贊普的侍從　敦煌莫高窟 159 窟東壁
8　唐，壁畫，外國王子　敦煌莫高窟 158 窟北壁
9　唐，壁畫，吐蕃贊普的侍從　敦煌莫高窟 159 窟東壁

提到的「蕃帽」 ❶。蕃應指西蕃、吐蕃，正與上述莫高窟 159 窟所表現的情況相合。

　　從廣義上說，唐代的羃䍥也是胡帽的一種。《大唐新語》卷一〇：「武德、貞觀之代，宮人騎馬者，依周（指北周）禮舊儀，多著羃䍥。雖發自戎夷，而全身障蔽。」所謂「發自戎夷」，證以《隋書・附國傳》稱其俗「或戴羃䍥」，《舊唐書・吐谷渾傳》稱其人「或戴羃䍥」，可知其所自來。羃䍥在隋代已流行。《北史・隋文帝四王・秦王俊傳》謂：「俊有巧思，每親運斤斧，工巧之器，飾以珠玉。為妃作七寶羃䍥，重不可載，以馬負之而行。」則羃䍥周圍所垂的網子上還可以加施珠翠。由於它障蔽全身，所以隋代的楊諒和唐初的李密都曾使士兵戴上羃䍥，偽裝成婦女，以突發制人。戴羃䍥的唐代婦女像尚未發現過，僅在禮泉陪葬昭陵的燕妃墓之壁畫中有一幅「捧羃䍥侍女圖」，羃䍥所垂網子在圖中已捲起一半，如果全放下，當拖得很長 ❶（圖 48-7）。但《大唐新語》又說：「永徽之後，皆用帷帽，施裙到頸，為淺露。……神龍之後，羃䍥始絕。」則到了唐高宗時，婦女已用帷帽代替羃䍥。帷帽與羃䍥的不同點是前者所垂的網子短，只到頸部，並不像後者那樣遮住全身。從羃䍥這方面說，它的垂網減短即成為帷帽。但帷帽的本體是席帽，從席帽這方面說，在它的帽沿上裝一圈短網子，也就成為帷帽。唐王叡《炙轂子錄》：「席帽本羌服，以羊毛為之，秦漢靰以故席。女人服之，四緣垂網子，飾以珠翠，謂之韋（帷）帽。」席帽的形狀是怎樣的呢？唐李匡乂《資暇集》卷下說：「永貞之前，組藤為蓋，曰席帽。」《中華古今注》卷中說：「藤席為之骨，靰以繒，乃名席帽。至馬周以席帽油御雨從事。」宋龔養正《釋常談》卷上說：「戴席帽謂之張蓋。」則席帽的形狀和蓋笠相似（圖 48-8:1）。席帽上蒙覆油繒的，叫作油帽。宋代的帷帽多以油帽為本體。《事物紀原》卷三說，帷帽是「用皂紗全幅綴於油帽或氊笠之前，以障風塵，為遠行之服」。這類帷帽的形象在宋代的「清明上河圖」（圖 48-8:2）和元代的永樂宮壁畫中都可以看到。明人猶知

圖 48-7　唐，壁畫中捧羃䍥的侍女　陝西禮泉燕妃墓

---

❶　《全唐詩》八函五冊，張祜《觀楊瑗柘枝》。

❶　《全唐詩》七函九冊。

❶　《舊唐書・丘和傳》：「漢王諒之反也，以和為蒲州刺史。諒使兵士服婦人服，戴羃䍥，奄至城中。和脫身而免，由是除名。」同書《李密傳》：「密入唐後，復起事。簡驍勇數十人，著婦人衣，戴羃䍥。藏刀裙下，詐為妻妾，自率之入桃林縣舍。須臾，變服突出，因據縣城。」至帷帽興起後，這種偽裝法遂不再見到。燕妃墓壁畫中之羃䍥圖見《文物世界》2002年第 2 期。

圖 48-8　席帽、油帽與帷帽

1　唐，戴席帽的女俑
2　宋，「清明上河圖」中戴油帽的男子
3　明，《三才圖會》中的「帷帽」
4　明，「胡笳十八拍」（摹本）中的蔡文姬
5　（傳）唐，「關山行旅圖」中戴帷帽露面的婦女
6　宋，「清明上河圖」中戴帷帽拖裙至胸的婦女

其形制，《三才圖會‧衣服圖會》清楚地畫出了它的形象，榜題二字：「帷帽」
（圖 48-8:3）。由此可知，它和軟胎風帽、漁婆勒子等全然不同。

戴羃䍦者的形象在唐代的繪畫雕塑中雖未發現，但帷帽卻常見。傳世唐
畫「關山行旅圖」中的婦女在黑色的席帽下綴以兩旁向後掠的絳紗網子，面
部外露[20]。南京博物館院所藏明摹「胡笳十八拍圖」中文姬所戴的帷帽，其
下垂的紗網卻將面部遮住，看來帷帽在實際使用時應作此狀（圖 48-8:4）。而
在陶俑上因為用泥土表現遮面之紗網頗困難，所以大都作掩頸露面的樣子。
不過證以「關山行旅圖」和莫高窟 61 窟「五台山圖」中的戴帷帽人，可知當
時確也存在這樣的戴法。這些帷帽皆拖裙到頸；只有「清明上河圖」中的一
例垂至胸際，它如果再長一些，那就和羃䍦相彷彿了（圖 48-8:5、6）。

上引《大唐新語》介紹了羃䍦和帷帽的使用情況後，接下去又說：「開元
初，宮人馬上始著胡帽，靚妝露面，士庶咸效之。天寶中，士流之妻或衣丈
夫服。靴、衫、鞭、帽，內外一貫矣。」本來戴上障蔽全身的羃䍦，原有不欲
使人窺視的用意，這和《禮記‧內則》所說「女子出門必擁蔽其面」等古老
的禮俗亦相合。但唐代的社會風氣既頗豪縱，婦女的裝飾又不甚拘束，所以
這種要求很難貫徹。唐高宗於咸亨二年（671 年）頒發的詔書上指責說：「百
官家口，咸預士流，至於衢路之間，豈可全無障蔽？比來多著帷帽，遂棄羃
䍦；曾不乘車，別坐檐子。遞相仿效，浸成風俗。過為輕率，甚失禮容！」[21]
儘管如此，到了玄宗時，開元十九年（731 年）的詔書上卻要求「婦人服
飾……帽子皆大露面，不得有掩蔽」了[22]，可見社會習俗在劇烈地變化。至
於婦女穿男裝，這種情況早在初唐已出現。《新唐書‧五行志》：「高宗嘗內宴，
太平公主紫衫、玉帶、皂羅折上巾，具紛、礪、七事，歌舞於帝前。帝與武
后笑曰：『女子不可為武官，何為此裝束？』」在唐代，給使內廷的宮人或著男
裝，稱「裹頭內人」。《通鑑》「唐德宗興元元年」條胡三省注：「裹頭內人，

在宮中給使令也。內人給使令者皆冠巾，故謂之裹頭內人。」其所謂裹頭，
即裹幞頭。永泰公主墓前室壁畫每側有貴婦一人，持物者六或八人，其最後
一人為裹幞頭的男裝女子，其身分即應與裹頭內人為近❷。所以當太平公主
之時，像她這種地位的婦女不宜著男裝。唐代女藝人則或著男裝。唐范攄《雲
谿友議》載元稹《贈探春詩》有云：「新妝巧樣畫雙蛾，慢裹恒州透額羅。正
面偷輪光滑笏，緩行輕踏皺文靴。」探春裹幞頭，執笏，著靴，正是男裝。我
國有的戲劇史研究者以為唐代軟舞的舞女著女裝，健舞的舞女著男裝❷；也
有人以為著男裝的女俑是扮生的女藝人，以與旦角演出「合生」❷。恐不盡
如此。因為唐代有些婦女在日常生活中也著男裝，而繪畫與雕塑中出現的男
裝女子，絕大多數並非藝人。到了中晚唐時，貴族婦女也有常著男裝的。《永
樂大典》卷二九七二引《唐語林》：「武宗王才人有寵。帝身長大，才人亦類
帝。每從（縱）禽作樂，才人必從。常令才人與帝同裝束，苑中射獵，帝與
才人南北走馬，左右有奏事者，往往誤奏於才人前，帝以為樂。」❷則這時尊
貴如王才人者也可以著男裝，而且武宗不但不以為異，反以為樂。與高宗時
對比，風尚之變遷，於斯可見。在圖像材料中，有的婦女雖著男式袍，但頭

圖 48-9　唐代著男裝的婦女

袍內著半
臂所致

袍內著半
臂所致

袍內著半
臂所致

1　石槨線刻畫
永泰公主墓

2　石槨線刻畫
韋泂墓

3　石槨線刻畫
薛儆墓

4　女子打毬陶騎俑　河
南洛陽出土

❷　此圖著錄於《夢得避暑錄》、《畫史清裁》與《石渠寶笈》三編。《故宮名畫三百種》標作「明
皇幸蜀圖」。

❷　《舊唐書·輿服志》。

❷　《唐會要》卷三一。

❷　「唐后行從圖」中武后身側著男裝的宮女疑即「裹頭內人」。

❷　任半塘《教坊記箋訂·制度與人事篇》，中華書局，1962 年。

❷　金維諾等《張雄夫婦墓俑與初唐傀儡戲》，《文物》1976 年第 12 期。

❷　內聚珍本《唐語林》未收此條，周勛初《唐語林校證·輯佚》說此條原出蔡京《王貴妃傳》。

上露出髮髻（圖48-9:1）；有的雖著袍且裹幞頭，但袍下露出花袴和女式線鞋（圖48-9:2、3）；也有的服裝全同於男子，但自身姿、面型與帶女性特徵的動作上看，仍可知其為婦女（圖48-9:4）。北宋因婦女開始纏足，此風已斂。金人猶有行之者。《金史·后妃傳》:「凡諸妃位皆以侍女服男子衣冠，號假廝兒。」

唐代婦女常著線鞋。《舊唐書·輿服志》說:「武德來，婦人著履，規制亦重；又有線靴。開元來，婦人例著線鞋，取輕妙便於事」。在永泰公主墓與韋洞墓的石槨線刻畫中出現的侍女幾乎都穿線鞋，只是沒有把線紋刻出來。莫高窟147窟晚唐壁畫中一個女孩的線鞋，則將線紋畫得很清楚（圖48-10:1）。這類線鞋的實物在新疆吐魯番阿斯塔那古墓群中屢有出土，往往以麻繩編底、絲繩為幫，做工很細緻。圖像中也有式樣與線鞋相仿，但鞋幫不用線編而用錦繡等材料製作的，如韋頊墓石槨線雕中所見者（圖48-10:2）。這種鞋在鞋面正中還裝有兩枚圓形扣飾，估計是瑪瑙、琉璃之類，因而顯得更加華麗。

圖48-10 唐，線鞋

1 壁畫中所見線鞋 敦煌莫高窟147窟
2 石槨線刻畫中接近線鞋式樣的錦鞋 西安韋頊墓

婦女所著的履，最常見的應即唐文宗時允許一般婦女通著的高頭履與平頭小花草履 **㉗**。本來從先秦時起，履頭已有高起且略向後卷的絇。絇本不分歧，這種履即通常所稱笏頭履。漢代才常見歧頭履。湖南長沙馬王堆1號墓和湖北江陵鳳凰山168號墓均出這種履的實物。唐代婦女的履頭或尖，或方，或圓，或分為數瓣，或增至數層，式樣很多（圖48-11）。王涯詩所謂「雲頭踏

圖48-11 唐代婦女所著履頭部前視圖

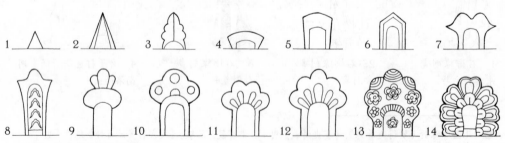

1 壁畫 敦煌莫高窟375窟
2 壁畫 敦煌莫高窟171窟
3 「搗練圖」
4 壁畫 敦煌莫高窟202窟
5 壁畫 敦煌莫高窟156窟
6 壁畫 敦煌莫高窟205窟
7 「歷代帝王圖卷」
8 屏風畫 吐魯番阿斯塔那230號墓出土
9 絹畫 敦煌莫高窟藏經洞出土
10 壁畫 敦煌莫高窟130窟
11、12 壁畫 敦煌莫高窟144窟
13 壁畫 敦煌莫高窟130窟
14 「宮樂圖」

殿鞋」，元稹詩所謂「金蹙重臺履」，和凝詞所謂「叢頭鞋子紅編細」，當即其類❷。履以絲織物製作，吐魯番出土的一雙高頭錦履，幫用變體寶相花錦，前端用紅地花鳥紋錦，襯裏用六色條紋花鳥流雲紋錦縫製，極為絢麗❷。此外，敦煌壁畫中也見過一類前頭不高起，有些像現代布鞋式樣的履❸，大概就是所謂平頭履了。

　　絲履之外，唐代婦女還喜歡穿蒲履。《冊府元龜》卷六一載太和六年（832年）王涯奏議中說：「吳越之間織高頭草履，纖如綾縠，前代所無。費日害功，頗為奢巧。」唐文宗曾禁止婦女穿這種蒲履，但不曾認真執行。它一直流行到五代時。明胡應麟《少室山房筆叢》

圖 48-12　唐，蒲鞋　吐魯番阿斯塔那唐墓出土

卷一二說：「至五代蒲履盛行。《九國志》云『江南李昇常躡蒲履』是也。然當時婦人履亦用蒲，劉克明嘗賦詩云：『吳江江上白蒲春，越女初挑一樣新。才自繡窗離玉指，便隨羅襪步香塵。』」唐代蒲履的實物曾在新疆吐魯番阿斯塔那出土（圖 48-12）。

　　線鞋和蒲履都由於其輕便的特點而受到一般婦女的歡迎，但「規制亦重」的履，在貴婦盛裝之際卻也不可缺少。但履儘管笨重，裙儘管肥大，上衣卻竟有半袒的。女裝上衣露胸，漢魏時絕不經見，南北朝時才忽然出現，山西大同北魏司馬金龍墓和河南安陽北齊范粹墓均出袒胸女俑。唐代女裝露胸，即沿襲南北朝這一頹俗。唐代前期，往往愈是貴婦人愈穿露胸的上衣。至中唐時，此風稍斂；這時在詩句中描寫的，如施肩吾詩「長留白雪照胸前」，李群玉詩「胸前瑞雪燈斜照」，方干詩「粉胸半掩疑暗雪」等，則大都為歌伎舞女等人而發❸。沈亞之在《柘枝舞賦》中說女伎在表演中「俟終歌而薄袒」❸，反映出唐代統治階級沉溺聲色的靡靡之風。

　　唐代貴婦不僅服裝華奢，面部化妝也很特殊。除了施用一般的粉、澤、口脂等之外，其為後代所不常見的有以下幾種。

　　一、翠眉與暈眉。眉本黑色，婦女或描之使其色加深，所以先秦文字中

❷　《唐會要》卷三一載唐文宗時關於婦女服制的規定，謂「高頭履及平頭小花草履即任依舊」。
❷　王詩見《全唐詩》六函一冊。元詩見《才調集》卷五。和詞見《花間集》卷六。
❷　《文物》1972 年第 3 期，頁 17~18，圖版 11。
❸　潘絜茲《敦煌壁畫服飾資料》圖 33，中國古典藝術出版社，1959 年。莫高窟 330 窟初唐女供養人像之履，前端不高起，應是平頭履。
❸　施詩見《全唐詩》八函二冊。李詩見《李群玉詩集‧後集》卷三。方詩見《全唐詩》一〇函三冊。
❸　《沈下賢文集》卷一。

多稱「粉白黛黑」。如《楚辭·大招》：「粉白黛黑施芳澤。」《戰國策·楚策》：「周鄭之女，粉白黛黑。」漢代仍以黑色描眉，如《淮南子·脩務訓》：「雖粉白黛黑，弗能為美者，嫫母、仳倠也。」賈誼《新書·勸學篇》：「傅白黱黑（《說文》：『黱，畫眉墨也。』）。」《後漢書·梁鴻傳》：「鴻謂孟光曰：『今乃衣綺羅、傅粉墨，豈鴻所願哉？』」但先秦作家偶或也提到翠眉。《文選》卷一九宋玉《登徒子好色賦》：「眉如翠羽。」呂向注：「眉色如翡翠之羽。」南北朝時，此風轉盛。晉陸機《日出東南隅行》：「蛾眉象翠翰。」梁費昶《采菱》：「雙眉本翠色。」《南史·梁簡文帝紀》還說：「帝……雙眉翠色。」雖是依當時的好尚作出的附會，但反過來卻可以證明這時確有將眉毛染成翠色的化妝法。唐詩中也經常提到婦女的翠眉。如萬楚詩「眉黛奪將萱草色」、盧綸詩「深遏朱弦低翠眉」等句均可為例❸。翠眉即綠眉，即韓愈《送李愿歸盤谷序》所說的「粉白黛綠」，韓偓《繚綾手帛子》所說的「黛眉印在微微綠」。由於翠眉流行，所以用黑色描眉在唐代前期反而成為新異的事情。《中華古今注》卷中說：「太真……作白妝黑眉。」徐凝詩：「一旦新妝拋舊樣，六宮爭畫黑煙眉。」❹新妝為黑眉，可知其舊樣應是並非黑色的翠眉了。及至晚唐，翠眉已經絕跡。宋陶穀《清異錄》卷下說：「自昭、哀來，不用青黛掃拂，皆以善墨火煨染指，號薰墨變相。」五代時，著名墨工張遇所製之墨，常被貴族婦女用於畫眉，稱「畫眉墨」。金元好問詩所說的「畫眉張遇可憐生」，即指此而言❺。宋代更是如此，所以宋趙彥衛在《雲麓漫鈔》卷三中說：「前代婦人以黛畫眉，故見於詩詞，皆云『眉黛遠山』。今人不用黛，而用墨。」

塗翠眉的色料，勞費爾與志田不動麿都以為是靛青❻。考慮到文獻中曾稱黛眉為青黛或青蛾，則其說不無可能，唯尚無確證。吉田光邦以為是 Tyrian purple❼。但這是從紫貝中提取的紅紫色染料，中土極端罕見，而且用它絕對畫不出翠眉來。《御覽》卷七一九引服虔《通俗文》：「染青石謂之點黛。」陳徐陵《玉臺新詠集序》：「南都石黛，最發雙蛾。」則用於塗翠眉的還有一種礦物性顏料。但究竟是哪種礦物，目前亦未能確定。

唐代很重視眉的化妝。唐張泌《妝樓記》：「明皇幸蜀，令畫工作十眉圖，橫雲、斜月皆其名。」此十眉之全部名稱，見於宋葉廷珪《海錄碎事》及明王世貞《弇州山人稿》卷一五七，但其史料來源可疑，茲不具論。概括地說，唐代眉式主要有細眉和闊眉兩種。前者如盧照鄰《長安古意》中「纖纖初月上鴉黃」、白居易《上陽白髮人》中「青黛點眉眉細長」、溫庭筠《南歌子》中「連娟細掃眉」等句所描寫的。不過早在初唐，陝西禮泉鄭仁泰墓中女俑之眉已頗濃闊❽。沈佺期詩「拂黛隨時廣」或即指此種眉式而言❾。盛唐時

闊眉開始縮短，玄宗梅妃詩稱「桂葉雙眉久不描」，以後李賀詩中也說「新桂如蛾眉」，「添眉桂葉濃」；晚唐李群玉的詩中仍有「桂形淺拂梁家黛」之句。眉如桂葉，自應作短闊之形。所以元稹詩云：「莫畫長眉畫短眉」，即著眼於此❹，短闊之眉所塗黛色或向眼瞼暈散，即元稹《寄樂天書》所說的「婦人暈淡眉目」。它的形象在五代時的「簪花仕女圖」中畫得很清楚。

二、額黃。唐代婦女額塗黃粉。此法起於南北朝。梁江洪詩「薄鬢約微黃」，北周庾信詩「額角細黃輕安」，可以為證❹。唐詩中，如吳融「眉邊全失翠，額畔半留黃」，袁郊「半額微黃金縷衣」，溫庭筠「黃印額山輕為塵」等句，都是對它的描寫❹。此風至五代、北宋時猶流行，如前蜀牛嶠詞「額黃侵膩髮」、宋周邦彥詞「侵晨淺約宮黃」所詠❹；但已經不像唐代那麼流行了。

額上所塗的黃粉究竟是何物，文獻中沒有明確的答案。唐王建《宮詞》：「收得山丹紅蕊粉，鏡前洗卻麝香黃。」此「麝香黃」應指塗額之黃粉，但其成分不詳。又唐王涯《宮詞》：「內裏松香滿殿開，四行階下暖氳氲；春深欲取黃金粉，繞樹宮女著絳裙。」她們採集松樹的花粉是否有可能係供塗額之用，亦疑莫能明。額部塗黃的風習傳到邊地，所用的材料又自不同。宋葉隆禮《契丹國志》卷二五引張舜民《使北記》：「北婦以黃物塗面如金，謂之佛妝。」此黃物宋孟珙《蒙韃備錄》謂是黃粉，宋徐霆《黑韃事略》謂是狼糞。但狼糞之說，王國維已指出其誤❹。清初北方婦女冬天仍以黃物塗面，她們所用的材料是括蔞汁❹。由於時地各異，難以用這些記載與唐之額黃相比附。

❸ 萬詩出處同注❸。盧詩見《全唐詩》五函二冊。
❹ 徐詩見《全唐詩》七函一〇冊。
❺ 《元遺山集》卷九。
❻ 勞費爾《中國伊朗編》（林筠因譯本）頁195～197，商務印書館，1964年。志田不動麿《支那に於ける化粧の源流》，《史學雜誌》40卷9期，1929年。
❼ 吉田光邦《Tyrian purple と中國》，《科學史研究》第43期，1957年。他根據唐馮贄《南部煙花記》中之「螺子黛」一語立論，以為螺指紫貝，誤。蓋螺子黛即螺黛，指作成圓錐狀的黛塊。凡接近圓錐狀的硬塊均可以螺為單位，如晉陸雲《與兄機書》：「送石墨二螺。」即是其例。所以螺子黛與紫貝全無關係。
❽ 陝西省博物館、禮泉縣文教局唐墓發掘組《唐鄭仁泰墓發掘簡報》，《文物》1972年第7期。
❾ 《全唐詩》二函五冊。
❹ 《才調集》卷五。
❹ 江詩見《玉臺新詠》卷五。庾詩見《庾子山集》卷五。
❹ 吳詩見《全唐詩》一〇函七冊；袁詩見同書九函七冊。溫詩見《溫庭筠詩集》卷一。
❹ 牛詞見《花間集》卷四。周詞見《清真詞》。
❹ 王國維《黑韃事略箋證》。
❹ 清吳長元《宸垣識略》卷一六。

三、花鈿。又名花子、媚子，施於眉心，即劉禹錫詩所說的「安鈿當嫵眉」❹。它的起源，據《事物紀原》卷三引《雜五行書》說：南北朝時「宋武帝女壽陽公主人日臥於含章殿簷下，梅花落額上，成五出花，拂之不去，經三日洗之乃落。宮女奇其異，競效之。」唐段公路《北戶錄》卷三另記一說：「天后每對宰臣，令昭容臥於床裙下記所奏事。一日宰臣李對事，昭容竊窺。上覺，退朝怒甚，取甲刀扎於面上，不許拔。昭容遽為乞拔刀子詩。後為花子以掩痕也。」則以為起於初唐。但這兩種說法的傳奇色彩都太濃厚，不可盡信。按武昌蓮溪寺吳永安五年墓與長沙西晉永寧二年墓出土俑都在額前貼一圓點（圖48-13）。當時佛教已傳入這些地區，此類圓點或以為是模擬佛像的白毫（ûrṇâ）。但「女史箴圖」中的女像有在額前飾以 V 字形妝飾者（圖48-14），則很難認為和佛教有什麼關係。又阿斯塔那出土之十六國時紙本繪畫中的婦女，有在兩頰各飾一簇圓點者，這種妝飾亦見於唐俑；其式樣與犍陀羅地區出土的貴霜石雕像上的同類妝飾很接近，唯後者在額前與雙頰各有一簇❹（圖48-15）。其飾於額前者則與壽陽公主的所謂梅花妝相似。則花鈿在我國的出現或曾兼受印度與中亞兩方面的影響，但其中也包含著某些我國獨創的因素。唐代花鈿的形狀很多❹（圖48-16）。它並非用顏料畫出，而是將剪成的花樣貼在額前。唐李復言《續玄怪錄·定婚店》說韋固妻「眉間常貼一鈿花，雖沐浴、閒處，未嘗暫去」，可證。用以剪花鈿的材料，記載中有金箔、紙、魚腮骨、鱗鱗、茶油花餅等多種❹。剪成後可貯於妝奩內。石渚長沙窯出土的唐代瓷盒蓋上書「花合」二字，應即妝奩中盛花鈿之盒子的蓋（圖48-17）。元稹《鶯鶯傳》：「兼惠花勝一合。」即指此而言。化妝時用呵膠將它貼在眉心處❺。圖像中所見花鈿有紅、綠、黃三種顏色。紅色的最多，吐魯番阿斯塔那出土

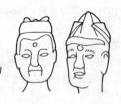

圖 48-13　西晉，陶俑額前飾圓點形妝飾　湖南長沙晉墓出土

圖 48-14　「女史箴圖」中所見額前 V 字形妝飾者

圖 48-15　面部妝飾

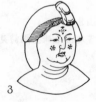

1　貴霜，石雕女供養人像　犍陀羅出土
2　十六國，紙本繪畫　吐魯番阿斯塔那出土
3　盛唐，陶女俑　傳世品

圖 48-16 唐，各式花鈿

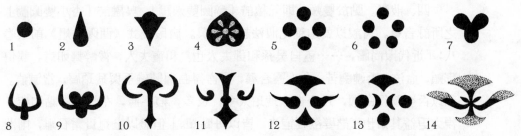

1	「宮樂圖」		8	「桃花仕女圖」	吐魯番阿斯塔那出土
2	敦煌莫高窟 129 窟壁畫		9	「棕櫚仕女圖」	吐魯番阿斯塔那出土
3	「桃花仕女圖」 吐魯番阿斯塔那出土		10	「桃花仕女圖」	吐魯番阿斯塔那出土
4	「弈棋仕女圖」 吐魯番阿斯塔那出土		11	女俑 吐魯番阿斯塔那出土	
5	女俑（據《陝西省出土唐俑選集》，彩版 2）		12	女俑 西安中堡村出土	
6	壁畫 敦煌莫高窟 9 窟		13	女俑（據《世界文化史大系》卷 16，圖版 16）	
7	「桃花仕女圖」 吐魯番阿斯塔那出土		14	屏風畫 吐魯番阿斯塔那 230 號墓出土	

圖 48-17 唐，盛花鈿
的盒子（僅存盒蓋）
長沙窯窯址出土

的各種絹畫、莫高窟唐代壁畫中女供養人的花鈿，大都為紅色。綠色的也叫翠鈿，即杜牧詩「春陰撲翠鈿」、溫庭筠詞「眉間翠鈿深」所詠。宋徽宗摹張萱「搗練圖」中婦女的花鈿就有綠色的。還有所謂「金縷翠鈿」，如李珣詞「金縷翠鈿浮動」，張泌詞「翠鈿金縷鎮眉心」所詠者。這是在綠色的花鈿上再飾以縷金圖案。阿斯塔那所出「弈棋仕女圖」中的人物，在其藍綠色的心形花鈿中有六瓣形圖案，唯其圖案是紅色的，如為金色，就正是金縷翠鈿了（圖 48-16:4）。黃色的在溫庭筠詞「撲蕊添黃子」，成彥雄詞「鵝黃翦出小花鈿」等句中有所描述❺。「簪花仕女圖」中的花鈿即

❹ 《酉陽雜俎》卷八。《朝野僉載》卷三。《劉賓客文集》卷二五。

❹ 田辺勝美《正倉院鳥毛立女圖考 (1)・花鈿・靨鈿と白毫相の起源に關する試論》，《岡山市立オリエント美術館研究紀要》4，1985 年。

❹ 注❸所揭志田不動麿文以為唐代形狀較複雜的花鈿係模仿印度數 Vaishnavas 派教徒畫在額前象徵 Vishṇu 與其妻 Lakshmī 的符號。但唐土並不流行婆羅門教，故其說不確。

❹ 張正見詩：「裁金作小靨。」陶穀《清異錄》：「江南晚季，建陽進茶油花子，大小形制各別，極可愛。宮嬪鏤金於面背以淡妝，以此花餅施於額上，時號『北苑妝』。」袁達《禽蟲述》：「鮋冒網不動，護其鱗也。鱗用石灰水浸之，暴乾，可作女人花鈿。」北宋淳化時，「京師婦女競翦黑光紙團靨，又裝鏤魚腮骨號『魚媚子』以飾面，皆花子之類也」（《妝臺記》）。以上記事雖有晚於唐者，但亦可參稽。

❺ 孔平仲《孔氏談苑》：「契丹鴨淥水牛魚鰾，製為魚形，婦人以綴面花。」《詞林海錯》：「阿膠出虜中，可以羽箭，又宜婦人貼花鈿。口噓隨液，故謂之『阿膠』。」毛熙震詞「曉花微微輕阿展」，說的就是以阿膠貼花鈿的情況。

作黃色。

　　四、妝靨。點於雙頰，即元稹詩「醉圓雙媚靨」，吳融詩「杏小雙圓靨」之所詠者❷。舊說以為這種化妝法起自東吳。唐段成式《酉陽雜俎》前集卷八：「近代妝尚靨，……蓋自吳孫和鄧夫人也。和寵夫人，嘗醉舞如意，誤傷鄧頰，血流，嬌婉彌苦。命太醫合藥，醫言得白獺髓雜玉與琥珀屑，當滅痕。和以百金購得白獺，乃合膏。琥珀太多，及差，痕不滅，左頰有赤點如痣，視之更益其妍也。諸嬖欲要寵者，皆以丹點頰。」但證以上述貴霜石雕，則妝靨之起，或亦與貴霜化妝法有關。不過漢魏以來原有在頰上點赤點的做法，當時將這種赤點叫「旳」。《釋名·釋首飾》：「以丹注面曰旳；旳，灼也。」旳字後來訛作「的」❸。漢繁欽《弭愁賦》：「點圍旳之熒熒，映雙輔而相望。」晉傅咸《鏡賦》：「點雙旳以發姿。」晉左思《嬌女詩》：「臨鏡忘紡績，……立旳成復易；玩弄眉頰間，劇兼機杼役？」則點妝靨之傳統實由來已久。

　　五、斜紅。《玉臺新詠》卷七，皇太子《豔歌十八韻》中有句云：「繞臉傅斜紅。」唐羅虬《比紅兒詩》第一七也寫到：「一抹濃紅傍臉斜。」傍臉的斜紅在西安郭杜鎮執失奉節墓壁畫舞女像及阿斯塔那出土的「桃花仕女圖」、「棕櫚仕女圖」等繪畫中均曾出現。

圖 48-18　唐，木女俑頭　吐魯番阿斯塔那出土

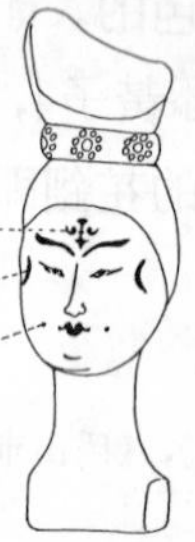

花鈿

斜紅

妝靨

　　除了翠眉和額黃在圖像中看不清楚外，花鈿、妝靨和斜紅在阿斯塔那出土的唐代女俑頭上都有（圖 48-18）。而且經五代至北宋，這類化妝法的繁縟程度幾乎有增無已。花鈿與妝靨或合稱為花靨，後蜀歐陽炯詞所云「滿面縱橫花靨」，與莫高窟壁畫中五代、北宋女供養人面部此類裝飾成排出現的情況正相一致。

　　唐代婦女的髮髻形式亦多。唐段成式《髻鬟品》：「高祖宮中有半翻髻、反綰髻、樂遊髻。明皇帝宮中：雙環望仙髻、回鶻髻。貴妃作愁來髻。貞元中有歸順髻，又有鬧掃妝髻。長安城中有盤桓髻、驚鵠髻，又拋家髻及倭墮髻。」這裏列舉了不少髮髻名稱，但未說明其形制。其中有些名稱本身具有形象性，可與繪畫雕塑相比定。如西安乾封二年段伯陽墓陶女俑的髻，既頗高，頂部又向下半翻，似即半翻髻（圖 48-19:1）；這種髻在永泰公主墓石槨線雕中亦可見。永泰公主石槨上雕出的髻式還有如鳥振雙翼狀的，似即驚鵠髻（圖 48-19:2）。石槨上還出現一種髻，從兩側各引一綹頭髮向腦後反綰，似即反綰髻（圖 48-19:4、5）；它在這時的陶俑上也常見，是初唐比較流行的一種髻式。西安羊頭鎮總章元年李爽墓壁畫中有一種繞出雙環的髻式，似即雙環望仙髻（圖 48-19:6）。此外，初唐還流行高髻。不過，高髻這一名稱最易含混。姑不論《後漢書·馬援傳》中已

圖 48-19　唐，婦女髻式

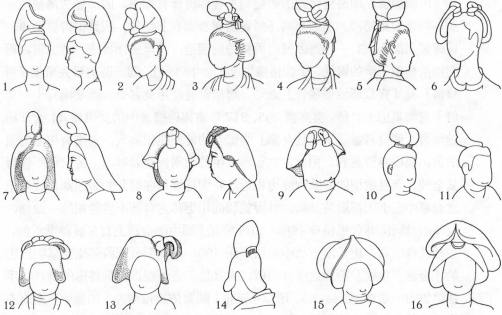

1　初唐，半翻髻　女俑　北京大學考古教研室藏
2　初唐，驚鵠髻　石槨線刻畫　永泰公主墓
3　初唐，初唐式高髻　石墓門線刻畫　西安出土
4、5　初唐，反綰髻　石槨線刻畫　永泰公主墓
6　初唐，雙環望仙髻　壁畫　西安羊頭鎮李爽墓
7　盛唐，盛唐式　高髻　俑　西安長郭 50 號史
　　思禮墓出土
8　盛唐，倭墮髻　陶俑　西安中堡村出土
9　盛唐，倭墮髻　陶俑　北京大學考古教研室藏

10　盛唐，球形髻　陶俑　西安長郭 50 號史思禮墓
　　出土
11　盛唐，扁形髻　壁畫　敦煌莫高窟 217 窟
12　中晚唐，叢髻　陶俑　西安郭家灘張堪貢墓出土
13　中晚唐，墮馬髻　陶俑　西安王家墳出土
14　中晚唐，中晚唐式高髻　「搗練圖」
15　中晚唐，鬧掃妝髻　陶俑　西安路家灣柳昱墓出土
16　中晚唐，鬧掃妝髻　陶俑（據 A. Salmony, Chine-
　　sische Plastik, Abb. 74）

有「城中好高髻，四方高一尺」的諺語；即以唐事而論，《舊唐書・令狐德棻
傳》記唐高祖問令狐德棻「比者，丈夫冠、婦人髻競為高大，何也」中的高
髻，與《新唐書・車服志》所載文帝詔中「禁高髻險妝、去眉開額」的高髻，
式樣也絕不相同。所以，談及高髻，似宜聯繫實例作出具體說明，否則，唐、
宋詩詞中高髻的字面經常出現，援引時倘不加辨析，就會議論紛紜而莫衷一

㊿　杜詩見《全唐詩》八函七冊。溫詞見《花間集》卷一。李詞見《花間集》卷一。張詞見《全
　　唐詩》十二函一〇冊。成詞見《尊前集》。
52　元詩見《元氏長慶集》卷一三。吳詩見《全唐詩》一〇函七冊。
53　《呂氏春秋・本生篇》：「萬人操弓，共射一招。」高注：「招，埻的也。」《易・說卦》：「的
　　顙。」傳：「白顚也。」後訛為「的盧」，見《世說新語・德行篇》、《晉書・庾亮傳》。《說文・
　　日部》旳字段注：「俗字作的。」

是了。初唐式高髻纏得較緊，矗立在頭頂上，其狀如圖 48-19:3。盛唐時，出現了所謂蟬鬢，即將鬢角處的頭髮向外梳掠得極其擴張，因而變成薄薄的一層，同蟬翼相彷彿。白居易詞「蟬鬢鬇鬖雲滿衣」之句，描述很得要領[34]。與蟬鬢相配合，有一種將頭髮自兩鬢梳向腦後，掠至頭頂挽成一或二髻，再向額前俯偃下垂的髻式，似即倭墮髻（圖 48-19:8、9）。開元時許景先所撰《折柳篇》有「寶釵新梳倭墮髻」之句，可證當時使用此名[35]。西安開元十一年鮮于庭誨墓出土女俑，莫高窟 205、217 等窟盛唐壁畫中的女供養人，大都梳這種髻。傳世名畫「簪花仕女圖」中婦女的髮型雖很高大，但沒有俯偃向前的髻，與倭墮髻迥異。相反，它和南京牛首山南唐李昪墓出土的女俑不僅髻式全同，而且臉型的豐腴程度也相近。特別是近年在河北曲陽西燕川後梁王處直墓中出土的浮雕侍女圖，其髻式與面相更和它有著不容忽視的一致性，反映出共同的時代風格[36]（圖 48-20）「簪花」圖中的金釵上有多層穗狀垂飾，這種式樣的釵在唐代出土物中未見，而 1956 年安徽合肥西郊南唐墓中出土的「金鑲玉步搖」卻與之極其相似，尤其是二者均綴以接近菱形的飾片，手法更如出一轍[37]（圖 48-21）。所以「簪花」圖當依謝稚柳先生的鑒定，斷為南唐時的作品[38]。它雖然保存了不少唐代餘風，但畢竟是五代時的畫，和唐代有一段距離。其中的髮型雖然也可以稱為高髻，但這是南唐式的高髻，盛唐中唐之交時的高髻並不如此。如先梳掠出蟬鬢，卻不使自腦後向上挽起的髻俯偃而下，而讓它直立於頭頂，那才是盛唐式樣的高髻（圖 48-19:7）。這種高髻在長安南里王村唐墓的壁畫中與倭墮髻並見。不過盛唐時也有不梳蟬鬢的，其髻式略如圖 48-19:10、11。

中唐後期至晚唐，倭墮髻偏於一側，似即墮馬髻（圖 48-19:13）。白居易《代書詩一百韻寄微之》中有「風流誇墮髻」句，原注：「貞元末城中復為墮

圖 48-20　五代的高髻 (1～3) 與唐代的倭墮髻 (4)

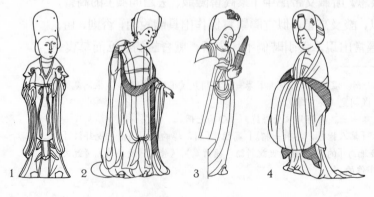

1　南唐，陶女俑　南京牛首山墓出土
2　五代，「簪花仕女圖」中的仕女（略去所簪之花與首飾）
3　後梁，石雕伎樂人　河北曲陽後梁王處直墓出土
4　唐，絹畫「引路菩薩圖」中的婦女　敦煌莫高窟藏經洞

圖 48-21　「簪花仕女圖」中之釵與南唐金釵

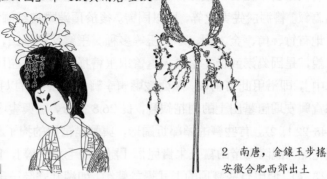

1　「簪花仕女圖」

2　南唐，金鑲玉步搖
安徽合肥西郊出土

馬髻。」但墮馬髻這一名稱漢代已有。《後漢書・梁冀傳》說梁妻孫壽作墮馬
髻。李注引《風俗通》：「墮馬髻者，側在一邊。」漢代墮馬髻的式樣雖不能確
知，但唐代再度使用這個名稱，或者就是因為此時這種髻也是「側在一邊」
的緣故。墮馬髻中晚唐常見，徽宗摹張萱「虢國夫人游春圖」中右起第四、
五人，就梳著這種髻。中晚唐也有高髻，如白居易詩所稱「時世高梳髻」，其
狀略如圖 48-19:14。

　　此外，結合段成式的敘述，中晚唐髻式可識的還有鬧掃妝髻。傳會昌初
長安西市張氏女《夢王尚書口授吟》中有句：「鬢梳鬧掃學宮妝。」❺❾又《潛
確居類書》卷八八「鬧掃妝」條引《三夢記》：「唐末宮中髻號鬧掃妝，形如
焱風散鬈，蓋盤鴉、墮馬之類。」按唐代所謂鬧裝，本有紛繁炫雜的含義❻⓿，
而中晚唐時正流行一種重疊繁複的髻式，似即鬧掃妝髻（圖 48-19:15、16）。至
於王建詩「翠髻高叢綠鬢虛」，元稹詩「叢梳百葉髻」中之所謂叢髻❻❶，大體
或與圖 48-19:12 的髻式相當。

---

❺❹　《唐宋諸賢絕妙詞選》卷一。

❺❺　《全唐詩》二函六冊。

❺❻　河北省文物研究所等《五代王處直墓》，文物出版社，1998 年。

❺❼　石谷風、馬人權《合肥西郊南唐墓清理簡報》，《文物參考資料》1958 年第 3 期。又「簪花」
　　圖中婦女戴在臂上纏繞多圈的套釧，也叫金纏臂，五代時才見於記載。《新五代史・慕容彥
　　超傳》：「弘魯乳母於泥中得金纏臂獻彥超。」其實例在唐代遺物中未獲，但宋代卻不罕見。
　　上海寶山、湖南臨湘陸城、安徽望江九成坂等地的宋墓中均出。也說明「簪花」圖中的飾
　　物接近較晚的形制。

❺❽　謝稚柳《鑒餘雜稿・唐周昉「簪花仕女圖」的時代特性》，上海人民美術出版社，1979 年。

❺❾　《全唐詩》一二函七冊。

❻⓿　按此為後人附記之語，非白行簡《三夢記》原文。明胡應麟《少室山房筆叢》卷二一謂鬧
　　裝係「合眾寶雜綴而成」；因此鬧掃妝髻亦應是一種形狀繁雜的髻。

❻❶　王詩見《全唐詩》五函五冊。元詩見《才調集》卷五。

　　唐代婦女不僅髻式複雜，約髮用具的種類也很多。其中單股的為簪，雙股的為釵。簪源於先秦之笄，用以固髻。後於頂端雕鏤紋飾，所以簪體加長。其質地有竹、角、金、銀、牙、玉等多種。玉簪又名搔頭，據《西京雜記》卷二說，是因為漢武帝在李夫人處曾取玉簪搔頭之故。白居易詩「碧玉搔頭落水中」，即沿用此名稱❷。陝西乾縣唐李賢墓壁畫中有以長簪搔頭的女子。江蘇宜興安壙唐墓出土的刻花銀簪，長 26.8 公分，或與畫中人所用者相類❸（圖 48-22:1、2）。有些簪的頭部近扇形，與彈琵琶用的撥子相似。唐馮贄《南部煙花記》說隋煬帝的宮人朱貴兒插「崑山潤毛之玉撥」，應即指此型簪（圖 48-22:3、4）。但也有些簪頂的形式過於繁縟，如湖北安陸王子山唐吳王妃楊氏墓出土的金簪，頂端用細金絲扭結盤屈成多層圖案，邊緣再綴以金箔剪成的小花❹。這樣的簪看來就是以裝飾為主，而不是以固髻為主了。但由於簪鋌為單股，頂端增重後容易自髮上滑脫，所以唐代的簪大體上還保持著約髮的功能，而釵卻踵事增華，以致主要成為一種髮飾了。

圖 48-22　唐簪

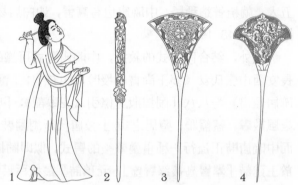

1　搔頭型簪　陝西乾縣李賢墓壁畫
2　搔頭型簪　江蘇宜興安壙唐墓出土
3　撥型簪　西安郊區唐墓出土
4　撥型簪　西安郊區唐墓出土

圖 48-23　唐石刻線畫中所見之釵

1　永泰公主墓　　2　懿德太子墓

早在唐代前期，釵的形式已多種多樣，永泰公主與懿德太子墓石槨線刻畫中女侍之釵，有海榴花形的和鳳形的，但每人只插一件或二件（圖 48-23）。釵頭常懸有垂飾。韓偓《中庭》詩：「中庭自摘青梅子，先向釵頭戴一雙。」又《荔枝》詩：「想得佳人微啟齒，翠釵先取一雙懸。」❺可見有些釵頭的垂飾作果實形。如圖 48-24:1，其釵頭即懸有菱角形垂飾。有些釵頭並製出棲於其上的小鳥，廣州皇帝崗唐墓出過這種釵（圖 48-24:2）。段成式詩「金為鈿鳥簇釵梁」，韓偓詩「水精鸚鵡釵頭顫」，正與之相合❻。也有雖未另做出棲在釵上的小鳥，卻將鳥形組織在釵頭圖案當中的（圖

圖 48-24　唐花釵

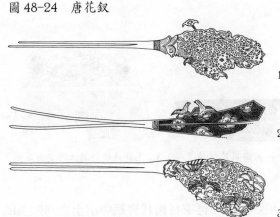

1　浙江長興下莘橋出上

2　廣東廣州皇帝崗出土

3　瑞典斯德哥爾摩 C. Kempe 氏舊藏

48-24:3)。主要用作裝飾的釵又名花釵。唐代后妃、命婦所簪「花樹」，實際上就是較大的花釵。它們往往是一式二件，圖案相同，方向相反，多枚左右對稱插戴。還有的在釵頭上接或焊以寶相花形飾片，如安陸唐吳王妃墓所出者，分十二瓣，嵌以寶石；其背部有小鈕，釵股插入鈕中。西安韓森寨唐雷氏妻宋氏墓出土的八瓣寶相花形飾片，以細小的金珠聯綴成花葉，嵌以松石，花心還有一隻小鳥 [67]；裝此飾片的釵股已不存，所以它曾被稱為金鈿或珠花。證以吳王妃墓出土之例，可知原來也是釵頭的飾件。

　　至於這時的梳子，雖已較漢代之作馬蹄形者為闊，但還沒有作成宋代那種扁長的半月形。梳本為理髮具，盛唐時插梳為飾之風才廣泛流行。起初只在髻前單插一梳，梳背的紋飾也比較簡單。後來也有在兩鬢上部或髻後增插幾把的，如「宮樂圖」中所見者。晚唐則以兩把梳子為一組，上下相對而插，有在髻前及其兩側共插三組的。王建《宮詞》：「玉蟬金雀三層插，翠髻高叢綠鬢虛。舞處春風吹落地，歸來別賜一頭梳。」描寫的就是頭上插著許多釵梳的宮女。梳子既然被看重，梳背的裝飾亦日趨富麗，有包金葉鏤花的（圖 48-25:1）。還有用金絲和金粒掐焊出花紋的。值得注意的是，在俞博《唐代金銀器》一書中著錄的一件掐花金梳背的圖案是倒置的 [68]（圖 48-25:2），說明它應是一

---

[62]　《全唐詩》七函四冊。

[63]　陸九皋、韓偉《唐代金銀器》圖 126、127，文物出版社，1985 年。

[64]　孝感地區博物館、安陸縣博物館《安陸王子山唐吳王妃楊氏墓》，《文物》1985 年第 2 期。

[65]　均見《全唐詩》一〇函七冊。

[66]　段詩見《全唐詩》九函五冊。韓詩出處同注[65]。

[67]　張正齡《西安韓森寨唐墓清理記》，《考古通訊》1957 年第 5 期。

[68]　B. Gyllensvärd, T'ang gold and Silver, pl. 7. *BMFEA*, 29, 1957.

圖 48-25　唐梳

1　鏤花金梳　江蘇揚州三元　　2　金梳背　美國明尼阿波里　　3　玉背角梳　浙江臨安唐墓出上
路出土　　　　　　　　　　　　斯藝術館藏

組梳子中自下向上倒插的那一把。而西安何家村唐代窖藏中出土之同類型的
金梳背，圖案是正置的，當是自上而下正插的那把。又浙江臨安唐天復元年
（901 年）水邱氏墓還出土了一把玉背角梳❻（圖 48-25:3）。李珣詞「鏤玉梳
斜雲鬢膩」句中所描寫的應即這類梳子❼。

圖 48-26
唐，絹畫中所見戴耳
環者　新疆吐魯番
出土

釵、梳之外，唐代婦女也戴耳環，但出土
的實物極少，甚至在繪畫中也不常見（圖 48-
26）。項飾多戴珠鏈，如敦煌壁畫中唐代女供養
人所戴者，有單行珠串，也有將兩行或多行珠
子重疊串聯起來的。另一種用金銀扁片製作的
項圈在唐代遺物中也見過，陝西耀縣柳林背陰
村唐代窖藏中曾出土（圖 48-27:1）。「簪花」中左起第二人正戴著這種項圈（圖
48-27:2）。唐墓和宋金墓中的陶俑、瓷俑也有戴的（圖 48-27:3～5）。浙江寧波
天封塔宋代地宮中還出土了這種類型的項圈（圖 48-27:6），可見它流行的時間
相當長❼。釧在繪畫中少見，卻有實物出土。西安何家村唐代窖藏中出土的
一對金鑲玉釧，每只以三節玉件用三枚獸頭形金合頁銜接而成，極為精巧（圖
48-28:1）。宋沈括《夢溪筆談》卷一九說：「予曾見一玉臂釵（釧），兩頭施轉
關，可以屈伸，合之令圓，僅於無縫，為九龍繞之，功侔鬼神。」他記述的也
應是這類金鑲玉釧，或亦為唐物，可是在北宋人眼中，已詫為功侔鬼神。這
類玉釧只出過兩副。一般唐釧則多用柳葉形金銀片彎成，兩端尖細的部分纏
金銀絲，並繞出環眼。內蒙古和林格爾土城子出土的此式唐代銀釧，還用小
銀圈穿過環眼將兩端聯結起來（圖 48-28:2）。但江蘇丹徒丁卯橋所出與俞博書
中所著錄者，都只彎成橢圓形，未再聯結。山西平魯屯軍溝唐代窖藏中，一
次就出土了此式金釧 15 只，可稱洋洋大觀了❼。

總的說來，初唐女裝比較褊狹，常著胡服、胡帽，釵梳等首飾用得較少。

圖 48-27　項圈

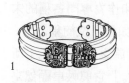

1　唐，銀項圈　陝西耀縣柳林窖藏出土
2　五代，「簪花仕女圖」左起第二人（略去所簪花飾）
3　宋，女侍俑　河南焦作新李村墓出土
4　唐，襁褓俑　西安韓森寨墓出土
5　金，襁褓俑　河北邯鄲峰峰礦區墓出土
6　宋，金塗項圈　浙江寧波天封塔地宮出土

圖 48-28　唐釧

1　金鑲玉釧　西安何家村出土
2　銀釧　內蒙古和林格爾土城子出土

盛唐時衣裙漸趨肥大，出現了頗具特點的蟬鬢和倭墮髻。安史之亂後，進入中唐時期，短闊的暈眉較流行，而胡服漸不多見，研究者或據元稹《新樂府·法曲篇》「自從胡騎起煙塵，毛毳腥羶滿咸洛。女為胡婦學胡妝，伎進胡音務胡樂」之句，以為這時胡服大流行；並舉《新唐書·五行志》中之椎髻、赭面、啼眉、烏唇等以為佐證。其實從考古材料中看，胡服的流行時期是在安史亂前。由於這場戰爭的影響，社會心理中的華夷界限較亂前顯著，胡服亦急劇減少。晚唐服式愈加褒博，首飾也愈加繁縟。五代大體沿襲著這種風氣❼❸。北宋時才又有新的變化。

（原載《文物》1984 年第 4 期）

❻❾　明堂山考古隊《臨安縣唐水邱氏墓發掘報告》，《浙江省文物考古研究所學刊》，1981 年。

❼❜　《全唐詩》一二函一〇冊。

❼❶　林士民《浙江寧波天封塔地宮發掘報告》，《文物》1991 年第 6 期。

❼❷　陶正剛《山西平魯出土一批唐代金鋌》，《文物》1981 年第 4 期。

❼❸　如《冊府元龜》卷六五所載後唐同光二年制書中說：「近年以來，婦女服飾異常寬博，倍費縑綾。」可證此風於五代時仍在繼續。

霞帔墜子

唐代婦女在裙衫之外著帔，帔也叫帔帛或帔子，它好像是一條很長的大圍巾，但質地輕薄柔曼，從頸肩上搭下，縈繞披拂，頗富美感，故成為唐代女裝重要的組成部分。及至宋代，婦女日常已不著帔。但正像若干前一時代的常服在後一時代變作禮服一樣，帔帛在宋代婦女的禮服中卻以霞帔的名稱出現，成為一宗隆重的裝飾品。這時它平展地垂於胸腹之前，與唐代帔帛之隨意裹曳的著法大不相同。這和綬的演變過程有點類似。本來在漢代，綬是繫印的組帶，累累若若，繫法並無定制，有時甚至將它塞在腰間盛綬的鞶囊裏。然而到了宋代，綬卻變得像一幅蔽膝，也平平展展地垂在腹前了。

霞帔一詞初見於唐。白居易《長慶集‧霓裳羽衣歌和微之》中有「虹裳霞帔步搖冠」之句，但這只是說舞女的帔子色豔若霞，和作為專門名稱的宋代霞帔不同。服裝史中有些名字世代因襲，容易混淆。比如帔帛或簡稱為帔，但這要和隋唐以前的帔區別開。《方言》卷四說：「裙，陳魏之間謂之帔。」所以顏師古在《急就篇》的注中也說：「裙即裳也，一名帔。」它與帔帛顯然毫無關係。《釋名‧釋衣服》則說：「帔，披也；披之肩背，不及下也。」此處之帔卻又不是裙裳，而指一種較短的上裝。《南史‧任昉傳》說其子任西華是一位不怕冷的怪人「冬月著葛帔練裙」，傳中將帔與裙對舉，可見他的帔也是《釋名》裏說的那一種。本文所討論的霞帔，上限不超過北宋，故與唐代之前的帔以及唐代的帔子等物均不相涉。

為了使霞帔平展地下垂，遂於其底部繫以帔墜。宋墓中出土者為數不少。就已知的實例而言，以南京幕府山北宋墓所出金帔墜為最早。這件帔墜高8.5、寬5.7公分，外輪廓呈心形，透雕鳳凰牡丹紋（圖49-1）。晚出的帔墜在外形和尺寸上與之大體相仿。如上海寶山月浦南宋寶慶二年（1226年）譚氏墓出土的銀鎏金鴛鴦紋帔墜；福州浮倉山南宋淳祐三年（1243年）黃昇墓出土的銀纏枝花帔墜（圖49-2:1）；浙江湖州龍溪三天門南宋墓出土的金卷草紋帔墜（圖49-2:2）；江蘇武進蔣塘5號南宋墓（此墓的年代不早於1237年，不晚於1260年）出土的三件鎏金銀帔墜；江西德安桃源山南宋咸淳十年（1274年）周氏墓出土的兩件鎏金銀帔墜，一件透雕繡球朵帶紋，上方有「轉官」二字，另一件透雕竹葉紋，上方有一「壽」字；它們的輪廓均呈心形，高約

圖 49-1
北宋，帔墜　南京
幕府山出土

圖 49-2　南宋，帔墜

1　福建福州黃昇墓出土　　2　浙江湖州三天門　　3　安徽宣城西郊窰場
　　　　　　　　　　　　　　　宋墓出土　　　　　　　　宋墓出土

6～8 公分。此外，1993 年在上海舉辦的中國文物精華展中，展出了安徽宣城
西郊窰場南宋墓出土的一件雙龍紋金帔墜，高 7.8 公分；其龍紋的造型甚為
別致，每條龍各有三翼，尾部上揚，變成圖案化的卷草紋，為前所未見❶（圖
49-2:3）。審其形制，亦應為南宋時物。南宋的金帔墜不多，除此例之外，只
在福州黃昇墓還出過一件圓形的鳳紋金墜。

　　雖然北宋時已有帔墜的實例，但至南宋時此物才比較常見。《宋史·輿服
志》也是在寫「中興」以後的南宋「后妃之服」時才提到墜子。不過，南宋
后妃用的不是金帔墜而是玉帔墜。《宋史·輿服志》說：「后妃大袖，生色領，
長裙，霞帔，玉墜子。」過去在玉器中從未鑒定出此類玉帔墜來，

圖 49-3
宋，玉帔墜　北京
故宮博物院藏

今以上述金銀墜子為據，通過比較，可以初步判定北京故宮舊藏
的一件雙鳳紋玉飾應即南宋后妃所用玉墜子（圖 49-3）。此器著
錄於《中國美術全集·玉器卷》，書中定為唐物，似有可商。應
當注意的是，在南宋時，霞帔墜子還沒有形成嚴格的制度，其紋
飾式樣較繁，民間也廣泛使用。吳自牧《夢粱錄》卷二〇說，
這時杭州嫁娶時所送聘禮，「富貴之家當備三金送之，則金釧、
金鋜、金帔墜者是也。若鋪席宅舍或無金器，以銀鍍代之。否
則貧富不同，亦從其便。」

　　元代的帔墜在蘇州虎丘呂師孟墓、安徽六安花石嘴元墓及長

❶　南京市博物館《南京幕府山宋墓清理簡報》，《文物》1982 年第 3 期。上海市文物保管委員
　　會等《上海古代歷史文物圖錄》頁 63。福建省博物館《福州北郊南宋墓清理簡報》，《文物》
　　1977 年第 7 期。陳晶、陳麗華《江蘇武進村前南宋墓清理記要》，《考古》1986 年第 3 期。
　　江西省文物考古研究所等《江西德安南宋周氏墓清理簡報》，《文物》1990 年第 9 期。《中國
　　文物精華·1993》圖版 123。

圖 49-4　元，帔墜　江蘇蘇州虎丘呂師孟墓出土

沙延祐五年（1318 年）墓中均曾出土。前兩例飾一對鴛鴦，後一例飾雙龍戲珠圖案，都是成對的禽獸圖案，式樣大體沿襲宋代之舊，而與明式帔墜的紋飾有別❷（圖 49-4）。

　　明代的帔墜又稱墜頭，在南京板倉村明初墓、北京南苑葦子坑夏儒墓、江西南城嘉靖十八年（1539 年）朱祐檳墓、上海浦東嘉靖二十三年（1544 年）陸氏墓、甘肅蘭州上西園正德五年（1510 年）彭澤墓及安徽歙縣黃山儀表廠明墓中均曾出土❸。高度一般為 9 公分左右。這時的帔墜有的附有掛鉤，佩帶時更為方便。據明墓出土帔墜上的刻文，當時稱這種掛鉤為「釣圈」。《明史·輿服志》說，明代一品至五品命婦的霞帔上綴金帔墜，六品七品綴鍍金帔墜，八品九品綴銀帔墜。洪武二十四年規定：公侯及一品二品命婦的霞帔繡翟紋，三品四品繡孔雀紋，五品繡鴛鴦紋，六品七品繡練鵲紋。「墜子中鈒花禽一，四面雲霞文，禽如霞帔，隨品級用。」則明代帔墜的紋飾中只有一隻禽鳥；凡雕出對禽紋或非禽鳥紋的帔墜，倘非皇室所用，則時代均應早於明。而且還可以根據明代帔墜所飾之鳥的品種推測其主人的身分。如南京板倉村明墓出土的翟紋帔墜（圖 49-5:1），佩帶者應為公侯夫人或一、二品命婦，而黃山儀表廠明墓出土的練鵲紋帔墜（圖 49-5:2），則是作為六、七品官員母、妻之安人、孺人等所佩帶的了。

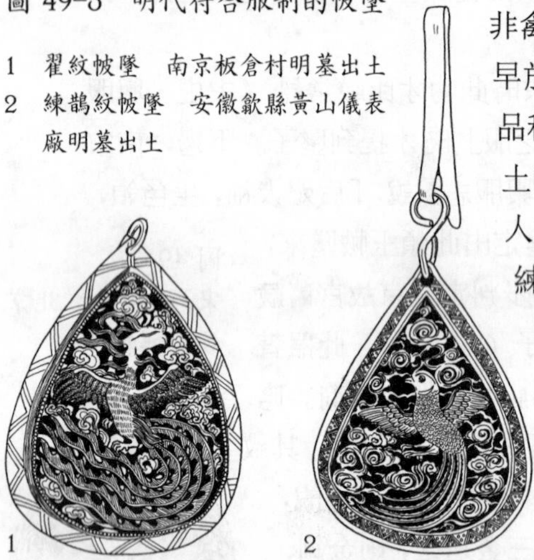

　　在若干考古報告中，常將帔墜稱為香囊、銀熏或佩飾，有時發表的圖片或將心形帔墜的尖端向下倒置，可見對帔墜還存在著不少誤解。此物為繫在霞帔上的帔墜是有確切證據的。福州黃昇墓的金帔墜，出土時尚纏在褐色繡花霞帔底端；德安周氏墓出土的銀帔墜，出土時也縫在素羅霞帔底端（圖 49-6）。再如《歷代帝后像》中的宋宣祖后像、《岐陽王世家文物圖集》中的明朱佛女畫像，也都在所佩霞帔底端繫有墜子（圖 49-7）。但它們多是正面像，看來彷彿霞帔從頸後繞過雙肩便下垂於身前。而根據明《中東宮冠服》所繪施鳳紋霞帔之大衫的正、背面圖，可知霞帔乃是兩截，分別從大衫背後下襬底部開始向上延伸（圖 49-8）。與唐代帔子的形制已大不相同。

圖 49-5　明代符合服制的帔墜

1　翟紋帔墜　南京板倉村明墓出土
2　練鵲紋帔墜　安徽歙縣黃山儀表廠明墓出土

1　　　　2

圖 49-6　南宋，出土時仍繫在霞帔上的帔墜　　　圖 49-7　明，「朱佛女像」
　　　　　江西德安周氏墓出土

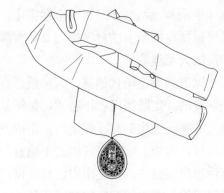

1　正面

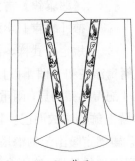
2　背面

圖 49-8
明刊《中東宮冠服》中霞帔與
帔墜的佩帶方式

　　已發現之等級最高的霞帔墜子出土於定陵，在其第 2 號和第 14 號器物
箱內，各出分成兩截的霞帔一副、金帔墜一件。墜體的輪廓亦呈心形，高 9.4
公分，與各地出土的明代帔墜相近，唯兩面膨起較高，且不飾禽鳥，而是二
龍戲珠紋。此墜之頂部還有四片托葉，攏合成蒂形，其上裝金鉤。與朱祐檳
墓及黃山儀表廠明墓之帔墜上的金鉤不同的是，此鉤的鉤首特別長，有如一
根扦子，當中還裝凸榫；此扦穿過霞帔底部的扣環後，可以將凸榫卡在墜子
背面的凹槽中，則不易脫下（圖 49-9）。它不僅設計周密，而且鑲嵌寶石和珍

---

❷　江蘇省文物管理委員會《江蘇吳縣元墓清理簡報》，《文物》1959 年第 11 期。安徽六安縣
　　文物工作組《安徽六安花石嘴古墓清理簡報》，《考古》1986 年第 10 期。長沙市文物工作
　　隊《長沙元墓清理簡報》，《湖南文物》第 3 輯，1988 年。

❸　南京博物院《江蘇省出土文物選集》圖 216。北京市文物工作隊《北京南苑葦子坑明代墓葬
　　清理簡報》，《文物》1964 年第 11 期。江西省博物館《江西南城明益王朱祐檳墓發掘報告》，
　　《文物》1973 年第 3 期。上海博物館《上海浦東陸氏墓記述》，《考古》1985 年第 6 期。甘
　　肅省文物管理委員會《蘭州上西園明彭澤墓清理簡報》，《考古通訊》1957 年第 1 期。《中國
　　文物精華‧1997》圖版 105。

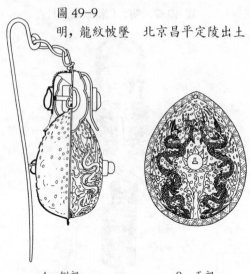

圖 49-9
明，龍紋帗墜　北京昌平定陵出土

1　側視　　　　　2　正視

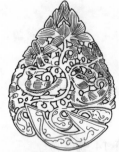

圖 49-10
南宋，玉帗墜
浙江新昌南宋墓
出土

珠，堪稱精美的宮廷文物。但發掘報告稱之為「鑲珠寶桃形香薰」，還將掛鉤視為「手柄」，說它：「既可以拿在手中，又可以插在腰帶上隨身攜帶。」❹ 與實際情況誠大相徑庭了。

以上列舉之明代帗墜，大多數是合乎制度的。定陵所出者不必說；彭澤墓出土的墜子上也刻有「銀造局，正德五年八月，內造」字樣，可證。不過官僚富戶也自造帗墜。這在南宋已有先例，《夢粱錄》言之鑿鑿；德安周氏墓所出帶「轉官」字樣的帗墜肯定也不是官方規定的式樣。浙江新昌南宋墓出土的一件玉帗墜，鏤出鴛鴦穿花和一個「心」字❺（圖49-10）。不禁令人憶起《小山詞》「記得小蘋初見，兩重心字羅衣」之句，「心字」寧有深意耶？紗羅上飾心字紋而已。但穿起兩襲飾心字紋之羅衣，用心亦良苦。雖然定陵出土的縧環和耳墜都有飾以「心」字的，可是這種情思繾綣的紋樣，應不會被納入正規的輿服序列之中。明代亦不例外，如上海打浦橋明代御醫顧定芳夫婦墓女棺中所出帗墜，有心形的，還有正六邊形與長六邊形組合而成的，均在鎏金鏤花嵌寶石的銀邊框中鑲透雕玉飾❻（圖49-11）。松江富庶，手工業發達，其製作之精巧自不待言，然而卻難以將它視為

圖 49-11　明，民間自製的帗墜　上海打浦橋顧定芳夫婦墓出土

明代帔墜之常制。

　　至清代，由於服制變化甚大，明代官方關於帔墜的規定已被廢止。漢族婦女禮服中偶或出現的霞帔，它的兩條帶子並不在身前併合，而是左右分開，披在兩邊。其底部起初飾小墜子，後來改用小穗子。最後所謂霞帔竟變成一件下緣縫滿穗子的繡花坎肩（圖49-12）；這時顯然已無須再繫掛帔墜了。

（原載《文物天地》1994 年第 1 期）

圖 49-12　清，霞帔

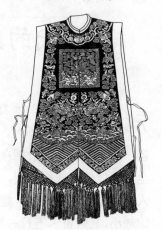

---

❹　《定陵》上冊，頁 160、162，文物出版社，1990 年。

❺　新昌市文管會《浙江新昌南宋墓發掘簡報》，《南方文物》1994 年第 4 期。

❻　王正書《上海打浦橋明墓出土玉器》，《文物》2000 年第 4 期。

明代的束髮冠、鬏髻與頭面

冠 在先秦、西漢時本為「幬持髮」之具，它是一件禮儀性的、固定在髻上的髮罩，形體不大，側面透空，與後世戴的帽子在尺寸和功能上均異其趣。及至東漢，由於襯在冠下的幘和冠結合成一整體，冠遂變大，將頭頂完全遮住；儘管式樣有別，但在許多方面已與帽漸次趨同。不過南北朝時，士人往往單獨戴平上幘。這種幘亦名平巾，即隋唐時所謂平巾幘，它的形體也比較小，《宋書‧五行志》遂稱之為「小冠」。雖就淵源而言，平巾幘與冠分屬不同的系統；但它也是固定在髻上的髮罩，並不具有帽子的功能，籠統地叫作小冠未嘗不可。然而由於唐代在常服中戴襆頭，平巾幘只用於著法服的場合，一般情況下不戴。所以到了晚唐五代，在日常生活中戴平巾幘的人已經很少了。但從另一個角度講，上述過程又說明我國男子戴小冠歷時悠久，長期沿襲成風。因此後世的束髮冠，可以認為就是在這一傳統的影響下產生的。

束髮冠約創始於五代，它也是束在髻上的髮罩，曾被稱為矮冠或小冠。宋陶穀《清異錄》卷三說：「士人暑天不欲露髻，則頂矮冠。清泰間（後唐年號，934～936年），都下星貨鋪賣一冠子，銀為之，五朵平雲作三層安置，計止是梁朝物。匠者遂仿造小樣求售。」後梁時出現的這類小冠，至宋代更為流行。宋趙彥衛《雲麓漫鈔》卷四：「高宗即位，隆裕送小冠，曰：『此祖宗閑居之服也。』蓋國朝冠而不巾，燕居雖披襖亦帽，否則小冠。」陸游詩：「室無長物唯空榻，頭不加巾但小冠。」所詠正是此物。但在陸游的詩中又曾說：「久拋朝幘懶重彈，華髮蕭然二寸冠。」❶其所謂「二寸冠」也指小冠，卻用了漢代杜欽的典故。《漢書‧杜欽傳》：「欽字子夏，少好經書，……為小冠，高廣才二寸。由是京師更謂欽為小冠杜子夏。」杜欽之冠固應為西漢式樣，不過有意做得特別小而已，與宋代小冠的形制差得很遠。為避免和杜欽之小冠以及作為平巾幘之別名的小冠相混淆，本文將宋以後的小冠統稱束髮冠。蘇轍《椰冠》詩云：「垂空旋取海棕子，束髮裝成老法師。」❷可見此名稱在宋代已呼之欲出。到了明代，「束髮冠」在文獻中就比較常見了。

宋代的束髮冠可以單獨戴，如宋畫「折檻圖」中的漢成帝、「聽琴圖」中的撫琴者，均只戴束髮冠（圖50-1）。它也可以戴在巾帽之內。一幅宋代人物

圖 50-1 宋畫中戴束髮冠的人物

1 折檻圖

2 聽琴圖

圖 50-2
宋畫中在巾下戴束髮冠
的人物

畫，於坐在榻上的文士巾下，清楚地透露出裏面戴的
蓮花形束髮冠（圖 50-2）；而形制基本相同的宋代白玉
蓮花冠曾在江蘇吳縣金山天平出土❸（圖 50-3），說明
圖中人物的形象是寫實的。可是到了明代，束髮冠的地
位變得很特殊。按照制度：明代入流的官員朝服戴梁
冠，公服戴展角襆頭，常服戴烏紗帽；士子、庶人戴四
方平定巾；農夫戴斗笠、蒲笠❹。雖然後來頭巾的式樣
繁多，但束髮冠仍是逸出禮數之外的。明劉若愚《明宮史·

圖 50-3
宋，白玉蓮花冠 江蘇
吳縣出土

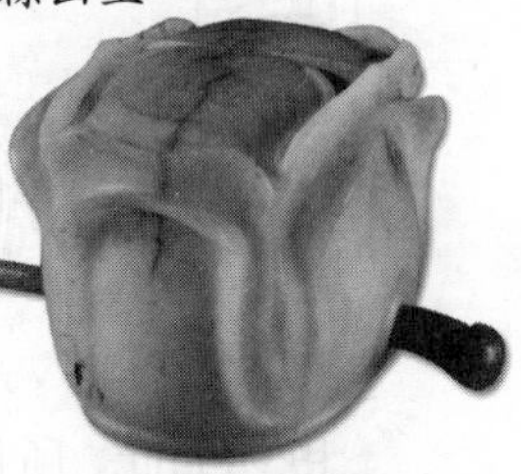

水集·束髮冠》條說：「其制如戲子所戴者。」逕謂此冠如戲裝；無論如何不
能算是恭維的話。實際上除了道士、廟裏塑的神像、戲臺上的若干角色外，
明代極少有人會在公眾場合中把自己打扮成這般模樣。上文所述吳縣金山出
土的那類冠，這時已成為神仙之裝束的特徵。如明趙琦美《脈望館抄校本古
今雜劇·馬丹陽三度任風子》中之「東華仙」，戴的就是「如意蓮花冠」。所
以像《紅樓夢》第三回，賈寶玉一出場就「戴著束髮嵌寶紫金冠」，一副吉祥

---

❶ 陸詩前二句引自《初夏》，見《劍南詩稿》卷七六。後二句引自《春日》，見同書卷二。

❷ 《樂城集·後集》卷二。

❸ 此玉冠藏南京博物院，見《中國玉器全集》卷 5，圖 97，河北美術出版社，1993 年。戴冠
本是道家裝束。《金真玉光經》：「元景道君曳玄黃之綬，建七色玉冠。」（《御覽》卷六七五
引）由於男女道士都戴冠，故女道士又稱女冠子，唐時已然。五代前蜀王衍奉道，祀神仙
王子晉為遠祖，上尊號聖祖至道玉宸皇帝。《花蕊夫人宮詞》：「焚修每遇三元節，天子親簪
白玉冠。」此王衍自戴白玉冠之實錄。宮人隨駕出遊，亦「皆衣道服，頂金蓮花冠，衣畫雲
霧，望之若神仙」（《舊五代史·王衍傳》）。後人詠前蜀事，其蓮花冠常被提到，《十國宮詞》：
「臉夾胭脂冠帶蓮，醉妝相對坐生憐。風流只愛尋花柳，不走者邊走那邊。」可見此冠亦一
世之盛飾。宋代的白玉蓮花冠乃承其餘緒。

❹ 見《明史·輿服志》。這裏將烏紗帽列為常服，而《明會典》卷六一則以「烏紗帽、團領衫、
束帶為公服」。因為展角襆頭在明代多與蟒服配套，後來不用它代表服制中一個單獨的系列。

畫中「麒麟送子」的派頭，正是作者「將真事隱去」，把人物和清代的現實拉開距離的筆法。誠如鄧雲鄉先生所說：這是「戲臺上最漂亮的戲裝，不很像《鳳儀亭》中戲貂蟬的呂布嗎?」其見解十分深刻，殆不可易❺。因為莫說曹雪芹之時，就是明代的男子也只把束髮冠掩在巾帽之下，所沿襲的仍然是宋代在巾下戴冠那種作風，不這樣戴就是顯得很不隨俗。在圖像資料中，雖然巾下的束髮冠不易表現，但如四川平武報恩寺萬佛閣明代壁畫、山西右玉寶寧寺明代水陸畫，乃至萬曆刻本《御世仁風》的版畫中，都能看到這樣的例子，其中有些還畫得十分具體❻（圖 50-4）。故當時戴束髮冠要達到的效果是：半彰半隱，似隱猶彰；它是男子首服中雖不宜公開拋露又不願完全遮起的一份雍雅或華煥。

圖 50-4　罩在頭巾下的束髮冠

1　明，壁畫　四川平武報恩寺
2　明，水陸畫　山西右玉寶寧寺
3　明，《御世仁風》中的版畫

　　既然如此，所以明代束髮冠的數量不是很多，《天水冰山錄》中清點出來的金廂束髮冠、玉冠、水晶冠、瑪瑙冠、象牙冠等一共 17 件，而玉帶、各色金廂帶的總數卻達 326 條，可見束髮冠不像玉帶那樣，是一套隆重的官服中必備之物。不過嚴嵩府上的金、玉束髮冠，當年雖是在誇耀富貴；但此物畢竟還有風雅的一面。明文震亨《長物志》稱：「鐵冠最古，犀、玉、琥珀次之，沉香、葫蘆又次之，竹籜、癭木者最下。」以上兩方面的情況在出土物中都能得到印證。

　　已出土的明代束髮冠，有金、銀、玉、瑪瑙、琥珀、木諸種。金束髮冠之最早的一例見於南京中華門外郎家山明初宋晟朝用墓，闊 7.8、高 4 公分，兩側有穿孔，可貫簪以使髮冠固定❼（圖 50-5:1）。此冠頂部有五道梁狀凸線，係作為裝飾，並無朝服之梁冠上的梁所具有的代表等級的用意。因為如江西南城株良鄉萬曆二十一年（1593 年）某代益王墓中出土的金束髮冠，闊 7、高 6 公分，卻只壓出四道梁，與郡王的身分無從比附❽。又南京江寧將軍山天啟五年（1625 年）沐昌祚墓出土的金束髮冠，闊 10.9、高 4.5 公分，冠頂壓出六道梁。沐昌祚襲封黔國公，而「公冠八梁」❾；可見其束髮冠之形制亦與朝服中的梁冠無涉。此冠用兩支碧玉簪固定，出土時尚插在冠上❿（圖 50-5:2）。銀束髮冠已發表的只有一例，南京太平門外崗子村明初安慶侯仇成

圖50-5　明代各種材質的束髮冠

　1　金束髮冠　南京　　　　2　金束髮冠　南京江寧　　3　瑪瑙束髮冠　江西
郎家山宋朝用墓出土　　　沐昌祚墓出土　　　　　　南城朱翊鈏墓出土

　4　琥珀束髮冠　南京板倉徐俌墓出土　　　　5　木束髮冠　上海寶山李氏墓出土

墓出土，闊 8.2、高 3 公分，壓出五道梁❶。玉髮冠在上海浦東明陸氏墓中發
現過，闊 5、高 3.1 公分❷。瑪瑙冠在江西南城岳口鄉萬曆三十一年（1603 年）
益宣王朱翊鈏墓與江蘇蘇州虎丘萬曆四十一年（1613 年）王錫爵墓各出一件，
均高 3.5 公分❸（圖 50-5:3）。琥珀束髮冠出土於南京太平門外板倉村正德十二
年（1517 年）徐俌墓，闊 6.7、高 3.7 公分。冠上雕出長短不等的凸梁，安排
得不甚規範，更只能作為工藝品上的圖案花紋看待❹（圖 50-5:4）。《天水冰山
錄》中所記各種質地的束髮冠，除水晶、象牙冠以外，在出土物中都已見到。

❺　鄧雲鄉《紅樓風俗譚・服裝真與假》，中華書局，1987 年。關於這個問題，1991 年在《北
　　京日報》上曾開展一次討論，見尤戈《「紅樓夢」中的服飾》（7 月 17 日）、劉心武《「紅樓
　　夢」中的服飾並非「戲裝」》（8 月 24 日）、周汝昌《紅樓服裝談》（9 月 21 日）、尤戈《莫
　　把「唐寅」作「庚黃」》（10 月 30 日）等文。
❻　報恩寺壁畫見向遠木《四川平武明報恩寺勘察報告》，《文物》1991 年第 4 期。寶寧寺水陸
　　畫見山西省博物館編《寶寧寺明代水陸畫》，文物出版社，1988 年。《御世仁風》版畫摹本
　　見沈從文《中國古代服飾研究・明代巾帽》，商務印書館香港分館，1981 年。
❼　南京市文物保管委員會《南京中華門外明墓清理簡報》，《考古》1962 年第 9 期。
❽　薛堯《江西南城明墓出土文物》，《考古》1965 年第 6 期。
❾　《明史・輿服志・文武官朝服》：「一品至九品以冠上梁數為差。公冠八梁，加籠巾貂蟬。」
❿　南京市博物館《江蘇南京市明黔國公沐昌祚、沐睿墓》，《考古》1999 年第 10 期。
⓫　南京市博物館編《明朝首飾冠服》頁 51，科學出版社，2000 年。
⓬　上海博物館《上海浦東明陸氏墓記述》，《考古》1985 年第 6 期。
⓭　江西省文物工作隊《江西南城明益宣王朱翊鈏夫婦合葬墓》，《文物》1982 年第 8 期。蘇州
　　市博物館《蘇州虎丘王錫爵墓清理紀略》，《文物》1975 年第 3 期。
⓮　南京市文物保管委員會等《明徐達五世孫徐俌夫婦墓》，《文物》1982 年第 2 期。

木束髮冠在上海寶山冶煉廠明李氏墓中出過一例，木製品能完整地保存下來，洵屬不易 ❺（圖 50-5:5）。它大概就是文震亨提到的竹籜冠、癭木冠之儔了。

圖 50-6　明，女用金梁冠　江蘇蘇州吳張士誠父母墓出土

圖 50-7　明，萬曆十三年刻本《西廂記》插圖中崔母所戴之冠

上述諸例皆男子之冠，但戴冠者卻不限於男子。江蘇蘇州盤溪吳張士誠父母合葬墓中，其父母均戴冠，兩頂冠形制略同，但只有女冠保存較好（圖 50-6）。此冠闊 24、高 13 公分，以細竹絲編成內殼，外蒙麻布及薄絹，邊棱緣以金絲，再用金絲連結成七道梁。而在冠的前部還裝有五塊鑲金邊的小玉片，其上分別刻出虎、鼠、兔、牛、羊五種生肖 ❻。山西大同元馮道真墓中出土之冠，前後各裝七塊金色小圓片，做法與此女冠相近 ❼。馮道真之冠闊 19.9、高 8.8 公分，正視呈元寶形，應屬道冠。張士誠母之冠雖比一般束髮冠大，卻比真正的梁冠小，後部也沒有高起的冠耳，造型較特殊；或為殮服中所用之道冠類型的冠。明代婦女在社會生活中戴的不是這種冠。從萬曆三十八年（1610 年）刻本《西廂記》插圖中崔母所戴之冠看，女冠雖與男子的束髮冠接近，但一般比較高聳（圖 50-7）。這種冠年長的貴婦人平日可以戴，《醒世姻緣傳》第七一回寫童奶奶往陳太監處走門路時，就戴著「金線五梁冠子，青遍地錦箍兒」。有些婦女在結婚典禮中也戴，《金瓶梅》第九一回寫孟玉樓改嫁李衙內，上轎時，「玉樓戴著金梁冠兒，插著滿頭珠翠」。《儒林外史》第五回寫嚴監生將妾趙氏扶正，「趙氏穿著大紅，戴了赤金冠子，兩人拜了天地，又拜了祖宗」。忖其冠之形狀，或均與《西廂記》插圖相似。此式銀冠曾在四川平武窖藏中出土兩件，高 5.8～6 公分 ❽。其頂部的弧線膨起（圖 50-8:1）；男式束髮冠頂部的弧線則相對緩和一些。在流出國外的銀器中也發現過此式女冠，高 10.2 公分 ❾（圖 50-8:2）。自其冠後所立「山子」的形制看，應是明代之物。

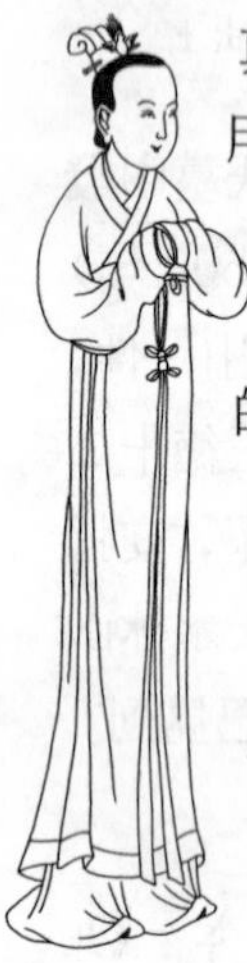

圖 50-8　明，女式銀冠

1　四川平武出

2　傳世品

但四川平武銀器窖藏的時代簡報斷為宋，疑不確。此窖藏共出四種器物：五曲梅花盞、四瓣花形盤、冠與花束。以其銀盞與江蘇溧陽平橋所出宋代梅花銀盞相較，差別很大❷。平武銀盞上的折枝形把手雖在溧陽出土的桃形盞上也見過，但這一意匠那時還不成熟，構圖顯得不自然。與平武盞上的折枝把手最相近之例見於湖南通道瓜地村出土的南明桃形銀盞❷（圖50-9）。故平武窖藏實屬明代。分析這裏出土之銀冠的形制，更有助於說明此問題。

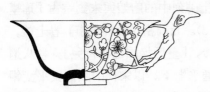 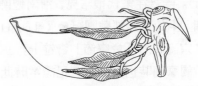

圖 50-9
明，銀盞

1　梅花盞　四川平武出土　　　　2　桃形盞　湖南通道出土

婦女戴冠是北宋的風氣，唐代尚不流行。仁宗時出現了白角冠及與其配套的白角梳❷。繼而白角冠又有「點角為假玳瑁之形者，然猶出四角而長矣。後長至二三尺許，而登車檐皆側首而入。」❷河南禹縣白沙北宋元符三年（1100 年）趙大翁墓壁畫中婦女戴的大冠前後出尖角，唯不是四角而是二角，或為其稍簡化的形式❷（圖50-10）。不過這麼大的冠戴起來會相當不便，所以「俄又編竹而為團者，塗之以綠。浸變而以角為之，謂之團冠。」「又以團冠少裁其二邊而高其前後，謂之『山口』。」❷

圖 50-10　宋，壁畫中婦女所戴出尖角的大冠　河南禹縣白沙趙大翁墓

⑮　上海市文物保管委員會編《上海古代歷史文物圖錄》頁 96，上海教育出版社，1981 年。

⑯　蘇州市文物保管委員會等《蘇州張士誠母曹氏墓清理簡報》，《考古》1965 年第 6 期。

⑰　大同市文物陳列館等《山西省大同市元代馮道真、王青墓清理簡報》，《文物》1962 年第 10 期。

⑱　馮安貴《四川平武發現兩處宋代窖藏》，《文物》1991 年第 4 期。

⑲　Museum Rietberg Zürich, Chinesisches Gold und Silber, Sweitzerland 1994.

⑳　蕭夢龍、汪青青《江蘇溧陽平橋出土宋代銀器窖藏》，《文物》1986 年第 5 期。

㉑　懷化地區文物工作隊等《湖南通道發現南明窖藏銀器》，《文物》1984 年第 2 期。

㉒　宋王栐《燕翼詒謀錄》卷四。

㉓　宋王得臣《麈史》卷上。

㉔　宿白《白沙宋墓》，文物出版社，1957 年。

㉕　同注㉓。

圖 50-11　宋，團冠

1　塑像　山西太原晉祠
2　磚刻畫　河南偃師出土
3　「瑤臺步月圖」

山西太原晉祠宋塑宮女像有戴團冠者，正塗成綠色，當中且有明顯的山口（圖50-11:1）。團冠在宋代很常見，河南偃師出土磚刻中的廚娘與宋劉宗古「瑤臺步月圖」中的貴婦都戴團冠❷❻（圖50-11:2、3）。元周密《武林舊事》卷七說，在宋孝宗誕辰的「會慶節」壽筵上，三盞後，「皇后換團冠、背兒」。卷八還說皇后謁家廟時也戴團冠。足證當時此俗通乎上下。以宋代的團冠與平武銀冠相較，形制上判然二物。而後者卻與南京棲霞山、江蘇無錫等地出土之明代女用髮罩的輪廓基本相同❷❼（圖50-12）。不過這兩件髮罩均以粗金絲為骨架，再絡上細金絲絞結而成，和用金銀薄片錘鍱出的冠不一樣；其名稱應為「鬏髻」。

圖 50-12　明，扭心鬏髻

1　南京棲霞山出土
2　江蘇無錫出土

　　鬏髻的出現有兩方面的淵源。一方面如上文所述，是受了婦女戴冠之風氣的影響；另一方面則與「包髻」的流行有關。宋孟元老《東京夢華錄》卷五說，有些媒人「戴冠子，黃包髻」。按戴冠子時無須包髻，所以這裏的意思是：她們或戴冠子，或包髻；可見二者以類相從。金代進而重視包髻，「包髻團衫」是金代婦女的禮服。《金史·輿服志》說：「婦人服襜裙，多以黑紫，上遍繡全枝花，周身六襞積，謂之團衫。」「年老者以皂紗籠髻如巾狀，散綴玉鈿於上，謂之玉逍遙。此皆遼服也，金亦襲之。」傅樂淑先生說：「『玉逍遙』即包髻也。」❷❽其說是。包髻之狀當如河北宣化遼墓壁畫中所見者❷❾（圖50-13:1）。「包髻團衫」作為婦女的盛裝在元曲中仍被提到。如關漢卿《詐妮子調風月》

圖 50-13　包髻

1　遼，壁畫　河北宣化
2　明，版畫《紅蕖記》

的唱詞說:「許下我包髻團衫紬手巾,專等你世襲千戶小夫人。」又提到:「剛
待要藍包髻。」則包髻有黃、有皂、有藍,顏色不一;在明代版畫中還有花布
包髻(圖 50-13:2)。而鬏髻一詞則始見於元曲。賈仲名《荊楚臣重對玉梳記》
中妓女顧玉香稱自己:「都是俺個敗人家油鬏髻太歲,送人命粉臉腦凶神。」
又《錦雲堂暗定連環計》一劇,王允在唱詞中說貂蟬是:「油掠的鬏髻兒光,
粉搽的臉道兒香。」則所謂鬏髻指的是挽成某種式樣的髮髻。視關漢卿《感天
動地竇娥冤》中稱老婦人蔡婆婆「梳著個霜雪般白鬏髻」,可知元代說的鬏髻,
起初就是髮髻本身。但在戴冠和包髻的影響下,鬏髻上又裹以織物。《明史·
輿服志》說:「洪武三年定制,凡宮中供養女樂、奉鑾等官妻,本色鬏髻。」
「本色」即本等服色,指鬏髻上所裹織物的顏色。此時明甫開國,所以這種
做法元代就應有。《西遊記》第二三回說:「時樣鬏髻皂紗漫。」當是社會上一
般通行的式樣。再簡便些則用頭髮編成鬏髻戴在髮髻上,如《金瓶梅》第二
回說:「頭上戴著黑油油頭髮鬏髻。」守喪帶孝,則戴「白縐紗鬏髻」,簡稱「孝
鬏髻」或「孝髻」❸。於是鬏髻就由指髮髻本身,變成指罩在髮髻之外的包
裹物而言了。及至明中葉,隨著經濟的發展和風俗的侈靡,又興起以金銀絲
編結鬏髻之不尋常的時尚,而且認為只有這樣的製品才算是夠規格的鬏髻。
《金瓶梅》第二五回中宋惠蓮說:「你許我編鬏髻,怎的還不替我編? ⋯⋯只
教我成日戴這頭髮殼子兒。」西門慶道:「不打緊,到明日將八兩銀子往銀匠
家,替你拔絲去。」這裏說的「頭髮殼子兒」指頭髮編的鬏髻,乃是貶稱;而
找銀匠拔絲,就是準備編銀絲鬏髻了。棲霞山與無錫出土的是更貴重的金絲
鬏髻。棲霞山那一頂高 9.2 公分,有兩道金梁,正面用金絲盤繞出一朵牡丹
花,側面扭出旋捲的曲線。無錫出土的高 8.5 公分,也是兩道梁,側面也有
旋紋。它們或即所謂「時樣扭心鬏髻」❸。已出之金銀絲鬏髻,大部分側面

❷⑥ 晉祠宋塑見彭海《晉祠文物透視》,山西人民出版社,1997 年。偃師磚刻見石志廉《北宋婦
女畫像磚》,《文物》1979 年第 3 期。「瑤臺步月圖」見沈從文《中國古代服飾研究》第 108
篇。

❷⑦ 棲霞山出土的鬏髻見南京博物院珍藏系列《金銀器》圖 43,上海古籍出版社,1999 年。無
錫出土的鬏髻見《無錫文博》1995 年第 1 期。

❷⑧ 傅樂淑《元宮詞百章箋注》第 57 章,書目文獻出版社,1995 年。

❷⑨ 張家口市宣化區文物保管所《河北宣化下八里遼韓師訓墓》,《文物》1992 年第 6 期。

❸⓪ 婦女服喪期間戴白色鬏髻。《金瓶梅》第六八回說吳銀兒「戴著白縐紗鬏髻」,西門慶見了
便問:「你戴的誰人孝?」同書第一六回說花子虛死後,李瓶兒戴著「孝鬏髻」,即白鬏髻。
《警世通言·呂大郎還金完骨肉》中,呂大郎之弟逼嫂改嫁。王氏說:「既要我嫁人,罷了!
怎好戴孝髻出門。」此孝髻亦指白鬏髻。

❸① 見《金瓶梅》第四二回。

圖 50-14　明，鬏髻

1　上海浦東陸氏墓出土
2　江蘇無錫江溪華復誠妻曹氏墓
　　出土
3　浙江義烏吳鶴山妻金氏墓出土
4　上海李惠利中學明墓出土

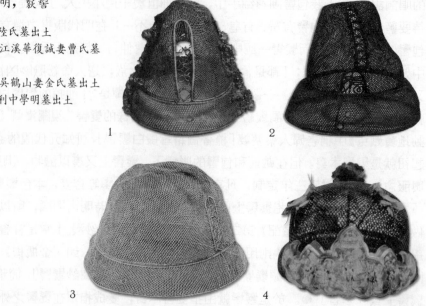

無此旋捲，如江蘇武進橫山橋嘉靖十九年（1540 年）王洛妻盛氏墓與上海浦東萬曆間陸氏墓出土的銀絲鬏髻、江蘇無錫陶店橋萬曆三年（1575 年）華復誠妻曹氏墓出土的鎏金銀絲鬏髻，外輪廓都像小尖帽，且於中部偏下攔腰用粗銀絲橫隔成上下兩部分。上部接近圓錐形，自底至頂略有收分；下部外侈，像一圈帽簷。它們都是編成的，通體結出勻淨的網孔 ❸。盛氏那件高 13.5 公分，在銀絲網子之外尚覆以黑紗；不過也有將色紗襯在鬏髻裏面的 ❸。而陸氏墓與曹氏墓所出者都在中腰的粗銀絲之上留出拱形腮眼，陸氏那件的拱眼內是空的，曹氏那件還在裏面盤出圖案化的「福」字；背面則均留出長條形腮眼，其中結出套錢紋（圖 50-14:1、2）。曹氏的鬏髻高 9 公分，發掘簡報對它的結構和所附飾件之配置描述較詳。其上部的尖帽用於容髮髻，下部的寬簷用於罩住腦頂的頭髮。這種鬏髻的式樣接近包髻，所以與更接近平武銀冠之棲霞山等地出土之鬏髻各代表不同的類型。還有一種上半部較圓鈍，像小圓帽，如浙江義烏青口鄉嘉靖三十七年（1558 年）吳鶴山妻金氏墓出土的金絲鬏髻。它的高度為 6.5 公分，簷部也向外侈，但正背兩面都是長條形的腮眼 ❸（圖 50-14:3）。上海李惠利中學明墓出土之銀絲鬏髻頂部更圓些，高度為 5.7 公分 ❸（圖 50-14:4）。一般說來，鬏髻不像男子戴在巾下的束髮冠那樣，它不受頭巾的制約，所以比束髮冠高；束髮冠的平均高度在 4 公分左右，而鬏髻的平均高度約為 8 公分。

圖 50-15

1　戴特髻的「朱　　　　　　　　　　　　　　　　　　　　　　　2　戴鬏髻的「金
夫人像」　　　　　　　　　　　　　　　　　　　　　　　　　　　　安人像」

　　鬏髻是明代已婚婦女的正裝❸，家居、外出或會見親友時都可以戴，而像上灶丫頭那種身分的女子，就沒有戴鬏髻的資格。《金瓶梅》第九〇回寫春梅仗勢報復孫雪娥，她令家人：「與我把這賤人扯去了鬏髻，剝了上蓋衣服，打入廚下，與我燒火做飯！」❸可見主婦被扯去鬏髻有如官員被褫去冠帶，地位一下子就降到低等級裏去了。明人說部中有時也將鬏髻通稱為冠兒。如《水滸全傳》第二八回中，蔣門神的妾要滋事，被武松「一手把冠兒捏作粉碎」。其所謂「冠兒」，在這裏指鬏髻。然而從圖像材料中看，有些婦女戴的雖然很像鬏髻，卻是另一物。如明代繪本「朱夫人像」，頭部正中聳起的似是一頂罩著黑紗的鬏髻（圖 50-15:1）。但周錫保先生認為：據《明史・輿服志》，三品命婦「特髻上金孔雀六，口銜珠結。正面珠翠孔雀一」。與此像符合；故朱夫人戴的是特髻❸。其說可從。特髻之名早見於宋代。《東京夢華錄・相國寺內萬姓交易》所舉諸寺師姑出售的小商品中，就有「特髻冠子」一目。但宋代的特髻在存世文物中尚難辨識。至明代，由於品官命婦和內命婦均戴特髻，皇后著常服時冠制亦如特髻❸，所以能認出來。如「明憲宗元宵行樂圖」中，皇帝身邊的嬪妃貴人戴的都是特髻（圖 50-16）。甚至定陵中孝端、孝靖二后遺

---

❸　盛氏的鬏髻見武進市博物館《武進明代王洛家族墓》，《東南文化》1999 年第 2 期。陸氏的鬏髻見本文注⓬。曹氏的鬏髻見無錫市博物館《江蘇無錫明華復誠夫婦墓發掘簡報》，《文物資料叢刊》第 2 集，1978 年。

❸　清葉夢珠《閱世編》卷八說：「銀絲鬏髻內襯紅綾，光采煥發。」因知鬏髻上的綾紗可蒙可襯，作法不一。

❸　吳高彬《浙江義烏明代金冠》，《收藏家》1997 年第 6 冊。

❸　何民華《上海市李惠利中學明代墓群發掘簡報》，《東南文化》1999 年第 6 期。

❸　《醒世姻緣傳》第四四回說素姐出嫁前，「狄婆子把他臉上十字緤了兩線，上了鬏髻，戴了排環首飾」。則婦女婚後應戴鬏髻。

❸　參看揚之水《終朝采綠・「洗髮膏」及其他》，浙江人民出版社，1997 年。

❸　見周錫保《中國古代服飾史》頁 423，女圖 8 的說明，中國戲劇出版社，1984 年。

❸　《明史・輿服志・皇后常服》：洪武四年更定「冠制如特髻，上加龍鳳飾」。同志「內命婦冠服」與「品官命婦冠服」部分，說她們也戴「山松特髻」。

圖 50-16
「明憲宗元宵行樂圖」
中戴特髻的嬪妃宮人

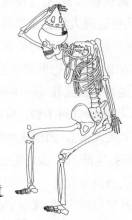

圖 50-17
明，頭戴特髻的孝靖后遺
骨　北京昌平定陵出土

圖 50-18　明，鎏金銀特髻　湖北蘄
春劉娘井出土

骨上戴的「黑紗尖棕帽」，也是特髻❹（圖 50-17）。唯豪家僭濫逾制，有些出土物分外富麗，如湖北蘄春蘄州鎮劉娘井嘉靖三十九年（1560 年）荊端王次妃劉氏墓所出鑲嵌紅藍寶石的鎏金銀特髻，就是很突出的一例❹（圖 50-18）。不僅特髻踵事增華，束髮冠如《明宮史》所說，有的也「用金累絲造之，上嵌睛綠珠石，每一座有值數百金或千餘金、二千金者。……凡遇出外遊幸，先帝（熹宗）聖駕尚此冠，則自王體乾起，至暖殿牌子止，皆戴之。各穿窄袖，束玉帶，佩茄袋、刀、帨，如唱咬臍郎打圍故事」。群閹挾天啟冶遊，其輕狂浮浪之狀，在劉若愚筆下亦不無微詞。但風氣所扇，女冠中也出現了這類極品。如雲南呈貢王家營嘉靖十五年（1536 年）沐崧妻徐氏墓出土的金冠，高 10.5 公分，以薄金葉錘製，四周焊接多層雲朵形飾片，並鑲嵌紅、藍、綠、白諸色寶石。冠兩側各有兩個小孔，其中插有四支金簪❷（圖 50-19:1）。再如江西南城長塘街萬曆十九年（1591 年）益莊王妃萬氏墓出土的小金冠，則是以細金絲編的，其上鑲嵌寶石 40 餘塊，精緻而瑰麗❸（圖 50-19:2）。萬氏小

圖 50-19　明，女用嵌寶石金冠

1　雲南呈貢王家營沐崧妻徐氏墓出土　　2　江西南城益莊王妃萬氏墓出土

金冠之冠體有如一件覆扣著的橢圓形缽盂，而覆盂形女冠在明代自成系列，實應代表一種類型。如南京江寧殷巷正統四年（1439 年）沐晟墓出土金冠，闊 14.3、高約 5.6 公分，冠面錘鍱出如意紋❹（圖 50-20:1）。南京鄧府山佟卜年妻陳氏墓出土的金冠更低矮，闊 9.4、高僅 2.5 公分，冠身分七欄，錘鍱

圖 50-20　覆盂形女冠

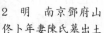

1　明　南京江寧殷巷沐晟墓出土

2　明　南京鄧府山佟卜年妻陳氏墓出土

3　明　上海李惠利中學明墓出土

4　女功德主塑像山西平遙雙林寺千佛殿

---

❹　中國社會科學院考古研究所等《定陵》上冊，頁 24～25，文物出版社，1990 年。
❹　小屯《劉娘井明墓的清理》，《文物參考資料》1958 年第 5 期。
❷　雲南省文物工作隊《雲南呈貢王家營明清墓清理報告》，《考古》1965 年第 4 期。
❸　江西省文物管理委員會《江西南城明益莊王墓出土文物》，《文物》1959 年第 1 期。
❹　《明朝首飾冠服》頁 49。

雜寶、祥雲圖案 ❹（圖 50-20:2）。陳氏歿於順治四年（1647 年），已入清季。
而清初葉夢珠《閱世編》卷八說：冠髻「其後變勢，髻扁而小，高不過寸，
大僅如酒杯。」從年代上說，此式矮冠似與葉氏指出的趨勢相合；實不盡然。
因為明范濂《雲間據目鈔》卷二說：「婦人頭髻，在隆慶初年，皆尚員褊。」
而且上海李惠利中學明代中晚期墓葬中所出覆盂形玉冠，高度亦為 2.5 公
分 ❹（圖 50-20:3）；故其開始流行的時間不會太晚。山西平遙雙林寺千佛殿中
景泰年間塑造的女功德主馮妙喜像，戴的就正是此型女冠（圖 50-20:4）。它的
輪廓趨向於扁橢，與追求聳立效果之高鬃髻相比，審美的眼光已有所不同 ❹。

　　明代婦女一般不單獨戴鬃髻，圍繞著它還要插上各種簪釵，形成以鬃髻
為主體的整套頭飾，即明雜劇正旦之「穿關」中所稱「鬃髻、頭面」❹。頭
面的內涵略近「首飾」，但後者的定義不太嚴格。漢代曾將冠冕、鏡櫛、脂粉
等都算作首飾 ❹，現代則將髮飾、耳飾、頸飾、腕飾、指飾甚至足飾概稱首
飾；均與明代所謂頭面不盡相合。頭面中不包括鬃髻。《金瓶梅》第九一回說：
「一副金絲冠兒，一副金頭面。」又第九七回說：「一頂鬃髻，全副金銀頭面，
簪、環之類。」都把鬃髻和頭面分別舉出。記載明代珍寶飾物的文獻，本來《天
水冰山錄》最富參考價值，因為它是查抄嚴嵩家產的清單，所列名目準確翔
實。可惜當時將「首飾」造冊時，乃以「副」為單位；一副多的達 21 件，少
的也有 7 件，均未注明細目，今不知其詳。從其中接著「首飾」登錄的單項
飾物清單看，有頭箍、圍髻、耳環、耳墜、墜領、墜胸、金簪、鐲釧等，也
很難說它們就代表整副頭面的品種。所以本文只能根據出土物的組合、位置
及插戴情況，並參照文獻與圖像，對明代
頭面的部件及用途試略作探討。

　　仍以無錫華復誠妻曹氏墓中所見頭
飾的情況為例。墓主先用角質簪子綰起髮
髻，然後戴上銀絲鬃髻，用兩根長 8.2 公
分的銀簪橫插於鬃髻簪部加以固定。再在
鬃髻正面的上方插一支大簪，名挑心。《雲
間據目鈔》說：頭髻「頂用寶花，謂之挑
心。」因為此簪飾於髻心，而且其背面裝有
斜挑向上的簪腳，是由下而上插入的。曹
氏的挑心為佛像簪，當中嵌有骨雕佛坐
像，下設仰蓮座，背光飾菩提樹。這種做
法在明代相當普遍，武進王洛家族墓出土

圖 50-21　明，挑心

1　佛像挑心　北京
昌平定陵出土

2　南極老人星像
挑心　英國獻氏
舊藏

的兩頂鬏髻，以及清初倪仁吉所繪「金安人像」，都在鬏髻中心插佛像簪㊿（圖 50-15:2）。在定陵中，孝靖后頭上的鎏金銀簪嵌白玉立佛像，作觸地印，其上又有小坐佛；背光與蓮座皆累絲而成，底托嵌紅、藍寶石(51)，當用作挑心（圖 50-21:1）。清代皇帝的夏朝冠在冠前中部綴金累絲佛像之制，似亦曾受到佛像挑心的影響。此外，有些挑心上還鑲嵌仙人，即《金瓶梅》第七五回所說「正面戴的仙子兒」。上海浦東陸氏墓出的挑心上嵌有穿道服的玉仙人，流出國外的金挑心並有做成南極老人星之像的（圖 50-21:2）。

曹氏中的頭飾雖較齊備，但缺了一個重要的部件：頂簪。當扣穩鬏髻、綰住下簪、簪上挑心之後，還應自髻頂向下插一枚頂簪，也叫關頂簪(52)。因為鬏髻上的飾物掩映重疊，分量不輕。《天水冰山錄》所記最重的一副首飾計 11 件，共 33 兩 7 錢，約合 1225 克。要使鬏髻不致由於負重而畸斜，頂簪所起的支持和固定作用就是必要的了。有時頂簪未與鬏髻伴出，或緣那副頭面較輕之故。同樣在《天水冰山錄》中，一副「金廂珠寶首飾」，計 10 件，才 6 兩 7 錢，約合 243 克；如插戴這副首飾似可免去頂簪。不過也有為美觀而加頂簪的；仕女嚴妝，其爭奇鬥妍的心理追求，難以被限制在純技術層面上。武進王洛家族墓出土的鬏髻，都帶頂簪。「金安人像」中鬏髻頂端的花飾，亦應代表頂簪。有些頂簪製作考究。北京海淀八里莊明武清侯李偉妻王氏墓出土的頂簪長 23.8 公分，簪頂的大花以白玉作花瓣，紅寶石作花心，旁有金蝶(53)（圖 50-22:1）。它的結構與定陵孝靖后隨葬品之 J126 號頂簪相近（圖 50-22:2）。王氏之女係萬曆帝生母慈聖李太后，王氏墓中曾出御用監所造帶「慈寧宮」銘記的銀洗和銀盆；故上述頂簪可能也是內府製品。已知之明代最富麗的頂

㊺ 南京市博物館等《江蘇南京市鄧府山明佟卜年妻陳氏墓》，《考古》1999 年第 10 期。

㊻ 同注㉟。

㊼ 《金瓶梅》第二二回說：宋惠蓮「把鬏髻墊的高高的，梳的虛籠籠的頭髮，把水鬢描的長長的。」可見有些鬏髻以高為尚。

㊽ 如《望江亭》中正旦譚記兒的穿關是「鬏髻，頭面，補子襖兒，裙兒，布襪，鞋」。此類例子很多，不備舉。

㊾ 漢劉熙《釋名·釋首飾》中列舉的物品有冠、笄、弁、幘、簪、導、鏡、梳、脂、粉等。《續漢書·輿服志》說：「上古穴居而野處，衣毛而冒皮，未有制度。後世聖人……見鳥獸有冠角頔胡之制，遂作冠冕纓蕤，以為首飾。」

㊿ 「汪太孺人像」見本文注㊳所揭書，頁 423，女圖 9。「金安人像」見本文注㉞所揭文。

(51) 《定陵》下冊，圖版 106。

(52) 如《金瓶梅》第一三回所稱「關頂的金簪兒」。

(53) 張先得、劉精義、呼玉恒《北京市郊明武清侯李偉夫婦墓清理簡報》，《文物》1979 年第 4 期。

圖 50-22　明，頂簪

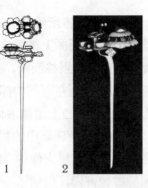

1　鑲寶石花蝶頂簪　北京八里莊李偉妻王氏
　　墓出土
2　鑲寶石花蝶頂簪，孝靖后隨葬品　北京昌
　　平定陵出土
3　鑲寶石玉龍戲珠頂簪，孝端后隨葬品　北
　　京昌平定陵出土

簪為定陵孝端后隨葬品中的 D112:1 號簪。其頂部的金托上還疊加一片玉托，托下垂珠網；托上的裝飾又分兩層，下層密排嵌寶石心的白玉花朵，上層為白玉蹲龍和火珠。這件頂簪共鑲寶石 80 塊、珍珠 107 顆，璀璨華貴，堪與其高踞皇后首服之巔的位置相稱（圖 50-22:3）。王氏墓與定陵內均未發現髮髻，作為皇親、皇后，她們應戴特髻，但其上之頂簪的用法當無大殊。從實物看，有些頂簪的托片平置，簪腳向下伸出，與簪身垂直連接。也有些頂簪的頂端呈側立狀，以便使其花飾在正面展現，上海李惠利中學明墓所出及「金安人像」上所繪的頂簪均是如此。

圖 50-23　明，頭箍　江蘇無錫華
　　復誠妻曹氏墓出土

曹氏墓中的頭飾在髮髻正面之底部戴頭箍。這是一條弧形夾層銀帶，表面用線結紮上 11 枚鎏金的雲朵形飾片，兩頭穿有細帶，將它拴在插入髮髻兩側之銀簪頂端的圓帽上（圖 50-23）。「朱夫人像」上的頭箍也飾以雲朵，與曹氏墓所出的近似。裝在這裏的此類飾片名「鈿兒」❺❹。《金瓶梅》第九五回提到一條「大翠重雲子鈿兒」，「果然做的好樣範，約四指寬，通掩過髮髻來」。「大翠」指鈿兒上鋪了翠羽，「重雲子」指其形為重疊的雲朵；而結合下一句看，更可知它正是掩在髮髻底部的頭箍。寢假「鈿兒」就成了頭箍的別名。同書第七五回說吳月娘梳妝時，先戴上冠兒，然後孟玉樓替她掠後髮，「李姣兒替他勒鈿兒」。「勒」指紮緊，正是縛頭箍的動作；很顯然，其所稱「鈿兒」就是在「冠兒」即髮髻前方的頭箍。頭箍上雖以飾雲朵形鈿兒者居多，但它的花樣固不限於這一種。江西南城明益宣王妃孫氏棺出土的頭箍是在 4.5 公分寬的金帶上嵌以白玉雕琢的壽星和八仙，每件小玉像周邊還鑲有寶石。這條金頭箍長 21 公分，兩端也有供繫結用的帶子❺❺（圖 50-24）。用帶子繫結的做法反映出頭箍的底襯本來是用織物製作的。《雲間據目鈔》說：婦人「年少者用頭箍，綴以團花方塊。」上海打浦橋明墓出土的布頭箍上正綴

圖 50-24
明，鑲寶石嵌玉壽星八仙金頭
箍　江西南城益宣王妃孫氏
棺內出土

有形狀不一的金鑲玉飾 17 件，適可與文獻相印證❺❻。所以儘管有些頭箍形式
變化，裝飾繁縟，但仍用紡織品作襯。《天水冰山錄》中登錄之「金廂珠寶頭
箍七件」，注明「連絹共重二十七兩九錢八分」，就反映出這種情況。大部分
出土頭箍的原狀亦應沿襲此制。

　　曹氏頭飾在鬏髻背面中部插分心。分心一詞可能與挑心有連帶關係，但
命名的由來尚不清楚。這件飾物目前在發掘簡報中的叫法很不統一，有「鈿」、
「冠飾」、「如意簪」、「月牙形飾件」、「花瓣形彎弧狀飾件」諸種❺❼。其造型
若群峰並峙之山巒，當中一峰最高，兩側對稱，正視之有如筆架。出土時尚
保持原位置者多插在鬏髻背面；除曹氏之例以外，武進王洛家族墓與上海李
惠利中學明墓之分心，出土時的情況也是如此❺❽。《金瓶
梅》第二回說，戴頭髮鬏髻者，「排草梳兒後押」。可見插
後分心的作法當與婦女在髻後插梳的古老習俗有關。但
《雲間據目鈔》列舉頭髻周圍的飾件時稱：「後用滿冠倒
插。」則此物又名滿冠。《三才圖會》認為：滿冠「不過以
首飾副滿冠上，故有是名耳」（圖 50-25）。因為背面插分心
後，冠上的飾件遂已基本布滿之故。又《金瓶梅》第九○

圖 50-25
《三才圖會》中的「滿冠」

滿　冠

---

❺❹　從漢代以來，「鈿」一直作為飾品的名稱，但不同的時代裏所指之物不同。《說文·金部》：
　　「鈿，金華也。」這是其原始的，也是使用得最廣泛的概念。在唐代，「神女花鈿落」（杜甫
　　句）之鈿指貼在眉間的花子；著「鈿釵禮衣」時所用「九鈿、八鈿」（《新唐書·車服志》）
　　之鈿則指花釵。而在清代宮廷的衣飾中，所謂「鈿子」卻指戴在頭上插滿珠寶和花朵的一
　　種箕形髮飾。因此對「鈿」的用意必須作具體分析。這裏說的「鈿兒」，也只是在這一時期
　　中特指頭箍。

❺❺　見本文注❶所揭江西省文物工作隊文。

❺❻　王正書《上海打浦橋明墓出土玉器》，《文物》2000 年第 4 期。

❺❼　如平武王璽墓簡報稱之為「鈿」（見本文注❻），上海陸氏墓簡報稱之為「冠飾」（見本文注
　　❶❷），無錫曹氏墓簡報稱之為「如意簪」（見本文注❸❷之三），武進王氏墓簡報稱之為「月牙
　　形飾件」（見本文注❸❷之一），上海李惠利中學明墓簡報則稱之為「花瓣形彎弧狀飾件」（見
　　本文注❸❺）。

❺❽　《上海李惠利中學明代墓群發掘簡報》稱：「其中一件髮罩（按：即鬏髻）……前面有一銀
　　質鎏金花瓣形彎弧狀飾件（按：即分心），……髮罩後為銀質鎏金條形彎弧狀飾件（按：即
　　頭箍）。」從所附照片看，插在鬏髻後面的是分心，勒在前面的是頭箍。

回說：「滿冠擎出廣寒宮，掩鬢鑿成桃源境。」此滿冠恰與同書第一九回所寫「金廂玉蟾宮折桂分心」之構圖相當，皆以月宮景色作為裝飾的主題，指的應是同一類器物。曹氏的分心上雖未飾此種圖案，但它將鏤空的玉飾片鑲在鎏金的銀分心正中，則與「金廂玉」的做法相合（圖 50-26:1）。《金瓶梅》第六七回提到「金赤虎分心」，出土物中則有雙獅金分心 ❺（圖 50-26:2）。《金瓶梅》第二〇回提到「觀音滿池嬌分心」，出土物中則有文殊滿池嬌分心。後者在四川平武明龍州土司王氏家族墓地正德七年（1512 年）王文淵妻墓中出土 ❻。這件分心中部飾一道欄杆，上部為乘獅之文殊，兩旁立脅侍；下部為荷塘紋，當即所謂「滿池嬌」。元柯九思《宮詞》：「觀蓮太液汎蘭橈，翡翠鴛鴦戲碧苔。說與小娃牢記取，御衫繡作滿池嬌。」原注：「天曆間御衣多為池塘小景，名滿池嬌。」❻實物與文獻正相符合。此文殊滿池嬌分心闊 10.6、高 8.5 公分，估計也是插在鬏髻背面的（圖 50-26:3）。但同墓還出土一件闊 18.8、高 6.3 公分的分心，可能原插於鬏髻正面；《金瓶梅》第二〇、七五、九〇回中都提到插在正面的前分心。前分心的位置往往鄰近頭箍，有時甚至是用它

圖 50-26　明，分心

1　鎏金鑲玉銀分心　江蘇
無錫華復誠妻曹氏墓出土

2　雙獅金分心　上海浦東陸氏墓出土

3　文殊滿池嬌金分心
四川平武王文淵夫婦墓出土

4　仙宮夜游金分心　四川平武
王文淵夫婦墓出土

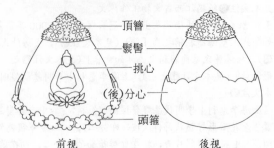

圖 50-27
明，鬏髻上之首飾的配置(示意圖。
據江蘇武進徐氏墓出土實例)

頂簪

鬏髻

挑心

(後)分心

頭箍

前視　　　　　後視

取代頭箍，故二者均呈扁闊之形。江蘇無錫青山灣嘉靖四十年（1561年）黃鉞妻顧氏墓出土的一件金質前分心，高 2.4，闊約 20 公分，呈弧形；表面紅、藍相間，共鑲嵌 7 顆寶石，看起來很像頭箍。但它的背面有垂直向後的簪腳；和無簪腳、用帶子繫結的頭箍不同，因知乃是前分心❷。以顧氏的前分心與王文淵妻墓所出扁闊的分心相較，可初步認定後者也是前分心。其紋飾極精細，中部有兩株葡萄，高柯擁接，抱成圓框，一人騎馬穿行其間，馬前有提燈開路者，馬後有舉扇侍奉者，且前部有樂隊，後部有隨從。行列下方為一道欄杆，欄杆下方為朵朵流雲，背景為宮殿樓閣，似表示此處係仙境。鑒於馬前須提燈，故應是賁夜出遊。《天水冰山錄》中記有「金廂樓閣群仙首飾」、「金累絲夜游人物掩耳」等名目；試循其例，此件似可稱為「仙宮夜游金分心」（圖 50-26:4）。其上有人物 40 多個，皆是立雕或高浮雕，剔透活脫，層次分明，給人以縱深的立體感。整個行列中的人物身姿舒展，繁而不亂；焊上去的欄杆和枝梗也安排得當，無疑是明代黃金細工中的優異之作。江蘇武進芳茂山明王昶妻徐氏墓中出土的鬏髻上，分心與頭箍、挑心、頂簪等首飾的位置未變，清楚地反映出當時插戴的情況❸（圖 50-27）。

　　曹氏頭飾在鬏髻下部的側面插「鎏金桃形銀簪」一件，此物應名掩鬢。明顧起元《客座贅語》：「掩鬢或作雲形，或作團花形，插於兩鬢。」《雲間據目鈔》中則稱作「捧髩」。江西南城明益端王妃彭氏、益宣王妃孫氏墓中出的掩鬢皆為兩件一組，雲頭的曳腳向外，自下而上相對戴，故又名倒插簪❹。曹氏墓所出不足二件，應是佚失一件。在皇后的鳳冠上，此物稍稍改型而稱為博鬢，左右各三件，比掩鬢就隆重得多了。但明代的掩鬢亦有製作極精者。如重慶明簡芳墓出土之金掩鬢，圖紋的背景為雲氣中的宮殿，其下三人策馬徐行；雖不如王文淵妻之前分心上的場面宏大，但刻畫得細緻入微，更覺生

❺❾　同注⓬。

❻⓿　四川省文管會等《四川平武明王璽家族墓》，《文物》1989 年第 7 期。

❻①　柯九思《宮詞》見《草堂雅集》卷一。又元張昱《宮中詞》：「鴛鴦鸂鶒滿池嬌，綵繡金茸日幾條。早晚君王天壽節，要將著御大明朝。」（《張光弼詩集》卷二）又《朴通事》中「鴉青段子滿剌嬌護膝」，注：「以蓮花、荷葉、藕、鴛鴦、蜂蝶之形，或用五色絨繡，或用彩色畫於段帛上，謂之滿剌嬌。今按『剌』，新舊原本皆作『池』。」則「池」字不應作「剌」。作為一種廣泛流行的圖案，滿池嬌既可用於繪瓷、織繡，也可用作首飾上的紋樣。參看尚剛《鴛鴦鸂鶒滿池嬌——由元青花蓮池圖案引出的話題》，《裝飾》1995 年第 2 期。

❻②　無錫市博物館《江蘇無錫青山灣明黃鉞家族墓》，《考古學刊》第 3 集，1983 年。

❻③　武進市博物館《武進明代王洛家族墓》，《東南文化》1999 年第 2 期。

❻④　彭氏的掩鬢見江西省博物館《江西南城明益王朱祐檳墓發掘報告》，《文物》1973 年第 3 期。孫氏的掩鬢見本文注⓭所揭江西省文物工作隊文。

圖 50-28　明，掩鬢

1　金閬苑朝回掩鬢　四川重慶簡芳墓出土
2　金累絲樓閣人物掩鬢　江西南城益莊王妃墓出土

動。其背面所鐫七律《三學士詩》中有「閬苑朝回春滿袖，宮壺醉後筆如神」之句。故此件應名「金閬苑朝回掩鬢」❻（圖 50-28:1）。又江西南城明益莊王妃墓出土的掩鬢，金累絲編的底托優美嚴謹，一絲不苟；而當中的樓閣人物處處交代清楚，彷彿他們正在一座建築模型裏進行活動。絕技神工，令人歎為觀止❻（圖 50-28:2）。

曹氏頭飾在充作挑心的佛像簪左右各插一件玉葉金蟬簪，其簪頭在銀托上嵌玉葉，葉上棲金蟬（圖 50-29:1）。江蘇吳縣五峰山出土的玉葉金蟬飾片，即脫失了金銀底托和簪腳的此型簪首❻（圖 50-29:2）。明代的頭面喜用蟲介等小動物作裝飾題材，如北京李偉妻王氏墓出土蝴蝶簪、艾蝎簪（圖 50-29:3），上海李惠利中學明墓出土蝦簪、螽斯簪，南京佟卜年妻陳氏墓出土蜘蛛簪（圖 50-29:4）。《天水冰山錄》中一再出現的「草蟲首飾」，《金瓶梅》第二〇回中說的「金玲瓏草蟲兒頭面」，應是此類飾件的通稱。曹氏頭飾在玉葉金蟬簪外側還各插嵌寶石的梅花簪二件（圖 50-30:1）。造型互相接近的梅花簪各地屢屢出土。上海浦東陸氏墓與北京李偉妻王氏墓出土的，皆為玉花瓣、金花蕊、寶石花心（圖 50-30:2、3）。簪戴起來，則和《雲間據目鈔》中，髻「旁插金玉梅花一二對」的說法正合。又曹氏的頭飾之最外側，還插戴頂端飾小花骨朵的鎏金銀簪各二件（圖 50-31）。《金瓶梅》第一二回說的「啄針兒」，同書第五八回說的「撇杖兒」，《明宮史》中說的「桃杖」，大約指的都是此類小簪子。出土物中亦不乏其例。

還有一種雖在《天水冰山錄》造冊時清點出一件，但明代遺物中罕覯，曹氏墓內亦未發現的頭飾：圍髻。此物初見於宋代。湖南臨湘陸城 1 號南宋墓中的金圍髻，闊 10.2 公分，上部為鏤花的弧形梁，懸繫 4～5 排花朵，互相牽絡，成為網狀，底部的花朵下且各繫一墜❻（圖 50-32:1）。其使用情況見於江西德安桃源山南宋周氏墓。此墓墓主頭部的髮型保存完好，用細金絲編成的網狀圍髻自髻前一直覆到額際❻（圖 50-32:2）此類圍髻尚有較完整者存世（圖 50-32:3）。其中還發現過形制更簡化的，弧形金梁下的垂飾僅三排（圖 50-32:4），與江西南城益宣王妃孫氏隨葬之圍髻近似。孫氏那件闊 16.2、高 8

圖 50-29　明，草蟲簪

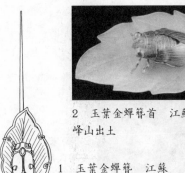

2　玉葉金蟬簪首　江蘇吳縣五
峰山出土

1　玉葉金蟬簪　江蘇
無錫華復誠夫婦墓出土

3　艾蝎簪　北
京八里莊李偉妻
王氏墓出土

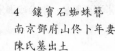

4　鑲寶石蜘蛛簪
南京鄧府山佟卜年妻
陳氏墓出土

圖 50-30　明，梅花簪

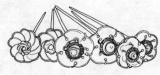

2　上海浦東陸氏墓出土

圖 50-31
明，啄針　江蘇無
錫華復誠妻曹氏墓
出土

1　江蘇無錫華復誠妻曹氏墓出土

3　北京李偉妻
王氏墓出土

公分，在上緣的弧形金梁下只懸掛 10 串小珠子。故圖 50-32:4 所舉之例，或
為元代至明初的作品。明代的圍髻在定陵孝端后的隨葬品中還有一件，闊
20.5、高 6 公分，網形，上部結綴石珠，中部為薏米珠，底端繫寶石❼（圖 50-32:
5）。

<hr>

❻　重慶市文物調查小組《重慶市發現漢、宋、明代墓葬》，《文物參考資料》1958 年第 8 期。
❻　中國歷史博物館編《中國歷史博物館》圖版 187，文物出版社／講談社，1984 年。
❻　見本文注❼之一，圖 40。
❻　湖南省博物館《湖南臨湘陸城宋元墓清理簡報》，《考古》1988 年第 1 期。
❻　江西省文物考古研究所等《江西德安南宋周氏墓清理簡報》，《文物》1990 年第 9 期。
❼　孝端后的圍髻見《定陵》下冊，圖版 238。孫氏的圍髻見《文物》1982 年第 8 期，圖版 4:
　5。此物或名「絡索」。元熊進德《西湖竹枝詞》：「金絲絡索雙鳳頭，小葉尖眉未著愁。」（此
　據《元詩紀事》引。《西湖集覽》中楊維楨編《西湖竹枝集》作「絡絛」。）《碎金》所收「南
　首飾」中有「落索」，似亦是此物。

圖 50-32　圍髻

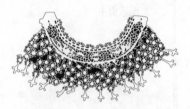

1　南宋，金圍髻　湖南臨湘宋墓出土

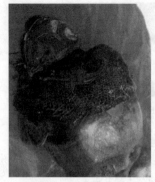

2　南宋　江西德安周氏墓中圍髻出土時的位置

3　南宋，金圍髻　傳世品　香港夢蝶軒藏

4　元至明初，金圍髻　傳世品私家收藏

5　明，寶石串珠圍髻　孝端后隨葬品　北京昌平定陵出土

　　頭面中還應包括耳環。《金瓶梅》第九七回將「金銀頭面」解釋為「簪、環之類」，就說明了這一點。《天水冰山錄》中立「耳環、耳墜」一目，共登錄 267 副，其中耳環約占 70%，耳墜約占 30%，則二者肯定有所區別。但從所載名稱看，既有「金珠茄子耳環」，又有「金廂玉茄耳墜」；既有「金珠串燈籠耳環」，又有「金燈籠珠耳墜」。所以明代當時究竟是根據哪些標準來劃分耳環和耳墜的，目前尚難明確回答。只能依照現代的習慣，將圓環形者，或在圓環形的主體上稍增花飾者稱為耳環；將其下部有稍長之垂飾者概稱耳墜。不過相對說來，耳環在工藝上的精美程度一般略遜於耳墜。曹氏墓出土

圖 50-33　明，採藥女仙金耳墜
南京徐氏墓出土

的是玉人形耳墜，與之相近者有無錫黃鉞妻顧氏墓出土的童子騎鹿耳墜，南京板倉徐達家族墓出土的採藥女仙耳墜等❼（圖50-33）；皆人物型耳墜中的精品。更多見的是葫蘆型耳墜，它大約受到用兩顆珠子串成的「二珠耳墜」（《天水冰山錄》）或「二珠金環」（《金瓶梅》第七回）的影響。因為如果二珠一小一大，上下相連，正呈葫蘆形。明墓中發現的此型耳墜最多：南京徐俌墓、四川劍閣趙炳然墓、四川平武王璽墓、雲南昆明潘得墓、甘肅蘭州彭澤墓、遼寧鞍山崔鑒墓、廣州東山戴縉墓之出土物中皆有其例❼。而且不僅是素面的，還有飾棱線、飾花絲、飾各式鏤空花紋的，不一而足。他如樓閣形、玉兔形、甜瓜形及嵌寶石構成新異之形的，更難縷述。

總之，挑心、頂簪、頭箍、分心、掩鬢、圍髻、釵簪、耳墜，大約都應算作頭面的內容。至於飾於頭部以下的墜領、墜胸、鐲釧以及近年出土之總數相當可觀的金銀領扣等，儘管也和前者相接近，但與頭面之「頭」、首飾之「首」的距離遠了些，故暫不放在一起討論。

從束髮冠到頭面，大部分都是用貴重材料製作的，是明代出土文物中的珍寶。但過去對其定名和用途均不無隔膜，雖然它們的藝術水平被推崇備至。像若干分心，花紋的層次豐富，疊曲縈迴，引人入勝；有的還構成故事情節，更耐尋味。可是陳列和介紹時，卻往往只當作單件藝術品看待，使之游離於原有的組合關係之外；這樣不僅看不到明代頭飾之整體的面貌，而且在理解和借鑒上也常難準確把握。在各地收藏明代文物的博物館裏，幾乎很少能見到一套恢復成原狀的明代頭面；有些品種的遺物不多，寫實的圖像不足，固然也造成困難。因而當代藝術家創造明代人物的形象時缺乏充分依據，作品中遂不免出現各種問題了。

（原載《文物》2001 年第 7 期）

❼　見本文注❶所揭書，頁 128。

❼　徐俌墓出土者，見本文注❹。趙炳然墓所出者，見四川省博物館等《明兵部尚書趙炳然夫婦合葬墓》，《文物》1982 年第 2 期。王璽墓所出者，見本文注❺。潘得墓所出者，見雲南省博物館文物工作隊《雲南昆明虹山明墓發掘簡報》，《文物》1983 年第 2 期。彭澤墓所出者，見甘肅省文管會《蘭州上西園明彭澤墓清理簡報》，《考古通訊》1957 年第 1 期。崔鑒墓所出者，見遼寧省博物館文物隊等《鞍山倪家臺明崔源族墓的發掘》，《文物》1978 年第 11 期。戴縉墓所出者，見黃文寬《戴縉夫婦墓清理報告》，《考古學報》1957 年第 3 期。

談談所謂「香妃畫像」

清代的皇妃（不說皇后）中被稗官野史渲染得最富於傳奇色彩的，當推順治的董鄂妃、乾隆的香妃和光緒的珍妃。儘管有關的傳說中子虛烏有的成分太多，而且這三位妃子都沒有足資憑信的肖像流傳至今。但好事者總想通過具體的形象把傳說裝點得更加「真實」，因而千方百計地把一些毫不相干的圖像找來加在她們名下。比如所謂香妃畫像，早在 20 世紀 20 年代就出現

圖 51-1
「香妃」戎裝像

過。這是一幅油畫，是設在故宮外廷的古物陳列所成立時，從承德避暑山莊取來的。畫中的女子小眼厚唇，顯然屬於蒙古人種，卻披掛著西式盔甲，看起來有點不同尋常（圖 51-1）。它是一張「貼落畫」，用於室內裝飾，並非清室所藏妃嬪影像。據記載，此畫原來的題簽上書有「美人畫像」等字，則這種畫取其悅目而已，不必實有所本。但舊古物陳列所卻把它定為香妃畫像，將它懸掛在武英殿浴德堂後元代所建阿拉伯式浴室的門楣上，並將此浴室也稱為「香妃浴室」。展出的說明文字《香妃事略》，竟然說她原是叛亂的「回部王妃」，被納入宮後，因體有異香，故號稱香妃。但她企圖刺殺乾隆皇帝，終於被太后「賜死」云云。這些說法與歷史實際毫無共同點。可是戎裝畫像、阿拉伯式浴室和說明文字互相配合，編織成一面很有迷惑力的大網。以致當時不明真相的觀眾紛至沓來，爭快先睹。此像也被印成畫片，高價出售。這種作法在我國博物館的歷史上留下了一個非常不嚴肅的記錄。可謂有譁眾牟利之心，無實事求是之意。單士元先生稱之為「舊社會的怪現象」❶，一點不假。

圖 51-2　改繪的「香妃像」

無獨有偶，70 年代在香港又出現了香妃像的畫片，也是根據一張油畫影印的。畫中之人挺秀氣；也許就是為了這個原因吧，此畫不脛而走，被多種書刊翻印，幾乎成為香妃的標準像了（圖 51-2）。但其臉型毫無維吾爾族的特徵，單憑這一點，也足以否定它是香妃的畫像。因為香妃之稱號來自傳說，她原名買木熱•艾孜木，是

維吾爾族上層人士艾力和卓之女。其叔額色尹與兄圖爾都曾協助清軍平定大、小和卓叛亂。香妃入宮後初封為貴人，乾隆二十六年封為容嬪，三十三年封為容妃。她在宮中生活了 28 年，乾隆五十三年病逝，享年 55 歲。容妃的家族反對割據，維護統一，有功於國家；她本人也被乾隆看重，不但在宮中的地位優越，而且幾次陪同皇帝南巡、東巡。她死後以妃禮安葬於河北遵化清東陵的園寢中，可知絕無謀刺皇帝之事。何況她死在皇太后之後 11 年，故被太后「賜死」之說更屬無稽。而且由於她是維族人，不但在宗教信仰、飲食習慣上與宮中其他妃嬪不同，而且她長期著維族服裝。直到封妃時，仍「無滿洲朝冠、朝服、吉服」，必須臨時製作。甚至到了乾隆四十一年，隨同她來北京居住的親屬之女眷，仍「未改換衣裝」❷。可能也是由於考慮到這些情況吧，所以曾將她安排在建築景觀不同一般宮殿的長春園西洋樓的遠瀛觀中居住。與之相鄰的方外觀，曾作為她的禮拜之處。西洋樓最東面的線法牆，根據設計是張掛油畫、作為襯景的處所，而所掛之畫也正是她的故鄉阿克蘇一帶之回教建築風景。可見如若她的便裝像真被發現，那上面一定會具有濃厚的維族情調。而香港出現的香妃像卻全無此種痕跡。

　　其實，香港的香妃像原是根據另外一張清代後期的肖像畫改繪而成 (圖 51-3)。畫中人是一位中年婦女。她梳著大開額的元寶頭，兩鬢蓬起，左右擴張。髮髻僅能看到頂部，當中露出簪頭。髻前插梳，一旁戴花朵，兩側採取對稱的形式插一對髮釵。根據髻頂看，此髻應為豎立之形，與旗裝的一字髻、兩把頭等不同，應是清中葉以後在我國南方流行的漢族婦女的髮型。畫中人的上衣為藍色，織出本色暗花。領子很矮，襟袖用淺紅色花邊鑲滾。大襟上的花邊第一道闊、第二道窄，叫雙重鑲滾；已較咸豐時和同治初年的「十八鑲」之類簡化了，

圖 51-3 「香妃像」原本

應是光緒年間流行的式樣。其袖子較短，袖口寬闊，露出緊窄的裏衣袖。這種式樣也具有光緒年間的特徵。因為再晚些，外衣的袖子變窄，領子加高；而再早些時候，袖子卻比畫中的長。《清稗類鈔·闊袖》條說：「同、光間，男女衣服尚寬博，袖廣至一尺有餘。及經光緒甲午、庚子之役，外患迭乘，朝政變更，衣飾起居，因而皆改革舊制，短袍窄袖，好為武裝，新奇自喜，

❶ 單士元《故宮武英殿浴德堂考》，《故宮博物院院刊》1985 年第 3 期。

❷ 乾隆四十一年十月初七日禮部內務府咨文。參看蕭之興《「香妃」史料的新發現》，《文物》1979 年第 2 期；于善浦《關於香妃傳說的辨偽》，《故宮博物院院刊》1980 年第 2 期。

自是而日益加甚矣。」就是指這種情況說的。她的前襟掛香串，香串又名香珠、串子，多以茄楠香等物琢為圓粒，每串 18 粒，故又名「十八子」。此像所掛香串半掩於衣襟之內，露在外面的一半正好是九粒，但當中卻綴以珍珠、翡翠等件，似已與「多寶串」相混合，這也透露出時代較晚的跡象。乾隆時的香串中尚不雜珠寶，如在《紅樓夢》第二八回中，寶玉說：「寶姐姐，我瞧瞧你的紅麝串子。」則寶釵的香串亦未雜珠玉。而且從許地山《近三百年來底中國女裝》一文所載乾隆時的仕女像看，當時戴的香串下垂長穗❸。而此像中的香串無穗，僅在底下繫兩枚玉墜子，和慈禧太后油畫像上所戴多寶串的形制相似。凡此種種，都說明它是光緒年間一位漢族富家婦女的畫像；但富而不貴，在這張像上看不到任何宮廷氣味，和乾隆年間的香妃即容妃沒有關係。與原作相較，這張被稱為香妃像的畫片的底本在臨摹時顯然做了手腳。首先它把上衣改成紅色，鑲邊改成藍地，並將衣袖的花邊改為龍紋，而且兩只袖子改得不對稱，和原作大不相同。根據畫片上的顏色看，衣袖上的龍紋是盤金繡，而衣襟上的花邊卻是用綵線平繡，兩者不相協調。其所以作這種改動，可能是想用龍紋提高畫中人的身分，以便把她推上妃子的寶座；其實卻與當時的制度不相符。因為衣服上表示身分的龍紋，主要用於朝服、吉服的袍、褂，而且兩肩前後的正龍、衣襟上的行龍和袖端的雲龍紋是配套的，不能亂來。像畫片中人物的這種便裝，在宮廷中舉行典禮的場合根本不能穿，因而談不上用它代表地位、等級的問題。可是這麼一畫，卻把摹繪者存心欺世的意圖暴露無遺。並且，這類經過竄改的摹本一般總存在著若干敗筆，這張畫也是如此。如原作中人像之耳墜，雖因其頭部微傾而使兩側之底端不在一條水平線上，卻挺自然；畫片中把它們畫得一上一下、高低失度，就顯得不合理了。再如原作中人物左側靠在桌上的衣袖呈卷屈拖垂狀，而在畫片中這一

部分也改動得很彆扭。不過另外還有一幅技巧比較好的摹本，前幾年曾出現於紐約蘇斯比拍賣公司，我只見過翻印的黑白照片，其用色的情況不得而知（圖 51-4）。與原作不同的是，這幅畫是畫在金箔上的，筆觸很細膩。人物的輪廓雖無多大變化，但神情微異，其眉宇間漾動著一絲朦朧的笑意，幾乎令人懷疑是借用了「蒙娜麗莎」的某些美感。它雖未被定為香妃像，但卻說成是「仿郎世寧仕女像」。其實原作大約是當時廣州大新街油畫作坊的作品，與郎世寧無涉。

圖 51-4　「香妃像」摹本

在過去很長一段時間中，香妃一直是一個被歪曲了

的歷史人物。曾有一齣旗裝戲「香妃恨」描寫她寡言笑，不屈從，進而謀刺，最後以殉身告終，其實不過是在為分裂割據唱贊歌。今天，當有關的史料大白於世以後，應該恢復其本來的面目，應該用正式封號稱她為容妃，而將來歷不明的香妃之稱擯棄不用。至於此類以訛傳訛的畫像，更不應任其繼續混淆讀史者的視聽了。

（原載《文物天地》1989 年第 5 期）

---

❸　載《大公報・藝術周刊》1935 年 5 月 11 日～8 月 3 日。

固原北魏漆棺畫

1973 年出土於寧夏回族自治區固原縣雷祖廟北魏墓的描金彩繪漆棺，雖其後部已損毀，木胎亦朽失不存，但殘漆皮經拼接復原後，仍使大部分畫面得以恢復❶。這些繪畫不僅在藝術史上應占有重要地位，而且它們所透露出的有關北魏歷史面貌的若干信息，更是彌足珍貴的。

在討論這個問題之前，應先判定漆棺製作的年代。從已發表的文章看，研究者多認為漆棺是太和年間之物，這無疑是正確的。更具體地說：一、棺畫上的人物皆著鮮卑裝。故漆棺的製作應早於孝文帝開始實施新服制的太和十年（486 年）❷。二、漆棺蓋上所繪絡合成菱形的忍冬圖案與太和八年（484年）司馬金龍墓所出漆屏的邊飾相近；而棺畫中人物的服飾又與內蒙古赤峰市托克托縣出土的太和八年鎏金銅釋迦像座上之供養人的服飾相同❸。因此，漆棺的年代大致應為太和八年至十年。也就是說，漆棺是在獻文帝已死、馮太后開始推行漢化政策期間製作的。因為在漆棺畫上，可以明顯地覺察到草原文化與中原文化併而未合、匯而未融的時代氣息。

漆棺畫中的人物皆著鮮卑裝，故爾在整個漆棺上籠罩著濃厚的鮮卑色彩，但中原文化的影響仍有所體現。比如漆棺蓋上的主題花紋是安排在銀河兩側的日輪和東王父以及月輪和西王母，實際上是一幅帶有道教色彩的天象圖。秦漢以來，在墓頂上繪天象本屬常見之舉，但也有將這類圖畫轉移到棺蓋上的，如江蘇儀徵煙袋山西漢墓的棺蓋內就嵌有北斗七星❹。洛陽出土的一具北魏石棺在棺蓋內刻有天象和伏羲、女媧，仍然沿襲著漢代的傳統❺。固原漆棺將這種圖畫繪於棺蓋頂部，已開 6 世紀以降高昌墓葬在棺蓋上覆以繪有天象和伏羲、女媧的絹畫之先河。至於此漆棺不畫伏羲、女媧而畫東王父、西王母，則是與十六國以來的風氣有關。甘肅酒泉丁家閘一座十六國時期的墓葬，墓頂為四角攢尖，其東坡畫日輪和東王父，西坡畫月輪和西王母❻。有意思的是，固原漆棺和丁家閘壁畫上所畫的四尊神像，其身姿、衣著均非常接近（圖 52-1）。漆棺就是將丁家閘這類墓頂壁畫搬到棺蓋上了。研究者或以為棺蓋上畫的就是墓主人夫婦❼，不確。因為人物身旁榜題中的「東王父」三字彰彰在目，而且漆棺前擋又繪有已被確認的墓主像；加以其位置高據天際，身側伴以日、月，故應為神像無疑。研究者又認為漆棺畫中的東王父、

西王母穿的是漢式服裝；雖然也可以
這麼說，但實際上只不過因為它們原
是漢族的神像，有固定的格式，不便
全盤改動而已。儘管如此，漆棺畫中
仍給它們都戴上鮮卑帽；而在古代服
裝史上，服裝的等級和屬性往往是由
冠、帽的式樣決定的。所以它們初看
起來就與丁家閘壁畫中東王父戴山字
形三維冠❽、西王母飾三起式大髻的
形象頗不相同，甚至使人產生這是墓
主夫婦像的誤解了。從而說明，根據
鮮卑族墓主人的意圖，棺畫在形象的
處理上是以我為主、為我所用。棺畫
中的「漢化」因素是透過其鮮卑氣氛閃現出來的。

圖 52-1　東王父與西王母

東王父

1　十六國，壁畫　　3　北魏，漆棺畫
甘肅酒泉丁家閘墓　　寧夏固原

西王母

2　十六國，壁畫　　4　北魏，漆棺畫
甘肅酒泉丁家閘墓　　寧夏固原

　　類似的情況在棺畫中的孝子像上也可以看到。在這裏，無論舜、蔡順或
郭巨，一律鮮卑裝扮，如果沒有身邊的榜題，恐怕難以認出這是些什麼人了。
以之與北魏遷洛以後的孝子畫像石棺（今藏美國堪薩斯市埃蒂肯斯美術博物
館的那一具）上的人物相較，簡直判若兩族（圖 52-2）。就目前所知，孝子作
這種形象者，在中國藝術史上只此一例。

　　但是這位鮮卑民族意識很強的墓主人，為什麼在漆棺上畫上這些漢族的
孝子呢？看來這仍然與馮太后的漢化政策分不開。孝道本是儒家倫理思想的
一個組成部分，西漢時已加以提倡，東漢尤盛。《後漢書‧荀爽傳》說：「漢
為火德，火生於木，木盛於火，故其德為孝。」因而《孝經》遂成為兒童必讀
的課本。但在西漢，蒙學讀物的順序大致是《詩經》─《論語》─《孝經》❾。

❶　固原縣文物工作站《寧夏固原北魏墓清理簡報》，《文物》1984 年第 6 期。
❷　孝文帝新服制的實施在太和十年至十八年。見宿白《「大金西京武州山重修大石窟碑」的發
現與研究》，《北京大學學報》1982 年第 2 期。
❸　此釋迦像為內蒙古自治區博物館藏品。
❹　南京博物院《江蘇儀徵煙袋山漢墓》，《考古學報》1987 年第 4 期。
❺　宮大中《試論洛陽關林陳列的幾件北魏陵墓石刻藝術》，《文物》1982 年第 3 期。
❻　甘肅省博物館《酒泉、嘉峪關晉墓的發掘》，《文物》1979 年第 6 期。
❼　韓孔樂等《固原北魏墓漆棺的發現》；王瀧《固原漆棺彩畫》；均載《美術研究》1984 年第
2 期。
❽　《仙傳拾遺》：「東王父亦云東王公，蓋青陽之元氣，百物之先也。冠三維之冠，服九色雲
霞之服，亦號玉皇君。」

圖 52-2　舜與郭巨

舜

1　北魏，漆棺畫
寧夏固原

3　孝子畫像石棺　美國
堪薩斯市埃蒂肯斯美術博
物館藏

郭巨

2　北魏，漆棺畫
寧夏固原

4　孝子畫像石棺　美國
堪薩斯市埃蒂肯斯美術博
物館藏

東漢時卻將《孝經》提升為第一位。《四民月令》說：十一月「命幼童讀《孝經》、《論語》、《篇》、《章》、小學。」❿南北朝時仍然如此。南朝方面如顧歡「八歲誦《孝經》、《詩》、《論》」；伏挺「七歲通《孝經》、《論語》」；馬樞「六歲能誦《孝經》、《論語》、《老子》」。北朝亦不落後，如徐之才「五歲誦《孝經》」；顏之儀甚至「三歲能讀《孝經》」⓫。北魏且曾以鮮卑語譯《孝經》，《隋書・經籍志》中有《國語孝經》一卷，據志中《經部・小學類・小序》說，「國語」即鮮卑語。這卷鮮卑語《孝經》譯出的時間一說在遷洛後；但推情度理，實應在遷洛前。因為遷洛意味著與鮮卑舊俗的決裂，這時推行漢化已達到雷厲風行的程度。在語言方面，孝文帝「斷諸北語，一從正音」，即禁用鮮卑語，以漢語為通用的語言，故已無用鮮卑語譯書的必要⓬。再向前追溯，則北魏早期如《北史・魏高祖孝文帝紀》所說：「有魏始基代朔，廓平南夏，闢土經世，咸以威武為業。文教之事，所未遑也。」拓跋鮮卑出自大興安嶺，本是很落後的漁獵游牧部落，道武帝拓跋珪定都平城後，登國九年（394年）才分土定居，成為真正的國家，這時當然還談不上翻譯儒家經典⓭。至太武帝拓跋燾時，雖然他能征善戰，滅北燕、北涼，統一了黃河流域；又經略江淮，與劉宋形成南北對峙的局面。但他自稱「常馬背中領上生活」，則其人是一位起起武夫⓮。《魏書・食貨志》稱：「世祖（拓跋燾）即位，開拓四海。以五方之民各有其性，故修其教不改其俗，齊其政不易其宜。」可見他並不在鮮卑人當中推行中原的禮俗，比如拓跋鮮卑同姓為婚的原始習俗，他就未加觸動。此時翻譯《孝經》，恐怕條件仍不成熟。馮太后時就不然了，她斷然禁止同姓通婚。秉承她的旨意所下的詔書說：「夏、殷不嫌一族之婚，周世始絕同姓之娶，斯皆教隨時設，政因事改者也。皇運初基，中原未混。撥亂經綸，日不暇給，古風遺樸，未遑釐改。……自今悉禁絕之，有犯以不道論。」⓯她又在各地設鄉學，在諸郡署博士，在京師立孔廟。並「改析國記」，確認「魏之先出自黃帝軒轅氏。黃帝子

曰昌意，昌意之少子受封北國，有大鮮卑山，因以為號」之說❶。這樣，鮮卑民族遂納入羲農正統，漢化政策的推行更加名正言順了。同時，她還要求全國民眾都遵守儒家「父慈子孝，兄友弟順，夫和妻柔」的倫理道德規範❶。並指出：「三千之罪，莫大於不孝。」❶這時既然大力提倡孝道，從而讀《孝經》、譯《孝經》也就提到日程上來了。因為讀《孝經》不僅是接受儒家教育的起步，同時也是為接受漢化奠定思想基礎。而與讀《孝經》相輔而行的「孝子圖」，在東漢時已常見，南北朝時且有裝成卷軸的❶。所以說，如果鮮卑語《孝經》譯成於馮太后時，那麼鮮卑裝的「孝子圖」接踵而出，並進而摹繪到漆棺上，也正是自然的趨勢了。

　　漆棺上畫有孝子，是否意味著墓主人已服膺儒學？這倒並不見得。因為早在東漢末，《孝經》已染上神秘的色彩。《後漢書·向栩傳》說：「會張角作亂，栩上便宜，頗譏刺左右，不欲國家興兵，但遣將於河上北向讀《孝經》，賊自當消滅。」《藝文類聚》卷六九引《漢獻帝傳》說：「尚書令王允奏曰：『太史令王立說《孝經》六隱事，能消卻奸邪。』常以良日允與立入，為帝誦《孝經》一章，以丈二竹簟畫九宮其上，隨日時而出入焉。」可見這時已認為《孝經》能消災辟邪。西晉皇甫謐在《篤終》中說，他下葬時「平生之物，皆無

---

❾　《漢書·霍光傳》說史皇孫（宣帝）在民間時，「師受《詩》、《論語》、《孝經》」，或可代表西漢時蒙學讀物的順序。

❿　《齊民要術·雜說第三〇》引；《篇》指《蒼頡篇》，《章》指《急就章》。

⓫　見《南齊書·顧歡傳》，《梁書·伏挺傳》，《陳書·馬樞傳》，《北齊徐之才墓誌》（《漢魏南北朝墓誌集釋》卷七），《周書·顏之儀傳》。參看《呂思勉讀史札記·戊帙·論語、孝經》條，上海古籍出版社，1982年；吉川忠夫《六朝精神史研究·六朝時代における「孝經」の受容》，京都，1984年。

⓬　《隋書·經籍志》說：「魏氏遷洛，未達華語。孝文帝命侯伏侯可悉陵以夷言譯《孝經》之旨，教於國人，謂之《國語孝經》。」但此說恐不確。因如《北史·魏咸陽王禧傳》所說，遷洛後已「斷諸北語」。又《魏書·呂洛拔傳》說：呂洛拔的長子文祖於獻文帝時「補龍牧曹奏事中散，以牧產不滋，坐徙於武川鎮。後文祖以舊語譯注《皇誥》（馮后作），辭義通辯，超授陽平太守。」可見馮后時有以鮮卑語譯書之舉，譯《孝經》或亦在此時。

⓭　《魏書·賀訥傳》。

⓮　《宋書·索虜傳》。

⓯　《魏書·高祖孝文帝紀》。

⓰　《魏書·序紀》。

⓱　《北史·魏高祖孝文帝紀》。

⓲　《魏書·刑罰志》。

⓳　《南史·齊高帝諸子傳》說：「諸王不得讀異書，五經之外，唯得看「孝子圖」而已。」《南史·王慈傳》說：「年八歲，外祖宋太宰江夏王義恭迎之內齋，施寶物恣所取，慈取素琴、石硯及『孝子圖』而已。」這些「孝子圖」均應為單行的卷軸。

自隨，唯齎《孝經》一卷」❷，恐怕也與這種認識有關。南北朝時，除了用
《孝經》外，還兼用道經和佛經隨葬。如南齊張融遺命，入斂時「左手執《孝
經》、《老子》，右手執《小品》(《般若經》)、《法華經》」❷，表明自己三教兼
習，以保祐冥途平安。張融卒於建武四年（497年），與固原漆棺製作的時間
（約484～486年）相距甚近。所以漆棺上既畫孝子像，又畫道教的東王父、
西王母像及佛教的菩薩像，其中也應包含祈求冥福的用意。從這個角度考察，
則孝子像只不過是迎合時尚的裝點殯葬之物而已。所以說漆棺畫中雖有「漢
化」的成分，卻並不以「漢化」為基調。

那麼，墓主人的思想傾向到底是怎樣的呢？這從漆棺前擋所繪墓主像中
可以略見端倪。像中的墓主著鮮卑裝坐於榻上，右手舉杯，左手持小扇（圖
52-3:1）。令人驚異的是，此像竟爾表現出一派嚈噠作風。它與烏茲別克斯坦
南部鐵爾梅茲市西北的巴拉雷克 (Balalyk-Tepe) 嚈噠建築遺址所出壁畫上的
人物非常肖似❷。此處壁畫係5世紀後期到6世紀前期的作品。6世紀後期，
此地遭西突厥入侵，建築物受到損壞；7世紀前期，由於薩珊入侵而淪為廢
墟。壁畫所表現的宴飲場面中，嚈噠貴族大都一手持酒杯，一手執小扇，與
固原漆棺畫中的墓主像相同（圖52-3:2、3）。嚈噠壁畫中之人物持杯的手勢很
特殊，皆以拇指與食指、中指、無名指相對捏住杯足，小指單獨翹起，而漆
棺畫上的墓主像也正作此狀。兩者絕非偶然雷同，應代表一種特殊的風尚。
與嚈噠壁畫中人物席地的坐姿略有不同的是，漆棺畫中的墓主人坐在榻上，
兩足垂而相向。這種坐姿在《南齊書·魏虜傳》中稱為「跂據」，《南齊書·
王敬則傳》中稱為「跂坐」。如果其相向的兩足交叉起來，便是佛像造型中所
稱「交腳坐」。有的學者認為這種坐姿是摹仿鄯善王❷。實際上乃是當時從犍
陀羅、中亞到今新疆一帶流行的坐姿。519年宋雲在赴印求法途中經過嚈噠
時，說嚈噠王「著錦衣，坐金床，以金鳳凰為床腳」❷。他既然坐在床上，

圖 52-3　固原漆棺所繪人像與嚈噠人像之比較

1　固原漆棺前擋所繪墓主像　　2　壁畫　烏茲別克斯坦巴拉　　3　壁畫　烏茲別克斯坦巴拉
　　　　　　　　　　　　　　　雷克嚈噠遺址　　　　　　　　雷克嚈噠遺址

則當如義淨《南海寄歸內法傳》卷三所稱「凡是坐者，皆……雙足履地，兩膝皆豎」之狀；當然，雙足可以並垂，亦可交腳；與漆棺畫中墓主像的坐姿應大致相同。

據《北史·嚈噠傳》說：「嚈噠國，大月氏之種類也，亦曰高車之別種，其源出於塞北。」《梁書·滑國傳》則說他們是「車師之別種」。關於其族源、族屬，近人有各種說法，目前尚未取得一致意見❷⁵。在當時，嚈噠人自稱為匈奴，西方則稱之為白匈奴。拜占廷史家帕羅科匹斯 (Procopius) 說：「在所有的匈奴人民中，只有他們的皮膚是白色的，也只有他們的體態是正常的。」❷⁶東羅馬人對嚈噠人作出這種評論，似乎表示他們屬於印歐人種。他們起初曾居住在阿爾泰山下，因受柔然的攻擊而西徙。5 世紀中葉，嚈噠滅貴霜；5 世紀末葉又擊敗薩珊。公元 470～500 年左右，嚈噠奄有康居、粟特、大夏、吐火羅、富樓沙等地，成為繼貴霜而崛起的中亞大國。當固原漆棺畫繪製之際，嚈噠正處於其盛世。

嚈噠雖然強盛，但他們過的是游牧生活。宋雲對嚈噠國的描述是：「土田庶衍，山澤彌望。居無城郭，遊軍而治。以氈為室，隨逐水草，夏則隨涼，冬則就溫。」又說他們在「四夷之中，最為強大。不信佛法，多事外神。殺生血食，器用七寶。諸國奉獻，甚饒珍異」❷⁷。由於嚈噠既強大富足，又與北魏不相接壤，兩國間沒有發生過戰爭，不像北魏與柔然那樣，頻年以兵戎相見；故北魏與嚈噠互相通好。《北史·嚈噠傳》說，嚈噠「自太安（指太安二年，456 年）以後，每遣使朝貢」。固原漆棺正屬於這一時期。

固原出漆棺的這座墓中還出土了一枚薩珊銀幣，為卑路斯 B 式，年代為457～483 年。薩珊在文成、獻文、孝文各朝均曾遣使來北魏，這枚銀幣有可能直接來自波斯。但卑路斯是由嚈噠王派軍隊支持才得以即位的，後來他又屢次組織軍隊進攻嚈噠，可是均遭失敗，卑路斯幾度被俘，向嚈噠支付了巨額賠款。484 年，他本人也在與嚈噠的戰爭中喪生。故嚈噠應握有大量卑路

---

❷⁰　《晉書·皇甫謐傳》。

❷¹　《南齊書·張融傳》。

❷²　Л. И. Альбаум, Балалык—тепе. К истории материальной кулвтуры и искусства Тохари-стана. Изд—во Академии наук Узбекской ССР. Ташкент, 1960.

❷³　古正美《再談宿白的涼州模式》，《敦煌研究》1988 年第 2 期。

❷⁴　《洛陽伽藍記》卷五。

❷⁵　余太山《嚈噠的族名、族源和族屬》，《文史》第 28 輯，1987 年。

❷⁶　帕羅科匹斯《戰爭史》中之語，轉引自麥高文著、章巽譯《中亞古國史》。

❷⁷　同注❷⁴。

斯銀幣。在河北定縣北魏塔基出土的一枚薩珊耶斯提澤德二世（438～457年）
銀幣的邊緣上壓印有一行嚈噠文戳記❷，證明是經嚈噠人之手傳入中國的。
以此例彼，則固原所出薩珊銀幣也不排除有從嚈噠人那裏間接傳入的可能。
應當指出的是，我國迄今為止發現的1174枚薩珊銀幣中，有相當一部分可能
是經嚈噠人、粟特人或突厥人之手傳入的，不見得都直接來自波斯。

　　嚈噠既與北魏有交往，而且也有通過嚈噠人傳來的銀幣，那麼，是否在
我國出土的文物中還能找到其他嚈噠製品呢？當然，嚈噠立國僅一個多世紀，
不要說在中國，即便在它的故土，已發現的嚈噠遺物也為數不多。但在我國
近年的出土物中，卻有一件精美的銀器似應推斷為嚈噠製品。

圖 52-4
嚈噠，鎏金銀胡瓶
寧夏固原李賢墓出土

圖 52-5　嚈噠，鎏金銀胡瓶腹部人物紋（展開圖）

　　　　這件銀器是在固原深溝村北周李賢墓（天和四年，569年）出土的，為
鎏金的銀胡瓶，通高37.5、最大腹徑12.8公分。器腹呈小頭向上的卵形（與
羅馬式胡瓶之器腹呈大頭向上的卵形有別），高足修頸，瓶口有平直外侈之鴨
嘴狀短流，無蓋❷（圖52-4；52-5）。它的外輪廓與薩珊胡瓶相似，故出土之
初研究者曾認為是薩珊製品。但吳焯先生主張此銀瓶的作者「是嚈噠占領區
內的土著工匠或者客籍於這一地區的羅馬手藝
人」❸。雖然他只就其藝術淵源立論，未援引嚈噠
器物予以證明，但筆者認為此說值得重視。進一步
從造型上分析，它和薩珊製品的區別還可舉出以下
五點：

圖 52-6
粟特，銀胡瓶
內蒙古赤峰李
家營子1號
墓出土

　　　　一、李賢墓之銀胡瓶在其高圈足的底座下緣飾
有一周突起的大粒聯珠紋。這種裝飾手法亦見於巴
拉雷克嚈噠壁畫，那裏的宴飲圖中所繪高足杯的底

座上即飾有大聯珠紋。以後在粟特銀器上，此式底座更經常出現，實例很多。
而薩珊銀器之高圈足的底座多是平素無文的，其好尚與中亞地區不同。

　　二、此銀胡瓶之把手的頂部飾人頭像。內蒙古赤峰市敖漢旗李家營子 1
號墓出土的銀胡瓶也在把手與器口相接處飾一人頭像，那件胡瓶為粟特製品，
對此我國學術界的看法已漸趨一致（圖 52-6）。薩珊胡瓶在把手頂部立一小圓
球，本是為拴瓶蓋用的。而有些嚈噠與粟特瓶無蓋，遂將薩珊胡瓶上有實際
用途的小圓球改成裝飾性的人頭像了。

　　三、此銀胡瓶之把手兩端與器身連接處各飾一駱駝頭，而薩珊胡瓶之把
手兩端多飾以長耳朵的野驢頭或羚羊頭等。在器物上用駱駝的形象作裝飾，
看來是河中地區的一種風尚。

　　四、李賢墓之銀胡瓶把手上的人頭和器腹上錘鍱出的一個披斗篷的男子
均戴出簷圓帽，這是嚈噠式的帽子。它和粟特之僅扣在腦頂上的小帽不同，
薩珊更沒有這種式樣的帽子。而俄羅斯聖彼得堡愛米塔契博物館所藏 5 世紀
製作的嚈噠銀碗與上述巴拉雷克壁畫中描繪的錦紋裏，卻都有戴這種圓帽的
實例❸ （圖 52-7）。

圖 52-7　嚈噠帽

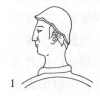

1　嚈噠，銀胡瓶　寧夏固原李賢墓出土
2　嚈噠，銀碗　俄羅斯聖彼得堡愛米塔
　契博物館藏
3　嚈噠，壁畫　烏茲別克斯坦巴拉雷克
　出土

　　五、最後應強調的一點是，這件銀胡瓶上錘鍱出的人物，其造型全然不
類薩珊風格。薩珊銀器上表現人物時，有一套程式化的章法，如所鑴阿娜希
塔女神以及舞女等，均有相對固定的幾種姿勢，一般變化不大，雷同之處較
多，故特徵明顯，易於識別（圖 52-8）。李賢墓之銀胡瓶則不然，這上面的人
物無論動作和裝束均與薩珊有別。特別是那個與持短矛者對話的女子，頭部
扭轉向後，雙足卻一逕前行，與烏茲別克斯坦撒馬爾罕歷史・建築・藝術博
物館所藏 5 世紀後期的嚈噠銀碗上之女像的姿勢全然一致❷ （圖 52-9）。並且

❷　河北省文化局文物工作隊《河北定縣出土北魏石函》，《考古》1966 年第 5 期。
❷　寧夏回族自治區博物館等《寧夏固原北周李賢夫婦墓發掘簡報》，《文物》1985 年第 11 期。
❸　吳焯《北周李賢墓出土鎏金銀壺考》，《文物》1987 年第 5 期。
❸　嚈噠銀碗見東京國立博物館《シルクロードの遺寶》圖版 78。巴拉雷克錦紋見 G. Furmkin,
　　Archaeology in Soviet Ceniral Asia, p. 118, fig. 28.

圖 52-8　薩珊，銀胡瓶上的女神像

圖 52-9　嚈噠，銀碗　烏茲別克斯坦撒馬爾
　　　　　罕歷史・建築・藝術博物館藏

李賢墓之胡瓶上由六個人組成的畫面，表現的似是某一希臘羅馬神話故事❸；由於宗教信仰的隔閡，此類題材也不可能出現在薩珊銀器上。

　　認為李賢墓出土的銀胡瓶為嚈噠製品，還有一條可供考慮的線索。《北史・嚈噠傳》說：「正光末，遣貢師子一，至高平，遇万俟醜奴反，因留之。醜奴平，送京師。」同書《李賢傳》說：「魏永安中，万俟醜奴據岐、涇等州反，孝莊遣爾朱天光擊破之。天光令都督長孫邪利行原州事，以賢為主簿。累遷高平令。」李賢在這次平叛事件中起的作用很大❸。當時嚈噠使臣正滯留於此，李賢本人應參與保護過這些使臣和貢品；因而在他的墓葬中發現嚈噠器物是可以理解的。故這件銀胡瓶應為世所罕覯之嚈噠文物中的珍品。加以本文所討論的漆棺畫中也有模仿嚈噠風習的跡象；與嚈噠有關之事物頻頻發現於固原，看來當時的原州確是絲路東段北線，即自長安通隴西出敦煌赴中亞這條大道上的一個重要地點。

　　嚈噠器物製作精緻，造型典雅，反映出他們具有較高的審美能力，並不僅僅是「凶悍能鬥戰」而已❸。因此嚈噠文明和他們的生活方式對北魏鮮卑貴族中的保守分子具有一定的吸引力。固原漆棺畫中的墓主像亦步亦趨地效法嚈噠作派，正反映出其追求與嚮往。但藝術水平與社會發展階段並不總是同步的，大量役使外族工匠的情況下更是如此。在 5 世紀時，與中國之成熟的封建制度相比較，嚈噠國家是落後的。而將固原漆棺之墓主所代表的思想傾向置於北魏的現實政治生活中，更會發現它正屬於反漢化的那股勢力。當孝文帝遷洛之後，不少鮮卑貴族「雅愛本風，不達新式」❸；對「革變舊風」，

「並有難色」❸。在穆泰等人陰謀占據平城發動叛亂時，「代鄉舊族，同惡者多」❸。特別是孝文帝的太子元恂，在遷洛之後仍「追樂北方」，企圖「召牧馬，輕騎奔代」❸。元恂雖然被廢，後又賜死，但他的思想狀況與固原漆棺之墓主是相通的。不僅像他那種鮮卑貴族如此，在穆泰等人的謀叛事件中，甚至還有司馬金龍之子司馬徽亮參加。司馬徽亮本是晉室宗族，竟爾也反對漢化，可見對嚈噠等所謂「騎馬民族」國家的魅力不能低估。直到唐初，唐太宗之子李承乾不是還在步這些人的後塵嗎！因此當拓跋鮮卑征服中原後，在他們處於「佛貍（拓跋燾）已來，稍僭華典，胡風（西域風俗）國俗（鮮卑風俗），雜相揉亂」❹的十字路口之際，到底下一步要建立一個怎樣的國家？是繼續保持游牧生活的基本習尚，成為一個像嚈噠那樣的奴隸制草原帳國呢；還是通過漢化，接受中原文明，完成向封建制的飛躍呢？這就是馮太后和孝文帝等人所必須作出的抉擇。固原漆棺畫從一個側面向我們展示出元恂一類鮮卑貴族的心態，遂使人更加體會到馮太后和孝文帝的漢化事業的可貴，以及他們所面臨著的是何等頑強的阻力。

（原載《文物》1989 年第 9 期）

---

❸　Б. И. Марщак, Я. К. Крикис, Чилекские чащи-Трулы Государственного Эрмитажа, т. X. Изд-вс "Советский художник", Ленинград1969, с. 67–76.

❸　參看 B. L. パルシヤク、穴澤咊光《北周李賢夫妻墓とその銀制水瓶について》，《古代文化》41 卷 4 號，1989 年。

❸　《周書·李賢傳》。

❸　《北史·嚈噠傳》。

❸　《魏書·東陽王丕傳》。

❸　《魏書·陳凱傳》。

❸　《魏書·于烈傳》。

❸　《魏書·廢太子恂傳》。

❹　《南齊書·魏虜傳》。

「穆天子會見西王母」畫像石質疑

《中原文物》1982 年第 1 期發表的「穆天子會見西王母」畫像石，據稱是前洛陽古玩商馬氏所遺（以下簡稱「馬氏石」）。原考釋將其年代定為東漢，認為它的「創作態度」「認真而嚴肅」，是一件很重要的古文物。然而讀過之後，覺得問題很多，對它的真偽和定名還有進行考訂的必要（圖53-1）。

圖 53-1　畫像石，「穆天子會見西王母」
馬氏舊藏

誠如原考釋所說：「此塊畫像石，從風格上看，與南陽的不同，與山東的較近似。」初看起來，畫面上若干單元的形象確乎有點面熟，彷彿都在山東出土的畫像石上看到過，然而綜觀全石，又感到它的構圖很奇特。馬氏石當中刻出輔以雙闕的樓閣，樓兩側為車馬行列，樓頂上為跨龍的天神，樓底下為騎魚的水怪，左右對稱，人神雜糅，場面雖大，物像雖多，卻不太符合漢畫像石的格式。因為在東漢，無論祠堂或墳墓中的畫像石，多以表現墓主人生前場景為重點，諸如其起居飲宴之豪奢，出行儀衛之盛大，生平歷官之顯赫等。至於以辟邪祈福為目的的神怪祥瑞題材和以宣揚封建道德為目的的歷史故事題材，則分欄另刻，與前一類畫面一般互不摻和，而且後兩類也不混刻在一起。特別是歷史故事，常採取簡單的圖解式，且往往附有榜題。馬氏石的內容如被解釋為穆天子會見西王母這一歷史故事，不僅證據不足，就構圖而言也絕無僅有。如把樓閣人物和車馬行列分離出來別作解釋，則題材淆雜，更難講得通。

再細看一下，馬氏石上有些形象很蹊蹺。比如此石左右兩下角刻水波紋，波浪中湧出各種魚龍水怪以及駕魚車的海神、河伯之類，其中有的還拿著武器，應是表現出戰的場面。但在兩組水怪的當中，卻刻出了一些姿態安詳的陸地動物如虎、鹿、麒麟之屬，一水一陸，一動一靜，全不調和，似不應刻在同一行列之內。再如馬氏石中部的樓閣，有很高的柱櫨和寬大的階石。但

這麼高的柱櫍要到宋代才出現。漢代的臺階也不是這種形制，殿堂所設賓階、阼階是分成兩列的，即便只設一列踏道，也較窄小，與馬氏石上的樣子全不相俟。馬氏石上的車馬行列也怪得很，其左側的一輛車相當豪華，大約代表出行行列中的主車，可是竟沒有屬車，只用幾名騎吏為前導❶。右側的一位婦女所乘之車，不但不按漢畫像石中的慣例，排列在主車後面，即所謂「載玉女兮後車」；並且她竟不乘輜軿，而乘四面敞露的軺車，均不符合漢代的制度❷。更不用說兩組車馬相對而行，似乎從兩個方面走來，使人更難以理解它們之間的關係了。

說馬氏石上的主車豪華，首先是因為它在馬頭後面刻出了一隻鸞雀，在漢代，這是金根車的制度。《續漢書‧輿服志》說金根車「鸞雀立衡」。劉注引徐廣曰：「置金鳥於衡上。」過去，這種車的畫像只知道唯一的一例：山東長清孝堂山石祠出行圖中的「大王車」（圖 53-2:1）。這輛車有三條轅，其前端在圖像石上清晰可辨，兩匹服馬夾在轅中，轅端施衡，鸞雀立在衡上，正和古文獻的記載一致。可是馬氏石上的主車沒有刻出衡來，鸞雀也太偏後，與衡的位置不相對應，所以這裏的鸞雀不是立在衡上，而是立在韁繩上。但在策馬前進的過程中，韁繩不斷晃動，那上面是絕不能安裝金銅製的鸞雀的，所以馬氏石上的安排，不合乎車制的結構原理。這種情況使人想起了清代摹刻漢畫像的木版書，如馮雲鵬等所編《石索》，好像就有類似的毛病。打開馮氏書一看，無獨有偶，《石索》中「大王車」的鸞雀恰恰也立在韁繩上（圖 53-2:2）。不僅如此，《石索》還把其靠外側的兩匹馬的前腿刻成雙雙直立；不像原

圖 53-2　幾種車的比較

1　漢畫像石中的「大王車」　　2　「大王車」《石索》摹刻　　3　馬氏石中的主車
山東長清孝堂山石祠

---

❶　《續漢書‧輿服志》說：乘輿大駕，屬車八十一乘；乘輿法駕，屬車三十六乘。諸侯貳車九乘。下至縣令長，還要以賊曹、督盜賊、功曹三車為導，主簿、主記二車為從。

❷　《續漢書》說：太皇太后、皇太后非法駕乘紫罽軿車，長公主赤罽軿車，大貴人、貴人、公主、王妃、封君等油畫軿車。故《漢書‧張敞傳》說：「君母出門，則乘輜軿。」內蒙古和林格爾漢墓壁畫榜題也寫明：「夫人乘軿車。」

石那樣只一腿直立，另一腿拳屈。因此《石索》中此車內側二馬的四條前腿和兩條後腿都拳屈起來，出現了很不合理的姿勢。而馬氏石主車的馬腿卻也正是這樣處理的。而且「大王車」的主人戴的本是武弁大冠，《石索》誤摹為進賢冠，馬氏石又含糊地加以簡化，變成不知是甚麼冠了（圖 53-2:3）。這就暴露出它是以《石索》為底本摹刻而成的破綻。不但《石索》弄錯了的地方它也跟著錯，另外它還添上了若干為《石索》所無的新錯誤。比如車蓋本來是用一根蓋杠支撐，而在車蓋四旁繫四條用布帛製作的維。《石索》上這一部分摹刻得大體無誤，只是四維的曲線較原石稍僵直。馬氏石卻將蓋杠和四維合併成四根支柱（女車尤其明顯）了。而且它的輪子太小，約過馬胸的靷及靮不能向後連結於車軸，照它這種結構，此車既無法繫駕，也難以成行。

圖 53-3　武氏祠畫像、《石索》及馬氏石上幾種形象的比較

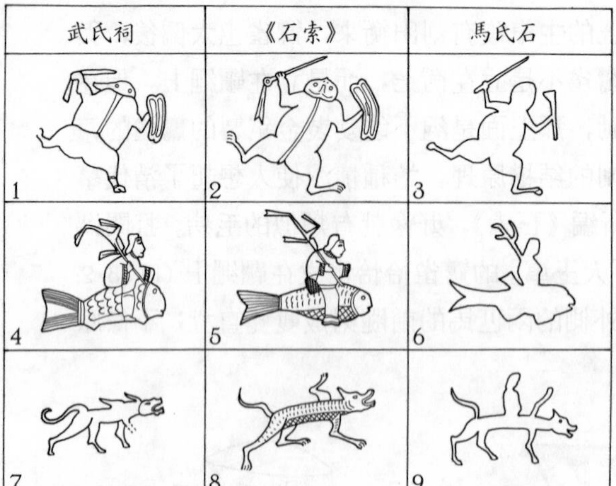

馬氏石上不獨這輛車是在缺乏理解的情況下自《石索》剽摹而成，其他部分也大都能在《石索》中找到其底樣。比如水怪出戰部分，武氏祠畫像石中有執刀、盾的蟾蜍（圖 53-3:1），《石索》中還大體保持原形（圖 53-3:2），在馬氏石上其所執之盾卻變成了不知名的棒狀物（圖 53-3:3）。武氏祠中騎魚的水怪肩荷棨戟（圖 53-3:4），《石索》摹刻的稍差一些（圖 53-3:5），在馬氏石上它卻變成三叉狀物（圖 53-3:6），全然看不出是作甚麼用的了。武氏祠中有條翼龍，因為一條前腿漫漶不清（圖 53-3:7），《石索》誤將其翼刻成向上直立的腿，而將看不清的那條腿略去（圖 53-3:8）。馬氏石繼承了《石索》的錯誤，將這條龍的四肢安排得更加畸形（圖 53-3:9），剿襲的痕跡昭然若揭。乘龍的天神也是如此，在武氏祠畫像石上，一個羽人乘龍持旌（圖 53-3:10），《石索》把原石上生雙角的龍刻成獨角（圖 53-3:11）。在馬氏石上這條龍仍是獨角，但旌卻變成一種漢畫像中不經見的小旗子（圖 53-3:12）。

特別應當指出馬氏石當中那座樓閣，乃是從《石索》所載武氏祠畫像石三

圖 53-4 樓閣人物圖的比較

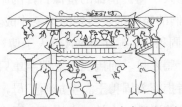  

1 畫像石中的樓閣 山東嘉祥武氏祠　　2 《石索》翻刻的同一座樓閣　　3 馬氏石中的樓閣

之十三完整地搬來的，只把原石樓下層的人物略去一個，樓上的人物略去兩個
（圖 53-4）。原石本為武梁祠後壁，在樓上女主人身側，有二侍女分別持便面
和捧鏡；而在馬氏石上，這兩個人卻朝著女主人的頭部各舉一棒，動作的意向
很不明瞭。原石樓上的一根人像柱，伸出一隻手與坐在右闕屋頂上的一人相
握。馬氏石略去了闕頂上的人，人像柱卻兀自伸著手。原石樓下的男主人雖已
大部剝蝕不清，但他所坐的矮榻或枰尚存一角，參照武氏祠中另一相仿的圖
像，知此男主人本呈坐姿，他的面前有侍者捧碗奉槃進食。《石索》誤將男主
人像補成立姿。馬氏石接受了《石索》的補充，又把捧碗者改為舉花端立，與
男主人分庭抗禮；以致上述《中原文物》所載之文把他們誤會成兩位亭長了。
更可注意的是，樓頂脊端的原始鴟尾，原石只不過刻成兩個尖角形的突起物，
《石索》把它們刻成 B 字形，馬氏石更進一步加以美化，把它們刻得尖聳而
彎曲，漢代的原始鴟尾根本不曾有過這種式樣。這些情況清楚地告訴我們，馬
氏石上的畫像是自《石索》拼湊翻摹而成。它是古玩市場上的贋品。

　　最後，還想就馬氏石與穆天子會見西王母故事的關係談點看法。馬氏石
既非古物，本無考證其題材的必要。今姑捨其真偽不論，就算東漢時有這樣
一塊畫像石，它上面也很少有可能反映出穆天子會見西王母的故事。因為這
個故事最初見於《穆天子傳》，此書是晉代汲郡人不準於太康二年（281 年）
從魏王墓中盜掘出土的❸；東漢人沒有見過這部書，《漢書・藝文志》中亦未
加著錄，所以一般漢代人不會熟悉這個故事❹。退一步說，是否可以設想，

---

❸ 此據《晉書・束晳傳》。同書《武帝紀》作咸寧五年（279 年）。杜預《春秋經傳集解後序》
　作太康元年（280 年）。

❹ 或以為《漢武帝內傳》等書中的故事，本是武帝身邊的方士所「編造」，「儲以自隨，待上
　所求問」者；非是。《守山閣叢書》本《內傳》有錢熙祚序，云此書「大約東晉以後，浮華
　之士造作妄誕。」至於《漢武故事》一書，余嘉錫說：「傳本之題班固，則淺人所為，非其
　舊也」（《四庫提要辨證》卷一八）。它們均作於《穆天子傳》問世之後。在漢代的文獻與實
　物中，未曾出現「穆天子會見西王母」故事的任何跡象。

這個故事在漢代曾於少數人當中口頭流傳，而為某塊畫像石所反映呢？當然，如果早於汲冢竹書就出現了一塊能夠印證《穆天子傳》情節的畫像石，的確是一件了不起的事，但那上面也總得有代表他們的特徵的較典型的形象才成。在漢代，皇帝的車駕六馬❺，畫像石上如出現周穆王，縱使不像《穆天子傳》所描寫的那樣用「八駿」駕車，也至少應駕六馬才是。而馬氏石上的主車只駕四馬，僅就這一點來判斷，也難以將乘車者指認為周穆王。至於西王母，在漢代的畫像磚石、銅鏡、漆器上都出現過她的形象。由於《山海經‧西山經》和《大荒西經》說她「蓬髮戴勝」、「戴勝虎齒」，所以她常戴玉勝或巾幗，坐在山狀座，即鼇戴三山或郭璞所說的「天柱」上❻。也有些圖像把她表現為坐在龍虎座上。她身旁常有三青鳥、三足烏及九尾狐等侍奉，不過最多見的是有玉兔或羽人搗藥，因為漢代對西王母的崇拜是和求不死之藥等神話聯繫在一起的。馬氏石樓上端坐的婦女完全不具備這些特點，故無法把她和西王母拉扯在一起。馮雲鵬說她「蓋妃嬪夫人之屬」，倒更為近是❼。不過馬氏石把女主人的身軀放得特別大，把侍者縮得相當小，倒不能不說有點給它的贗品增添些神化的光彩的意圖，但這一切都不過是出於牟利的目的而已。如果把她誤認為西王母，並進而聯繫「周與西方民族的關係」加以申論，就未免離題太遠了。

(原載《中原文物》1983 年第 3 期)

---

❺ 《逸禮‧王度記》：「天子駕六馬，諸侯駕四。」《易》京氏傳、《春秋公羊傳》說同。《史記》以為秦始皇尚水德，故乘六馬。漢承秦制，因而不改。

❻ 郭璞《山海經圖贊》：「昆侖月精，水之靈府。唯帝下都，西老（姥）之宇。蛛然中峙，號曰天柱（柱）。」

❼ 漢代墓室、祠堂所刻「樓閣拜謁圖」中的受禮拜者皆是墓主或祠主，樓閣二層端坐的婦女是其妻室；並無例外。參看信立祥《漢代畫像石綜合研究》頁 92～102，文物出版社，2000 年。

關於一支「『唐』鏤牙尺」

上海博物館收藏的一支「唐撥鏤象牙尺」，其圖像屢見刊載（圖54-1）。它發表在初版的《中國古度量衡圖集》上時，定名為「唐鳥獸花卉紋黃牙撥鏤尺」。該書的《前言》中說：「唐代度量衡器主要由官府製造，製作精緻。傳世的象牙尺（指此尺）採用浮雕和撥鏤的工藝，飾以亭臺花草鳥獸，它既是一支精細的尺，又是一件藝術珍品。」該書的圖版說明中謂此尺：「正背兩面用雙線等分為10個寸格，寸格內分刻花卉、鳥獸、亭宇等紋飾。每寸之間和周邊均刻花紋。鏤刻精細，反映了唐代高超的牙雕技術。」在文物出版社與日本講談社合刊的《上海博物館》一書中，它的名稱改定為「撥鏤鳥獸花卉象牙尺」，認為這支尺「精緻絕倫」。並認為「唐代撥鏤牙尺傳世之物國內僅存此件，甚為珍貴」❶。但撥鏤一般指坯料染色後再刻鏤出本色花紋的工藝，與此尺僅施以陰線花紋的做法不同。故此尺只可稱為「鏤牙尺」，與撥鏤無關，其上更看不出有施浮雕的地方。

唐代宮廷用的鏤牙尺是少府監中尚署製作的。《唐六典·中尚署》條注：「每年二月二日，進鏤牙尺及木畫紫檀尺。」日本奈良正倉院尚藏有唐時傳去的這類鏤牙尺的實物。

此尺一見之下，立即令人想起日本正倉院所藏牙尺，其紋飾的題材和圖案的布局與後者確有相近之處。但試作進一步考察，就發現其中之動物紋的形象窳弱，和唐代的風格距離較大。唐代工藝品雖然也有精粗工拙之分，不能一概而論，可是只要出自唐人之手，總帶有那個時代的韻味。

圖54-1　鏤牙尺　上海博物館藏

正面　　　　　　背面

第1格
第2格
第3格
第4格
第5格
第6格
第7格
第8格
第9格
第10格

何況鏤牙尺是名重一時的產品，牙料又較易奏刀，所以正倉院所藏牙尺之刻紋無不意態酣暢，風骨卓犖，刀法流麗，充滿美感。此尺如為唐代所製，其工藝也應保持大體相當的水平。然而以唐代作品的標準來衡量，卻不能不認為尺上的花紋盡是些畫虎不成的失敗之作，比例失調、安排失當之處比比皆是，完全看不到藝術創作的匠心；相反，模擬的痕跡卻相當明顯。所以，它是否為唐物很值得懷疑。唯因目前尚未從尺上取樣作碳 14 測定，或剝下刻紋中的部分色料進行化驗，或用其他自然科學手段加以檢查，故本文沒有這方面的依據。只通過對花紋的分析提出的看法，當然是初步的，帶有推測性的。之所以把它寫出來，是希望引起識者的注意，以求得問題的進一步研究解決。

此尺刻紋中的鳥獸，如鳳、獅、鹿、鶴等，在唐代工藝品中常見，可供比較的材料很多。如此尺正面第 7 格中刻鳳紋（圖 54-2:1）。這隻鳳口銜花枝，作闊步奔跑狀，和正倉院藏金銀平脫花鳥紋八曲葵花鏡上之鳳紋的構圖相似（圖 54-2:2）。可是相比之下，尺上的鳳紋顯得頭大、軀體笨重、雙腿短小，缺乏在唐代作品上見到的那種高昂英邁的神氣；特別是其尾羽的結構單薄，更給人以萎靡不振的印象。而於上述八曲葵花鏡上所見之鳳紋，卻幾乎完全找不出這類缺點。其他唐代銅鏡和金銀器上的鳳紋，身軀也大都秀美遒勁，頸部不長，翼展不太寬，但足部剛強有力。尾羽則高高地向上翻卷，有時呈卷草或花葉狀，也有時像一叢綺麗的翎毛；總之，華貴的尾羽是唐代鳳鳥紋著力刻畫之處，含糊潦草的情況非常少見（圖 54-2:3～5）。從比較的結果看，此尺上的鳳紋或係摹自上述正倉院之葵花鏡，但掌握不住造型的要領，失其矩度，所謂「畫虎不成」，即指這種情況而言。

再看獅紋，它出現在此尺正面第 5 格，作奔跑中向一側顧視之狀。這是一種頭生雙角的獅子，或應稱之為神獸（圖 54-3:1）。在正倉院藏鳥獸紋八角

圖 54-2　鳳紋

1　鏤牙尺　上海博物館藏
2　唐，八曲葵花鏡　日本奈良正倉院藏
3　唐，李仁墓石門楣
4　唐，銀盒　西安何家村出土
5　唐，八角菱花鏡　日本奈良正倉院藏

圖 54-3 神獸紋

1 鏤牙尺 上海
博物館藏

2 唐，八角菱花鏡
日本奈良正倉院藏

3 唐，王元逵墓誌
邊飾

4 唐，銀盒 西安
何家村出土

5 唐，石刻線畫
陝西乾縣乾陵

6 唐，綠牙撥鏤尺
日本奈良正倉院藏

菱花鏡、綠牙撥鏤尺、西安何家村出土的銀盒及河北正定木莊所出唐王元逵墓誌邊飾上均有此獸的形象❷（圖 54-3:2～6）。本來唐代獅子的造型就很驃悍，神獸自然更加威武，昂頭獰目，巨口利齒，常作咆哮嘶吼狀。四肢極其粗壯，肩膊上並有翼形物如火焰升騰。可是此尺上的神獸之四肢纖細得不成比例，翼形物也不見了，閉嘴皺眉，全無精彩可言。在乾陵刻石、王元逵墓誌等處之氣勢磅礡的神獸之前，它顯得多麼屛懦，無法被認定是唐代的作品。不過在它身上仍可看出上述正倉院菱花鏡上之神獸的已被扭曲的影子。

鹿紋在此尺背面第 3 格與第 7 格中兩次出現。第 3 格中刻的是芝角鹿（圖 54-4:1）。這種鹿由於其角像有莖有蓋的靈芝而得名（圖 54-4:2）。它原是從粟

圖 54-4 鹿紋

1 鏤牙尺 上海博物館藏

2 唐，綠牙撥鏤尺 日本奈良正倉
院藏

3 粟特，扁角鹿紋銀盤 俄羅斯聖
彼得愛米塔契博物館藏

4 唐，銀盤 日本奈良正倉院藏

5 唐，銀盤 河北寬城出土

6 唐，銀盤 內蒙古喀喇沁旗出土

---

❶ 上海博物館編《上海博物館》圖版 133、134，文物出版社／講談社，1985 年。

❷ 何家村銀盒見《陝西出土文物》圖 60，陝西人民出版社，1973 年。王元逵墓誌見《唐成德軍節度使王元逵墓清理簡報》，《考古與文物》1983 年第 1 期。

特工藝品中的扁角鹿演化而來（圖 54-4:3）。唐代工藝師將扁角改成芝形角，雖與其原型已大不相同，但芝形角起初仍是不對稱的，前部較短而後部較長，還帶有扁角的特徵。正倉院所藏與內蒙古赤峰市喀喇沁旗哈達溝門及河北寬城峪耳崖鄉大野峪村出土的三件銀盤上都飾有這種鹿紋❸（圖 54-4:4、5、6），其角均前後不對稱。其中正倉院銀盤之鹿紋的角最大；時代較晚的喀喇沁旗出土銀盤之鹿紋的角最小，但其後部仍大於前部，它是唐德宗時宣州刺史劉贊進奉之物，年代為 8 世紀後期。可是唐代工藝品的麟鳳紋中，有些麒麟的角卻呈花朵形；那是因為要和鳳鳥之冠的造型取得一致，以便二者搭配得更為和諧之故❹。這種式樣後來為刻畫芝角鹿時所取法，所以到了遼代，芝角鹿的角遂變得像一只高足杯，兩側完全對稱了。而此尺之鹿的芝形角也呈杯狀，這和唐代的特點是不同的。除此之外，大體看來，尺上的鹿紋可能做自上述正倉院藏銀盤；雖然製尺者買櫝還珠，不僅失其精髓，亦未能全其皮毛。至於第 7 格中的雙鹿，一隻成年者頭生樹枝狀長角，另一隻未生角的幼鹿回首顧盼。這兩隻鹿的身姿又和正倉院藏山水鳥獸紋圓鏡上的雙鹿類似（圖 54-5）。

圖 54-5　雙鹿紋

1　鏤牙尺
上海博物館藏

2　唐，圓鏡　日本
奈良正倉院藏

　　再看鶴紋。它出現在尺背第 5 格中（圖 54-6:1）。這隻鶴刻畫的技巧太差，短而粗的脖頸和兩條像是硬插上去的腿，和唐代鶴紋（圖 54-6:2〜4）的風格迥異。「鶴鳴九皋，聲聞於天」，它那翱翔雲漢的凌霄之姿，在這裏被閹割得幾乎掃地無餘。但不排除其原型亦仿自正倉院所藏金銀平脫八曲葵花鏡。

圖 54-6　鶴紋

1　鏤牙尺　上海
博物館藏

2　唐，八曲葵花鏡
日本奈良正倉院藏

3　唐，圓鏡　日本奈良
正倉院藏

4　唐，金銀平脫鏡
西安出土

　　在這面八曲葵花鏡上還有戴勝鳥的形象（圖 54-7:1），唯其頸部較長，和正倉院藏木畫紫檀雙陸局上的戴勝相似（圖 54-7:2）。戴勝以頭上的羽冠和身上的斑條為特點。唐王建《戴勝詞》「紫冠采采褐羽斑」❺，亦著眼於此。此尺正面第 4 格中也有一隻長頸的戴勝（圖 54-7:3），模仿八曲葵花鏡的痕跡很明顯，但羽冠太小，而頸部太長。其實唐代之戴勝紋的頸部一般較短（圖 54-7:4），如果頸部被拉長得超過限度，形象就走樣了。此尺背面第 1 格中還有一對飛鳥，上面的一隻也是戴勝，下面那隻不知是什麼鳥（圖 54-8:1）。在唐代藝術品中常出現兩隻接翅聯翩的戴勝。韋泂墓石刻線畫、正倉院藏山水鳥獸紋圓鏡及紅、綠撥鏤牙尺上都有這樣的例子（圖 54-8:2）。鳥獸合群之際，物以類聚的特性很明確，如非同類就難以形成那種聲應氣求的關係。鶯鶯自是鶯鶯，燕燕自是燕燕；讓一隻戴勝和另一隻有點像禿尾巴鵪鶉的鳥比翼雙飛，看來是不合情理的。更有意思的是此尺背面第 9 格中刻的一隻蝴蝶，其翼上伸出一對弧形彎鉤，這種樣子的蝴蝶只出現在上述八曲葵花鏡上，別處從未見過（圖 54-9）。此尺之鳳、鶴、戴勝、蝴蝶等四種動物的造型均與正倉院那

圖 54-7　戴勝紋

1　唐，八曲葵花鏡　　　2　唐，木畫紫檀琵琶撥　　　3　鏤牙尺　上海　　　　4　唐，棋子　日本
　日本奈良正倉院藏　　　　子　日本奈良正倉院藏　　　博物館藏　　　　　　　　奈良正倉院藏

圖 54-8　雙鳥紋　　　　　　　　　　　圖 54-9　蝴蝶紋

1　鏤牙尺　上海　　　2　唐，紅牙撥鏤尺　　　1　鏤牙尺　　　　2　唐，八曲葵花鏡
　博物館藏　　　　　　　日本奈良正倉院藏　　　上海博物館藏　　　日本奈良正倉院藏

❸　喀喇沁旗出土銀盤見《考古》1977 年第 5 期。寬城出土銀盤見《考古》1985 年第 9 期。
❹　如西安何家村出土麟鳳紋銀盒，見《唐代金銀器》圖 74、75，文物出版社，1985 年。
❺　《全唐詩》五函五冊。

圖 54-10　雁紋

1　鏤牙尺
上海博物館藏

2　唐，密陀僧繪盆
日本奈良正倉院藏

面八曲葵花鏡之圖紋的輪廓相近，如果都用偶合來解釋，恐怕是講不通的。

　　在此尺正面第 10 格中刻的是一隻雁，比起尺上的其他鳥獸來，牠的造型還說得過去。但以正倉院藏品之圖紋相較，則是模仿一件密陀僧繪盆上的雁紋（圖 54-10）。而且細加觀察，更可發現前者在雁頭、雁頸、雁翼乃至雁的尾部等處都有不少敗筆。所以看來此尺上不少鳥獸的形象，皆是以正倉院藏品為底本改頭換面而成。

　　但這並不是說，此尺的圖紋中沒有新添進去的東西了，比如其正面第 1 格中就有一個鳥頭獸身四足雙翼的怪物。吉林集安長川 1 號墓壁畫中雖然發現過一個與之略近的形象，但那是 5 世紀中葉高句麗人之作❻。在唐代，同樣的形象還沒有在藝術品中見過。再如此尺正面第 3 格和第 6 格中刻畫的建築物，也存在著不合理的地方（圖 54-11:1、2）。如第 3 格中的六角攢尖亭子，屋頂上刻出順垂脊而下的輻射線，表示鋪的是上細下粗、層層套接的「竹子瓦」❼，但唐代根本沒有這種瓦（圖 54-11:3）。第 6 格中之四注頂的殿堂，面闊為四間，竟無當心間，階陛正對著柱子。這些構造自建築史的角度看，都是很不正常的現象。

圖 54-11　建築物紋

1　鏤牙尺　上海博物館藏
2　鏤牙尺　上海博物館藏
3　唐，壁畫　敦煌莫高窟 91 窟

　　不僅大處如此，此尺上刻的雲紋、寶相花紋及其他花卉紋中，也都存在著若干破綻。舉一個較明顯的例子，如此尺正面第 8 格刻有荷花和喇叭花。但在唐代的花卉圖案中，習慣上是將荷花和荷葉組織在一起（圖 54-12:1、2）。不知製此尺者是出於誤解還是故弄玄虛，竟將荷葉改成喇叭花（圖 54-12:3），全失唐人之用意。

圖 54-12　花卉紋

1　唐，銅鏡圖紋（據俞博　　　2　唐，銅鏡圖紋（據俞博　　　3　鏤牙尺　上海博物館藏
　《唐代金銀器》）　　　　　　　《唐代金銀器》）

　　從這些跡象看來，此尺並非唐物，而是後代之作。鑒於尺上的圖像大部是從正倉院藏品中套過來的，而我國許多人對正倉院藏品之細節的了解，是在 1926～1927 年間東京審美書院刊出《東瀛珠光》一書之後，所以製作此尺的時間不會太早。據說此尺為烏程蔣氏舊藏。王國維《觀堂集林‧日本奈良正倉院藏六唐尺摹本跋》中所說：「丙寅（1926 年）五月，烏程蔣谷孫寄余鏤牙尺拓本，其形制長短與正倉院所藏唐尺同，此尺即藏谷孫處。」就是指本文討論的尺而言。正倉院所藏紅牙撥鏤尺二支、綠牙撥鏤尺二支皆載於《東瀛珠光》第一冊中，此冊恰於 1926 年出版，仿製鏤牙尺者如持該書為據，剛好來得及，堪稱「春江水暖鴨先知」了。

　　　　　　　　　　　　　　　　　　　　（原載《文物天地》1993 年第 6 期）

---

❻　見《文物》1980 年第 7 期，圖版 8。

❼　梁思成《清式營造則例‧營造算例》11 章 3 節‧庚，建築工業出版社，1981 年。

後 記

　　收在這裏的五十餘篇小文，是近二十年間的部分拙作，雖歲月悠長而落筆倥傯，所以文字的體例既不統一，內容也頗感龐雜；然而大致都是圍繞著衣食器具、草木鳥獸談有關之文物的。現今尊之為文物者，在古代，多數不過是尋常的日用品；唯其是日用品，所以是當時的社會生活之樸素的物證。清除塵蠹，可以看到它們身上各自映射出歷史的閃光，無論呈現的是大智慧或小聰明，是沁人心脾的優雅或撩人眼目的繽紛，都能激發起為理解它們而進行探索的熱情。這就是我寫作的動力。

　　畢竟有些文字寫成已多年了，藉這次的結集出版，又作了若干修改補充。是為記。

二〇〇五年春校畢
於陽江海陵島探海樓

◎ 中國繪畫思想史（增訂二版）

高木森 著

在中國繪畫史的研究上，西方及日本學者都有相當重要的貢獻。事實上，中國人自己卻擁有更豐實的基礎可以深耕這塊田地，例如：對語言文字的理解與運用，對文化、思想的熟悉與融入等等，都是不容小覷的優勢。本書作者鑽研中國繪畫史多年，從外國學者最難入手的「思想」層面切入，深入探討政經、文化與思想等因素的相互牽引，如何影響中國繪畫的發展，構築起這部從遠古至現代的繪畫思想史。

◎ 中國繪畫理論史（增訂二版）

陳傳席 著

中國的繪畫理論，尤其是古代畫論，其學術水準或數量上皆居世界之冠；不但能直透藝術本質，還包涵社會及其文化。六朝人重神韻，所以產生了「傳神論」、「氣韻論」；宋人心態常呈遲暮落寞之狀，所以多「蕭條淡泊」、「平淡」、「荒寒」之論⋯⋯。「一代之畫無不肖乎一代之人與文者，知畫論而知時代也」，中國畫正是中國畫論的體現。對喜愛中國繪畫的人而言，有了這一本《中國繪畫理論史》，則二千年中國畫論精華俱在其中！

◎ 島嶼測量 —— 臺灣美術定向

蕭瓊瑞 著

《島嶼測量》是知名臺灣美術史學者蕭瓊瑞教授繼《島嶼色彩》之後的又一力作。如果說《島嶼色彩》是以較具感性的筆法，為臺灣美術敷染美麗的色彩，《島嶼測量》則是以較理性的態度，為臺灣美術測定歷史的地位。作者一向以嚴謹的史學訓練，搭配精準的藝術鑑賞，受到學界的尊崇與肯定。在臺灣建構自我文化面貌的進程中，作者為臺灣美術史所提出的貢獻，將是重要的一環；其著作也是關心臺灣文化的讀者，不可錯失的重要參考文獻。